NomosEinführung

Prof. Dr. Dres. h.c. Ulfrid Neumann
Goethe-Universität Frankfurt am Main

Einführung in Rechtsphilosophie und Rechtswissenschaft

Die Deutsche Nationalbibliothek verzeichnet diese Publikation in
der Deutschen Nationalbibliografie; detaillierte bibliografische
Daten sind im Internet über http://dnb.d-nb.de abrufbar.

ISBN 978-3-8487-6256-9 (Print)
ISBN 978-3-7489-0364-2 (ePDF)

1. Auflage 2025
© Nomos Verlagsgesellschaft, Baden-Baden 2025. Gesamtverantwortung für Druck
und Herstellung bei der Nomos Verlagsgesellschaft mbH & Co. KG. Alle Rechte, auch die
des Nachdrucks von Auszügen, der fotomechanischen Wiedergabe und der Übersetzung,
vorbehalten. Gedruckt auf alterungsbeständigem Papier.

Vorwort

Die Beschäftigung mit rechtsphilosophischen Fragen ist im Rahmen des juristischen Studiums kein Selbstzweck. Rechtsphilosophie ist hier ein „Grundlagenfach". Das bedeutet: Sie soll die Fundamente legen für ein besseres Verständnis der Strukturen der Rechtsordnung, deren Kenntnis im Verlauf der universitären Ausbildung fortschreitend vermittelt werden soll, und die auch bei Prüfungsarbeiten bis hin zum Ersten und Zweiten Staatsexamen klar im Vordergrund stehen wird. Rechtsphilosophie ist in diesem Sinne Reflexion nicht nur auf universelle Grundfragen des Rechts, sondern auch auf die Antworten, die das „eigene" Rechtssystems auf diese Fragen gibt. Die Zäsur, die nach meiner Erfahrung im Curriculum der juristischen Ausbildung zwischen Rechtsphilosophie einerseits, den dogmatischen Disziplinen (Zivilrecht, öffentliches Recht, Strafrecht) andererseits typischerweise liegt, ist weder in der Sache begründet noch für den weiteren Verlauf des Studiums hilfreich.

Diese „Einführung" zieht daraus die Konsequenz, rechtsphilosophische Probleme stärker mit Regeln und Prinzipien des gesetzten Rechts zu verzahnen als üblich. Sie versucht einerseits, rechtsphilosophische Fragen anhand positiv-rechtlicher Regelungen zu exemplifizieren, andererseits, fundamentale Regeln des gesetzten Rechts auf ihre philosophische Basis zurückzuführen. Zugleich will sie den Studierenden von Anfang an ein Bewusstsein dafür vermitteln, was die Voraussetzungen und die Ziele der „Arbeit am Recht" sind, die sie nicht nur im Laufe des Studiums, sondern auch und in ihrer späteren juristischen Tätigkeit zu leisten haben. Ich habe sie deshalb, entgegen der ursprünglichen Absicht, als „Einführung in Rechtsphilosophie *und Rechtswissenschaft*" konzipiert.

Dort, wo die rechtsphilosophischen Fragen an das positive Recht angeschlossen werden, beziehen sie sich naturgemäß auf die Rechtsordnung der Bundesrepublik. Die Probleme, auf die das deutsche Recht reagiert, sind aber Probleme, die sich für jede Rechtsordnung stellen. Insoweit haben die Regelungen der deutschen Rechtsordnung, ebenso wie die herangezogenen Beispiele aus der Rechtsprechung, exemplarischen Charakter. Aus Sicht der Rechtsordnungen anderer Staaten würde sich die Frage anschließen, inwieweit diese Probleme im eigenen Rechtssystem entsprechend, inwieweit sie in anderer Weise gelöst werden.

Ein Wort zum Stil des Buches. Es bemüht sich um klare Darstellungen und eine verständliche Sprache. Gelegentliche provokative Formulierungen sollen nicht nur die Neugier der Leserinnen und Leser wecken. Sie wollen auch dazu einladen, vermeintliche Selbstverständlichkeiten zu hinterfragen und insofern eine kritische Perspektive einzunehmen. „Kritisch" meint dabei selbstverständlich nicht „ablehnend", sondern – im Sinne der Verwendung des Begriffs in den „Kritiken" Kants – „prüfend", „reflektiert urteilend". In diesem Sinne ist eine kritische Perspektive für die Rechtsphilosophie (wie für jede andere Fach-Philosophie) konstitutiv.

Dem Nomos-Verlag, insbesondere Herrn Dr. *Peter Schmidt*, danke ich für die gewohnt harmonische und effiziente Zusammenarbeit. Herrn Rechtsreferendar Dr. *Sascha Zinn* gebührt Dank für seine vorbildliche, über die redaktionelle Mitarbeit weit hinausgehende Unterstützung. Ein besonderer Dank gilt den Teilnehmerinnen und Teilnehmern meiner rechtsphilosophischen Lehrveranstaltungen, auf denen diese „Einführung" aufbaut, für ihre interessierten Fragen und anregenden Diskussionsbeiträge. Gewidmet ist dieses Buch meiner geliebten Frau und inspirierenden Gesprächspartnerin *Vasiliki Neumann-Roustopani*.

Kronberg/Athen, im März 2025 *Ulfrid Neumann*

Inhaltsübersicht

Vorwort   5

Abkürzungen   19

A.   Staat und Recht (Legitimation des Staates)

§ 1   Warum ist der Staat keine Räuberbande?   21

§ 2   Ursprung der Staatsgewalt: „Gott" oder „das Volk"?   34

§ 3   Quis custodiet custodes ipsos? Wer schützt die Bürger vor dem Staat?   50

B.   Begriff, Struktur und Geltung des Rechts

§ 4   Begriff und Existenz des Rechts   78

§ 5   Recht und Moral   99

§ 6   „Geltung" des Rechts – Fakt oder Fiktion?   111

§ 7   Makrostruktur der Rechtsordnung   128

§ 8   Mikrostruktur der Rechtsordnung   141

C.   Leistungen des Rechts

§ 9   Funktionen und Dysfunktionen des Rechts   162

§ 10   Jedem das Seine, allen das Gleiche oder niemandem Nichts? Die Schattenspiele der Gerechtigkeit   174

§ 11   Rechtssicherheit contra Gerechtigkeit   206

§ 12   Prozessrecht und materielles Recht   215

D.   Arbeit am Recht

§ 13   Rechtswissenschaft   224

§ 14   Rechtsdogmatik   240

Inhaltsübersicht

§ 15 „Das Jüngste Gericht zweiter Instanz" oder: Warum Urteile begründet werden
müssen 256

§ 16 „Legt Ihr's nicht aus, so legt was unter!" – Die Interpretation von Gesetzen 265

Literaturverzeichnis 283

Stichwortverzeichnis 295

Personenverzeichnis 303

Inhalt

Vorwort 5

Abkürzungen 19

A. Staat und Recht (Legitimation des Staates)

§ 1 Warum ist der Staat keine Räuberbande? 21
   I. Zwei Szenarien 21
   II. Unterschiede 21
      1. „Gute" versus egoistische Zwecke 22
      2. Gerechtigkeit versus Ungerechtigkeit (Augustinus) 23
      3. Zuständigkeit versus Unzuständigkeit (Kelsen) 24
         a) Unterschiedliche Deutungen 24
         b) Wirksamkeit als Kriterium einer staatlichen Ordnung 25
      4. „Todesstrafe" oder „Mord"? 26
   III. Gleichsetzungen 27
      1. Todesstrafe als Mord 28
      2. Tradition des Anarchismus 28
      3. „Anarcho-Kapitalismus" 29
   IV. Zusammenfassung und Kritik 30
      1. Augustinus 30
         a) Gerechtigkeit als Definitions-Kriterium des Staates 30
         b) Gerechtigkeit als Legitimationskriterium 30
      2. Kelsen 31
      3. „Linker" Anarchismus 32
      4. „Anarcho-Kapitalismus" 33

§ 2 Ursprung der Staatsgewalt: „Gott" oder „das Volk"? 34
   I. „Staatsgewalt" 34
      1. Normative und physisch-reale Dimension 34
      2. Legitimationsbedarf 35
      3. Zwei Modelle der Legitimation 35
   II. „Alle Staatsgewalt ist von Gott" 36
      1. Zwei Schwerter-Lehre 36
      2. Verblassen der religiösen Legitimation 37
         a) Reformation 37
         b) Aufklärung 37
      3. Nachwirkungen 38
   III. Staat und Religion 39
      1. „Staatsnotwendige Sakralität"? 39
      2. Alternative: „Verfassungspatriotismus" 40
      3. Verfassung oder Religion: Loyalitätskonflikte 41

Inhalt

			4. Divergenzen: Gleichstellung oder Diskriminierung von Frauen?	42
	IV.	„Alle Staatsgewalt geht vom Volke aus"		44
		1.	Modell: Gesellschaftsvertrag	44
		2.	Thomas Hobbes	46
		3.	Jean-Jaques Rousseau	48

§ 3 Quis custodiet custodes ipsos? Wer schützt die Bürger vor dem Staat?   50

     I. Ambivalenz staatlicher Gewalt   50

     II. Schutz und Repression   50

         1. Konsensmodell   51
         2. Konfliktmodell   52

     III. Sicherungen: Rechtsstaat, Demokratie, Menschenrechte   55

         1. Rechtsstaatsprinzip   56
            a) Status   56
            b) Gehalt   57
               aa) Gesetzesbindung   57
               bb) Gewaltenteilung   59
               cc) Verfassungsgerichtsbarkeit   63
         2. Demokratie   72
            a) Kontrollfunktion   72
            b) „Mehrheit" statt „Wahrheit"   73
            c) Wahrheit durch Mehrheit?   73
            d) Tyrannei der Mehrheit?   74
         3. Menschen- und Bürgerrechte   74

     IV. „Krise der Demokratie"   75

         1. Übermacht internationaler Konzerne   76
         2. Verschärfung sozialer Ungleichheit   76
         3. Demokratiedefizite   76
         4. Populismus   77

B. Begriff, Struktur und Geltung des Rechts

§ 4 Begriff und Existenz des Rechts   78

     I. Zwei Rechtsbegriffe   78

     II. Kompetenz oder Gerechtigkeit?   79

         1. Rechtspositivismus   79
            a) Recht nur durch Setzung   79
            b) Spielräume für Wertungen   80
         2. Naturrecht (Rechtsmoralismus)   81

     III. Was ist die „Natur" im Naturrecht?   81

         1. Empirische Natur des Menschen   81
         2. "Geschöpfliche" Natur des Menschen   83
            a) Verbindlichkeit des göttlichen Willens   83

		b) "Voluntaristisches" Naturrecht	84
	3.	Vernunftnatur des Menschen	84
IV.	Historische Rechtsschule		85
	1.	Gegen Naturrecht *und* Gesetzgebung	85
	2.	Kritik	86
		a) Diskriminierung der Nation (*Hegel*)	86
		b) Scheinbare Wertaskese und verdeckte Wertungen (*Lask, Radbruch*)	87
V.	Exkurs: Das Werdende als das Gesollte (Monismus)		88
VI.	Aktuelle Diskussion		88
	1.	Dominanz des positiven Rechts	89
		a) Steuerungsfunktion des Rechts	89
		b) Globalisierung	89
	2.	Naturrecht als bloßes Korrektiv des positiven Rechts	89
	3.	Radbruchsche Formel	90
		a) Zeitgeschichtlicher Kontext	90
		b) Unerträglichkeits- und Verleugnungsformel	91
		c) Philosophischer Hintergrund der „Verleugnungsformel"	92
		d) Beispiel: NS-Verordnung vom 12. November 1938	92
		e) Problem: Verdeckte Rückwirkung („Mauerschützen")	93
	4.	Aktuelle Varianten von Positivismus und Nichtpositivismus	95
		a) Spielarten des Nichtpositivismus	95
		b) Spielarten des Positivismus	96
VII.	Politische Indifferenz des „Denkmodells" des Naturrechts		96

§ 5 Recht und Moral 99

I.	Dissonanzen		99
II.	Begriffliche Abgrenzung von Recht und Moral		100
	1.	Durchsetzbarkeit rechtlicher Normen	100
	2.	Nicht durchsetzbare Rechtsnormen	100
III.	Strukturelle Unterschiede		102
	1.	Heteronomes Recht versus autonome Moral	102
		a) Rechtspflicht durch Gewissenspflicht?	102
		b) Autonome und heteronome Moral	102
	2.	Interna und Externa. Rechts- und Tugendpflichten	103
	3.	„Rechtswidrig" versus „böse"	104
	4.	Deontologische und konsequentialistische Modelle	104
		a) In der (Meta-)Ethik	104
		b) Im Recht	106
IV.	Interaktionen		107
	1.	Soziale Dimension	107
		a) Recht und *positive morality*	107
		b) Recht und *critical morality*	108
	2.	Normative Dimension	108
		a) Moralnormen als Elemente des Rechts	108

		b) Moralische Grenzen des Rechts	109
§ 6		„Geltung" des Rechts – Fakt oder Fiktion?	111
	I.	Normative und faktische Geltung des Rechts	111
	II.	Faktische Geltung (Effizienz, Wirksamkeit)	111
		1. Verhaltensgeltung	112
		2. Sanktionsgeltung	113
	III.	Normative Geltung	114
		1. Geltung als ideale Existenz des Rechts?	114
		2. Kritik einer normativen Geltung des Rechts (Rechtsrealismus)	115
		3. Rechtsgeltung als institutionelle Tatsache	117
	IV.	Effizienz (Wirksamkeit) als Bedingung normativer Geltung?	119
		1. Effizienz des Rechtssystems	119
		2. Effizienz der Einzelnorm	120
		a) Kontrafaktischer Geltungsanspruch des Rechts	120
		b) Korrektur durch Gesetzgebung	121
	V.	Moralische „Geltung" des Rechts (Legitimität)	122
		1. Verbindlichkeit durch individuelle Anerkennung	122
		2. Verbindlichkeit durch kollektive Anerkennung	123
		3. „Geltung" und „Legitimität" des Rechts	123
	VI.	Ziviler Ungehorsam zwischen Legalität und Legitimität	124
		1. Begriff	124
		2. Ziviler Ungehorsam als Rechtfertigungsgrund?	125
		3. Ziviler Ungehorsam als Problem der Legitimität	126
		4. Rechtliche Konsequenzen	127
§ 7		Makrostruktur der Rechtsordnung	128
	I.	Der Stufenbau der Rechtsordnung – ein Gebäude ohne Fundament?	128
		1. Die „Grundnorm" (Kelsen)	130
		a) Inhalt	131
		b) Status	132
		c) Völkerrecht und staatliches Recht	134
		2. Die „Erkenntnisregel" (H. L. A. Hart)	134
		a) Gehalt und Status	134
		b) Komplexität	135
		c) Interne und externe Perspektive	136
		d) Primäre und sekundäre Regeln	136
	II.	Rechtspluralismus statt Stufenbau	137
		1. Ehrlich gegen Kelsen	137
		2. Interagierende Rechtsordnungen	138
		3. Staatliches und nichtstaatliches Recht	139
	III.	Fazit	139

Inhalt

§ 8	**Mikrostruktur der Rechtsordnung**	141
I.	Ist Stehlen erlaubt? Sanktionsnorm und Verhaltensnorm	141
	1. Kritik der „Verhaltensnorm"	141
	2. Verteidigung	142
II.	Verhaltensnormen: Rechts- oder Sozialnormen?	143
	1. Eine Kontroverse	143
	2. Interaktion rechtlicher und sozialer Normen	144
III.	Imperativentheorie	146
	1. Vertreter	146
	2. Kritik der Imperativentheorie	147
	a) Ermächtigende und konstitutive Normen	147
	b) Normen als Handlungsgründe	148
IV.	Primär- und Sekundärnormen	149
V.	Rechtsregeln und Rechtsprinzipien	149
VI.	Konditionale und finale Programmierung	151
	1. Vorteile konditionaler Programmierung	151
	2. Alternative: Folgenorientierung	152
	a) Beispiel: Die eifersüchtige Greisin	152
	b) „Kinder den Mütterlichen"?	153
	c) Rechtsbeugung durch Folgenorientierung – ein zeitgeschichtlicher Fall	154
VII.	Subjektive Rechte	155
	1. Typisierungen	155
	2. Rechtstheoretische Kritik	156
	3. Rechte von Tieren und Rechte der Natur	157
	a) Entwicklungen	157
	b) Rechtstechnische Dimension	159
	c) Rechtsethische Dimension	159

C. Leistungen des Rechts

§ 9	**Funktionen und Dysfunktionen des Rechts**	162
I.	Soziale Leistungen des Rechts	162
	1. Gesellschaft ohne Recht?	162
	2. Sicherheit durch Recht und Sicherheit des Rechts	162
	3. Konfliktvermeidung und Konfliktlösung durch Recht	163
	a) Funktion und Strukturen der Justiz	164
	b) Strafjustiz: „Enteignung" des Opfers?	165
	4. Steuerung gesellschaftlicher Entwicklungen	166
II.	Kritik des Rechts	167
	1. Legitimation von Herrschaft	167
	2. Okkupation gesellschaftlicher Entwicklungen	167

3.	Überregulierung (Bürokratie)	168
4.	Verrechtlichung im sozialen Nahbereich	169
	a) Die „Kälte" des Rechts	169
	b) „Kolonialisierung der Lebenswelt" (Habermas)	169
5.	Kritik der subjektiven Rechte	171

III. Fazit 173

§ 10 Jedem das Seine, allen das Gleiche oder niemandem Nichts? Die Schattenspiele der Gerechtigkeit 174

I. Gerechtigkeit – ein Phantom? 174

1. Gerechtigkeit als Wertmaßstab des Rechts 174
2. Defizite des Maßstabs der Gerechtigkeit 175
   a) „Gerechtigkeit" – eine Leerformel? 175
   b) Mehrdimensionalität: Gleichbehandlung, Leistungs- und Bedürfnisgerechtigkeit 177
3. Ausgleichende und austeilende Gerechtigkeit 178

II. Komplementarität der Prinzipien „Jedem das Seine" und „Allen das Gleiche" 179

III. Kriterien gerechter Ungleichbehandlung 180

1. Politische Zugehörigkeit 180
2. Leistung 182
3. Angebot und Nachfrage 183
4. Bedürfnis 184

IV. Ein hypothetisch-prozedurales Modell (Rawls) 186

1. Struktur 186
2. Beispiel 187

V. „Gerechtigkeit" als staatliche Aufgabe? 187

1. Gebot der Gleichbehandlung aller Bürger 188
2. Der Staat als Garant gesellschaftlicher Gleichbehandlung? 189
   a) „Marktgerechtigkeit" oder staatliche Regulierung? 189
   b) Sozialstaat und soziale Gerechtigkeit 190
   c) Ergebnis- oder Chancengerechtigkeit? 191
   d) Gebot der Gleichbehandlung – auch für Vertragspartner 192
   e) Gerechtigkeit durch kompensierende Ungerechtigkeit? 193

VI. Gerechtigkeit – wem gegenüber? 197

1. Individuen und Kollektive 197
2. Generationengerechtigkeit 198
3. Gerechtigkeit für Tiere? 199
4. Strafgerechtigkeit 200
   a) Soziale Nützlichkeit der Strafe („relative" Straftheorien) 200
   b) Strafe als „gerechte Vergeltung" („absolute" Straftheorien) 201
   c) Genugtuung für das Opfer 202
   d) Bestrafungsrisiko als Kompensation einer Chancenanmaßung 203
   e) Die „gerechte" Strafe 203

VII.	Prozedurale Gerechtigkeit	204
	1. Elemente der Verfahrensgerechtigkeit	204
	2. „Reine" Verfahrensgerechtigkeit	204

§ 11 Rechtssicherheit contra Gerechtigkeit 206

I.	Wann sind Fehlurteile richtig?	206
	1. „Sperrwirkung" der Rechtskraft des Urteils (ne bis in idem)	206
	2. Durchbrechung der Rechtskraft: Wiederaufnahme des Verfahrens	209
	3. Rechtskraft und Rechtssicherheit – politisch unter Druck	209
II.	Starre Regeln versus flexible	210
	1. Fristen	211
	2. Altersgrenzen	211
	3. „Bedarf an Vagheit"	212
III.	Fazit	214

§ 12 Prozessrecht und materielles Recht 215

I.	Durchsetzung des Rechts im Prozess	215
	1. Notwendigkeit der Rechtsdurchsetzung	215
	2. Verantwortlichkeiten	215
II.	Grenzen	217
	1. Beweisbarkeit	217
	2. „Materielle" und „formelle" Wahrheit	219
III.	Blockaden	220
	1. „Nicht überführt" = unschuldig?	220
	2. Beweisverbote	221
IV.	„Reine Verfahrensgerechtigkeit"?	223

D. Arbeit am Recht

§ 13 Rechtswissenschaft 224

I.	Die Rechtswissenschaft – eine „Wissenschaft"?	224
	1. Gegenstandsaspekt	224
	a) Wandelbarkeit des positiven Rechts	224
	aa) „Die Wertlosigkeit der Jurisprudenz als Wissenschaft"	224
	bb) Wissenschaft als Erkenntnis des Unveränderlichen (Aristoteles)	225
	cc) Wissenschaften vom Allgemeinen und vom Besonderen	226
	b) Wahrheitsfähigkeit rechtswissenschaftlicher Aussagen	226
	c) Die Rechtswissenschaft als Produzentin des Rechts	227
	aa) Gesetzesergänzung durch Rechtsdogmatik	227
	bb) Alternative: Rechtswissenschaft als Sozialwissenschaft	229
	2. Methodenaspekt	229
	a) Das „empiristische Sinnkriterium"	230

        b) Falsifikationsmodell des „Kritischen Rationalismus"   230
        c) Falsifikationsmodell in der Rechtswissenschaft   231
  II. Rechtswissenschaft – Eine säkulare Theologie?   233
      1. Parallelen   233
      2. Identifikation der maßgeblichen Texte   233
        a) Gemeinsamkeiten   233
        b) Unterschiede   234
      3. Auslegung   235
      4. Fazit   236
  III. Sozialtechnologische Deutung der Rechtswissenschaft   236
  IV. Partikulare „Rechtswissenschaften"   238

§ 14 Rechtsdogmatik   240
  I. Funktion und Anwendungsbereich der Rechtsdogmatik   240
      1. „Dogmatische Disziplinen" und „Grundlagenfächer"   240
      2. Zwei Stockwerke der Dogmatik   240
      3. *Eine* Dogmatik für *eine* Rechtsordnung?   240
        a) Dogmatik erster Stufe   241
        b) Dogmatik zweiter Stufe   243
  II. Verbindung zwischen Rechtswissenschaft und -praxis   243
      1. Brückenfunktion der Rechtsdogmatik   243
      2. Gesetzeskommentare   244
      3. Vorrang-Anspruch der akademischen Rechtsdogmatik   245
  III. Kritik des Erkenntnisanspruchs der akademischen Rechtsdogmatik   246
      1. Modell der Rechtserkenntnis   246
      2. Destruktion des Erkenntnis-Modells   246
      3. Rechtswissenschaft als rationale juristische Argumentation   248
  IV. Rechtstheoretische Kritik der Rechtsdogmatik   248
      1. Dogmatik als Distanzierung vom Gesetz   248
        a) Das „besondere Gewaltverhältnis"   248
        b) Actio libera in causa   250
        c) Das nächtliche Schlagen der Kirchturmuhr – kein „Lärm"?   251
      2. „Begriffsjurisprudenz"   252
      3. Naturalistische Missverständnisse   253
        a) Rechtsbegriffe sind Funktionsbegriffe!   253
        b) Die Suche nach der Kausalität in der Unterlassung   254

§ 15 „Das Jüngste Gericht zweiter Instanz" oder: Warum Urteile begründet werden müssen   256
  I. Gesetzliche Begründungspflichten   256
  II. Probleme einer Begründungspflicht   257
      1. „Begründet, aber falsch"!?   257
      2. Kritik seitens der Freirechtslehre   257

III.	Dimensionen einer Begründungspflicht	259
	1. Rechtsstaatliche Dimension	259
	2. Rechtstheoretische Dimension	260
	3. Institutionelle Dimension	260
IV.	Struktur und Duktus der Begründungen	261
	1. Tatfrage und Rechtsfrage	261
	2. Rechtliche Würdigung	262
	3. Urteils- und Gutachtenstil	263
	4. Autoritäts- und Sachargumente	263

§ 16 „Legt Ihr's nicht aus, so legt was unter!" – Die Interpretation von Gesetzen   265

I.	Gesetzesauslegung – Erkenntnis oder kreativer Akt?	265
II.	Pluralität der Auslegungsmethoden	265
	1. Ist Salzsäure eine „Waffe"?	266
	a) Das Wortlaut-Argument	266
	b) „Genetische" und „historische" Auslegung	269
	c) Systematische Auslegung	269
	d) Teleologische Auslegung	270
	2. Savignys Methoden-Kanon	270
III.	Problem der Methodenwahl	271
	1. Fehlen eines „Methodengesetzes"	272
	2. Rangfolge von Auslegungsmethoden?	272
	3. Subjektive versus objektive Auslegung	273
	4. Divergenzen in der Rechtsprechung	275
IV.	Die Rolle des Vorverständnisses – Juristische Hermeneutik	275
	1. „Vorverständnis" statt „Willensakt"	275
	2. Allgemeine (philosophische) Hermeneutik	276
	3. Historische und kulturelle Relativität des Vorverständnisses	276
	4. Politische Dimension	277
	a) Beispiele	277
	b) Ambivalenzen	278
V.	„Unbegrenzte Auslegung"	279
	1. Beispiele	280
	a) Ethnische Herkunft als „Belästigung" (AG Schöneberg 1938)	280
	b) Ethnische Herkunft als „Bürgerlicher Tod" (RG 1936)	281
	2. Dominanz der Ideologie	281

Literaturverzeichnis   283

Stichwortverzeichnis   295

Personenverzeichnis   303

Abkürzungen

AEUV	Vertrag über die Arbeitsweise der Europäischen Union
a.F.	alter Fassung
AG	Amtsgericht
AGG	Allgemeines Gleichbehandlungsgesetz
AO	Abgabenordnung
ArbGG	Arbeitsgerichtsgesetz
ARSP	Archiv für Rechts- und Sozialphilosophie
Art.	Artikel
Az.	Aktenzeichen
BAG	Bundesarbeitsgericht
BAGE	Entscheidungen des Bundesarbeitsgerichts (Amtliche Sammlung)
BayVerf	Verfassung des Freistaates Bayern
BGB	Bürgerliches Gesetzbuch
BGBl	Bundesgesetzblatt
BGH	Bundesgerichtshof
BGHSt	Entscheidungen des Bundesgerichtshofs in Strafsachen (Amtliche Sammlung)
Br-Drs.	Bundesratsdrucksache
BtMG	Betäubungsmittelgesetz
BVerfG	Bundesverfassungsgericht
BVerfGE	Entscheidungen des Bundesverfassungsgerichts (Amtliche Sammlung)
BVerfGG	Gesetz über das Bundesverfassungsgericht
CanG	Cannabisgesetz
DVBl	Deutsches Verwaltungsblatt
EGBGB	Einführungsgesetz zum Bürgerlichen Gesetzbuch
EGMR	Europäischer Gerichtshof für Menschenrechte
EGMR (GK)	Entscheidungen der Großen Kammer des Europäischen Gerichtshofs für Menschenrechte
EuGH	Europäischer Gerichtshof
GA	Goltdammer's Archiv für Strafrecht
GG	Grundgesetz
GRGA	Gustav Radbruch Gesamtausgabe
GVG	Gerichtsverfassungsgesetz
HessVerf	Verfassung des Landes Hessen
HSOG	Hessisches Sicherheits- und Ordnungsgesetz
JGG	Jugendgerichtsgesetz
JuS	Juristische Schulung
JW	Juristische Wochenschrift
JZ	Juristenzeitung
KCanG	Konsumcannabisgesetz
KJ	Kritische Justiz
LG	Landgericht
medstra	Zeitschrift für Medizinstrafrecht
MEW	Marx-Engels-Werke
MSchG	Mieterschutzgesetz

Abkürzungen

n.F	neuer Fassung
NJW	Neue Juristische Wochenschrift
NStZ	Neue Zeitschrift für Strafrecht
NVwZ	Neue Zeitschrift für Verwaltungsrecht
OLG	Oberlandesgericht
PAG	Polizeiaufgabengesetz
RGBl	Reichsgesetzblatt
RG	Reichsgericht
RGSt	Entscheidungen des Reichsgerichts in Strafsachen (Amtliche Sammlung)
RphZ	Rechtsphilosophie. Zeitschrift für die Grundlagen des Rechts
Rspr.	Rechtsprechung
RW	Rechtswissenschaft (Zeitschrift)
SchwZGB	Schweizerisches Zivilgesetzbuch
SGB	Sozialgesetzbuch
StGB	Strafgesetzbuch
StGB-DDR	Strafgesetzbuch der (ehemaligen) Deutschen Demokratischen Republik
StPO	Strafprozessordnung
StVO	Straßenverkehrsordnung
TierSchG	Tierschutzgesetz
VStGB	Völkerstrafgesetzbuch
VwVfG	Verwaltungsverfahrensgesetz
VwGO	Verwaltungsgerichtsordnung
ZfL	Zeitschrift für Lebensrecht
ZPO	Zivilprozessordnung
ZRG	Zeitschrift für Rechtsgeschichte
ZSR	Zeitschrift für Schweizerisches Recht
ZStW	Zeitschrift für die Gesamte Strafrechtswissenschaft
ZZP	Zeitschrift für Zivilprozess

A. Staat und Recht (Legitimation des Staates)

§ 1 Warum ist der Staat keine Räuberbande?

I. Zwei Szenarien

Die Frage „Warum ist der Staat keine Räuberbande?" klingt provokativ, markiert aber nur scheinbar eine radikale Fragestellung. Denn die Formulierung setzt voraus, dass der Staat tatsächlich *keine* Räuberbande ist. Gerade darüber besteht allerdings keineswegs Einigkeit. Genauer und radikaler müsste man deshalb fragen: *Gibt es einen Unterschied zwischen einem Staat und einer Räuberbande?* Und, wenn ja: worin besteht er?

Natürlich geht es hier nicht um irgendeinen konkreten Staat. Zwar ist heute vielfach die Rede von „Schurkenstaaten". Aber: Das ist kein rechtlich brauchbarer Begriff, sondern ein rhetorischer Topos der Politik. Die Frage nach dem Unterschied zwischen einem Staat und einer Räuberbande zielt auch nicht auf einzelne Regierungen, sondern auf die *Staatlichkeit* überhaupt.

Zur Verdeutlichung des Problems, Staat und Räuberbande voneinander abzugrenzen, zwei Szenarien:

Szenario (1): Bei dem Inhaber eines Restaurants erscheinen eines Morgens zwei stämmige Gestalten in Lederjacken. Sie erklären dem Besitzer (B), er habe seit längerer Zeit seine Beiträge für die Organisation der „Freunde der italienischen Oper" nicht mehr gezahlt. Falls er ihnen nicht sofort 10.000 € aushändige, werde man ihn mitnehmen. Als B sich weigert, wird er in ein vor der Tür wartendes Fahrzeug gezerrt und abtransportiert. Die nächsten 10 Tage verbringt B in einem etwa 10 qm großen Raum mit anspruchslosester Möblierung – von der Qualität der Verpflegung zu schweigen. Danach ist er überzeugt, dass es vorteilhafter für ihn ist, die geforderte Summe zu zahlen.

Szenario (2): Einen Monat später erscheinen eines Morgens wieder zwei stämmige Gestalten in Lederjacken in seinem Restaurant. Diesmal ist auf den Lederjacken allerdings das Hessische Landeswappen zu sehen. Sie erklären dem B, er habe trotz wiederholter Mahnungen seit längerer Zeit keine Steuern mehr gezahlt und auch keine Steuererklärung abgegeben. Deshalb sei auf Antrag des Finanzamts von dem Amtsgericht Frankfurt Erzwingungshaft gegen ihn verhängt worden.

B wird in ein vor der Tür wartendes Fahrzeug verbracht und abtransportiert. Die nächsten 10 Tage verbringt B in einem etwa 10 qm großen Raum mit anspruchslosester Möblierung – von der Qualität der Verpflegung zu schweigen. Danach ist er überzeugt, dass es vorteilhafter für ihn ist, seine Steuererklärung abzugeben und die fälligen Steuerschulden zu begleichen.

II. Unterschiede

Beide Szenarien sind durchaus realistisch,[1] und sie gleichen sich, jedenfalls aus der Sicht des Betroffenen, in geradezu gespenstischer Weise. Dennoch handelt es sich in dem einen Fall um ein schweres Verbrechen, im anderen um eine rechtmäßige und pflichtgemäße Handlung. Was also ist der Unterschied zwischen der Räuberischen

---

[1] § 334 AO lässt die Anordnung von Erzwingungshaft bis zu 14 Tagen unter Umständen zu.

§ 1 Warum ist der Staat keine Räuberbande?

Erpressung, die mit einer Freiheitsstrafe bis zu 15 Jahren bedroht ist,[2] im ersten Szenario, und der Vollstreckung eines Haftbefehls, der dazu dienen soll, einen Bürger zu Zahlungen an den Staat zu nötigen, im zweiten? Allgemeiner: Was ist der Unterschied zwischen der Mafia und dem Finanzamt? Noch allgemeiner: Was ist der Unterschied zwischen dem Staat und einer Räuberbande?

1. „Gute" versus egoistische Zwecke

5 Es liegt nahe, hier auf die jeweilige Verwendung der erlangten finanziellen Mittel abzustellen. Man könnte argumentieren: der Staat setze diese Mittel zu Zwecken des Wohlergehens seiner Bürgerinnen und Bürger ein, er baue Schulen und Krankenhäuser, subventioniere den Kulturbetrieb und garantiere den Bedürftigen das Existenzminimum als Voraussetzung eines menschenwürdigen Lebens. Demgegenüber würden die Mafiosi das erpresste Geld nur für das eigene Wohlergehen verwenden, für ein Leben im Luxus auf Kosten ihrer ausgebeuteten Opfer.

6 Beides mag, ungeachtet der Klischeehaftigkeit dieser Gegenüberstellung, häufig zutreffen. Dennoch ist der Verwendungszweck der erlangten finanziellen Mittel als definitorisches Kriterium zur Unterscheidung von „Staat" und „Räuberbande" nicht geeignet. Denn es geht hier allenfalls um typische, nicht aber um durchgehende oder gar notwendige Zuordnungen. Das bedeutet: Einerseits kann der Staat die Steuern und Abgaben durchaus auch für verwerfliche, schlimmstenfalls gemeingefährliche Zwecke einsetzen. Andererseits ist nicht zu bestreiten, dass Organisationen, die nach den einschlägigen rechtlichen Definitionen als kriminell eingestuft werden müssen, jedenfalls *auch* billigenswerte soziale Ziele verfolgen können.

7 Dass Steuergelder oder finanzielle Zuwendungen von überstaatlichen Organisationen immer wieder nicht zu Zwecken des Gemeinwohls, sondern zur persönlichen Bereicherung einiger Machtaber und ihrer „Amigos" Verwendung finden, ist nicht erst seit der Verhängung von Maßnahmen gegen sogenannte „Oligarchen" geläufig. Gefährlicher als dieser moralisch anrüchige und im Regelfall strafbare Einsatz finanzieller Ressourcen durch den Staat ist deren Verwendung zum Ankauf von Kriegswaffen zur Vorbereitung von Angriffskriegen, die zahllosen Menschen beiderseits der Front das Leben kosten werden. Vergleicht man die Zahl der Menschenleben, die den von Staaten geführten Kriegen in den vergangenen Jahrhunderten zum Opfer gefallen sind, mit der Zahl der Todesopfer „wirklicher" Räuberbanden in dem gleichen Zeitraum, so ergibt sich eine dramatische Bilanz zu Lasten der Staaten.

8 Auf der anderen Seite können Gruppierungen, die systematisch Straftaten begehen und insofern zu Recht als kriminelle Organisationen eingestuft werden, moralisch hochstehende Ziele verfolgen. Der „edle" Räuber, der den Reichen nimmt, um den Armen zu geben, ist nicht nur eine literarische Figur.[3] In Jahrhunderten, in denen das Verbot der Wilderei in exzessiver Weise die Jagdprivilegien des Adels schützte, galt bandenmäßig betriebene Wilderei in der einfachen Bevölkerung häufig als Teil eines gerechten Kampfes gegen willkürliche Anmaßungen der Herrschenden.[4] Aktuell: In Kolumbien geht es der Rebellengruppe der FARC vor allem um eine gerechtere

---

[2] §§ 253, 255, 249 StGB.
[3] Exemplarisch gestaltet bei *Christian August Vulpius*, „Rinaldo Rinaldini, der große Räuberhauptmann" (1799). Mit Karl Moor ist der „edle Räuberhauptmann" die Zentralgestalt in *Schillers* Jugendwerk „Die Räuber" (1781).
[4] Dazu *Radbruch/Gwinner*, Geschichte, S. 168 ff.

II. Unterschiede § 1

Landverteilung. Dazu führt sie quasi-militärische Aktionen durch, die zum Teil durch Drogenhandel finanziert werden.

Was also ist „tatsächlich" der Unterschied zwischen einem Staat und einer Räuberbande? Auf diese Frage gibt es grundsätzlich zwei Antworten. Die dritte mögliche Antwort unterläuft die Fragestellung, weil sie – als die oben erwähnte radikale Position – einen grundsätzlichen Unterschied zwischen Staat und Räuberbande bestreitet.

2. Gerechtigkeit versus Ungerechtigkeit (Augustinus)

Die erste Antwort gibt *Augustinus* mit der rhetorischen Frage: „Was also sind Reiche ohne Gerechtigkeit anderes als große Räuberbanden?"[5]

Aurelius Augustinus (354–430), Lehrer der Rhetorik in Karthago. Unter dem Einfluss von *Ambrosius* (ca. 340–397, Bischof von Mailand) Hinwendung zum Christentum. Vermittler zwischen der antiken Philosophie und der christlichen Religion und damit einer der Begründer einer wissenschaftlich anspruchsvollen christlichen Theologie. Später Bischof von Hippo in Nordafrika (heute im östlichen Algerien gelegen). Hauptwerke: „Confessiones" („Bekenntnisse") und „De civitate dei" („Vom Gottesstaat").

Die Antwort auf die Frage: „Warum ist der Staat keine Räuberbande?", könnte nach *Augustinus* also lauten: „Weil er gerecht ist". Daraus würde sich eine definitorische Einschränkung des Begriffs des Staates ergeben: Ein „Staat" ist nur dann ein Staat (und keine Räuberbande), *wenn* er gerecht ist. Also: „Staaten" mit verbrecherischen Zielen, Staaten in den Händen einzelner Familien, die auf maßlose Bereicherung erpicht sind, wären dann nichts anderes als große Räuberbanden.

In diesem Sinne ist *Augustinus* von namhaften Rechtsphilosophen verstanden worden.[6] Danach wäre die Gerechtigkeit ein *definitorisches* Kriterium zur Abgrenzung von Staaten einerseits, Räuberbanden andererseits.

Die Behauptung „Staaten ohne Gerechtigkeit sind nichts anderes als große Räuberbanden", die in *Augustinus'* rhetorischer Frage enthalten ist, lässt sich aber auch anders verstehen – nicht im Sinne einer kategorischen, ausschließenden Gegenüberstellung von Staaten einerseits, Räuberbanden andererseits, sondern im Sinne der Kennzeichnung ungerechter Staaten (die ihre – modern gesprochen – staatliche Qualität durch den Mangel an Gerechtigkeit nicht verlieren) als (zugleich) Räuberbanden. Die Gerechtigkeit wäre für *Augustinus* dann kein staatskonstituierendes bzw. staatsdefinierendes, sondern ein *legitimatorisches* Element.[7]

Für diese letztere Interpretation spricht, dass *Augustinus* im weiteren Verlauf seiner Argumentation die gewaltige und gewaltsame Erweiterung des von den Assyrern beherrschten Gebiets unter ihrem König Ninus, die von römischen Historikern berichtet wurde, als „Räuberei im großen Stil" bezeichnet, sie aber zugleich als Erweiterung des Assyrischen Reiches (!) versteht. Auch ein ungerechter Staat bleibt danach ein Staat. Er verdient aber keine andere moralische Bewertung als eine Räuberbande. In

---

5 *Aurelius Augustinus*, De Civitate Dei, IV 6. Der Begriff „Räuberbande" hat sich als Gegenpol zu „Staat" in der Diskussion der folgenden Jahrhunderte bis in die Gegenwart hinein eingebürgert. So lastet der Philosoph *Ernst Tugendhat* (1930 -2023) den Theorien des Gesellschaftsvertrags (dazu unten § 2 Rn. 46 ff.) an, dass sie allein auf das Eigeninteresse vertrauten – wie auch die Mitglieder einer Räuberbande (!) (DIE ZEIT v. 16.3.2023).
6 *Kelsen*, Reine Rechtslehre, S. 50; *Hart*, Begriff desRechts, S. 215. Dazu *Höffe*, Positivismus, S. 259 ff.
7 Terminologie bei *Höffe*, Positivismus, S. 260.

§ 1 § 1 Warum ist der Staat keine Räuberbande?

diesem Sinne *ist* er zugleich Staat *und* Räuberbande. Diese Interpretation wird nicht nur von dem Text nahegelegt; sie erscheint auch in der Sache erheblich plausibler als eine Auffassung, die ungerechten Staaten schlicht die Staatsqualität abspricht.

15 Trotzdem behält das Kriterium der Gerechtigkeit in der Frage des Verhältnisses zwischen „Staat" und „Räuberbande" bei *Augustinus* eine zentrale Funktion. Denn auch dann, wenn man die Gerechtigkeit nicht – auf der Linie der ersten Interpretation – als konstitutives Merkmal des Staates einordnet, entscheidet sie darüber, ob der Staat *zugleich* eine Räuberbande ist. Insofern bleibt es dabei, dass sich die Begriffe „Staat" und „Räuberbande" anhand eines materialen, wertbezogenen Kriteriums (Gerechtigkeit) sortieren.

16 *Augustinus'* „staatsmoralistischer" Ansatz ist über die Jahrhunderte hinweg immer wieder diskutiert, teils zustimmend aufgenommen, teils scharf kritisiert worden.

3. Zuständigkeit versus Unzuständigkeit (Kelsen)

17 Besonders nachdrücklichen und klaren Widerspruch hat *Augustinus* bei *Hans Kelsen* gefunden, der diesem staatsmoralistischen Ansatz ein Modell entgegensetzt, das sich nicht an Wertungen (Gerechtigkeit) orientiert, sondern die Unterscheidung zwischen Staat und Räuberbande zu einer Frage der Deutung erklärt.

a) Unterschiedliche Deutungen

18 Es gehe nicht um bestimmte Wertqualitäten, sondern darum, wie das soziale Gebilde wahrgenommen, wie es gedeutet werde – ob als Staat oder eben als Räuberbande. Entsprechend sei es eine Frage der *Deutung*, ob eine unter Drohungen erhobene oder gewaltsam durchgesetzte Geldforderung (s. das Beispiel oben) einen räuberischen Akt oder eine staatliche Vollstreckungsmaßnahme darstellt.[8]

Hans Kelsen (1881–1973), Professor in Wien, Köln, Genf und Berkeley, Begründer der sog. „Reinen Rechtslehre". Er gilt, neben *Gustav Radbruch*, als der bedeutendste Rechtsphilosoph deutscher Sprache im 20. Jahrhundert. Die von *Matthias Jestaedt* (Freiburg) in Kooperation mit dem Hans-Kelsen-Institut in Wien veranstaltete Gesamtausgabe seiner Werke ist auf 30 Textbände angelegt.[9]

19 Ausgangspunkt ist der unbestreitbare Befund, dass der subjektive Sinn des Aktes des Straßenräubers mit dem subjektiven Sinn des Aktes des Finanzbeamten übereinstimmt. In beiden Fällen will der Handelnde unter Einsatz von Drohungen oder Gewalt die Zahlung einer bestimmten Geldsumme erreichen. Beide Akte werden aber unterschiedlich interpretiert. Man könnte hier von einer unterschiedlichen „sozialen Wahrnehmung" des Geschehens sprechen. Die Gesellschaft sieht in der Handlung des Räubers eine kriminelle Tat, in der des Finanzbeamten einen (unter bestimmten Voraussetzungen rechtmäßigen) staatlichen Akt. *Kelsen* formuliert den Unterschied dahingehend, dass zwar der subjektive, nicht aber der objektive Sinn der Handlungen identisch sei: Wenn wir die Tötung eines Menschen durch den Henker als Vollstreckung der Todesstrafe und nicht als Mord deuten, so legen wir ihr den Sinn eines Rechtsaktes bei.[10] Handlungen, die wir dem Staat zurechnen, werden insoweit als Rechtsakte

---

8   *Kelsen*, Reine Rechtslehre, S. 45 ff.
9   Einführend zu *Kelsen* H. Dreier, Kelsen.
10 *Kelsen*, Reine Rechtslehre, S. 47.

II. Unterschiede §1

gedeutet. Der „objektive Sinn" einer Handlung ist also nichts Vorgegebenes, sondern das Resultat einer Deutung.

Diese Deutung vollzieht sich in Orientierung an einer Rechtsordnung, die ihrerseits im Wege einer Deutung konstituiert wird. Wenn wir die Hinrichtung als Vollstreckung eines Todesurteils (und nicht als Mord) deuten, dann deshalb, weil wir „dem Akt des Gerichtes den objektiven Sinn einer individuellen Norm" beilegen.[11] Das geschieht unter Rückgriff auf generelle Normen (Gesetze), die ihrerseits als Vollziehung der Verfassung (und deshalb: als Gesetze) gedeutet werden. Die Interpretation der Verfassung als einer generellen Rechtsnorm beruht ihrerseits auf der Voraussetzung einer *Grundnorm*, die es gebietet, die Verfassung und die auf sie gegründeten generellen und individuellen Normen (letztere etwa: Gerichtsurteile, Verwaltungsakte) zu befolgen.[12]

Dieses Modell hat zur Folge, dass zwischen einem Staat und einer Räuberbande nicht nach normativ-wertenden (Gerechtigkeit), sondern lediglich nach formalen bzw. funktionalen Gesichtspunkten unterschieden werden kann. *Formal* ist der Gesichtspunkt, ob der fragliche Akt als Rechtsakt *gedeutet* und damit einem Staat zugerechnet wird. *Funktional* orientiert ist das Kriterium, anhand dessen diese Zurechnung erfolgt. Denn obgleich zwischen der Geltung einer Norm und ihrer faktischen Wirksamkeit klar unterschieden werden muss, gilt, dass „eine sich als Recht darstellende Zwangsordnung nur dann als gültig angesehen wird, wenn sie im großen und ganzen wirksam ist."[13]

b) Wirksamkeit als Kriterium einer staatlichen Ordnung

Aus diesem funktionalen Kriterium resultiert der Maßstab für die Unterscheidung zwischen dem Straßenräuber und dem Finanzbeamten bzw. zwischen Staat und Räuberbande: Entscheidend ist, ob sich die jeweilige individuelle Handlung bzw. die jeweilige kollektive Praxis auf eine Zwangsordnung zurückführen lässt, die – als „im großen und ganzen" wirksam – anhand der Grundnorm als geltende Ordnung (als „Rechtsordnung") gedeutet wird. Da „Wirksamkeit" ein graduierbarer Begriff ist, bedeutet das: Die Grenze zwischen Staat und Räuberbande ist im Einzelfall nicht trennscharf zu markieren. Das gilt insbesondere dann, wenn in einem bestimmten Gebiet unterschiedliche Ordnungen miteinander konkurrieren. Hier kommt es darauf an, ob die „als Rechtsordnung angesehene Zwangsordnung wirksamer ist als die die Räuberbande konstituierende Zwangsordnung."[14] Ist dies der Fall, so bleibt die Räuberbande eine Räuberbande – gegenüber einer konkurrierenden prätendierten Rechtsordnung.

Komplementär bedeutet das: Dort, wo sich die Zwangsordnung der Räuberbande gegenüber einer konkurrierenden Zwangsordnung durchgesetzt hat, handelt es sich nicht (mehr) um eine Räuberbande, sondern um eine Rechtsordnung und damit um einen Staat. Das gilt erst recht, wenn es sich um die einzige Ordnung auf dem fraglichen Gebiet handelt. Und es gilt auch dann, wenn dieser Staat eine – gemessen an den Normen des Völkerrechts – verbrecherische Tätigkeit entfaltet. *Kelsen* verweist in diesem Zusammenhang auf die seinerzeitigen „Seeräuber-Staaten" an der Nordwestküste Afrikas (Algier, Tunis, Tripolis), die im Zeitraum zwischen dem 16. und dem beginnen-

---

11 Ebd.
12 Zur „Grundnorm" ausf. § 7 Rn. 13 ff.
13 *Kelsen*, Reine Rechtslehre, S. 48.
14 *Kelsen*, ebd., S. 49.

den 19. Jahrhundert durch Piraterie das Meer unsicher machten.[15] Da in ihnen „jenes Minimum an kollektiver Sicherheit" gewährleistet war, das nach *Kelsen* die Bedingung einer relativ dauernden Wirksamkeit der staatlichen Ordnung ist, handelt es sich um Staaten, nicht um (See-)Räuberbanden.

24 Dass es für die Unterscheidung von Staaten einerseits, Räuberbanden andererseits – entgegen *Augustinus* – nicht auf einen „Gerechtigkeitswert" ankommen kann, ergibt sich für *Kelsen* auch aus der Relativität von Gerechtigkeitsurteilen. Für *Augustinus* war ein Staat nur dann gerecht, wenn er dem jüdisch-christlichen Gott (und nicht den alten Göttern der Römer) Verehrung zollte;[16] die politische Stoßrichtung seiner „staatsmoralistischen" Position ist hier unverkennbar. Dass Gerechtigkeitsurteile keine objektive Geltung beanspruchen können, dass sie vielmehr stets an bestimmte Weltanschauungen und Standards gebunden sind, gilt aber, so *Kelsen*, universell. Deshalb sei *Augustinus'* Gerechtigkeitskriterium nicht geeignet, Rechtsordnungen von nicht-staatlichen Zwangsordnungen zu unterscheiden. Nach diesem Kriterium wären, so *Kelsen*,

> „die kapitalistischen Zwangsordnungen der westlichen Welt (,) vom Standpunkt des kommunistischen Gerechtigkeitsideals, und die kommunistische Zwangsordnung der Sowjetunion (,) vom Standpunkt des kapitalistischen Gerechtigkeitsideals, kein Recht."[17]

25 Tatsächlich hätten sich sowohl nach der Französischen Revolution (1789) als auch nach der Russischen Oktoberrevolution (1917) andere Staaten unter Rückgriff auf rechtsmoralistische Argumente geweigert, Akte der revolutionär etablierten Regierungen als Rechtsakte anzuerkennen – im Fall Frankreichs wegen Verletzung des „monarchischen Legitimitätsprinzips", im Fall Russlands wegen der Abschaffung des Privateigentums an Produktionsmitteln.[18] Eine besondere Nähe zu *Augustinus* sei amerikanischen Gerichten zu bescheinigen, die sich, woran *Kelsen* erinnert, geweigert haben,

> „Akte der revolutionär etablierten russischen Regierung als Rechtsakte anzuerkennen, mit der Begründung, daß sie nicht Akte eines Staates, sondern einer Gangsterbande seien."[19]

4. „Todesstrafe" oder „Mord"?

26 Eine Grenzziehung zwischen einem rechtmäßigen staatlichen Akt einerseits, einem Verbrechen andererseits ist auch *innerhalb* einer Ordnung erforderlich, die als staatliche Ordnung und damit als Rechtsordnung anerkannt ist. Denn die Unterscheidung zwischen einem Mord einerseits, der Vollstreckung der Todesstrafe andererseits ist auch eine Frage der Zuständigkeit, der Kompetenz. Der Henker handelt bei der Tötung des Verurteilten (Hinrichtung) deshalb rechtmäßig, weil er innerhalb der Kompetenzen agiert, die die Rechtsordnung ihm zuweist.

27 Denn: Äußerlich unterscheidet sich die Hinrichtung eines Menschen aufgrund einer gerichtlich verhängten Todesstrafe nicht notwendig von einer kriminellen Tötung. Giftspritze, Fallbeil und Strick kann auch ein „privater" Mörder benutzen. Der Un-

---

15 Dass sich die europäischen Kolonialstaaten früherer Jahrhunderte gegenüber „ihren" Kolonien durch rücksichtslose Ausbeutung der Länder und Versklavung von deren Bewohnern *wie Räuberbanden* verhalten haben, wird heute kaum noch in Frage gestellt.
16 *Kelsen*, ebd., S. 50.
17 *Kelsen*, ebd., S. 51.
18 *Kelsen*, ebd.
19 *Kelsen* ebd.

terschied liegt im Bereich der *Deutung*, die sich auf Handlungskompetenzen bezieht. Das wird deutlich an folgendem Fall: Ein Mörder ist in einem Land, in dem die Todesstrafe noch existiert,[20] zum Tode verurteilt worden und soll durch das Fallbeil hingerichtet werden. Als der Henker den Mechanismus betätigen will, stößt der *Vater* des Ermordeten ihn beiseite, um die Strafe an dem Mörder seines Sohnes eigenhändig zu vollziehen. Der Verurteilte stirbt in derselben Sekunde und in derselben Weise, wie er durch die Hand des Henkers gestorben wäre. Trotzdem ist der Vater wegen eines Tötungsdelikts zu bestrafen. Darauf, dass der Delinquent nach den Gesetzen dieses Staates den Tod „verdient" hat, kommt es nicht an.

In geradezu aufdringlicher Klarheit erscheint die Bedeutung der von der Rechtsordnung verliehenen Kompetenz in *Dürrenmatts* Komödie: „Die Panne".[21] Ein pensionierter Richter, ein pensionierter Staatsanwalt und ein ehemaliger Strafverteidiger spielen im Ruhestand „Gericht". Sie spielen gern „am lebenden Objekt" – als Angeklagte fungieren Fremde, die in der Villa des Richters gastliche Aufnahme finden. Auch der Henker ist in dieser geselligen Runde immer dabei. Sie spielen streng nach den Regeln der Strafprozessordnung, wenn auch in angenehmerem Ambiente und bei insgesamt gesteigerter Lebensqualität (Rotwein der Marke „Château Margaux" anstelle des Mineralwassers aus der Gerichtskantine).

Wenn sich, wie in dem Szenario des Dramas (von *Dürrenmatt* als Komödie bezeichnet) herausstellt, dass der „Angeklagte" tatsächlich (!) ein mit der Todesstrafe bedrohtes Verbrechen begangen hat und der Henker nach dem entsprechenden „Urteilsspruch" in Aktion tritt, so ist das ein Mord, nicht eine Hinrichtung – obgleich die Beteiligten nichts anderes tun, als sie vor ihrem Ruhestand jahrelang unter dem Beifall der Rechtsordnung getan haben. Der Unterschied zwischen Mord und legaler Hinrichtung resultiert nicht aus differenten faktischen Umständen, sondern, etwas überspitzt formuliert, allein aus dem Verlust von Kompetenzen, der mit der Pensionierung verbunden ist.

In der Umkehrung bedeutet das: Durch die Zuerkennung entsprechender Kompetenzen seitens des Staates (der Rechtsordnung) wird aus Mord eine legale Hinrichtung. Das ist *rechtstheoretisch* gesehen folgerichtig; aus *rechtsethischer* Perspektive wirft es Probleme auf. Kann die vorsätzliche Tötung eines Menschen, kann eine langjährige Freiheitsberaubung deshalb gerechtfertigt sein, weil es sich nicht um die Tat einer Privatperson, sondern um die eines Amtsträgers handelt?

III. Gleichsetzungen

Aber auch aus rechtstheoretischer Perspektive bleiben Zweifel. Denn wenn es richtig ist, dass der Unterschied zwischen Staat und Räuberbande nicht in der Sache selbst liegt, sondern aus unterschiedlichen Deutungen resultiert: Kann man nicht an die Stelle eines Deutungsmusters, das diese Differenz konstituiert, ein anderes setzen, das Staat und Räuberbande, Finanzbeamten und kriminellen Erpresser gleichsetzt?

Die Antwort lautet: Man kann. Denn gerechtfertigt ist die Handlung eines Amtsträgers, die ein Rechtsgut eines Bürgers verletzt, nur auf der Basis einer Zwangsordnung (*Kelsen*), die ihm die entsprechende Kompetenz verleiht. Ob diese Zwangsordnung als Rechtsordnung und damit als Legitimation für Handlungen, die ihr entsprechen,

---
20 Beispielsweise China, Japan, die USA. In Deutschland ist die Todesstrafe abgeschafft (Art. 102 GG).
21 *Dürrenmatt*, Die Panne, 1980 (als „Komödie" bezeichnete Dramatisierung eines 1956 gesendeten, 1961 im Druck erschienenen Hörspiels).

§ 1 § 1 Warum ist der Staat keine Räuberbande?

anerkannt wird, ist aber wiederum eine Frage der Deutung, nicht der Erkenntnis von etwas Vorgegebenem. Sie führt, wiederum im Modell *Kelsens*, zurück zu der Funktion der Grundnorm, die aber gerade keine vorgegebene Legitimationsbasis ist, sondern eine Konstruktion, die man voraussetzen muss, *wenn* eine Zwangsordnung als Rechtsordnung gedeutet werden soll.

33 Damit ist die oben[22] erwähnte *dritte Antwort* auf die Frage nach dem Unterschied zwischen einem Staat und einer Räuberbande markiert. Die *erste* lautete: Das entscheidende Kriterium ist die Gerechtigkeit der Ordnung (*Augustinus*), die *zweite*: Es geht um unterschiedliche Deutungen, die sich jeweils an dem Gesichtspunkt der Wirksamkeit der jeweiligen Zwangsordnung orientieren (*Kelsen*). Die *dritte* Antwort lautet: Es gibt keinen Unterschied. Der Staat ist von einer Räuberbande nicht zu unterscheiden, wenn man auf Mystifikationen und auf zwar mögliche, aber keineswegs zwingende „Deutungen" verzichtet.

1. Todesstrafe als Mord

34 Es ist in der Tat widerspruchsfrei möglich, die Vollstreckung eines Todesurteils als Mord und eine Verhaftung als Kidnapping zu bewerten. Im aktuellen Schrifttum vertritt diese Position etwa der französische Philosoph und Soziologe *Geoffroy de Lagasnerie*. Den Kontext bildet eine Kritik an der Institution der staatlichen Strafe, die nach seiner Ansicht den Betroffenen für Handlungen, die aus gesellschaftlichen Umständen resultieren, zu Unrecht individuell (persönlich) verantwortlich macht. Dort, wo der strafende Staat von Mord rede, sollte man die Gewalt des prekären Lebens sehen. An diese Kritik der Strafe schließt sich die zum Thema „Staat und Räuberbande" entscheidende Passage an:

> „Man muss akzeptieren, dass man vom Staat nicht sagt, dass er ‚zum Tode verurteilt', sondern, dass er mordet; nicht, dass er Privatpersonen verhaftet, sondern dass er sie ‚kidnappt'; nicht dass er sie ins Gefängnis steckt, sondern dass er sie ihrer Freiheit beraubt; nicht dass er ihnen Bußgelder auferlegt, sondern dass er sie ‚ausraubt.'"[23]

35 Die politische Philosophie, die hier jeweils einen fundamentalen Unterschied konstruiere, fungiere lediglich als „Mystifikationsmaschine".[24]

2. Tradition des Anarchismus

36 *Geoffroy de Lagasnerie* bezieht mit diesen staatsskeptischen Äußerungen eine radikale, aber keineswegs eine singuläre Position. Sie schließt an die Tradition des Anarchismus[25] an, der als politische Theorie einen Höhepunkt im 19. und dem beginnenden 20. Jahrhundert hatte. Zu nennen sind hier insbesondere *Pierre-Joseph Proudhon* (1809–1865), *Michail Alexandrowitsch Bakunin* (1814–1876), *Pjotr Alexejewitsch Kropotkin* (1842–1921). Die Grundidee: Die Beziehungen der Menschen sind *nicht vertikal* (von oben nach unten) zu regeln, sondern *horizontal* zu ordnen. Nicht durch staatliche Gesetze, sondern durch *Verträge*, also nicht im Verhältnis Staat-Bürger, sondern im Verhältnis Bürger-Bürger. Historische Vorbilder scheint es zu geben. Nach *Max Weber* (1864–1920) ist eine „regulierte Anarchie" in bestimmten Stammesgesell-

---

22 Rn. 9.
23 *De Lagasnerie*, Verurteilen, S. 82 f.
24 *De Lagasnerie*, Verurteilen, S. 67.
25 Anarchie (aus dem Griechischen) meint wörtlich „Herrschaftslosigkeit".

III. Gleichsetzungen § 1

schaften nachweisbar. *Weber* verwendet hier den Begriff der *akephalen* Gesellschaften.[26] Elemente einer Rechts- und Staatskritik, die der formal regulierten Ordnung ein durch Solidarität verbundenes Zusammenleben der Mitglieder der Gesellschaft entgegensetzen, finden sich in der christlichen Sozialethik, aber auch in aktuellen Arbeiten aus dem Umkreis der „Kritischen Theorie".[27] Als „Leitbild des freiheitlichen Rechtsstaats" hatte Ende des 20. Jahrhunderts der Rechtsphilosoph und Strafrechtler *Ulrich Klug* die „geordnete Anarchie" proklamiert.[28] Historisch und ideengeschichtlich steht der Anarchismus eher in einer „linken", teilweise dem Marxismus assoziierten Tradition.

3. „Anarcho-Kapitalismus"

Heute dominiert demgegenüber das Phänomen eines „rechten", radikalliberalen Anarchismus, der die Forderung nach Abschaffung des Staates mit dessen angeblich freiheitsfeindlichen Eingriffen in Wirtschaft und Gesellschaft begründet. Hier heißt es nicht: „Todesstrafe ist Mord", sondern – wörtlich – „Steuern sind Diebstahl und Räuberei."[29] Protagonisten dieser Richtung sind Vertreter einer „Österreichischen Schule der Ökonomie" sowie die sogenannten „Libertären" in den USA. Als repräsentativ für diese Richtung kann eine Arbeit von *Hans-Hermann Hoppe* stehen. Zentrale Thesen dieser radikalen Schrift, die in allen wichtigen Punkten zum Widerspruch (und damit zum Nachdenken) herausfordert, sind: 37

Die Demokratie führe zu einer Negativauswahl der politischen Führung, zur Kumpanei von Politikern und „schwerreichen Familien" (S. 51); beim „demokratischen Wettbewerb" handele es sich um einen „Wettbewerb der Gauner" (S. 23). In der Demokratie sieht *Hoppe* vor allem die Gefahr der „Umverteilung" durch Steuergesetze etc. Die Demokratie sei „eine Form des Kommunismus" (S. 29). *Hoppe* wendet sich damit gegen den Sozialstaat. Bei dem Sozialstaat handele es sich um „Stehlen und Hehlen" (S. 59). 38

Ein Recht des Staates (dessen Legitimität generell bestritten wird) zur Erhebung von Steuern wird strikt verneint. Es ist bei *Hoppe* gerade ein zentrales Argument gegen den Staat, dass dieser mit den Steuern einen Raub an den Bürgern begehe. „Steuern sind Diebstahl und Räuberei" (S. 33). Außerdem erhebt er den Vorwurf, der Staat entscheide durch seine Institutionen selbst auch über Konflikte, die er mit seinen Bürgern habe. Der Hinweis auf die Gewaltenteilung wird beiseite gewischt (S. 31), ebenso der auf den Wechsel der Inhaber der Regierungsgewalt in der Demokratie. 39

Als Alternative zum Staat wird eine „Privatrechtsgesellschaft" angeboten, in der alles vertraglich geregelt ist und kein „öffentliches Recht" existiert (S. 52, 81). Auch das Sicherheitswesen soll privatisiert werden (Sicherheitsfirmen). Jeder erhalte so viel Sicherheit, wie es seiner Zahlungsbereitschaft entspreche (S. 84). Der Besitz von Waffen sei „sakrosankt" (S. 82). – Was mit dem Strafrecht geschehen soll, bleibt offen, ebenso, wer die Ermittlungsbefugnisse der Sicherheitsfirmen bei der Aufklärung von Straftaten festlegen soll, ebenso, wer überhaupt definieren soll, was Straftaten sind. – Auch die Justiz soll, in Form von Schiedsgerichten, privatisiert werden. 40

---

26 „Kephalos" (gr.): Kopf. „Akephal" dementsprechend: ohne (im übertragenen Sinne) „Haupt".
27 Dazu unten § 9 Rn. 28 ff.
28 *Klug*, Skeptische Rechtsphilosophie, S. 88 ff.
29 *Hoppe*, Wettbewerb, S. 33. Die Seitenangaben im nachfolgenden Text beziehen sich auf dieses Werk.

§ 1 Warum ist der Staat keine Räuberbande?

41 Mit seiner dezidierten Ablehnung des „etatistischen" Denkens bezieht *Hoppe* klar und explizit eine anarchistische Position, und zwar als „libertärer Anarcho-Kapitalist"(S. 12, 56). Dieser Selbstbezeichnung entspricht die Fetischisierung des Eigentums und des Marktes.[30]

IV. Zusammenfassung und Kritik

42 Auf die Frage „Warum ist der Staat keine Räuberbande?" gibt es zwei, wenn man die in der Fragestellung enthaltene Voraussetzung (der Staat ist *keine* Räuberbande) ausblendet, drei Antworten.

43 Die erste Antwort (*Augustinus*) unterscheidet zwischen beiden Organisationen anhand des Kriteriums der Gerechtigkeit. Nach der zweiten (*Kelsen*) liegt die Differenz nicht in materialen Kriterien (Gerechtigkeit), sondern resultiert aus unterschiedlichen Deutungsmustern: Eine Zwangsordnung wird genau dann als Rechtsordnung und damit als Staat gedeutet, wenn sie auf einem bestimmten Territorium kollektive Sicherheit garantieren kann. Ob diese Staaten eine nach den Maßstäben des Völkerrechts verbrecherische Tätigkeit entfalten („Seeräuber-Staaten"), ist unerheblich. Die dritte Position, der radikale Anarchismus, bestreitet einen grundsätzlichen Unterschied zwischen Staaten und Räuberbanden. Die Vollstreckung eines Todesurteils sei nichts anderes als Mord, die Erhebung von Steuern nichts anderes als Räuberei.

1. Augustinus

44 Das Kriterium der Gerechtigkeit des Staates bei *Augustinus* kann in einem definitorischen Sinne (ungerechten „Staaten" wird die Staatsqualität abgesprochen), aber auch im Sinne einer Delegitimierung ungerechter Staaten verstanden werden.

a) Gerechtigkeit als Definitions-Kriterium des Staates

45 Versteht man es im *definitorischen* Sinn, dann verfehlt es die Praxis der Anerkennung von Herrschaftssystemen als Staaten in drastischer Weise. Richtig ist allerdings, wie insbesondere *Robert Alexy* herausgearbeitet hat, dass Staaten beanspruchen, eine gerechte Ordnung zu etablieren.[31] Daraus lässt sich jedoch nicht die Konsequenz ableiten, ungerechten Herrschaftssystemen die Staatsqualität abzusprechen. Ob einzelne Rechtsnormen oder Normenkomplexe rechtlich ungültig sein können, wenn sie in gravierender Weise gegen Standards der Gerechtigkeit verstoßen, wird später zu erörtern sein.[32]

b) Gerechtigkeit als Legitimationskriterium

46 Auch in der zweiten, *legitimatorisch* orientierten Lesart ist die Sentenz von *Augustinus* problematisch. Denn die Standards der Gerechtigkeit sind, wie exemplarisch *Kelsen* aufgezeigt hat, in hohem Maße heterogen. Denkbar wäre immerhin, sich auf die Beachtung der in der maßgeblichen UN-Resolution deklarierten Menschenrechte sowie die Respektierung der im Völkerstrafrecht statuierten Verbote als verbindliche Standards gerechten Staatshandelns festzulegen. Aber dieses Verfahren würde die Anzahl

---

30 Unter dem Gesichtspunkt einer „Marktgerechtigkeit" zur Position des Anarcho-Kapitalismus unten § 10 Rn. 69 ff.
31 *Alexy*, Doppelnatur, S. 398 ff.
32 Unten § 4 Rn. 51 ff.

IV. Zusammenfassung und Kritik § 1

von Staaten, die nicht *zugleich* als „Räuberbanden" anzusehen wären, drastisch reduzieren. Folterungen, die systematische Ermordung hochrangiger Politiker oder Militärs aus „Feindstaaten" oder „terroristischen Vereinigungen" werden aus zahlreichen Staaten, auch aus westlichen Demokratien, berichtet.

Es ist bezeichnend, dass sich, beispielsweise, China, Israel, Russland und die USA geweigert haben, sich bzw. ihre Staatsangehörigen der Gerichtsbarkeit des Internationalen Strafgerichtshofs (IStGH) in Den Haag zu unterwerfen. Die Vereinigten Staaten haben darüber hinaus ein Gesetz verabschiedet, das es ermöglichen soll, mit Waffengewalt am Ort des Gerichtshofs zu intervenieren.[33] Während der ersten Präsidentschaft Trumps haben die USA Angehörige des IStGH mit Sanktionen belegt, weil das Gericht es unternommen hatte, US-Kriegsverbrechen in Afghanistan zu untersuchen.

2. Kelsen

Die Analyse *Kelsens*, dass es bei der Unterscheidung von Staaten und Räuberbanden, von Finanzbeamten und kriminellen Erpressern nicht um strukturell differente Sachverhalte, sondern um unterschiedliche Deutungen parallel gelagerter Sachverhalte geht, erscheint überzeugend. Plausibel ist auch das Kriterium, an dem sich diese Deutungen orientieren: Es kommt maßgeblich darauf an, ob sich die fragliche Zwangsordnung so durchgesetzt hat, dass sie nicht von einer konkurrierenden, möglicherweise einflussreicheren Zwangsordnung in Frage gestellt werden kann. Ist das der Fall, so werden die Handlungen, die dieser Organisation zugerechnet werden, als Rechtsakte, Maßnahmen, die der Durchsetzung dieser Rechtsakte dienen, als rechtmäßig betrachtet.

Mit der Deutung der Zwangsordnung als Staat und der korrespondierenden Interpretation der dieser Ordnung entsprechenden Handlungen als Rechtsakte eng verbunden ist die Differenzierung zwischen *rechtmäßigen* und *unrechtmäßigen* Handlungen. Es kommt nicht darauf an, ob eine Handlung nützlich oder schädlich ist, auch nicht darauf, in welchem Maße sie nützlich oder schädlich ist. „Nützlichkeit" und „Schädlichkeit" sind abstufbare Kategorien, „rechtmäßig" und „rechtswidrig" sind es nicht. Es handelt sich um ein Entweder-Oder, ein binäres (zweiwertiges) Schema. Ebenso wenig wie auf den Gesichtspunkt der Nützlichkeit/Schädlichkeit der Handlung kommt es für die rechtliche Bewertung darauf an, ob eine Handlung moralisch oder unmoralisch ist. Wenn ein Multimillionär oder -milliardär einen Bürger dadurch in den finanziellen Ruin treibt, dass er eine Forderung im vierstelligen Euro-Bereich gegen ihn vollstrecken lässt, so ist das in hohem Maße unmoralisch. Es ist aber rechtmäßig.

Ebenso ist es nach deutschem Strafrecht rechtmäßig, wenn der Eigentümer den Diebstahl einer Sache dadurch abwehrt, dass er einen tödlichen Schuss auf den Täter abgibt, wenn die Tat nicht auf andere Weise zu verhindern ist. Selbstverständlich kann eine Rechtsordnung die Bewertung einer Handlung als „rechtmäßig" an moralische oder andere soziale Standards binden, etwa einem Rechtsgeschäft die Geltung verweigern, wenn es gegen die guten Sitten verstößt.[34] Ob und inwieweit sie das tut, liegt aber in ihrer Entscheidung.

Die Analyse *Kelsens* enthält eine scharfsinnige und realitätsgerechte Rekonstruktion der Deutungsmuster, anhand derer darüber entschieden wird, ob eine Zwangsordnung

---

33 „American Service Members' Protection Act" (2002). Dazu etwa *A. v. Arnauld*, Völkerrecht, 5. Aufl. 2023, S. 188.
34 § 138 Abs. 1 BGB.

als Staat und damit als Rechtsordnung anerkannt wird. Ob sich diese Rekonstruktion letztlich zu einem stringenten rechtstheoretischen Modell fügt, wie *Kelsen* es anstrebt, hängt davon ab, ob sich die Konstruktion der Grundnorm, auf die er rekurriert, überzeugend begründen lässt.[35]

3. „Linker" Anarchismus

52 Der „linke" Anarchismus, der die Staatsgewalt vollständig durch Selbststeuerungsprozesse der Gesellschaft bzw. durch die „Bindemittel" von Solidarität und Liebe ersetzen will, dürfte daran scheitern, dass er auf kontrafaktischen anthropologischen Annahmen basiert. Aufgrund der historischen Erfahrungen spricht jedenfalls nichts dafür, dass eine stabile gesellschaftliche Ordnung über wechselseitiges Wohlwollen der Bürger/-innen allein herzustellen ist. Der Münchner Rechtsphilosoph und Strafrechtler *Arthur Kaufmann* (1923–2001) hat das in ironischer, bewusst paradoxer Überspitzung so ausgedrückt: „Anarchie ist nur realisierbar, wenn an der Spitze ein starker Anarch steht."[36]

53 Jedenfalls: In modernen, hochkomplexen Gesellschaften ist staatliche Steuerung in vielen Bereichen unverzichtbar. Eine „Anarchie" der Finanzmärkte kann zu gesamtgesellschaftlichen Katastrophen führen – hier auf Selbststeuerungsmechanismen zu vertrauen, wäre, wie sich gerade in den letzten Jahrzehnten gezeigt hat, naiv. Nicht zu bestreiten ist, dass wirtschaftliche Dynamik durch staatliche Überregulierung torpediert werden kann; in Europa sind Exzesse im Bereich der EU-Bürokratie paradigmatisch. Aber: Hier geht es um das „Wie", nicht um das „Ob" staatlicher Steuerungsprozesse.

54 Ein zweiter Punkt: Indem der Anarchismus *jede* Herrschaft für illegitim erklärt, kann er normativ nicht mehr zwischen verschiedenen Herrschaftsformen differenzieren. Damit werden die Unterschiede zwischen einem totalitären System einerseits, einem Verfassungsstaat mit Grundrechten und Gewaltenteilung andererseits eingeebnet. Wenn man diese Unterscheidung aufrechterhalten will, muss man die Kategorie der Legitimität differenzierend handhaben.

55 Soweit anarchistische Positionen, jenseits einer radikalen Staatskritik,[37] Rechtszwang durch informelle soziale Mechanismen der Konfliktlösung ersetzen wollen, die auf Sozialität, Solidarität, Vertrauen Verständigungsbereitschaft basieren, können und müssen sie für bestimmte Bereiche des gesellschaftlichen Zusammenlebens diskutiert werden. So wäre etwa zu fragen, ob die Bürokratisierung der Sterbehilfe, die in einigen Gesetzesentwürfen der letzten Jahre[38] zum Exzess getrieben ist, der oft verzweifelten Situation der Sterbewilligen wirklich gerecht wird. Möglicherweise wäre es besser, wenn die Entscheidung hier im Rahmen des Vertrauensverhältnisses zwischen Arzt und Patient getroffen würde. Generell stellt sich die Frage, wie weit die Verrechtlichung des gesellschaftlichen Lebens getrieben werden kann, ohne dass sich der Staat eines Übergriffs in die „Lebenswelt" und in die Privatsphäre seiner Bürger/-innen schuldig macht.[39]

---

35 Dazu unten § 7 Rn. 13 ff.
36 Äußerung im Gespräch mit seinerzeitigen Mitarbeitern.
37 Zu *Ulrich Klugs* Vorstellung von einer „geordneten Anarchie" als „Leitbild des freiheitlichen Rechtsstaats" oben Rn. 36.
38 Übersicht bei *Neumann*, in: Kindhäuser/Neumann/Paeffgen/Saliger (Hrsg.), Nomos-Kommentar zum StGB. 6. Aufl. 2023, Vor § 211, Rn. 147 ff.
39 Dazu § 9 Rn. 30 ff.

IV. Zusammenfassung und Kritik § 1

4. „Anarcho-Kapitalismus"

Die Position des „libertären Anarcho-Kapitalismus", die im Unterschied zum traditionellen „linken" Anarchismus in der aktuellen Diskussion eine erhebliche Rolle spielt,[40] ließe sich zunächst von einem moralischen Standpunkt aus kritisieren. Denn sie ist ein Plädoyer für einen entfesselten Egoismus, der die Sicherungen des Sozialstaats aushebelt und die Weichen in Richtung eines „Raubtierkapitalismus" stellt. Rechtstheoretisch und -soziologisch gesehen dürfte diese Position unhaltbar sein.

Der Verzicht auf eine staatliche Gewalt, die als neutrale und unabhängige Macht bei individuellen und kollektiven gesellschaftlichen Konflikten intervenirt, führt jedenfalls in dem von *Hoppe* gepriesenen kapitalistischen System zwangsläufig zu einem Kampf aller gegen alle, den zu verhindern – wie seit *Hobbes* (1588 – 1679) kaum noch bestritten wird – gerade die Aufgabe der Staatsmacht ist. Wenn *Hoppe* das öffentliche Recht, das das Verhältnis zwischen Staat und Bürger regelt, abschaffen und an die Stelle des Staates eine „Privatrechtsgesellschaft" setzen will, in der alles vertraglich geregelt wird, so öffnet er der Willkür des jeweils wirtschaftlich Stärkeren, der dem Schwächeren den Vertrag diktieren kann, Tür und Tor.

So geht das Argument, mit der Privatisierung des Sicherheitswesens, der generellen Ersetzung der Polizei durch „Sicherheitsfirmen", erhalte jeder so viel Sicherheit, wie es seiner *Zahlungsbereitschaft* entspreche, offensichtlich fehl. Denn selbstverständlich ist es zunächst eine Frage der *Zahlungsfähigkeit*, in welchem Ausmaß der Einzelne durch die Beauftragung von Sicherheitsfirmen für seine Sicherheit sorgen kann. Was *Hoppes* Kritik an der Demokratie betrifft, so stört nicht nur sein rüdes Vokabular („Wettbewerb der Gauner"). Gewichtiger ist, dass eine plausible Alternative nicht aufgezeigt wird. Das von ihm bevorzugte undemokratische „monarchische" Regime jedenfalls erscheint aus heutiger Sicht wenig attraktiv.[41]

---

40 Detaillierte Rekonstruktion der aktuellen anarcho-kapitalistischen Bewegung, zu der sich auch der derzeitige (2025) argentinische Präsident *Javier Milei* bekennt, bei *Slobodian*, Kapitalismus.
41 Zu unterscheiden ist zwischen der Monarchie als Staatsform, die mit einer demokratischen Regierungsform vereinbar ist (vgl. die Beispiele von England, Schweden, Spanien und Dänemark) und einer autoritär-monarchischen *Regierungsform*, wie sie *Hoppe* offenbar vorschwebt.

§ 2 Ursprung der Staatsgewalt: „Gott" oder „das Volk"?

I. „Staatsgewalt"

1. Normative und physisch-reale Dimension

1 Der Befund, dass sich rechtmäßige Akte des Staates und seiner Organe äußerlich („phänomenologisch") häufig nicht von kriminellen Handlungen unterscheiden,[1] spiegelt sich sprachlich in der Rede von der *staatlichen Gewalt*. „Gewalt" beschränkt sich in diesem Kontext natürlich nicht auf den Einsatz körperlicher, generell: physikalisch vermittelter Kraft, sondern bezeichnet auch – und vor allem – ein *Herrschaftsverhältnis*, kraft dessen der Gewaltausübende befugt ist, demjenigen, der dieser Gewalt unterworfen ist, Verhaltensanweisungen zu geben. In diesem Sinne spricht das Grundgesetz von der *Staatsgewalt* sowie von der *vollziehenden Gewalt*.[2]

2 Dabei meint der Begriff der „vollziehenden Gewalt" nicht nur die Vollstreckung staatlicher Rechtsakte, die jedenfalls im Bereich des Polizei- und des Strafrechts häufig mit dem Einsatz körperlicher Gewalt verbunden ist. Wie der Kontext ergibt („Organe der Gesetzgebung, der vollziehenden Gewalt und der Rechtsprechung"), bezieht er sich auf Handlungen der Exekutive insgesamt. „Gewalt" im Sinne der Begriffe „Staatsgewalt" und „vollziehende Gewalt" ist folglich auch *vergeistigte Gewalt*, die ein normativ strukturiertes Verhältnis zwischen dem Gewalthaber und den Personen bezeichnet, die dieser Gewalt ausgesetzt sind.

3 Zugleich aber handelt es sich um ein *reales Gewaltverhältnis*, weil der Staat die Verpflichtungen, die er den Bürgerinnen und Bürgern rechtlich auferlegt, gegebenenfalls mit Zwangsmaßnahmen durchsetzt.[3] Die Einschränkung der Freiheit, die aus rechtlichen Ge- und Verboten resultiert, ist deshalb in einem doppelten Sinne Gewaltausübung: zum einen, im Sinne des „vergeistigten" Gewaltbegriffs, als *normative Bindung* der Rechtsunterworfenen, zum andern als Drohung mit dem Einsatz physischer Gewalt für den Fall, dass diese Ge- und Verbote nicht beachtet werden. Daran ändert der Umstand nichts, dass das Recht keineswegs auf eine Gesamtheit von Ge- und Verboten reduziert werden kann, weil es nicht nur Befehle formuliert, sondern auch Räume schafft, in denen dem Einzelnen rechtliche Gestaltungsmöglichkeiten eröffnet werden (Abschluss von Verträgen, Errichtung eines Testaments, Gründung einer Handelsgesellschaft etc.).[4]

4 Denn zum einen hat das Recht jedenfalls in weiten Bereichen tatsächlich den Charakter von Anweisungen (Imperativen) gegenüber den Rechtsunterworfenen. Zum andern aber stehen auch hinter den Gestaltungsmöglichkeiten, die das Recht eröffnet, latent Zwangsmaßnahmen: Die Erfüllung eines Vertrags kann ggf. durch ein Gerichtsurteil und im Wege von Vollstreckungsmaßnahmen erzwungen werden, die Gründung einer Handelsgesellschaft ist mit der Übernahme von Verpflichtungen verbunden, deren Nichteinhaltung ihrerseits mit Sanktionen bedroht ist, etc.

---

[1] Vgl. das Beispiel oben § 1 Rn. 3.
[2] Art. 20 Abs. 2 GG.
[3] Fundamentale Auseinandersetzung mit der Gewalt des Rechts und des Staates bei *Benjamin*, Kritik. Dazu *Honneth*, Zur Kritik der Gewalt, in: B. Lindner (Hrsg.), Benjamin-Handbuch 2011, S. 193–210.
[4] Zur Kritik der sog. Imperativentheorie vgl. unten § 8 Rn. 27 ff.

I. „Staatsgewalt"

2. Legitimationsbedarf

Der Staat erhebt somit gegenüber den Staatsbürgern einen doppelten Anspruch. Zum einen formuliert er Regeln, deren Beachtung als Regeln verbindlichen Rechts er einfordert. Zum andern beansprucht er für den Fall, dass diese Regeln nicht respektiert werden, das Recht, empfindliche Sanktionen zu verhängen und durchzusetzen – bis hin zur lebenslangen Freiheitsstrafe, in manchen Staaten bis hin zur Todesstrafe. Dieser Anspruch bedarf der Rechtfertigung.

Diese Rechtfertigung ergibt sich noch nicht aus der *Unterscheidung* zwischen Staaten und Räuberbanden.[5] Denn diese Unterscheidung ist lediglich *kategorialer* Natur. Sie stellt, wenn man dem Modell *Kelsens* folgt, nicht auf normativ relevante Qualitäten des Systems ab, sondern auf tatsächliche, empirisch erfahrbare Umstände (Herrschaft über ein bestimmtes Territorium). Das formale Modell *Kelsens* kann und soll die Legitimität einer staatlichen Herrschaft nicht begründen. Es kann, mit anderen Worten, die Frage nicht beantworten: Woher nimmt der Staat das Recht, von seinen Bürgern Gehorsam zu fordern?

3. Zwei Modelle der Legitimation

Auf diese Frage gibt es zwei Antworten.

Die *erste Antwort*: Der Staat erhält diese Befugnis von einer höheren Instanz. Da es keine höhere irdische Instanz gibt,[6] kann diese Instanz nur eine transzendente (jenseitige) sein. Zentral ist hier die Idee einer *Herrschaft von Gottes Gnaden*, die historisch in Europa eine kaum zu überschätzende Rolle gespielt hat. Das Prinzip lautet dann: „Alle Staatsgewalt ist von Gott". Auch heute noch ist dieses Prinzip in der Glaubenslehre der katholischen Kirche präsent,[7] aber auch im Selbstverständnis einiger Staaten.[8] In Israel wird von der Orthodoxie das Recht zu der 1948 erfolgten Gründung eines Staates auf einem Territorium, das bis dato jahrtausendelang zu anderen Rechts- und Staatsordnungen gehört hatte, aus dem Alten Testament abgeleitet.

Die *zweite Antwort*: Der Staat erhält die Kompetenz, von seinen Bürgern Gehorsam zu verlangen, von diesen Bürgern selbst. Dann lautet das die Legitimation begründende Prinzip: „Alle Staatsgewalt geht vom Volke aus." Dies ist wörtlich ein Satz des deutschen Grundgesetzes,[9] und er ist umfassend zu verstehen. „Alle" Staatsgewalt, also nicht nur die gesetzgebende Gewalt, sondern auch Exekutive („vollziehende Gewalt") und Judikative („Rechtsprechung"). Deshalb ist es folgerichtig, dass die Urteile der Gerichte „Im Namen des Volkes" gesprochen werden.

---

5 Dazu oben § 1 Rn. 17 ff.
6 Das gilt, soweit es um die Frage der Legitimität des Staates geht, auch im Zeichen einer zunehmend globalisierten Rechts- und Staatenordnung, in der die Einzelstaaten die Rechte, die aus ihrer Souveränität folgen, teilweise auf überstaatliche Institutionen übertragen haben.
7 „Nach christlicher Überzeugung gründet alles Recht ... letztlich in Gott" (*Chr. Ohly/L. Müller*, Katholisches Kirchenrecht, 2. Aufl. 2022, S. 42).
8 Vgl. Rn. 9 (zu Irland).
9 Art. 20 Abs. 2 Satz 1 GG.

II. „Alle Staatsgewalt ist von Gott"

9   Die religiös-theologische Begründung des Staates ist eine klassische, kulturell nahezu universale Form der Legitimation von staatlicher Herrschaft.[10] Sie kann für die Institution des Staates als solche, aber auch auf die Person des Herrschers beansprucht werden. Auf die Legitimation der *Institution* des Staates zielt heute noch die Verfassung Irlands, wenn es dort heißt: „Alle Staatsgewalt ist von Gott".[11] Soweit sich in Systemen der Monarchie der Herrscher, wie noch in der preußischen Verfassung von 1850, als König „von Gottes Gnaden" bezeichnet,[12] geht es *prima facie* um die Legitimation der *Person*. Auch in diesem Fall aber ist die Vorstellung nicht die eines von Gott auserwählten Individuums, sondern die einer mit göttlichem Segen versehenen, institutionellen Machtposition.

1. Zwei Schwerter-Lehre

10 In Mitteleuropa[13] musste sich die Vorstellung eines Herrschers und einer Herrschaft „von Gottes Gnaden" zunächst gegen die Staatsskepsis im frühen Christentum durchsetzen, das dem römischen Staat ursprünglich feindlich, allenfalls gleichgültig gegenüber stand.[14] Wenn *Augustinus* die *civitas terrena* und die *civitas dei* kontrastiert, dann geschieht dies auch mit der Tendenz, den irdischen Staat, der mit dem seinerzeitigen römischen Reich assoziiert wurde, auf die Bedeutung eines notwendigen Übels zu reduzieren.[15]

11 Auch in der Folgezeit blieb das Verhältnis zwischen der christlichen Lehre, die inzwischen von einer institutionell verfestigten Kirche verwaltet wurde, die zu erheblicher weltlicher Macht gelangt war, und dem Kaiserreich des Mittelalters ambivalent. Zwar wurde von Seiten der Kirche nicht bestritten, dass auch dem Kaiser (ebenso wie dem Papst) seine Macht von Gott verliehen worden war. Beide Seiten, Kaisertum und Papsttum, beriefen sich, *insoweit* übereinstimmend, auf die sogenannte *Zwei-Schwerter-Lehre*, der zufolge Gott zum Schutz der Christenheit sowohl ein geistliches als auch ein weltliches Schwert bestimmt habe. Das weltliche Schwert sei dem Kaiser, das geistliche dem Papst verliehen worden.

12 Soweit die Einigkeit. Umstritten war aber, sozusagen, der „Transportweg" des dem Kaiser verliehenen Schwertes. Nach Auffassung des Papsttums waren beide Schwerter zunächst dem Papst „übergeben" worden, der das weltliche Schwert dann an den Kaiser weiterreicht. Nach Ansicht der kaiserlichen Theologen hatte der Kaiser das weltliche Schwert unmittelbar von Gott erhalten.[16]

13 Für das Verhältnis von Kaisertum und Papsttum war dieser Streit von zentraler Bedeutung. Denn mit dem Narrativ, der Kaiser habe das weltliche Schwert zwar gleichfalls

---

10 *Jellinek*, Staatslehre, S. 186 f. Anders etwa in der Römischen Republik; dort gab es keine Versuche der „Verankerung irdischer Herrschaft im Göttlichen" (*Fögen*, Römische Rechtsgeschichten, 2. Aufl. 2003, S. 33).
11 „In the Name of the Most Holy Trinity, from Whom is all authority and to Whom, as our final end, all actions both of men and States must be referred, We, the people of Éire, ... Do hereby adopt, enact, and give to ourselves this Constitution" (Präambel).
12 Verfassungsurkunde für den Preußischen Staat vom 31.1.1850.
13 Zur Emanzipation des „profanen" Rechts vom „theokratischen" (und, komplementär, der Rationalisierung politischer Herrschaftsformen) in weltgeschichtlicher Perspektive *Max Weber*, Wirtschaft und Gesellschaft, Kapitel VII § 5 (S. 586 ff).
14 *Jellinek*, Staatslehre, S. 187.
15 *Jellinek*, ebd. Dazu schon oben § 1 Rn. 10 ff.
16 Knappe und klare Darstellung bei *Jellinek*, Staatslehre, S. 188 f. und *Radbruch*, Einführung, S. 358 f.

II. „Alle Staatsgewalt ist von Gott"

von Gott, unmittelbar aber aus der Hand des Papstes erhalten, wurde die geistliche Herrschaft der weltlichen übergeordnet, das Papsttum hierarchisch über das Kaisertum gestellt. Die religiös-theologische Legitimation der weltlichen Herrschaft geriet in den Zeiten der Konkurrenz zwischen Kaiser- und Papsttum also durchaus ambivalent. Einerseits wurde die kaiserliche Macht durch ihre Herleitung von Gott gerechtfertigt und ideologisch überhöht; andererseits war sie der Gefahr ausgesetzt, dass die Institution, die beanspruchte, in Stellvertretung Gottes auf Erden zu agieren, den weltlichen Machtanspruch in die zweite Reihe verwies.

2. Verblassen der religiösen Legitimation

Fragwürdig wird diese Legitimation einerseits durch die Glaubensspaltung im Gefolge der Reformation (a), andererseits im Zuge der Aufklärung (b).

a) Reformation

Infolge der *Glaubensspaltung* durch die Reformation entfällt die Basis der religiösen Legitimation der Herrschaft, nämlich die Vorstellung einer einzigen „richtigen" Religion. Mit dem Streit um die „wahre" Konfession, wird die religiös-theologische Rechtfertigung des Staates nicht nur brüchig; sie führt tendenziell zum Bürgerkrieg. Inwieweit hinter dem Dreißigjährigen Krieg (1618–1648) politische Interessen rivalisierender Staaten und konkurrierende Machtansprüche innerhalb des Reiches standen, sei hier dahingestellt. Geführt wurde er jedenfalls als kämpferische Auseinandersetzung zwischen dem katholischen und dem protestantischen Lager. Das gleiche gilt für die Hugenottenkriege in Frankreich (1562–1598). Die Auseinandersetzungen zwischen katholischen und protestantischen Kräften in England im 16. und 17. Jahrhundert werden als eines der wesentlichen Motive von *Thomas Hobbes* (1588–1679) angesehen, die Legitimation des Staates auf eine pragmatische Grundlage zu stellen.

b) Aufklärung

Die Epoche der *Aufklärung* (18. Jahrhundert) erklärt Religion zur Privatsache des Einzelnen. Damit ist der Legitimation staatlicher Herrschaft durch die Religion theoretisch der Boden entzogen; denn die Legitimität staatlicher Herrschaft kann nicht relativ zu dem persönlichen Glaubensbekenntnis des einzelnen Bürgers bestimmt werden. Gleichwohl bleibt das religiös-theologische Legitimationsmodell virulent. Noch in der Verfassung Preußens von 1850 bezeichnet sich der Monarch, wie erwähnt, als König „von Gottes Gnaden".[17] Präludiert hatte dem der konservative preußische Staatsrechtslehrer *Friedrich Julius Stahl* (1802–1861), der die Monarchie in seinem Werk „Das monarchische Prinzip" als „von Gott gewollte Ordnung" bezeichnet hatte.

Bei *Kant* (1724–1804), dem Vordenker der Philosophie der Aufklärung, finden sich zur Frage einer transzendenten Legitimation staatlicher Herrschaft ambivalente Äußerungen. Einerseits wird die Befugnis zur Gesetzgebung nicht einem göttlich legitimierten Herrscher, sondern dem Volk zugesprochen:

> „Die gesetzgebende Gewalt kann nur dem vereinigten Willen des Volkes zukommen."[18]

---

[17] Oben Rn. 9.
[18] *Kant*, Metaphysik der Sitten, § 46.

§ 2 Ursprung der Staatsgewalt: „Gott" oder „das Volk"?

18 Andererseits heißt es einige Seiten später:

> „Der Ursprung der obersten Gewalt ist für das Volk, das unter derselben steht, in praktischer Absicht unerforschlich, d. i. der Untertan soll nicht über diesen Ursprung ... vernünfteln".

19 Der Satz „Alle Obrigkeit ist von Gott" sei ein „praktisches Vernunftprinzip".[19] Das besagt, man müsse sich das Gesetz so vorstellen, als ob (!) es nicht von Menschen, sondern von einem höchsten, untadeligen Gesetzgeber komme. Dies sei die Bedeutung des Satzes „Alle Obrigkeit ist von Gott".

3. Nachwirkungen

20 Allerdings markiert diese Entwicklung keinen linearen Prozess und ist keinesfalls abgeschlossen.

21 Es wurde schon darauf hingewiesen, dass auch in manchen europäischen Staatsverfassungen der Gegenwart die Staatsgewalt auf Gott zurückgeführt wird. Das *Grundgesetz* selbst nimmt in seiner Präambel auf Gott Bezug, wenn es formuliert, das deutsche Volk habe sich dieses Grundgesetz „Im Bewußtsein seiner Verantwortung vor Gott und den Menschen" gegeben. Ein vergleichbarer Gottesbezug findet sich in den Verfassungen der Schweiz (Bundesverfassung), Polens und Ungarns. Bei den vorbereitenden Arbeiten zur *Europäischen Grundrechtecharta* war die Frage eines expliziten Gottesbezugs umstritten. Letztlich einigte man sich auf eine Formulierung, die nicht auf Gott und Glauben, sondern auf „das geistige und moralische Erbe" Europas bezogen ist.[20] So formuliert der englische Text *spiritual and moral heritage*, der französische *patrimoine spirituel et moral*. Dem deutschen Text blieb es vorbehalten, den Begriff des „geistig-religiösen" (!) Erbes zu verwenden.

22 Welche Bedeutung dem Gottesbezug in der Präambel des deutschen Grundgesetzes zuzuerkennen ist, wird nicht einheitlich beurteilt. In Hinblick auf die grundsätzliche, wenn auch nicht strikte religiöse Neutralität des Staates des Grundgesetzes[21] wird man ihn nicht auf den Gott der christlichen Religion verengen dürfen. Am überzeugendsten erscheint die Deutung, der zufolge es sich um eine „Demutsformel" handelt[22] – um eine Selbstbescheidung, eine Distanzierung von der hochmütigen Vorstellung einer Allmacht des Verfassungsgebers. Dass es nicht um eine Legitimation der Verfassung durch eine transzendente Instanz geht, zeigt die Formulierung, das deutsche Volk habe sich „kraft seiner verfassungsgebenden Gewalt" dieses Grundgesetz gegeben. Allerdings: Bei der Ausarbeitung des Grundgesetzes war dieses rein säkulare Verständnis der Staatsgewalt nicht unumstritten. So plädierte die Unionsfraktion im parlamentarischen Rat 1948 dafür, das Volk lediglich als *Träger* der Staatsgewalt zu bezeichnen.[23] Das hätte die Möglichkeit eröffnet, entsprechend dem christlichen Verständnis an der Vorstellung festzuhalten, dass alle Staatsgewalt von Gott gegeben sei.

---

19 Alle Zitate ebd.
20 „Charta der Grundrechte der Europäischen Union" vom 14.12.2007, Präambel.
21 Zur kirchenfreundlichen Rechtsprechung des BVerfG *Czermak*, Bundesverfassungsgericht, passim.
22 So *Dreier*, Staat ohne Gott, S. 180 ff.
23 Dazu *Cancic*, „Alle Gewalt ist von Gott", S. 65 f.

III. Staat und Religion

Verfassungsnormen, die sich auf Gott beziehen (oder aber einen solchen Bezug vermeiden), drücken das Selbstverständnis des Staates hinsichtlich einer eher religions-affinen oder aber einer eher säkularen Einstellung aus. Insoweit geht es um *Ideologie*.[24] Davon zu unterscheiden ist die Frage, ob der Staat aus Gründen seiner *Akzeptanz in der Gesellschaft* als eine Institution wahrgenommen werden muss, die eine religiöse oder metaphysische Dimension aufweist. Insoweit geht es um *Sozialpsychologie*. Bedarf der Staat, in der Sicht der Bevölkerung, „höherer Weihen", um eine stabile soziale Ordnung gewährleisten zu können?

1. „Staatsnotwendige Sakralität"?

Nachdrücklich bejaht wird dies in der Behauptung, auf *Sakralität* könne nicht verzichtet werden, wenn sich politische Herrschaft erhalten solle.[25] Aber diese Behauptung dürfte die moralische Autonomie der Bürger ebenso unterschätzen wie deren Fähigkeit, die staatliche Ordnung aus einem rationalen Eigeninteresse heraus zu akzeptieren und zu befolgen.[26] Im Übrigen beweist die Geschichte, dass Regime, die eine religiöse Legitimation beanspruchen, vor revolutionärem Aufbegehren keinesfalls gefeit sind. Es genügt, insoweit an die französische Revolution (1789) und den Sturz des zaristischen Regimes in Russland (1917) zu erinnern.

Innerhalb der deutschen staatstheoretischen und rechtsphilosophischen Diskussion spielt in diesem Zusammenhang ein Diktum des Staatsrechtlers, Rechtsphilosophen und Verfassungsrichters *Ernst-Wolfgang Böckenförde* (1930–2019) eine zentrale Rolle. *Böckenförde* verweist darauf, dass der Staat, der darauf verzichtet, seine Bürger auf eine „staatstragende" Weltanschauung zu verpflichten, die ideologische Basis seiner Existenz nicht sicherstellen kann. In diesem Sinne formuliert *Böckenförde*:

> „Der freiheitliche, säkularisierte Staat lebt von Voraussetzungen, die er selbst nicht garantieren kann."[27]

Ob diese These darauf abzielt, den Staat auf ein *religiöses* gesellschaftliches Fundament zu stellen, ist umstritten. Richtig dürfte sein, dass *Böckenförde* die Notwendigkeit sieht, dass der Staat von einem gesellschaftlichen *Grundkonsens* getragen wird. Ob dieser Grundkonsens durch eine Religion, eine gemeinsame nationale oder politische Ideologie oder einen kollektiven „Verfassungspatriotismus" gestiftet wird, wäre insoweit gleichgültig. Allerdings darf die Gefahr nicht übersehen werden, dass das Fundament kollektiver Ideologien dort bröckelt, wo relevante Gruppierungen sich diesen Ideologien verweigern oder durch sie ausgeschlossen werden. Ein ethnisch orientierter Nationalismus, der nicht auf die Staatsangehörigkeit, sondern auf die Zugehörigkeit zu einer bestimmten „Volksgruppe" abstellt, verhindert, dass andere Volksgruppen sich mit dem Staat uneingeschränkt identifizieren können.

Beispielhaft: Gegenüber einer „katholischen Republik", einem „islamischen" oder „jüdischen" Staat müssen glaubensstarke Anhänger anderer Religionen zwangsläufig

---

24 Der Begriff wird hier und durchgehend in dem neutralen Sinn gebraucht, in dem er in der „Wissenssoziologie" verwendet wird.
25 *Joas*, Macht des Heiligen.
26 Krit. zu der These der staatsnotwendigen „Sakralität" etwa *Dreier*, Staat ohne Gott, S. 157 ff. Ebenso *Fateh-Moghadam*, Sakralisierung, S. 129 ff.
27 *Böckenförde*, Entstehung, S. 112.

eine innere Distanz bewahren. Die Reaktion „Das ist nicht *mein* Staat" liegt dann nahe. Das ist die Dialektik einer ideologischen Fundierung des Staates: Sie verschafft (typischerweise) der Mehrheit ein Identifikationskriterium, schließt aber Minderheiten jedenfalls tendenziell aus. Dieser Ausschluss kann in extremen Fällen auch physische Formen annehmen, bis hin zur Inhaftierung in „Umerziehungslagern", zur Vertreibung oder, im schlimmsten Fall, zur Vernichtung der Angehörigen der Minderheit.

2. Alternative: „Verfassungspatriotismus"

28 Dieser Dialektik entgeht auf den ersten Blick die Idee des *Verfassungspatriotismus*. Denn sie bezieht sich zunächst auf ein formales Kriterium: die für den konkreten Staat konstitutive Verfassungsordnung. Sich mit dieser Verfassung zu identifizieren, steht allen religiösen, ethnischen und kulturellen Minderheiten grundsätzlich frei. Komplementär: der Staat, der von seinen Bürgern keine religiösen oder weltanschaulichen Bekenntnisse, sondern lediglich die Respektierung der Verfassung und der auf sie gegründeten Rechtsordnung erwartet, hat keinen Anlass, Personen, die einer religiösen oder weltanschaulichen Minderheit angehören, zu diskriminieren. Das gilt erst recht für Menschen, die anderen als den in diesem Staat zahlenmäßig dominierenden Ethnien angehören.

29 Allerdings: Eine uneingeschränkt integrierende Funktion hat diese Orientierung an der Verfassung nur auf den ersten Blick. Das gilt im Verhältnis des Staates zu seinen Bürgern (1) wie im Verhältnis der Bürger zu ihrem Staat (2).

30 (1) Aus der *Sicht des Staates* entfällt mit der maßgeblichen Orientierung an dem Kriterium der Verfassungstreue zwar eine Diskriminierung der Bürger anhand der Kriterien der Religion, der Ethnie oder der Weltanschauung. Die Alternativen „christlich, islamisch oder jüdisch", „hell- oder dunkelhäutig", „religiös oder a-religiös" werden insofern bedeutungslos. An ihre Stelle tritt aber eine andere, in ihren Auswirkungen nicht weniger gefährliche Unterscheidung: die zwischen verfassungstreuen Bürgern auf der einen, „Verfassungsfeinden" auf der anderen Seite. Gefährlich ist diese Kategorisierung deshalb, weil das Kriterium der Verfassungstreue höchst vage ist und damit willkürlichen Entscheidungen Tür und Tor öffnet.

In der deutschen Rechtsordnung findet sich der Begriff des „Verfassungsfeindes" nicht wörtlich, wohl aber in zahlreichen Umschreibungen. Maßnahmen gegen (pauschal formuliert) „Verfassungsfeinde" finden sich u. a. im Grundgesetz, im Strafgesetzbuch, im Beamtenrecht und in weiteren Gesetzen.

- Nach Art. 18 Satz 1 GG verwirkt derjenige, der die Freiheit der Meinungsäußerung (Art. 5 Abs. 1 GG), die Versammlungsfreiheit (Art. 8 GG), das Eigentum (Art. 14 GG) oder ein anderes der dort genannten Grundrechte „zum Kampfe gegen die freiheitliche demokratische Grundordnung mißbraucht", diese Grundrechte.
- Im *Strafgesetzbuch* (StGB) finden sich zahlreiche Bestimmungen, die darauf abstellen, ob sich die Handlung gegen „Verfassungsgrundsätze" der Bundesrepublik richten. Das gilt beispielsweise für die Tatbestände der Verfassungsfeindlichen Sabotage (§ 88 StGB), der Verfassungsfeindlichen Einwirkung auf Bundeswehr und öffentliche Sicherheitsorgane (§ 89 StGB) und die Vorbereitung einer schweren staatsgefährdenden Gewalttat (§ 89a StGB). Durch das Strafrecht

geschützt werden dementsprechend nicht nur der Bestand und die Sicherheit des Staates, sondern auch (elementare) Verfassungsgrundsätze (Katalog in § 92 StGB).

– In das Beamtenverhältnis darf nur berufen werden, wer „die Gewähr dafür bietet, dass er jederzeit für die freiheitliche demokratische Grundordnung" eintritt.[28] Seit der Einrichtung eines Phänomenbereichs „Verfassungsschutzrelevante Delegitimierung des Staates" durch das *Bundesamt für Verfassungsschutz* im April 2021 wird, beispielsweise, die

„Verächtlichmachung von demokratisch legitimierten Repräsentantinnen und Repräsentanten sowie Institutionen des Staates und ihrer Entscheidungen"

von Gerichten als Betätigung gegen die freiheitliche demokratische Grundordnung gewertet und mit Sanktionen bis hin zur Entfernung aus dem Dienst geahndet.[29]

(2) Auf der *Seite der Bürger* stößt die Bereitschaft, sich an den Werten der Verfassung zu orientieren, dort an ihre Grenzen, wo diese Werte mit persönlichen Überzeugungen kollidieren, die als konstitutiv für die eigene personale Identität erlebt werden. Wer als radikaler Pazifist nicht nur den in der Verfassung vorgesehenen, derzeit suspendierten Wehrdienst, sondern auch den Zivildienst (da als „Ersatzdienst" strukturell mit dem Wehrdienst verbunden) aus Gewissensgründen verweigert, gerät in Konflikt mit Verpflichtungen, die den Bürgern von der Verfassung auferlegt werden. Für den Staat können derartige Gewissensentscheidungen vor allem dann zu einem gravierenden Problem werden, wenn sie sich an der kollektiven Moral einer gesellschaftlich relevanten Gruppe orientieren.

3. Verfassung oder Religion: Loyalitätskonflikte

Aus diesem Grund können *Religionen* die staatliche Ordnung ernsthaft bedrohen – dies insbesondere dann, wenn sie von Institutionen verwaltet werden, die in Staat und Gesellschaft ihre eigenen Ziele verfolgen und damit in Opposition zu den ideologischen Fundamenten des Staates und dessen politischen Prinzipien geraten. Prominente Beispiele für derartige Bedrohungen, die jedenfalls aus der Sicht der betroffenen Staaten als solche wahrgenommen wurden, sind einerseits die Auseinandersetzung zwischen dem Staat und der katholischen Kirche im Deutschen Reich Ende des 19. Jahrhunderts, der sogenannte *Kulturkampf*, andererseits die Konflikte zwischen dem *Jesuitenorden* und verschiedenen Staaten der spanischsprachigen Welt, die im 18. Jahrhundert mehrfach zur Ausweisung der Angehörigen des Ordens aus dem jeweiligen Staatsgebiet führten.

Der Grund für derartige Auseinandersetzungen zwischen dem Staat einerseits, der Kirche oder Ordensgemeinschaften andererseits kann, wie gesehen, aus unterschiedlichen und jedenfalls teilweise gegensätzlichen Ideologien resultieren. Gewichtiger noch dürfte der Umstand sein, dass es hier um einen *Konflikt von Loyalitäten* geht, der nicht konkordant aufgelöst werden kann. Ein katholischer Kleriker hat den Anweisungen seiner Vorgesetzten, letztlich des „Heiligen Stuhls", Folge zu leisten. Dies gilt auch dann, wenn er damit gegen Normen oder Rechtsakte des Staates verstößt, dessen Rechtsordnung für ihn verbindlich ist. Der im Glauben an die Unfehlbarkeit des Paps-

---

28 § 7 Abs. 1 Nr. 2 Bundesbeamtengesetz (BBG).
29 Dazu und zur – kritischen – Diskussion zu dem gummiartigen Begriff der „Delegitimierung des Staates" *Nitschke*, JZ 2024, 940 ff.

tes erzogene Katholik ist nach den für ihn verbindlichen Regeln seiner Kirche gehalten, innerhalb des Geltungsbereichs des *Unfehlbarkeitsdogmas*[30] päpstliche Verlautbarungen nicht in Zweifel zu ziehen.

34 Es liegt deshalb in der Natur der Sache, dass zwischen den Verfassungsprinzipien und Normen des Staates einerseits, den Glaubensinhalten einer Religion und den Vorschriften der Religionsgemeinschaft andererseits erhebliche Spannungen bestehen können. Allerdings: Pauschale Aussagen über das Verhältnis von Religion und staatlicher Ordnung, insbesondere der des demokratischen Rechtsstaats, lassen sich nicht treffen.[31]

35 Denn es kommt selbstverständlich darauf an, *in welchem Ausmaß* die Glaubensinhalte von Verfassungsprinzipien und Rechtsnormen eines Staates abweichen. So wird teilweise bezweifelt, dass bestimmte Inhalte und Traditionen der *islamischen Religion* mit der demokratischen Grundordnung der Bundesrepublik ideologisch zu vereinbaren seien.[32] Ob bzw. inwieweit diese Zweifel zutreffen, ist Gegenstand einer ausführlichen Diskussion und kann hier nicht näher erörtert werden. Zu berücksichtigen ist, dass bei derartigen Einschätzungen typischerweise die Tendenz besteht, zwischen der eigenen staatlichen Ordnung und der Religion, die traditionell dem *eigenen* Kulturkreis zugehört, ein harmonisches Verhältnis, hinsichtlich *anderer* Religionen aber Unvereinbarkeiten festzustellen.

4. Divergenzen: Gleichstellung oder Diskriminierung von Frauen?

36 Richtig ist aber jedenfalls, dass die Frage nach Harmonie oder Disharmonie zwischen Staat und Religion nicht pauschal, sondern nur differenzierend beantwortet werden kann. So beschränkt sich die *Diskriminierung von Frauen* beim Zugang zu kirchlichen Ämtern und Funktionen,[33] die mit der in Deutschland verfassungsrechtlich garantierten Gleichstellung von Männern und Frauen (Art. 3 GG) kollidiert, innerhalb der christlichen Religion auf die katholische Kirche. In den protestantischen Kirchen stehen Frauen auch höchste Leitungsfunktionen (Bischofsamt) offen.

37 Das Problem der Diskriminierung von Frauen in der katholischen Kirche hat neben einer im engeren Sinne *verfassungsrechtlichen* auch eine *staats- und rechtstheoretische* Dimension. Verfassungsrechtlich geht es um die Frage, ob diese Diskriminierung eine Verletzung des Art. 3 GG und damit eine verfassungswidrige Praxis darstellt. Diese Frage hat verschiedene Aspekte. Der erste betrifft das Problem, ob die Kirche als nichtstaatliche Organisation überhaupt an die Grundrechte, die primär als Abwehrrechte gegen den Staat verstanden werden, gebunden ist. Der zweite bezieht sich auf eine mögliche verfassungsrechtliche Sonderstellung der christlichen Kirchen, die sich aus den Bestimmungen der Weimarer Reichsverfassung (WRV) von 1919 ergeben könnte, auf die im Grundgesetz verwiesen wird.[34] Hier kommt insbesondere die Regelung in Betracht, der zufolge die Kirchen ihre inneren Angelegenheiten selbst verwalten.[35] Im Ergebnis sieht man in der Diskriminierung von Frauen durch das Ämtersystem der

---

30 Beschlossen auf dem Ersten Vatikanischen Konzil (1870). Dazu und dagegen *Hans Küng*, Unfehlbar? Eine unerledigte Anfrage, 1989.
31 Differenziert dazu *Höffe*, Gott.
32 So etwa *Horn*, Einführung, Rn. 89 (bei *Horn/Berster*, Einführung, nicht mehr übernommen).
33 Der Codex Iuris Canonici (1983) beschränkt den Zugang zu geistlichen Ämtern ausdrücklich auf männliche Kandidaten (Can. 232 ff).
34 Art. 140 GG.
35 Art. 137 WRV iVm Art. 140 GG.

III. Staat und Religion

katholischen Kirche jedenfalls keine Verletzung des verfassungsrechtlichen Gleichheitsgrundsatzes (Art. 3 GG).

Eine andere Frage ist, ob die vom Staat tolerierte Diskriminierung von Frauen durch die katholische Kirche nicht die soziale Geltung eines allgemeinen *Rechtsprinzips* der Gleichberechtigung von Mann und Frau in Frage stellt – selbst dann, wenn sie nicht als eine Verletzung der entsprechenden *Verfassungsnorm* (Art. 3 GG) zu bewerten ist.[36] In diesem Zusammenhang ist von Bedeutung, dass der Gesetzgeber das verfassungsrechtliche Diskriminierungsverbot durch das „Allgemeine Gleichbehandlungsgesetz" (AGG) über die durch Art. 3 GG gewährleistete Bindung des Staates hinaus „einfachgesetzlich" auf zahlreiche gesellschaftliche Bereiche ausgedehnt hat. So ist es etwa Arbeitgebern verboten, einer Bewerberin eine Beschäftigung in Hinblick auf ihr Geschlecht und das damit verbundene Risiko, dass sie infolge einer Schwangerschaft für längere Zeit ihre Tätigkeit nicht ausüben kann, zu verweigern.[37]

Allerdings stellt der Staat die Religionsgemeinschaften auch in diesem Gesetz (wie nach herrschender Meinung in der Verfassung) von der Verpflichtung zur Gleichbehandlung weitgehend frei. Eine Verletzung des Benachteiligungsverbots sei nicht gegeben, „wenn für eine unterschiedliche Behandlung wegen ... des Geschlechts ein sachlicher Grund vorliegt".[38] Dies könne

> „insbesondere der Fall sein, wenn die unterschiedliche Behandlung ... an die Religion eines Menschen anknüpft und im Hinblick auf ... das Selbstbestimmungsrecht der Religionsgemeinschaften ... unter Beachtung des jeweiligen Selbstverständnisses gerechtfertigt ist".[39]

Also: Die Diskriminierung von Frauen in der katholischen Kirche verstößt nicht gegen das Benachteiligungsverbot des AGG, weil sie nach dem Selbstverständnis der katholischen Kirche gerechtfertigt ist.

Von besonderer Brisanz ist die Frage, inwieweit Kirche und kirchliche Institutionen von dem Benachteiligungsverbot des AGG dispensiert sind, im Bereich des *Arbeitsrechts*. Das betrifft, anders als die Frage der Rechtmäßigkeit der Diskriminierung von Frauen, nicht nur die katholische, sondern auch die evangelische Kirche. Die beiden christlichen Kirchen gehören in Deutschland zu den bedeutendsten Arbeitgebern. Sie beschäftigen in Krankenhäusern, Kindergärten und anderen Sozialeinrichtungen derzeit (Stand: 2025) insgesamt etwa 1,3 Millionen Mitarbeiterinnen und Mitarbeiter. Damit stellt sich die Frage, hinsichtlich welcher Tätigkeiten die Kirchen die Beschäftigung von (potentiellen) Mitarbeitern an die Bedingung knüpfen können, dass diese der jeweiligen Konfession angehören, ggf. auch: ihr Privatleben den kirchlichen Ge- und Verboten gemäß gestalten.

Das Bundesverfassungsgericht (BVerfG) hatte hier ursprünglich den Kirchen ein sehr weitgehendes Recht zugestanden, Mitarbeiter und Mitarbeiterinnen unter Kündigungsdrohungen zur Einhaltung der kirchlichen Moralvorstellungen und der Normen des innerkirchlichen, innerhalb der staatlichen Rechtsordnung nicht verbindlichen Rechts

---

36 Nach *Höffe* kann der Staat es Glaubensgemeinschaften erlauben, Frauen von bestimmten Ämtern auszuschließen. Dies dürfe aber nicht dazu führen, dass Frauen außerhalb der religiösen Sphäre benachteiligt werden (*Höffe*, Gott, S. 15). Die Frage ist aber gerade, ob sich, sozialpsychologisch gesehen, ein Übergreifen der akzeptierten Diskriminierung auf andere Bereiche der Gesellschaft vermeiden lässt.
37 § 3 Abs. 1 Satz 2 AGG.
38 § 20 Abs. 1 Satz 1 AGG.
39 § 20 Abs. 1 Satz 2 Nr. 4 AGG.

(Kirchenrecht) zu nötigen. Dies sollte auch gegenüber Mitarbeiterinnen und Mitarbeitern gelten, die nicht im Bereich der Verkündung und der Seelsorge, sondern im Bereich der Krankenversorgung oder der Betreuung in Kindergärten tätig sind.

43 Der Europäische Gerichtshof (EuGH) in Luxemburg[40] hat diese Rechtsprechung korrigiert. Nach Auffassung der Luxemburger Richter ist das Privileg der Kirchen, ihre Mitarbeiterinnen und Mitarbeiter auf ihr Ethos zu verpflichten, auf den Bereich beschränkt, in dem eine entsprechende Loyalitätspflicht der Mitarbeitenden in Hinblick auf die Art ihrer Tätigkeit gerechtfertigt ist.

44 Einer der „leading cases" zu diesem Problemkomplex war der Fall des Chefarztes eines katholischen Krankenhauses, dem gekündigt worden war, weil er nach der Scheidung von seiner ersten Frau wieder geheiratet hatte.[41] Die Kirche sah in der Wiederverheiratung, die nach katholischem Kirchenrecht keine Gültigkeit besitzt, einen schwerwiegenden Loyalitätsverstoß. Das Bundesarbeitsgericht (BAG) hatte die Kündigung für unwirksam erklärt, das BVerfG auf die Verfassungsbeschwerde der kirchlichen Trägerin der Klinik hin das Urteil aufgehoben.[42] Der EuGH dagegen sah in der Kündigung eine verbotene Diskriminierung wegen der Religion und entschied zugunsten des Chefarztes.[43]

IV. „Alle Staatsgewalt geht vom Volke aus"

45 Die Vorstellung einer göttlichen Legitimation staatlicher Macht ist, wie gezeigt, in manchen Staaten noch aktuell und verfassungsrechtlich festgeschrieben. In Deutschland zeigt sie lediglich noch gewisse Nachwirkungen – so etwa in der Bezugnahme auf Gott in der Präambel des Grundgesetzes. Der Satz „Alle Staatsgewalt geht vom Volke aus"[44] bedeutet den klaren Abschied von einem Legitimationsmodell, das auf eine göttliche Instanz rekurriert. Er stellt die Rechtfertigung des Staates sozusagen vom Kopf auf die Füße.

1. Modell: Gesellschaftsvertrag

46 Die Legitimität des Staates beruht danach auf dem Willen und der Zustimmung derer, die von ihm verpflichtet werden. Es ist keine heteronome (fremdbestimmende) Instanz, die den Menschen Vorschriften macht, sondern: sie selbst geben sich die Gesetze. Das ist eine außerordentlich starke Form der Legitimation. Denn: Meine Freiheit wird in keiner Weise von außen beschränkt, wenn ich nur selbst gegebenen Gesetzen gehorche. *Volenti non fit iniuria.* Die Möglichkeit des Einzelnen, sich selbst zu verpflichten, *erweitert* im Gegenteil seinen Freiheitsspielraum, sofern er komplementär zu dieser Selbstverpflichtung einen Anspruch auf Güter (im weitesten Sinne) erwirbt, die ihm bei der Gestaltung seines Lebens neue Möglichkeiten eröffnen.

47 Dieses Wechselspiel von Selbstverpflichtung und Berechtigung ist die typische Konstellation des *Vertrags*. Das Prinzip der Vertragsfreiheit ist in einer liberalen Rechtsordnung ein fundamentales Prinzip des bürgerlichen Rechts. Dass ein Instrument des Rechts, das *Verpflichtungen* erzeugt (Vertrag), gerade ein zentrales Element einer frei-

---

40 Nicht zu verwechseln mit dem Europäischen Gerichtshof für Menschenrechte (EGMR) in Straßburg. Der EuGH ist eine Institution der Europäischen Union (EU), der EGMR eine Institution des Europarats.
41 EuGH NJW 2018, 3068.
42 BVerfGE 137, 273.
43 Näher dazu § 10 Rn. 84 ff.
44 Art. 20 Abs. 2 Satz 1 GG.

IV. „Alle Staatsgewalt geht vom Volke aus" § 2

heitlichen Rechtsordnung darstellt, ist nur scheinbar paradox. Denn diese Bindung geschieht nur durch den eigenen Willen (autonom), und: sie erweitert, da typischerweise zugleich mit dem Erwerb von Ansprüchen verbunden, zugleich den Handlungs- und Gestaltungsspielraum der Vertragsschließenden.[45]

Wendet man die Idee des Vertrages auf das Problem der Legitimation des Staates an, so führt dies demgemäß zu einem *liberalen Staatsmodell*, in dem die Verpflichtungen des Bürgers gegenüber dem Staat lediglich die Folge einer freiwilligen Selbstverpflichtung sind. Neben dieser liberalen hat das Modell des Gesellschaftsvertrags auch eine *egalitäre* Komponente. Denn der Vertrag ist das typische Rechtsinstitut zur Regulierung der Beziehungen zwischen Gleichgestellten. 48

In beiden Punkten steht das Vertragsmodell in scharfer Opposition zu einem Modell, das den Staat als *Organismus* versteht,[46] in dem jeder Population ein bestimmter Platz und eine bestimmte Funktion zugewiesen sind. Mit diesem Modell werden seit *Menenius Agrippa*, der 494 v. Chr. mit dem Gleichnis von dem Magen, dem die Glieder des Körpers den Dienst versagen, die Plebejer von einem Aufstand gegen die Patrizier abgehalten haben soll (*Livius*), strukturelle Ungleichheiten in der Gesellschaft gerechtfertigt. Am Rande: Dass es gerade der Magen ist, der in dieser Parabel die Elite symbolisiert, ist eine hübsche Pointe. 49

Die Idee einer vertraglichen Legitimation des Staates und damit der Selbstgesetzgebung spielt im neuzeitlichen Staatsdenken eine zentrale Rolle. Sie findet sich, beispielsweise, bei *Thomas Hobbes* (1588–1679), *John Locke* (1632–1704) und *Jean-Jaques Rousseau* (1712–1778). 50

Vorweg: Der Abschluss eines Gesellschaftsvertrags darf nicht als ein reales historisches Ereignis (miss-)verstanden werden. Der Gesellschaftsvertrag ist nicht wie der Rütlischwur in *Schillers* „Wilhelm Tell" zu denken, wo die Abgesandten der „Urkantone" Schwyz, Uri und Unterwalden in tiefer Nacht, erhellt nur durch den Schein von Fackeln, zusammenkommen. Es geht nicht um die strukturelle *Rekonstruktion* eines angeblichen geschichtlichen Ereignisses, sondern um die *Konstruktion eines Modells*. Es geht um die Idee, dass sich der Staat und die Rechtsordnung als Ergebnis einer frei getroffenen Vereinbarung zwischen allen (zukünftigen) Bürgern *denken* lassen müssen. 51

Die Frage muss also lauten: Warum sollten Individuen einen Vertrag abschließen, in dem sie übereinkommen, eine staatliche Ordnung und eine Rechtsordnung zu etablieren? Auf diese Frage kann es sehr unterschiedliche Antworten geben. 52

Eine mögliche Antwort wäre: Der Einzelne kann die in seiner Person angelegten Fähigkeiten nur in einer stabilen Gemeinschaft entfalten. Deshalb verständigen sich die Menschen auf die Errichtung einer staatlichen Ordnung. Diese Antwort könnte sich auf *Aristoteles* berufen, dem zufolge die sittliche Selbstverwirklichung nur in der Gemeinschaft möglich ist.[47] Aber auf diesem Ansatz liegt der Schatten starker Idealisierungen. Denn er unterstellt, zum einen, den Menschen ein dominantes Motiv nach Entfaltung ihrer (bei *Aristoteles* insbesondere: sittlichen) Fähigkeiten. Zum andern 53

---

45 Das gilt für das Modell des Vertrags. In der gesellschaftlichen Praxis werden Verträge häufig von der wirtschaftlich stärkeren Partei „diktiert", beispielsweise durch die Festlegung der anderen Seite auf sog. „Allgemeine Geschäftsbedingungen" (AGB). Die Rechtsordnung versucht, hier Grenzen zu setzen (§§ 305 ff. BGB).
46 Zu diesem Modell instruktiv *Jellinek*, Staatslehre, S. 148 ff.
47 *Aristoteles*, Politik, 1252a-1253a.

geht er davon aus, dass eine Selbstverwirklichung nur im Rahmen einer staatlich konstituierten Gemeinschaft möglich ist.

54 Will man die Frage, warum Menschen sich auf einen Gesellschaftsvertrag einlassen sollten, realistisch beantworten, so muss man bei *Interessen* ansetzen, deren Existenz und deren Dominanz nicht in Zweifel gezogen werden können. Wenn sich zeigen ließe, dass sich das *Überlebensinteresse* aller Menschen ausschließlich oder doch am besten im Staat gewährleisten lässt, wäre das ein starkes Argument für den Gesellschaftsvertrag.

2. Thomas Hobbes

55 Das ist der Ansatzpunkt von *Thomas Hobbes*. Der Grundgedanke: Ob ein Interesse an der Etablierung einer Staatsgewalt besteht, hängt ab von dem Vergleich des Zustands *vor* Staatsgründung mit dem *nach* der Staatsgründung.

56 Den Zustand *vor* der Staatsgründung (Naturzustand) schildert *Hobbes* in den düstersten Farben.[48] Im Naturzustand herrscht ein Krieg aller gegen alle (*bellum omnium contra omnes*); jeder versucht, auf Kosten der anderen seine egoistischen Interessen durchzusetzen. Hinter diesem Szenario steht anthropologisch ein pessimistisches Menschenbild (der Mensch ist gegenüber dem anderen Menschen ein Wolf – *homo homini lupus*), historisch die Erfahrung des Bürgerkriegs in England. Schutz vor den anderen Wölfen bietet der Staat als „Super-Wolf", der die Wölfe in Schach hält und damit die Sicherheit der Bürger (und potentiellen Mit-Wölfen) gewährleistet. Dass der Staat diese Sicherheit nur mittels repressiver Maßnahmen gegenüber den Bürgern (als potentiellen Wölfen) gewährleisten kann, wird in Kauf genommen. Denn, so die These von *Hobbes*: Der Schutz, den der Staat dem Einzelnen bietet, überwiegt deutlich die Belastungen, die er ihm auferlegt.

57 An diesem Punkt der Argumentation stellt sich die Frage: Gilt das für alle? Der mögliche Einwand: Es gilt für die Schwachen, die Schutz brauchen, jedoch nicht für die Starken, die sich selbst schützen können. Aber dieser Einwand ließe sich entkräften. Denn auch die Starken sind zeitweilig schwach, beispielsweise im Schlaf. Des Schutzes können sie auch dann bedürfen, wenn eine Mehrzahl Schwächerer sich gegen sie verbündet („vereint sind auch die Schwachen mächtig"). Es liegt folglich im rationalen Interesse jedes Einzelnen, auf seine im Naturzustand gegebene Freiheit, den anderen zu töten oder zu verletzen, zu verzichten – im Gegenzug zu einem entsprechenden Gewaltverzicht der anderen.

58 Diese Überlegungen führen für sich allein allerdings noch nicht zum Modell eines Vertrags, der eine *staatliche Herrschaft* konstituiert. Denkbar wäre auch die bloße Vereinbarung eines Gewaltverzichts zwischen allen Menschen, also eine „horizontale" vertragliche Bindung, ohne dass die Konstituierung eines vertikalen Herrschaftsverhältnisses (Staat – Bürger) erforderlich wäre. Aber dieses Modell dürfte wenig realistisch sein; erst recht ist es mit dem pessimistischen Menschenbild von *Hobbes* nicht vereinbar. Denn es könnte nicht sichergestellt werden, dass alle den vertraglich vereinbarten Gewaltverzicht tatsächlich einhalten. Deshalb muss eine Instanz existieren, die Friedfertigkeit notfalls erzwingt.

---

48 Zum Folgenden *Hobbes*, De cive (1642), Lateinisch/Deutsch, 2017; *ders.*, Leviathan (1651), dt. Übersetzung von J. P. Mayer, 2019; *Kersting*, Thomas Hobbes; *Welzel*, Naturrecht, S. 114–123.

IV. „Alle Staatsgewalt geht vom Volke aus"

Diese Instanz ist der souveräne Herrscher. Deshalb enthält der Gesellschaftsvertrag einen gegenseitigen Gewaltverzicht *zugunsten eines Dritten* – des Herrschers, der seinerseits von Bindungen frei ist.

Dass der Herrscher seinerseits nicht gebunden ist, folgt daraus, dass er nicht Partei, sondern lediglich *Begünstigter* des Vertrags ist. Es handelt sich strukturell um einen Vertrag zugunsten eines Dritten, wie er in vergleichbarer Form heute im Zivilrecht vorgesehen ist.[49] Ein Vertrag zugunsten eines Dritten kann diesem Dritten zwar eine Rechtsposition einräumen, ihn aber nicht verpflichten. Ansonsten würde es sich um einen Vertrag *zu Lasten* eines Dritten handeln, der nach der Logik der Institution des Vertrags ausgeschlossen ist.

Dass *Hobbes* den Gesellschaftsvertrag als Vertrag zugunsten eines Dritten konstruiert, hat deshalb weitreichende Konsequenzen. Denn damit wird der Staat als absolutistisches Herrschaftssystem etabliert, das rechtliche Pflichten nur auf Seiten des Bürgers, nicht auf der des Herrschers kennt. Damit sind *moralische* Verpflichtungen des Souveräns natürlich nicht ausgeschlossen. Aus der Perspektive des Rechts aber bleibt der Herrscher ein nicht domestizierter Super-Wolf, der keinen Beschränkungen unterworfen ist. Somit mündet bei *Hobbes* der vertragstheoretische (und deshalb strukturell freiheitliche) Ansatz letztlich in einem autoritären Staatsmodell, an das die Ideologie des totalen Staates anschließen konnte.[50]

Man hat die Frage gestellt, ob dem Einzelnen gegenüber dem „Leviathan" überhaupt noch Rechte verbleiben. Rechte, denen Pflichten des Herrschers korrespondieren würden, kommen aufgrund der Konstruktion des Vertrags als Vertrag zugunsten eines Dritten nicht in Betracht. Denkbar wäre aber, dass dem Einzelnen im Falle der Bedrohung seines Lebens ein *Widerstandsrecht* verbleibt.[51] Dafür könnte sprechen, dass in dem Modell von *Hobbes* der Einzelne auf die Freiheiten, über die er im Naturzustand verfügt, gerade deshalb zugunsten des Souveräns verzichtet, weil er im Gegenzug den Schutz seines Lebens erwartet. Andererseits würde die Einfügung einer entsprechenden „Ausnahmeklausel" in den fiktiven Gesellschaftsvertrag eine „Schwachstelle" schaffen, die die ganze Konstruktion zum Einsturz bringen könnte. Das gilt insbesondere in Hinblick auf die *Todesstrafe*, die von *Hobbe*s nicht in Zweifel gezogen wurde.

Die Feststellung, dass bei *Hobbes* der vertragstheoretische und insoweit liberale Ansatz in ein autoritäres, tendenziell totalitäres Herrschaftsmodell mündet (oben), lässt sich auch folgendermaßen formulieren: Bei *Hobbes* erschöpft sich die Autonomie des Einzelnen in dem einmaligen Akt des Verzichts auf diese Autonomie. Danach muss er durchgehend einer Zwangsordnung gehorchen, auf deren Gestaltung er keinen Einfluss mehr hat. Auf die Norm des Art. 20 Abs. 2 GG projiziert würde das bedeuten: Der Satz „Alle Staatsgewalt geht vom Volke aus" wäre – wie ein bekannter Spruch nahelegt – dahingehend zu ergänzen, dass das Volk über die „ausgegangene" Staatsgewalt nicht mehr verfügen kann.

---

49 § 328 BGB.
50 *C. Schmitt*, Leviathan.
51 Grundlegend dazu *Mayer-Tasch*, Widerstandsrecht.

3. Jean-Jaques Rousseau

64 Eine scharfe Gegenposition zu *Hobbes* bezieht *Rousseau*.[52]

Rousseau versucht, mit dem Gedanken der *Autonomie als Selbstgesetzgebung* ernst zu machen. Das Ziel ist eine Gesellschaft, in der jeder nur sich selbst gehorcht und deshalb ebenso frei bleibt, wie er zuvor war. Dieses Ziel ist in einem Staat, der allgemeinverbindliche Gesetze erlässt, jedenfalls idealtypisch nur unter zwei Voraussetzungen zu verwirklichen:

(1) Es müssen *alle* Bürger an der Verabschiedung eines *jeden* Gesetzes beteiligt sein;

(2) Es müssen alle Gesetze *einstimmig* beschlossen werden.

65 Das ist das Modell einer radikalen, im Ansatz extrem liberalen Demokratie. Extrem liberal ist es insofern, als das *Mehrheitsprinzip* jedenfalls im Ansatz durch das Prinzip der *Einstimmigkeit* ersetzt wird. Das Mehrheitsprinzip gilt zwar als originär demokratisch, hat aber die Konsequenz, dass der Einzelne sich den Entscheidungen anderer beugen muss. Zugespitzt formuliert: Soweit das Mehrheitsprinzip nicht durch die Anerkennung unverfügbarer Rechte (*Grund- und Menschenrechte*) und die Garantie von *Minderheitenrechten* begrenzt wird, droht die Gefahr einer Tyrannei der Mehrheit über die Minderheit. Demgegenüber stellt das Einstimmigkeitsprinzip sicher, dass niemand ohne seine Zustimmung rechtlich verpflichtet werden kann.[53] Das Prinzip der Selbstbestimmung ist damit in einem strikten Sinne gewahrt.

Zu den beiden Voraussetzungen:

66 Ad (1): Die Voraussetzung, dass die Bürger selbst über die Gesetze entscheiden (und nicht lediglich diejenigen wählen, in deren Hand die Gesetzgebung liegen soll), entspricht dem Modell der *unmittelbaren* Demokratie. Während in der *repräsentativen* Demokratie die Bürger keinen unmittelbaren Einfluss auf die Gesetzgebung nehmen können, sondern sich darauf beschränken müssen, diejenigen auszuwählen, in deren Hand die Gesetzgebung liegen soll, nehmen in der unmittelbaren Demokratie die Bürger diese Gesetzgebung selbst in die Hand. *Rousseau* lehnt den Gedanken der Repräsentation des Volkes durch das Parlament ausdrücklich ab.[54]

Praktikabel ist dieses Modell der unmittelbaren Demokratie allenfalls in Staaten oder Kommunen mit geringer Einwohnerzahl und auch dort keinesfalls hinsichtlich der Gesamtheit der Gesetze. In größeren Staaten dominiert zwangsläufig das Modell der *repräsentativen Demokratie*. So nennt das Grundgesetz der Bundesrepublik die Abstimmung zwar als eine Form der Ausübung der Staatsgewalt durch das Volk;[55] verfassungsrechtlich vorgeschrieben ist ein Volksentscheid aber lediglich für Maßnahmen zur Neugliederung des Bundesgebiets.[56] In manchen Bundesländern sieht die Landesverfassung bei Verfassungsänderungen neben der parlamentarischen Entscheidung eine Volksabstimmung vor.[57]

---

52 Zum Folgenden: *Rousseau*, Du contrat social ou principes du droit politique (1762), Französisch/Deutsch 2023; *I. Fetscher*, Rousseaus politische Philosophie, 7. Aufl. 1993; *W. Kersting*, Jean-Jaques Rousseaus „Gesellschaftsvertrag", 2002.

53 Das „Einstimmigkeitsprinzip" findet sich heute vor allem im zwischenstaatlichen Bereich (etwa Art. 31 Abs. 1 Satz 1 EUV). Das Prinzip dient hier dem Schutz der Souveränität der einzelnen Staaten. Es wird aber, als Hindernis auf dem Weg zu einem stärker integrierten Europa, zunehmend in Frage gestellt.

54 *Rousseau*, Gesellschaftsvertrag, Drittes Buch Kap. 15.

55 Art. 20 Abs. 2 Satz 2 GG.

56 Art. 29 Abs. 2 GG.

57 Beispielsweise in Hessen (Art. 123 Abs. 2 HessVerf) und Bayern (Art. 75 Abs. 2 Satz 2 BayVerf).

IV. „Alle Staatsgewalt geht vom Volke aus" § 2

Aber hier handelt es sich um Ausnahmen von dem in der heutigen Staatenwelt klar dominierenden Prinzip der *repräsentativen* Demokratie. Der Gedanke der Repräsentation, der sich sprachlich in der Bezeichnung der Parlamentarier als „Volksvertreter" spiegelt, hat sich in der staatlichen Praxis durchgesetzt. Die Bürger entscheiden nicht selbst über die Gesetze, sondern: sie wählen Vertreter, die ihrerseits über die Gesetze entscheiden. Ausgeprägtere Elemente einer direkten Demokratie finden sich im europäischen Raum in der Schweiz; aber auch dort wird die große Mehrzahl der Gesetze (lediglich) vom Parlament verabschiedet.

Ad (2): Das *Prinzip der Einstimmigkeit* wäre in Kombination mit dem Prinzip der unmittelbaren Demokratie nicht durchzuhalten. Es müsste zur Blockade sämtlicher Gesetzgebungsprojekte führen. Auch in der repräsentativen (parlamentarischen) Demokratie würde es die Gesetzgebung weithin lahmlegen. Wie hoch das Sperrpotential dieses Prinzips zu veranschlagen ist, verdeutlichen die oft mühsamen Entscheidungsprozesse in Kollektiven, deren Verfahrensregeln diesem Prinzip verpflichtet sind.

67

Rousseau verkennt diese Probleme nicht. Er löst sie durch dieselbe Konstruktion, wenn man will: durch denselben Kunstgriff. Die Konstruktion trägt den Namen *volonté générale*. Dieser „allgemeine Wille" ist etwas anderes als er Wille aller. Er ist keine empirische Größe, sondern ein normatives Konstrukt. Die *volonté générale* ist der vernünftige Wille, der auf das Interesse gerichtet ist, das allen Bürgern gemeinsam ist.

68

Zum ersten Problem. Hier stellt sich die Frage: Wieso löst die Idee der *volonté générale* das Problem, dass nicht die Bürger selbst über die Gesetze entscheiden, sondern die von ihnen gewählten Vertreter? Die Antwort lautet: Wenn es nur darum geht, das Vernünftige zu erkennen, das im Interesse aller liegt, dann kann dies auch von den *Vertretern* des Volkes geleistet werden. Das *prozedurale* Element (Beteiligung aller Bürger an der Abstimmung über das Gesetz) wird hier durch ein *inhaltliches* ersetzt: Es geht nicht um die faktische Zustimmung aller, sondern um ein inhaltlich „richtiges" Gesetz, dem alle zustimmen *könnten*, wenn sie in der Lage wären, das „Richtige", also das der *volonté générale* Entsprechende, zu erkennen. Mit der Vorstellung, es lasse sich das „richtige" Recht von dem „unrichtigen" substanziell unterscheiden, bezieht *Rousseau* eine profiliert naturrechtliche Position.

69

Zum zweiten Problem stellt sich die Frage: Warum sollte das Konstrukt der *volonté générale* es rechtfertigen, bei der Gesetzgebung auf das Prinzip der Einstimmigkeit zu verzichten? Auch auf diese Frage lautet die Antwort: Entscheidend ist nicht der *prozedurale*, entscheidend ist der *inhaltliche* Aspekt. Allerdings verbindet *Rousseau* das Inhaltliche mit dem Prozeduralen, wenn er behauptet, die *volonté générale* komme in der Entscheidung der Mehrheit zum Ausdruck. Die Ersetzung des Einstimmigkeitsprinzips durch das Mehrheitsprinzip wird dadurch wiederum auf der Basis einer naturrechtlichen Position gerechtfertigt, allerdings unter Inanspruchnahme einer Zusatzprämisse, die lautet: Die Mehrheit hat recht, die Minderheit irrt. Ob diese Verknüpfung der prozeduralen Alternative (Mehrheit – Minderheit) mit der inhaltlichen (richtig – falsch) überzeugen kann, ist in der Demokratietheorie bis heute umstritten. Zugespitzt: Beruht Demokratie auf Mehrheit oder auf Wahrheit? Also: Ist die Entscheidung der Mehrheit deshalb verbindlich, weil sie eben die Entscheidung der Mehrheit ist, oder deshalb, weil sie die Vermutung der Richtigkeit für sich hat?[58]

70

---

58 Dazu näher § 3 Rn. 93 ff.

§ 3 Quis custodiet custodes ipsos? Wer schützt die Bürger vor dem Staat?

I. Ambivalenz staatlicher Gewalt

1   Auch staatliche Gewalt ist Gewalt, Ausübung von Macht, Herrschaft von Menschen über Menschen. Das gilt auch für den demokratischen Rechtsstaat.[1] Allerdings wird diese Herrschaft in dem Modell der Staatlichkeit *institutionalisiert* und damit *anonymisiert*. Sie erscheint nicht als persönliche, sondern als *strukturelle* Gewalt. Wenn der Gerichtsvollzieher Müller die Zwangsräumung einer Wohnung durchführt und damit die bisherigen Bewohner in die Obdachlosigkeit entlässt, dann mag sich die Wut der Betroffenen im Augenblick gegen die Person Müller richten. Aber zu Unrecht: Die Gewalt, die er ausübt, ist Gewalt des Staates. Entsprechendes gilt für Freiheitsberaubungen durch Polizisten im Fall der Festnahme eines Verdächtigen, für Eingriffe in das Eigentum im Fall einer Beschlagnahme, für die Tötung eines Menschen im Fall eines „finalen Todesschusses"[2] oder die Verhängung und Vollstreckung der Todesstrafe.[3] Normativ gesehen ist der Staat der Inhaber des *Monopols* physischer Gewalt (*Max Weber*). Faktisch übersteigt sein Gewaltpotential bei weitem das aller kriminellen oder nichtkriminellen gesellschaftlichen Gruppierungen. Das wirft die Frage auf: Wer schützt die Bürger vor dem Staat? Wer soll „die Wächter selbst" bewachen (*quis custodiet custodes ipsos*)?[4]

2   An diesem Punkt zeigt sich die Dialektik staatlicher Macht, die den Bürger schützt und ihn zugleich bedroht. Exemplarisch kommt diese Ambivalenz in dem Modell des *Gesellschaftsvertrags* bei *Thomas Hobbes* zum Ausdruck.[5] Die Furcht vor den anderen Menschen führt dazu, dass alle einen Gewaltverzicht zugunsten eines einzigen erklären, der für Sicherheit und Ordnung sorgen soll. Diesem Herrscher gegenüber stehen dem Einzelnen keinerlei Rechte zu; denn der Gesellschaftsvertrag wird als *Vertrag zugunsten eines Dritten* geschlossen, der durch diesen Vertrag lediglich berechtigt, nicht aber verpflichtet wird. Folglich verbleibt nicht nur die Macht, sondern auch alles Recht bei dem Herrscher. Der Ansatz, der vertragstheoretisch und *insofern* liberal begonnen hat, führt im Ergebnis zu einem absolutistischen System. Damit droht das, was die Sicherheit und Freiheit des Einzelnen garantieren sollte, selbst zu einer dramatischen Bedrohung dieser Sicherheit und Freiheit zu werden. Der Einzelne ist zwar nicht mehr seinen Mitmenschen, wohl aber seinem Herrscher schutzlos ausgeliefert.

II. Schutz und Repression

3   Ist der Preis, den der Bürger für den Schutz vor seinen Mitwölfen zahlt, damit zu hoch? Die Antwort auf diese Frage hängt davon ab, wie man die beiden gegenläufigen Faktoren jeweils gewichtet. Wie groß ist die Gefahr, die von den Menschen, die über die Herrschaftsinstrumente des Staates verfügen, für die anderen tatsächlich ausgeht?

---

1   Dazu unten Rn. 49.
2   Gezielt tödlicher Schuss auf einen Angreifer zur Rettung von bedrohten Personen (z. B. in Fällen einer Geiselnahme). In Deutschland in den meisten Bundesländern geregelt. Vgl. etwa für Bayern Art. 83 Abs. 2 Satz 2 PAG, für Hessen § 60 Abs. 2 Satz 2 HSOG.
3   Die Todesstrafe existiert etwa in den USA, China, Japan und Nordkorea. In Deutschland ist sie abgeschafft (Art. 102 GG).
4   Juvenal, Satiren, VI, 347.
5   *Hobbes*, Leviathan. Näher dazu oben § 2 Rn. 55 ff., 63.

II. Schutz und Repression

Anderseits: Wie hoch sind die Garantien einzuschätzen, die der Staat seinen Bürgern hinsichtlich Leben, Freiheit und Eigentum tatsächlich gewährt?

Die Frage nach der Größe der Gefahr, die von Seiten des Staates droht (die erste Frage), lässt sich nicht generell beantworten. Die Antwort hängt in erster Linie von der Struktur dieses Staates ab, insbesondere davon, welche Sicherungen in der Architektur des Staates selbst vorgesehen sind – etwa: Gewaltenteilung, Rechtsstaatsprinzip, Garantie von Grundrechten.[6] Grob gesagt: Die Gefahr von staatlichen Übergriffen ist in einem totalitären System erheblich größer als in einem demokratischen Rechtsstaat.

Die zweite Frage hat eine *empirische* und eine *strukturelle* Komponente. Inwieweit ein Staat seine Bürger *tatsächlich* schützen kann, hängt von den jeweiligen politischen und gesellschaftlichen Verhältnissen ab. Wird ein Land faktisch von einer Drogen-Mafia regiert, kann die Schutzfunktion des Staates gegen Null tendieren. Das gilt gleichfalls dann, wenn staatliche Stellen systematisch mit einer Drogen-Mafia oder anderen kriminellen Banden kooperieren. Denkbar ist aber auch, dass ein Staat *deshalb* nicht in der Lage ist, seinen Bürgern das Lebensminimum zu garantieren, weil er drastischen wirtschaftlichen Sanktionen seitens anderer Staaten ausgesetzt ist. Die *empirische* Frage, wieweit der Staat seine Bürger schützen kann, lässt sich also nicht generalisierend, sondern nur anhand der jeweiligen Umstände beantworten. Dagegen lassen sich zur *strukturellen* Dimension immerhin allgemeine Theorien bilden.

Allerdings sind diese Theorien nicht nur kontrovers, sondern jedenfalls in ihren extremen Ausprägungen einander diametral entgegengesetzt. Nach den *affirmativen Theorien* dient der Staat allen Bürgern gleichermaßen – nicht durch Gleichstellung oder Gleichbehandlung, sondern in dem Sinne, dass jeder Bürger, in welcher Position auch immer, von der Existenz des Staates profitiert (*Konsensmodell*). Aus der Sicht einer *kritischen Staatstheorie* dagegen ist der Staat ein Instrument der herrschenden Klasse zur Ausbeutung der unterdrückten Klasse (*Konfliktmodell*).

1. Konsensmodell

In der Tradition des Staatsdenkens dominieren die affirmativen Theorien. Die Wege, die zur Legitimation des Staates beschritten werden, sind dabei unterschiedlich. Teilweise wird auf *anthropologische Faktoren* zurückgegriffen. So ist nach *Aristoteles* (384–322 v. Chr.) der Mensch ein geselliges Wesen (*zoon politikon*), das nur in der Gemeinschaft seiner Bestimmung gemäß leben kann. Außerhalb der Gemeinschaft verwildere er. Staat und Recht seien Bedingungen einer würdigen, menschengerechten Existenz.[7] *Thomas von Aquin* (1224–1274) nimmt diesen Gedanken auf (der Mensch als *animal sociale et politicum*)[8] und verbindet ihn mit Elementen der christlichen Theologie. *Pufendorf* (1632–1694) gründet Recht (Naturrecht) und Staat einerseits auf anthropologische Defizite (Bedürftigkeit, *imbecillitas*)[9], andererseits, in aristotelischer Tradition, auf die gesellige Neigung des Menschen (*socialitas*).[10]

Realistischer als der Rekurs auf ein geselliges Wesen des Menschen erscheint der Ansatz von *Hobbes*, der nicht von positiven sozialen Neigungen des Menschen, son-

---

6 Näher dazu unten Rn. 23 ff.
7 *Aristoteles*, Politik, 1252 a, 1278 b.
8 *Thomas von Aquin*, De regno I, 1, 25–27 (zit. nach *Böckenförde*, Geschichte der Rechts- und Staatsphilosophie, Antike und Mittelalter, 2. Aufl. 2006, S. 262 m. Fn. 119).
9 *Pufendorf*, De officio hominis et civis liber secundus Caput I § 4 (S. 61).
10 *Pufendorf*, De officio hominis et civis liber primus, Caput III, § 8 ff. (S. 23 f.).

dern von egoistischen und aggressiven Verhaltensdispositionen und damit von einem tendenziell negativen Menschenbild ausgeht.[11] Realistischer ist dieser Ansatz nicht nur vor dem Hintergrund der Erfahrungen, die die Menschheit bis in die Gegenwart hinein mit Kriegen und massenhaften Mord- und Vernichtungsaktionen machen musste. Er vermeidet auch eine Schwachstelle der Theorie, die mit *Aristoteles* die Legitimation des Staates auf die gesellige Neigung des Menschen zurückführen will. Diese Neigung kann das Bedürfnis erklären, in der Familie oder auch in Fußballvereinen, Laienchören oder anderen sozialen Gruppen „vernetzt" zu sein. Sie mag sich auch noch auf kleinere politische Einheiten wie die antike Polis erstrecken, die *Aristoteles* vor Augen hatte. Das für den Einzelnen nicht mehr überschaubare Staatswesen späterer Epochen und, vor allem, der Gegenwart, kommt als Sehnsuchtsort sozialer Bedürfnisse nicht in Betracht.

2. Konfliktmodell

9   Die *staatskritischen* Ansätze beziehen in zwei zentralen Punkten eine scharfe Gegenposition zu *Hobbes*. Zum einen: Der Staat erscheint nicht als Institution zum Schutz der Interessen aller, sondern als Instrument willkürlicher, weil funktional nicht erforderlicher Repression. Zum andern: Das pessimistische Menschenbild, das in der Formulierung *homo homini lupus* einen ebenso drastischen wie einprägsamen Ausdruck findet, wird korrigiert. Eine harmonische und Sicherheit gewährende soziale Ordnung könne durch die Freisetzung und Aktivierung positiver sozialer Bindungsfähigkeiten des Menschen erreicht werden.

10 Diese beiden Punkte markieren die gemeinsame Grundüberzeugung der im Einzelnen sehr unterschiedlichen staatskritischen Ansätze. Insbesondere die *christliche Spielart des Anarchismus* stellt (der zweite Punkt) dem Bild des Kampfes aller gegen alle die Vision von einer Gemeinschaft gegenüber, die von positiven zwischenmenschlichen Emotionen getragen wird: Die staatliche Herrschaft könne und müsse durch eine von christlicher Nächstenliebe getragene Gesellschaft abgelöst werden. Dies war die Überzeugung der christlichen Sekte der Wiedertäufer, die im 16. Jahrhundert versuchten, diese Vision zu verwirklichen (und das mit dem Tod bezahlten, in Käfigen, die noch heute an der St. Lamberti-Kirche in Münster zu sehen sind). Es war auch die Überzeugung von *Tolstoi*, der forderte, das System der staatlichen Zwangsherrschaft durch ein Regiment der Nächstenliebe zu ersetzen. Diese Überzeugung spiegelt sich schließlich auch in der Prophezeiung *Fichtes*, es werde „irgend einmal irgendwo im Reiche des Christentumes die hergebrachte Zwangsregierung allmählich einschlafen".[12]

11 Auch die *marxistische Lehre* propagiert als Endziel der historischen Entwicklung das Absterben des Staates. Sie stützt sich dabei aber nicht auf eine religiöse Ideologie, sondern auf ökonomische und soziologische Analysen. Der Staat wird als Instrument der Herrschaft der *einen* Klasse über eine andere Klasse gesehen. Weit entfernt davon, den Interessen *aller* zu dienen, sichert er die Position der privilegierten Klasse durch Unterdrückung der nichtprivilegierten. Der Begriff der „Klasse" wird dabei anhand ökonomischer Kriterien definiert, nämlich nach den Eigentumsverhältnissen an den Produktionsmitteln. In Zeiten der Dominanz der Agrarwirtschaft sind es die Großgrundbesitzer, die die herrschende Klasse bilden (System des *Feudalismus*) und die

---

11 Vgl. § 2 Rn 56.
12 *Fichte*, Staatslehre, S. 624.

II. Schutz und Repression § 3

Arbeitskraft der Landarbeiter ausbeuten. Nach der industriellen Revolution sind es die Eigentümer der Fabriken, die sich durch Ausbeutung der Industriearbeiter bereichern (System des *Kapitalismus*).

Staat und Recht stabilisieren, so die These, diese Ausbeutungsverhältnisse, indem sie sie normativ garantieren und gegebenenfalls mit physischem Zwang durchsetzen. Der Gegensatz zwischen der ausbeutenden und der ausgebeuteten Klasse manifestiert sich in *Klassenkämpfen*, die aber nicht einfach als Rebellion der Unterdrückten gegen die Unterdrücker verstanden werden dürfen. Sie werden gesteuert von der Entwicklung neuer *Produktivkräfte*, mit denen die Eigentumsverhältnisse an den Produktionsmitteln („Produktionsverhältnisse") nicht mehr vereinbar sind. Vereinfacht: Die Adelsherrschaft (Aristokratie) verlor ihre ökonomische Basis, als an die Stelle der Agrarproduktion die industrielle Produktion als maßgeblicher wirtschaftlicher Faktor trat. 12

In diesem Modell bilden die *ökonomischen Faktoren* (Produktivkräfte und Produktionsverhältnisse) die maßgeblichen Einflussgrößen der gesellschaftlichen Struktur und der historischen Entwicklung einer Gesellschaft. Dem Recht kommt im Verhältnis zu dieser ökonomischen *Basis* (nur) der Status eines Elements des kulturellen *Überbaus* zu, dessen Gestalt von der Basis weitgehend bestimmt wird. Auch wenn gewisse Rückwirkungen des Überbaus auf die Basis nicht ausgeschlossen werden: Entscheidend sind die ökonomischen Faktoren, deren „dialektische" Entwicklung (Produktionsverhältnisse und Produktivkräfte geraten in einen Gegensatz und führen zu neuen Klassenstrukturen) den Ablauf der Geschichte maßgeblich bestimmt. War für *Hegel* der „Denkprozess" (die Idee), der „Demiurg" (Schöpfer) des Wirklichen, so ist für *Marx*, der *Hegels* Modell der dialektischen Entwicklung grundsätzlich folgt, in bewusster Umkehrung des idealistischen Ansatzes von *Hegel* „das Ideelle nichts andres als das im Menschenkopf umgesetzte und übersetzte Materielle."[13] 13

Da der Staat nach der Theorie des Marxismus lediglich der Unterdrückung der ausgebeuteten Klasse durch die herrschende dient, verliert er seine Funktion und damit die Basis seiner Existenz, sobald die Klassenstruktur der Gesellschaft überwunden ist. Das wird, so die Vorstellung, nach der kommunistischen Revolution der Fall sein. Nach einer Übergangsphase der „Diktatur des Proletariats" werde der Zustand einer klassenlosen Gesellschaft erreicht sein und der Staat „absterben". Zwar werden auch dann noch bestimmte Verwaltungsstrukturen und Funktionen erforderlich sein. Diese sollen aber keinen politischen Charakter haben, nicht der Herrschaft von Menschen über Menschen dienen. „An die Stelle der Regierung über Personen tritt die Verwaltung von Sachen und die Leitung von Produktionsprozessen."[14] 14

In der marxistischen Theorie verbinden sich in eigentümlicher Weise eine scharfsinnige, auf ein immenses Material gestützte ökonomische und soziologische Analyse mit einer *geschichtsphilosophischen Teleologie*, die nicht in wissenschaftlicher Erkenntnis wurzelt, sondern einem tiefen humanistischen Ethos entspringt. Dass die Machtmittel des Staates jedenfalls auch dazu eingesetzt werden, ökonomische Strukturen zu schaffen bzw. zu verteidigen, mit denen die Interessen finanziell privilegierter Schichten abgesichert werden, dürfte sich nicht bestreiten lassen. Insofern genügt ein Blick auf die Verteilung des gesellschaftlichen Vermögens in den Industriestaaten, die durch eine sich immer weiter vertiefende Kluft zwischen den Begünstigten und den Benachteilig- 15

---

13 *Marx*, Nachwort, S. 27.
14 *Engels*, Entwicklung, S. 224.

53

§ 3 Quis custodiet custodes ipsos? Wer schützt die Bürger vor dem Staat?

ten gekennzeichnet ist und die inzwischen auch in kapitalistischen Staaten eine Diskussion darüber auslöst, ob es gerechtfertigt ist, wenn ein Mitglied des Managements eines Unternehmens das Hundertfache des Einkommens eines einfachen Arbeiters dieses Unternehmens verdient. Der Staat schützt diese *Ungleichverteilung* durch arbeitsrechtliche, gesellschaftsrechtliche, steuerrechtliche und nicht zuletzt strafrechtliche Regeln.

16   Allerdings wirft gerade das *Strafrecht* erneut die Frage auf, ob sich der Staat tatsächlich, wie das in der marxistischen Theorie geschieht, auf die Funktion reduzieren lässt, die Herrschaft der dominierenden Klasse zu sichern. Dienen die Strafgesetze, die beanspruchen, Leben, Leib und Eigentum der Menschen zu schützen, nicht in gleicher Weise *allen* Mitgliedern der Gesellschaft? Oder privilegieren sie, pauschal formuliert, eine Oberschicht gegenüber einer Unterschicht? Sind die Mitglieder der Unterschicht, komplementär, höheren Strafbarkeitsrisiken ausgesetzt als die der Oberschicht?[15]

17   In der *Kriminologie*, die sich nicht nur mit den Ursachen des Verbrechens („ätiologische Kriminologie"), sondern als *Kriminalsoziologie* auch mit den Ursachen der *Kriminalisierung* bestimmter Verhaltensweisen befasst, unterscheidet man hier zwischen dem *konsenstheoretischen* und dem *konflikttheoretischen* Ansatz. Nach Auffassung der Konsenstheorie dienen die Strafgesetze in gleicher Weise dem Schutz aller Bürger. Demgegenüber besagt die Konflikttheorie: Das Strafrecht ist ein Instrument im Konflikt zwischen verschiedenen Klassen bzw. Gruppen der Gesellschaft.

18   Offenkundig ist, dass zahlreiche Tatbestände dem Schutz *aller* dienen. So die strafbewehrten Verbote der Tötung (§§ 211 ff. StGB), der Körperverletzung (§§ 223 ff. StGB), des Diebstahls (§ 242 StGB). Allerdings: Schon beim Tatbestand des Diebstahls kann man ein erstes Fragezeichen setzen. Denn: Der Diebstahls-Tatbestand (§ 242 StGB) schützt zwar alle Eigentümer, aber er schützt damit auch die Eigentumsverteilung in ihrem jeweiligen Bestand. Er schützt folglich auch die Ungleichverteilung des Eigentums, also eine Verteilung, in der einige über ein mehrstelliges Millionenvermögen, andere über den Inhalt von einigen Plastiktüten verfügen. Und die Frage lautet natürlich, auf welche Handlungen der Tatbestand erstreckt wird, was alles der Staat als Diebstahl bewertet und bestraft.

19   Ein historisches Beispiel ist der vehemente Streit um die *Holzdiebstahlsgesetze*, der Mitte des 19. Jahrhunderts geführt wurde. Die Frage war, ob das Sammeln herabgefallener Äste („Bruchholz") in einem fremden Wald als Diebstahl zu bestrafen sei. Streitig war hier, ob das Sammeln von Bruchholz gewohnheitsrechtlich gerechtfertigt war. Im Rheinischen Landtag wurde 1842 auf Antrag der Waldbesitzer ein Gesetz beschlossen, wonach das Sammeln von Bruchholz als Diebstahl strafbar war. Berühmt geworden ist die vorausgegangene Debatte durch den leidenschaftlichen Kampf, den *Marx* seinerzeit gegen dieses Gesetz geführt hat.[16]

20   In der aktuellen Diskussion wird die Frage, ob das Strafrecht die Interessen bedürftiger Nicht-Eigentümer im Verhältnis zu denen desinteressierter Eigentümer angemessen berücksichtigt, derzeit anhand des sogenannten „Containerns" diskutiert. Es geht um den Fall, dass aus Containern, in denen Supermärkte Waren, die zur Vernichtung bestimmt sind, zum Abtransport bereitstellen, noch genießbare Lebensmittel entwendet und bedürftigen Personen zur Verfügung gestellt werden. Man geht hier davon

---

15   Aktuell dazu: *Steinke*, Klassenjustiz.
16   *Marx*, Verhandlungen.

aus, dass eine Aufgabe des Eigentums[17] nicht vorliegt. Auch eine mutmaßliche Zustimmung seitens des Eigentümers (Supermarkt) und damit eine Rechtfertigung (oder ein Tatbestandsausschluss) wird verneint. Damit ist die Entwendung nach den allgemeinen dogmatischen Regeln als Diebstahl (§ 242 StGB) oder Unterschlagung (§ 246 StGB) strafbar, soweit nicht ausnahmsweise die Voraussetzungen eines rechtfertigenden Notstands (§ 34 StGB) vorliegen. Dieses Ergebnis erscheint wenig befriedigend – insbesondere in Zeiten, in denen (in Deutschland) immer mehr Menschen auf Nahrungsmittel angewiesen sind, die von karitativen Organisationen bereitgestellt werden.

In der Geschichte des Strafrechts ist ein klassisches Beispiel für einen Tatbestand, der die Interessen einer bestimmten Klasse absichert, die heute eher randständige Strafbestimmung der *Wilderei* (§ 292 StGB). In der Strafrechts- und Sozialgeschichte Deutschlands hat dieser Tatbestand eine wichtige Rolle gespielt.[18] Er diente in den Zeiten des Absolutismus keineswegs dem Schutz der Tiere, sondern ausschließlich den Interessen des Jagdberechtigten.[19] Die Jagd aber galt seinerzeit als Privileg des Monarchen und des Adels. Das wollten die Bauern nicht einsehen, die behaupteten, die Tiere des Waldes gehörten allen – zumal denen, die nicht von der Suche nach Nervenkitzel, sondern vom Hunger zur Jagd getrieben würden. Die Herrscher reagierten mit der Androhung und der Vollstreckung der Todesstrafe in verschärfter Form (!). Der Widerstand weiter Teile der Bevölkerung gegen diese Art von Staatsterrorismus spiegelt sich in Sympathien für den Wilddieb *Georg Jennerwein* (1849–1877), die regional bis heute andauern, und dessen vielfältiger Präsenz in Literatur und Film.

Gleichwohl: Das Strafrecht *generell* als Instrument zum Schutz einer privilegierten und zur Unterdrückung einer benachteiligten Klasse zu kennzeichnen, wäre verfehlt. Dies nicht nur in Hinblick auf zentrale Tatbestände, die offensichtlich „klassenneutral" sind (Delikte gegen Leib und Leben), sondern auch wegen der Existenz zahlreicher Strafdrohungen, die sich gerade an einen Kreis von Personen adressieren, die im Bereich von Wirtschaft und Finanzen aktiv sind (Wirtschaftsstrafrecht). Verallgemeinert: Auch wenn Staat und Recht die Funktion haben, die Strukturen einer Gesellschaft (und damit auch die einer Klassengesellschaft) zu stabilisieren, können sie nicht auf einen Mechanismus zur Unterdrückung der unterlegenen Klasse reduziert werden. Scharf formuliert: Der Super-Wolf „Staat" bedroht Rechte und Interessen *aller* Bürger, nicht nur die der Angehörigen einer benachteiligten Klasse. Damit zurück zu der Frage: Wie ist der Wolf zu domestizieren? Wer kann der Gewalt des Staates Grenzen setzen?

III. Sicherungen: Rechtsstaat, Demokratie, Menschenrechte

Auf diese Frage gibt es drei Antworten:

- Die erste: der Staat selbst, indem er sich als *Rechtsstaat* konstituiert.
- Die zweite: das Volk, indem es die staatliche Gewalt in Wahlen und Abstimmungen kontrolliert: *Demokratie*.
- Die dritte: die Idee von *universalen Menschenrechten*, an denen sich jeder Staat messen lassen muss – gleichgültig, ob er sie ausdrücklich anerkennt oder nicht.

---

17 Durch *Dereliktion*, § 959 BGB.
18 Anschaulich dazu *Radbruch/Gwinner*, Geschichte, Kap. XVIII („Wilddiebstahl"), GRGA Bd. 11, S. 168 ff.
19 Auch heute ist das (jedenfalls) zentrale Rechtsgut des § 292 StGB das Recht des Jagdberechtigten. Allerdings ist umstritten, ob daneben auch tierbezogene Interessen geschützt werden.

§ 3 Quis custodiet custodes ipsos? Wer schützt die Bürger vor dem Staat?

1. Rechtsstaatsprinzip

24 Die zentrale Idee des Rechtsstaats ist, dass der Staat sich selbst Fesseln anlegt. Alle Staatsorgane, alle staatlichen Instanzen sind an Gesetz und Recht gebunden. Ausgeschlossen wird damit eine rechtlich ungebundene, willkürliche Machtausübung, wie sie in dem historisch wirkmächtigen Prinzip *princeps legibus solutus* (der Herrscher ist nicht durch Gesetze gebunden) zum Ausdruck kommt, das auf das Recht des römischen Kaiserreichs zurückgeht. Der Begriff „Absolutismus" spiegelt diesen Grundsatz: Der Herrscher ist von der Bindung an die Gesetze „ab-gelöst" (*absolutus*). Das entspricht dem vertragstheoretischen Modell von *Hobbes*: Der Herrscher hat gegenüber seinen Untertanen nur Rechte, nicht aber Pflichten. Er ist moralisch, nicht aber rechtlich gebunden.

25 Der *Rechtsstaat* markiert den genauen Gegenentwurf zu diesem absolutistischen Modell. Oberster „Herrscher" ist das Recht, das jeder staatlichen Machtentfaltung Grenzen setzt. Es geht um die *rule of law* anstelle einer *rule of man*.

a) Status

26 In der Verfassung der Bundesrepublik hat das Prinzip der Rechtsstaatlichkeit einen hohen Stellenwert. Geregelt ist es in Art. 20 Abs. 3 des Grundgesetzes. Zwar wird der Begriff „Rechtsstaat" nicht explizit verwendet. Man ist sich aber einig, dass die Formulierung des Art. 20 Abs. 3 GG das Rechtsstaatsprinzip beschreibt und normiert. Die Bestimmung lautet:

> „Die Gesetzgebung ist an die verfassungsmäßige Ordnung, die vollziehende Gewalt und die Rechtsprechung sind an Gesetz und Recht gebunden."

27 Der hohe Stellenwert, den die Verfassung dem Rechtsstaatsprinzip zuerkennt, kommt darin zum Ausdruck, dass es gegenüber einer möglichen Änderung der Verfassung resistent ist. Art. 20 GG kann nicht, wie die meisten Bestimmungen des Grundgesetzes, mit einer Mehrheit von 2/3 der Stimmen der Mitglieder des Bundestags und des Bundesrats aufgehoben oder geändert werden. Es gilt:

> „Eine Änderung dieses Grundgesetzes, durch welche ... die in den Artikeln 1 und 20 niedergelegten Grundsätze berührt werden, ist unzulässig."[20]

28 Dieses Änderungsverbot wirft das rechtstheoretische Problem auf, ob nicht die Bestimmung selbst mit verfassungsändernder Zweidrittel-Mehrheit aufgehoben werden könnte und somit der Weg für eine Suspendierung auch des Rechtsstaatsprinzips und der anderen dort genannten Verfassungsgrundsätze frei würde.

29 Aus *normlogischer* Sicht wäre das möglich. Denn eine Norm kann, logisch gesehen, nicht ihre eigene Unantastbarkeit festlegen. Dies gilt nicht nur für „primäre" Regeln, die Handlungen verbieten oder erlauben, sondern auch für „sekundäre" Regeln, die (unter anderem) festlegen, auf welche Weise Regeln in Geltung gesetzt oder wieder aus der Rechtsordnung entfernt werden können.[21] Im Rahmen eines positivistischen Rechtsmodells kann es keine unantastbaren „Ewigkeitsklauseln" geben. Da Recht nach diesem Modell ausschließlich aufgrund von Setzungen existiert, kann es auch durch Setzungen geändert und aufgehoben werden. Grenzen für die Änderung (wie

---

20 Art. 79 Abs. 3 GG.
21 Zu dieser Unterscheidung *Hart*, Begriff des Rechts, S. 131 ff. Dazu unten § 7 Rn. 42 und § 8 Rn. 33 ff.

III. Sicherungen: Rechtsstaat, Demokratie, Menschenrechte § 3

für die Setzung) positiven Rechts können sich, normtheoretisch gesehen, nur aus naturrechtlichen Prämissen ergeben.

Aus *verfassungstheoretischer* Sicht ergibt sich eine andere Bilanz. Denn in dieser Perspektive geht es um die *Identität der Verfassung* – der Begriff nicht in einem formellen, sondern in einem materiellen, inhaltlich bestimmten Sinne verstanden. Zur Identität der Verfassung der Bundesrepublik gehört es in diesem Sinne, dass (unter anderem) der Grundsatz der Menschenwürde und das Rechtsstaatprinzip unantastbar sind. Eine Verfassung, die die Menschenwürde oder das Rechtsstaatprinzip zur Disposition stellen würde, wäre in diesem Sinne eine *andere* Verfassung als die des Grundgesetzes. 30

Auch aus verfassungstheoretischer Sicht aber hängen beide Prinzipien nicht unverrückbar am Sternenhimmel. Denn das Argument der *materiellen* Identität der Verfassung setzt deren *formelle* Identität voraus. Eine Verfassung ohne Garantie von Menschenwürde und Rechtsstaatlichkeit wäre, wie gesagt, materiell eine andere Verfassung als die des Grundgesetzes. Selbstverständlich aber kann eine (formell) andere Verfassung auch materiell eine andere sein. Eine Nachfolge-Verfassung des Grundgesetzes könnte, auch verfassungstheoretisch gesehen, auf beide genannten Garantien verzichten. Die Möglichkeit einer solchen Nachfolge-Verfassung ist im Grundgesetz ausdrücklich vorgesehen. Der letzte Artikel des Grundgesetzes lautet: 31

> „Dieses Grundgesetz, das nach Vollendung der Einheit und Freiheit Deutschlands für das gesamte deutsche Volk gilt, verliert seine Gültigkeit an dem Tage, an dem eine Verfassung in Kraft tritt, die von dem deutschen Volke in freier Entscheidung beschlossen worden ist."[22]

Dass eine solche Nachfolge-Verfassung tatsächlich auf das Prinzip der Menschenwürde oder das der Rechtsstaatlichkeit verzichten würde, steht allerdings nicht zu befürchten. Dazu sind beide Prinzipien inzwischen zu tief in der deutschen Rechtskultur verankert. Normlogisch wie verfassungstheoretisch aber wäre das nicht auszuschließen. 32

b) Gehalt

Die beiden zentralen Elemente, die das Prinzip der Rechtsstaatlichkeit konstituieren, werden in Art. 20 GG benannt und festgeschrieben: Der Grundsatz der *Gesetzesbindung*[23] und das Prinzip der *Gewaltenteilung*.[24] 33

aa) Gesetzesbindung

Die Abstufung, die hinsichtlich der *Gesetzesbindung* zwischen Gesetzgebung einerseits, Exekutive („vollziehender Gewalt") und Rechtsprechung andererseits vorgenommen wird, entspricht dem *Stufenbau der Rechtsordnung*:[25] Der Gesetzgeber ist, als Autor der „einfachen" Gesetze, nur an die Verfassung („verfassungsmäßige Ordnung") gebunden; Exekutive und Rechtsprechung unterliegen darüber hinaus einer Bindung an die vom Gesetzgeber erlassenen Gesetze. Dass sowohl Exekutive als auch Rechtsprechung gleichfalls an die Verfassung gebunden sind, versteht sich von selbst. Es kann zudem auch aus der Bindung an „Recht und Gesetz" herausgelesen werden. 34

---

22 Art. 146 GG.
23 Art. 20 Abs. 3 GG.
24 Art. 20 Abs. 2 und 3 GG.
25 Dazu näher § 7 Rn. 1 ff.

35 In anderer Hinsicht wirft der Bezug auf „Recht und Gesetz" allerdings Zweifel auf. Soll das Recht, wie es die additive Formulierung („und") nahelegt, etwas anderes sein als die Summe der Gesetze? Geht der Verfassungsgeber hier von der Existenz eines Naturrechts neben dem positiven Recht aus, das durch die Gesetze verkörpert wird? Oder handelt es sich nur um eine Stilfigur, ein sogenanntes Hendiadyoin, in dem durch zwei verschiedene Wörter dasselbe bezeichnet wird? Für die zweite Lesart könnte sprechen, dass das Grundgesetz an anderer Stelle die Rechtsprechung nur auf den Gesetzesgehorsam verpflichtet: „Die Richter sind unabhängig und nur dem Gesetze unterworfen".[26] Auf der anderen Seite lässt sich argumentieren, dass der Verfassungsgeber nach den Unrechtserfahrungen des NS-Systems wohl bewusst das positive Gesetz in den Kontext eines vorpositiv gedachten „richtigen" Rechts gestellt hat.[27] Beide Lesarten sind möglich. Eine wissenschaftlich verbindliche Entscheidung lässt sich hier nicht treffen.

36 In einem anderen Punkt, der die „Stoßrichtung" des Rechtsstaatsprinzips betrifft, ist eine Klarstellung möglich und angesichts vielfacher Beschwörungen eines „wehrhaften Rechtsstaats" in Politik und Medien, erforderlich: Das Rechtsstaatsprinzip ist ein Prinzip der Selbstbeschränkung und -kontrolle der Staatsmacht. Es adressiert sich an die Inhaber staatlicher Macht, nicht aber an die Bürger, die durch das Prinzip gerade vor einer unkontrollierten Ausübung dieser Macht geschützt werden sollen. Das Rechtsstaatsprinzip „zielt auf die Bindung und Begrenzung öffentlicher Gewalt zum Schutz individueller Freiheit".[28] Es ist deshalb eine Verkehrung des Rechtsstaatsprinzips, wenn die Forderung nach einer harten Bestrafung von Rechtsverletzungen (beispielsweise durch sog. „Klimakleber") als ein Gebot des Rechtsstaats präsentiert wird (typische Formulierung: „mit der ganzen Härte des Rechtsstaats zu bestrafen").[29]

37 Selbstverständlich verlangt das Prinzip des Rechtsstaats, dass die Strafverfolgungsbehörden und die Gerichte Strafverfahren einleiten bzw. durchführen, wenn die Gesetze dies vorschreiben.[30] Sowohl für die Entscheidung über das „Ob" als auch für die über das „Wie" einer Bestrafung lassen die gesetzlichen Bestimmungen aber häufig einen erheblichen Spielraum. Es ist auch keine Forderung gerade des Rechtsstaats (wohl aber des Staates), dass sich die Bürger an die Gesetze halten. Eine rechtliche, möglicherweise auch eine moralische Pflicht zum Gesetzesgehorsam mag sich am Ende anderer Argumentationswege ergeben; aus dem Rechtsstaatsprinzip ergibt sie sich nicht. Folgerichtig ist in Art. 20 Abs. 3 GG von einer „Gesetzesbindung" der Bürger nicht die Rede.

38 Mit anderen Worten: Der Begriff des „wehrhaften Rechtsstaats" ist so, wie er vielfach verwendet wird, schief. Rechtsstaatlichkeit ist eine (mögliche) Qualität eines Staates; der Staat *gilt als Rechtsstaat*, soweit er den Standards der Rechtsstaatlichkeit entspricht. Der Begriff des Rechtsstaats bezeichnet damit eine *normative Qualität* eines Staates, zu der das Attribut der „Wehrhaftigkeit" nur dann passt, wenn es gerade um die Verteidigung dieser Qualität geht (und nicht um die eines Staates, der *zugleich* Rechtsstaat ist).

---

26 Art. 97 Abs. 1 GG.
27 So beispielsweise *Arthur Kaufmann*, Rechtsentwicklung, S. 245 ff.
28 BVerfGE 144, 20 Rn. 547. Dazu *Jarass/Pieroth*, Grundgesetz für die Bundesrepublik Deutschland, Kommentar, 17. Aufl. 2022, Art. 20 Rn. 37.
29 Zutr. Kritik bei *Pichl*, Law statt Order, S. 9 ff. und passim.
30 BVerfGE 122, 248, 272 f.

III. Sicherungen: Rechtsstaat, Demokratie, Menschenrechte § 3

Das bedeutet: Gegen Bürger, die Gesetze missachten, kann ein „wehrhafter Rechtsstaat" nicht in Stellung gebracht werden; denn an sie richtet sich das Rechtsstaatsprinzip nicht (siehe oben). Sie können dieses Prinzip deshalb auch nicht gefährden. Bedroht wird das Rechtsstaatsprinzip durch Inhaber staatlicher Machtpositionen, die den Grundsatz der Gesetzesbindung missachten, möglicherweise auch durch politische Gruppierungen, die dieses Prinzip partiell oder vollständig suspendieren wollen. Soweit der Staat sich gegen diese Bedrohungen mit rechtsstaatlichen Mitteln wendet, macht es Sinn, von Reaktionen eines „wehrhaften Rechtsstaats" zu sprechen. Jenseits dieser Konstellationen ist die Rede von dem „wehrhaften Rechtsstaat" ebenso schief wie die von einem „wehrhaften Sozialstaat".

bb) Gewaltenteilung

Das Prinzip der Gewaltenteilung basiert auf dem Gedanken, dass einem Missbrauch der Staatsmacht durch deren Aufgliederung vorgebeugt werden kann. Liegt die gesamte staatliche Gewalt in *einer* Hand, dann ist die Ausübung der Gewalt nicht mehr zu kontrollieren. Demgegenüber setzt das System der Gewaltenteilung als System der Gewaltenbalance auf Mechanismen der wechselseitigen Kontrolle der Teilgewalten. Ideengeschichtlich waren hier vor allem die Werke von *John Locke* (1632–1704) und *Charles de Montesquieu* (1689–1755) wegweisend. Sowohl bei *Locke* als auch bei *Montesquieu* steht hinter der Forderung nach einer Teilung der Gewalten das Misstrauen gegenüber den Machthabern. So schreibt *Locke*:

> „Bei der Schwäche der menschlichen Natur, die stets bereit ist, nach der Macht zu greifen, würde es ... eine zu große Versuchung sein, wenn dieselben Personen, die die Macht haben, Gesetze zu geben, auch noch die Macht in die Hände bekämen, diese Gesetze zu vollstrecken. Dadurch könnten sie sich selbst von dem Gehorsam gegen die Gesetze, die sie geben, ausschließen und das Gesetz in seiner Gestaltung wie auch in seiner Vollstreckung ihrem eigenen persönlichen Vorteil anpassen. Schließlich würde es dazu kommen, dass sie von den übrigen Gliedern in der Gemeinschaft gesonderte Interessen verfolgen würden, die dem Zweck der Gesellschaft und Regierung zuwiderlaufen."[31]

Ähnlich heißt es bei *Montesquieu*:

> „Eine ewige Erfahrung lehrt ..., dass jeder Mensch, der Macht hat, dazu getrieben wird, sie zu missbrauchen. Er geht immer weiter, bis er an Grenzen stößt ... Damit die Macht nicht missbraucht werden kann, ist es nötig, durch die Anordnung der Dinge zu bewirken, dass die Macht die Macht bremse."[32]

Nach den Erfahrungen mit der Willkür totalitärer Systeme im 20. Jahrhundert besteht Anlass, an diesem Misstrauen festzuhalten. Allerdings stellt sich die Frage, wie sich diese Aufsplitterung der Gewalten zu dem Grundsatz verhält, dass *alle* Staatsgewalt vom Volke ausgeht. Nach dem Grundgesetz wird diese Staatsgewalt, die offenbar als im Ausgangspunkt einheitliche verstanden wird,

> „vom Volke in Wahlen und Abstimmungen und durch besondere Organe der Gesetzgebung, der vollziehenden Gewalt und der Rechtsprechung ausgeübt."[33]

---

31 *Locke*, Abhandlungen, Zweite Abhandlung § 143 (S. 298).
32 *Montesquieu*, Geist, 11. Buch, 4. Kapitel (S. 215).
33 Art. 20 Abs. 2 Satz 2 GG.

§ 3 § 3 Quis custodiet custodes ipsos? Wer schützt die Bürger vor dem Staat?

43 Es geht also um unterschiedliche Bereiche der Ausübung *derselben* Staatsgewalt, nämlich der Staatsgewalt des Volkes. Bedeutet dann „Gewaltenteilung" nicht eine willkürliche Aufsplitterung der allein dem Volk zustehenden Staatsgewalt? Und: Muss der Gedanke der wechselseitigen Kontrolle von Legislative, Exekutive und Justiz dann nicht folgerichtig auf eine Kontrolle des Volkes durch sich selbst hinauslaufen?

44 Das sind keineswegs nur akademische Fragen. In den sogenannten *Volksdemokratien* im Einflussbereich der ehemaligen Sowjetunion wurde die Gewaltenteilung mit der Begründung in Frage gestellt, dass sie dem Prinzip der Volkssouveränität widerspreche. An die Stelle der horizontalen, wechselseitigen Kontrolle zwischen Gesetzgebung, Exekutive und Justiz sollte eine vertikale Kontrolle aller „Teilgewalten" durch die Basis treten. Das System der Räte (Sowjets) sollte für einen möglichst starken Einfluss der Bevölkerung auf die Tätigkeit aller Staatsorgane sorgen.[34] Auch wenn diese Systeme gescheitert sind, auch wenn sie wegen des dominierenden Einflusses der (Einheits-)Partei wohl von Beginn an nicht funktionieren konnten: Die Frage, wie die Gewaltenteilung im staatstheoretischen Modell mit dem Prinzip vereinbar ist, dass alle Staatsgewalt vom Volke ausgeht, bleibt virulent. Denn die Gewaltenteilung soll die Bürger (also: das Volk) vor der Staatsgewalt schützen. Wie hat man sich das vorzustellen, wenn das Volk selbst in allen Bereichen (Gesetzgebung, Exekutive, Justiz) diese Staatsgewalt ausübt?

45 Die Antwort auf diese Frage liegt in einer Unterscheidung zwischen *staatstheoretischer Konstruktion* und *politisch-gesellschaftlicher Realität*. Der Satz „Alle Staatsgewalt geht vom Volke aus"[35] formuliert keine *Beschreibung* tatsächlicher Verhältnisse, sondern enthält eine *Zuschreibung*, die die reale Staatsmacht, der die Bürger seitens der Gesetzgebung, der Exekutive und der Justiz unterworfen sind, *normativ* auf eine „Staatsgewalt" des Volkes zurückführt.

46 In der politischen Realität findet diese staatstheoretische Konstruktion nur eine schattenhafte Widerspiegelung.[36] Denn die Legitimationskette, an der die Feststellung hängt, das Volk selbst übe „seine" Staatsgewalt – beispielsweise – in der Rechtsprechung aus, ist ebenso lang wie dünn.

47 Der Einfluss des Volkes auf die Entscheidungen der Justiz erschöpft sich in Deutschland weitgehend in der Möglichkeit, alle vier Jahre für eine Partei zu stimmen, deren Kandidaten möglicherweise eine parlamentarische Fraktion bilden können und möglicherweise (gegebenenfalls in einer Koalition) einen Kanzler oder (in den Bundesländern) einen Ministerpräsidenten wählen können, der eine Regierung bildet, deren Justizminister die Richter ernennt (wobei das Verfahren teilweise komplexer ausgestaltet ist). Wenn Urteile in Deutschland „Im Namen des Volkes" ergehen, so bedeutet das weder, dass sich die Entscheidung auf den Willen des Volkes oder doch einer demokratischen Mehrheit berufen könnte, noch, dass das Volk einen messbaren Einfluss auf die Auswahl der jeweils zuständigen Richter hätte nehmen können. Noch dünner ist die Legitimationskette, wenn es um Entscheidungen supra-nationaler Gerichte geht, unter denen der EuGH eine immer größere Bedeutung erlangt.[37]

---

[34] Informativ dazu *Zippelius*, Staatslehre, 7. Aufl., 1980, § 33 (in der aktuellen [17.] Aufl. in dieser Form nicht beibehalten).
[35] Art. 20 Abs. 2 Satz 1 GG.
[36] Dazu *Adomeit/Hähnchen*, Rechtstheorie, Rn. 112.
[37] Zum Problem *von Bogdandy/Venzke*, In wessen Namen?, insbes. S. 136 ff.

III. Sicherungen: Rechtsstaat, Demokratie, Menschenrechte § 3

Diese Rekonstruktion beinhaltet keine Kritik an dem Verfahren der Richterauswahl, erst recht nicht an Strukturen, die „das Volk" von einer inhaltlichen Einflussnahme auf gerichtliche Entscheidungen weitgehend fernhalten.[38] Schon das Prinzip der *Unabhängigkeit der Richter*[39], das für eine rechtsstaatliche Justiz zentral ist, verbietet eine auch nur mittelbare Einflussnahme, wie sie etwa in Systemen der „Volksdemokratie" durch die Möglichkeit, Richter aufgrund unliebsamer Entscheidungen abzuberufen, gegeben war.[40] Wenn die Urteile der deutschen Gerichte „Im Namen des Volkes" ergehen,[41] dann wird damit nicht beansprucht, dass sie die Auffassung der Mehrheit der Bevölkerung wiedergeben. Es geht darum, die Legitimation des Urteils *normativ* auf die Staatsgewalt des Volkes zu gründen.

48

In der gesellschaftlichen Wirklichkeit erleben Bürgerinnen und Bürger die staatliche Justiz eher als Betroffene denn als Mitglieder des Volkes, das seine Staatsgewalt auch „durch besondere Organe ... der Rechtsprechung" ausübt. Das Gleiche gilt hinsichtlich der Akte der Gesetzgebung und der Maßnahmen der Regierung. Anders als in Systemen mit stärker ausgeprägten Elementen einer *direkten (unmittelbaren) Demokratie* ist in der *repräsentativen Demokratie* der Bundesrepublik eine unmittelbare Entscheidung von Sachfragen durch das Volk auf Bundesebene nicht vorgesehen. Das gilt selbst für – im Wortsinn – lebenswichtige Fragen wie etwa die Vorbereitung eines Krieges. Als einzige Ausnahme kennt das Grundgesetz Abstimmungen über eine Neugliederung des Bundesgebiets.[42] Eine Einflussnahme auf die Tätigkeit der Regierung, durch die (als „vollziehende Gewalt") das Volk gleichfalls seine Staatsgewalt ausübt,[43] findet nicht statt. Die Bürger bleiben auch in der Demokratie der staatlichen Herrschaft unterworfen. In der Formulierung von *Böckenförde*:

49

> „Die Errichtung der Demokratie als Staats- und Regierungsform ... bedeutet nicht die Aufhebung oder Überwindung staatlich organisierter politischer Herrschaft, sondern eine bestimmte Organisation dieser Herrschaft. Staatsgewalt und die mit ihr gegebene Herrschaft von Menschen über Menschen bleibt auch in der Demokratie bestehen und wirksam; sie löst sich nicht in einer (falsch verstandenen) Identität von Regierenden und Regierten, auch nicht im herrschaftsfreien Diskurs auf."[44]

Bei realistischer Betrachtung ist „das Volk" eher Objekt als Subjekt staatlichen Handelns. Ob seine Interessen durch Gesetzgebung, Regierung und Justiz gefördert oder aber bedroht werden, ist eine Frage der politischen Situation, des betroffenen gesellschaftlichen Bereichs und der jeweiligen konkreten Umstände. Die Bedrohungsszenarien sind besonders präsent im Bereich des Strafrechts, das mit besonderer Härte in die Interessen und Rechtsgüter der Bürger eingreifen kann. Hier zeigt sich die Schutzfunktion der Gewaltenteilung deshalb mit besonderer Eindringlichkeit. Dafür zwei Beispiele:

50

Das erste: In einer Entscheidung des 2. Strafsenats des Bundesgerichtshofs (BGH) wurde ein Mitglied der Rockerbande „Hells Angels" freigesprochen, das einen Polizeibeamten bei einem Einsatz tödlich verletzt hatte. Der Beamte war Mitglied eines Sondereinsatzkom-

---

38 „Weitgehend" deshalb, weil in bestimmten Spruchkörpern auch Laienrichter mitwirken, beispielsweise als Schöffen in Strafverfahren (§§ 28 ff. GVG).
39 Art. 97 Abs. 1 GG.
40 Dazu *Zippelius*, Staatslehre, 7. Aufl. 1980, § 33 (in der aktuellen [17.] Aufl. in dieser Form nicht beibehalten).
41 Z.B. § 25 Abs. 4 BVerfGG, § 268 Abs. 1 StPO.
42 Art. 29, 118 GG.
43 Art. 20 Abs. 2 Satz 2 GG.
44 *Böckenförde*, in: Isensee/Kirchhof (Hrsg.), Handbuch des Statsrechts, 1991, § 24 Rn. 9.

mandos (SEK), das den Auftrag hatte, den Angeklagten in seiner Wohnung festzunehmen. Als die Beamten zur Nachtzeit versuchten, die Wohnungstür aufzubrechen, erwachte der Angeklagte. Er ging – nachvollziehbar – davon aus, dass es sich bei den Angreifern um Mitglieder einer konkurrierenden Rockerbande handelte, von der er Morddrohungen erhalten hatte. Als die Beamten auf seine Aufforderung, sich zu entfernen, nicht reagierten und versuchten, die letzte noch intakte Türverriegelung aufzubrechen, fürchtete er um sein Leben und das seiner in der Wohnung anwesenden Verlobten. Er gab deshalb durch die noch geschlossene Tür einen Schuss ab, der einen der Beamten tödlich verletzte. Der Angeklagte wurde vom BGH freigesprochen, weil er irrtümlich von einer Notwehrsituation ausgegangen war.[45]

51 Die Entscheidung ist strafrechtsdogmatisch völlig korrekt. Sie rief aber nicht nur in den Medien, sondern auch bei den Regierungen zweier Bundesländer einen Sturm der Entrüstung hervor. Der Innenminister des einen Bundeslandes behauptete öffentlich, der BGH ermuntere mit seinem Urteil „Schwerstkriminelle in ihrem asozialen Tun".[46] In ähnlicher Weise äußerte sich sein Kollege aus dem anderen Bundesland. Man stelle sich vor, die Trennung der Gewalten würde nicht funktionieren, und die Exekutive könnte Strafurteile vorschreiben oder, im Extremfall, selbst verhängen. Geurteilt würde in solchen Fällen nicht mehr nach Recht und Gesetz, sondern nach politischer Opportunität oder nach alltagsmoralischen Vorstellungen von „Gut" und „Böse".

Das *zweite Beispiel* betrifft eine Entscheidung des Bundesverfassungsgerichts, mit der ein kurze Zeit zuvor in das Strafgesetzbuch eingefügter Tatbestand der „Geschäftsmäßigen Förderung der Selbsttötung" (§ 217 StGB a. F.) für verfassungswidrig und damit für nichtig erklärt wurde. Das BVerfG sah in diesem Tatbestand einen Verstoß gegen das „Grundrecht auf selbstbestimmtes Sterben", das es aus dem allgemeinen Persönlichkeitsrecht ableitete, und hob den Straftatbestand auf.[47] Die Richterinnen und Richter des zweiten Senats, die das Urteil einstimmig (!) gefällt hatten, wurden daraufhin von einem hochrangigen Politiker, ehemals Präsident des Deutschen Bundestags, als „furchtbare Juristen" gebrandmarkt[48] – ein Begriff, der seit dem gleichnamigen Buch von *Ingo Müller*[49] zur Bezeichnung der Blutrichter des NS-Systems verwendet wird.

52 Dieses Beispiel ist unter zwei Gesichtspunkten als Beleg für die *rechtsstaatlichen Garantien*, die aus der *Gewaltenteilung* resultieren, von Bedeutung. Zum einen hätte eine rechtswidrige, weil verfassungswidrige Beschränkung der Freiheit der Bürger durch einen Akt der Legislative (Verabschiedung des § 217 StGB a. F.) ohne das Eingreifen der Justiz Wirkung gezeigt. Die Kontrolle der Gesetzgebung durch die Gerichte (hier: das BVerfG) hat diesen rechtswidrigen Eingriff in verfassungsrechtlich garantierte Grundrechte blockiert. An diesem Punkt geht es also um die Gewaltenteilung zwischen Legislative einerseits, Judikative andererseits. Zugleich zeigt die zitierte Reaktion auf das Urteil aber auch, wie wichtig die Unabhängigkeit der Justiz gegenüber der Politik ist (auch wenn es in diesem Fall nicht um eine Stellungnahme seitens eines Mitglieds der Exekutive ging).

53 Es ist kein Zufall, dass beide Beispiele die *Stellung der Justiz* im System der Gewaltenteilung betreffen. Auch wenn bei der Entwicklung der Gewaltenteilung historisch das Verhältnis zwischen Gesetzgebung und Exekutive, zwischen dem Monarchen und dem

---

45 BGH NStZ 2012, 272.
46 „Frankfurter Allgemeine Zeitung" v. 5.11. 2011.
47 BVerfGE 153, 182.
48 „Frankfurter Allgemeine Zeitung" v. 29.2.2020.
49 *Ingo Müller*, Furchtbare Juristen, 1987.

III. Sicherungen: Rechtsstaat, Demokratie, Menschenrechte § 3

Parlament im Vordergrund stand:[50] Im modernen Verfassungsstaat sind es vor allem Gerichte, die den Bürger vor dem Zugriff der Staatsgewalt schützen. Das Grundgesetz bestimmt: „Wird jemand durch die öffentliche Gewalt in seinen Rechten verletzt, so steht ihm der Rechtsweg offen"[51]. Dieser Rechtsweg führt typischerweise zu den *Verwaltungsgerichten*. In Staaten mit einer ausgebildeten Verfassungsgerichtsbarkeit kommt den *Verfassungsgerichten* eine besondere Bedeutung zu – sowohl aus praktischer als auch aus rechtstheoretischer Perspektive.

cc) Verfassungsgerichtsbarkeit

Die Institution der *Verfassungsgerichtsbarkeit* gehört strukturell zum Themenbereich „Gewaltenteilung", ist aber keine unabdingbare Forderung des rechtsstaatlichen Gewaltenteilungsprinzips. In manchen rechtsstaatlich verfassten Demokratien der Gegenwart existiert sie nicht oder lediglich in rudimentärer Ausprägung. In Deutschland spielt das Bundesverfassungsgericht bei dem Schutz der Rechte der Bürger gegen staatliche Zugriffe eine zentrale Rolle. Das Instrument, das dem Bürger hier in die Hand gegeben wird, ist die *Verfassungsbeschwerde*, die von jedermann mit der Behauptung erhoben werden kann, „durch die öffentliche Gewalt in einem seiner Grundrechte … verletzt zu sein"[52].

54

Mit dem Instrument der Verfassungsbeschwerde wurden den Grundrechten, wie formuliert worden ist, „Zähne eingesetzt". Grundrechte werden damit von reinen *Programmsätzen* zu individuell durchsetzbaren *Rechtspositionen.*[53] Mit der Verfassungsbeschwerde können nicht nur Maßnahmen der Verwaltung (Exekutive), sondern unter bestimmten Voraussetzungen auch vom Parlament verabschiedete Gesetze angegriffen werden. Ein Beispiel für eine erfolgreiche Verfassungsbeschwerde, die sich gegen ein Gesetz richtete, repräsentiert das erwähnte Urteil des BVerfG, mit dem der Straftatbestand der „Geschäftsmäßigen Förderung der Selbsttötung" als verfassungswidrig aufgehoben wurde.[54]

55

Was aus Sicht der Bürger einen entscheidenden Zugewinn an Rechtsschutz gegenüber der Staatsgewalt bedeutet, ist für die Inhaber dieser Staatsgewalt tendenziell ein Ärgernis:

56

> „Wer im Besitz der parlamentarischen Mehrheit ist oder über exekutive Macht verfügt, empfindet Verfassungsgerichte tendenziell eher als übergriffig und antidemokratisch, wer sich in der Minderheit befindet, hält sie für zwingend notwendig, um die Verfassung und die demokratischen Mitwirkungsrechte der Opposition zu sichern."[55]

Hinter dieser unterschiedlichen Wahrnehmung der Verfassungsgerichtsbarkeit steht ein strukturelles Problem. Es kommt in der zitierten Passage darin zum Ausdruck, dass beide Seiten sich für ihre Sichtweise auf „Demokratie" berufen – und dies jeweils mit Recht. Denn die zentrale Frage heißt, zugespitzt, ob man unter Demokratie (nur) die Herrschaft der Mehrheit oder (auch) den Schutz der Minderheit versteht. Es kann aber, paradoxerweise, bei der Begrenzung der Macht des Parlaments auch um den

57

---

50 Dazu *Zippelius*, Staatslehre, § 31 II.
51 Art. 19 Abs. 4 Satz 1 GG.
52 Art. 94 Abs. 1 Nr. 4 a GG.
53 *Grimm*, Verfassungsgerichtsbarkeit", passim.
54 Dazu oben Rn. 51 f.
55 *Voßkuhle*, Krise, S. 5.

§ 3 Quis custodiet custodes ipsos? Wer schützt die Bürger vor dem Staat?

Schutz einer Mehrheit gehen: Die *parlamentarische Mehrheit*, die für die Verabschiedung eines Gesetzes im Regelfall genügt, kann dem klaren Willen der *Mehrheit der Bevölkerung* diametral entgegengesetzt sein.

58 Vorweg: Das Recht eines durch Wahlen demokratisch legitimierten Parlaments zur Gesetzgebung wird nicht erst durch eine Verfassungsgerichtsbarkeit, sondern bereits durch Existenz einer *Verfassung* beschnitten, sofern diese sich nicht auf rein prozedurale und institutionelle Vorgaben beschränkt. Die *Grundrechte* und grundrechtsgleichen Rechte der deutschen Verfassung beispielsweise setzen dem Gesetzgeber materielle, inhaltliche Grenzen. Die Verfassung fesselt *alle* staatlichen Gewalten. Das ist das Prinzip des *Konstitutionalismus*. Historisch ging es bei der Institutionalisierung von Verfassungen vor allem darum, die unbegrenzte Macht des absolutistisch herrschenden Monarchen zu begrenzen; an die Stelle der „absoluten" trat die „konstitutionelle", also an eine Verfassung („Konstitution") gebundene Monarchie. In den demokratischen Staaten der Gegenwart adressiert sich die Verfassung nicht nur an die Exekutive, sondern in gleicher Weise auch an den parlamentarischen Gesetzgeber (Legislative) und die Judikative.

59 Das bedeutet: Die *Verfassung* legt nicht nur der Willkür einer tendenziell schrankenlosen Exekutive („Absolutismus"), sondern auch der demokratischen, auf die Souveränität des Volkes gegründeten parlamentarischen Gesetzgebung Fesseln an. Die Einschränkungen politischer Gestaltungsmöglichkeit, die aus der Bindung der Staatsgewalten durch eine Verfassung resultieren, lassen sich deshalb sowohl von einer *staatsautoritären* als auch von einer *radikal-demokratischen* Position aus kritisieren. Dabei richtet sich die Kritik teilweise nicht explizit gegen die Verfassung selbst, sondern gegen die Institution der *Verfassungsgerichtsbarkeit*, die die Verfassung gegen die Staatsgewalten durchsetzen soll.

60 Repräsentativ für eine *staatsautoritäre* Ablehnung der Verfassungsgerichtsbarkeit steht in Deutschland *Carl Schmitt* (1888–1985) mit seiner Lehre vom totalen Staat, in dem ein Verfassungsgericht nicht nur überflüssig, sondern geradezu kontraproduktiv sein soll.[56] *Überflüssig* sei es, so *Carl Schmitt*, im totalen Staat deshalb, weil der Gegensatz zwischen *Regierung und Parlament*, der ein Verfassungsgericht als neutrale Instanz erforderlich machen könnte, dort ebenso aufgehoben sein soll wie der Gegensatz zwischen *Staat und Gesellschaft*, als dessen Konsequenz er verstanden wird. *Kontraproduktiv* sei das Verfassungsgericht im totalen Staat deshalb, weil es mit der Begrenzung staatlicher Tätigkeit die vollständige Verstaatlichung der Gesellschaft, die Charakteristikum des totalen Staats sei, blockiere.

61 Das Verfassungsgericht symbolisiert für *Carl Schmitt* die Tendenz zur Zersplitterung, zur Verfestigung der Differenz zwischen Staat und Gesellschaft ebenso wie die von ihm verworfene Gewaltenteilung. Es widerstreite damit als Institution dem „Holismus" des totalen Staates. Es ist kennzeichnend, dass *Schmitt* an die Stelle des Verfassungsgerichts als „Hüter der Verfassung" gerade *die* Institution setzen will, die wie keine andere die Einheit des Staates repräsentiert: Die des Staats- bzw. Reichspräsidenten. Wie sehr dieser Vorschlag von *Schmitts* Staatsideologie bestimmt ist, zeigt der Umstand, dass der Reichspräsident nach der Weimarer Reichsverfassung, auf die *Schmitt* sich ausdrücklich bezieht, eine Institution mit ausgeprägten politischen Befugnissen

---

56 *Carl Schmitt*, Hüter. Zu der in der Tradition des staatsautoritären Denkens stehenden Kritik an der Institution der Verfassungsgerichtsbarkeit in der Bundesrepublik *Laufer*, Verfassungsgerichtsbarkeit, S. 23, 275 ff.

III. Sicherungen: Rechtsstaat, Demokratie, Menschenrechte

war. Die Idee einer verfassungsrechtlichen Kontrolle der politischen Macht durch den Reichspräsidenten musste deshalb, wie *Kelsen* zutreffend kritisiert hat, auf das merkwürdige Modell einer Kontrolle der Macht durch sich selbst hinauslaufen.[57]

Ernster zu nehmen ist die Kritik, die aus *radikaldemokratischer* Sicht an der Institution des Verfassungsgerichts geübt wird. Sie richtet sich in erster Linie gegen die Kompetenz des Gerichts, vom Parlament verabschiedete Gesetze am Maßstab der Verfassung zu messen und gegebenenfalls als verfassungswidrig zu verwerfen.[58] Nach der Logik des demokratischen Verfassungsstaates könne es eine gerichtliche Kontrolle der parlamentarischen Gesetze, die als Ausdruck des Willens des Volkes verstanden werden, nicht geben. Volkssouveränität und gerichtliche Kontrolle parlamentarisch beschlossener Gesetze sind nach dieser Auffassung unvereinbar. Die Kritik wird verdeutlicht in der Gegenüberstellung von *Verwaltungsgerichten* einerseits, *Verfassungsgerichten* andererseits: Während es bei der Verwaltungsgerichtsbarkeit um die *Durchsetzung* der parlamentarischen Gesetze, also des Willens des Volkes, gegen die Exekutive gehe, sei die Funktion der Verfassungsgerichte gerade die Kontrolle des souveränen Volkes selbst.[59]

Es liegt auf der Hand, dass sich diese Kritik in der Sache nicht nur gegen die Institution der *Verfassungsgerichtsbarkeit* richten muss, sondern bereits gegen das Institut einer staatlichen *Verfassung*, die dem politischen Willen des souveränen Volkes durch materielle Vorgaben, insbesondere durch die Statuierung gesetzesvorrangiger Grundrechte, Grenzen setzt. Jede an inhaltlichen Grundrechten orientierte Verfassungsgerichtsbarkeit, so der Vorwurf, spiele sich als Zensor demokratischer Entscheidungsprozesse auf.[60] Dahinter steht die Vorstellung eines allmächtigen Volkswillens, der in der Tradition der *volonté générale* bei *Rousseau*[61] als unbegrenzt und als unfehlbar gedacht wird. Ihr entspricht eine Deutung von Grundrechten, die diese als demokratische *Teilhaberechte*, nicht aber als in ihrer Reichweite unveränderliche substantielle *Freiheitsrechte* versteht.[62]

Diese Kritik thematisiert das Verhältnis von *demokratischer Rechtssetzungskompetenz* und vorgegebenen *Freiheitsrechten* und berührt damit einen Kernpunkt der Demokratietheorie. Sie ist aus der Sicht einer radikaldemokratischen Position, die auch elementare Freiheitsrechte grundsätzlich zur Disposition des souveränen Volkes stellt, konsequent. Aber eine solche *radikaldemokratische Position* vernachlässigt die Lehren, die aus Geschichte und Zeitgeschichte zu ziehen sind: dass auch parlamentarische Gesetze grob ungerecht, im Sinne *Radbruchs* „gesetzliches Unrecht"[63] sein können.[64] Die Verfassung als Garantie von Mindeststandards von Menschen- und Bürgerrechten

---

[57] *Kelsen*, Hüter, S. 1534. Zur Kontroverse zwischen *Carl Schmitt* und *Kelsen* erhellend *Grimm*, Verfassungsgerichtsbarkeit, S. 105 ff. und *Paulson*, Gesetzesprüfung.
[58] *Maus*, Aufklärung, S. 298 ff.; *dies.*, Volkssouveränität, S. 111, 264; *dies.*, Rechtsstaat, S. 204 ff. Krit. zur Verfassungsgerichtsbarkeit auch *Habermas*, Faktizität und Geltung, S. 292 ff. Zur Diskussion *Neumann*, Notwendigkeit, S. 81.
[59] *Maus*, Aufklärung, S. 302 ff.
[60] *Maus*, Aufklärung, S. 304. Verteidigung dieser Funktion unter dem Gesichtspunkt des Prinzips des Schutzes von Minderheiten bei *Frankenberg*, Verfassung, S. 228.
[61] *Rousseau*, Contrat social, II, 3. Zu *Rousseau* oben § 2 Rn. 64 ff.
[62] *Maus*, Aufklärung, S. 299, 305.
[63] *Radbruch*, Gesetzliches Unrecht, S. 83 ff.
[64] Und deshalb der Kontrolle durch ein Verfassungsgericht unterworfen sein müssen. Zu diesem Gesichtspunkt *Hassemer*, Verfassungsgerichtsbarkeit, S. 84.

adressiert sich mit gutem Grund nicht nur an die Exekutive, sondern in gleicher Weise an die Instanzen der Gesetzgebung.

65 Die Demokratie im Verfassungsstaat ist eine *konstitutionelle Demokratie*[65], die dem Absolutheitsanspruch des souveränen Volkes in gleicher Weise Grenzen setzt wie die *konstitutionelle Monarchie* dem Absolutheitsanspruch des souveränen Monarchen. Die Kraft demokratischer Mehrheitsentscheidungen bricht sich an den Felsen verfassungsrechtlich garantierter Grundrechte. Natürlich ist der Verlauf der Grenze zwischen dem demokratisch gestaltbaren und dem verfassungsrechtlich festgeschriebenen Bereich durch das Prinzip der konstitutionellen Demokratie nicht präzise fixiert; aber der Grundsatz der rechtlichen Limitierung demokratischer Entscheidungen durch Verfassungsnormen, die nicht[66] oder nur unter erschwerten Bedingungen[67] änderbar sind, ist für den modernen Verfassungsstaat konstitutiv.

66 Damit ist im modernen Verfassungsstaat auch grundsätzlich Raum für eine Institution, deren Aufgabe es ist, die Einhaltung der verfassungsrechtlich gezogenen Grenzen durch die politischen Instanzen zu überwachen.[68] Die Funktion einer Verfassungsgerichtsbarkeit lässt sich damit *theoretisch* präzise bestimmen und von der Entscheidungsbefugnis politischer Instanzen abgrenzen. Die *Politik*, so das Modell, gestaltet in den Institutionen der *Legislative* und der *Exekutive* die soziale Wirklichkeit durch Entscheidungen, die im Rahmen der verfassungsrechtlich markierten Grenzen getroffen werden; das *Verfassungsgericht* überprüft im Streitfall, ob diese Grenzen eingehalten wurden und stellt gegebenenfalls einen Verfassungsverstoß mit den sich daraus ergebenden Konsequenzen fest. Dieses Modell funktioniert dann, wenn sich der Bereich der richterlichen Rechtserkenntnis – Verfassungserkenntnis – von dem Bereich politischer Entscheidungen scharf abgrenzen lässt. Es basiert, mit anderen Worten, auf der Gegenüberstellung von *politischer Dezision* (Entscheidung) und *richterlicher Kognition* (Erkenntnis). Der Gesetzgeber (hier: der Verfassungsgeber) setzt aufgrund einer politischen Entscheidung die Normen, die der Richter dann – ohne eigenen Entscheidungsspielraum – anzuwenden hat. So das Modell.

67 Dass dieses Modell keine realistische Darstellung der richterlichen Tätigkeit liefert, ist heute nahezu unbestritten. Der „Fall" kann nicht im Wege eines logischen Prozesses der „Norm" einfach subsumiert werden. Die Norm muss in aller Regel zuvor interpretiert werden; und für diese Interpretation gibt es zwar eine Vielzahl von relevanten Kriterien (Wortlaut, Wille des Gesetzgebers, Systematik des Gesetzes, Vernünftigkeit des Ergebnisses etc.), aber keinen Algorithmus, der zu einem eindeutigen Ergebnis führen würde. In zahlreichen Fällen sind deshalb unterschiedliche Interpretationen in gleicher Weise vertretbar. Der Vorstellung, es gebe immer nur eine einzige richtige Entscheidung (*one right answer-thesis*),[69] liegt eine Idealisierung zugrunde, die für die richterliche Tätigkeit die Bedeutung einer „regulativen Idee" hat,[70] aber keine realistische Beschreibung der richterlichen Entscheidung enthält. Das bedeutet: Der *Richter* kann sich nicht mit der Einsicht zufriedengeben, dass mehrere Entscheidungen vertretbar sind, und das Urteil dann „auswürfeln" oder nach Sympathie entscheiden.

---

65 Das wird in diesem Zusammenhang betont von *Hassemer*, Verfassungsgerichtsbarkeit, S. 82.
66 Art. 79 Abs. 3 GG.
67 Art. 79 Abs. 2 GG.
68 *Alexy*, Theorie der Grundrechte, S. 496.
69 *Dworkin*, Bürgerrechte, S. 144 ff., 448 ff., 529 ff.; *ders.*, A Matter of Principle, S. 119 ff.; *ders.*, Law's Empire, S. 211 ff.
70 Dazu unten § 14 Rn. 29.

III. Sicherungen: Rechtsstaat, Demokratie, Menschenrechte § 3

Er muss das „richtige" Urteil suchen – auch wenn er als *Rechtstheoretiker* weiß, dass es dieses „einzig richtige" Urteil häufig nicht gibt.[71]

Es ist folgerichtig, dass die rechtstheoretische Einsicht in den dezisionistischen Charakter der richterlichen Entscheidung zu einem zentralen Einwand gegen die Etablierung einer Verfassungsgerichtsbarkeit geworden ist. In Deutschland war es *Carl Schmitt*, der dieses Argument[72] ins Feld geführt und zu der Behauptung zugespitzt hat, es liege im Wesen der Justiz, dass sie Sachverhalte anhand klarer und eindeutiger Normen entscheide. Wörtlich formuliert *Schmitt*:

> „Alle Justiz ist an Normen gebunden und hört auf, wenn die Normen selbst in ihrem Inhalte zweifelhaft und umstritten werden".[73]

Verfassungsgerichtsbarkeit, so die Schlussfolgerung, sei folglich keine Justiz, weil die Normen der Verfassung typischerweise *unterschiedliche Interpretationen* zuließen. In Wirklichkeit sei die Tätigkeit des Verfassungsgerichts also Gesetzgebung, Politik. Im Übrigen, so der weitere Einwand *Schmitts*, sei Verfassungsgerichtsbarkeit auch deshalb keine Justiz, weil es bei ihr nicht um die *Subsumtion von Einzelfällen unter ein Gesetz*, sondern um die *Prüfung eines Gesetzes anhand eines anderen Gesetzes* – des Verfassungsgesetzes – gehe. Justiz aber beschränke sich, so die Prämisse, auf die Entscheidung singulärer Sachverhalte, die Prüfung genereller Normen gehöre nicht zu ihren Aufgaben.[74]

Was ist von diesen Einwänden zu halten? Das zweite Argument dürfte sich rasch erledigen lassen. Denn es ist eine nicht zu rechtfertigende *petitio principii*, dass die Tätigkeit der Justiz begrifflich auf die Subsumtion singulärer Fälle unter generelle Normen beschränkt sei. Im Übrigen lässt sich, wie *Kelsen* gegen *Schmitt* geltend macht, auch die verfassungsgerichtliche Normenkontrolle als die Subsumtion eines Einzelfalls unter eine generelle Norm deuten, wenn man nicht auf den (generalisierenden) Inhalt des Gesetzes, sondern auf den (individuellen) Akt seiner Verabschiedung abstellt.[75] Zu entscheiden ist dann, ob der parlamentarische Akt, also ein singulärer Sachverhalt, den Anforderungen der generellen Verfassungsnorm entsprach.

Gewichtiger ist der Einwand der *mangelnden Bestimmtheit* der Verfassungsnormen. Denn es liegt auf der Hand, dass die Rechtsprechung umso mehr in den Bereich der *Rechtssetzung* und damit in den Herrschaftsbereich des Gesetzgebers übergreift, je vager die Normen sind, an denen sie sich orientiert. Die Prämisse, auf der *Carl Schmitts* Kritik beruht, ist allerdings in dieser Form nicht haltbar. Die These, dass es sich bei der Normanwendung durch staatliche Entscheidungsinstanzen nur dort um Justiz handele, wo diese Normen nicht inhaltlich zweifelhaft und umstritten sind, würde nicht nur der Verfassungsjustiz, sondern *jeder* Form von Justiz ein Ende setzen. Denn selbstverständlich bedürfen bei realistischer Betrachtung praktisch alle Rechtsnormen der Auslegung und damit einer Konkretisierung, die in unterschiedlicher Weise vorgenommen werden kann.

---

71 Näher dazu *Neumann*, Argumentationstheorie, § 9 Rn. 25 ff.
72 Knappe Darstellung bei *Habermas*, Faktizität und Geltung, S. 296 f. Ausführlich *van Ooyen*, Begriff des Politischen, S. 180 ff.
73 *Carl Schmitt*, Hüter, S. 19.
74 Speziell zu diesem Aspekt der Kontroverse *Paulson*, Gesetzesprüfung, S. 41 ff.
75 *Kelsen*, Hüter, S. 1534.

§ 3 § 3 Quis custodiet custodes ipsos? Wer schützt die Bürger vor dem Staat?

72 *Carl Schmitt* selbst war es, der das an anderen Stellen seines Werkes präzise herausgearbeitet hat.[76] Es geht deshalb bei dem Unterschied zwischen Verfassungsjustiz einerseits, der „normalen" Justiz andererseits nur um quantitative, nicht aber um qualitative Differenzen. *Kelsen* hat das in seiner Replik auf *Carl Schmitt* überzeugend klargestellt.[77] Nicht nur die Verfassungsgerichtsbarkeit, auch die Entscheidungstätigkeit der Straf- und Zivilgerichte enthält ein dezisionistisches Moment.[78]

73 Wenn *Kelsen* aus diesem dezisionistischen Moment auf den „politischen" Charakter jeder richterlichen Entscheidung schließt,[79] macht er allerdings der Position *Carl Schmitts* erhebliche und fragwürdige Zugeständnisse. Denn der Vorwurf, von den Verfassungsrichtern werde Politik unter dem Mantel der Rechtsanwendung betrieben, wird nicht dadurch gegenstandslos, dass man behauptet, *jede* richterliche Entscheidung sei eine politische Entscheidung. Und *Kelsen* muss zugeben, dass

> „die Funktion eines Verfassungsgerichts in einem viel weiteren Maße politischen Charakter hat als die Funktion anderer Gerichte".[80]

74 Dann aber liegt der Einwand nahe, dass gerade wegen dieses Übermaßes an Politik in den verfassungsrechtlichen Entscheidungen die Institution eines Verfassungsgerichts in Wahrheit zu einer politischen Instanz würde und damit als Gericht disqualifiziert wäre.

75 Das Problem dürfte hier in *Kelsens* Begriff des „Politischen" liegen, der sehr weit gerät und damit wesentliche Unterschiede zwischen der Tätigkeit des Verfassungsgerichts einerseits, den politischen Aktivitäten von Legislative und Exekutive andererseits verdeckt. „Politisch" ist für *Kelsen* die Ausübung von Macht im Gegensatz zur Rechtsausübung:

> „Soll dem vieldeutigen und maßlos mißbrauchten Wort ‚politisch' überhaupt ein einigermaßen fester Sinn abgewonnen werden, so kann man in diesem Zusammenhange, wo es sich um einen *Gegensatz zur Justiz* handelt, nur annehmen, daß damit so etwas wie *Machtausübung* (im Gegensatz zu einer *Rechts*ausübung) zum Ausdruck kommen soll."[81]

76 Richterliche Tätigkeit ist für *Kelsen* deshalb Machtausübung, sofern die Entscheidung nicht durch das Gesetz determiniert ist, dem Richter also ein eigener Entscheidungsspielraum verbleibt: Dezision ist Ausübung von Macht und *damit* politisch. Deshalb bestimmt *Kelsen* die graduelle Differenz, die hinsichtlich der Bindung des Richters zwischen „normaler" Justiz und Verfassungsgerichtsbarkeit besteht, als Differenz des politischen Gehalts der Entscheidungen.[82] Ebenso sieht er auch zwischen dem politischen Charakter der *Gesetzgebung* und dem der Justiz nur eine quantitative, nicht aber eine qualitative Differenz (oben Rn. 73 m. Fn. 79).

77 Dieser undifferenzierte Begriff des Politischen wurzelt in *Kelsens* scharfer Gegenüberstellung von *Kognition* (Erkenntnis) und *Dezision* (Entscheidung). „Politisch" ist danach alles, was sich nicht in der Erkenntnis des Rechts erschöpft. Das führt zu einer Gleichsetzung des Urteils des Richters, das sich am *Recht* orientiert, mit Entscheidun-

---

76 *Carl Schmitt*, Gesetz und Urteil; vgl. auch *ders.*, Hüter, S. 45 f.
77 Ausf. zur Kontroverse Schmitt/Kelsen *Grimm*, Verfassungsgerichtsbarkeit, S. 105 ff.
78 *Kelsen*, Hüter, S. 1541.
79 „Zwischen dem politischen Charakter der Gesetzgebung und dem der Justiz besteht nur eine quantitative, keine qualitative Differenz" (*Kelsen*, Hüter, S. 1541).
80 *Kelsen*, Hüter, S. 1542.
81 *Kelsen*, Hüter, S. 1541.
82 *Kelsen*, Hüter, S. 1542.

III. Sicherungen: Rechtsstaat, Demokratie, Menschenrechte § 3

gen von Regierung oder Parlament, die aus einem *politischen Gestaltungswillen* resultieren. In der Konsequenz dieser Alternative bleibt für eine rechtsorientierte Entscheidung jenseits der Fälle einer strikten Entscheidungsdetermination durch das Gesetz kein Raum.

Aber ist diese scharfe Alternative von Rechtserkenntnis einerseits, politischer Machtausübung andererseits wirklich überzeugend? Wohl nicht. Die harte Alternative von juristischer Erkenntnis einerseits, politischer Dezision andererseits vernachlässigt die wichtige Differenz zwischen Entscheidungen, die am *Recht*, und solchen, die an Gesichtspunkten politischer *Zweckmäßigkeit* orientiert sind. Das Verfassungsgericht ist auch dort, wo seine Entscheidung durch die Verfassung nicht eindeutig festgelegt ist, verpflichtet, seine Entscheidung nach *rechtlichen* Kriterien zu treffen und zu begründen, nicht aber nach Gesichtspunkten politischer Opportunität. Das bedeutet vor allem: Es hat sich an dem normativen Programm der Verfassung zu orientieren, nicht an den Folgen seiner Entscheidung. Anders formuliert: Das Gericht darf den Entscheidungsspielraum, den die Verfassung lässt, nicht mit Erwägungen *politischer Zweckmäßigkeit* ausfüllen, sondern nur mit Gesichtspunkten, die sich auf das Konditionalprogramm der Verfassung beziehen. Die Konkretisierung einer Verfassungsnorm durch das Verfassungsgericht hat insofern eine andere Bedeutung als die Konkretisierung dieser Norm durch ein parlamentarisches Gesetz.

Diesem Unterschied zwischen juristischen und politischen Entscheidungskriterien, zwischen juristischer und politischer Argumentation entspricht die unterschiedliche Ausgestaltung der Institutionen. Wenn man mit *Kelsen* davon spricht, dass auch das Verfassungsgericht – wie jedes Gericht – Macht ausübe,[83] so unterscheidet sich diese Machtausübung doch in wesentlichen Punkten von der Ausübung politischer Macht durch Parlament und Exekutive. Das Gericht hat, insbesondere, keine eigenen politischen Gestaltungsmöglichkeiten, weil es nur punktuell und nur auf Antrag tätig werden kann.[84] Ihm fehlt das, was für politische Machtausübung typisch ist, nämlich das Recht, von sich aus initiativ zu werden (*Initiativrecht*).

Die Macht des Verfassungsgerichts ist insofern eine *passive* Macht.[85] Und sie ist zugleich eine *negative* Macht,[86] weil das Gericht zwar Gesetze aufheben, nicht aber Gesetze erlassen kann. Auch dort, wo die Aufhebung eines Gesetzes die Formulierung einer Übergangsregelung durch das Verfassungsgericht selbst erforderlich macht, bleibt die Regelungskompetenz des Gerichts subsidiär und zeitlich begrenzt, eine *Notkompetenz*, die sich verflüchtigt, sobald der parlamentarische Gesetzgeber eine neue Entscheidung getroffen hat. Die Tatsache, dass die Urteile des Verfassungsgerichts durch die Verfassung nicht strikt determiniert sind, bedeutet nicht, dass das Gericht sich „übergriffig" politische Entscheidungskompetenzen anmaßen würde, die im System des gewaltenteilenden demokratischen Staates anderen Institutionen vorbehalten sind.[87]

Auf der anderen Seite ist ein solcher Übergriff in den Zuständigkeitsbereich von Legislative und Exekutive aber auch nicht ausgeschlossen. Denn: Wo die Grenze zwischen

---

83 *Kelsen*, Hüter, S. 1542.
84 Dazu *Hassemer*, Verfassungsgerichtsbarkeit, S. 87 ff.
85 *Hassemer*, Verfassungsgerichtsbarkeit, S. 87 f.
86 *Hassemer*, Verfassungsgerichtsbarkeit, S. 87 f.
87 Die Einsicht, dass verfassungsgerichtliche Urteile durch die Verfassung nicht strikt determiniert sind, legt allerdings eine Haltung der richterlichen Selbstbeschränkung (*judicial self-restraint*) nahe, die sich etwa darin äußert, dass das Bundesverfassungsgericht Urteile von Fachgerichten nur unter dem Gesichtspunkt ihrer *Vertretbarkeit* überprüft. Näher dazu *Neumann*, Wahrheit, S. 54 ff.

§ 3 § 3 Quis custodiet custodes ipsos? Wer schützt die Bürger vor dem Staat?

Rechtsanwendung (Anwendung der Verfassung) einerseits, politischer Gestaltung andererseits verläuft, bestimmt in der Praxis das Verfassungsgericht selbst. Ob es den Bereich seiner Entscheidungskompetenz eng (restriktiv) oder aber weit (extensiv) definiert, hängt von einer Vielzahl von Faktoren ab.

82 Eine wichtige Rolle spielt hier die Frage, ob die *Ernennung* der Richter anhand politischer Kriterien oder allein nach fachlichen Gesichtspunkten erfolgt. Natürlich geht es hier nicht um ein „Entweder-Oder", sondern um ein „Mehr-oder-Weniger". Aber die Abstufungen, die hier möglich sind, können für die Entscheidungspraxis der Gerichte ausschlaggebend sein. Eine wichtige Rolle spielt dabei der *Auswahlmodus*.[88] Werden die Richter, wie in den USA die Mitglieder des *Supreme Court*, der auch die Funktion eines Verfassungsgerichts ausübt, von dem Präsidenten nominiert, dann ist in einem Zwei-Parteien-System, in dem der Präsident entweder der einen oder der anderen Partei (Demokraten oder Republikaner) angehört, eine Auswahl (auch) nach politischen Kriterien vorprogrammiert. Das gilt auch unter Berücksichtigung der Mitwirkungsbefugnisse des US-Senats.[89] In der Bundesrepublik soll das Erfordernis einer Zwei-Drittel-Mehrheit bei der Wahl der Verfassungsrichter durch einen Wahlausschuss des Bundestags bzw. durch den Bundesrat[90] verhindern, dass die Auswahl von der jeweiligen Mehrheit anhand parteipolitischer Gesichtspunkte getroffen werden kann.

83 Ein zweiter Faktor ist der „Zuschnitt" der Normen der Verfassung selbst. Soweit es um die Grenzen persönlicher Rechte (Grundrechte) geht, sind die Möglichkeiten, in den originären „politischen" Zuständigkeitsbereich des Gesetzgebers einzugreifen, begrenzt. Zwar ist es richtig, dass Entscheidungen wie die über das Recht zum Schwangerschaftsabbruch[91] oder über die Strafbarkeit der Homosexualität[92] immer auch eine gesamtgesellschaftliche und in diesem Sinne eine politische Dimension haben. In den USA waren es die Gerichte, die der offiziellen Diskriminierung dunkelhäutiger Menschen ein Ende gesetzt und damit einen tiefgreifenden Wandel der gesellschaftlichen Verhältnisse angestoßen haben. Aber hier geht es um gesellschaftliche Sekundärfolgen der Durchsetzung *individueller Rechte*, nicht um eine programmatische Umgestaltung der gesellschaftlichen Verhältnisse.

84 Das ändert sich, wenn die Verfassung selbst Anweisungen an den Gesetzgeber enthält, die gesellschaftlichen Verhältnisse in bestimmter Weise *zu gestalten*. Im Grundgesetz finden sich derartige Anweisungen etwa hinsichtlich der Gleichstellung unehelicher Kinder,[93] hinsichtlich der tatsächlichen (!) Durchsetzung der Gleichberechtigung von Frauen und Männern[94] und in Bezug auf den Schutz der Lebensgrundlagen künftiger Generationen.[95] Soweit es um derartige „Verfassungsaufträge" geht, wird das Verfassungsgericht tendenziell zu einem „Super-Gesetzgeber", weil es zu überprüfen hat, ob der parlamentarische Gesetzgeber seinen verfassungsrechtlichen Verpflichtungen in ausreichender Weise nachgekommen ist. Soweit es diese Frage verneint, muss es die festgestellten Versäumnisse des Gesetzgebers benennen und damit zumindest die

---

[88] Ausf. dazu *G. Lübbe-Wolff*, Beratungskulturen, S. 150 ff.
[89] Dazu *Lübbe-Wolff*, ebd., S. 162 m. Fn. 447.
[90] § 6 Abs, 1, 5; § 7 BVerfGG.
[91] BVerfGE 39, 1; 88, 203.
[92] BVerfGE 6, 389; 36, 41.
[93] Art. 6 Abs. 5 GG (in allen anderen Bundesgesetzen ist der Begriff „unehelich" inzwischen durch „nicht ehelich" ersetzt).
[94] Art. 3 Abs. 2 Satz 2 GG.
[95] Art. 20a GG.

III. Sicherungen: Rechtsstaat, Demokratie, Menschenrechte § 3

„Eckpunkte" einer verfassungskonformen Regelung markieren. Das aber ist materiell (nicht: formal) ein Akt der Gesetzgebung.

Ein markantes Beispiel für diese quasi-gesetzgeberische Funktion eines Verfassungsgerichts im Bereich von Verfassungsaufträgen ist der sog. „Klimabeschluss" des BVerfG, in dem das Gericht beanstandet, der deutsche Gesetzgeber habe mit dem „Bundes-Klimaschutzgesetz" die Vorgaben des Art. 20a GG nur unzureichend umgesetzt.[96] Auch wenn das Gericht mit teilweise artifiziellen Konstruktionen („intertemporale Freiheitssicherung") eine Grundrechts-Verletzung auf Seiten der Beschwerdeführer (durch *zukünftige* Belastungen) bejaht: In der Sache geht es um die Reichweite des „Programmsatzes" des Art. 20a GG.

Ein dritter Punkt betrifft die Frage, welchen Anspruch das Verfassungsgericht der Verfassung zuerkennt. Hier geht es um die Frage, ob die Verfassung sich darauf beschränkt, fundamentale *Rechtsnormen* für die Organisation und die Tätigkeit staatlicher Organe bereitzustellen, oder ob sie darüber hinaus ein System von *Werten* etabliert, zu deren Realisierung der Staat verpflichtet sein soll. Das deutsche BVerfG beantwortet diese Frage im letzteren Sinne. Nach seiner ständigen Rechtsprechung ist das System der verfassungsrechtlich gewährleisteten Grundrechte nicht nur als ein System *rechtlicher Normen* zu verstehen. Es konstituiert zugleich eine *Werteordnung*,[97] die in der parlamentarischen Ausgestaltung des Rechts wie auch in der Entscheidungspraxis des Verfassungsgerichts verwirklicht werden muss.

Mit diesem Übergang von einem *deontologischen*[98] Verständnis der Grundrechte als *Normen*, die subjektive Rechte gewähren, zu einem *teleologischen* Verständnis als *Werte*, die in der sozialen Wirklichkeit umgesetzt werden müssen,[99] ist eine gravierende Erweiterung der tatsächlichen Entscheidungskompetenz des Verfassungsgerichts verbunden. Denn seine Funktion beschränkt sich jetzt nicht mehr darauf, Rechtsakte und Gesetze aufzuheben, die Grundrechte des Bürgers verletzen. Das Verfassungsgericht übernimmt zusätzlich die Aufgabe, die Rechtsordnung nach den verbindlichen Vorgaben der „Werteordnung" des Grundgesetzes mitzugestalten. Es wird von einem nur „negativen" zu einem auch „positiven" Gesetzgeber. Damit aber verwischt sich der Unterschied zwischen verfassungsrechtlicher *Kontrolle* parlamentarischer Gesetzgebung einerseits, eigenständiger *Rechtssetzung* andererseits bis zur Unkenntlichkeit.

Diese „Wertejudikatur" des Bundesverfassungsgerichts, die im verfassungsrechtlichen Schrifttum weithin auf Zustimmung stößt, ist aber nicht nur unter dem Gesichtspunkt der Machtverteilung zwischen Parlament einerseits, Justiz andererseits problematisch.[100] Sie ermöglicht auch eine *staatsautoritäre Umdeutung der Grundrechte*, die ursprünglich als liberale Abwehrrechte des Bürgers gegen den Staat konzipiert wurden. Denn aus einer Werteordnung resultieren für den einzelnen Bürger Pflichten nicht nur gegenüber anderen, sondern auch Pflichten gegen sich selbst. So wird aus dem Prinzip der Menschenwürde[101] teilweise geschlossen, dass der Mensch auch im Falle qualvollen, medizinisch nicht beherrschbaren Leidens im Endstadium einer tödlichen Krankheit kein Recht habe, sein Leben selbst zu beenden. Man kann hier von einer

---

[96] BVerfGE 157, 30. Übersichtlich zu diesem Beschluss *Sachs*, JuS 2021, 708.
[97] Dazu *F. Schorkopf*, in: U. Kischel/H. Kube (Hrsg.), Handbuch des Staatsrechts, Bd. 1, 2023, § 14 Rn. 5.
[98] Zum Begriff und zum Gegensatz von Deontologismus und Konsequentialismus unten § 5 Rn. 31 ff.
[99] Dazu *Habermas*, Faktizität und Geltung, S. 310 ff.
[100] Ablehnend etwa *Böckenförde*, Kritik, S. 67 ff.; *Habermas*, Faktizität und Geltung, S. 309 ff.; *Maus*, Aufklärung, S. 305 ff.
[101] Art. 1 Abs. 1 GG.

§ 3 Quis custodiet custodes ipsos? Wer schützt die Bürger vor dem Staat?

„Tyrannei der Menschenwürde" sprechen, die damit etabliert wird.[102] Auch das verfassungsrechtlich garantierte *Recht* auf Leben[103] mutiert über einen angeblichen verfassungsrechtlichen „Wert des menschlichen Lebens" unter bestimmten Umständen zu einer *Pflicht* des Bürgers zum Weiterleben.[104] Das Verfassungsrecht, zur Verteidigung der Grundrechte des Bürgers bestellt, wird hier tendenziell zu deren Bedrohung.

2. Demokratie

a) Kontrollfunktion

89 „Demokratie" (wörtlich: „Volksherrschaft") meint die *Konstitution* und *Legitimation* staatlicher Herrschaft durch das Volk. Im Grundgesetz ist das Demokratieprinzip ausdrücklich festgeschrieben[105] und näher konturiert.[106] Es betrifft aktive Beteiligungsrechte des Bürgers an der Staatsgewalt, nicht unmittelbar den Schutz vor dieser Gewalt. In der Begrifflichkeit von *Georg Jellinek*: Es geht insoweit um den *status activus* des Bürgers, nicht um den *status negativus*.

Georg Jellinek (1851–1911), Professor für Staatsrecht in Wien, Basel und Heidelberg, unterscheidet im Verhältnis zwischen dem Individuum und dem Staat vier Dimensionen: Der *status activus* betrifft die politischen Mitwirkungsrechte des Bürgers, der *status negativus* seine Freiheitsrechte, der *status positivus* Leistungsansprüche des Einzelnen gegenüber dem Staat, der *status passivus* Gehorsams- und Duldungspflichten gegenüber der staatlichen Gewalt.[107]

90 *Demokratische Strukturen* dienen aber nicht nur der *Beteiligung* des Einzelnen an der Staatsgewalt, sondern auch seinem *Schutz* vor staatlichen Zugriffen.[108] Denn das Recht, Repräsentanten der Staatsgewalt zu wählen, beinhaltet auch das Recht zu ihrer *Abwahl* – wenn auch erst nach Ablauf bestimmter Fristen und unter Einhaltung bestimmter Verfahrensmodalitäten. Willkürliche Machtausübung kann mit dem Entzug ebendieser Macht sanktioniert werden; sie zu vermeiden, ist deshalb ein Gebot politischer Klugheit. Zudem findet im System der parlamentarischen Demokratie eine Kontrolle der Regierung durch die *parlamentarische Opposition* statt.

91 Demgegenüber ist das Modell einer Kontrolle der Regierung durch das *gesamte Parlament* in der Parteiendemokratie angesichts der engen politischen Verbindung zwischen der Regierung und den sie tragenden Fraktionen in der Praxis wenig wirkkräftig. Das gilt jedenfalls in Systemen wie dem der Bundesrepublik, in denen die Regierung aufgrund einer Wahlentscheidung des Parlaments gebildet wird.[109] Hier sind Kanzler und Minister auf der einen, die Mitglieder der „Regierungsfraktionen" im Parlament auf der anderen Seite einander typischerweise – institutionenübergreifend – durch die Mitgliedschaft in derselben Partei (bzw. denselben Parteien) verbunden, und gehalten, gemeinsam die entsprechenden Parteitagsbeschlüsse zu verwirklichen. Ernsthafte

---

102 *Neumann*, Menschenwürde, S. 35 ff. (mit Nachw.).
103 Art. 2 Abs. 2 Satz 1 GG.
104 Anders jetzt BVerfGE 153, 182: Anerkennung eines Grundrechts auf selbstbestimmtes Sterben.
105 „Die Bundesrepublik Deutschland ist ein demokratischer und sozialer Bundesstaat" (Art. 20 Abs. 1 GG).
106 Art. 20 Abs. 2 GG.
107 *Jellinek*, System.
108 Dieser Gesichtspunkt wird betont bei *Popper*, Theorie: Es gehe in der Demokratie vor allem um die Kontrolle der Machtausübung, weniger um die Durchsetzung der Mehrheitsmeinung oder die unmittelbare Entscheidung von Sachfragen durch die Bevölkerung (Modell der direkten Demokratie).
109 Art. 63 GG.

III. Sicherungen: Rechtsstaat, Demokratie, Menschenrechte § 3

Differenzen zwischen der Regierung einerseits, den sie tragenden parlamentarischen Fraktionen andererseits sind ein Signum von Krisenzeiten.

Die Kontrollbefugnisse der Opposition sind überwiegend politischer Natur (wenngleich teilweise verrechtlicht, z. B. das Recht einer parlamentarischen Minderheit, einen Untersuchungsausschuss durchzusetzen[110]), aber deshalb nicht wirkungslos. Zudem kann in bestimmten Fällen von einer parlamentarischen Minderheit das Bundesverfassungsgericht angerufen werden.[111] 92

b) „Mehrheit" statt „Wahrheit"

Demokratie als Kontrolle der Staatsmacht funktioniert, wenn und weil sie *Mehrheit* gegen *Wahrheit* setzt. Im Namen der Wahrheit sind Menschen verbrannt worden; die christlichen Kirchen haben das jahrhundertelang exerziert. Die Scheiterhaufen der Inquisition lassen sich aber, beispielsweise, auch durch die Guillotine der Revolution oder durch die Massenmorde in Lagern zur politischen „Umerziehung" der Bevölkerung ersetzen. Demokratie dagegen setzt nicht auf Wahrheit, sondern auf Mehrheit. Umgekehrt können Systeme, die ihren Machtanspruch auf „Wahrheit" gründen, mit demokratischen Entscheidungsprozessen wenig anfangen. Organisationen mit Wahrheitsanspruch haben typischerweise ein gespanntes Verhältnis zur Demokratie. Es ist kein Zufall, dass sich die christlichen Kirchen den Regeln einer „innerbetrieblichen" Demokratie nicht oder nur sehr eingeschränkt unterwerfen. Soweit sich Macht auf einen Wahrheitsanspruch gründet, wird dieser regelmäßig durch Institutionen abgesichert, die die Ideologie der Organisation vor abweichenden Meinungen (von „Ketzern", „Renegaten", „Revisionisten") schützten sollen. In dieser Funktion entsprechen sich die „Kongregation für die Glaubenslehre" der katholischen Kirche (die ehemalige „Heilige Inquisition") auf der einen, Parteigremien, die für die „Reinheit der Lehre" zuständig sind, auf der anderen Seite. Dem ehemaligen Chefideologen der KPdSU, *Suslow*, wird die Äußerung zugeschrieben, "Mehrheit" sei kein arithmetischer, sondern ein politischer Begriff. 93

Demokratie dagegen basiert nicht auf Wahrheitsansprüchen, sondern auf *Wahrheitsskepsis*. Gerade weil es im Bereich der politischen Praxis keine absolut gültige Wahrheit gibt, müssen sich die Entscheidungen an einem prozeduralen Kriterium (Mehrheit) orientieren.[112] Diese Sichtweise ist allerdings nicht unumstritten. 94

c) Wahrheit durch Mehrheit?

Ihr ließe sich entgegenhalten, dass Demokratie jedenfalls *auch* als Prozess einer kooperativen Wahrheitssuche verstanden werden kann. Die *deliberative* Demokratie (*Habermas*) setzt auf Mechanismen der kooperativen Willensbildung, die dem gemeinsamen Ziel „richtiger" Entscheidungen verpflichtet sind. Im Idealfall ließe sich ein erreichter Konsens als *Indiz* oder sogar als Beweis für die sachliche Richtigkeit der Entscheidung werten. Weiter zugespitzt: Man könnte die Richtigkeit des Ergebnisses geradezu durch den erreichten Konsens definieren (Konsenstheorie der Wahrheit). 95

---

110 Art. 44 Abs. 1 Satz 1 GG.
111 Z.B. Art. 94 Abs. 1 Nr. 2 GG.
112 Grundlegend *Radbruch*, Relativismus, S. 20 f.

§ 3 Quis custodiet custodes ipsos? Wer schützt die Bürger vor dem Staat?

96 Ideengeschichtlich weist diese Perspektive auf das Modell der *volonté générale* bei *Rousseau* zurück.[113] Die *volonté générale* kann nicht irren. Eine engere Verbindung von Demokratie und Wahrheit ist nicht zu konstruieren. Aber: Auf diesem Modell, wie auf allen Versuchen, demokratische Verfahren nicht nur als wahrheitsorientiert, sondern auch als wahrheitskonstitutiv zu interpretieren, liegt der lange Schatten starker Idealisierungen. Realistischer dürfte es sein, mit *Radbruch* die Demokratie gerade als Reaktion auf die Uneinlösbarkeit von Wahrheitsansprüchen im Bereich politischer Entscheidungen zu stützen.[114]

d) Tyrannei der Mehrheit?

97 Auch wenn man das *Modell* der Demokratie auf eine relativistische, wahrheitsskeptische Basis gründet: In der *gesellschaftlichen Realität* ist nicht auszuschließen, dass die Mehrheit sich einer bestimmten Ideologie und damit Wahrheitsansprüchen verpflichtet fühlt, die zur Legitimationsbasis für eine Unterdrückung von Minderheiten werden. Politische Ideologien kommen hier ebenso in Betracht wie religiöse.[115] Beide können sich miteinander verbinden (Beispiel: „Klerikalfaschismus"). Möglich ist auch, dass eine Mehrheit, jenseits ideologischer Vorstellungen, versucht, ihre Interessen (oder die einer von ihr gestützten Elite) auf Kosten einer Minderheit durchzusetzen. Als uneingeschränkte Herrschaft der Mehrheit verstanden, kann auch die Demokratie zu einem Unterdrückungssystem werden – zu einem System der Unterdrückung der Minderheit durch die Mehrheit. Erforderlich sind deshalb Garantien, die auch gegenüber Mehrheiten stabil sind. In diesem Punkt kommt eine zentrale Bedeutung den *Menschen- und Bürgerrechten* zu, die im Grundgesetz der Bundesrepublik größtenteils als Grundrechte garantiert sind.

3. Menschen- und Bürgerrechte

98 Diese elementaren Rechte sind nicht nur als Minderheitenrechte bedeutsam. Sie sichern allen Bürgern gegenüber der Staatsgewalt bestimmte Rechtspositionen zu, die auch für den Gesetzgeber Tabu sind. Eine besondere praktische Bedeutung erhalten sie aber als *Rechte der Minderheiten,* als Dämme gegen die Fluten der Mehrheitsinteressen und -ideologien.

99 Ein prominentes Beispiel ist in Deutschland die Entscheidung des Bundesverfassungsgerichts zum Kruzifix in Bayerischen Schulzimmern.[116] Der Vater eines religiös nicht gebundenen Schülers hatte Verfassungsbeschwerde gegen die Bestimmung der Schulordnung für die Volksschulen in Bayern erhoben, nach der in jedem Klassenzimmer der bayerischen Volksschulen ein Kreuz anzubringen war. In Betracht kam vor allem ein Verstoß gegen das Grundrecht der Religionsfreiheit (Art. 4 Abs. 1 GG), das nach allgemeiner Auffassung auch die *negative Religionsfreiheit* umfasst. Die Bayerische Staatsregierung stützte ihren Antrag, die Verfassungsbeschwerde zurückzuweisen, unter anderem auf das Argument, in Bayern akzeptiere eine überwältigende Mehrheit

---

113 Dazu oben § 2 Rn. 68 ff.
114 *Radbruch,* Relativismus, S. 21 f.
115 Hingewiesen wird in diesem Zusammenhang auf das Wiedererstarken des konservativen Katholizismus in osteuropäischen Ländern und des traditionellen Islam in der Türkei sowie auf die zunehmende Orientierung der Politik an orthodoxen jüdischen Werten in Israel und an einem „militanten Hindunationalismus" in Indien (*Volkmann,* Krise, S. 657).
116 BVerfGE 93, 1.

das Kreuz in den Schulzimmern. Gegen das Individualgrundrecht der Religionsfreiheit wurde also die Auffassung der Mehrheit in Stellung gebracht – ein offenkundiges Missverständnis des Status eines Individualgrundrechts. Das BVerfG verwarf diese Argumentation und gab der Verfassungsbeschwerde statt. Anhänger des Schulkreuzes reagierten mit einer Straßendemonstration, an der sich auch der Bayerische Ministerpräsident beteiligte.

Die im Grundgesetz gewährleisteten Grundrechte sind großenteils Positivierungen von Rechtspositionen, die schon in vorkonstitutionellen Zeiten Anerkennung gefunden hatten, seinerzeit als Elemente eines überpositiven Naturrechts. Das Grundgesetz greift diese Tradition auf, wenn es formuliert, das deutsche Volk „bekenne" sich zu „unverletzlichen und unveräußerlichen Menschenrechten"[117]: Es geht nicht um eine positivrechtliche „Setzung" von Menschenrechten, sondern um deren *Anerkennung*. Dem entspricht es, dass elementare Menschenrechte heute als universal geltende, von ihrer „Positivierung" in nationalen Verfassungen unabhängige Rechtspositionen verstanden werden. Die hier repräsentative „Allgemeine Erklärung der Menschenrechte", die von der Generalversammlung der Vereinten Nationen (UN) am 10.12.1948 verkündet wurde, spricht von dem „Glauben an die grundlegenden Menschenrechte".

Historische Vorbilder sind insoweit die amerikanische Unabhängigkeitserklärung von 1776 sowie die Erklärung der Menschen- und Bürgerrechte durch die französische Nationalversammlung im Revolutionsjahr 1789. Beide Deklarationen verstehen die Menschenrechte in einem vorpositiven Sinn – die amerikanische Unabhängigkeitserklärung eher auf theologisch-religiöser, die französische „Déclaration des Droits de l'Homme et du Citoyen" auf säkularer Basis. Als notwendig universale Rechte können Menschenrechte nicht anders denn als vorpositiv gedacht werden – die Vorstellung, eine nationale Verfassung könne universale Menschenrechte konstituieren, wäre widersprüchlich.

IV. „Krise der Demokratie"

„Demokratie" wurde lange Zeit international als Erfolgsmodell gehandelt. In den letzten Jahrzehnten mehren sich indes Diagnosen, die ihr einen kritischen Zustand bescheinigen. Titel wie „Der Zerfall der Demokratie"[118], „Wie der Verlust der Würde unsere Demokratie gefährdet"[119] oder „Wie Demokratien sterben"[120] signalisieren düstere Prognosen für die Zukunft der Demokratie. Für diese negative Entwicklung werden, teils kumulativ, unterschiedliche Faktoren verantwortlich gemacht. Die wichtigsten: Die Unfähigkeit oder Unwilligkeit von Staaten, zunehmende wirtschaftliche Macht, insbesondere von internationalen Konzernen, zu kontrollieren (1); wachsende ökonomische Ungleichheiten in zahlreichen Gesellschaften (2); in den Staaten der Europäischen Union ein kontinuierlicher Machtzuwachs der Brüsseler Zentrale, der demokratisch unzulänglich kontrolliert erscheint und insbesondere in Kollisionsgefahr mit dem Prinzip der Volkssouveränität[121] gerät (3). Darüber, ob der wachsende Einfluss populistischer Strömungen eine Ursache oder aber Folge der diagnostizierten Krise der Demokratie ist, lässt sich streiten (4).

---

117 Art. 1 Abs. 2 GG.
118 *Mounk*, Zerfall.
119 *Fukuyama*, Identität.
120 *Levitsky/Ziblatt*, Demokratien.
121 In Deutschland Art. 20 Abs. 2 Satz 1 GG.

§ 3 Quis custodiet custodes ipsos? Wer schützt die Bürger vor dem Staat?

1. Übermacht internationaler Konzerne

103 Ein zentraler Topos des Krankenberichts ist der Befund, dass der Einzelne zunehmend der wirtschaftlichen Macht internationaler Konzerne ausgeliefert ist, die von den Staaten und Staatengemeinschaften nicht zu kontrollieren ist. Das bezieht sich nicht nur auf individuelle Abhängigkeiten, die etwa bei der Nutzung von Kommunikationstechnologien oder von sozialen Medien alltäglich spürbar werden. Es betrifft auch die Risiken, die von Banken und Unternehmen, die sich nur an den eigenen finanziellen Interessen orientieren, für die Gesamtwirtschaft und damit für die Gesellschaft insgesamt ausgehen und die in der Finanzkrise von 2008 in dramatischer Weise deutlich geworden sind. Teilweise wird nicht nur eine mangelnde Kontrolle der wirtschaftlichen Akteure durch den Staat, sondern geradezu eine Kollaboration diagnostiziert: Im (herrschenden) System des *Neoliberalismus* verbündeten sich Staat und Großkonzerne gegen den Markt, tendenziell auch gegen die Demokratie.[122]

2. Verschärfung sozialer Ungleichheit

104 Mit der im Zuge der Globalisierung wachsenden Macht internationaler Konzerne hänge, so die Analyse, eine *Verschärfung der sozialen Ungleichheit* zusammen; die Schere zwischen Arm und Reich klaffe immer weiter auseinander. Das gefährde den sozialen Grundkonsens, auf dem die Demokratie basiere; immer mehr Menschen fühlten sich von dem wirtschaftlichen System und von der Gesellschaft ausgeschlossen.[123]

3. Demokratiedefizite

105 Demokratiedefizite können aus der Übertragung nationalstaatlicher Kompetenzen auf überstaatliche Organisationen resultieren. Exemplarisch zeigt sich das anhand der Machtmechanismen der Europäischen Union (EU).[124] Defizite lassen sich hier auf verschiedenen Ebenen lokalisieren. Zum einen entspricht die interne Organisation der politischen Willensbildung nicht den innerstaatlich üblichen demokratischen Regeln. So hat das Europäische Parlament nicht das Recht, von sich aus Gesetzentwürfe in das Gesetzgebungsverfahren einzubringen (*Initiativrecht*); diese Befugnis liegt allein bei der Europäischen Kommission.[125] Demgegenüber können beispielsweise in Deutschland Gesetzesvorlagen beim Parlament „aus der Mitte des Bundestages" eingebracht werden.[126] Die abweichende Regelung im Recht der Europäischen Union beschränkt das Parlament auf eine Institution, die insoweit lediglich *reagieren*, nicht aber agieren kann. Zum zweiten ist die Möglichkeit des einzelnen Wählers, bei den Europa-Wahlen auf die Zusammensetzung des Europäischen Parlaments Einfluss zu nehmen, angesichts der – im Vergleich zu nationalen Wahlen – vielfachen Zahl der Stimmberechtigten, minimal.

106 Vor allem aber stellt sich das Problem, ob die schon jetzt zu diagnostizierende weitgehende Übertragung von Hoheitsrechten auf die Europäische Union mit dem Prinzip der *Volkssouveränität* und dem *Demokratie-Prinzip* vereinbar ist. Dass es ein europäisches Staatsvolk jedenfalls derzeit nicht gibt, hat das BVerfG in seiner hier einschlägi-

---

122 *Crouch*, Neoliberalismus.
123 *Brown*, Neoliberalismus.
124 Grundlegende Kritik bei *Habermas*, Europa, S. 185 ff.
125 Art. 294 AEUV.
126 Art. 76 Abs. 1 GG.

IV. „Krise der Demokratie"

gen Entscheidung konzediert.[127] Soweit in Verfassungen der EU-Mitgliedstaaten von dem „Volk" die Rede ist,[128] ist diese Formulierung auf das nationale Staatsvolk zu beziehen. Gleichwohl hat das BVerfG die mit dem EU-Vertrag von Maastricht verbundene Übertragung weitreichender Kompetenzen an die Europäische Union nicht beanstandet. Über die Mitwirkungsbefugnis der nationalen Parlamente sei ein hinreichender Einfluss auch des deutschen Bundestags gesichert. In seiner Entscheidung zum Vertrag von Lissabon (2009) hat das BVerfG diese Position im Wesentlichen bestätigt. Allerdings wird konzediert, dass

> „beim gegenwärtigen Integrationsstand [...] noch keine Ausgestaltung [erreicht ist], die dem Legitimationsniveau einer staatlich verfassten Demokratie entspricht".[129]

Die Diagnose „Demokratie-Defizite im Bereich der Europäischen Union" wird damit bestätigt.

4. Populismus

Schließlich wird eine Gefahr für die Demokratie in einem wachsenden Populismus gesehen. Eine ebenso präzise wie überzeugende Definition des *Populismus* ist bisher allerdings nicht in Sicht. Immerhin lässt sich ein Kernelement identifizieren, über das weitgehende Einigkeit besteht. Populisten behaupten, den „wahren Willen" des Volkes zu artikulieren, der von den *Eliten* und den staatlichen Institutionen missachtet werde.[130] Mit der Wendung gegen staatliche Institutionen stellen sie zugleich das Prinzip der *Repräsentation* in Frage. Jenseits des taktischen, propagandistischen Rückgriffs der Populisten auf einen angeblichen „wirklichen" Volkswillen ist hier einzuräumen, dass das Modell der repräsentativen Demokratie die Mitgestaltungsrechte des Volkes, von dem alle Staatsgewalt ausgehen soll, auf ein Minimum reduzieren kann. Die Forderung nach einer Stärkung der Elemente *unmittelbarer* Demokratie[131] ist zugleich eine Forderung nach *mehr* Demokratie. Eine pauschale Diskriminierung „des Populismus", wie sie in der negativen Färbung des Begriffs anklingt, wäre damit voreilig.

Allerdings: Diese Forderung nach einer Stärkung von Elementen direkter Demokratie steht nicht im Zentrum des Phänomens, das als Populismus bezeichnet wird. Es geht weniger um Beteiligungsrechte als um eine Politik, die in der Sache dem entspricht, was bestimmten Bedürfnissen des Volkes entspricht. Den Analysen *Fukuyamas* zufolge bedient der Populismus insbesondere die Sehnsucht nach Würde und Anerkennung der eigenen Identität als Mitglied einer bestimmten Gruppe, die – beispielsweise – durch die Zugehörigkeit zu einer bestimmten Nation oder einer bestimmten Religion definiert sein kann.[132] Ansatzpunkt des Populismus seien Emotionen, nicht Defizite an politischer Mitbestimmung. Ähnlich sieht *Chantal Mouffe* den Populismus als Folge eines emotionalen Vakuums, das aus einer weitgehenden Vernachlässigung der identitätsstiftenden Funktion der nationalen Zugehörigkeit resultiere.[133] Dieses Vakuum zu füllen, dürfe nicht der politischen „Rechten" überlassen werden. In diesem Sinne plädiert *Mouffe* für einen „linken Populismus".

---

[127] BVerfGE 89, 155 („Maastricht-Entscheidung").
[128] In der Bundesrepublik etwa in der Präambel und in Art. 20 Abs. 2 GG.
[129] BVerfGE 123, 267 Rn. 274.
[130] Dazu *Jean-Werner Müller*, Populismus.
[131] *Lübbe-Wolff*, Demophobie.
[132] *Fukuyama*, Identität.
[133] *Mouffe*, Populismus.

B. Begriff, Struktur und Geltung des Rechts

§ 4 Begriff und Existenz des Rechts

I. Zwei Rechtsbegriffe

1 In der rechtsphilosophischen Diskussion wird der Begriff des Rechts in unterschiedlicher Bedeutung verwendet. Man muss (mindestens) zwischen zwei Rechtsbegriffen unterscheiden: einem *emphatischen*, wertbeladenen und einem technischen, *wertneutralen* Begriff. Ein emphatischer Rechtsbegriff liegt überall dort zugrunde, wo von der „Würde" des Rechts die Rede ist oder das Prädikat „Recht" geltenden (!) Rechtsnormen verweigert wird, die in grober Weise gegen Prinzipien der Gerechtigkeit verstoßen. So heißt es bei *Radbruch*:

> „Eine Anordnung, welcher nicht einmal der Wille innewohnt, Gleiche gleich und Ungleiche ungleich zu behandeln, etwa eine Ausnahmeverordnung gegen individuell bestimmte Personen oder Personengruppen, kann positiv gelten, kann zweckmäßig, ja notwendig und deshalb auch absolut gültig sein – aber den Namen Recht sollte man ihr verweigern, denn Recht ist nur, was der Gerechtigkeit zu dienen wenigstens bezweckt ... Gerechtigkeit ist die artbestimmende Idee des Rechts."[1]

2 *Radbruch* stellt hier beide Rechtsbegriffe nebeneinander. Soweit er anerkennt, dass selbst eine Anordnung „positiv gelten" kann, die Gleichbehandlung nicht einmal intendiert, geht es um den *technischen, wertneutralen* Rechtsbegriff. Dass *Radbruch* an dieser Stelle das Wort „Recht" nicht ausdrücklich verwendet, ist unerheblich. Denn selbstverständlich kann die Anordnung nur *als Recht* „positiv gelten" und „absolut gültig" sein. Wenn ihr der „Name Recht" verweigert werden soll, dann deshalb, weil sie dem emphatischen, wertbeladenen Rechtsbegriff nicht genügt.

3 Bei dem emphatischen Rechtsbegriff wird eine mögliche *Qualität* des Rechts, seine Gerechtigkeit (bzw. der intendierte Bezug auf Gerechtigkeit) in den *Begriff* des Rechts integriert. Demgegenüber unterscheidet der wertneutrale Rechtsbegriff scharf zwischen der *Existenz* des Rechts *als Recht* (seiner „Natur als Recht") einerseits, seiner *Qualität* als gerechtes (oder: ungerechtes) Recht andererseits.

4 Der wertneutrale Rechtsbegriff wird zwangsläufig von den Disziplinen zugrunde gelegt, die das Recht als gesellschaftliches Faktum in den Blick nehmen, also insbesondere von der *Rechtssoziologie*. Auch die *Rechtsgeschichte* kann ihren Gegenstandsbereich nicht anhand wertender Kriterien einschränken – es wäre nicht sinnvoll, neben die „Rechtsgeschichte" eine „Unrechtsgeschichte" zu stellen.

5 Die *Rechtsphilosophie* muss das Recht als ihren *Gegenstandsbereich* gleichfalls im Sinne eines umfassenden, nicht durch Wertungen eingeschränkten Rechtsbegriffs bestimmen. Ein Nebeneinander von „Rechtsphilosophie" und „Unrechtsphilosophie" wäre ebenso skurril wie das von „Rechtsgeschichte" und „Unrechtsgeschichte". Sie hat aber als Disziplin, die nicht auf das Faktische beschränkt ist, die Möglichkeit, den Gesichtspunkt der inhaltlichen Richtigkeit des Rechts (der „Gerechtigkeit" im weitesten Sinne) mit einzubeziehen. Das gilt in mehrfacher Hinsicht.

---

[1] *Radbruch*, Problematik, S. 462.

II. Kompetenz oder Gerechtigkeit? §4

Zunächst ist *Gerechtigkeit* selbst ein Thema der Rechtsphilosophie. Es geht dabei im ersten Schritt um die Frage, ob man überhaupt sinnvoll von „Gerechtigkeit" und „Ungerechtigkeit" sprechen kann, oder ob es sich bei diesen Begriffen um *Leerformeln* handelt, die mit beliebigen Inhalten gefüllt werden können. Bejaht man die Möglichkeit, allgemeine Standards für die Abgrenzung von Gerechtigkeit und Ungerechtigkeit zu formulieren, dann stellt sich in einem zweiten Schritt die Aufgabe, diese Standards zu markieren. Insbesondere geht es dabei um das Problem, unter welchen Voraussetzungen die Gleichbehandlung („Allen das Gleiche", oder auch: „Vor dem Gesetz sind alle gleich"), unter welchen Bedingungen gerade eine Ungleichbehandlung („Jedem das Seine") den Forderungen der Gerechtigkeit entspricht.[2]

Eine Frage, die sich anschließt: Können Prinzipien der Gerechtigkeit einen (ungeschriebenen) Bestandteil des Rechts bilden, somit Recht erzeugen, oder stellen sie nur Kriterien bereit, anhand derer sich Recht *bewerten* lässt? Kurz: Erschafft Gerechtigkeit Recht? Komplementär: Kann das Kriterium der Gerechtigkeit gesetztes Recht vernichten, ihm die Geltung entziehen, sofern dieses gesetzte Recht elementaren Anforderungen der Gerechtigkeit nicht genügt? Kann es, mit anderen Worten, das Ergebnis der rechtsphilosophischen Analyse sein, dass über die Verbindlichkeit von gesetztem Recht nicht allein auf der Grundlage des *technischen* Rechtsbegriffs, sondern auch anhand von Kriterien eines *emphatischen* Rechtsbegriffs zu urteilen ist? Entscheidet über die Frage, welche Normen als geltendes Recht anzusehen sind, die Kompetenz des Rechtssetzers oder die Qualität der Normen? Um diese Fragen geht es bei dem Streit zwischen *Naturrecht* und *Rechtspositivismus*.

II. Kompetenz oder Gerechtigkeit?

1. Rechtspositivismus

a) Recht nur durch Setzung

Der *Rechtspositivismus* behauptet, dass *alles* korrekt gesetzte Recht[3], unabhängig von seinem Inhalt, geltendes Recht und damit verbindlich ist. Aus der Sicht des Rechtspositivismus gilt also:

$$G \rightarrow R$$

G = gesetztes Recht (Gesetz)
R = geltendes (verbindliches) Recht
<→> = „Wenn-dann"-Funktion (*Implikation*)

Zu lesen: Wenn ein (korrekt verabschiedetes) Gesetz vorliegt, dann handelt es sich um geltendes Recht. Kurz: Jedes Gesetz ist geltendes Recht.

Das bedeutet im Umkehrschluss: Die rechtliche Geltung eines korrekt erlassenen Gesetzes wird nicht durch normative Kriterien (Gerechtigkeit) begrenzt. In diesem Sinne sagt *Kelsen*: Eine Rechtsnorm kann jeden (also auch einen grob ungerechten) Inhalt haben.[4]

---

[2] Dazu unten § 10 Rn. 30 ff.
[3] „Gesetztes Recht" können neben Gesetzen auch Regeln sein, die von den Gerichten formuliert worden sind („Richterrecht", dazu näher § 7 Rn. 36 ff.). Hier und im Folgenden steht für „gesetztes Recht" exemplarisch das Gesetzesrecht.
[4] *Kelsen*, Reine Rechtslehre, S. 201 (es könne „jeder beliebige Inhalt Recht sein").

10 Der Positivismus beschränkt sich nicht auf die These, dass *alles* gesetzte Recht verbindliches Recht ist. Er behauptet ferner, dass *nur* korrekt gesetztes Recht verbindliches Recht ist:

G ← R

<←> = „Nur wenn dann"-Funktion (*Replikation*)

Zu lesen: *Nur* dann, wenn ein *Gesetz* vorliegt, liegt *geltendes Recht* vor (der von rechts nach links weisende Pfeil). Komplementär (von rechts nach links gelesen): *Immer dann*, wenn geltendes Recht vorliegt, liegt auch ein *Gesetz* vor.

Gesetz und (verbindliches) Recht sind damit äquivalent:

G ↔ R (*Äquivalenz*)

<↔> = „Genau dann"-Funktion (*Äquivalenz*)

Zu lesen: Immer und nur dann (= „genau dann"), wenn ein *Gesetz* vorliegt, liegt *geltendes Recht* vor. Und: Immer dann und nur dann, wenn *geltendes Recht* vorliegt, liegt ein *Gesetz* vor.

11 Dass aus dieser Sicht Gesetz und Recht äquivalent sind, bedeutet nicht, dass das Verhältnis auch hinsichtlich ihrer Entstehung symmetrisch wäre. Denn: Das Gesetz „schafft" Recht. Man könnte aber nicht sagen, dass das Recht Gesetze schafft. Aber dieser Unterschied in der Genese von Recht einerseits, Gesetz andererseits beeinträchtigt nicht deren Äquivalenz. Auch, wenn Recht nicht Gesetze schafft (sondern nur umgekehrt): Die Behauptung: „Immer dann, wenn Recht vorliegt, liegt ein Gesetz vor" behält ihre Gültigkeit. Denn: Das Gesetz ist nicht nur eine *hinreichende*, sondern auch eine *notwendige* Bedingung dafür, dass geltendes Recht vorliegt. Deshalb muss immer ein Gesetz gegeben sein, wenn es sich um geltendes Recht handeln soll.

12 Der *radikale Rechtspositivismus*, der an dieser Stelle dargestellt wird, um die erste der beiden Extrempositionen im Streit zwischen Rechtsmoralismus („Naturrecht") und Rechtspositivismus zu markieren, verzichtet darauf, selbst minimale Anforderungen an inhaltliche Qualitäten geltenden Rechts zu stellen. Recht und *Moral* werden strikt getrennt. Fragen der Gerechtigkeit werden damit bei der Prüfung der rechtlichen Geltung einer Norm ausgeklammert. Das entspricht der oben schon genannten Position *Kelsens*. Bei der Würdigung dieser Position sind allerdings zwei Punkte zu beachten, an denen auch aus einer strikt positivistischen Sicht Spielräume für die Berücksichtigung moralischer Wertungen bestehen.

b) Spielräume für Wertungen

13 Zum einen: In den modernen Verfassungsstaaten sind zahlreiche Prinzipien, die traditionelle Forderungen des *Naturrechts* repräsentieren, als Normen des *Verfassungsrechts* ausgestaltet und damit Bestandteil des positiven Rechts. Es dürfte schwierig sein, sich ein grob ungerechtes Gesetz auszudenken, das – beispielsweise – in Deutschland nicht gegen ein Grundrecht verstoßen würde. Das Problem grob ungerechter Gesetze kann in diesen Staaten also *innerhalb* des Systems des positiven Rechts gelöst werden. Es bedarf dazu nicht der Integration moralischer Elemente in den Begriff des (geltenden) Rechts. Allerdings sind die verfassungsrechtlichen Garantien der

Grundrechte nach strikt *positivistischer* Auffassung selbst beliebig änderbar, sofern die entsprechenden prozeduralen Vorgaben[5] beachtet werden. Konsequenterweise müsste das selbst für die Prinzipien gelten, die nach dem Wortlaut der Verfassung gegen Änderungen immun sind, sofern zuvor die "Ewigkeitsklausel"[6] in Einklang mit den prozeduralen Vorgaben aufgehoben worden wäre.[7]

Zum andern: Wenn der „harte" Rechtspositivismus von einer strikten *Trennung von Recht und Moral* ausgeht, so bedeutet das nicht nur, dass moralische Kriterien keinen Einfluss auf die Geltung gesetzten Rechts haben. Es bedeutet zugleich, dass das *moralische Urteil* über eine Norm nicht dadurch präjudiziert wird, dass diese Norm als Bestandteil des geltenden Rechts anerkannt wird. Auch der Positivist kann eine geltende Rechtsnorm als grob ungerecht bewerten, soweit er nicht den Begriff der Gerechtigkeit für eine Leerformel hält.[8] Er wird diese Bewertung, als ein moralisches Urteil, aber klar von der Aussage über die rechtliche Geltung der Norm trennen.

2. Naturrecht (Rechtsmoralismus)

Die naturrechtliche (rechtsmoralistische) Position bestreitet die Äquivalenz von gesetztem und geltendem Recht (G ↔ R). Sie bestreitet *jedes* der beiden Elemente dieser Äquivalenz. Zum einen sei geltendes Recht nicht *nur* gesetztes Recht. Die Aussage „Nur wenn Gesetz, dann geltendes Recht" (G ← R) gelte also nicht. Denn es gebe Rechtsnormen, die allein aufgrund ihres Inhaltes Gültigkeit hätten; eines Gesetzes bedürfe es dazu nicht. Nicht richtig sei auch, dass *alles* gesetzte Recht Geltung beanspruchen könne. Zumindest grob ungerechten Gesetzen sei die rechtliche Geltung abzusprechen. Auch die Behauptung „Jedes Gesetz ist geltendes Recht" (G → R) sei daher unzutreffend.

Die naturrechtliche Position muss einen Maßstab angeben, der über die Verbindlichkeit von Rechtsnormen entscheiden soll. Das Präfix „Natur" lässt in diesem Kontext sehr unterschiedliche Deutungen zu. Gemeint sein kann:

- die empirische Natur
- die göttliche Schöpfungsordnung (religiöses Naturrecht)
- die Natur des Menschen als Vernunftwesen (rationales Naturrecht)

III. Was ist die „Natur" im Naturrecht?

1. Empirische Natur des Menschen

Man kann den Begriff *empirisch* verstehen, also im Sinne „natürlicher", von menschlichen Eingriffen unbeeinflussten Strukturen und Gesetzmäßigkeiten der Umwelt des Menschen. Diese Strukturen und Gesetzmäßigkeiten können durch Beobachtung, also empirisch, ermittelt werden. Dabei wird sich beispielsweise zeigen, dass sich in der Natur typischerweise der Stärkere durchsetzt.

Das ist der Ausgangspunkt der Argumentation der Sophisten – wenn man *Platon* Glauben schenken kann. Diese Einschränkung ist deshalb geboten, weil wir die Lehre

---

5 Z.B. Zweidrittel-Mehrheit in Bundestag und Bundesrat (Art. 79 Abs. 2 GG).
6 In der Bundesrepublik Art. 79 Abs. 3 GG.
7 Zur *verfassungstheoretischen* (nicht: rechtstheoretischen) Problematik einer Aufhebung des Art. 79 Abs. 3 GG oben § 3 Rn. 30 ff.
8 Dazu § 10 Rn. 6 ff.

der Sophisten vor allem aus der Darstellung *Platons* kennen, der bekanntlich ein Gegner der Sophisten war. In *Platons* Dialog „Gorgias" argumentiert der gleichnamige Philosoph (eine historische Gestalt der Philosophiegeschichte), es sei ein Naturgesetz, dass nicht der Stärkere von dem Schwächeren gehindert, sondern der Schwächere von dem Stärkeren beherrscht werde. Dieses „Naturgesetz" wird dem menschlichen Gesetz, das die Schwachen vor den Starken schützt, gegenübergestellt und vorgeordnet.

19 Die Position des *Gorgias* wird in Platons Dialog von *Kallikles* vertreten (einer literarischen Gestalt). Die Diskussion konzentriert sich auf die Frage, ob es besser sei, Unrecht zu tun, oder Unrecht zu erleiden. Nachdem *Sokrates* einen anderen Gesprächspartner (*Polos*) von seiner Position (Unrecht erleiden sei besser als Unrecht tun) überzeugt hat, interveniert *Kallikles*: *Sokrates* habe sich eines argumentativen Tricks bedient, den sein Diskussionspartner nicht durchschaut habe. Er habe die Frage, was nach den *Gesetzen der Menschen* besser sei, mit der anderen vermischt, was nach den *Gesetzen der Natur* das Bessere sei. Nach den Gesetzen der Menschen werde, natürlich, derjenige bestraft, der Unrecht tue – nicht derjenige, der es erleide. Anderes aber gelte nach dem Gesetz der Natur.

> „Die Natur selbst aber beweist, dass es gerecht ist, dass der Stärkere mehr habe als der Schwächere und der Fähige mehr als der Unfähige".[9]

20 *Kallikles* beruft sich hier nicht nur auf das Tierreich, sondern nennt auch Beispiele aus dem Zusammenleben der Menschen. Allerdings würden die stärkeren Naturen von der Gesellschaft domestiziert. Aber: Der mit überlegenen Kräften ausgestattete Einzelne sprenge diese Fesseln und trete das Gesetz mit den Füßen, und dann zeige sich „das Recht der Natur in glänzendem Lichte."[10]

21 Es entspricht der philosophiegeschichtlichen Tradition, die Partei von *Sokrates* (und *Platon*) zu ergreifen und die Sophisten als geistige Übeltäter darzustellen. *Nietzsche* allerdings hat sich diesem „Mainstream" verweigert und Position zugunsten der Sophisten bezogen. Die Behauptung, Unrecht leiden sei besser als Unrecht tun, entlarve *Sokrates* als Vertreter einer *Sklavenmoral*, die später in der christlichen Ethik mit der Aufforderung „Wenn einer euch auf die rechte Wange schlägt, so bietet ihm die andere dar" ihre Vollendung gefunden habe. *Nietzsche* hält die Verurteilung von *Sokrates* als „Verderber der Jugend" für gerechtfertigt (rhetorisch in Frageform gekleidet). *Sokrates* habe den todbringenden Schierlingsbecher zu Recht trinken müssen.[11]

22 Doch gleichgültig, auf welche Seite man sich im Ergebnis stellt: Die Argumentation des *Kallikles* leidet an einem gravierenden methodischen Mangel. Denn aus den Abläufen und Gesetzmäßigkeiten der Natur ergibt sich für die Frage, welche Regeln im menschlichen Zusammenleben gelten *sollen*, nichts. Aus einem bloßen Faktum folgt kein Sollen. Die Missachtung dieser logischen Barriere zwischen Sein und Sollen in einer Argumentation wird heute als *naturalistischer Fehlschluss* bezeichnet. Diesem Fehlschluss erliegen auch alle Ansätze, die aus der angeblichen (!) Überlegenheit einer bestimmten „Rasse" rechtliche oder moralische Privilegien ableiten wollen.[12]

---

9 *Platon*, Gorgias, 483 d (die Fundstellen-Angabe folgt der sog. Stephanus-Nummerierung, nach der die Werke Platons, der Ausgabe von *Henricus Stephanus* [1578] folgend, allgemein zitiert werden).
10 Ebd.
11 *Nietzsche*, Jenseits von Gut und Böse, Vorrede (S. 4).
12 Ausf. zur Rassenideologie und deren rechtspolitischen Auswüchsen *Arendt*, Elemente, S. 386 f. u.ö. Zum „Naturrecht aus Blut und Boden" in der NS-Zeit *Wittreck*, Naturrecht, S. 37 ff.

III. Was ist die „Natur" im Naturrecht? § 4

In Hinblick auf die kategoriale Trennung der Sphären des Seins und des Sollens enthält der Begriff „Recht des Stärkeren", wörtlich genommen, einen Widerspruch. Denn: der Stärkere zu sein, ist eine *faktische Eigenschaft* (genauer: eine faktische Relation), die als solche keine *normativen Positionen* (Rechte) verleihen kann. Wo der Begriff verwendet wird, geschieht dies typischerweise, um für einen bestimmten Fall rhetorisch die Machtlosigkeit des Rechts gegenüber dem faktisch Stärkeren hervorzuheben.

Dass aus einem Sein kein Sollen folgt, gilt allerdings *nicht* innerhalb von Denkmodellen, die das *Sein* von vornherein normativ „aufladen", es also mit einer *Sollens-Komponente* ausstatten. So ist im Modell einer göttlichen Schöpfung die Vorstellung präsent, dass sich in den Strukturen und Gesetzmäßigkeiten der Natur ein göttlicher Wille manifestiert, den der Mensch nicht missachten darf. Der Begriff des „Widernatürlichen" bekommt dann eine starke moralische, das betroffene Verhalten diskriminierende Komponente.

2. "Geschöpfliche" Natur des Menschen
a) Verbindlichkeit des göttlichen Willens

Die Vorstellung von einer *göttlichen Schöpfungsordnung*, die der Mensch als Ausdruck des göttlichen Willens zu respektieren habe, hat die Naturrechtslehren des europäischen Mittelalters über Jahrhunderte hinweg dominiert. Diese Vorstellung ist Element des fundamentalen, für monotheistische Religionen charakteristischen Prinzips: „Was Gott will, ist gesollt". Dieses Prinzip erscheint, soweit man von der Existenz einer allgewaltigen Gottheit ausgeht, als zwingend. Zwar hat man versucht, auch diesem Prinzip ein logisches Problem nachzuweisen: Der *Wille Gottes* sei ein bloßes *Faktum*, aus dem sich ein Sollen nicht ableiten lasse (*naturalistischer Fehlschluss*, s. oben). Aber dieser Einwand beruht seinerseits auf einem *naturalistischen Missverständnis* der Vorstellung von einer allmächtigen Gottheit.

Denn zu dieser Vorstellung gehört, als integraler Bestandteil, die Annahme einer auch *normativen* Allmacht der Gottheit. Natürlich kann man an der Existenz eines Gottes zweifeln (der Verfasser tut es als „bekennender" Agnostiker); man kann aber nicht sagen: „Gott existiert in der Weise, wie ihn sich die monotheistischen Religionen vorstellen, aber sein Wille ist für den Menschen irrelevant." *Wenn* es einen Gott gibt, wie die monotheistischen Religionen ihn sich vorstellen, *dann* ist sein Wille Gesetz, und zwar: das höchste Gesetz. Insofern steht die christliche Naturrechtslehre des Mittelalters (zwar) *methodisch stabil* (aber) auf einem *hypothetischen* Fundament.

Wegen dieses zeitbedingten religiösen Fundaments ist die christliche Naturrechtslehre[13] heute nur noch von ideengeschichtlichem Interesse. Ein strukturelles, kategoriales Problem aber bleibt: Kann man diese „Naturrechtslehre" kategorial tatsächlich dem *Naturrecht* zuordnen, so wie dieses oben dem positiven Recht bzw. dem Rechtspositivismus gegenübergestellt wurde? Wenn die Rechtsgeltung nach Auffassung des Positivismus auf der kompetenten *Setzung* der Rechtsnormen, nach Ansicht der Naturrechtslehre auf deren *Inhalt* beruht: Müsste dann Recht, das auf einen göttlichen *Willen* zurückgeführt wird, nicht eher dem *gesetzten* Recht (und damit dem Geltungskriterium des Rechtspositivismus) als dem Naturrecht zugeordnet werden?

---

13 Zu ihr *Kaufmann/von der Pfordten*, Problemgeschichte, S. 37 ff.

b) "Voluntaristisches" Naturrecht

28 Das Problem, das sich hier stellt, kommt in dem Begriff *voluntaristisches Naturrecht* zum Ausdruck, mit dem das christliche „Naturrecht" teilweise charakterisiert wird.[14] Man könnte die entsprechende Naturrechtslehre aber ebenso gut als *theistischen Rechtspositivismus* bezeichnen. In beiden Begriffen, ebenso wie in deren Austauschbarkeit, spiegelt sich das Spannungsverhältnis zwischen dem Geltungskriterium des Willens des göttlichen „Gesetzgebers" einerseits, dem der Gerechtigkeit des Rechts andererseits. Zwar liegt beiden Begriffen die Vorstellung zugrunde, dass Gott das Gerechte (verallgemeinert: das Gute) will. Unbeantwortet aber bleibt die Frage, die die Philosophie des Mittelalters jahrhundertelang beschäftigt hat: Ist das Gute gut, weil Gott es will, oder will Gott das Gute, weil es gut ist? Konstituiert der Wille Gottes also etwas *als das Gute* (komplementär: als das Böse/Schlechte), oder orientiert sich der Wille Gottes an einer *vorgängigen Qualität* des Guten?

29 Die Auffassung, dass allein der *Wille* Gottes bestimme, was gut und was böse sei, musste für diejenigen naheliegen, die an der Möglichkeit zweifelten, generelle Aussagen über Gutes und Böses zu treffen. Für die Vertreter der Position des *Nominalismus*, demzufolge Allgemeinbegriffe generell nur Namen (*nomina*) für die allein realen Einzeldinge sind, war es folgerichtig, Bewertungen anhand der Kategorien von Gut und Böse als Akte einer Dezision zu interpretieren. So die dem Nominalismus zuzuordnenden Spätscholastiker[15] *Duns Scotus* (1266–1308) und *Wilhelm von Ockham* (ca. 1300–1350), letzterer historisches Vorbild für die Gestalt des William von Baskerville in *Umberto Ecos* Roman „Der Name der Rose". Exemplarisch: Diebstahl und Ehebruch könnte man nicht als Sünde betrachten, wenn sie nicht durch den Willen Gottes verboten wären.[16]

30 Aber auch für die Gegenposition („Gott will das Gute, weil es gut ist") ist der Wille Gottes die entscheidende „Rechtsquelle". Der Begriff des *voluntaristischen Naturrechts* trifft deshalb auf beide Positionen zu. Das bedeutet: Maßgeblich ist die *Autorität* Gottes, nicht die sachliche Überzeugungskraft des gottgewollten Rechts. Wenn man gleichwohl von einem (voluntaristischn) *Naturrecht* spricht (und nicht von einem „theistischen Rechtspositivismus"), so deshalb, weil der Begriff des Rechtspositivismus allein auf Rechtsnormen bezogen wird, die auf *menschliche* Setzung zurückgehen. In der Sache ist die Position des voluntaristischen Naturrechts in einer Phase der rechtlichen und kulturellen Globalisierung, die durch das Nebeneinander einer Vielzahl religiöser (und nichtreligiöser) Überzeugungen gekennzeichnet ist, nicht mehr diskutabel. Das Ansinnen von Institutionen, die beanspruchen, bestimmte Religionen zu repräsentieren (Kirchen, Religionsbehörden), politische Entscheidungen unter Verweis auf angebliche göttliche Ge- und Verbote zu beeinflussen, ist in vielen Staaten immer noch gesellschaftliche Realität, ideengeschichtlich aber ein Anachronismus.

3. Vernunftnatur des Menschen

31 Die Ablösung des religiös fundierten voluntaristischen Naturrechts durch ein Naturrecht, das nicht an einem *göttlichen Willen*, sondern an der *menschlichen Vernunft* orientiert war, ist das Werk der *Aufklärung*. Im Zeitalter der Renaissance befreit sich der

---

14 *Welzel*, Naturrecht, S. 81 u. ö.
15 Zu dieser Einordnung *Kaufmann/von der Pfordten*, Problemgeschichte, S. 41.
16 Dazu *Welzel*, Naturrecht, S. 83.

Mensch aus der inferioren Stellung, die ihm die mittelalterliche Theologie zugewiesen hatte, und stellt sich selbstbewusst an die Seite der Gottheit – verdeutlicht etwa in der Symmetrie der Darstellungen *Gottes* einerseits, *Adams* anderseits in *Michelangelos* Fresko in der Sixtinischen Kapelle. In der Epoche der Aufklärung wird die menschliche Vernunft zum Maßstab des natürlichen Rechts. Den Wechsel der Perspektive verdeutlicht exemplarisch die Feststellung bei *Hugo Grotius* (1583–1645), die Regeln des Naturrechts gälten selbst dann, wenn man annehmen wollte, dass es keinen Gott gäbe.[17] Die Erwägung bleibt hypothetisch – die Existenz Gottes zu leugnen, wäre in einer Zeit, in der Ketzer und Apostaten auf dem Scheiterhaufen verbrannt wurden und Zentraleuropa von einem wüsten Krieg um den „rechten Glauben" erschüttert wurde, nicht ratsam gewesen. Aber die Absage an einen göttlichen Ursprung des Naturrechts könnte deutlicher nicht sein: Die Frage der Existenz Gottes ist für die Geltung des Naturrechts ohne Bedeutung.

Das *Vernunftrecht* beschränkte sich nicht darauf, allgemeine und in ihrer Allgemeinheit einsehbare *Rechtsprinzipien* zu formulieren. Es unternahm den anspruchsvollen Versuch, detaillierte *dogmatische Rechtsregeln* aus der Vernunft abzuleiten. Ein Beispiel betrifft das Verhältnis der beiden Elemente der „Willenserklärung", die bei der Begründung zivilrechtlicher Schuldverhältnisse (insbesondere bei Verträgen) eine zentrale Rolle spielt. Findet aus irgendwelchen Gründen der wirkliche Wille des Erklärenden in der Erklärung keinen oder nur einen unvollkommenen Ausdruck, so stellt sich die Frage, ob es maßgeblich auf das *Gewollte* oder aber auf das *Erklärte* ankommt. Nach *Grotius* ist es der Menschennatur nicht gemäß, bloßen inneren Willensakten soziale Wirkung zuzuerkennen. Deshalb gelte das Erklärte selbst dann, wenn es nicht mit dem wirklich Gewollten übereinstimme.[18]

Auf die dogmatischen Leistungen des Vernunftrechts konnten die großen Gesetzgebungswerke („Kodifikationen") des ausgehenden 18. und des beginnenden 19. Jahrhunderts zurückgreifen: Das preußische „Allgemeine Landrecht" (ALR) von 1794, der „Code Civil" von 1804 (Code Napoléon) und das Österreichische „Allgemeine Bürgerliche Gesetzbuch" (ABGB) aus dem Jahre 1811. Diese Gesetzeswerke wurden nicht als Ausdruck freier Dezision eines Gesetzgebers, sondern als Kodifikationen „vernünftigen" (wenngleich: zeitgemäßen) Rechts verstanden, als „Naturrechtsgesetzbücher".

IV. Historische Rechtsschule

1. Gegen Naturrecht *und* Gesetzgebung

Jenseits von Naturrecht und Rechtspositivismus lässt sich die Auffassung der *Historischen Rechtsschule* lokalisieren, für die vor allem der Name *von Savigny* steht.

Friedrich Carl von Savigny (1779–1861), Professor für Römisches Privatrecht an den Universitäten Landshut und Berlin. 1842 Minister für „Revision der Gesetzgebung" in Preußen. „Gründer" der Historischen Rechtsschule. Hauptwerke: „Geschichte des Römischen Rechts im Mittelalter" (1815–1831); „System des heutigen Römischen Rechts" (1840–1849). Rechtspolitisch bedeutsam ist seine Schrift „Vom Beruf unserer Zeit für Gesetzgebung und

---

17 *Grotius*, De jure belli ac pacis, 1625, Prol. 11 (zit. nach *Welzel*, Naturrecht, S. 126 f.).
18 Dazu *Wieacker*, Privatrechtsgeschichte, S. 293.

Rechtswissenschaft" (1814), mit der er sich gegen die Forderung nach einer Kodifikation des bürgerlichen Rechts in den deutschen Staaten (*Thibaut*) wandte (dazu unten).

36 Die Historische Rechtsschule lehnt die Vorstellung von einem Naturrecht ab, das auf menschlicher Vernunft basiert und durch philosophische Reflexion erkennbar ist. Diese Vorstellung sei „ein bodenloser Hochmut der Philosophen".[19] Das Recht sei kein Erzeugnis der Vernunft, sondern ein Produkt geschichtlicher Entwicklung. Diese Entwicklung vollziehe sich nicht in einer globalen Dimension, sondern orientiert an den spezifischen Gegebenheiten des jeweiligen Rechtsraums. *Savigny* spricht hier von dem *Volksgeist*, dessen Emanation[20] das Recht sei. Das wirkliche Recht werde durch die „still wirkenden Kräfte des Volksgeistes" geprägt.[21]

37 *Savigny* wendet sich deshalb in einer berühmt gewordenen Kontroverse gegen die Anregung seines Heidelberger Kollegen *Anton Friedrich Justus Thibaut* zur Schaffung eines einheitlichen Zivilgesetzbuchs für Deutschland (*Thibaut*, „Ueber die Notwendigkeit eines allgemeinen bürgerlichen Rechts für Deutschland", 1814). *Savigny* reagiert scharf ablehnend mit der Kampfschrift „Vom Beruf unserer Zeit für Gesetzgebung und Rechtswissenschaft" (1814). Es gehe nicht darum, Recht zu setzen, sondern darum, das im Bewusstsein des Volkes vorhandene Recht auszuformulieren und zu systematisieren. Dies aber sei Aufgabe der *Rechtswissenschaft*, nicht des Gesetzgebers.

2. Kritik

a) Diskriminierung der Nation (*Hegel*)

38 *Savignys* Verdikt gegen eine Kodifikation des bürgerlichen Rechts war wirkmächtig, ist aber auch auf dezidierte Kritik gestoßen. *Hegel* schreibt in seiner Rechtsphilosophie (1820) in dem Abschnitt „Das Recht als Gesetz" in Anspielung auf *Savignys* Schrift:

> „Einer gebildeten Nation oder dem juristischen Stande in derselben die Fähigkeit abzusprechen, ein Gesetzbuch zu machen ..., wäre einer der größten Schimpfe, der einer Nation oder jenem Stande angetan werden könnte."[22]

Allerdings: In der Begründung seiner Kritik steht *Hegel Savigny* näher, als es die Schärfe dieser Formulierung vermuten lassen könnte. Denn er verweist darauf, dass es bei der Kodifikation

> „nicht darum zu tun sein kann, ein System ihrem *Inhalte* nach *neuer* Gesetze zu machen, sondern den vorhandenen gesetzlichen Inhalt in seiner bestimmten Allgemeinheit zu erkennen, d. i. ihn *denkend* zu fassen, mit Hinzufügung der Anwendung aufs Besondere ..." (ebd.).

39 Die Historische Rechtsschule distanziert sich, wie gesagt, von der naturrechtlichen Vorstellung, es gebe ein universal gültiges Naturrecht, das aus der menschlichen Vernunft ableitbar sei. Sie verzichtet damit auch auf den Versuch, das jeweils historisch Gegebene anhand des Maßstabs übergeordneter Rechtsprinzipien zu bewerten. Diese Wertdimension auszublenden, ist der Vorwurf, der von Seiten der Rechtsphilosophie

---

19 Dazu *Kaufmann/von der Pfordten*, Problemgeschichte, S. 57.
20 „Emanation": Das Hervorgebrachte (auch: die Hervorbringung).
21 *Wieacker*, Privatrechtsgeschichte, S. 362.
22 *Hegel*, Grundlinien, § 211.

des *Neukantianismus* gegen die Historische Rechtsschule und generell gegen den *Historismus*, dessen rechtsspezifische Ausprägung sie repräsentiere, erhoben wird.

b) Scheinbare Wertaskese und verdeckte Wertungen (*Lask, Radbruch*)

Als erster hat diesen Vorwurf *Emil Lask* formuliert. Der Historismus wende sich zwar zu Recht gegen die Position des Naturrechts, indem er die Existenz überzeitlicher und allgemeinverbindlicher Rechtsprinzipien bestreite. Er schieße aber über das Ziel hinaus, sofern er grundsätzlich darauf verzichte, das Recht auf Werte zu beziehen und gesetztes Recht auf der Grundlage von Wertungen zu beurteilen. Die Fehler des Naturrechts einerseits, des Historismus andererseits seien komplementär. In diesem Sinne sei der Historismus das „genaue Gegenstück des Naturrechts."[23] Während das *Naturrecht* durch die Verdinglichung („Hypostasierung") von Werten, die als zeitlos gedacht werden, in den Fehler der Ungeschichtlichkeit verfalle, schneide der *Historismus* im Wege der Gleichgewichtung alles Geschichtlichen den Bezug zu allen Werten ab. Der so verstandene Historismus verzichtet, vereinfacht formuliert, auf universelle Wertstandards, und verhält sich affirmativ zu dem jeweils historisch Gewordenen.

Das eigentliche Problem des Historismus sieht *Lask* aber nicht in einer Wertabstinenz, sondern in subkutanen, methodisch nicht kontrollierten Wertungen. Er sieht hier „eine inkonsequente, unkontrollierte, dogmatische Art des Wertens" am Werk.[24]

Emil Lask (1875–1915), Professor für Philosophie in Heidelberg, 1915 im Ersten Weltkrieg gefallen. Lask hat sich als einziger der dem Neukantianismus zuzuordnenden Fachphilosophen monografisch mit Rechtsphilosophie befasst („Rechtsphilosophie", Habilitationsschrift, veröffentlicht in der Festschrift für Kuno Fischer, 1905). Weitere Hauptwerke: „Die Logik der Philosophie und die Kategorienlehre" (1911); „Die Lehre vom Urteil" (1912).[25]

Die subkutanen Wertungen seitens des Historismus, die bei *Lask* nur angedeutet werden, hat *Radbruch* später deutlich herausgestellt. Auch *Radbruch* geht davon aus, dass sich Naturrecht und Historische Rechtsschule *prima facie* antithetisch gegenüberstehen: *explizite Wertstandards* des Naturrechts auf der einen, *Werteabstinenz* der historischen Betrachtungsweise auf der anderen Seite. Und ebenso wie *Lask* erblickt auch *Radbruch* hinter dieser scheinbaren Wertaskese *Wertungen*, die sich aber – anders als die des Naturrechts – nicht auf universale Normen, sondern auf das Individuelle, auf das historisch Gewachsene beziehen. Ein aufmerksamer Blick zeige, dass der Historischen Rechtsschule das durch Geschichte und Volksgeist Hervorgebrachte schon deshalb auch als das *Richtige* erscheine.[26] *Radbruch* geht so weit, der Historischen Rechtsschule wegen ihrer „Pietät" gegenüber allem Bestehenden geradezu einen religionsphilosophischen Hintergrund zu attestieren.[27]

---

23 *Lask*, Rechtsphilosophie, S. 291.
24 Ebd., S. 290.
25 Knappe Darstellung von Lasks Rechtsphilosophie bei *Neumann*, Modell.
26 *Radbruch*, Rechtsphilosophie (1932), in: GRGA Bd. 2, S. 242.
27 Ebd.

V. Exkurs: Das Werdende als das Gesollte (Monismus)

44 Auf einer ganz anderen geschichtsphilosophischen Ebene wird das Sollen mit dem Seienden (hier: dem Werdenden) kurzgeschlossen, wenn das (angeblich) notwendig Kommende zugleich als das Gesollte erscheint.

45 Im Bereich der rechtsphilosophischen Diskussion hat sich vor allem *Radbruch* kritisch mit diesem „monistischen", den Dualismus von Sein und Sollen vernachlässigenden Denkmodell auseinandergesetzt. Er wendet sich sowohl gegen das monistisch orientierte marxistische Geschichtsverständnis als auch gegen die evolutionistische Auffassung der (Strafrechts-)Geschichte bei seinem Lehrer *Franz von Liszt* (1851–1919), der geäußert hatte:

> „Werdendes und Seinsollendes sind ... identische Begriffe. Nur die erkannte Entwicklungstendenz gibt uns über das Seinsollende Aufschluß"[28].

46 Gegenüber der „Gleichstellung von Sein und Sollen, von unausweichlicher Entwicklung und erstrebenswertem Ziel" in der marxistischen Geschichtsauffassung beharrt *Radbruch* auf der Trennung von Faktizität und Normativität. Mit „dem Nachweis der kausalen Naturnotwendigkeit eines zukünftigen Geschichtsverlaufs" sei „der Nachweis seiner teleologischen Vernunftnotwendigkeit noch nicht geführt."[29] Diesen Einwand erhebt *Radbruch* ausdrücklich auch gegen den „evolutionistischen Monismus" *Franz von Liszts*.[30]

47 In der Tat: Nur wenn man dem Faktum geschichtlicher Abläufe im Sinne einer *teleologischen Geschichtsauffassung* ein immanentes Ziel zuschreibt, lässt sich die methodologische Kluft zwischen dem Werdenden einerseits, dem Gesollten andererseits überbrücken. Entsprechendes gilt für alle Versuche, aus einem Sein auf ein Sollen zu schließen. Das *logische Problem*, das sich hier stellt, lässt sich durch die Einführung einer entsprechenden Prämisse überwinden, etwa „Das Kommende ist das Gesollte", oder: „Die Natur liefert den Maßstab für das, was sein soll". Inwieweit mit der Einführung derartiger Prämissen auch das *methodologische Problem* gelöst ist, hängt von der Plausibilität der jeweiligen Prämisse ab. In jedem Fall muss zumindest der Versuch unternommen werden, die Prämisse argumentativ zu stützen. Daran fehlt es, um zum Ausgangspunkt zurückzukehren, in der Argumentation des *Kallikles* und anderer Verfechter eines „naturalistischen" Naturrechts. Ohne eine metaphysische Überhöhung der Natur dürfte eine solche argumentative Stützung allerdings kaum möglich sein.

VI. Aktuelle Diskussion

48 Die Diskussion um Existenz und Bedeutung eines „Naturrechts" wird heute unter veränderten Vorzeichen (1) und mit spezifischen Schwerpunkten (2) geführt. Beide Punkte hängen miteinander zusammen.

---

28 *von Liszt*, ZStW 26 (1906), S. 553 ff., 556.
29 *Radbruch*, Rezension zu *Stammler*, Wirtschaft und Recht nach der materialistischen Geschichtsauffassung (1924), GRGA Bd. 1, S. 541.
30 *Radbruch*, Rechtsvergleichung (1905), GRGA Bd. 15, S. 152–156.

VI. Aktuelle Diskussion

1. Dominanz des positiven Rechts
a) Steuerungsfunktion des Rechts

Die praktische Dominanz des gesetzten, des „positiven" Rechts in nahezu allen Rechtskulturen ist heute unbestreitbar. Grundsätzlich gilt Recht kraft Setzung. Das ist Voraussetzung für die *Steuerungsfunktion*, die das Recht in modernen Gesellschaften zunehmend übernimmt. Das Recht wird nicht mehr als Rahmenordnung verstanden, innerhalb derer sich gesellschaftliche und wirtschaftliche Entwicklungen ungestört vollziehen können, sondern als Instrument zur Steuerung dieser wirtschaftlichen und gesellschaftlichen Entwicklungen selbst. Es genügt an dieser Stelle, auf das *Umweltrecht* zu verweisen, als dessen Teilgebiet sich inzwischen ein eigenes „Umweltstrafrecht" herausgebildet hat. Einem System des Naturrechts kann man das Tötungsverbot entnehmen, nicht aber die Grenzwerte zulässiger Luftverschmutzung. Immer mehr Fragen müssen einfach entschieden werden; und das ist Aufgabe des Gesetzgebers.

49

b) Globalisierung

Ohne eine weitgehende Positivierung des Rechts wäre auch der Prozess der wirtschaftlichen *Globalisierung* rechtlich nicht zu bewältigen. Schon eine regional begrenzte supranationale Organisation wie die Europäische Union würde auf der Basis des Vertrauens in die „still wirkenden Kräfte des Volksgeistes" (*v. Savigny*) oder ein System des Naturrechts nicht funktionieren. Auch das Völkerrecht, das universale Verbindlichkeit beansprucht und nur teilweise kodifiziert ist, ist - als Vertragsrecht oder Gewohnheitsrecht - positives Recht. Elementare Menschenrechte, die früher als Forderungen des Naturrechts vertreten wurden, sind heute nicht nur in nationalen Verfassungen, sondern auch auf internationaler Ebene als *positives Recht* ausgestaltet. Exemplarisch:

50

- Die allgemeine Erklärung der Menschenrechte (vom 10. Dezember 1948);[31]
- Der Internationale Pakt über bürgerliche und politische Rechte (vom 16. Dezember 1966);[32]
- Die Europäische Menschenrechtskonvention (EMRK) (vom 4. November 1950);[33]
- Die Grundrechtecharta der Europäischen Union (in Kraft seit dem 1. Dezember 2009).[34]

2. Naturrecht als bloßes Korrektiv des positiven Rechts

Die Dominanz des positiven Rechts hat zur Folge, dass die Frage nach der Existenz „naturrechtlicher" Rechtsnormen jetzt typischerweise mit Bezug auf dieses positive Recht thematisiert wird. Das zeigt sich bereits in der Terminologie: An die Stelle des Begriffs des Naturrechts tritt der des *überpositiven Rechts*; komplementär wird die früher als „naturrechtlich" bezeichnete Position jetzt teilweise mit dem Begriff *Nichtpositivismus* (oder auch: *Rechtsmoralismus*) belegt. In der Sache geht es nicht

51

---

[31] Abgedruckt in: O. Dörr (Hrsg.), Völkerrechtliche Verträge, 16. Aufl. 2022, S. 169 ff.
[32] Ebd. S. 205 ff.
[33] Ebd. S. 148 ff. – Die EMRK ist ein Vertrag zwischen den (derzeit 46) Mitgliedern des Europarats. Der Europarat ist eine internationale Organisation mit Sitz in Straßburg. Zur Europäischen Union (EU) besteht keine organisatorische Verbindung. Über Verstöße gegen die EMRK entscheidet der Europäische Gerichtshof für Menschenrechte (EGMR), der gleichfalls in Straßburg ansässig ist.
[34] Abgedruckt in: D. Classen (Hrsg.), Europa-Recht, 29. Aufl. 2024, S. 209 ff.

mehr um die Erarbeitung eines Systems naturrechtlicher Rechtsprinzipien und -regeln, wie im seinerzeitigen Vernunftrecht, sondern um die *Begrenzung der Geltung positiven Rechts*. Damit tritt die inhaltliche Frage, welche Rechtsnormen unabhängig von ihrer Positivierung Verbindlichkeit beanspruchen können, hinter die strukturelle Frage zurück, welche Konsequenzen eine Kollision mit „überpositivem" Recht für die Geltung des positiven Rechts hat.

52 Diese Frage ist nicht nur von wissenschaftlichem Interesse, sondern auch von erheblicher rechtspraktischer Bedeutung. Es handelt sich um eine rechtsphilosophische Frage, deren Beantwortung aber buchstäblich über Leben und Tod entscheiden kann. Sie stellt sich für die juristische Praxis immer dann, wenn es um die nachträgliche strafrechtliche Bewertung von schweren Menschenrechtsverletzungen geht, die in einem *Unrechtsstaat* politisch gewollt und von Gesetzen gedeckt waren. In Deutschland war sie von entscheidender Bedeutung bei der rechtlichen Aufarbeitung von „Systemunrecht" der NS-Zeit. Die Todesurteile, die in dem sogenannten *Nürnberger Prozess* von einem Tribunal der Siegermächte des Zweiten Weltkriegs gegen Hauptverantwortliche des „Dritten Reichs" verhängt wurden,[35] ergingen auf der Grundlage elementarer ungeschriebener Rechtsprinzipien, nicht auf der Basis der seinerzeitigen Gesetzeslage.

3. Radbruchsche Formel
a) Zeitgeschichtlicher Kontext

53 Auch die deutsche Justiz hat, nach Errichtung der Bundesrepublik im Jahre 1949, zur Verurteilung von NS-Tätern mehrfach auf überpositives Recht zurückgegriffen und sich dabei insbesondere auf die sogenannte „Radbruchsche Formel" gestützt. Nach dem Fall der Mauer und der Wiedervereinigung Deutschlands (1990) sind die Strafgerichte der Bundesrepublik bei der Aburteilung systemkonformer Rechtsgutsverletzungen in der früheren DDR (v. a. Todesschüsse an der innerdeutschen Grenze) dieser Linie gefolgt.[36]

54 *Radbruch* hat diese Formel im zeitgeschichtlichen Kontext der Aufarbeitung des Unrechts der NS-Zeit entwickelt. Sie übernimmt die Funktion, eine strafrechtliche Verurteilung auch von Tätern, deren Handlungen nach den Gesetzen des NS-Staates gerechtfertigt waren, zu legitimieren. Erreicht wird dieses Ziel dadurch, dass damaligen Gesetzen, nach denen in bestimmten Fällen selbst schwere Rechtsgutsverletzungen gerechtfertigt waren, die rechtliche Geltung abgesprochen wurde. Diese Konstruktion machte den Weg frei für die Bestrafung von Handlungen, die zur Tatzeit gesetzlich oder nach damaliger Rechtspraxis gerechtfertigt waren – *prima facie*, ohne mit dem rechtsstaatlichen Verbot rückwirkender Strafgesetzgebung[37] in Konflikt zu geraten.[38] Denn nach dieser Konstruktion war der seinerzeit anerkannte Rechtfertigungsgrund schon zur Tatzeit kein geltendes Recht. Ein Denunziant, der in der NS-Zeit jemanden wegen einer politischen Äußerung dem zu erwartenden Todesurteil ausgeliefert hatte, konnte deshalb – ungeachtet der seinerzeitigen Rechtslage und Rechtspraxis – wegen eines Tötungsdelikts verurteilt werden.[39]

---

35 Dokumentation bei *Heydecker/Leeb*, Der Nürnberger Prozess (1958), 2015.
36 Exemplarisch: BGHSt 41, 101.
37 Art. 103 Abs. 2 GG.
38 Zur Problematik dieses „strafbegründenden Naturrechts" s. unten Rn. 65 ff.
39 Ausdrückliche Rechtfertigung dieser Verurteilung bei *Radbruch*, Gesetzliches Unrecht, GRGA Bd. 3, S. 83 ff.

VI. Aktuelle Diskussion § 4

Radbruch erkennt, dass erhebliche Gefahren für die *Rechtssicherheit* drohen, wenn in dieser Weise Gesetzen aus Gründen der *Gerechtigkeit* die rechtliche Geltung abgesprochen werden kann. Er beschränkt diese Möglichkeit deshalb auf Ausnahmekonstellationen. Die entscheidende Textpassage lautet:

„Der Konflikt zwischen der Gerechtigkeit und der Rechtssicherheit dürfte dahin zu lösen sein, daß das positive, durch Satzung und Macht gesicherte Recht auch dann den Vorrang hat, wenn es inhaltlich ungerecht und unzweckmäßig ist, es sei denn, daß der Widerspruch des positiven Gesetzes zur Gerechtigkeit ein so unerträgliches Maß erreicht, daß das Gesetz als ‚unrichtiges Recht' der Gerechtigkeit zu weichen hat. Es ist unmöglich, eine schärfere Linie zu ziehen zwischen den Fällen des gesetzlichen Unrechts und den trotz unrichtigen Inhalts dennoch geltenden Gesetzen; eine andere Grenzziehung aber kann mit aller Schärfe vorgenommen werden: wo Gerechtigkeit nicht einmal erstrebt wird, wo die Gleichheit, die den Kern der Gerechtigkeit ausmacht, bei der Setzung positiven Rechts bewußt verleugnet wurde, da ist das Gesetz nicht etwa nur ‚unrichtiges Recht', vielmehr entbehrt es überhaupt der Rechtsnatur."[40]

b) Unerträglichkeits- und Verleugnungsformel

Radbruch beschränkt also die Umstände, unter denen der Gerechtigkeit der Vorrang vor der Rechtssicherheit eingeräumt werden soll, auf zwei Konstellationen. Zum einen geht es um die Fälle, in denen der Widerspruch des positiven Rechts zur Gerechtigkeit ein „unerträgliches Maß" erreicht. Für diesen Anwendungsbereich der Radbruchschen Formel hat sich der Begriff *Unerträglichkeitsformel* eingebürgert. Zum andern wird die Konstellation erfasst, dass „Gerechtigkeit nicht einmal erstrebt wird, … die Gleichheit, die den Kern der Gerechtigkeit ausmacht, bei der Setzung positiven Rechts bewußt verleugnet wurde" (*Verleugnungsformel*).

Da die Verleugnungsthese „keine vom Unerträglichkeitsvorbehalt abschichtbare Funktion" hat,[41] kommt es hinsichtlich der *praktischen Konsequenzen* auf die Unterscheidung zwischen beiden Teilformeln nicht an. Anders hinsichtlich der *rechtsphilosophischen Konsequenzen*: Im Anwendungsbereich der *Unerträglichkeitsformel* geht es um „unrichtiges" (und damit: nicht geltendes) Recht, im Bereich der *Verleugnungsformel* fehlt es bereits an der Rechtsnatur. Hinter dieser Unterscheidung steht ein Rechtsbegriff, für den der Bezug auf Gerechtigkeit konstitutiv ist. So heißt es bereits in der dritten Auflage von *Radbruchs* „Rechtsphilosophie" (1932):

> „Recht ist die Wirklichkeit, die den Sinn hat, dem Rechtswerte, der Rechtsidee zu dienen."[42]

Deshalb kann *Radbruch* im unmittelbaren Anschluss an das vorstehende Zitat fortfahren:

> „Denn man kann Recht, auch positives Recht, gar nicht anders definieren denn als eine Ordnung und Satzung, die ihrem Sinn nach bestimmt ist, der Gerechtigkeit zu dienen."

---

40 Ebd. S. 89.
41 *Saliger*, Radbruchsche Formel, S. 18.
42 *Radbruch*, Rechtsphilosophie, 3. Aufl. (1932), GRGA Bd. 2, S. 253.

c) Philosophischer Hintergrund der „Verleugnungsformel"

59 Den Hintergrund der konzeptionellen Eigenständigkeit der Verleugnungsformel bildet *Radbruchs* Verwurzelung im *Neukantianismus*. Für die Philosophie des Neukantianismus südwestdeutscher Richtung[43] ist ein kulturphilosophischer Ansatz prägend, dem zufolge zwar von einer klaren Trennung zwischen Sein und Sollen, zwischen Wert und Wirklichkeit auszugehen sei („Methodendualismus")[44], die Welt der Kultur sich aber dadurch konstituiere, dass Objekte auf Werte bezogen würden. So ist der Bezug auf *Schönheit* für den Bereich der Kunst, der Bezug auf *Wahrheit* für den Bereich der Wissenschaft konstitutiv. Für *Radbruch* ist die entsprechende Bezugsgröße des Kulturphänomens „Recht" die Gerechtigkeit.[45]

60 Diese Wertbeziehung des Rechts zur Gerechtigkeit wird, im Sinne der Philosophie des Neukantianismus, zunächst rein methodisch und damit neutral verstanden. Recht sei „alles, was zum Gegenstande eines Gerechtigkeitsurteils, also auch eines Ungerechtigkeitsurteils, gemacht werden kann ... dasjenige, was gerecht sein sollte, gleichviel ob es wirklich gerechtes Recht ist".[46] In späteren Arbeiten tritt neben diesen neutralen ein moralisch aufgeladener (emphatischer) Rechtsbegriff. So heißt es in dem Aufsatz „Die Problematik der Rechtsidee" (1924):

> „Eine Anordnung, welcher nicht einmal der Wille innewohnt, Gleiche gleich und Ungleiche ungleich zu behandeln, etwa eine Ausnahmeverordnung gegen individuell bestimmte Personen oder Personengruppen, kann positiv gelten, kann zweckmäßig, ja notwendig und deshalb auch absolut gültig sein – aber den Namen Recht sollte man ihr verweigern, denn Recht ist nur, was der Gerechtigkeit zu dienen wenigstens bezweckt ... Gerechtigkeit ist die artbestimmende Idee des Rechts."[47]

61 Aber auch dieser moralisch aufgeladene Rechtsbegriff lässt in dieser Phase von *Radbruchs* Rechtsphilosophie die Geltung von Recht, das nicht einmal bezweckt, „der Gerechtigkeit zu dienen", unberührt („kann ... absolut gültig sein"). Den letzten, entscheidenden Schritt vollzieht *Radbruch* erst nach 1945. Er liegt darin, dass in der „Radbruchschen Formel" dem Gesetz, mit dem Gerechtigkeit nicht einmal erstrebt wird, jetzt nicht nur die *Rechtsqualität*, sondern auch die *Geltung* abgesprochen wird: An diesem Maßstab gemessen seien „ganze Partien nationalsozialistischen Rechts niemals zur Würde geltenden Rechts gelangt."[48]

d) Beispiel: NS-Verordnung vom 12. November 1938

62 Exemplarisch lässt sich hier die „Verordnung zur Wiederherstellung des Straßenbildes bei jüdischen Gewerbebetrieben" vom 12. November 1938 anführen,[49] die sich auf

---

43 Zu Gemeinsamkeiten und Unterschieden zwischen dem „Südwestdeutschen" (*Windelband, Rickert, Lask*) und dem „Marburger" Neukantianismus (*Cohen, Natorp*) vgl. *Paulson*, Hans Kelsen, S. 141 ff.
44 So der gemeinsame Ansatz der „Südwestdeutschen" und der „Marburger".
45 In der Philosophie des Neukantianismus gibt es dazu ansonsten keine Parallele (*von der Pfordten*, Gustav Radbruch, S. 1022) - auch nicht bei *Emil Lask*, der sich als einziger „Fachphilosoph" des Neukantianismus intensiver mit der Philosophie des Rechts befasst hat (*Lask*, Rechtsphilosophie [1904]).
46 *Radbruch*, Grundzüge, S. 54.
47 *Radbruch*, Problematik, S. 462. Dazu und zum Nebeneinander eines „technischen" und eines „emphatischen" Rechtsbegriff bei Radbruch schon oben Rn. 1.
48 *Radbruch*, Gesetzliches Unrecht, GRGA Bd. 3, S. 89.
49 RGBl I 1938, S. 1581.

VI. Aktuelle Diskussion § 4

Schäden bezog, die in der sogenannten „Reichskristallnacht" und in deren zeitlichem Umfeld an jüdischem Eigentum angerichtet worden waren. Sie lautete auszugsweise:

§ 1

Alle Schäden, welche durch die Empörung des Volkes über die Hetze des internationalen Judentums gegen das nationalsozialistische Deutschland am 8., 9. und 10. November 1938 an jüdischen Gewerbebetrieben und Wohnungen entstanden sind, sind von dem jüdischen Inhaber oder jüdischen Gewerbetreibenden sofort zu beseitigen.

§ 2

(1) Die Kosten der Wiederherstellung trägt der Inhaber der betroffenen jüdischen Gewerbebetriebe und Wohnungen.

(2) Versicherungsansprüche von Juden deutscher Staatsangehörigkeit werden zugunsten des Reichs beschlagnahmt.

Es dürfte nicht zu bestreiten sein, dass § 2 Abs. 1 dieser Verordnung in „unerträglicher" Weise elementaren Prinzipien der Gerechtigkeit widerspricht. Für die Beseitigung mutwillig angerichteter Schäden hat nach diesen Prinzipien der Schädiger aufzukommen, nicht aber der Geschädigte; der Täter, nicht aber das Opfer. Gemessen an dem Maßstab der *Unerträglichkeitsformel* war die Verordnung in diesem Punkt „unrichtiges Recht" und damit ungültig. Da es ganz offensichtlich um eine gewollte Benachteiligung der jüdischen Bevölkerung ging, ließe sich auch die „Verleugnungsformel" heranziehen: Hier wurde nicht Gerechtigkeit erstrebt, sondern aus politisch-ideologischen Gründen eine grob ungerechte Regelung getroffen.[50] 63

Erst recht muss die *Verleugnungsformel* hinsichtlich der Regelung des § 2 Abs. 2 der Verordnung greifen. Dass Versicherungsansprüche zugunsten des Staates beschlagnahmt werden, kann nur als gezielte Diskriminierung der Betroffenen gewertet werden. Für diese Regelung, die eine krasse Ungleichbehandlung im Vergleich mit anderen Versicherungsnehmern darstellt, lässt sich kein auch nur ansatzweise plausibles Argument finden. Offensichtlich wird hier „die Gleichheit, die den Kern der Gerechtigkeit ausmacht", nicht einmal erstrebt. 64

e) Problem: Verdeckte Rückwirkung („Mauerschützen")

In diesem Beispiel erscheint die Rechtsfolge, die sich anhand der Radbruchschen Formel ergibt, angemessen: Die Bestimmungen der Verordnung waren *von Anfang an* nicht geltendes Recht. Die rechtsstaatlichen und zugleich rechtstheoretischen Probleme dieses Rückbezugs auf eine vergangene Rechtsordnung zeigen sich dort, wo es um Maßnahmen geht, die im Rechtsstaat einem strikten Rückwirkungsverbot unterliegen: im Bereich des Strafrechts. Aktuell wurde dieses Problem in Deutschland nach der Wiedervereinigung (1990) hinsichtlich der Frage, ob Rechtsgutsverletzungen, die in der seinerzeitigen DDR system- und gesetzeskonform waren, in der Bundesrepublik strafrechtlich verfolgt werden konnten. 65

---

50 Radbruch selbst lokalisiert diese Verordnung, wie der Kontext ergibt, offenbar im Anwendungsbereich der „Verleugnungsformel" (*Radbruch*, Nachwort-Entwurf, S. 28).

66 Am Beispiel der sogenannten „Mauerschützen-Prozesse": Soldaten der DDR-Volkspolizei, die an der innerdeutschen Grenze Dienst getan und tödliche Schüsse auf DDR-Bürger abgegeben hatten, die versuchten, diese Grenze illegal zu überwinden, wurden in der Bundesrepublik nach der Wiedervereinigung strafrechtlich wegen eines Tötungsdelikts verfolgt. Die Gerichte verurteilten die Angeklagten auch in *den* Fällen wegen Totschlags, in denen die Handlung (auch nach eigener Einschätzung der Gerichte) vom positiven Recht der DDR gedeckt war. Ein Verstoß gegen das verfassungsrechtlich garantierte *Rückwirkungsverbot*[51] wurde verneint. Die Argumentation (vereinfacht): Zwar könnten Handlungen, die in der seinerzeitigen DDR ausgeführt wurden, nur dann bestraft werden, wenn sie nach der *damaligen Rechtslage* in der DDR strafbar waren. Dies sei aber bei tödlichen Schüssen an der innerdeutschen Grenze auch dann der Fall, wenn diese nach der fraglichen Norm des positiven Rechts der DDR ausdrücklich gerechtfertigt waren. Denn diese Norm beinhalte einen unerträglichen Verstoß gegen die Gerechtigkeit und sei deshalb nach der Radbruchschen Formel schon damals kein geltendes Recht gewesen. Da die vorsätzliche Tötung eines Menschen bei Fehlen eines Rechtfertigungsgrundes aber auch nach dem Recht der DDR strafbar gewesen sei,[52] hätten sich die Angeklagten schon nach der „wirklichen" Rechtslage der damaligen DDR strafbar gemacht.

67 Die Radbruchsche Formel wurde in dieser Funktion sowohl vom BGH als auch vom BVerfG herangezogen.[53] Die Argumentation, die damit verfolgt wurde, lässt sich auf die prägnante Formel bringen:

> „Es wird mit der Anwendung der Radbruchschen Formel ... nicht rückwirkend die Rechtslage geändert, sondern nur festgestellt, wie im Zeitpunkt der Tat die Rechtslage war."[54]

68 Diese Argumentation setzt voraus, dass es in der DDR eine „wirkliche Rechtslage" gab, die in dem praktizierten Rechtssystem aber durchgehend verkannt wurde, weil weder Bürger/-innen noch Richter und Staatsanwälte von ihr etwas wussten. Diese Vorstellung wird der seinerzeitigen gesellschaftlichen Realität nicht gerecht. Die betroffenen Volkspolizisten handelten, soweit nicht (nach den Maßstäben der damals praktizierten Rechtsordnung) Exzesse vorlagen, systemkonform. Häufig wurden sie für pflichtgemäßes Verhalten belobigt und ausgezeichnet. Die Annahme, dass ihr Handeln „an sich" eine schwere Straftat gewesen sein könnte, lag außerhalb des sozialen Erfahrungshorizontes.

69 Auch erkenntnistheoretisch ist die Auffassung, die vom Grenzgesetz gedeckten Schüsse seien schon damals nach der „wirklichen" Rechtslage der DDR strafbar gewesen, kaum zu verteidigen. Denn sie versteht die „Rechtslage" als eine Gegebenheit, die in einer bestimmten Weise existiert, auch wenn sie allseits falsch eingeschätzt wird. Die Rechtslage ist aber keine Entität, sondern eine Konstruktion.[55] Wie sie zu konstruieren ist, kann nur das jeweilige Rechtssystem selbst entscheiden. Die Behauptung, in der ehemaligen DDR seien tödliche Schüsse an der innerdeutschen Grenze „in Wirklichkeit" auch dann strafbar gewesen, wenn sie nach dem positiven Recht der DDR gerechtfertigt waren, ist ebenso fragwürdig wie die These, es habe in den Rechts-

---

51 Art. 103 Abs. 2 GG.
52 § 113 StGB-DDR.
53 BGHSt 39, 1 (15 f.); BGHSt 41, 101 (105 ff.); BVerfGE 95, 96 (134 f.).
54 *Alexy*, Mauerschützen, S. 33.
55 Naher dazu *Neumann*, Rechtsgeltung, S. 205 ff.

ordnungen der griechischen Poleis rechtlich „in Wirklichkeit" keine Sklaverei gegeben, weil diese gegen universale und zeitlose Menschenrechte verstoße.

Der Rückgriff auf die Radbruchsche Formel zur Bestrafung der „Mauerschützen" löst also nicht das Problem des Rückwirkungsverbots (Art. 103 Abs. 2 GG), sondern verdeckt einen Verstoß gegen dieses Verbot. Korrekterweise hätte man zu diesem Zweck eine Ausnahmeregelung in das Grundgesetz einführen müssen.[56] Ob es dafür hinreichend gute Gründe gegeben hätte, ist allerdings zweifelhaft.[57]

Spricht man, wie hier, der Radbruchschen Formel hinsichtlich *vergangener* Rechtsordnungen ihre rechtsgestaltende Kraft ab, dann bedeutet das nicht, dass sie verzichtbar wäre. Hinsichtlich *aktueller* Rechtsordnungen bleibt sie bedeutsam als (aus meiner Sicht: überzeugender) Appell an den Rechtsstab, „unerträglich ungerechte" Gesetze nicht anzuwenden. Das bedeutet: Die *geltende* Rechtsordnung ist so zu rekonstruieren, dass solche Gesetze nicht Bestandteil dieser Rechtsordnung sind.

4. Aktuelle Varianten von Positivismus und Nichtpositivismus

a) Spielarten des Nichtpositivismus

Soweit *Radbruch* die Geltung des positiven Rechts auch an das Kriterium der Gerechtigkeit bindet, lässt er sich jedenfalls hinsichtlich seiner „Spätphase" dem Lager des *Nichtpositivismus* (des *Rechtsmoralismus*) zuordnen. Innerhalb dieses Lagers lassen sich drei verschiedene Positionen unterscheiden:[58]

Aus der Sicht der radikalsten, „härtesten" Spielart des Nichtpositivismus soll dem positiven Recht bei *jedem* Verstoß gegen die Gerechtigkeit die Geltung abzusprechen sein. Diese Position schließt also jede ungerechte Norm aus dem Bereich geltenden Rechts aus. Man kann deshalb von einem *„exklusiven" Nichtpositivismus* sprechen.[59] Gegen diese Position ist einzuwenden, dass sie in schwerwiegender Weise das Prinzip der *Rechtssicherheit* missachtet. Dieses Prinzip verlangt, dass gesetztem Recht höchstens in Ausnahmefällen die Geltung abgesprochen wird.[60]

Auf der entgegengesetzten Seite des nichtpositivistischen Lagers wird bei einem (selbst: gravierenden) Verstoß gegen die Gerechtigkeit zwar eine rechtliche Fehlerhaftigkeit der gesetzten Norm angenommen, dieser die *Geltung* aber nicht abgesprochen. Da nach dieser Auffassung auch die ungerechteste Norm nicht aus dem Bereich des geltenden Rechts ausgeschlossen wird, kann man sie als Position des *superinklusiven Nichtpositivismus* bezeichnen.[61] Diese Position stimmt mit der des *Positivismus* insofern überein, als sie die Geltung auch grob ungerechten positiven Rechts bejaht. Sie unterscheidet sich von ihm darin, dass sie (grob) ungerechte Gesetze nicht nur als moralisch, sondern auch als rechtlich fehlerhaft wertet. Da diese „rechtliche Fehlerhaftigkeit" allerdings praktisch folgenlos bleibt, wird teilweise die Auffassung vertreten, der superinklusive Nichtpositivismus sei vom Rechtspositivismus im Ergebnis *nicht* zu unterscheiden.[62]

---

56 Entsprechende Erwägung bei *H. Dreier*, Gustav Radbruch, S. 433 f.
57 *Dreier*, ebd.
58 Übersichtlich dazu *Kirste*, Naturrecht, S. 25.
59 *Alexy*, Concept, S. 281 ff.
60 *Alexy*, Doppelnatur, S. 399.
61 *Alexy*, ebd., S. 400.
62 *Funke*, Natur, S. 48.

75 Eine Position zwischen beiden Extremen markiert die *Radbruchsche Formel*, da ihr zufolge das gesetzte Recht (lediglich) bei einem *unerträglichen* Verstoß gegen die Gerechtigkeit seine Geltung einbüßt. Diese Position schließt also die Geltung ungerechten Rechts nur in Extremfällen aus. Man kann für sie deshalb den Begriff des *inklusiven Nichtpositivismus* verwenden.[63]

b) Spielarten des Positivismus

76 Auf der Seite des *Rechtspositivismus* ist die Lage übersichtlicher. Der radikale Rechtspositivismus behauptet, dass *nur* gesetztes Recht, aber auch *alles* gesetzte Recht geltendes Recht sei. Das entspricht der oben dargestellten Äquivalenz (G↔R).[64] Auf die moralische Qualität kommt es für die rechtliche Geltung einer Norm nicht an.

77 Demgegenüber wird teilweise auf die Standards abgestellt, anhand derer *das Rechtssystem selbst* das geltende Recht identifiziert. Ob bzw. inwieweit hier Gerechtigkeitskriterien herangezogen werden, hängt nach dieser Position (*inklusiver Rechtspositivismus*) davon ab, welche Maßstäbe das Rechtssystem selbst zugrunde legt. „Positivistisch" ist diese Auffassung insofern, als sie nicht auf allgemeine Gerechtigkeitsüberzeugungen, sondern auf die Praxis abstellt, die in dem jeweiligen Rechtssystem geübt wird. Sie kann sich auf *H.L.A. Harts* Modell der „Erkenntnisregel" (*rule of recognition*) berufen, anhand derer in einem Rechtssystem die Normen des geltenden, von den Gerichten praktizierten Rechts identifiziert werden.[65] Das bedeutet: Wenn die Gerichte ihre Entscheidungen nicht nur an dem gesetzten Recht orientieren, sondern auch auf Prinzipien der Gerechtigkeit zurückgreifen, sind auch diese Prinzipien Elemente des positiven Rechts.[66]

78
Herbert Lionel Adolphus Hart (1907–1992), führender und einflussreicher Vertreter der analytischen Jurisprudenz. Professor für Rechtstheorie in Oxford. Hauptwerk: „The Concept of Law" (1961) (deutsch: „Der Begriff des Rechts", 1973).

79 Obwohl die Position des *inklusiven Rechtspositivismus* Spielraum für die Berücksichtigung von nicht-positivierten Gerechtigkeitskriterien lässt, soweit diese in dem praktizierten Rechtssystem präsent sind, wird sie von Vertretern (auch) des *inklusiven Nichtpositivismus* kritisiert.[67] Vereinfacht: Dass über die Geltung positiven Rechts auch anhand von *Gerechtigkeitskriterien* zu entscheiden sei, müsse unabhängig davon gelten, ob das Rechtssystem selbst einen entsprechenden Standard aufweise.

VII. Politische Indifferenz des „Denkmodells" des Naturrechts

80 Politisch ist die Alternative „Naturrecht oder Rechtspositivismus" ambivalent.[68] Der Grund: Es geht bei dieser Alternative um den *Rechtsbegriff*, nicht aber um bestimmte

---

63 *Alexy*, Doppelnatur, S. 401.
64 Oben Rn. 10.
65 *Hart*, Begriff, S. 142 ff. Näher zu Harts „Erkenntnisregel" unten § 7 Rn. 32 ff.
66 Eine andere (und spannende) Frage ist, ob und inwieweit die Gerichte dann, wenn sie *in der Sache* auf Kriterien der Gerechtigkeit zurückgreifen, versuchen, diese in die Bestimmungen des gesetzten Rechts „hineinzulesen". Ausführlich und kritisch zu der entsprechenden Praxis des BVerfG *Bäcker*, Gerechtigkeit, S. 313 (zusammenfassend).
67 *Alexy*, Doppelnatur, S. 399.
68 Dazu *Kriele*, Rechtspositivismus.

VII. Politische Indifferenz des „Denkmodells" des Naturrechts § 4

Rechtsinhalte. Weder der Positivismus noch die Naturrechtslehre sind politisch festgelegt.

Für den *Positivismus* ist das offensichtlich: Ob er eine liberale oder aber eine autoritäre Rechtspraxis als rechtlich gültig (nicht notwendig: als moralisch legitim) anerkennt, hängt von dem Charakter des jeweiligen politischen Systems ab. Ob man gerade aufgrund dieser politischen Indifferenz eine Sozialisierung von Juristen im Geiste des Positivismus für die Fortexistenz eines autoritären Systems mitverantwortlich machen kann, ist umstritten. *Radbruch* hat diese Frage für die Zeit der Herrschaft des Nationalsozialismus bejaht: Der Positivismus habe „mit seiner Überzeugung ‚Gesetz ist Gesetz' den deutschen Juristenstand wehrlos gemacht gegen Gesetze willkürlichen und verbrecherischen Inhalts."[69] Diese *Wehrlosigkeitsthese* wurde seinerzeit weithin akzeptiert.[70] In der Sache ist sie wenig überzeugend.[71] Dies aus zwei Gründen. Zum einen: Der Positivismus bildete nicht das Grundmuster des nationalsozialistischen Rechtsdenkens (1). Zum andern: Die schlimmsten Exzesse verstießen auch gegen die Normen des damaligen gesetzten Rechts (2).

(1) Die rassistisch geprägte *Rechtsideologie* des Nationalsozialismus entsprach eher einem *kruden Naturrechtsdenken* als einem positivistischen Modell.[72] Man kann insoweit geradezu von einer „Frontstellung der NS-Jurisprudenz gegen den Rechtspositivismus" sprechen.[73] Aus Schriften von NS-Juristen ebenso wie aus zahlreichen Gerichtsurteilen ist ersichtlich, dass hinter der Bereitschaft, auch monströse Anordnungen umzusetzen, nicht der Glaube an das Gesetz, sondern die Überzeugung von dieser Ideologie stand, teilweise auch schlicht der Glaube an den „Führer".

(2) Zum andern: Ein verbrecherisches Regime pflegt die schlimmsten seiner unmenschlichen Projekte (Vernichtungsprogramme) nicht in Gesetzesform zu bringen. So basierten die Tötungsaktionen im Rahmen des Programms zur „Vernichtung lebensunwerten Lebens" (sog. *Euthanasie-Aktion*) im NS-System nicht auf einem Gesetz, sondern auf einem Geheimerlass Hitlers. Sie waren „ungesetzliches", nicht „gesetzliches" Unrecht. Auch aus der Perspektive des Rechtspositivismus war es deshalb eine Rechtspflicht, dieser Aktion Widerstand zu leisten. Verallgemeinert: Soweit die Verletzung von Menschenrechten ohne gesetzliche Grundlage oder unter Missachtung von gesetzlichen Verboten geschieht, errichtet der Positivismus eine Schutzmauer.

Dass es hier nicht nur um theoretische Zusammenhänge geht, zeigt gerade das Beispiel der NS-Euthanasie-Aktion. *Radbruch* selbst weist darauf hin, dass NS-Juristen Widerstand gegenüber den ungesetzlichen Tötungsaktionen geleistet haben, die auf dem Euthanasie-Geheimerlass Hitlers basierten. Gegenüber solchen „äußersten Übergriffen" des Nationalsozialismus habe, so *Radbruch*, „selbst der juristische Positivismus noch seinen Mann stehen können".[74] Allerdings: Hätte diese Aktion etwa in einem fiktiven (beschönigend so genannten) „Gesetz zur Ermöglichung der Lebensbeendigung bei qualvollem Leiden" eine rechtliche Grundlage gehabt, so wäre auf der Basis einer

---

69 *Radbruch*, Gesetzliches Unrecht, S. 88.
70 Nachweise etwa bei *H. Dreier*, Radbruchsche Formel, S. 2 f.
71 *H. Dreier*, Radbruchsche Formel, S. 4 ff.; *H. Hofmann*, Einführung, S. 115.
72 *Wittreck*, Naturrecht, insbes. S. 43 ff.
73 *Auer*, Cantus firmus, S. 140. In gleicher Richtung etwa *Foljanty*, Recht oder Gesetz, S. 23 ff.; *Rottleuthner*, Gustav Radbruch, S. 93 f.
74 *Radbruch*, Privatissimum, S. 150.

rechtspositivistischen Position *rechtlich* begründeter Widerstand (anders als moralisch fundierter) nicht möglich gewesen.

83 Es bleibt also dabei, dass der Rechtspositivismus gegenüber dem Regelungsgehalt des jeweiligen positiven Rechts neutral ist. Er erteilt jeder Rechtsnorm, soweit korrekt gesetzt, seinen Segen. Das ist unproblematisch, sofern der Positivismus nicht zu einer Verdrängung rechtsethischer Probleme und einer Verkümmerung des rechtsethischen Problembewusstseins der Juristen beiträgt.[75] Anders formuliert: Für einen verantwortungsbewussten Umgang mit dem Recht bedarf es einer reflektierten Auseinandersetzung mit Fragen der *Rechtsethik*. Das gilt aber nicht nur für Vertreter des Rechtspositivismus. Es gilt in gleicher Weise für Verfechter naturrechtlicher (rechtsmoralistischer, nicht-positivistischer) Positionen, obgleich diese Positionen rechtsethische Elemente bereits in den Rechtsbegriff integrieren.

84 Denn: Auch das *Naturrecht* ist als Denkform nicht auf bestimmte Inhalte festgelegt. Es finden sich ebenso liberale wie autoritäre, etatistische wie staatskritische Naturrechtsmodelle. Die Behauptung, dass nicht nur der Positivismus, sondern auch die Denkform des Naturrechts politisch ambivalent ist, lässt sich an den Beispielen von *Ernst Bloch* einerseits, *Alvaro d'Ors* andererseits verdeutlichen.

85 **Ernst Bloch** (1885–1977), Vertreter einer marxistisch geprägten Sozialphilosophie, zuletzt Professor in Tübingen, versteht in seinem Werk „Naturrecht und menschliche Würde" (1983, Erstveröffentlichung 1961) das Naturrecht als Theorie und Forderung der Befreiung und Emanzipation des Menschen. Er vertritt die Position eines dezidierten Individualismus. Naturrecht wird als revolutionäres Naturrecht verstanden, als Philosophie des „aufrechten Gangs".

86 **Alvaro d'Ors** (1915–2004), seinerzeit führender spanischer Rechtswissenschaftler, zuletzt Professor in Pamplona, vertritt in dem (posthum in deutscher Übersetzung erschienenen) Werk „Gemeinwohl und Öffentlicher Feind"[76] ein extrem konservatives, religiös (katholisch) orientiertes Naturrecht. Die „Allgemeine Erklärung der Menschenrechte" wird scharf kritisiert, weil sie „in Nichts" mit den 10 Geboten des Alten Testaments übereinstimme (S. 64). Kritisiert wird auch die Idee subjektiver Rechte: Die göttlichen Gebote seien auf Gehorsam ausgerichtet, nicht auf die Begründung subjektiver Rechtspositionen. *Alvaro d'Ors* tritt nachdrücklich für die Todesstrafe (S. 117 ff.) sowie die Prügelstrafe ein (S. 127). Die „Judenpolitik" des NS-Systems sei eine Abwehrmaßnahme gegen die zuvor erfolgte wirtschaftliche „Kriegserklärung" des internationalen Judentums an Deutschland gewesen (S. 80 f.).

87 Darauf, dass die nationalsozialistische Rechtsideologie gleichfalls als eine krude Form des Naturrechts einzuordnen ist, wurde bereits hingewiesen.

---

75 Zu dieser Gefahr *Ralf Dreier*, Recht und Moral, S. 192. Ähnlich *Alexy*, Radbruch's Formula, S. 16 (unter Hinweis auf *St. L. Paulson*).
76 *Alvaro d'Ors*, Gemeinwohl.

§ 5 Recht und Moral

I. Dissonanzen

Zwischen Recht und Moral bestehen Übereinstimmungen, aber auch erhebliche Unterschiede. Auf beide Aspekte werden wir nachfolgend näher eingehen. Zunächst ein Beispiel dafür, dass *rechtliche und moralische Wertungen* einander diametral entgegengesetzt sein können. Es geht um einen Fall aus der Rechtsprechung des Bundesverfassungsgerichts:[1]

Die Beschwerdeführerin war rechtskräftig zur Zahlung von etwa 900 DM (ca. 450 €) verurteilt worden – als Schadensersatz aus unerlaubter Handlung. Der Hintergrund: Zwischen ihr (Mieterin) und der Vermieterin war es wegen einer von der Vermieterin geforderten Mieterhöhung zu Auseinandersetzungen gekommen. Daraufhin erwirkte die Vermieterin während eines Kuraufenthalts der Mieterin ein Räumungsurteil, aufgrund dessen sie in Abwesenheit der Mieterin deren Wohnung ausräumte. Dort befindliche Gegenstände nahm sie unter Verschluss.

Daraufhin erstattete die Mieterin Strafanzeige wegen Diebstahls. Die Vermieterin reagierte mit einer Strafanzeige wegen falscher Verdächtigung. Im Zusammenhang mit diesen Strafanzeigen forderte die Gläubigerin (Vermieterin) von der Schuldnerin (Mieterin) den Betrag von ca. 900 DM, der ihr im Zivilprozess rechtskräftig zuerkannt wurde.

Die Gläubigerin beantragte daraufhin die Zwangsversteigerung des Hauses, das die Schuldnerin nach der Zwangsräumung ihrer Mietwohnung, unter Einsatz nahezu ihrer gesamten Ersparnisse, für einen Betrag von 46.000 DM erworben hatte und selbst bewohnte. Den naheliegenden Versuch, ihren Anspruch durch Zugriff auf Einkommen oder bewegliches Vermögen der Schuldnerin zu realisieren, unternahm sie nicht. Die Zwangsversteigerung wurde durchgeführt, der Zuschlag bei einem Gebot von 21.000 DM erteilt (der Wert des Hauses war vom Amtsgericht auf 41.000 DM festgesetzt worden). Die Beschwerden zum Landgericht (LG) und zum Oberlandesgericht (OLG) blieben erfolglos.

Das bedeutet: Die Gerichte erachteten in allen Instanzen die Zwangsversteigerung für rechtmäßig. Die Schuldnerin sollte wegen einer Schuld von 450 € ihr Heim verlieren und zudem einen finanziellen Schaden von 10.000 € erleiden. Diese Sichtweise war, berücksichtigt man allein den Wortlaut der maßgeblichen Bestimmungen des Zwangsversteigerungsgesetzes (ZVG), rechtlich korrekt, zumindest vertretbar.

Moralisch gesehen ist sie es nicht. Die *Gläubigerin* hatte bei ihrem rücksichtslosen Vorgehen zwar das Recht, nicht aber die Moral auf ihrer Seite. Die Zivilgerichte haben diese unmoralische Vorgehensweise rechtlich abgesegnet. Um zu diesem Verdikt zu gelangen, muss man nicht die Einzelheiten, die in der „abweichenden Meinung"[2] des Verfassungsrichters *Böhmer* dargelegt werden (Alter der Schuldnerin, Krankheit, Schicksal als Heimatvertriebene),[3] rekonstruieren. Aus moralischer Sicht ist es ein Skandal, dass eine offensichtlich nicht begüterte Schuldnerin wegen eines Betrags von weniger als 500 € ihr Eigenheim verlieren und einen Schaden von 10.000 € erleiden sollte – ohne dass von Seiten der Gläubigerin auch nur der Versuch unternommen

---

1 BVerfGE 49, 220. Schilderung des Sachverhalts dort Rn. 4 ff., 35 ff.
2 BVerfGE 49, 220 Rn. 27 ff.
3 BVerfGE 49, 220 Rn. 31 ff.

§ 5 Recht und Moral

worden wäre, die Summe auf eine schonendere Weise (Zugriff auf Einkommen oder bewegliches Vermögen) zu erlangen. Der Verdacht, dass es der Gläubigerin darum ging, sich für die vergangene Auseinandersetzung zu rächen, liegt nahe.

7 Der Fall verdeutlicht exemplarisch die Kluft, die sich zwischen der rechtlichen und der moralischen Bewertung eines Sachverhalts auftun kann.[4] Es wäre zu kurz gegriffen, diese Kluft in Hinblick auf den geschilderten Fall einfach dem marktwirtschaftlich (oder: „kapitalistisch") orientierten Rechtssystem der Bundesrepublik zuzuschreiben. Zwar ist richtig, dass in marktwirtschaftlichen (kapitalistischen) Rechtsordnungen das Zivilrecht auf soziale Gesichtspunkte lediglich rudimentär Rücksicht nimmt. Aber: Die Kluft zwischen Recht und Moral, die hier deutlich wird, ist strukturell bedingt. Recht und Moral sind differente Normensysteme, die unterschiedlichen Wegweisern folgen.

II. Begriffliche Abgrenzung von Recht und Moral

8 Die Unterscheidung von Recht und Moral passt allerdings nicht für jede Gesellschaft. Es besteht weithin Einigkeit, dass die Bedingungen für diese Differenzierung hinsichtlich normativer Ordnungen in frühen Epochen der Menschheitsgeschichte noch nicht gegeben sind. Denn sie setzt voraus, dass die normative Struktur einer Gesellschaft Elemente aufweist, die exklusiv einem spezifisch rechtlichen Regelkomplex zugeordnet werden können.

1. Durchsetzbarkeit rechtlicher Normen

9 Die *Besonderheit des Rechts* im Verhältnis zu anderen normativen Ordnungen wird teilweise darin gesehen, dass das Recht durchgesetzt, die Befolgung seiner Normen erzwungen werden kann.[5] In diesem Sinne wird das Recht geradezu als *Zwangsordnung* definiert (*Kelsen*). Ideengeschichtlich lässt sich der Gedanke der Erzwingbarkeit als Charakteristikum einer rechtlichen Ordnung („garantiertes Recht") weit zurückverfolgen (*Hobbes, Pufendorf, Thomasius*). Mit diesem Kriterium wird ein zentrales Element einer „rechtlichen" Normenordnung bezeichnet. Es ist allerdings präzisierungsbedürftig. Denn auch Normen, die wir der Moral zuordnen, können in einem bestimmten Sinne erzwingbar sein, etwa durch Androhung oder Verhängung informeller gesellschaftlicher Sanktionen.

10 Diese Präzisierung erfolgt durch die weitere Voraussetzung, dass für die zwangsweise Durchsetzung der Normenordnung ein besonderer Apparat („*Rechtsstab*") gebildet wird (Gerichte, Verwaltungsbehörden) und formalisierte Verfahren vorgesehen werden. Recht lässt sich dann, in Abgrenzung zur Moral, definieren als eine *Normenordnung zur Regelung menschlichen Sozialverhaltens, die von bestimmten Institutionen in einem besonders geregelten (formalisierten) Verfahren durchgesetzt wird*.

2. Nicht durchsetzbare Rechtsnormen

11 Diese Definition trifft den Kern unseres Verständnisses von „Recht", ist aber in Randbereichen nicht völlig trennscharf. Denn es gibt Normen, die Rechte und Rechtspflich-

---

[4] Das BVerfG hat die Beschlüsse der Zivilgerichte zwar wegen Verletzung der Eigentumsgarantie (Art. 14 Abs. 1 Satz 1 GG) aufgehoben, diese Entscheidung aber allein auf *Verfahrensfehler* gestützt, die es in der mangelnden Berücksichtigung grundrechtlicher Garantien bei der *Durchführung* des Zwangsversteigerungsverfahrens sah.
[5] *Max Weber*, Wirtschaft und Gesellschaft, S. 18.

II. Begriffliche Abgrenzung von Recht und Moral

ten begründen, aber weder gerichtlich noch im Verwaltungsweg durchsetzbar sind. Dazu gehören bestimmte Normen des *Familienrechts*. So begründet die Verlobung („das Verlöbnis") die Pflicht, die versprochene Ehe einzugehen. Die Erfüllung dieser Pflicht kann aber nicht erzwungen werden.[6] Die Ehe selbst verpflichtet zur Herstellung der ehelichen Lebensgemeinschaft.[7] Das korrespondierende subjektive Recht ist aber rechtlich gleichfalls nicht durchsetzbar.

Denkbar ist auch, dass bestimmte rechtliche Normen keine *Verhaltenspflichten* festlegen, sondern lediglich *Verhaltensempfehlungen* enthalten. Das betrifft etwa die „Richtgeschwindigkeit" von 130 km/h, die auf deutschen Autobahnen gilt.[8] Dafür, auch derartige Regelungen dem Bereich des Rechts zuzuordnen, gibt es vor allem zwei Gründe – einen formellen und einen materiellen.

Der *formelle* Grund: Sowohl die genannten familienrechtlichen Regeln als auch die Bestimmung über die Richtgeschwindigkeit sind in *Rechtsform* ergangen – in Form eines *Gesetzes* (BGB) einerseits, einer *Rechtsverordnung* andererseits. Auch die Rechtsverordnung ist ein Gesetz im weiteren (materiellen) Sinn. Hätte der Verkehrsminister, statt diese Verordnung zu erlassen, in einer Ansprache anlässlich einer Veranstaltung zu Problemen des Straßenverkehrs den Bürgern fürsorglich geraten, diese Geschwindigkeit nicht zu überschreiten, läge – trotz inhaltlicher Identität der Empfehlung – kein Rechtsakt vor.

Der *materielle* Grund: Auch die genannten Bestimmungen, deren Befolgung nicht erzwungen werden kann, bleiben rechtlich nicht folgenlos. Für die erwähnten Normen des Familienrechts sieht das BGB selbst bestimmte rechtliche Konsequenzen vor. Die Überschreitung der Richtgeschwindigkeit kann bei einem Unfall für die Frage eines Mitverschuldens des Fahrers und damit auch für den Versicherungsschutz relevant sein. Das bedeutet: Die Frage, ob diese Normen befolgt wurden, ist in bestimmten gerichtlichen Verfahren *zwingend* zu berücksichtigen.

In diesem Zusammenhang ist festzuhalten, dass das Kriterium der „Erzwingbarkeit des Rechts" nicht in dem eingeschränkten Sinne verstanden werden darf, dass Bürger mit polizeilichen oder strafrechtlichen Mitteln zu einem bestimmten Verhalten gezwungen werden könnten. Diese Interpretation wäre schon deshalb zu eng, weil das Recht keineswegs nur aus Verhaltensanweisungen besteht, sondern auch Rechte gewährt, rechtliche Handlungsmöglichkeiten eröffnet (Gründung einer Gesellschaft, Errichtung eines Testaments etc.). Es war der Fehler der sogenannten *Imperativentheorie*, das Recht auf derartige Verhaltensanweisungen zu verkürzen.[9] Bei der Definition des Rechtsbegriffs wurde deshalb nicht der Begriff der *Erzwingbarkeit*, sondern der Begriff der *Durchsetzbarkeit* verwendet.[10] „Durchsetzung" bedeutet, dass die entsprechende Regel in einem Gerichts- oder Verwaltungsverfahren angewendet werden muss. Die Entscheidung, die am Ende dieses Verfahrens steht, kann, falls notwendig, dann ihrerseits im Wege der Vollstreckung (notfalls mit Zwang) durchgesetzt werden.

---

6 § 1297 Abs. 1 BGB.
7 § 1353 Abs. 1 BGB.
8 Autobahn-Richtgeschwindigkeits-Verordnung vom 21.11.1978.
9 Zur Imperativentheorie § 8 Rn. 22 ff.
10 Oben Rn. 9.

III. Strukturelle Unterschiede

1. Heteronomes Recht versus autonome Moral

16 Recht und Moral unterscheiden sich *tendenziell* hinsichtlich des *Modus ihrer Verbindlichkeit*. Normen der Moral erhalten ihre Verbindlichkeit durch Anerkennung seitens des Individuums. Dies gilt jedenfalls dann, wenn man das *Gewissen* als maßgebliche Instanz für die Begründung einer moralischen Verpflichtung betrachtet.[11] Demgegenüber ist der Geltungsanspruch einer Rechtsnorm unabhängig von der Frage, ob das Individuum sie inhaltlich anerkennt und als für sich verbindlich betrachtet. In diesem Sinne kann man jedenfalls *prima facie* das Recht als *heteronom* verpflichtendes Normensystem der Moral als einem *autonom* verpflichtenden Normensystem gegenüberstellen.

17 Beide Kennzeichnungen stimmen aber nur mit Vorbehalten. Das gilt hinsichtlich der Behauptung der *Heteronomie* des *Rechts* (a), vor allem aber hinsichtlich der Annahme eines notwendig *autonomen* Verpflichtungsmodus' *moralischer* Normen (b).

a) Rechtspflicht durch Gewissenspflicht?

18 Der heteronome Charakter des Rechts wird in Frage gestellt, wenn man die rechtliche Bindung des Normadressaten davon abhängig macht, dass er diese zugleich als *Gewissenspflicht* wahrnimmt. So begründet die Rechtsnorm nach *Rudolf Laun* (1882 – 1975) ein *Sollen* nur unter der Voraussetzung, dass die Befolgung dieser Norm als Gewissenspflicht wirkt; andernfalls schaffe die Rechtsnorm lediglich ein bedingtes Müssen.[12]

19 Das ist eine bedenkenswerte Position, die sich auf das Individuum als selbstverantwortliche Person fokussiert, aber wohl nicht der institutionellen Logik des Rechts entspricht. Recht wird institutionell als normative Ordnung gedacht, deren Bestimmungen jedenfalls *grundsätzlich* ein Sollen konstituieren, das nicht durch eine Gewissensentscheidung des Einzelnen bestätigt werden muss.

b) Autonome und heteronome Moral

20 Näher liegt es, zur Begründung einer *moralischen* Verpflichtung auf die Gewissensentscheidung des Einzelnen abzustellen. Das war der Ausgangspunkt der Gegenüberstellung des *heteronomen* Charakters des Rechts und des *autonomen* der Moral (Rn. 16). Auch die Vorstellung des *autonomen* Charakters der *moralischen* Verpflichtung muss sich aber erhebliche Einschränkungen gefallen lassen. Denn die Anerkennung des Gewissens des Einzelnen als autonom-normsetzende Instanz würde in der Konsequenz zu einer vollständigen Subjektivierung moralischer Normen führen.

21 Damit stellt sich die Frage, welche Instanz – anstelle des unzuverlässigen Gewissens – über den Inhalt der moralischen Normen entscheidet, denen Verbindlichkeit zuerkannt werden soll. Auf diese Frage gibt es unterschiedliche Antworten, denen unterschiedliche Moralkonzeptionen entsprechen. Zentrales Differenzierungskriterium ist hier die Frage, ob der Geltungsanspruch der Moralnormen auf *Autorität* oder aber auf ihre einsehbare *inhaltliche Richtigkeit* gestützt wird.

---

11 Dazu (und zu alternativen Modellen) unten Rn. 18 f.
12 *Laun*, Recht und Sittlichkeit.

III. Strukturelle Unterschiede § 5

Beispielhaft für *autoritäre Moralsysteme* sind Normenkomplexe, die ihren Geltungsanspruch auf religiöse Offenbarung oder auf die Autorität eines religiösen Lehramts stützen. Zwar wird von den Repräsentanten dieser Moralsysteme regelmäßig *behauptet*, dass deren Normen auch inhaltlich „richtig" (gerecht, vernünftig) seien. Gleichwohl bleibt der Legitimationsmodus einem autoritären Denkmuster verhaftet. Er basiert auf nicht verifizierbaren ontologischen Voraussetzungen (beispielsweise: Existenz einer Gottheit, „Unfehlbarkeit" des Papstes), die von einer rational orientierten, „nachmetaphysischen" Gesellschaft schwerlich akzeptiert werden können.

Für die moderne Gesellschaft kommen Normen einer autoritätsgebundenen Moral als allgemein akzeptable Normen deshalb nur insoweit in Betracht, als sie den „Filter der Vernunft" (*Habermas*) passieren können. Dadurch allerdings erfolgt nicht nur eine erhebliche Selektion der religiös gebundenen Moralnormen. Es vollzieht sich auch ein entscheidender Wechsel in ihrem Legitimationsmodus – weg von dem *Ursprung* und hin zu der inhaltlichen Qualität der Norm.

Die Beurteilung der Qualität moralischer Normen kann nach dem Ausfall transzendenter Instanzen nur der *menschlichen Vernunft* obliegen. Im Schwerpunkt geht es um die Bewertung von Interessen nach dem Gesichtspunkt ihrer Legitimität sowie nach ihrem Gewicht. Insofern stimmt eine *interessenbasierte Ethik*, die maßgeblich auf die Verallgemeinerbarkeit von Interessen abstellt,[13] mit einer Rechtsethik überein, die den Gesichtspunkt des Schutzes individueller Interessen durch subjektive Rechte in den Vordergrund stellt.[14]

2. Interna und Externa. Rechts- und Tugendpflichten

Ein wesentlicher Unterschied zwischen rechtlichen und moralischen Normenordnungen besteht hinsichtlich des jeweiligen *Regelungsbereichs*. Recht hat es mit dem *sozialen Verhalten* des Menschen zu tun; es ist auf die Regulierung sozialer Interaktionen gerichtet. Gedanken, Überzeugungen, Absichten sind als bloße Interna nicht Gegenstand rechtlicher Normierung. Sie können rechtlich nur dann relevant werden, wenn sie sich in rechtlich missbilligtem Verhalten manifestieren. Ob und ggf. in welchen Grenzen das Recht gezielt auf Interna einwirken darf, um künftiges rechtlich relevantes Verhalten zu beeinflussen (etwa durch Einweisung in eine therapeutische Institution), ist eine Frage der rechtsstaatlich-liberalen Struktur der Rechtsordnung.

Demgegenüber erstrecken jedenfalls *bestimmte* Moralordnungen ihren Anspruch auch auf Interna der Person („sündige" Gedanken). Ob Interna Gegenstand der Normen einer rationalen Moral sein können, ist indes zweifelhaft. Dies aus zwei Gründen. Zum einen sind Gedanken nicht oder allenfalls sehr begrenzt steuerbar. Insoweit würde die moralische Bewertung an Gegebenheiten anknüpfen, für die der Betroffene nicht verantwortlich zu machen ist. Zum andern tangieren Interna als solche nicht die Interessen anderer. Eine rationale Moral muss sich deshalb auf die Bewertung des *sozialen Verhaltens* einer Person beschränken. Insofern relativiert sich der Unterschied zwischen den Regelungsbereichen von Recht und (rationaler) Moral.

Kants Unterscheidung zwischen *Rechtspflichten* und *Tugendpflichten* betrifft nicht die Alternative Interna/Externa, sondern eine Differenzierung *innerhalb* des Bereichs sozialrelevanten Verhaltens. Um Rechtspflichten geht es nur insoweit, als durch ein

---

13 *Habermas*, Moralbewußtsein, S. 75.
14 *Von der Pfordten*, Rechtsethik, S. 305 ff.

Verhalten die *Freiheit* der anderen Person betroffen ist. Die Förderung des *Wohlergehens* (der „Glückseligkeit") dagegen fällt, ebenso wie die *eigene Vervollkommnung*, in den Bereich der Tugendpflichten.[15] Vereinfacht: Es ist eine Rechtspflicht, einen anderen nicht zu schädigen. Ihn in einer Notsituation zu unterstützen, kann lediglich eine Tugendpflicht sein.

28 In dieser Abgrenzung spiegelt sich allerdings eher ein bestimmtes, radikal liberales Staatsverständnis als eine (heute) überzeugende Begrenzung des Zuständigkeitsbereichs des Rechts. So umstritten Straftatbestände, die eine unterlassene Hilfeleistung mit Strafe bedrohen,[16] rechtspolitisch auch sein mögen: Der Gedanke, dass dem Recht nicht nur die Sicherung der Freiheitssphäre des Einzelnen, sondern unter bestimmten Voraussetzungen auch dessen *aktive Unterstützung* obliegt, ist dem Sozialstaat nicht nur vertraut; er ist für ihn konstitutiv. Denn im Sozialstaat wird das moralische *Prinzip der Solidarität* in den Rang eines *Rechtsprinzips* erhoben.

29 Gleichwohl bleibt die Unterscheidung zwischen Verboten, zu schädigen, einerseits, Geboten, zu helfen, andererseits, analytisch erhellend und dogmatisch relevant. Sie erklärt beispielsweise, warum die *Nichtabwendung* einer Rechtsgutsverletzung, die einem anderen droht, nur unter engeren Voraussetzungen strafbar ist als die aktive *Herbeiführung* dieser Verletzung.[17]

3. „Rechtswidrig" versus „böse"

30 Das Recht beurteilt Handlungen anhand eines anderen Bewertungsmusters als die Moral. Aus der Perspektive der Moral geht es darum, ob eine Handlung gut oder schlecht (gut oder böse) ist. Bei dieser Bewertung sind *Abstufungen* möglich. Eine Handlung kann in einem höheren oder geringeren Maße gut bzw. schlecht sein; denkbar ist auch, dass sie als moralisch neutral einzustufen ist. Das Recht bedient sich anderer Kategorien. Ihm geht es darum, ob eine Handlung *rechtmäßig* oder aber *rechtswidrig* ist. Graduierungen sind hier nicht möglich. Eine Handlung kann nicht „noch rechtmäßiger" sein als eine andere rechtmäßige Handlung, und nicht „noch rechtswidriger" als eine andere rechtswidrige Handlung. Anders als bei der moralischen Bewertung kommt auch die Möglichkeit, eine Handlung als neutral einzustufen, nicht in Betracht. Ist sie nicht rechtswidrig, dann ist sie rechtmäßig.[18] Das Recht orientiert sich also an einem zweiwertigen Schema. Mit *Niklas Luhmann* kann man von einer „binären Codierung" sprechen.[19]

4. Deontologische und konsequentialistische Modelle

a) In der (Meta-)Ethik

31 Die Frage, *wann* eine Handlung positiv (oder negativ) zu bewerten ist, ist in der Moralphilosophie umstritten. Dabei geht es zunächst noch nicht um die Bewertung konkreter Handlungen, sondern zuallererst um die *Kriterien,* an denen sich diese Bewertung zu orientieren hat. Diese Frage liegt auf einer höheren Ebene als die nach der moralischen Qualität bestimmter Handlungsweisen. Sie wird deshalb im Bereich

---

15 *Kant*, Metaphysik der Sitten, A 1 ff.
16 In Deutschland § 323c StGB.
17 Nach § 13 Abs. 1 StGB ist die Nichtabwendung einer tatbestandlichen Rechtsgutsverletzung (eines „Erfolgs") nur dann strafbar, wenn den Täter eine spezifische „Garantenpflicht" trifft.
18 Teilweise anders die Lehre vom sog. rechtsfreien (rechtswertungsfreien) Raum.
19 *Luhmann*, Recht der Gesellschaft, S. 60 f.

III. Strukturelle Unterschiede § 5

der *Metaethik* lokalisiert. Das zentrale Problem lautet: Soll es für die moralische Bewertung auf die Folgen der Handlung ankommen, oder ist entscheidend, ob sie mit einer gut begründeten moralischen Norm übereinstimmt? Die erstere Position wird als *Konsequentialismus* bezeichnet, die letztere als *Deontologismus*.

Innerhalb der konsequentialistischen Ansätze ist weiter zu unterscheiden. Die Frage heißt: Soll es für die moralische Qualität einer Handlung allein darauf ankommen, ob die Folgen dieser konkreten, singulären Handlung positiv sind? Das entspräche der Position des sogenannten *Handlungsutilitarismus*. Oder müssen wir, generalisierend, darauf abstellen, welche Folgen die Vornahme *entsprechender* Handlungen in *entsprechenden* Situationen hätte? Das wäre die Auffassung des sogenannten *Regelutilitarismus*. Im Unterschied zum handlungsutilitaristischen Modell werden hier also die Folgen einer hypothetischen Verallgemeinerung der konkreten Handlung zum Gegenstand der Bewertung gemacht.

Auf den ersten Blick scheint der *Konsequentialismus* die besseren Karten zu haben: „Gut ist, was Gutes bewirkt." Natürlich kann man im Einzelfall darüber streiten, *ob* die konkreten Folgen einer bestimmten Handlung gut sind oder nicht. Aber das ist dann keine Frage des überzeugenden *Kriteriums* für das moralische Urteil mehr, keine Frage der Metaethik, sondern ein Problem der *Anwendung* dieses Kriteriums bei der Bewertung der Folgen der konkreten Handlung. Konzeptionell erscheint die Position des Konsequentialismus jedenfalls *prima facie* überzeugend.

Komplementär setzt sich die Position des *Deontologismus* schnell dem Verdacht eines blutleeren Formalismus aus. Zwar kommen mit der Voraussetzung, dass es um die Übereinstimmung mit einer *gut begründeten* Regel geht, auch inhaltliche Elemente ins Spiel. Aber: Dass eine Regel *als solche* gut begründet ist, besagt noch nichts darüber, ob es im Einzelfall moralisch überzeugend ist, sich an dieser Regel zu orientieren. Der Verdacht des Formalismus verstärkt sich, wenn man als Beispiel für eine konsequent deontologische Position *Kants* ebenso berühmten wie berüchtigten Text „Über ein vermeintes Recht aus Menschenliebe zu lügen" heranzieht.[20] Es geht in diesem Text zentral um die Frage: Darf man lügen, wenn man damit einem Menschen das Leben retten kann? *Kants* Antwort ist ein klares „Nein".

Der „Fall": Ein Mörder (so die Kennzeichnung bei *Kant*) verfolgt sein potentielles Opfer, hat es aber aus den Augen verloren. Er fragt einen Passanten, der den Fluchtweg des Opfers beobachten konnte, in welche Richtung das Opfer sich gewendet habe. Darf der Passant den Mörder bewusst in die Irre führen, um das Leben des Opfers zu retten? *Kant* verneint, wie gesagt, diese Frage. Da das Verbot der Lüge ein gut begründetes rechtliches Verbot ist (nicht notwendig im Sinne des jeweiligen *positiven* Rechts), ist ein Recht zur Lüge selbst für diese Extremsituation abzulehnen.

Kant begründet seine Position erheblich differenzierter, als es hier dargestellt werden konnte. Gleichwohl erscheint sie wenig überzeugend, um nicht zu sagen: skandalös. Entsprechend fallen die Stellungnahmen im philosophischen Schrifttum aus – von *Schopenhauer*[21] bis in die Gegenwart. In der Tat zeigt das Beispiel, dass deontologische

---

20 *Kant*, Über ein vermeintes Recht aus Menschenliebe zu lügen. Dazu *Günther*, Angemessenheit, S. 13, 47 ff. u.ö.
21 „Die, auf *Kants* Veranlassung, in manchen Kompendien gegebenen Ableitungen der Unrechtmäßigkeit der Lüge, aus dem *Sprachvermögen* des Menschen, sind so platt, kindisch und abgeschmackt, daß man, nur um ihnen Hohn zu sprechen, versucht werden könnte, sich dem Teufel in die Arme zu werfen ..." (*Schopenhauer*, Grundlage, S. 265).

Modelle in der Moral bei strikter Durchführung die Gefahr kontraintuitiver Konsequenzen mit sich bringen.

37 Andererseits droht der Konsequentialismus, wenn er lediglich auf die Folgen der konkreten Handlung abstellt („Handlungsutilitarismus")[22], in die Nähe einer Position des „Der Zweck heiligt die Mittel" zu geraten. Ein drastisches Beispiel bietet die Diskussion um die sogenannte „Rettungsfolter". Auf der Basis einer deontologischen Position lässt sich das Prinzip verteidigen, dass die Folterung eines Menschen als Verstoß gegen den unantastbaren Grundsatz der Menschenwürde auch moralisch unter keinen Umständen gerechtfertigt werden kann.

b) Im Recht

38 Im Unterschied zur *Moral*, die auf der Ebene der Metaethik konsequentialistische Positionen ebenso integrieren kann wie deontologische, ist das *Recht* grundsätzlich einer deontologischen Perspektive verpflichtet. Das gilt jedenfalls im Bereich der *Normanwendung*. Der Richter hat seine Entscheidung nicht an deren Folgen zu orientieren, sondern am Gesetz. Das bedeutet: Wenn der Sachverhalt den Tatbestand einer bestimmten Norm verwirklicht, muss das Urteil die Rechtsfolge umsetzen, die die Norm an diesen Tatbestand knüpft. Darauf, ob diese Rechtsfolge im konkreten Fall gerecht oder ungerecht, ob sie sinnvoll oder möglicherweise verhängnisvoll ist, kommt es nicht an.

39 Anders formuliert: Der Richter ist für die *Gesetzmäßigkeit* seines Urteils verantwortlich, nicht für dessen *Folgen*. Seine Maxime muss lauten: *Fiat iustitia, pereat mundus* – wobei „iustitia" als „Gesetzesgerechtigkeit" zu verstehen ist, nicht als ein überpositiver Standard. Das gilt nicht nur hinsichtlich der Konsequenzen für die unmittelbar von dem Urteil Betroffenen, sondern auch für weiterreichende Folgen. Wenn die Klage gegen ein Unternehmen begründet ist, muss der Richter ihr stattgeben, auch wenn das den Ruin des Unternehmens bedeutet und dadurch mehrere tausend Arbeitsplätze verloren gehen. Arbeitsplätze zu retten, ist Aufgabe der Politik, nicht der Justiz. Nur wenn und soweit die anzuwendende Norm einen Interpretationsspielraum eröffnet, darf (und sollte) der Richter sich an den Folgen seines Urteils orientieren. Das BVerfG hat im November 2023 eine Entscheidung gefällt, die nach allgemeiner Ansicht eine schwere Belastung der ohnehin angespannten Haushaltslage der Bundesrepublik zur Folge hatte, aber – jedenfalls nach seiner Ansicht – verfassungsrechtlich geboten war.[23]

40 Vor diesem Hintergrund erscheinen in unserem Ausgangsfall die Beschlüsse des Amtsgerichts, des Landgerichts und des Oberlandesgerichts, die vom Bundesverfassungsgericht beanstandet wurden, in einem anderen, weniger dunklen Licht. Die Gerichte hatten nicht die Aufgabe, die Interessen der Gläubigerin und die der Schuldnerin gegeneinander abzuwägen und zu einem gerechten Ausgleich zu bringen. Gemessen an einem solchen, hypothetischen Auftrag hätten die Gerichte allerdings kläglich versagt. Die Gerichte hatten aber lediglich die geltenden Gesetze anzuwenden. Dabei hatten sie, auch nach der Einschätzung des Bundesverfassungsgerichts, „materiellrechtlich" keinen Fehler gemacht. Das Ergebnis war also auch aus der Sicht des Bundesverfassungsgerichts nicht zu beanstanden. Lediglich auf dem Weg dorthin, im Verfahren,

---

22 Zur „Handlungsutilitarismus" und „Regelutilitarismus" oben Rn. 32.
23 BVerfG NJW 2023, 3775.

IV. Interaktionen

hätte das Grundrecht auf Eigentum[24] stärker berücksichtigt werden müssen. Sieht man die Dinge so, dann ist die Härte der Entscheidungen der konkret befassten Zivilgerichte nicht diesen Gerichten, sondern dem Gesetzgeber anzulasten.

IV. Interaktionen

1. Soziale Dimension

a) Recht und *positive morality*

Als soziale Ordnung ist das Recht hinsichtlich seiner faktischen („soziologischen") Geltung auf *gesellschaftliche Akzeptanz* angewiesen. Die gesellschaftliche Anerkennung einer Rechtsordnung setzt voraus, dass deren Wertungen nicht mit fundamentalen Prinzipien der herrschenden Sozialmoral (*positive morality*) kollidieren. Insofern wird der Spielraum für die Ausgestaltung des rechtlichen Normensystems in einer Gesellschaft durch deren alltagsmoralische Wertvorstellungen begrenzt. Das bedeutet aber nicht, dass die Normen des Rechts in jedem Falle inhaltlich mit denen der Sozialmoral übereinstimmen müssten.

Abweichungen ergeben sich hier zunächst in Bereichen, in denen die rechtliche Regelung Ausdruck *spezifischer Rechtswerte* ist, die in der Sozialmoral keine Entsprechung haben. Das gilt vor allem für Regelungen, die in erster Linie der *Rechtssicherheit* dienen. Exemplarisch ist hier die Diskussion zu einer „Aufweichung" des verfassungsrechtlichen Verbots, einen rechtskräftig Freigesprochenen wegen derselben Tat aufgrund neuer Beweismittel erneut vor Gericht zu stellen (*ne bis in idem*).[25]

Anlass war ein konkreter Fall, in dem einem Mordverdächtigen, der rechtskräftig mangels Beweises freigesprochen worden war, die Tat Jahrzehnte später aufgrund neuer kriminalistischer Techniken (DNA-Analyse) nachgewiesen werden konnte.[26] Der Fall (Fall *v. Möhlmann*) erregte in der Öffentlichkeit großes Aufsehen und löste eine breite gesellschaftliche Initiative aus, deren Ziel es war, in Fällen bestimmter schwerster Straftaten nach einem rechtskräftigen Freispruch eine Wiederaufnahme des Strafverfahrens zu ermöglichen, soweit sich später neue belastende Beweise ergeben. Regierung und Parlament griffen diese Forderung auf. Das Gesetz, mit dem sie umgesetzt wurde, trug bezeichnenderweise den Titel „Gesetz zur Herstellung materieller Gerechtigkeit"[27] – offenbar sollte gesellschaftlichen Vorstellungen von einer nicht rechtsstaatlich begrenzten Verwirklichung von Strafgerechtigkeit Rechnung getragen werden. Das BVerfG hat dieses Gesetz wegen Verstoßes gegen Art. 103 Abs. 3 GG aufgehoben.[28]

Damit verteidigte es gegenüber dem populären Prinzip der *Strafgerechtigkeit* das weniger populäre der *Rechtsstaatlichkeit*, dem der Grundsatz *ne bis in idem* dient. Aufgabe einer kritischen Moral (*critical morality*) wäre es, entgegen der rechtsstaatlich typischerweise wenig sensiblen Sozialmoral den (auch) moralischen Wert elementarer

---

24 Art. 14 GG.
25 Seinem Wortlaut nach verbietet Art. 103 Abs. 3 GG es nur, den Täter wegen derselben Tat mehrmals zu *bestrafen*. Insofern wäre ein neues Strafverfahren gegen einen im früheren Prozess freigesprochenen Angeklagten nicht ausgeschlossen. Die Bestimmung wird aber allgemein dahingehend interpretiert, dass schon ein zweites *Strafverfahren* wegen desselben Tatvorwurfs ausgeschlossen sein soll – gleichgültig, ob das erste mit einer Verurteilung oder aber einem Freispruch geendet hat. Näher dazu unten § 11 Rn. 7.
26 Zu diesem Fall und zum Folgenden auch § 11 Rn. 25.
27 Gesetz vom 21. 12. 2021 (BGBl. I 5252).
28 BVerfGE 166, 359.

rechtsstaatlicher Prinzipien zu verdeutlichen. In Parenthese: Rechtsstaatliche Prinzipien müssen sich immer wieder gegen Forderungen der „Gerechtigkeit" behaupten, deren Verwirklichung sie angeblich im Wege stehen. Insbesondere totalitäre Systeme neigen dazu, „Gerechtigkeit" gegen Rechtsstaatlichkeit auszuspielen.[29]

b) Recht und *critical morality*

45   Differenzen zwischen dem Recht und der herrschenden Sozialmoral können auch dort entstehen, wo die *Rechtsordnung* als Verbündete einer *critical morality* eine *Vorreiterrolle* bei der gesellschaftlichen Durchsetzung moralisch gut begründbarer Normen übernimmt, deren allgemeine Anerkennung bislang durch tradierte Vorurteile, Glaubenssätze oder egoistische Gruppeninteressen blockiert wurde. Das betrifft insbesondere die Durchsetzung der *Gleichberechtigung* von gesellschaftlich benachteiligten Gruppen durch Gesetzgebung und Rechtsprechung, häufig auf der Basis von Diskriminierungsverboten, die in verfassungsrechtlichen oder supranationalen Rechtsnormen verankert sind.

46   In den USA waren es die Gerichte, die mit aufsehenerregenden Urteilen den Weg für eine Gleichstellung rassistisch diskriminierter Bevölkerungsgruppen bahnten. Die Sozialmoral folgt dem Recht in diesen Fällen typischerweise mit einer gewissen zeitlichen Verzögerung und gelegentlich mit erheblichen Vorbehalten. Insbesondere müssen „progressive" rechtliche Regelungen, die internationalen Vorgaben oder einem kulturübergreifenden Diskussionsstand folgen, in Staaten mit traditionell geprägter Rechtskultur mit erheblichem gesellschaftlichem Widerstand rechnen.

2. Normative Dimension

47   Die dargestellte wechselseitige Beeinflussung von Recht und Sozialmoral ist faktischer Natur; sie besagt nichts über die Frage, ob moralische Normen *Bestandteile* des Rechts sind oder sein können. Diese Frage stellt sich einerseits hinsichtlich des *Regelungsgehalts* (a), andererseits hinsichtlich der *Verbindlichkeit* der jeweiligen Normenordnung (b).

a) Moralnormen als Elemente des Rechts

48   Was den *Regelungsgehalt* betrifft, so ist die Integration moralischer Normen in das Regelungsprogramm des Rechts dort offenkundig, wo das Recht selbst explizit auf Normen der Sozialmoral verweist (etwa: „gute Sitten"[30] oder „Treu und Glauben"[31]). Hier werden Normen der Sozialmoral durch die Gesetzgebung in Rechtsnormen transformiert. Ob moralische Normen und Wertvorstellungen auch jenseits solcher Verweisungen in das rechtliche Entscheidungsprogramm einzubeziehen sind, ist umstritten. Erforderlich wäre dafür eine *rechtstheoretisch* begründete Transformation von Elementen der Moral in Elemente des Rechts.

---

29 Dazu § 11 Rn. 27 f.
30 § 817 BGB.
31 §§ 157, 242 BGB.

IV. Interaktionen

Diese Transformation wird nach einer heute weit verbreiteten, vor allem von *Dworkin*[32] und *Alexy*[33] näher ausgearbeiteten Theorie von Prinzipien geleistet, die aufgrund ihres Inhalts Anerkennung finden (und insofern dem Bereich der Moral zuzuordnen sind), aber zugleich als *Rechtsprinzipien* Normen des geltenden Rechts darstellen. Mit diesem Ansatz werden in die staatliche (!) Rechtsordnung Bausteine eingefügt, die in der Bauzeichnung des Gesetzgebers nicht vorgesehen sind. Es handelt sich um Normen des Rechts, deren Verbindlichkeit nicht auf eine Entscheidung des Gesetzgebers, sondern auf ihre (behauptete) *inhaltliche Richtigkeit* oder ihre „vorpositive" Existenz im Rechtssystem gestützt wird.

An diesem Punkt setzt die Kritik an: Die Prinzipientheorie bedeute eine „Remoralisierung" des Rechts; von einer Entscheidungspraxis der Gerichte (insbesondere des Verfassungsgerichts), die dieser Theorie folge, sei deshalb eine Verflachung der demokratischen Legitimation von Rechtsentscheidungen und eine Aufweichung der Garantiefunktion des Rechts (insbesondere: der Grundrechte) zu befürchten.[34]

b) Moralische Grenzen des Rechts

Die Frage, ob gesetztes Recht nur dann geltendes Recht ist, wenn es nicht in gravierender Weise gegen moralische Normen verstößt, ist Gegenstand der umfangreichen Kontroverse zwischen *Rechtsmoralismus* (Naturrecht) und *Rechtspositivismus*.[35] Hier lautet die erste Frage, ob korrekt gesetzten Normen des positiven Rechts die Geltung abzusprechen ist, wenn sie in gravierender Weise gegen moralische Prinzipien (Gerechtigkeit) verstoßen.

Bejaht man diese Frage, beispielsweise auf der Grundlage der Radbruchschen Formel,[36] dann stellt sich die zweite Frage: Auf *welche Moral* soll bei dem Urteil über das Recht zurückgegriffen werden? Denn es gab und gibt zahllose Moralsysteme, deren Normen sich fundamental voneinander unterscheiden. So besteht kein Zweifel, dass es nach der christlichen Moral der beginnenden Neuzeit gerechtfertigt war, Ketzer und Apostaten auf dem Scheiterhaufen zu verbrennen.

Die zeitgleich herrschende Sozialmoral kommt als kritischer Maßstab des Rechts nur bedingt in Betracht, weil die Korruption des Rechts auch die gesellschaftlichen Moralvorstellungen nicht unberührt lässt. Die *critical morality* ist ohne hinreichende gesellschaftliche Verankerung zu schwach, um die Verbindlichkeitsbehauptung des gesetzten Rechts wirksam in Frage stellen zu können. Es bleibt als effizientes Korrektiv deshalb nur die Sozialmoral eines *späteren* Gesellschaftssystems, nach deren Maßstäben die Geltung bestimmter Rechtsnormen des vorangegangenen Systems verneint werden kann. Rechtsmoralistische Filter der Rechtsgeltung wie etwa die *Radbruchsche Formel* entfalten ihre Wirkung deshalb nicht *innerhalb* eines „Unrechtssystems" selbst, sondern erst bei dessen Aufarbeitung. Die daraus resultierenden Rückwirkungsprobleme[37] sind in der Rechtstheorie noch nicht hinreichend geklärt und von der Praxis der

---

32 *Dworkin*, Bürgerrechte, insbes. S. 54 ff., 145 ff.
33 *Alexy*, Begriff, S. 117 ff. (Bedeutung des „Prinzipienarguments" für eine Kritik des positivistischen Rechtsbegriffs).
34 *Maus*, Trennung, S. 311 ff.
35 Dazu ausf. § 4 Rn. 8 ff.
36 Zur Radbruchschen Formel ausf. § 4 Rn. 53 ff.
37 Dazu oben § 4 Rn. 65 ff.

Gerichte der Bundesrepublik im Falle der strafrechtlichen Reaktionen auf systemkonforme Rechtsgutsverletzungen in der ehemaligen DDR weithin übergangen worden.

§ 6 „Geltung" des Rechts – Fakt oder Fiktion?

I. Normative und faktische Geltung des Rechts

Recht ist eine normative Ordnung. Seine Regeln besagen, dass etwas *geschehen soll*. Sie besagen nicht, dass etwas *tatsächlich geschieht*. Auch dort, wo sie sprachlich in der Form von Beschreibungen formuliert sind, geht es um die Anordnung eines Sollens. Wenn es im Gesetz heißt: „Der Mörder wird mit lebenslanger Freiheitsstrafe bestraft" (§ 211 Abs. 1 StGB), dann bedeutet das nicht, dass tatsächlich jeder Mensch, der einen Mord begeht, in dieser Weise bestraft wird. Dies schon deshalb nicht, weil nicht jeder Mord als solcher erkannt, nicht jeder Mörder gefasst wird. Die Dunkelziffer bei Tötungsdelikten wird in Deutschland auf etwa 50 % geschätzt. Das bedeutet: Nur jedes zweite Tötungsdelikt wird als Straftat erkannt. In etwa der Hälfte der Fälle geht man irrtümlich von einem Unfall oder einer natürlichen Todesursache aus.

Dass die Gesetze des Rechts normativen Charakter haben, bedeutet: Sie können *gebrochen* werden. Das unterscheidet sie von den Gesetzen der Natur. Wenn wir in beiden Fällen von „Gesetzen" sprechen, so darf das diesen wichtigen Unterschied nicht verdecken. Der Mensch kann die Naturgesetze nicht *verletzen*, er kann sie allenfalls *missachten* – typischerweise mit nachteiligen Folgen. *Durchbrechungen* von Naturgesetzen bezeichnen wir als Wunder. Wunder aber haben ihren Ort in Märchen und religiösen Legenden, nicht jedoch in der profanen Wirklichkeit.

Das heißt: Im Unterschied zu Naturgesetzen ist mit *normativen* Gesetzen das Risiko ihrer Missachtung verbunden. Sogar ein göttlicher Gesetzgeber geht das Risiko der Missachtung seiner Gebote ein, wie die Geschichte des ersten Sündenfalls und zahllose weitere Episoden der Bibel wie auch anderer religiöser Überlieferungen zeigen. Natürlich könnte ein Schöpfergott die von ihm geschaffenen Wesen auch so programmieren, dass sie nicht in der Lage wären, diese „Gebote" zu missachten. Die Gebote wären dann *keine Gebote*, sondern *Naturgesetze*, die Menschen keine Menschen, sondern programmierte Roboter. An die Stelle des *Gebots* „Du sollst nicht töten!" würde die *Aussage* treten „Du kannst nicht töten". Mit der Freiheit des Menschen ist „das Böse" (die Fähigkeit, gegen Gebote zu verstoßen) zwangsläufig in der Welt.

Wenn der Mensch die Freiheit hat, normative Regeln – des Rechts wie der Moral – zu respektieren oder aber zu verletzen, so bleiben diese Regeln in *einer* Hinsicht doch unverletzlich: Ihre normative Geltung wird durch ihre Verletzung nicht beeinträchtigt. Das besagt: Anders als bei Naturgesetzen muss bei den Gesetzen des Rechts zwischen ihrer faktischen Geltung (ihrer Wirksamkeit) und ihrer normativen („juristischen") Geltung unterschieden werden. Die Geltung von Naturgesetzen ist mit ihrer Wirksamkeit identisch. Bei normativen Gesetzen bestimmen sich Wirksamkeit (faktische Geltung) einerseits, normative Geltung andererseits nach unterschiedlichen Kriterien.

II. Faktische Geltung (Effizienz, Wirksamkeit)

Die *faktische Geltung* rechtlicher Normen, ihre Wirksamkeit, ist *abstufbar*. Eine Norm kann in höherem oder geringerem Maße wirksam sein, also *mehr oder weniger* befolgt werden. Das Tötungsverbot wird seltener übertreten als das Verbot, zu stehlen. Demgegenüber folgt die *juristische Geltung* einem Ja/Nein-Schema und hat damit eine *binäre* Struktur. Normativ ist eine Rechtsnorm entweder gültig oder ungültig. Das Verbot, zu stehlen, ist nicht „weniger gültig" als das Tötungsverbot.

§ 6 „Geltung" des Rechts – Fakt oder Fiktion?

6   Hinsichtlich der *Wirksamkeit* (also hinsichtlich der soziologischen, nicht hinsichtlich der juristischen Geltung!) einer Norm ist eine weitere Differenzierung nötig. Sie hängt zusammen mit dem Begriff der Norm (bzw. der Regel), wie er in der Soziologie vielfach verwendet wird. Danach ist eine Norm dadurch gekennzeichnet, dass *abweichendes Verhalten* typischerweise mit einer *Sanktion* belegt wird. Die Geltung einer Norm bestimmt sich deshalb nicht nur danach, in welchem Maße sie *befolgt* wird. Relevant ist auch, inwieweit Verstöße gegen diese Norm *sanktioniert* werden. Man muss also zwischen *Verhaltensgeltung* einerseits, *Sanktionsgeltung* andererseits unterscheiden.[1]

7   Aus rechtstheoretischer Sicht ist diese Unterscheidung ohne Weiteres plausibel. Denn zahlreiche Verhaltensnormen sind durch Sanktionsnormen abgesichert. Exemplarisch ist hier das Strafrecht, das weithin sogar darauf verzichtet, die Verhaltensnorm ausdrücklich anzugeben und sich darauf beschränkt, die korrespondierende Sanktionsnorm zu formulieren („Der Mörder wird ... bestraft", nicht: „Es ist verboten, zu morden"). Sanktionsnormen kennt aber auch das Zivilrecht (z. B. Schadensersatz für unerlaubte Handlungen), ebenso das Verwaltungsrecht (Bußgelder).

8   Der soziologische Begriff der „Sanktion" ist sehr weit. Eine formelle Reaktion wird nicht vorausgesetzt. Es genügen missbilligende Blicke, ironische Bemerkungen oder soziale Missachtung. Im Recht haben wir es dagegen mit *formellen* Sanktionen zu tun, die typischerweise von Gerichten oder Verwaltungsbehörden verhängt werden.

1. Verhaltensgeltung

9   Eine Norm ist wirksam in dem Maße, in dem sie *befolgt* wird (Verhaltensgeltung). Der Grad der Verhaltensgeltung lässt sich zumindest theoretisch in vielen Fällen präzise bestimmen. Beispiel: Vorausgesetzt, dass die Steuergesetze so klar wären, dass in jedem Fall festgestellt werden könnte, ob und ggf. in welcher Höhe eine Steuerpflicht besteht: Hier könnte ein „idealer Beobachter", der über alle relevanten Informationen verfügt, auf den Cent genau angeben, in welchem Ausmaß Steuern hinterzogen wurden. Er könnte damit den Grad der Verhaltensgeltung der einschlägigen Steuergesetze präzise bestimmen. Beispiel: Haben von 1.000 Steuerpflichtigen 600 ihre Steuern korrekt entrichtet, so erreicht die Verhaltensgeltung des Steuergesetzes einen Wert von 60 %.

10 Schwieriger ist die Situation bei Normen, die ein Verhalten nicht *gebieten*, sondern *verbieten* (Verbotsnormen). Verbote verlangen, etwas zu unterlassen. Nun kann man theoretisch zwar präzise angeben, wie oft ein Verbot innerhalb eines Zeitraums *übertreten* worden ist; für strafrechtlich sanktionierte Verbote spiegeln die Kriminalstatistiken die Zahl der erfassten Fälle. Wie aber sollte man bestimmen, wie oft ein Verbot *befolgt* wurde? Wie oft haben Sie im letzten Jahr *keinen* Diebstahl begangen? Die Anzahl der Fälle, in denen eine Verbotsnorm befolgt wurde, lässt sich nicht bestimmen.[2] Damit fehlt es an der Vergleichsgröße, zu der die Zahl der Übertretungen des Verbots in Relation gesetzt werden könnte. Der Grad der faktischen Geltung der Verhaltensnorm kann bei Verboten deshalb nicht angegeben werden.

---

1 Grundlegend *Geiger*, Vorstudien, S. 70 f.
2 Genauer: Sie lässt sich nur dann bestimmen, wenn sie auf bestimmte, wiederkehrende Situationen bezogen ist. Beispiel: Wie oft jemand bei einem Gaststättenbesuch in einem bestimmten Zeitraum geraucht oder nicht geraucht hat, lässt sich hinsichtlich beider Alternativen angeben und damit in Relation setzen. Bezugsgröße ist jeweils die Zahl der Gaststättenbesuche in diesem Zeitraum.

2. Sanktionsgeltung

Sowohl bei Verboten als auch bei Geboten kann dagegen jedenfalls theoretisch die Zahl der Fälle angegeben werden, in denen die Norm *verletzt* wurde. Beziffern lässt sich auch, in wie vielen Fällen einer Normverletzung eine Sanktion erfolgt ist. Der Grad der Sanktionsgeltung einer Norm lässt sich damit – wiederum theoretisch – sowohl bei Geboten als auch bei Verboten feststellen. Wenn in unserem Beispiel von den 400 Steuersündern 200 mit Sanktionen belegt wurden, so beträgt die Sanktionsgeltung 50 %.

Der Grad der Sanktionsgeltung ist unabhängig davon, wie groß die Zahl der Normverletzungen ist – gleichgültig, ob diese in absoluten Zahlen oder in Prozentsätzen angegeben wird. Nehmen wir an, es ginge lediglich um 300 Verstöße gegen Steuergesetze, von denen aber lediglich 30 sanktioniert wurden, so würde die *Sanktionsgeltung* lediglich einen Wert von 10 % aufweisen, während der Grad der *Verhaltensgeltung* der Normen mit 70 % höher läge als im Vergleichsfall.

Da die Norm sowohl dann Wirksamkeit entfaltet, wenn sie befolgt wird, als auch dann, wenn eine Übertretung sanktioniert wird, liegt es nahe, beide Kriterien (Verhaltensgeltung und Sanktionsgeltung) additiv zu einer *Gesamtgeltung* (Gesamtwirksamkeit) zu verbinden. Anhand des Beispiels (Rn. 9 [Verhaltensgeltung] und 11 [Sanktionsgeltung]): Es betragen die Werte für

<u>die Verhaltensgeltung:</u> 60 %
<u>die Sanktionsgeltung:</u> <u>50 %</u>

Lässt sich aus beiden Werten ein Gesamtwert für die Norm bilden?

Dass sich die beiden Werte nicht einfach numerisch zu einer Gesamtgeltung addieren lassen, liegt auf der Hand – die logisch zwingende Grenze des Wertes von 100 %, der die Idealgeltung der Gesamtnorm markieren würde, wäre damit überschritten. Aber das ist ein Umstand, der dem gewählten Beispiel geschuldet ist. Es ließen sich alternative Beispiele bilden, in denen dieser Berechnungsmodus zu einer „Gesamtgeltung" von weniger als 100 % führen würde. Entscheidend ist, dass diese Art der Berechnung inadäquat ist, weil sie die unterschiedlichen Bezugsgrößen der Prozentzahlen nicht berücksichtigt. Der Grad der Verhaltensgeltung (60 %) orientiert sich an der Gesamtzahl der Steuerpflichtigen (1.000), der Wert der Sanktionsgeltung (50 %) an der Zahl der Steuerhinterzieher (400). Da 600 steuerpflichtige Bürger ihre Steuer entrichtet haben, von den 400 Steuerhinterziehern 200 sanktioniert wurden, ist die Norm in 200 Fällen (20 %) wirkungslos geblieben, weil sie weder auf der Verhaltensebene noch auf der Sanktionsebene Folgen hatte. 20 % der Steuerpflichtigen sind davongekommen, ohne

- entweder ihre Steuern zu bezahlen oder
- dafür bestraft zu werden.

Demgegenüber hat die sanktionsbewehrte Norm in 80 % der Fälle entweder als Verhaltens- oder als Sanktionsnorm Wirkung entfaltet. Dementsprechend ergibt sich eine „Gesamtgeltung" der Norm von 80 %.

Differenziert ausgearbeitet wurde das Modell, das hier stark vereinfacht wiedergegeben ist, von *Theodor Geiger* (1891–1952).[3] Legt man die von *Geiger* verwendete Formel für die „Effektivitätsquote" (hier: „Gesamtgeltung") zugrunde, so ergibt sich

---

3 *Geiger*, Vorstudien, S. 27 ff., 165 ff. Übersichtlich dazu *Röhl/Röhl*, Rechtslehre, S. 335 ff.

der (übereinstimmende) Wert von 80 % anhand der Addition der Zahlenwerte für die Normbefolgung und für die Sanktionen, dividiert durch die Gesamtzahl der „Normsituationen":

$$\frac{600 + 200}{1.000}$$

17 Die Ergebnisse einer solchen „Gesamtberechnung" der Normgeltung können teilweise kontraintuitiv erscheinen. Kann man die Sanktionsgeltung mit der Verhaltensgeltung der Norm unbegrenzt zu einer „Gesamtgeltung" verrechnen? Sind die Normen des Steuerrechts (einschließlich des Steuerstrafrechts) zu 100 % wirksam, wenn niemand Steuern bezahlt, aber alle bestraft werden?

18 Die Antwort lautet: „Ja, aber". „Ja" – weil die Sanktionsnorm auch in diesem Fall tatsächlich in 100 % der Fälle Wirksamkeit entfaltet hat. „Aber": weil die Möglichkeit, eine „Gesamtgeltung" zu bilden, nichts daran ändert, dass man zwischen Verhaltens- und Sanktionsgeltung klar trennen muss. Für den Staat macht es naheliegenderweise einen erheblichen Unterschied, ob die hundertprozentige „Gesamtgeltung" darauf beruht, dass alle ihre Steuern bezahlen (Verhaltensgeltung: 100 %), oder aber darauf, dass (zwar niemand Steuern bezahlt – Verhaltensgeltung: 0 %, aber) alle Steuerhinterzieher bestraft werden (Sanktionsgeltung: 100 %).

III. Normative Geltung

19 Die bisher erörterte Frage der *faktischen* Geltung von Rechtsnormen, ihrer Wirksamkeit, interessiert vor allem den Rechtssoziologen. Für den praktisch tätigen Juristen, der Recht handhaben muss, steht die Frage im Vordergrund, welche Normen er anwenden *soll*. Für ihn geht es nicht um die faktische, sondern um die *normative* Geltung des Rechts – auch wenn diese von der faktischen Geltung beeinflusst werden kann.[4] Das gleiche gilt für den Bürger, der sich fragt, weshalb er rechtliche Regeln befolgen soll. Und es gilt schließlich auch für den Rechtstheoretiker, der sich die Aufgabe stellt, die Fragen nach dem „Ob" und dem „Warum" einer normativen Geltung von Recht zu beantworten. Für ihn lauten die zentralen Fragen: Was ist unter der Geltung des Rechts zu verstehen? Und: Wie lässt sich begründen, dass wir dem Recht in diesem Sinne Geltung zuerkennen?

1. Geltung als ideale Existenz des Rechts?

20 Eine mögliche Antwort auf diese beiden Fragen lautet: „Geltung" meint die ideale Existenz des Rechts. Sie ist eine Antwort auf *beide* Fragen, weil die Existenz von etwas nicht *begründet*, sondern lediglich *aufgezeigt* werden muss. Sie macht damit die Frage, *weshalb* wir dem Recht Geltung zuerkennen sollten, überflüssig, ja: sinnlos. *Contra factum non valet argumentum*. Die Antwort auf die zweite Frage könnte deshalb nur lauten: Wir müssen dem Recht Geltung zuerkennen, *weil es eben gilt*.

21 Das Problem der Normativität, der Verbindlichkeit des Rechts löst sich folgerichtig in Nichts auf, wenn man dem Recht eine ideale Existenz zuerkennt. Man spricht hier teilweise von einer *genuinen* Normativität, die nicht auf Empirisches reduzierbar ist. „Klassisch" vertreten wird diese Auffassung insbesondere in den seinerzeit führenden Lehrbüchern der Rechtsphilosophie von *Heinrich Henkel* und *Helmut Coing*.

---

4 Dazu unten Rn. 42 ff.

III. Normative Geltung § 6

Henkel interpretiert auf der Grundlage der Ontologie *Nicolai Hartmanns* (1882–1950) die Geltung der Rechtsnorm als Seinsform, die der Norm als Bestandteil des objektiven Geistes eigne:

> „Mit der Positivierung tritt die Norm in das ihr zugedachte Leben ein, in ein geistiges Sein besonderer Art, das in der *existenziellen Geltung als Rechtsnorm* besteht".[5]

Die *normative Geltung* als das „Inkraftsein des Sollens" gründe sich auf diese *existenzielle Geltung* und sei mit ihr „untrennbar verbunden".[6] Ausdrücklich wird diese Metaphysik des objektiven Geistes gegen Modelle ausgespielt, die eine Verpflichtung nur in der Form einer autonomen Selbstverpflichtung anerkennen wollen. *Henkel* wendet sich hier unter anderem gegen *Rudolf Laun*, der die Geltung des Rechts auf die *Überzeugung* von seiner Gültigkeit zurückführen will.[7] Rechtsnormen würden, so die Vorstellung von *Henkel*, mit ihrer Positivierung in ein „übersubjektives geistiges Sein" überführt, das in einer objektiven Geltung bestehe.

Ebenso wie *Henkel* versteht auch *Helmut Coing* das Recht als „geistiges Sein", das nicht auf soziale oder psychologische Fakten reduzierbar ist:

> „Die Rechtsordnung ist ... ‚geistiges Sein', und zwar ‚objektiviertes' oder fixiertes geistiges Sein, d. h. ein in einem Text niedergelegter geistiger Gehalt ... Zur Eigenart des Rechts gehört, dass es für eine bestimmte Gesellschaft verbindliche Ordnung ist.[8]

Aber: Ein „geistiges Sein" als Existenzform positiven, gesetzten Rechts ist eine Fiktion. Der Glaube daran gleicht, mit einer Formulierung, die der schottisch-amerikanische Philosoph *Alasdair MacIntyre* (geb. 1929) in einem anderen Zusammenhang verwendet hat, dem Glauben an Hexen und Einhörner.[9] Eine gewisse Folgerichtigkeit mag diese Vorstellung im Rahmen einer naturrechtlichen Auffassung haben, die die Normen des Rechts insoweit mit den Gesetzen der Logik und der Mathematik parallelisiert. Jenseits naturrechtlicher Konzeptionen ist sie erkenntnistheoretisch nicht zu verteidigen. Bezogen auf das positive Recht läuft diese Vorstellung auf ein *kreationistisches Modell* der Rechtssetzung hinaus, dem zufolge der Gesetzgeber mit dem Erlass eines Gesetzes nicht nur Regeln aufstellt, sondern Entitäten („geistiges Sein") schafft. Diesen Entitäten soll eine eigene Existenz in Gestalt einer ontologisch verstandenen „Geltung" zukommen. Eine solche „Schöpfungstheorie" des Rechts ist strukturell ein quasi-theologisches, nicht aber ein rechtswissenschaftliches Modell.

2. Kritik einer normativen Geltung des Rechts (Rechtsrealismus)

Ist mit dieser Kritik die normative Geltung des Rechts erledigt? Müssen wir uns, wenn wir von der Geltung von Recht sprechen, auf die faktische Geltung, also auf die Wirksamkeit beschränken? Von manchen Rechtstheoretikern wird diese Frage bejaht. Mit der Annahme einer normativen Geltung des Rechts gerate man unvermeidlich in den Bereich der Metaphysik. Das ist die gemeinsame Auffassung der unterschiedlichen

---

5 *Henkel*, Rechtsphilosophie, S. 543 ff.
6 Ebd., S. 552.
7 Dazu unten Rn. 57.
8 *Coing*, Grundzüge, S. 240.
9 „There are no such rights, and belief in them is one with belief in witches and in unicorns (*A. MacIntyre*, After Virtue, 2. Aufl. 1985, London, S. 69 (dort bezogen auf die Annahme einer objektiven Existenz von Menschenrechten).

Schulen des *Rechtsrealismus*.[10] So wird etwa von *Karl Olivecrona, Alf Ross, Theodor Geiger* und *Oliver Wendell Holmes* bestritten, dass man in sinnvoller Weise von einer *normativen* Geltung des Rechts sprechen kann, die von seiner soziologischen Geltung zu unterscheiden ist. Berühmt ist der Ausspruch von *Oliver Wendell Holmes*, Recht sei nichts anderes als die Vorhersage, wie der Richter entscheiden werde.[11]

27 Der zentrale Einwand gegen diese Position lautet, dass sie nicht die Perspektive des Richters darstellen kann. Der Richter kann seine eigene Entscheidung nicht empirisch–soziologisch vorhersagen. Er kann nicht sagen: „Ich bin gespannt, wie ich entscheiden werde – vermutlich wird mein Urteil so und so ausfallen." Er muss sich fragen, wie sein Urteil ausfallen *soll*. Dafür aber ist eine Orientierung an normativen Kriterien, und das heißt: an *Regeln* erforderlich. Ob diese Regeln durch Gesetze bereitgestellt werden, wie in den Rechtsordnungen des kodifizierten Rechts, oder aber als Regeln des Richterrechts, wie im *case law*, ist dabei gleichgültig.

28 Diese Regeln erfüllen ihre Funktion, zur Orientierung des richterlichen Handelns zu dienen, nur dann, wenn sie nicht in einem empirischen, sondern in einem normativen Sinne verstanden werden. Es geht also nicht um die faktische Geltung, es geht um die normative Geltung dieser Regeln. Im System des *case law* muss vorausgesetzt werden, dass die in der bisherigen Rechtsprechung entwickelten Regeln für die künftige Urteilspraxis grundsätzlich verbindlich sind. In den kodifizierten Rechtsordnungen muss vorausgesetzt werden, dass sich die Richterinnen und Richter grundsätzlich an die von den Parlamenten verabschiedeten Gesetze zu halten haben.

29 Was soeben für die Richter gesagt wurde, gilt für alle, die sich in praktischer Absicht auf das Recht beziehen. „In praktischer Absicht" heißt dabei, dass das Recht in diesem Kontext als maßgeblicher Orientierungspunkt für richtiges Handeln anerkannt wird. Wer das tut, nimmt gegenüber dem Recht eine *interne Perspektive* ein. Diese interne Perspektive ist nicht nur die Sichtweise der Juristinnen und Juristen, sondern auch die aller Bürgerinnen und Bürger, die das geltende Recht grundsätzlich als für sich verbindlich betrachten. Wer sich weigert, das zu tun, bezieht eine *externe Perspektive*. Die externe Perspektive ist die des Rechtssoziologen, der fragt, was in einer Gesellschaft als verbindliches Recht *angesehen* wird.[12] Wir bewegen uns in der Gesellschaft aber nicht als Rechtssoziologen, sondern als Bürger und Bürgerinnen. Das bedeutet: Es ist nicht möglich, in der Gesellschaft zu leben, ohne gegenüber dem Recht jedenfalls *grundsätzlich* eine interne Perspektive einzunehmen. Oder, vorsichtiger formuliert:Es bedarf einer anstrengenden „heroischen" Position, um eine externe Perspektive durchzuhalten.

30 *Hermann Kantorowicz* hat das bereits in seinem klassischen Aufsatz von 1934 eindrucksvoll herausgearbeitet.[13] Wenn das Recht das Verhalten der Juristen wie der Bürger anleiten soll, dann kann es nicht als Funktion ebendieses Verhaltens verstanden werden. Es hilft auch nicht weiter, wenn man das Recht über ein *kollektives* Verhalten definiert, an dem sich das individuelle Verhalten orientieren könnte. Dies aus zwei Gründen. Zum einen ist das kollektive Verhalten nichts anderes als die Summe der

---

10 Instruktiv zu den unterschiedlichen Spielarten des Rechtsrealismus *Hilgendorf*, Art. „Rechtsphilosophie zwischen 1860 und 1960", S. 166–168.
11 *Holmes*, The Path of the Law, 1897 (wörtliches Zitat bei *Hilgendorf*, ebd., S. 166).
12 Zur Terminologie: Anstelle der Begriffe „externe" und „interne" Perspektive finden teilweise auch die Begriffe „Teilnehmerperspektive" und „Beobachterperspektive" Verwendung.
13 *Kantorowicz*, Bemerkungen.

individuellen Verhaltensweisen. Und vor allem wäre auch in einem solchen Modell des Rechtsrealismus die Normativität, die Verbindlichkeit des Rechts nicht zu begründen. Warum soll sich der Einzelne so verhalten, wie sich das Kollektiv *faktisch* verhält? Diese Frage ist im Rahmen eines „realistischen" Modells, das dem Recht lediglich eine soziale Existenz zuerkennt, nicht zu beantworten. Aus der internen Perspektive muss die Rechtsordnung als eine *normativ geltende* Ordnung betrachtet werden, aus der sich gute Gründe ergeben, bestimmte Handlungen vorzunehmen und bestimmte andere Handlungen zu unterlassen.

3. Rechtsgeltung als institutionelle Tatsache

Bleibt also doch nur die Möglichkeit, die Geltung des Rechts als ein metaphysisches Phänomen zu deuten? Erfreulicherweise nicht. Zwar ist daran festzuhalten, dass das Recht nur eine soziale, keine ideale Existenz hat. Recht ist ein *soziales Faktum*. Aber: Es ist ein soziales Faktum, das *normative Implikationen* hat. Wenn eine Norm in einer Gesellschaft als Rechtsnorm identifiziert wird, dann ist der Modus der Verbindlichkeit notwendig mitgedacht. Natürlich kann es gute Gründe geben, eine Rechtsnorm im Einzelfall nicht zu befolgen. Es kann sogar gute Gründe geben, dieser Norm die Verbindlichkeit generell abzusprechen. Aber: Als Rechtsnorm ist sie jedenfalls *grundsätzlich* verbindlich. Andernfalls wäre sie keine Rechtsnorm. Das Problem des *Methodendualismus* (Verbot der Ableitung eines Sollens aus einem Sein) stellt sich hier nicht. Denn Recht ist keine *natürliche* Tatsache wie etwa die biologische Ausstattung des Menschen. Es ist eine soziale, von vornherein normativ „aufgeladene" Tatsache, das Ergebnis einer gesellschaftlichen Konstruktion.

Recht ist damit eine *institutionelle Tatsache*.[14] Institutionelle Tatsachen werden, im Unterschied zu den vorgegebenen natürlichen Tatsachen (*facta bruta*), durch *Regeln* konstituiert, aufgrund derer bestimmte natürliche Tatsachen als institutionelle Tatsachen *gedeutet* werden. Das Handaufheben einer Gruppe von Menschen wird als Beschluss eines Parlaments gedeutet, das Überreichen eines Messingstückes als Verleihung eines Ordens, das Einschieben eines Balles in ein Gehäuse als Erzielen eines Gewinnpunktes (eines „Tores").

Soweit es um die Geltung dieser konstitutiven Regeln geht, ist das Geltungsproblem einfach zu lösen. Ihre Geltung ergibt sich aus der Struktur der institutionellen Tatsache. Besonders deutlich wird das bei der Betrachtung der Geltung von *Spielregeln*. Man kann nicht Schach spielen, ohne die Regel zu akzeptieren, dass derjenige die Partie verloren hat, der seinen König nicht mehr der akuten Bedrohung durch eine gegnerische Figur entziehen kann. Die Geltung dieser Regel kann nicht auf die bloße Faktizität gleichförmigen Verhaltens reduziert werden. Sie muss aber auch nicht über die Annahme metaphysischer Voraussetzungen begründet werden. Sie gilt, weil das Schachspiel (unter anderem) durch diese Regel *definiert* wird. Sollten zwei Spieler vereinbaren, dass eine „Schachpartie" erst dann beendet ist, wenn einer der Spieler seine letzte Figur verloren hat, so wäre das ein *Spiel mit Schachfiguren*, aber kein *Schachspiel*. Allgemeiner formuliert: im Rahmen von institutionellen Tatsachen ist die Geltung bestimmter Regeln unproblematisch, weil und soweit diese Regeln die institutionellen Tatsachen allererst konstituieren.

---

14 Grundlegend *Searle*, Sprechakte. Ein sprachphilosophischer Essay, 1977. Guter Überblick zum Modell der institutionellen Tatsachen und deren Bedeutung in der Rechtswissenschaft bei *Puppe*, Schule, S. 40 ff. Vertiefend *Kuhli*, Tatbestandsmerkmale, S. 82 ff.

§ 6 „Geltung" des Rechts – Fakt oder Fiktion?

34 Das Beispiel des Schachs zeigt, dass man unter Rückgriff auf die Theorie der institutionellen Tatsachen die Verbindlichkeit bestimmter Regeln begründen kann, ohne auf metaphysische Deutungsmuster zurückzugreifen. Denn es käme wohl niemand auf die Idee, die Behauptung der Geltung von Schachregeln unter Metaphysikverdacht zu stellen. Die These, die hinter diesem Beispiel steht, ist natürlich, dass es sich mit den Regeln des Rechts ebenso verhält wie mit denen des Schachspiels. In der Tat lässt sich auch die Rechtsordnung als ein Komplex von Regeln verstehen, die das System des geltenden Rechts definieren und insofern *per definitionem* verbindlich sind. Man könnte sagen: Die Geltung des Rechts ergibt sich aus seinem Begriff, aus seinem Charakter als einer sozialen Institution – so, wie sich die Verbindlichkeit der Schachregeln daraus ergibt, dass diese Regeln das Schachspiel *definieren*.

35 Die Geltung des Rechts ist also ein Element der institutionellen Tatsache Recht und als solche um nichts problematischer als die Geltung der Regel, dass ein *Versprechen* grundsätzlich dazu verpflichtet, das Versprochene zu gewähren. Auch Letzteres ergibt sich *per definitionem*. Denn: Falls wir bei der Äußerung „Ich werde das und das tun" das Element der Verbindlichkeit nicht mitdenken, reden wir nicht von einem „Versprechen", sondern von einer Ankündigung.

36 In diesem Zusammenhang muss *ein* Gesichtspunkt nochmals hervorgehoben werden: Auch als institutionelle Tatsache mit normativen Konsequenzen hat das Recht nur eine *soziale Existenz*. Die Annahme einer *idealen Existenz* von Recht ist nicht nur erkenntnistheoretisch unhaltbar, sie ist zur Begründung der Verbindlichkeit des Rechts auch überflüssig. Auf Metaphysik sind wir zur Begründung der Verbindlichkeit des Rechts nicht angewiesen.

37 Eine „Letztbegründung" der Geltung des Rechts ist mit seiner Deutung als institutionelle Tatsache allerdings nicht geleistet. Es bleibt eine doppelte Relativität. Zum einen sind die Regeln, nach denen sich in einer Gesellschaft das geltende Recht konstituiert, selbstverständlich zeitlichem Wandel und kultureller Bedingtheit unterworfen. In einem theokratischen System bezieht sich die „rule of recognition" (*H. L. A. Hart*)[15] auf andere Geltungskriterien als in einer parlamentarischen Demokratie. Zum andern basieren institutionelle Tatsachen auf kollektiven Deutungsmustern, zu deren Übernahme der Einzelne nicht gezwungen werden kann.

38 Dem überzeugten Anarchisten bleibt es unbenommen, dem demokratisch gesetzten Recht die Anerkennung als verbindliches Recht zu verweigern. Es steht auch jedermann frei, nicht die aktuelle, sondern etwa eine frühere staatliche Ordnung für nach wie vor geltend zu halten. Zwar kann das positive Recht es mit Strafe bedrohen, wenn jemand sich an einer Gruppe beteiligt, die die Hoheitsrechte eines Staates ablehnt und für sich selbst in Anspruch nimmt. Aber erfasst werden können nur *Handlungen*, in denen sich diese Einstellung manifestiert. Die Anerkennung der Hoheitsrechte und der Normen eines Staates kann *als solche* nicht positivrechtlich erzwungen und schon gar nicht rechtstheoretisch gefordert werden. Allerdings: Diese Freiheit, das etablierte Rechtssystem abzulehnen, wird dem Dissidenten wenig nützen. Denn Institutionen werden anhand kollektiver Deutungsmuster definiert; wer seinen eigenen Deutungsmustern folgt, steht auf verlorenem Posten, solange er nicht andere von seiner Sichtweise überzeugen kann.

---

15 Zur Funktion der rule of recognition („Erkenntnisregel") in *Harts* Modell des Rechtssystems näher § 7 Rn. 32 ff.

IV. Effizienz (Wirksamkeit) als Bedingung normativer Geltung?	§ 6

Versteht man die Geltung des Rechts in diesem Sinne als eine Komponente der sozialen Institution (der „sozialen Tatsache") „Recht", dann ergibt sich ein enger Zusammenhang zwischen *normativer* und *faktischer* Geltung. Denn: Wenn man Recht als institutionelle Tatsache begreift, dann ist die Frage nach den *Kriterien* der Rechtsgeltung in einem ersten Schritt eine empirische Frage. Es ist die Frage nach der in einer Gesellschaft herrschenden Erkenntnisregel (*Hart*). Man muss einfach überprüfen, ob das Recht in einer bestimmten Gesellschaft positivistisch oder aber naturrechtlich interpretiert und gehandhabt wird.

Allerdings ist damit die Aufgabe des Richters, aber auch die Aufgabe des Rechtsphilosophen, noch nicht beendet. Der *Rechtssoziologe* kann sich mit der Feststellung begnügen, dass in einer bestimmten Gesellschaft ein positivistisches oder aber ein naturrechtliches Rechtsverständnis dominiert. Der Richter dagegen muss sich jedenfalls in bestimmten *hard cases* entscheiden, ob *er* von einem positivistischen oder aber einem rechtsmoralistischen Rechtsverständnis ausgehen soll.

Von dieser Entscheidung ist er auch dann nicht befreit, wenn er beschließt, dem vorherrschenden – positivistischen oder aber rechtsmoralistischen – Rechtsverständnis der Gesellschaft zu folgen. Denn auch diese Entscheidung für die herrschende Auffassung ist eine Entscheidung, die er selbst zu treffen hat. Mit dieser Entscheidung macht er keine *Aussage* über das Rechtssystem, sondern trifft die *Entscheidung,* das Rechtssystem in einer bestimmten Weise zu interpretieren. Das gleiche gilt für die Position des Rechtsphilosophen, der für ein positivistisches oder aber für ein rechtsmoralistisches Verständnis des Rechts optiert. Auch er trifft damit keine Aussage über das Rechtssystem, sondern macht einen *Vorschlag,* wie die Gerichte mit einem formell korrekt gesetzten, aber grob ungerechten Gesetz umgehen *sollen*. Auch auf der Basis der Theorie der institutionellen Tatsachen geht es insoweit um die *normative* Geltung des Rechts.

IV. Effizienz (Wirksamkeit) als Bedingung normativer Geltung?

Die normative Geltung von Rechtsnormen ist, wie gesehen, von ihrer faktischen (Wirksamkeit) scharf zu unterscheiden. Bei der faktischen Geltung geht es um ein Sein, bei der normativen um ein Sollen. Das hat aber nicht notwendig zur Folge, dass die normative Geltung von der faktischen vollständig abgekoppelt wäre.[16] Denn das Rechtssystem ist eine normative Ordnung, die beansprucht, im sozialen Bereich Wirksamkeit zu entfalten. Kann man von einer normativen Geltung eines *Rechtssystems* auch dann noch sprechen, wenn es keinerlei soziale Wirksamkeit mehr entfaltet? Kann man eine *einzelne Rechtsnorm* auch dann noch als geltend anerkennen, wenn sich sowohl ihre Verhaltensgeltung als auch ihre Sanktionsgeltung dem Wert „Null" annähern?

1. Effizienz des Rechtssystems

Die Frage nach den soziologischen Voraussetzungen der normativen Geltung eines *Rechtssystems insgesamt* ist vergleichsweise einfach zu beantworten. Denn Recht hat eine Ordnungsfunktion. Diese kann es aber nur gewährleisten, wenn es grundsätzlich befolgt wird. Insofern ist das Recht von der Macht abhängig. Zudem gibt es jenseits des verfassungsrechtlich fundierten Rechtssystems selbst keine *normativen* Kriterien,

---

[16] Vgl. schon oben Rn. 19.

anhand derer über Geltung oder Nichtgeltung des Rechtssystems entschieden werden könnte. Hier kann deshalb nur auf den Gesichtspunkt der faktischen Wirksamkeit zurückgegriffen werden.

44 Das ist auch die Auffassung *des* Rechtstheoretikers, der wie kein anderer für eine konsequente Trennung von Sein und Sollen eingetreten ist. Eine Rechtsordnung werde, so *Kelsen*, als gültig angesehen, wenn ihre Normen im Großen und Ganzen wirksam sind.[17] Die Annahme, „in Wirklichkeit" würde eine zeitgeschichtlich der Vergangenheit angehörige, von keiner staatlichen Institution mehr zugrunde gelegte Verfassung noch immer die verbindliche normative Rechtsordnung repräsentieren, wäre eine blutleere Fiktion. Aktuell: Die Annahme sogenannter „Reichsbürger", auf deutschem Territorium würde noch immer die Reichsverfassung von 1871 gelten, ist ein Hirngespinst.

2. Effizienz der Einzelnorm

45 Größere Probleme wirft die Frage auf, ob eine verfassungskonform gesetzte *Einzelnorm* ihre Geltung auch dann behält, wenn sie von den Adressaten durchgehend nicht mehr befolgt *und* von den staatlichen Institutionen nicht mehr angewandt wird.

a) Kontrafaktischer Geltungsanspruch des Rechts

46 Grundsätzlich ist die Geltung einer Norm im System des positiven Rechts unabhängig von ihrer Befolgung und von ihrer Anwendung durch Gerichte und Behörden. Das verfassungsgemäß verabschiedete Gesetz *verlangt*, dass es befolgt und angewendet wird. Geschieht das nicht, ist nicht das Gesetz ungültig, sondern das Verhalten der Normadressaten und der Institutionen fehlerhaft (rechtswidrig).

47 Dieser auch „kontrafaktisch" durchgehaltene normative Anspruch unterscheidet das gesetzte Recht von dem *Gewohnheitsrecht*. Gewohnheitsrecht setzt voraus:
- eine faktische Übung, die geschehen muss
- in der Überzeugung, dass es sich um eine rechtliche Norm handelt.

48 Auch wenn das Gewohnheitsrecht heute in der Praxis nur noch von geringer Bedeutung ist, ist es doch als Rechtsquelle gesetzlich anerkannt. So nimmt in Deutschland die Zivilprozessordnung Bezug auf Gewohnheitsrecht.[18] Das Recht der Schweiz weist den Richter an, nach Gewohnheitsrecht zu entscheiden, wenn das Gesetz keine passende Vorschrift enthält.[19] Gewohnheitsrecht tritt durch *desuetudo* außer Kraft, wenn die Voraussetzungen (siehe vorstehend) entfallen sind. Das betrifft etwa das sog. „Züchtigungsrecht" an Schulen, das in Deutschland seinerzeit über die Annahme von Gewohnheitsrecht gerechtfertigt wurde. Diese Auffassung ist heute nicht mehr vertretbar.[20]

49 Dass das *Gewohnheitsrecht* bei allgemeiner Missachtung seine Geltungsbasis verliert, entspricht seiner Logik. Denn seine Geltung ist eine Funktion der faktischen Übung sowie der Überzeugung von seiner Rechtsqualität. Demgegenüber ist beim *gesetzten*

---

17 *Kelsen*, Reine Rechtslehre, S. 219 u. ö.
18 § 293 ZPO.
19 Art. 1 Abs. 2 SchwZGB.
20 *Paeffgen/Böse/Eidam*, in: Kindhäuser/Neumann/Paeffgen/Saliger (Hrsg.), Nomos-Kommentar zum StGB, 6. Aufl. 2023, § 223 Rn. 31.

IV. Effizienz (Wirksamkeit) als Bedingung normativer Geltung? § 6

Recht der *Anspruch auf praktische Übung* eine Konsequenz der verfassungskonformen Setzung dieses Rechts. Man könnte deshalb eine „heroische" Position beziehen und die Geltung gesetzten Rechts von seiner Befolgung vollständig abkoppeln. Nach der Maxime: Wenn korrekt gesetztes Recht in der Praxis nicht befolgt und nicht angewendet wird – umso schlimmer für die Praxis.

Damit würde aber übersehen, dass auch im System des gesetzten Rechts Normen auf die Steuerung sozialen Verhaltens zielen. Ist diese *Steuerungsfunktion* sowohl auf der Verhaltens- als auch auf der Sanktionsebene vollständig obsolet, so ist es folgerichtig, dem gesetzten Recht auch die *normative* Geltung abzusprechen. Allerdings sollte die Messlatte hier sehr hoch gelegt werden, um nicht das *Prinzip* der Geltung gesetzten Rechts und damit die Rechtssicherheit zu gefährden. Das bedeutet: Die Geltung des Gesetzes sollte nur bei einer extrem niedrigen „Effektivitätsquote" verneint werden.[21]

b) Korrektur durch Gesetzgebung

In diesen Fällen ist allerdings der Gesetzgeber gefordert, die erodierte Vorschrift zu überprüfen und ggf. aufzuheben. Ein Beispiel ist die Reaktion des deutschen Gesetzgebers auf das Versagen der Strafdrohungen gegen den Besitz (und damit indirekt gegen den Konsum) von *Cannabisprodukten*, mit der jüngst eine Teillegalisierung erfolgte.[22] Solche Entkriminalisierungen werfen im Vorfeld, aber auch aus einer Perspektive *ex post*, rechtspolitische wie rechtstheoretische Fragen auf. Sollen, beispielsweise, *heute* noch Strafurteile verhängt werden dürfen, die Handlungen betreffen, die *ab morgen* straflos sein werden?[23] Kann (Perspektive: *ex post*) ein früherer Straftatbestand, der seinerzeit vom BVerfG für verfassungskonform erklärt wurde, heute als bereits seinerzeit (!) verfassungswidrig beurteilt werden?

Die letztere Frage betrifft aktuell die Konzeption des Gesetzes zur strafrechtlichen *Rehabilitierung* von Personen, die (vereinfacht dargestellt) in der Bundesrepublik wegen einfach-homosexueller Handlungen (§ 175 StGB a. F.) verurteilt wurden.[24] Nach der zentralen Bestimmung dieses Gesetzes werden die betroffenen Verurteilten „rehabilitiert, indem mit diesem Gesetz die strafgerichtlichen Urteile aufgehoben werden …" (§ 1 Abs. 1). Eine solche Aufhebung von Gerichtsurteilen, die innerhalb *derselben* Rechtsordnung ergangen sind, durch den Gesetzgeber wirft verfassungsrechtliche, zugleich aber rechtstheoretische Probleme auf.

Die *verfassungsrechtliche* Problematik betrifft das *Rechtsstaatsprinzip* sowie den Grundsatz der *Gewaltenteilung*. Gesetze, die rückwirkend in die Rechtskraft von Gerichtsurteilen eingreifen, berühren beide Prinzipien und bedürfen, so die Begründung des Gesetzesentwurfs, in einem Rechtsstaat deshalb besonderer Rechtfertigung.[25] Diese Rechtfertigung sieht der Gesetzgeber darin, dass die Kriminalisierung einverständlicher homosexueller Handlungen „aus heutiger Sicht in besonderem Maße grundrechts- und menschenrechtswidrig" sei.

---

21 *Röhl/Röhl*, Rechtslehre S. 336 ff.
22 Cannabisgesetz (CanG) v. 27.3.2024, BGBl I Nr. 109, dessen Bestandteil das Konsumcannabisgesetz (KCanG) ist.
23 Wird die Strafdrohung *vor* dem letztinstanzlichen Urteil aufgehoben, kommt eine Verurteilung in Deutschland nicht in Betracht (§ 2 Abs. 3 StGB).
24 „Gesetz zur strafrechtlichen Rehabilitierung der nach dem 8.5.1945 wegen einvernehmlicher homosexueller Handlungen verurteilten Personen" vom 17.7.2017 (BGBl I, S. 2443).
25 Begründung des Gesetzesentwurfs der Bundesregierung (BR-Drs. 262/17 v. 31. 3. 2017), S. 7.

54 Die *rechtstheoretische* Frage lautet: Kann man eine Rechtsnorm, die *seinerzeit* von dem zuständigen Gericht (BVerfG) für verfassungskonform erachtet wurde, *heute* für bereits *seinerzeit* (!) verfassungswidrig und damit für nichtig (nicht geltend) erklären? Die Frage wirft komplexe Probleme der Zeitstruktur der Rechtsordnung auf, die hier nicht weiterverfolgt werden können.[26]

V. Moralische „Geltung" des Rechts (Legitimität)

55 Von der faktischen (soziologischen) Rechtsgeltung einerseits, der juristisch-normativen andererseits wird vielfach eine moralische (ethische, philosophische) Geltung des Rechts unterschieden.[27] In dieser Dimension geht es, mit unterschiedlicher Schwerpunktsetzung, um die Legitimität und/oder die „Verbindlichkeit" rechtlicher Ordnungen oder Einzelnormen. „Verbindlichkeit" meint dabei nicht das rechtliche Sollen, das durch die juristisch-normative Geltung konstituiert wird, sondern eine moralisch „aufgeladene" Verpflichtung zur Befolgung des Rechts.

56 Soweit es dabei um die moralische Dignität des Rechts geht, ist auf die Diskussion zwischen Rechtspositivismus und Rechtsmoralismus zu verweisen.[28] Bei der Frage nach der „moralischen Geltung" von Rechtsnormen und Rechtsordnungen kommt aber noch ein anderer Gesichtspunkt ins Spiel. Es geht darum, ob die Verbindlichkeit von Recht allein durch dessen Setzung begründet werden kann oder ob dafür ein Akt der Anerkennung durch die Adressaten erforderlich ist.

1. Verbindlichkeit durch individuelle Anerkennung

57 Nach einem individualistisch orientierten Ansatz erlangt Recht verbindliche Kraft durch die Anerkennung seitens des Einzelnen. Exemplarisch ist hier die Auffassung von *Rudolf Laun*: Zum verbindlichen Recht würden Anordnungen durch „Billigung meines Gewissens oder Rechtsgefühls".[29] Im Hintergrund steht hier der Gedanke der Autonomie: Eine Pflicht kann sich danach nur aus einer Selbstverpflichtung ergeben.[30] In diesem Sinne heißt es bei *Kant*: „…niemand ist obligiert ausser durch seine Einstimmung."[31] *Radbruch* steht dieser Position zumindest nahe. Ein Strafverfahren gegen einen Überzeugungsverbrecher sei, so *Radbruch*, ein „wahrhaft tragischer Fall", weil hier „dem Richter, der im Gewissen gebunden ist, alles gesetzte Recht als geltend zu betrachten", ein Angeklagter gegenüberstehe, „den sein Gewissen bindet, ungerechtes oder unzweckmäßiges Recht als ungültig zu betrachten, obgleich es gesetzt ist."[32]

58 *Radbruch* sieht, dass diese „Anerkennungstheorie" ohne ein Regulativ zu einer Zersplitterung und „Subjektivierung" des geltenden Rechts führen würde. Gegen diese Gefahr werden zwei Sicherungen eingebaut. Zum einen: Die Anerkennung sei eine Funktion nicht des *Willens*, sondern des *Gefühls*, über das der Einzelne nicht willkürlich disponieren könne. Zum andern: Die Anerkennung dürfe nicht auf ein psychologi-

---

26 Zur Vertiefung: *Frommel*, Verbot; *Neumann*, Rechtsgeltung, S. 218 ff.
27 *Alexy*, Begriff und Geltung, S. 141, 148 ff.; *Röhl/Röhl*, Rechtslehre, S. 311 ff.
28 Dazu oben § 4 Rn. 8 ff. und (zur Radbruchschen Formel) Rn. 53 ff.
29 *Laun*, Recht und Sittlichkeit, S. 14.
30 Dazu schon oben § 5 Rn. 18.
31 *Kant*, Reflexionen, Nr. 6645 (S. 123).
32 *Radbruch*, Rechtsphilosophie (1932), S. 316.

sches Faktum beschränkt werden. Vielmehr werde „als mittelbar anerkannt unterstellt, was man folgerichtig nicht nicht anerkennen kann."³³

2. Verbindlichkeit durch kollektive Anerkennung

Von dieser individualistischen Anerkennungstheorie zu unterscheiden ist die Auffassung, dass die Geltung des Rechts aus der *kollektiven* Anerkennung der Rechtsadressaten resultiere. Diese Spielart der Anerkennungstheorie lässt sich einerseits *soziologisch*, andererseits *demokratietheoretisch* begründen.

Unter *soziologischem* Aspekt kann argumentiert werden, dass eine Rechtsordnung, die nicht von einer grundsätzlichen Zustimmung der Gesellschaft getragen wird, auf Dauer nicht stabil gehalten werden kann. In diesem Sinne stellt *Radbruch* die *Anerkennungstheorie* der *Machttheorie* gegenüber, der zufolge das Recht „anbefohlen ist von einer Macht, die es durchzusetzen imstande ist."³⁴ Beide Theorien werden, in diesem Zusammenhang folgerichtig, als „historisch-soziologische" Geltungslehren qualifiziert. Überzeugend an dieser Argumentation zugunsten der Anerkennungstheorie ist jedenfalls, dass ohne ein Minimum an gesellschaftlicher Akzeptanz, alleine durch Gewalt, eine Herrschaft nicht dauerhaft aufrechterhalten werden kann. „Auf Bajonetten kann man nicht sitzen."

Wichtiger als dieser soziologische Zusammenhang ist der *demokratietheoretische*. Die Anerkennungstheorie sieht die Normadressaten nicht als Befehlsempfänger, sondern als Bürger, die über die Geltung des Rechts mitentscheiden, also nicht nur Objekte, sondern auch Träger der Rechtsordnung sind. Ideengeschichtlich wurzelt sie im politischen Liberalismus der ersten Hälfte des 19. Jahrhunderts, der Epoche, die den liberalen Verfassungsentwurf der Paulskirche (1848) prägte. Ein maßgeblicher Vertreter war *Karl Theodor Welcker* (1790–1869), selbst Mitglied des in der Frankfurter Paulskirche tagenden „Vorparlaments" und, neben anderen, mit der Ausarbeitung der Verfassung beauftragt.³⁵ Unter den zeitgenössischen Rechtsphilosophen hat etwa *Klaus Lüderssen* (1932–2016) die Anerkennungstheorie als Ausdruck einer mit der Demokratie eng verbundenen Konzeption des Rechts vertreten.³⁶

3. „Geltung" und „Legitimität" des Rechts

Die Frage, ob die Legitimität des Rechts in jedem Falle bereits durch den Akt der verfassungskonformen Normsetzung begründet wird, oder ob insoweit auch die Frage der gesellschaftlichen Anerkennung relevant ist, ist eine Frage, die nicht nur von der politischen Wissenschaft („Demokratietheorie"), sondern auch von der Rechtsphilosophie zu thematisieren ist. Erst recht gilt das für das Problem, ob auch grob ungerechte Normen Anspruch auf Verbindlichkeit erheben können.

Zweifelhaft ist aber, ob diese Fragen als Probleme einer „moralischen Geltung" des Rechts thematisiert werden sollten. In neueren rechtsphilosophischen Arbeiten wird

---

33 Ebd. S. 312. Das zweite „nicht", das sowohl in der GRGA als auch in der von *Erik Wolf* besorgten Ausgabe von *Radbruchs* „Rechtsphilosophie" fehlt, wurde vermutlich ein Opfer des seinerzeitigen Lektorats. Es muss aus Gründen der Folgerichtigkeit der Argumentation eingefügt werden.
34 Ebd., S. 310.
35 *Karl Theodor Welcker*, Die letzten Gründe von Recht, Staat und Strafe, 1813.
36 *Lüderssen*, Die Normgeltung in unserer Gesellschaft (1982), in: ders., Genesis und Geltung in der Jurisprudenz, 1996, S. 125 ff.

dies verneint.[37] Wohl zu Recht. Denn die Frage, ob Rechtsnormen in der Gesellschaft Anerkennung finden, ist ein Problem der *Legitimität* dieser Normen, nicht ihrer *Geltung*. Die *Geltung* von Rechtsnormen wird in Ordnungen des positiven Rechts durch *Setzungsakte* konstituiert, nicht durch Akte der Anerkennung seitens der Gesellschaft. Neben diese juristische Geltung, die auf Setzung beruht, eine „moralische" zu stellen, ist geeignet, den Begriff der „Geltung" zu entgrenzen und die kategoriale Trennung von Recht und Moral[38] in Frage zu stellen. Soweit es um Anerkennung geht, ist die Kategorie der *Legitimität* der richtige Ort der Diskussion.

VI. Ziviler Ungehorsam zwischen Legalität und Legitimität

64 Komplementär zur Frage der Legitimität von *Gesetzen*, die nicht (mehr) auf gesellschaftliche Anerkennung rechnen können, stellt sich das Problem der Legitimität von *Gesetzesbrüchen*, mit denen gesellschaftliche Gruppierungen die Aufmerksamkeit auf politische Missstände lenken wollen. Das damit angesprochene Thema *Ziviler Ungehorsam* ist derzeit weltweit von großer Aktualität.[39] Es geht dabei vor allem um die Bewertung von Aktionen von „Klimaschützern", die gezielt Verkehrsstörungen verursachen, um auf diese Weise nachdrücklich auf die Probleme des Klimawandels und auf die nach ihrer Ansicht mangelhaften Anstrengungen der Politik zur Lösung dieser Probleme aufmerksam zu machen.

65 Die Diskussion zum Zivilen Ungehorsam reicht aber erheblich weiter zurück. In den USA waren es seinerzeit Aktionen gegen den Vietnam-Krieg, die das Thema auf die Tagesordnung brachten. Es ging dabei vor allem um die Frage der Bestrafung von Wehrpflichtigen, die sich weigerten, in diesem Krieg zu kämpfen (über die Grenzen der USA hinaus bekannt wurde die Weigerung des mehrfachen Boxweltmeisters Muhammad Ali, der dafür zu mehreren Jahren Gefängnis verurteilt wurde). Vor allem dieser zeitgeschichtliche Kontext bildete den Hintergrund für die Analysen des amerikanischen Rechtsphilosophen *Ronald Dworkin* (1931–2013) zum Zivilen Ungehorsam.[40] Erstmals verwendet wurde der Begriff („Civil Disobedience"), soweit ersichtlich, in dem Titel, der posthum dem Aufsatz von *Henry David Thoreau* (1817–1862) „Resistance to Civil Government" (1849) gegeben wurde.[41]

1. Begriff

66 Der Begriff „Ziviler Ungehorsam" ist *kein Rechtsbegriff*. Das bedeutet zweierlei. Zum einen: Es gibt keine verbindliche rechtliche Fixierung dieses Begriffs. Eine „klassische" Definition des „Zivilen Ungehorsams" findet sich bei *John Rawls* als

> „einer öffentlichen, gewaltlosen, gewissensbestimmten, aber politischen gesetzwidrigen Handlung, die gewöhnlich eine Änderung der Gesetze oder der Regierungspolitik herbeiführen soll."[42]

67 Es müssten nicht notwendig *die* Gesetze gebrochen werden, gegen die protestiert werden soll. Der Zivile Ungehorsam solle auf jeden Fall etwas Gesetzwidriges sein. Zu

---

37 *Auer*, Begriff, S. 64. Kritisch auch *Kirste*, Rechtsbegriff, S. 671.
38 Dazu oben § 5 Rn. 8 ff., 47 ff.
39 Auf der Höhe der aktuellen Diskussion: *Akbarian*, Ungehorsam, sowie *Eidam*, Klimaschutz.
40 *Dworkin*, Bürgerrechte, Kap. 8.
41 *Andreas Braune*, in: ders. (Hrsg.), Ziviler Ungehorsam. Texte von Thoreau bis Extinction Rebellion, 2023, S. 39. Vgl. auch *Geis*, Ziviler Ungehorsam, S. 534.
42 *Rawls*, Theorie, S. 401.

VI. Ziviler Ungehorsam zwischen Legalität und Legitimität § 6

seiner Rechtfertigung berufe man sich auf gemeinsame Gerechtigkeitsvorstellungen, die der politischen Ordnung zugrunde liegen, also nicht auf persönliche Moral oder religiöse Lehren. Der Zivile Ungehorsam ist, so *Rawls*, eine öffentliche Handlung. Er ist gewaltlos, weil er ein Appell ist und ihm eine grundsätzliche Gesetzestreue zugrunde liegt.

Dass der Begriff des Zivilen Ungehorsams kein Rechtsbegriff ist, bedeutet zum andern: Die Kennzeichnung einer Handlung als Akt des Zivilen Ungehorsams ist *nicht* mit bestimmten *Rechtsfolgen* verbunden. Insbesondere besagt sie nicht, dass diese Handlung auch dann straflos wäre, wenn sie strafrechtlich geschützte Rechtsgüter (z. B. die Bewegungsfreiheit von Verkehrsteilnehmern) verletzt. So jedenfalls die überwiegende Auffassung. Vertreten wird allerdings auch, dass der Zivile Ungehorsam einen Rechtfertigungsgrund darstelle,[43] analog etwa dem rechtfertigenden Notstand (§ 34 StGB), mit dem er teilweise in Verbindung gebracht wird. Nach der überwiegenden Auffassung geht es bei dem Zivilen Ungehorsam um die *Legitimität* einer rechtswidrigen Handlung, nach der Mindermeinung auch um die Rechtfertigung und damit um die *Legalität* einer Handlung, die ein strafrechtlich *generell* geschütztes Rechtsgut verletzt. 68

Nach einer dritten Auffassung ist der Begriff des Zivilen Ungehorsams in einem demokratischen Rechtsstaat funktionslos und damit überflüssig.[44] Hier gebe es in Hinblick auf Meinungsfreiheit, Demonstrationsfreiheit und demokratische Teilhaberechte hinreichende Möglichkeiten, auf drängende gesellschaftliche Probleme aufmerksam zu machen und Änderungen in der Politik zu initiieren. 69

Die letztere Auffassung dürfte das Beharrungsvermögen der Politik in Bereichen, in denen eine Richtungsänderung Interessen einflussreicher gesellschaftlicher Akteure, aber auch bestimmte Interessen der Gesamtgesellschaft tangieren würde, unterschätzen. Am Beispiel des *Klimawandels*: Selbstverständlich berühren Maßnahmen zur Reduktion schädlicher Emissionen die Interessen bestimmter Industrien ebenso wie die Interessen von Verbrauchern, die sich auf höhere Heizkosten, gestiegene Strompreise und verteuerte Kraftstoffe einstellen müssen. Dass Politiker zum Schutz ihrer eigenen Karriere-Interessen wie auch im Interesse der Wahlergebnisse ihrer Partei zögern, hier schmerzhafte Eingriffe vorzunehmen, ist nachvollziehbar. Insoweit ist charakteristisch, dass das deutsche Bundesverfassungsgericht dem Gesetzgeber ins Stammbuch schreiben musste, er habe die Klimaziele mit dem Bundes-Klimaschutzgesetz nicht mit der erforderlichen Konsequenz verfolgt.[45] 70

2. Ziviler Ungehorsam als Rechtfertigungsgrund?

Auf der anderen Seite dürfte es zu weit gehen, den Zivilen Ungehorsam als einen *eigenständigen Rechtfertigungsgrund* anzuerkennen.[46] Dagegen sprechen zum einen die mangelhafte Konturierung des Begriffs und die Heterogenität der Ansichten darüber, welche gesellschaftlichen Probleme so bedeutsam sind, dass Rechtsgutsverletzungen, die mit dem Ziel ihrer Bewältigung vorgenommen werden, gerechtfertigt sein müssten. Zum andern aber bezieht der Zivile Ungehorsam, worauf insbesondere *Habermas* hingewiesen hat, seine politische Kraft gerade aus der *bewussten Verletzung rechtlicher* 71

---

43 R. Dreier, Widerstandsrecht, S. 60 ff. Dazu und dagegen unten Rn. 71 ff.
44 Gärditz, Mottenkiste, S. 47 f.
45 BVerfGE 157, 30 (beanstandet wurde das Fehlen einer längerfristigen, über das Jahr 2031 hinausreichenden Planung).
46 So aber R. Dreier, Widerstandsrecht, S. 60, 69.

Regeln und der Bereitschaft der Akteure, das damit verbundene Bestrafungsrisiko auf sich zu nehmen.[47] Schließlich ist nicht zu sehen, warum die von Protestaktionen *Betroffenen* rechtlich gehalten sein sollen, Beeinträchtigungen ihrer Freiheitsrechte als gerechtfertigt hinzunehmen, weil die *Protestierer* ihre Aktionen für politisch notwendig erachten.

72 Ein eigener Rechtfertigungsgrund des „Zivilen Ungehorsams" ist deshalb abzulehnen. Nicht auszuschließen ist aber, dass im Einzelfall der gesetzliche Rechtfertigungsgrund des „rechtfertigenden Notstands" (§ 34 StGB) eingreift. Diese Bestimmung beruht im Kern auf einer Interessenabwägung: Wer eine Tat begeht, um ein bedrohtes Rechtsgut zu schützen, handelt nicht rechtswidrig, wenn das geschützte Interesse das beeinträchtigte wesentlich überwiegt.[48] Nach § 34 StGB haben deutsche Gerichte beispielsweise *Aktionen von Tierschützern* gerechtfertigt, die in Stallungen eingedrungen waren, um unzumutbare und rechtswidrige Zustände bei der Tierhaltung zu dokumentieren und dadurch die Tiere zu schützen.[49]

73 Im Falle von Klimaprotesten liegen die Dinge allerdings insofern anders, als es nicht um die Abwehr konkreter Gefahren, sondern pauschal um eine andere Ausrichtung der Politik geht. Auf derartige „Großziele" ist die Regelung des rechtfertigenden Notstands nicht zugeschnitten. Bezweifelt wird zudem, dass die Aktionen tatsächlich zum Schutz des Klimas beitragen können, dass sie also zur Gefahrenabwehr *geeignet* sind, wie es die Notstandsbestimmung verlangt.[50]

3. Ziviler Ungehorsam als Problem der Legitimität

74 Richtig dürfte deshalb sein, den *mittleren Weg* einzuschlagen und den Zivilen Ungehorsam bei der Frage nicht der Rechtmäßigkeit (Legalität), sondern der *Legitimität* einzuordnen. Damit geht es nicht um die juristische, sondern um die politisch-moralische Rechtfertigung der Aktionen. Ob eine solche Rechtfertigung in einem demokratischen Verfassungsstaat tatsächlich möglich ist, ist allerdings umstritten. Teilweise wird die Auffassung vertreten, Ziviler Ungehorsam sei nur in einem *Unrechtsstaat* legitim (dazu schon oben). Befürchtet wird insbesondere eine Beeinträchtigung demokratischer Entscheidungsprozesse. Auf der anderen Seite wird der Zivile Ungehorsam, umgekehrt, als ein konstitutives Element einer lebendigen Demokratie gesehen. So bezeichnet *Habermas* Bürger, die Zivilen Ungehorsam üben, geradezu als „Hüter der Legitimität".[51] Auch *Rawls* lehnt die Auffassung, der Zivile Ungehorsam habe nur in einem „Unrechtsstaat" seinen Platz, nachdrücklich ab. Im Gegenteil gelte die von ihm skizzierte Theorie des Zivilen Ungehorsams gerade und nur

> „für den Spezialfall einer fast gerechten Gesellschaft, die also größtenteils wohlgeordnet ist, in der aber doch einige ernsthafte Gerechtigkeitsverletzungen vorkommen."[52]

75 Welche Position man in diesem Streit einnimmt, ist eine Frage eher des politischen Bekenntnisses als der wissenschaftlichen Erkenntnis. Wer auch in demokratisch strukturierten politischen Ordnungen eher einem autoritären Staatsverständnis zuneigt,

---

47 *Habermas*, Ungehorsam, S. 29 ff.
48 § 34 StGB und die zivilrechtliche Parallelnorm (§ 904 BGB) in Hinblick auf Einzelheiten bitte nachlesen!
49 OLG Naumburg NJW 2018, 2064.
50 Ausführlich *Engländer*, Notstand.
51 *Habermas*, Ungehorsam, S. 38.
52 *Rawls*, Theorie, S. 399.

VI. Ziviler Ungehorsam zwischen Legalität und Legitimität § 6

wird die demokratische Teilhabe der Bürger auf die Beteiligung an Wahlen und auf legale Demonstrationen und Meinungsäußerungen beschränken. Aus der Perspektive der Gegenseite erscheint diese Position als „autoritärer Legalismus" (*Habermas*), als eine Reduktion einer aktiven, gelebten Demokratie auf formale Strukturen und Mechanismen.

Unbestritten aber sollte sein, dass Aktionen des Zivilen Ungehorsams hinsichtlich ihrer Legitimität nicht einfach mit egoistisch motivierten Regelverletzungen gleichgesetzt werden können. Wer Zivilen Ungehorsam übt, glaubt und beansprucht, damit im Interesse der Gesellschaft insgesamt zu handeln. Sein Verhalten ist *altruistisch* motiviert. Im Idealfall trägt es, als kollektive Aktion, zu einer Weiterentwicklung der Gesellschaft bei. Die Fortschritte, die in den USA in den letzten Jahrzehnten hinsichtlich einer Gleichstellung der dunkelhäutigen Mitbürgerinnen und Mitbürger erzielt wurden, wären ohne die vorangegangenen, zahllosen Akte Zivilen Ungehorsams kaum vorstellbar.

4. Rechtliche Konsequenzen

Diese Unterschiede in der Zielsetzung zwischen Akten des Zivilen Ungehorsams einerseits, egoistisch motivierten Regelverletzungen andererseits sollten in einer Gesellschaft, die sich nicht nur dem Recht, sondern auch der Rechtsethik verpflichtet fühlt, auch bei der *rechtlichen Reaktion* zu Buche schlagen. Zwar ist ein spezifischer Rechtfertigungsgrund des Zivilen Ungehorsams nicht anzuerkennen (dazu oben). Im Rahmen der Freiräume, die das Recht lässt, sollte die altruistische, am gesellschaftlichen Wohl orientierte Zielsetzung aber Berücksichtigung finden. Das gilt vor allem für die Strafzumessung, bei der im deutschen Strafrecht im Regelfall ein erheblicher Spielraum besteht. Es gilt aber auch für die Interpretation von Straftatbeständen, soweit unterschiedliche Auslegungen vertretbar sind. So erscheint es wenig überzeugend, eine Gruppierung, die sich zu Aktionen (auch) des Zivilen Ungehorsams zusammengeschlossen hat, als „Kriminelle Vereinigung" (§ 129 StGB) einzustufen, wie das in Deutschland hinsichtlich der Klimaaktivisten der „Letzten Generation" verschiedentlich geschehen ist.[53] Derartige Gruppierungen insoweit mit Einbrecherbanden oder Banden von Rauschgifthändlern auf eine Stufe zu stellen, verrät einen Mangel an rechtsstaatlichem Differenzierungsvermögen.[54]

---

[53] Dazu die Beiträge von *Katrin Höffler, Fynn Wenglarczyk, Michael Kubiciel* und *Klaus Ferdinand Gärditz* in: Maxim Bönnemann (Hrsg.), Kleben und Haften. Ziviler Ungehorsam in der Klimakrise, 2023.
[54] Ähnliche Gesamtbilanz wie hier bei *Jahn/Wenglarczyk*, Klimaproteste.

§ 7 Makrostruktur der Rechtsordnung

I. Der Stufenbau der Rechtsordnung – ein Gebäude ohne Fundament?

1 Nach Auffassung des *Rechtspositivismus*, der heute in den meisten Rechtskulturen die Rechtspraxis ebenso wie die Rechtswissenschaft dominiert, gründet sich die Geltung von Rechtsnormen nicht auf deren inhaltlicher Richtigkeit, wie in den Systemen des Vernunftrechts.[1] Sie basiert auch nicht auf einem göttlichen Willen, wie in den Modellen eines „voluntaristischen" Naturrechts.[2] Das geltende Recht ist vielmehr das Produkt menschlicher Setzung.

2 Dieses positivistische Modell schließt eine inhaltliche Kontrolle der gesetzten Normen nicht aus. Denn diese Kontrolle erfolgt wiederum anhand anderer gesetzter Rechtsnormen. Es handelt sich um eine *interne Kontrolle* innerhalb des Systems des gesetzten Rechts. Deshalb sprengt diese Kontrolle nicht das Modell des Rechtspositivismus. Das gilt auch dann, wenn es um die Frage geht, ob eine bestimmte Gesetzesbestimmung mit der *Verfassung* vereinbar ist. Denn auch die Verfassung ist Menschenwerk und kann deshalb durch Entscheidungen von Menschen geändert werden. Auch die Bestimmungen, die nach einer "Ewigkeitsklausel" der Verfassung *nicht* geändert werden können,[3] sind Normen des positiven Rechts, ebenso wie die Ewigkeitsklausel selbst. Die Fälle, in denen in der Rechtspraxis und in der Rechtswissenschaft bei der Entscheidung über die Geltung eines Gesetzes auf einen überpositiven inhaltlichen Maßstab zurückgegriffen wird, etwa im Sinne der Radbruchschen Formel,[4] sind Ausnahmen.

3 Im positivistischen Rechtsmodell, das die Geltung einer Rechtsnorm grundsätzlich als eine Funktion von deren Setzung betrachtet, kommt dem *Verfahren* der Rechtsetzung eine zentrale Bedeutung zu. Erforderlich ist, dass eine zuständige Instanz die Norm in dem vorgeschriebenen Verfahren erlassen hat. Es geht also um *Kompetenz* und *korrektes Verfahren*. Die einzelne Rechtsnorm (bzw. der einzelne Rechtsakt) muss demnach nicht nur inhaltlich mit den Normen der höheren Ebenen der Rechtsordnung vereinbar sein. Voraussetzung der Geltung der Norm ist auch, dass der normsetzenden Instanz die Kompetenz zur Normsetzung zugewiesen und das vorgeschriebene Verfahren eingehalten wurde.

4 Die Geltung eines Rechtsaktes oder einer Rechtsnorm bestimmt sich damit grundsätzlich nach innerrechtlichen Kriterien, nämlich nach

- Kompetenz und Verfahren, sowie
- inhaltlicher Übereinstimmung mit übergeordneten Normen des Rechts.

5 Ob diese Voraussetzungen vorliegen, ist anhand der Normen einer höheren Ebene des Rechts zu bestimmen, die natürlich ebenfalls diesen Kriterien genügen müssen. Es resultiert ein *Stufenbau* der Rechtsordnung,[5] in dem im höheren Stockwerk festgelegt wird, welchen – inhaltlichen und prozeduralen – Voraussetzungen die Normen der unteren Stockwerke genügen müssen.

---

1 Oben § 4 Rn. 31 ff.
2 Oben § 4 Rn. 28 ff.
3 Zu Art. 79 Abs. 3 GG oben § 3 Rn. 27 ff., § 4 Rn. 13.
4 Oben § 4 Rn. 53 ff.
5 Grundlegend: *Adolf Merkl* (1890–1970), Das doppelte Rechtsantlitz. Eine Betrachtung aus der Erkenntnistheorie des Rechts (1918), in: *ders.*, Gesammelte Schriften, Bd. I/1, 1993, S. 227 ff.; *Kelsen*, Reine Rechtslehre, S. 228 ff. Zu den „Tücken der Metapher" anschaulich *Jestaedt*, Stufenbau.

I. Der Stufenbau der Rechtsordnung – ein Gebäude ohne Fundament? § 7

Beispiel: Gegen A ergeht ein Bußgeldbescheid, weil er als Fahrer eines Kraftfahrzeugs das Rotlicht einer Verkehrsampel missachtet hat. Grundlage ist die *Straßenverkehrsordnung* (StVO), die als Rechtsverordnung vom Bundesverkehrsminister erlassen wurde. Die Kompetenz des Ministers zum Erlass der StVO ergibt sich aus dem *Straßenverkehrsgesetz* (StVG), das den Minister ermächtigt, mit Zustimmung des Bundesrats diese Verordnung zu erlassen (§ 6 StVG). Das StVG ist geltendes Recht, weil es vom Bundestag gemäß den Bestimmungen des *Grundgesetzes* verabschiedet wurde.

Es ergibt sich damit folgender Stufenbau:

- Verwaltungsakt (Bußgeldbescheid), basiert auf:
- Rechtsverordnung (StVO), basiert auf:
- Parlamentsgesetz (StVG), basiert auf:
- Grundgesetz (GG)

Alle Ebenen dieses Stufenbaus sind solche des positiven Rechts. Die Legitimationskette, die dieser Stufenbau repräsentiert, ist damit ausschließlich positiv-rechtlicher Natur. Worauf aber basiert das Grundgesetz selbst, generell: eine Verfassung? Kann die Geltung von Recht wirklich rein *innerrechtlich* begründet werden? Schon die Formulierung dieser Frage offenbart eine Paradoxie. Denn eine „innerrechtliche" Begründung des Rechts liefe auf eine Begründung des Rechts durch sich selbst hinaus. In der Tat geraten wir hier in eine der Sackgassen, in denen wir, der modernen Wissenschaftstheorie zufolge, bei dem Versuch, das Problem von „Letztbegründungen" zu lösen, unweigerlich landen.

Man spricht in der Wissenschaftstheorie hier von dem *Münchhausen-Trilemma*[6] – in Anlehnung an den Versuch Münchhausens, sich an den eigenen Haaren aus einem Sumpf zu ziehen. In der Erzählung des Lügenbarons soll das funktioniert haben; in der Wissenschaft funktioniert das analoge Unternehmen der Letztbegründung nicht. Denn es bleiben bei diesem Versuch nur drei Möglichkeiten, die allesamt in einer Sackgasse enden:

1. Ein *infiniter Regress*: A wird durch B, B durch C, C durch D begründet usw. Die Begründung gelangt auf diesem Weg niemals zu einem tragfähigen Fundament. Denn das letzte angeführte Element bleibt ohne Begründung.
2. Ein *logischer Zirkel*: Das zu Begründende (A) wird durch sich selbst (A) „begründet". Auf diese Alternative passt das Münchhausen-Bild präzise: So wenig man sich an den eigenen Haaren aus dem Sumpf ziehen kann, so wenig kann etwas durch sich selbst begründet werden.
3. Ein willkürlicher *Abbruch der Begründung* an einem bestimmten Punkt. Das wäre eine willkürliche Suspendierung des Prinzips der zureichenden Begründung und damit gerade der Verzicht auf eine „Letztbegründung".

Bezogen auf das Problem der Rechtsbegründung:

Der erste Weg scheitert hier nicht erst an der Unendlichkeit der Begründungskette (*infiniter* Regress). Er endet bereits nach wenigen Schritten in einer Sackgasse, weil es keine Ebene des positiven Rechts gibt, auf der die Geltung der Verfassung begründet werden könnte. Selbst wenn man hier das Völkerrecht heranziehen wollte, würde sich das Problem nur um einen Schritt verlagern.

---

6 Zum Münchhausen-Trilemma: *Albert*, Traktat über kritische Vernunft, S. 11 ff.

§ 7 Makrostruktur der Rechtsordnung

11 Die Fehlerhaftigkeit des zweiten (Zirkularität) liegt auf der Hand. Tatsächlich aber ist diese Zirkularität nicht immer auf Anhieb erkennbar. Bezogen auf das Problem der Begründung des Rechts findet sie sich in der Position der Verfechter einer *existenziellen Geltung* des Rechts. Komprimiert lautet ihre Argumentation: „Wir müssen dem Recht Geltung zuerkennen, weil es eben gilt."[7]

12 Was den dritten Weg betrifft, so könnte man versucht sein, hier auf die *demokratische Legitimation* des Verfassungsgebers zu setzen und die Geltung der Verfassung auf das Prinzip der *Volkssouveränität* zu gründen. Aber auch dieser Weg ist versperrt, und zwar aus zwei Gründen. Zum einen: Der Geltungsanspruch der Verfassung lässt sich nicht auf demokratisch organisierte Staatswesen beschränken. Es geht um ein strukturtheoretisches, normlogisches Problem, das sich nicht über demokratietheoretische Erwägungen lösen lässt. Zum andern: *Weil* es sich um ein normlogisches Problem handelt, kann zur Begründung der Geltung nicht einfach auf ein Faktum (Abstimmung über die Verfassung) zurückgegriffen werden. Das würde dem Prinzip des *Methodendualismus* widerstreiten, dem zufolge aus einem „Sein" kein „Sollen" abgeleitet werden kann. Das bedeutet: Das gesuchte Fundament muss selbst normativen Charakter haben; es muss gebieten, die Verfassung zu befolgen.

1. Die „Grundnorm" (Kelsen)

13 Diese Funktion übernimmt in der Konstruktion des Verfassungsrechtlers und Rechtstheoretikers *Hans Kelsen*, der das Modell des rechtlichen Stufenbaus maßgeblich ausgearbeitet hat, die sogenannte „Grundnorm". Ihre Aufgabe besteht darin, „die objektive Geltung einer positiven Rechtsordnung ... zu begründen".[8]

Hans Kelsen (1881–1973) war neben *Gustav Radbruch* der bedeutendste Rechtstheoretiker deutscher Sprache im 20. Jahrhundert. Die von ihm begründete „Reine Rechtslehre" verfolgt das namengebende Programm der „Reinheit" unter einem doppelten Aspekt: Zum einen soll die Rechtstheorie frei sein von Elementen der Moral und der Rechtspolitik; sie soll sich also auf die Analyse der Struktur des Rechts beschränken. Zum andern darf als ihr Gegenstand ausschließlich der Bereich des Normativen, des Sollens, bestimmt werden; Rechtsrealismus, Naturalismus, Rechtspsychologismus haben in der „Reinen Rechtslehre" nichts zu suchen. In diesem Punkt ist *Kelsen* ein radikaler Verfechter des Methodendualismus: Recht kann nur als normative Ordnung (Sollen), nicht als soziale Realität (Sein) betrachtet werden. *Kelsen* geht in diesem Punkt so weit, schon die *Möglichkeit* einer Rechtssoziologie (nicht nur: die Zuständigkeit der Rechtswissenschaft für diese) zu bestreiten. Als „Sollen" könne Recht niemals Gegenstand soziologischer Analyse sein.

14 *Kelsen* versteht den Stufenbau der Rechtsordnung, dessen Schlussstein die Grundnorm bildet, als ein System von *Ermächtigungsnormen*. Es geht nicht um die „Ableitung" eines Gesetzes aus der Verfassung. Das Recht wird auf allen Ebenen, auch auf der Ebene der Gesetzgebung, durch einen *Willensakt* erzeugt. Der Inhalt des Gesetzes ist nicht vorgegeben, wird aber durch die Normen der Verfassung beschränkt. Positiv regelt die Verfassung die Kompetenzen zur Normsetzung. Anhand unseres Beispiels: Minister

---

[7] Dazu oben § 6 Rn. 20 ff.
[8] *Kelsen*, Reine Rechtslehre, S. 205. Differenzierend zu möglichen Funktionen der Grundnorm *Jestaedt*, Geltung, S. 1009 ff.
Zu den unterschiedlichen Fassungen der Grundnorm ausf. *Paulson*, Formulierungen, S. 53 ff.

I. Der Stufenbau der Rechtsordnung – ein Gebäude ohne Fundament? § 7

können durch ein Gesetz ermächtigt werden, Rechtsverordnungen zu erlassen.[9] Sie können (in der Bundesrepublik) aber keine Gesetze (im formellen Sinn) „verabschieden".

Da die Grundnorm nur den *Geltungsgrund*, nicht aber den *Inhalt* der Normen im Stufenbau der Rechtsordnung bestimmt, konstituiert sie diese als ein *dynamisches Normensystem*.[10] Das bedeutet: Festgelegt wird ein System von Kompetenzen, Rechtsakte und Rechtsnormen zu setzen, die inhaltlich durch Willensakte gestaltet und durch die übergeordneten Normen nicht bestimmt, sondern lediglich limitiert werden.[11]

Die Alternative zu einer so strukturierten dynamischen Normenordnung wäre ein *statisches System*, ein System nicht von Kompetenzen, sondern von Inhalten. Ein Beispiel wäre eine Rechtsordnung, die auf dem fundamentalen Grundsatz „Niemand darf geschädigt werden" ein System konkreter Verbote aufbauen würde. In der Zeit des Vernunftrechts im 18. Jahrhundert gab es derartige Versuche, aus *einem* Prinzip eine ganze Rechtsordnung abzuleiten. Das moderne Recht dagegen folgt dem positivistischen Ansatz der „Rechtssetzung" und damit dem Modell des dynamischen Systems.

Die Funktion der Grundnorm entspricht diesem Modell – sie schafft ein System von Kompetenzen, bestimmt aber nicht den Inhalt der Normen, zu deren Setzung bestimmte Institutionen ermächtigt werden. Damit ist die *Aufgabe* der Grundnorm bestimmt. Noch offen sind zwei Fragen:

1. Was genau besagt die Grundnorm? Wie ist sie zu formulieren?
2. Welchen Status hat die Grundnorm? In welchem Bereich (positives Recht, Naturrecht, Erkenntnistheorie) ist sie zu lokalisieren?

a) Inhalt

Aus dem Gesagten folgt, dass die Grundnorm kein *bestimmtes Verhalten* gebieten oder verbieten kann. Sie ist keine inhaltliche Norm; denn sie soll ein System von *Kompetenznormen* fundieren. Deshalb muss sie die Inhalte der Verhaltensnormen (Gebots- und Verbotsnormen) vollständig offenlassen. Sie kann nur eine formale Pflicht zur Befolgung der jeweiligen Rechtsnormen statuieren. „Verkürzt" (so *Kelsen* selbst) lautet sie: „Man soll sich so verhalten, wie die Verfassung vorschreibt".[12] Da *Kelsen* die Rechtsordnung als Zwangsordnung konzipiert und die „Verpflichtung" des Bürgers zum Rechtsgehorsam deshalb über die komplementäre Zwangsbefugnis des Staates definiert, bezieht sich die ausführlichere Fassung auf die Zwangsakte des Staates, nicht unmittelbar auf das Verhalten der Bürger. Außerdem berücksichtigt sie den Gesichtspunkt, dass Verfassungen zeitlicher Sukzession unterworfen sein können. In dieser ausführlicheren Fassung lautet die Grundnorm:

> „Zwangsakte sollen gesetzt werden unter den Bedingungen und auf die Weise, die die historisch erste Staatsverfassung und die ihr gemäß gesetzten Normen statuieren."[13]

Der Rekurs auf die „historisch erste Staatsverfassung" gilt allerdings nur hinsichtlich einer Sukzession von Verfassungen, die in einer Tradition stehen. Im Falle einer Revo-

---

9 Art. 80 GG.
10 *Kelsen*, Reine Rechtslehre, S. 196 ff.
11 Solche limitierenden Faktoren bilden in modernen Verfassungsordnungen insbesondere die Grundrechte.
12 *Kelsen*, Reine Rechtslehre, S. 204 (Charakterisierung der so formulierten Grundnorm als Darstellung „in verkürzter Form" ebd.).
13 *Kelsen*, Reine Rechtslehre, S. 203/204.

lution, die eine Verfassung in bewusster Durchbrechung der Kontinuität schafft, gilt die Grundnorm in der Form:

> „Zwangsakte sollen gesetzt werden unter den Bedingungen und in der Weise, wie es in der neuen Verfassung … bestimmt ist".[14]

b) Status

20 Zunächst: Die Grundnorm ist keine Norm des *positiven Rechts*, auch keine ungeschriebene Norm des positiven Rechts. Ihre Funktion, der höchsten positiv-rechtlichen Norm (Verfassung) und damit der gesamten Rechtsordnung Geltung zu verleihen, wäre mit dieser Zuordnung unvereinbar. Als positiv-rechtliche Norm müsste sie ihre eigene Geltung begründen – ein offensichtlicher Zirkel.

21 Kann sie als eine Norm des *Naturrechts* verstanden werden, das über dem positiven Recht schwebt und in der Lage ist, diesem positiven Recht Geltung zu verleihen? Diese Alternative würde voraussetzen, dass man ein Naturrecht nicht nur als normativen Maßstab versteht, anhand dessen eine rechtsethische Bewertung des gesetzten Rechts vorgenommen werden kann, sondern als existentes, in der Sphäre der Metaphysik zu lokalisierendes Recht.

22 An mehreren Stellen von *Kelsens* Arbeiten findet sich eine solche metaphysische Deutung der Grundnorm. In einem Text aus dem Jahr 1928 bezeichnet *Kelsen* die Grundnorm als ein „Minimum an Metaphysik", ohne das „eine Erkenntnis des Rechts nicht möglich" sei.[15] Folgerichtig heißt es in dem gleichen Text zu dem Geltungsmodus der Grundnorm, sie gelte „wie eine Norm des Naturrechts".[16] Mit der Annahme einer sinnvollen, also widerspruchsfreien Ordnung, wie sie durch die Grundnorm gesetzt werde, überschreite die Rechtswissenschaft bereits die Grenzen des reinen Positivismus. An anderer Stelle formuliert *Kelsen*, die Annahme des Sollens-Charakters des Rechts wurzele letztlich in einer „gleichsam intuitiven Wesensschau".[17]

23 In späteren Arbeiten hat sich *Kelsen* von dieser naturrechtlich-metaphysischen Deutung der Grundnorm gelöst.[18] Diese wird jetzt nicht mehr als vorgegebene, sondern als *vorausgesetzte* Norm verstanden. Sie ist weder positiv-rechtlich gesetzt noch als Naturrechtsnorm existent, sondern: Die Grundnorm muss *angenommen* werden, damit man das Recht als eine verbindliche Normenordnung denken kann. Sie ist Bedingung der Möglichkeit einer geltenden Rechtsordnung.[19]

24 Für diesen Begründungsmodus („Bedingung der Möglichkeit" von etwas, das nicht in Frage zu stellen ist") wird seit *Kant* der Begriff „transzendental" verwendet. In diesem Sinne bezeichnet *Kelsen* in der „Reinen Rechtslehre" die Grundnorm als transzendental-logische Voraussetzung.[20] Mit dieser Deutung wird zwischen der Anerken-

---

14 *Kelsen*, Reine Rechtslehre, S. 214.
15 *Kelsen*, Grundlagen, S. 66.
16 Ebd., S. 20.
17 *Kelsen*, Rechtswissenschaft, S. 592.
18 Der Vorwurf, Kelsens Modell der Grundnorm sei eine „metaphysische Hypostasierung" anzulasten (*von der Pfordten*, Kritik, S. 698) kann deshalb nur auf die älteren Arbeiten Kelsens bezogen werden.
19 In der Sache ebenso schon in der 1. Auflage (1934): Mit der Lehre von der Grundnorm versuche die Reine Rechtslehre nur, „die transzendental-logischen Bedingungen der seit jeher geübten Methode positiver Rechtserkenntnis … bloßzulegen" (*Kelsen*, Reine Rechtslehre, Studienausgabe der 1. Auflage 1934, herausgegeben von Matthias Jestaedt, 2008, S. 78).
20 *Kelsen*, Reine Rechtsehre, S. 204. Näher zu dieser Kennzeichnung (und zu Parallelen sowie Differenzen zur Transzendentalphilosophie Kants) *H. Dreier*, Kelsen, S. 87 ff.

I. Der Stufenbau der Rechtsordnung – ein Gebäude ohne Fundament? § 7

nung der Grundnorm und der Interpretation bestimmter subjektiver Willensakte als „objektiv gültige Rechtsnormen" eine konditionale Beziehung hergestellt: Nur wenn man die Grundnorm voraussetzt, dann lassen sich Willensakte, die rechtliche Geltung beanspruchen, als Setzung geltender Rechtsnormen verstehen.

Und wenn man sie *nicht* voraussetzt? Dann lassen sich, so die Konsequenz, diese Willensakte *nicht* als Setzung geltender Rechtsnormen verstehen. Das ist aber weniger beunruhigend, als es auf den ersten Blick erscheinen mag. Zwar ist richtig, dass eine Verpflichtung, sich an diesen Willensakten zu orientieren, dann nicht zu begründen ist. Aber auch bei Voraussetzung der Grundnorm resultiert ein „Sollen" nur in einem formalen Sinn. Mit der transzendental-logisch begründeten Geltung von Rechtsnormen ist bei *Kelsen* kein Anspruch auf Rechtsgehorsam verbunden.[21] Die Grundnorm hat eine rein logische (transzendental-logische) Funktion. Das „Sollen", das sie begründet, ist eine deontologische Kategorie ohne appellative Funktion.[22]

25

Nochmals: Die Grundnorm hat lediglich eine *erkenntnistheoretische* Funktion. Sie markiert die Voraussetzung, unter der allein man Anweisungen, die durch menschliche Willensakte gesetzt sind, als Elemente einer objektiv geltenden Rechtsordnung verstehen kann. Vereinfacht: Wer, ohne naturrechtliche oder metaphysische Voraussetzungen, von einer geltenden Rechtsordnung spricht, setzt die Grundnorm zwangsläufig voraus. In der Formulierung *Kelsens*:

26

> „Die Lehre von der Grundnorm ist nur das Ergebnis einer Analyse des Verfahrens, das eine positivistische Rechtserkenntnis seit jeher angewendet hat."[23]

Das Konstrukt der Grundnorm leistet eine formale (transzendental-logische) Rekonstruktion der Rechtsgeltung. Mit diesem Modell der Grundnorm wird vermieden, die Verbindlichkeit des Rechts (ein *Sollen*) auf Macht oder tatsächliche Anerkennung (ein *Sein*) zu gründen. Dahinter steht das Postulat einer strengen Trennung von Sein und Sollen (Methodendualismus), das insbesondere in der Philosophie des Neukantianismus betont wurde.[24] Bis heute gilt der Schluss von einem Sein auf ein Sollen als logischer Fehler („naturalistischer Fehlschluss").

27

Allerdings besagt die Grundnorm, dass man im Falle einer Konkurrenz von Geltungsansprüchen unterschiedlicher Verfassungen der *wirksamen* Verfassung folgen soll. Ob damit nicht doch letztlich von einem Sein (Wirksamkeit) auf ein Sollen (Verbindlichkeit) geschlossen wird, ist umstritten. *Kelsen* selbst verneint das mit der Begründung, die Wirksamkeit sei nicht *Geltungsgrund*, sondern lediglich *Geltungsbedingung* der Rechtsordnung.[25] Das Prinzip des Methodendualismus stehe deshalb der Aussage, eine Rechtsordnung werde „als gültig angesehen, wenn ihre Normen *im großen und ganzen* wirksam sind",[26] nicht entgegen.

28

---

21 *Horst Dreier*, Radbruchsche Formel, S. 17: Im Unterschied zu *Radbruch* habe *Kelsen* deshalb nach 1945 „nichts widerrufen" müssen.
22 Kritik, dass eine so verstandene Grundnorm Normativität nur logisch, nicht aber rechtlich, und Geltung „nur hypothetisch, nicht aber realiter" begründen könne, bei *Kirste*, Rechtsbegriff, S. 671. Dazu *Neumann*, Rechtsgeltung, S. 215 f.
23 *Kelsen*, Reine Rechtslehre, S. 209.
24 Zum Einfluss des Neukantianismus auf Kelsen *Paulson*, Hans Kelsen, S. 141 ff.
25 *Kelsen*, Reine Rechtslehre, S. 219.
26 Ebd.

c) Völkerrecht und staatliches Recht

29 *Kelsens* Modell des rechtlichen Stufenbaus leistet eine schlüssige Rekonstruktion einer Rechtsordnung, die pyramidenförmig strukturiert ist und die nicht mit gleichrangigen anderen Rechtsordnungen interagiert. Hinsichtlich des möglichen Nebeneinanders zweier gleichrangiger Rechtsordnungen thematisiert *Kelsen* das Verhältnis zwischen staatlichem Recht und Völkerrecht – die komplexen Probleme des Verhältnisses von, beispielsweise, EU-Recht und nationalem Recht lagen bei Erscheinen der zweiten Auflage der „Reinen Rechtslehre" (1960) noch in der Zukunft. Im Verhältnis von *Völkerrecht* und staatlichem Recht handelt es sich *Kelsen* zufolge *nicht* um ein Nebeneinander zweier gleichrangiger Rechtsordnungen. Denn: Wegen des Postulats der Widerspruchsfreiheit müsse eine Kollision ausgeschlossen sein. Es sei nicht denkmöglich, dass eine Norm des Völkerrechts, die einer Norm des staatlichen Rechts widerspreche, in gleicher Weise gültig sei. Deshalb sei das dualistische Modell eines Nebeneinanders von Völkerrecht und staatlichem Recht als zweier gleichermaßen geltenden Rechtsordnungen nicht haltbar.[27] In Betracht käme nur ein monistisches Modell, das entweder der einzelstaatlichen Rechtsordnung oder aber der Völkerrechtsordnung den Primat zuerkenne.

30 Welches dieser Modelle zu bevorzugen ist, sei eine Frage nicht der wissenschaftlichen Erkenntnis, sondern der politischen Entscheidung:

> „Es ist unmöglich, auf Grund einer rechtswissenschaftlichen Erwägung eine rechtswissenschaftliche Entscheidung zwischen beiden zu treffen."[28]

31 Politisch allerdings lasse sich eine gewisse Zuordnung zu jeweils unterschiedlichen Positionen vornehmen:

> „Wie der Primat des Völkerrechtes in der pazifistischen, spielt der Primat des staatlichen Rechtes, die Souveränität des Staates, eine entscheidende Rolle in der imperialistischen Ideologie."[29]

2. Die „Erkenntnisregel" (H. L. A. Hart)
a) Gehalt und Status

32 Die Frage nach den Grundlagen eines Rechtssystems, auf die sich *Kelsens* Modell der „Grundnorm" bezieht, stellt sich auch *H. L. A. Hart*. Seine Antwort ähnelt diesem Modell,[30] weist aber einen zentralen Unterschied auf, aus dem sich in verschiedenen Punkten abweichende Konsequenzen ergeben. Übereinstimmung besteht insoweit, als auch *Hart* nach einer fundamentalen Regel sucht, anhand derer die verbindlichen Normen eines Rechtssystems identifizierbar sind. Der entscheidende Unterschied liegt darin, dass es bei der Suche nach dieser Regel um eine *Tatsachenfrage* geht, nicht, wie bei *Kelsen*, um eine normlogische Konstruktion.[31]

33 Vereinfacht: Man muss, so *Hart*, einfach *nachsehen*, anhand welcher Regel in einem Rechtssystem entschieden wird, ob eine Norm Bestandteil des geltenden, von den Gerichten anzuwendenden Rechts ist. Das maßgebende Kriterium kann ein autoritativer

---

27 Ebd. S. 329.
28 Ebd., S. 345. Dazu auch *Kelsen*, Einheit, S. 234 ff.
29 *Kelsen*, Reine Rechtslehre, S. 342.
30 *Hart*, Begriff des Rechts, S. 151.
31 Ebd., S. 351.

I. Der Stufenbau der Rechtsordnung – ein Gebäude ohne Fundament? § 7

Text („Heiliges Buch" in Sakralstaaten), ein Erlass der Legislative (parlamentarische Gesetzgebung) oder auch die Spruchpraxis der Gerichte sein.[32] Welches Kriterium den Bereich gültigen Rechts markiert, entscheidet die „Erkenntnisregel" (*rule of recognition*).

Die Erkenntnisregel hat weder metaphysischen noch hypothetischen Charakter. Sie existiert

> „nur als komplexe, aber normalerweise koordinierte Praxis der Gerichte, Beamten und Privatpersonen, wenn sie mit Hilfe gewisser Kriterien identifizieren, was Recht ist. Die Existenz der Erkenntnisregel liegt in dieser Art von Faktizität."[33]

Im Unterschied zu *Kelsens* Grundnorm hängt der Inhalt der Erkenntnisregel also von der Praxis der Gesellschaft ab, für die sie gilt. *Kelsens* Grundnorm hat in allen Rechtssystemen den gleichen Inhalt:[34] Man soll der historisch ersten Verfassung gehorchen. Demgegenüber ist die *Erkenntnisregel* relativ auf die jeweilige Rechtsordnung. Im Sakralstaat oder in der absoluten Monarchie hat sie einen anderen Inhalt als im parlamentarischen System.

b) Komplexität

Damit hängt ein zweiter Unterschied zusammen. Die *Grundnorm* ist eindimensional; sie bezieht sich allein auf die Verfassung. Demgegenüber kann die *Erkenntnisregel* komplex strukturiert sein. So tritt in einem Rechtssystem, das neben Gesetzen auch Gerichtsentscheidungen als über den Einzelfall hinaus verbindlich betrachtet (Präjudizienbindung), die Gerichtspraxis als „Rechtsquelle" neben die parlamentarische Gesetzgebung. Sie steht nicht *unter* ihr, verdankt also ihre Verbindlichkeit nicht einer „‚stillschweigenden' Ausübung legislativer Gewalt", sondern wird als Rechtsquelle unmittelbar durch die Erkenntnisregel konstituiert.[35]

Damit wird Raum geschaffen für die Anerkennung einer nicht nur *fallentscheidenden*, sondern auch *rechtssetzenden* Funktion der Gerichte, wie sie für das anglo-amerikanische *common law* charakteristisch ist, im kontinentaleuropäischen Raum aber nicht dem normativen Programm der Rechtsordnung entspricht. In Deutschland beispielsweise haben gerichtliche Entscheidungen nach den einschlägigen gesetzlichen Vorgaben grundsätzlich nur für den Einzelfall Verbindlichkeit. Lediglich für das Bundesverfassungsgericht gilt, dass seine Entscheidungen in bestimmten Fällen Gesetzeskraft erlangen.[36] In der Rechtstheorie ist der normative Status des *Richterrechts* umstritten. Hier reicht das Meinungsspektrum von der Deutung des Richterrechts als bloßer Rechts*erkenntnis*quelle über die Annahme einer „Verbindlichkeitsvermutung" und die Einordnung als selbständige, aber schwächere Rechtsquelle bis hin zu der Auffassung, das Richterrecht sei eine dem Gesetzesrecht ebenbürtige Quelle von „Fallnormen".[37]

In der Praxis haben die Entscheidungen der Gerichte über den bloßen Einzelfall hinaus eine wichtige und zunehmend weiter wachsende Bedeutung. So dürften die klimapolitischen Aktivitäten der Regierungen in Deutschland und Europa von aktuellen

---

32 Ebd., S. 142 f.
33 Ebd., S. 155.
34 Ebd., S. 352.
35 Ebd., S. 143.
36 § 31 Abs. 2 BVerfGG.
37 Nachw. bei *Neumann*, Legitimationsprobleme, S. 151 m. Fn. 8.

Gerichtsentscheidungen beeinflusst werden: dem „Klimabeschluss" des Bundesverfassungsgerichts[38] und dem Urteil des Europäischen Gerichtshofs für Menschenrechte zum Klimaschutz.[39] Auch unterhalb dieser höchsten Ebene können gerichtliche Entscheidungen Signale setzen, die für die weitere Entwicklung des Rechts bedeutsam sein können. Das könnte etwa für zwei Urteile des LG Erfurt gelten, in denen entgegen der nahezu einhelligen Meinung in Rechtsprechung und Rechtswissenschaft nicht nur Menschen, sondern auch der Natur eigene Rechte zuerkannt werden.[40]

39 Mit der Einbeziehung zur Gesetzgebung alternativer „Rechtsquellen" relativiert sich das Modell eines Stufenbaus der Rechtsordnung, das auch in *Harts* Theorie präsent ist.[41] Allerdings muss bei Anerkennung unterschiedlicher Rechtsquellen dafür Sorge getragen werden, dass Vorrangregeln existieren, die für den Konfliktfall das Verhältnis zwischen den eigenständigen Rechtsquellen festlegen. In diesem Sinne statuiert, so *Hart*, das englische Rechtssystem eine „Hierarchie" zwischen dem Gesetzesrecht (*statute law*) und dem ihm untergeordneten *common law*.[42]

40 Da die Erkenntnisregel kein normatives Gebilde, sondern ein *soziales Faktum* darstellt, macht es keinen Sinn, nach ihrer Gültigkeit oder Ungültigkeit zu fragen.[43] Entweder sie existiert (in dieser Gestalt), oder sie existiert nicht (in dieser Gestalt).

c) Interne und externe Perspektive

41 Es muss aber zwischen einer *internen* und einer *externen* Sicht auf diese Regel unterschieden werden.[44] Der *internen* Sicht entspricht eine Anwendung dieser Regel in der Praxis, die sich auf ihre Anerkennung gründet. Hier wird im Allgemeinen auf die ausdrückliche Formulierung der Regel verzichtet. Sie wird einfach vorausgesetzt. Dies geschieht etwa, wenn jemand sein Handeln mit dem Argument rechtfertigt, dass es dem Gesetz entspricht. Die Verbindlichkeit des Gesetzes wird nicht thematisiert. Anders aus *externer* Perspektive. Ihr würde die Feststellung entsprechen: „In Deutschland anerkennt man als rechtlich verbindliches Gesetz, was von einem Parlament in der vorgeschriebenen Form verabschiedet worden ist." Die interne Perspektive impliziert eine *Anerkennung* der Erkenntnisregel, die externe beschränkt sich auf eine *Beschreibung*.

d) Primäre und sekundäre Regeln

42 Übereinstimmung mit *Kelsens* Modell besteht in der Unterscheidung zwischen einem *statischen* und einem *dynamischen* System rechtlicher Regeln. In beiden Modellen werden die Normen der ersten Ebene (Verhaltensnormen) auf der Basis von Normen der zweiten Ebene konstituiert, die regeln, in welcher Weise die Normen erster Ebene erzeugt und geändert werden können. *Hart* unterscheidet insofern zwischen *primären* und *sekundären* Regeln.[45] Die sekundären Regeln sind im Verhältnis zu den primären auf einer Meta-Ebene zu lokalisieren, weil sie sich auf diese (primären) Regeln selbst beziehen. Exemplarisch: Die Normen, die den Abbruch einer Schwangerschaft unter

---

38 BVerfGE 157, 30.
39 EGMR (GK) v. 9.4.2024 – No. 53600/20, Verein KlimaSeniorinnen Schweiz et al. v. Switzerland.
40 LG Erfurt v. 2.8.2024 (Az. 8 O 1373 /21) und v. 17.10.2024 (Az. 8 O 836/22).
41 *Hart*, Begriff des Rechts, S. 151.
42 Ebd., S. 143.
43 Ebd., S. 351.
44 Ebd., S. 140 ff. u. ö.
45 Ebd., S. 134 ff. u. ö.

II. Rechtspluralismus statt Stufenbau

Strafandrohung verbieten, gehören der primären, die Normen, die regeln, in welcher Weise der Straftatbestand des Schwangerschaftsabbruchs liberalisiert, verschärft oder aufgehoben werden kann, der sekundären Ebene an. Zu den sekundären Regeln gehören auch die Entscheidungsregeln, die – beispielsweise – Richtern die Befugnis verleihen, zu entscheiden, ob eine Norm der primären Ebene gebrochen wurde oder nicht. Zusammengefasst: Es geht bei den sekundären Regeln um prozedurale Normen, die festlegen, in welcher Weise und von welchen Institutionen die Normen der primären Ebene zu erzeugen und anzuwenden sind.

II. Rechtspluralismus statt Stufenbau

1. Ehrlich gegen Kelsen

Kelsens Modell des Stufenbaus der Rechtsordnung orientiert sich an einer staatlichen, autonomen Rechtsordnung, deren Einheit und Widerspruchsfreiheit durch die Grundnorm abgesichert wird. Dieses Modell hatte schon zum Zeitpunkt seiner Erstellung idealtypischen Charakter. Das heißt: Die Praxis der Handhabung des Rechts ließ sich schon zur Zeit der Ausarbeitung der „Reinen Rechtslehre" nicht auf diesem Modell abbilden. Bereits 1913 hatte *Eugen Ehrlich* in seiner epochalen „Grundlegung der Soziologie des Rechts" darauf hingewiesen, dass das Recht, nach dem in einer Gesellschaft gelebt und gehandelt wird (das „lebende Recht"), etwas anderes sein kann (und üblicherweise ist!) als das Recht, das von den staatlichen Instanzen gesetzt wird. Die „Produktion" von Recht erfolge deshalb maßgeblich durch die *Gesellschaft*, nicht durch den Staat. Diese Feststellung schließt die Möglichkeit ein, dass in demselben sozialen Raum unterschiedliche „Rechte" nebeneinander existieren – eine Möglichkeit, die *Ehrlich* in seiner Lehr- und Forschungstätigkeit in der „multikulturell" geprägten Bukowina besonders deutlich vor Augen stand. – Um den Sinn seiner Untersuchung zusammenzufassen, könne man sagen,

43

> „der Schwerpunkt der Rechtsentwicklung liege auch in unserer Zeit, wie zu allen Zeiten, weder in der Gesetzgebung noch in der Jurisprudenz oder in der Rechtsprechung, sondern in der Gesellschaft selbst."[46]

Eugen Ehrlich (1862–1922), 1896–1921 Professor für römisches Recht in Czernowitz in der Bukowina, die bis 1919 zur österreichischen Monarchie gehörte, dann zu Rumänien kam und heute teils zu Rumänien, teils zur Ukraine gehört. *Ehrlich* gilt als einer der Begründer der Rechtssoziologie; mit seiner Schrift „Freie Rechtsfindung und freie Rechtswissenschaft" (1903) hat er, noch vor der programmatischen Schrift von *Kantorowicz* („Der Kampf um die Rechtswissenschaft", 1906) auch die Freirechtsbewegung eingeleitet.[47]

Heute wird das Modell des rechtlichen Stufenbaus nicht nur wegen seines idealtypischen, die Rechtswirklichkeit vernachlässigenden Charakters vielfach als unzureichend angesehen. Denn auch angesichts des Nebeneinanders staatlicher Rechtsordnungen einerseits, über- oder zwischenstaatlicher Rechtsordnungen andererseits erscheint das

44

---

46 *Ehrlich*, Grundlegung, Vorrede.
47 Übersichtlich zu Leben und Werk von Ehrlich *J. Schröder*, in: Kleinheyer/Schröder, Deutsche und Europäische Juristen aus neun Jahrhunderten, 6. Aufl. 2017, S. 122 ff.; ferner *Th. Raiser*, Grundlagen der Rechtssoziologie, 6. Aufl. 2013, S. 71 ff.

Modell einer hierarchisch aufgebauten Normen-Pyramide als nicht hinreichend komplex.[48]

45 Dabei geht es *nicht* um das Nebeneinander verschiedener nationalstaatlicher Rechtsordnungen, das ein historisch vertrautes Phänomen ist und das entweder über *Kollisionsnormen* des einzelnen Staates oder aber durch *zwischenstaatliche Vereinbarungen* bewältigt werden kann. Soweit der Staat die Kollisionsregeln einseitig festlegt, handelt es sich um Bereiche des *nationalen* Rechts, die allerdings häufig mit dem Prädikat „international" versehen werden. So spricht das Einführungsgesetz zum Bürgerlichen Gesetzbuch (EGBGB) von dem „Internationalen Privatrecht"[49]. Auch der Begriff „Internationales Strafrecht" ist noch gebräuchlich.[50] Ungeachtet der irreführenden Terminologie (es handelt sich, wie gesagt, um Normen des *nationalen* Rechts) sind diese Regelungen jedenfalls aus rechtstheoretischer Sicht in der Sache wenig problematisch. Soweit die Kollisionsnormen der beteiligten unterschiedlichen Rechtsordnungen ihrerseits kollidieren, ist es eine Frage des gerichtlichen Erstzugriffs, welche Rechtsordnung mit *ihren* Kollisionsnormen zur Anwendung kommt.

2. Interagierende Rechtsordnungen

46 Probleme einer Kollision, die im Modell des rechtlichen Stufenbaus schwer zu bewältigen sind, stellen sich aber dort, wo unterschiedliche positiv-rechtliche Normenordnungen auf *demselben* Gebiet (in demselben sozialen Raum) Geltung beanspruchen. Das ist in Hinblick auf das Nebeneinander von einzelstaatlichen Rechtsnormen einerseits, europarechtlichen Bestimmungen andererseits in den Staaten der Europäischen Union der Fall. Hier resultiert ein *Rechtspluralismus*, der nicht durch eine klare Vorrang-Relation aufzulösen ist: Das nationale Recht ist dem EU-Recht weder generell über- noch generell untergeordnet.[51] Das führt zu Anwendungsproblemen, die durch die Konkurrenz zwischen den nationalen Gerichten und dem Europäischen Gerichtshof (EuGH) noch verschärft werden.

47 Bewältigt werden können sie nur durch eine Interaktion zwischen den Gerichten (und damit zwischen den von diesen repräsentierten Rechtsordnungen). Am Beispiel des Schutzes der Grundrechte eines deutschen Staatsbürgers, die diesem sowohl durch das deutsche Grundgesetz als auch durch die „Charta der Grundrechte der Europäischen Union" – in teilweise unterschiedlicher Ausformung – garantiert werden. Erhebt ein Bürger Verfassungsbeschwerde zum BVerfG, so stellt sich die Frage, ob das Gericht die Prüfung allein anhand des Grundgesetzes oder aber auch am Maßstab der Europäischen Grundrechtecharta vorzunehmen hat. Das BVerfG hatte die Prüfung ursprünglich auf das Grundgesetz beschränkt und sich in der Frage einer Verletzung der Europäischen Grundrechtecharta für unzuständig erklärt.[52] Inzwischen verfolgt das Gericht eine differenzierte Lösung, die aber in jedem Fall die Grundrechtecharta berücksichtigt:

---

48 Anders und differenzierend *Jestaedt*, Stufenbau.
49 Überschrift vor Art. 3 ff. EGBGB.
50 Für den Regelungsbereich der §§ 3 ff. StGB.
51 Der Europäische Gerichtshof allerdings beansprucht einen grundsätzlichen Vorrang des Europäischen Unionsrechts. Dazu und zu den Vorbehalten europäischer Nationalstaaten (vor allem hinsichtlich des Vorrangs des jeweiligen Verfassungsrechts) *Herdegen*, Europarecht, 24. Aufl. 2024, § 10 Rn. 1 ff.
52 BVerfGE 118, 79 (seinerzeit ständige Rechtsprechung).

III. Fazit

Handelt es sich um eine Rechtsfrage, die durch das Unionsrecht vollständig determiniert ist, soll die Prüfung *allein* anhand der Europäischen Grundrechtecharta erfolgen. Ist dies nicht der Fall, dann bleibt das einschlägige Grundrecht des GG der Prüfungsmaßstab. Dieses Grundrecht ist aber unter Berücksichtigung der parallelen Norm der Grundrechtecharta auszulegen. Es findet also eine Interaktion zwischen den unterschiedlichen Normenordnungen statt. An die Stelle des vertikal ausgerichteten Modells des Stufenbaus tritt das Bild eines *Netzwerks*, das in gleicher Weise horizontale Strukturen integriert.

3. Staatliches und nichtstaatliches Recht

Das Konzept des Rechtspluralismus (der „Multinormativität") opponiert aber nicht nur dem Modell der vertikalen Struktur der Rechtsordnung („Stufenbau"). Es stellt zugleich den traditionellen Glaubenssatz der Juristen infrage, dass Recht, zumindest jenseits des Völkerrechts,[53] nur vom Staat oder aufgrund staatlicher Legitimation gesetzt werden könne. Eine Rechtssetzung *aufgrund staatlicher Legitimation* wird etwa hinsichtlich der Verbindlichkeit von Verträgen angenommen, die zwischen Privatpersonen geschlossen werden. Das Prinzip *pacta sunt servanda* („Verträge sind einzuhalten") wird damit als eine staatliche Rechtsnorm interpretiert. die dem Vertrag vorgelagert ist, nicht als Element des Vertrages selbst. Positiv-rechtlich lässt sich dieses Prinzip etwa anhand zahlreicher Bestimmungen des Zivilrechts nachweisen, die vorsehen, dass eine Lösung von vertraglichen Verpflichtungen, die jemand eingegangen ist, nur unter besonderen Voraussetzungen (z. B. Recht zum Rücktritt vom Vertrag) möglich ist. Damit wird die grundsätzliche Verbindlichkeit von Verträgen von der staatlichen Rechtsordnung vorausgesetzt.

Die Möglichkeit einer „staatsfreien" Rechtssetzung wird von der traditionellen Rechtstheorie also verneint. Demgegenüber stellen moderne Konzepte des Rechtspluralismus der staatlichen Rechtsordnung Normen zur Seite, die durch gesellschaftliche Anerkennung und Handhabung, kurz: durch gesellschaftliche Kommunikation Rechtsqualität gewinnen. Sie schließen insoweit, teilweise explizit, an *Eugen Ehrlich* und sein Modell des „lebenden Rechts" an.[54] Diese nicht-staatliche Konstituierung von Recht wird insbesondere im Zusammenhang mit der fortschreitenden *Globalisierung* gesehen, die nach „transnationalem" Recht verlange, das nicht durch zwischen- oder überstaatliche (also: staatsgebundene) Organisationen, sondern durch global agierende gesellschaftliche Akteure selbst konstituiert werde. Als Beispiel wird häufig die sogenannte *lex mercatoria* herangezogen – ein nichtstaatlicher Regelkomplex für den internationalen Handel, dessen Rechtsqualität allerdings nicht unumstritten ist.[55]

III. Fazit

Das Modell des *Stufenbaus* der Rechtsordnung markiert nach wie vor ein zentrales Strukturelement moderner Rechtssysteme. Es wird allerdings den vielfältigen Verflechtungen unterschiedlicher Rechtsordnungen in einer globalisierten Welt nur unvollständig gerecht. Deshalb wird es heute teilweise durch das Bild eines *Netzwerks* ersetzt, innerhalb dessen nicht eine vertikale Linie (Hierarchie), sondern eine horizontale (Herstellung von „Konkordanz") dominieren soll. Allerdings bleibt festzuhalten, dass

---

53 Zum Problem des Verhältnisses von staatlichem Recht und Völkerrecht siehe oben Rn. 29 ff.
54 *Teubner*, Bukowina, S. 255 ff. Zu Ehrlichs Lehr- und Forschungstätigkeit in der Bukowina oben Rn. 43.
55 Dazu *Teubner*, ebd.

die Anerkennung eines *Rechtspluralismus* zwar das aktuelle Phänomen zutreffend beschreibt, das normative Problem der relevanten Parameter aber nicht lösen kann. Spätestens bei der konkreten gerichtlichen Entscheidung müssen zumindest Ad-hoc-Rangordnungen zwischen kontravalenten Argumenten hergestellt werden, die aber nicht notwendig auf eine Hierarchie zwischen unterschiedlichen Rechtsordnungen zurückzuführen sind. Vielmehr erscheint es möglich, mit einem „Blick über den Tellerrand hinaus" in die Argumentation Elemente unterschiedlicher Rechtsordnungen einzubeziehen. In diesem Sinne kann die *Rechtsvergleichung* zunehmend auch eine normativ produktive Rolle spielen.[56]

---

[56] Dazu *Coendet*, Argumentation. Im Verfassungsrecht beispielsweise spielt die Rechtsvergleichung zunehmend eine wichtige Rolle (*Voßkuhle/Heitzer*, JuS 2023, 312 [315]; *Baer*, Verfassungsvergleichung).

§ 8 Mikrostruktur der Rechtsordnung

I. Ist Stehlen erlaubt? Sanktionsnorm und Verhaltensnorm

Ist Stehlen erlaubt? Auf den ersten Blick erscheint die Frage abseitig. Denn wenn wir von einem „Diebstahl" reden, beziehen wir uns auf eine rechtswidrige Tat. Andernfalls würden wir die Handlung vielleicht als „unbefugten Gebrauch" oder als „Sachentziehung" bezeichnen. Wenn wir die Wegnahme einer Sache „Diebstahl" nennen, so beziehen wir uns auf eine Handlung, die jedenfalls grundsätzlich rechtlich verboten ist. Zwar ist nicht auszuschließen, dass eine Tat, die den Tatbestand des Diebstahls (§ 242 StGB) erfüllt, aufgrund besonderer Umstände *ausnahmsweise* gerechtfertigt ist. Das ist etwa dann der Fall, wenn jemand Lebensmittel entwendet, um sich oder andere vor dem Hungertod oder gesundheitlichen Schäden infolge von Unterernährung zu bewahren. Hier könnte der Rechtfertigungsgrund des „rechtfertigenden Notstands" (§ 34 StGB) eingreifen. Die These, dass Stehlen *grundsätzlich* strafrechtlich nicht verboten und insofern erlaubt sei, erscheint aber, jedenfalls auf den ersten Blick, geradezu widersinnig.

1. Kritik der „Verhaltensnorm"

Trotzdem wird die These, dass das Strafrecht Diebstahl nicht verbietet, im wissenschaftlichen Schrifttum verschiedentlich vertreten. Die Begründung stützt sich einerseits auf das positive Recht, andererseits auf normtheoretische Zusammenhänge.[1] Mit Blick auf das *positive Recht* lässt sich darauf verweisen, dass die Strafgesetze den Diebstahl im Allgemeinen nicht ausdrücklich verbieten. § 242 StGB beispielsweise ordnet lediglich an, dass ein Diebstahl in bestimmter Weise *bestraft* werden soll.[2]

Entsprechendes gilt für die meisten anderen Tatbestände des StGB. Ein ausdrückliches Verbot, einen Menschen zu töten, findet sich nicht. Festgelegt wird lediglich, dass die Tötung eines Menschen in bestimmter Weise zu bestrafen ist.[3] Ebenso wird der Betrug nicht ausdrücklich verboten, sondern lediglich mit Strafe bedroht.[4] Die Strafgesetze richten sich, so eine mögliche Schlussfolgerung, überhaupt nicht an den Bürger, sondern lediglich an die Organe der Strafverfolgung. Sie *verbieten* nicht dem *Bürger*, zu stehlen, sondern *gebieten* (lediglich) den *Gerichten*, Diebstähle zu bestrafen.

Aus *normtheoretischer Sicht* wird zum einen behauptet, die Annahme einer Norm, die dem Bürger ein bestimmtes Verhalten verbiete oder gebiete („Verhaltensnorm"), sei jedenfalls für den Bereich des Strafrechts überflüssig.[5] Das Ziel, den Bürger von Rechtsgutsverletzungen abzuhalten, werde nicht durch die Schaffung eines „Sollens" (Verhaltensnorm: „Du sollst nicht stehlen!"), sondern durch die Androhung einer Sanktion (Strafe) erreicht. Die Strafe wird damit zu einem *Preis*, den der Täter erwartbar zahlen muss, wenn er die entsprechende Straftat begeht. Dementsprechend wird auf die Begriffe „Pflicht" und „Sollen" verzichtet.

---

1 *Stemmer*, Normativität. Aus strafrechtlicher Sicht: *Hoyer*, Strafrechtsdogmatik nach Armin Kaufmann, 1997.
2 Darüber, dass die Formulierung „wird bestraft" im Sinne von „ist zu bestrafen" gelesen werden muss, besteht Einigkeit.
3 §§ 212, 211, 216 StGB.
4 § 263 StGB.
5 *Hoyer*, Strafrechtsdogmatik (Fn. 1), S. 46 ff.

5 Zum andern wird die Vorstellung von einer „Verhaltensnorm", ebenso wie die mit ihr verbundene Vorstellung eines Sollens, unter Metaphysikverdacht gestellt und deshalb verworfen.[6] Bei realistischer Betrachtung bestehe Normativität nicht in einem *Sollen*, sondern in einem *Müssen*.[7] Dieses Müssen werde durch die Androhung einer Sanktion konstituiert. Es sei allerdings relativ, weil es die Struktur hat: „Wenn Du nicht willst, dass Du bestraft wirst, musst Du dies und jenes unterlassen". Ob der Betroffene das Risiko einer Bestrafung in Kauf nehmen will, ist danach seine Entscheidung. Möglicherweise entscheidet er sich bei einer Abwägung trotz des Bestrafungsrisikos *für* die Tat, weil er sich von ihr einen hohen Gewinn verspricht. Es geht dann um quasi-kaufmännische Kalkulationen, nicht um Pflichten.

2. Verteidigung

6 Dieses „Sanktionsmodell" der Norm enthält eine mögliche, nicht aber eine überzeugende Rekonstruktion der Strukturen rechtlicher Normativität. Eine *mögliche* Rekonstruktion deshalb, weil rechtliche Verhaltenspflichten typischerweise durch Sanktionsmechanismen abgesichert sind. Rechtspflichten ohne korrespondierende Androhung von Sanktionen (die nicht nur staatliche Strafen, sondern etwa auch Zahlungen von Schadensersatz umfassen können), sind selten. Es ist deshalb nicht von vornherein unmöglich, rechtliche Normativität allein über Sanktionsdrohungen zu definieren. Das gilt erst recht für Modelle wie das von *Kelsen*, die zwar an den Kategorien der „Pflicht" und des „Sollens" festhalten, diese aber als Funktionen einer Zwangsandrohung interpretieren.[8] *Nicht überzeugend* ist das Modell vor allem aus drei Gründen.[9]

7 Zunächst: Was die Formulierung der Tatbestände des Strafgesetzbuchs betrifft, so handelt es sich um einen zufälligen (kontingenten) Faktor. Dies wird schon daraus deutlich, dass Strafdrohungen in anderen Gesetzen oft ausdrücklich eine Verhaltensnorm statuieren und erst in einem zweiten Schritt die Verletzung dieser Verhaltensnorm mit Strafe bedrohen.[10] Offensichtlich ist die sprachliche Fassung von Straftatbeständen für die Frage, ob Normativität auch durch *Verhaltensnormen* oder aber allein durch *Sanktionsnormen* konstituiert wird, unergiebig.

8 Ein weiteres Argument gegen das „Sanktionsmodell" resultiert daraus, dass dieses Modell das gesellschaftliche Verständnis von Strafdrohungen verfehlt. Wenn ein bestimmtes Verhalten bestraft wird, dann deshalb, weil der Bürger die entsprechende Handlung nicht ausführen *soll*. Die Verpflichtung, die Handlung zu unterlassen, ergibt sich bereits aus dem Begriff der Strafe selbst. Denn Strafe enthält institutionell ein Element der *Missbilligung*: Bestraft wird man nicht für eine neutrale, sondern für eine missbilligte Handlung. Die „Übelszufügung", die in der Strafe liegt, wird gerade deshalb als gerechtfertigt angesehen, weil sie als Reaktion auf ein „falsches", das heißt: missbilligtes Verhalten erfolgt. Reduziert man die Strafe auf einen „Preis" für das strafbare Verhalten, so geht dieses zentrale Element der Missbilligung verloren.

---

6 *Stemmer*, Normativität. Übersichtliche Rekonstruktion und differenzierte Kritik bei *Engländer*, Norm und Sanktion, S. 197 ff.
7 *Stemmer*, Normativität, S. 35 ff., 281 ff.
8 *Kelsen*, Reine Rechtslehre, S. 51 f.
9 Genauere Auseinandersetzung mit dem Modell von *Stemmer* bei *Engländer*, Norm und Sanktion, S. 198 ff.
10 So *verbietet* es § 13 Abs. 1 BtMG Ärzten, bestimmte Betäubungsmittel zu verschreiben, wenn deren Anwendung nicht „begründet" ist. Eine *Strafdrohung* für den Verstoß gegen dieses Verbot findet sich getrennt in § 29 Abs. 1 Nr. 6 lit. a BtMG.

II. Verhaltensnormen: Rechts- oder Sozialnormen?

Der dritte Punkt: Wenn gegen eine „Verdoppelung" von Normen („Verhaltensnorm" neben der „Sanktionsnorm") eingewandt wird, man solle Entitäten nicht ohne Not vervielfachen („Occams Rasiermesser")[11], so ist das erkenntnistheoretisch zunächst überzeugend. Das Gleiche gilt für den Verzicht auf metaphysisch verstandene Kategorien der „Pflicht" und des „Sollens". Aber: Es ist keineswegs erforderlich oder auch nur plausibel, „Verhaltensnorm", „Sollen" und „Pflicht" in einem ontologischen (und damit erkenntnistheoretisch fragwürdigen) Sinn zu verstehen. Es handelt sich nicht um *entia* im Sinne *Occams*, also nicht um angenommene Gegebenheiten (Entitäten), sondern um *gesellschaftliche Konstruktionen*.

Die Verhaltensnormen hängen nicht am Himmel. Sie liegen auch nicht in den Strafgesetzen verborgen wie ein geheimer Schatz unter der Erde. Sie sind, wie alle Normen, menschliche Konstruktionen, die dazu dienen, gesellschaftliche Praxis zu interpretieren und zu beeinflussen. An ihnen ist nichts Geheimnisvolles. Ob man sie annimmt (voraussetzt) oder nicht, ist eine Frage der Zweckmäßigkeit. Insbesondere geht es darum, ob man die gesellschaftliche Praxis (hier insbesondere: die Praxis staatlicher Strafe) mit ihrer Hilfe besser erfassen kann. Das ist (siehe oben) der Fall.

II. Verhaltensnormen: Rechts- oder Sozialnormen?

Es ist deshalb grundsätzlich an dem „dualen" Modell eines Nebeneinanders von Verhaltens- und Sanktionsnorm[12] festzuhalten.[13] Eine andere Frage ist, ob die Verhaltensnorm aus der Sanktionsnorm abzuleiten oder aber dieser „vorgelagert" ist. Ist sie aus der Sanktionsnorm abzuleiten, die unbestreitbar eine Norm des Rechts ist, so hat sie ihrerseits den Charakter einer Rechtsnorm. Ist sie der Sanktionsnorm „vorgelagert", so kann es sich bei der Verhaltensnorm auch um eine *gesellschaftliche* Norm handeln, die *rechtlich* durch die Sanktionsnorm abgesichert wird.

1. Eine Kontroverse

Die Ansicht, dass es sich bei den Verhaltensnormen um *Kulturnormen* und damit um gesellschaftliche Normen handle, die dem Recht vorgelagert sind, wurde „klassisch" von *Max Ernst Mayer* vertreten. Ihm opponierte seinerzeit *Karl Binding*, der in dieser Auffassung einen Angriff auf die Autorität des Rechts sah.

Max Ernst Mayer (1875–1923), Strafrechtler und Rechtsphilosoph, Vertreter des Neukantianismus in der Strafrechtswissenschaft, Professor in Straßburg und Frankfurt am Main.

---

11 In diesem Sinne gegen den Begriff der „Rechtspflicht" (und damit gegen das Modell der Verhaltensnorm) *Hoyer*, Strafrechtsdogmatik (Fn. 1), S. 41 ff. u. ö. – „Occams Rasiermesser": Entia non sunt multiplicanda sine necessitate (frei übersetzt: „Man sollt nicht mehr Entitäten annehmen, als unabweislich"). Zu Wilhelm von Ockham (*Occam*) vgl. schon § 4 Rn. 29.
12 Grundlegend *Binding*, Normen. Begrifflich unterscheidet *Binding* zwischen „Normen" (= Verhaltensnormen) und „Strafgesetzen".
13 So auch die überwiegende Auffassung im Schrifttum (etwa: *Renzikowski*, Unterscheidung, S. 3 ff.). – Nicht entschieden ist damit, ob jeder Sanktionsnorm eine *spezifische* Verhaltensnorm entsprechen muss. Beispiel: Nach § 7 Abs. 1 Nr. 1 VStGB wird mit lebenslanger Freiheitsstrafe bestraft, wer „im Rahmen eines ausgedehnten oder systematischen Angriffs gegen eine Zivilbevölkerung einen Menschen tötet." Lässt sich daraus die Verhaltensnorm ableiten: „Es ist verboten, im Rahmen eines ausgedehnten oder systematischen Angriffs auf die Zivilbevölkerung einen Menschen zu töten"? Oder ist die Verhaltensnorm, die der Strafdrohung zugrunde liegt, das *allgemeine* Tötungsverbot, das durch § 7 Abs. 1 Nr. 1 VStGB lediglich auf der Seite der Sanktionsnorm „kontextualisiert" wird? Vgl. dazu die bei *Jakobi*, JZ 2023, 608 dokumentierte Diskussion.

Hauptwerke: „Die schuldhafte Handlung und ihre Arten im Strafrecht" (1901); „Der allgemeine Teil des deutschen Strafrechts. Lehrbuch" (1915, 2. Aufl. 1923).[14]

Karl Binding (1841–1920), Strafrechtler, Professor in Basel, Freiburg, Straßburg und Leipzig. Hauptwerke: „Die Normen und ihre Übertretung", 4 Bände, 1872–1919; „Grundriß des Gemeinen Deutschen Strafrechts, Allgemeiner Teil", 1879 (8. Aufl. 1913); „Lehrbuch des Gemeinen Deutschen Strafrechts, Besonderer Teil", 2 Bände, 1896–1905.[15]

13   Aktuell spielt sie eine Rolle im Rahmen einer Diskussion zu einem sehr eigenständigen normtheoretischen Modell, in dem die Verhaltensnormen als unabhängig vom Strafgesetz, aber nicht – wie bei *Max Ernst Mayer* – als Sozialnormen, sondern als situationsbezogen und von dem Handelnden selbst zu bilden (!) gedacht werden. In diesem Modell sind die Verhaltensnormen dem Strafrecht vorgelagert; sie seien im Strafgesetz ebenso wenig enthalten wie die Sanktionsnormen.[16] Nach der Gegenposition sind die Tatbestände der Strafgesetze jedenfalls in bestimmten Fällen für die Verhaltensnormen konstitutiv. So gebe es nach Aufhebung des Tatbestands der „Werbung für den Abbruch der Schwangerschaft"[17] keine rechtliche Verhaltensnorm mehr, die das zuvor tatbestandsmäßige Verhalten verbiete. Nichts anderes gelte für homosexuelle Betätigungen nach Streichung des entsprechenden Tatbestands (§ 175 StGB a. F.).[18]

2. Interaktion rechtlicher und sozialer Normen

14   Man wird hier zwischen *rechtlichen* Verhaltensnormen einerseits, *gesellschaftlichen* andererseits unterscheiden müssen.

15   Hinsichtlich der *rechtlichen* Verhaltensnormen wurde oben festgestellt, dass aus der Rechtsnorm, die für ein bestimmtes Verhalten eine Sanktion androht (Sanktionsnorm), eine rechtliche Norm *folgt*, die dieses Verhalten verbietet (Verhaltensnorm). Heißt das, dass – umgekehrt – die rechtliche Verhaltensnorm *entfällt*, wenn die Sanktionsnorm aufgehoben wird?

16   Die Antwort auf diese Frage muss differenziert ausfallen. Denn es kommt darauf an, ob sich eine entsprechende rechtliche Verhaltensnorm möglicherweise aus *anderen Regeln* der Rechtsordnung ergibt. Ist das der Fall, dann ändert die Aufhebung der Sanktionsnorm nichts an der Geltung der rechtlichen Verhaltensnorm. Andernfalls endet zugleich mit der Geltung der Sanktionsnorm auch die der rechtlichen Verhaltensnorm.

17   Anhand zweier Beispiele: Würde die Sanktionsnorm, die das „Schwarzfahren" mit Strafe bedroht,[19] aufgehoben, so würde das an der Geltung der Verhaltensnorm, der zufolge bei der Benutzung eines Verkehrsmittels das vorgesehene Entgelt zu entrichten ist, nichts ändern. Denn die Pflicht zur Zahlung des Fahrpreises ergibt sich aufgrund zivilrechtlicher Bestimmungen. Dagegen ist mit der Aufhebung des § 175 StGB a. F.

---

14   Zu ihm: *M. Pawlik*, Max Ernst Mayer: Das Strafrecht als Kulturerscheinung, in: M. Pawlik/C.-Fr. Stuckenberg, W. Wohlers (Hrsg.), Strafrecht und Neukantianismus, 2023, S. 131 ff; *Martins*, Normen, S. 655 ff.; *Ziemann*, Strafrechtsdenken, S. 106 ff.
15   Zu ihm: *J. Schröder*, in: G. Kleinheyer/J. Schröder, Deutsche und Europäische Juristen aus neun Jahrhunderten, 6. Aufl. 2017, S. 63–67.
16   *Freund/Rostalski*, Tatbestand. Krit. zu diesem Modell *Kindhäuser*, Norm, und *Herzberg*, Sanktionsnorm.
17   § 219a StGB a. F.
18   *Herzberg*, Sanktionsnorm, S. 442 f.
19   § 265a StGB.

II. Verhaltensnormen: Rechts- oder Sozialnormen? § 8

zugleich das Verbot homosexueller Betätigungen (Verhaltensnorm) entfallen. Denn eine andere Rechtsnorm, aus der sich dieses Verbot ergeben könnte, existiert nicht.

Demgegenüber sind rechtliche Sanktionsnormen einerseits, *gesellschaftliche Verhaltensnormen* andererseits voneinander normativ (hinsichtlich ihrer jeweiligen Geltung) unabhängig. Das bedeutet zunächst: Daraus, dass eine bestimmte Handlung soziale Verhaltensnormen verletzt, folgt nicht, dass sie strafbar wäre. Es folgt daraus auch nicht, dass der Gesetzgeber gehalten wäre, sie mit Strafe zu bedrohen. Grobe Unhöflichkeiten können eine Verletzung sozialer Normen darstellen. Strafbar sind sie nicht, soweit nicht der Tatbestand der Beleidigung[20] erfüllt ist. Dass eine Handlung eine soziale Verhaltensnorm verletzt, ist also keine *hinreichende Bedingung* für ihre Strafbarkeit oder für das rechtspolitische Gebot einer Kriminalisierung. 18

Umgekehrt ist die Verletzung einer sozialen Verhaltensnorm auch keine *notwendige Bedingung* für die rechtliche Geltung einer Sanktionsnorm, die diese Handlung mit Strafe bedroht. So ist eine klare Mehrheit der deutschen Bevölkerung der Auffassung, dass jedenfalls unter bestimmten Voraussetzungen eine sogenannte „aktive Sterbehilfe" zulässig sein sollte.[21] Das betrifft insbesondere die Fälle schwerster, auch palliativmedizinisch nicht beherrschbarer Schmerzen am Lebensende, wenn der sterbewillige Patient körperlich nicht in der Lage ist, Suizid zu verüben. Eine gesellschaftliche Verhaltensnorm, gegen die eine aktive Sterbehilfe generell verstoßen würde, gibt es also nicht. Trotzdem hält der deutsche Gesetzgeber an dem Straftatbestand, der aktive Sterbehilfe generell mit Strafe bedroht,[22] fest – und damit zugleich an der rechtlichen Verbotsnorm (Verhaltensnorm). 19

Die rechtliche Geltung einer Sanktionsnorm ist also unabhängig davon, ob eine komplementäre *gesellschaftliche* Verhaltensnorm existiert.[23] Von dieser Frage, die die *Legalität* betrifft, ist die nach der *Legitimität* einer Strafdrohung, die keine Basis im gesellschaftlichen Normbewusstsein hat, zu unterscheiden. Auch in der *repräsentativen* Demokratie, in der Sachentscheidungen nicht von der Bevölkerung selbst, sondern von repräsentativen Institutionen getroffen werden, bedürfen Strafdrohungen, die gegen gesellschaftliche Vorstellungen von strafwürdigem Verhalten verstoßen, einer besonderen Rechtfertigung. 20

Rechtssoziologisch gesehen besteht zwischen gesellschaftlichen Verhaltensnormen einerseits, rechtlichen Sanktions- und Verhaltensnormen andererseits ein Verhältnis gegenseitiger Abhängigkeit. Auf der einen Seite stabilisieren Straftatbestände gesellschaftliche Normen; teilweise wird gerade darin die zentrale Funktion des Strafrechts gesehen. Der Zweck des Schutzes von Rechtsgütern soll demgegenüber in den Hintergrund treten.[24] Auf der anderen Seite sind strafrechtliche Normen, die keine Basis in gesellschaftlichen Überzeugungen mehr haben, auf Dauer nicht aufrechtzuerhalten. So musste das Sexualstrafrecht der Bundesrepublik in den letzten Jahrzehnten des 20. Jahrhunderts liberalisiert werden, als sich in der Gesellschaft allmählich eine andere, freiere Sexualmoral durchzusetzen begann. Es ist charakteristisch, dass diese Liberalisierung nicht nur einzelne Delikte betraf, sondern das Verständnis der Sexualstraftaten insgesamt. Wurden sie im Strafgesetzbuch zuvor als „Verbrechen und Vergehen 21

---
20 § 185 StGB.
21 Nachw. bei *Saliger*, medstra 2015, S. 133 m. Fn. 15.
22 § 216 StGB.
23 Eine *rechtliche* Verhaltensnorm wird durch die rechtliche Sanktionsnorm konstituiert (dazu oben Rn. 8, 15).
24 Exemplarisch *G. Jakobs*, Rechtsgüterschutz? Zur Legitimation des Strafrechts, 2012.

wider die Sittlichkeit" verstanden, so erscheinen sie seit dem 4. Strafrechtsreformgesetz (1973) als „Straftaten gegen die sexuelle Selbstbestimmung".[25] Es geht jetzt nur noch um den Schutz individueller Rechte und Interessen, nicht mehr um den Schutz einer die Menschen autoritär bevormundenden „Sittlichkeit", die im gesellschaftlichen Bewusstsein keine Widerspiegelung mehr fand.

III. Imperativentheorie

22   Recht wird als eine normative Ordnung gedacht. Es konstituiert ein Sollen. Das schließt nicht aus, dass dieses Sollen im Einzelfall hinter einem als höherstufig gedachten, moralisch oder religiös begründeten Sollen zurücktritt. Die normative Komponente des Rechts bleibt aber stets erhalten. Es mag zwar gute Argumente dafür geben, den Normen des Rechts im Einzelfall nicht zu folgen – zu denken wäre etwa an die Verweigerung des Wehrdienstes aus Gewissensgründen in Rechtsordnungen, die ein Recht zur Wehrdienstverweigerung nicht vorsehen. In jedem Fall aber bleibt es ein normatives Argument für ein bestimmtes Verhalten, dass dieses Verhalten der Rechtsordnung entspricht. Bestreiten kann man das nur auf der Basis eines radikalen normativen Skeptizismus, der gesellschaftlich nicht anschlussfähig ist.

23   Man kann hier, etwas metaphorisch, von einem *Geltungsanspruch* des Rechts sprechen. Umstritten ist, wie dieser Geltungsanspruch rechtstheoretisch zu verarbeiten ist. In einem autoritären Modell lassen sich die Normen des Rechts als Befehle verstehen, die von den Inhabern der rechtsetzenden Gewalt an diejenigen gerichtet werden, die dieser Gewalt unterworfen sind. Diesem Modell entspricht die *Imperativentheorie* des Rechts – auch wenn nicht übersehen werden sollte, dass der Begriff des Imperativs jedenfalls in der deutschen rechts- und moralphilosophischen Tradition auch im Kontext der (moralischen) Selbstgesetzgebung lokalisiert werden kann (*Kants* „kategorischer Imperativ").

1. Vertreter

24   Die Imperativentheorie hat, insbesondere im anglo-amerikanischen Rechtsdenken, eine lange Tradition. Vertreten wurde sie insbesondere von *Jeremy Bentham* und *John Austin*.

Jeremy Bentham (1748–1832), englischer Jurist und Philosoph. Gilt als Begründer des Utilitarismus. Auf der Basis des von ihm verfochtenen (utilitaristischen) Prinzips des „Glücks der größtmöglichen Zahl" Anreger wichtiger Sozialreformen. Hauptwerk: „Introduction to the Principles of Morals and Legislation", 1789 (deutsch: „Einführung in die Prinzipien der Moral und der Gesetzgebung").

John Austin (1790–1859), englischer Jurist und Rechtsphilosoph. Hauptwerke: „The Province of Jurisprudence Determined", 1832 (2. Aufl. 1861); „Lectures on Jurisprudence or the Philosophy of Positive Law", 3. Aufl. 1869.

25   In Deutschland war es vor allem *Karl Engisch*, der die Imperativentheorie ebenso differenziert wie konsequent verteidigt hat.[26]

---

25 So die aktuelle Überschrift zum Dreizehnten Abschnitt des Besonderen Teils des deutschen StGB (§§ 174 ff.).
26 *Engisch*, Einführung, S. 51 ff. Ausführlich *ders.*, Die Imperativentheorie, 1923 (unveröffentlichte Gießener Dissertation).

III. Imperativentheorie §8

Karl Engisch (1899–1990), Rechtsphilosoph und Strafrechtler. Rechtsphilosophische Hauptwerke: „Die Einheit der Rechtsordnung", 1935 (Nachdruck 1995); „Logische Studien zur Gesetzesanwendung", 1943 (3. Aufl. 1963); „Einführung in das juristische Denken", 1956 (13. Aufl. 2024).

Die Imperativentheorie erfasst, wie festgestellt, zutreffend den „Anspruch" des Rechts auf Befolgung. Sie trifft damit aber nur *einen* Aspekt der Struktur und der Funktion rechtlicher Normen.[27] Lediglich ein Bruchteil rechtlicher Normen lässt sich als Anweisung an die Rechtsunterworfenen und in diesem Sinne als Befehl deuten (a). Zudem verfehlt die Imperativentheorie das Selbstverständnis moderner demokratischer Rechtsordnungen (b). 26

2. Kritik der Imperativentheorie

a) Ermächtigende und konstitutive Normen

Als Befehle, also im Sinne von Anweisungen, bestimmte Handlungen vorzunehmen oder zu unterlassen, können lediglich die Regeln verstanden werden, die sich als *Verhaltensnormen* kennzeichnen lassen. Zu ihnen sind in diesem Kontext auch die Sanktionsnormen zu rechnen, soweit sie die Gerichte (oder andere Institutionen) anweisen, unter bestimmten Voraussetzungen bestimmte Sanktionen zu verhängen. Die Rechtsordnung erschöpft sich aber keinesfalls in einer Summe von Verhaltensnormen. Neben Normen, die ein bestimmtes Verhalten ge- oder verbieten, steht eine Vielzahl von rechtlichen Regeln, die zu bestimmten Handlungen *ermächtigen*, oder aber festlegen, welche Rechtshandlungen bestimmte Rechtsfolgen herbeiführen (konstitutive Normen). Insbesondere *H. L. A Hart* hat das überzeugend herausgearbeitet.[28] Wenn das Grundgesetz dem Bundespräsidenten die Befugnis einräumt, unter bestimmten Voraussetzungen den Bundestag aufzulösen,[29] oder wenn das Zivilrecht regelt, in welcher Weise ein gültiges Testament erstellt werden kann,[30] dann geht es nicht um Befehle, sondern um die Eröffnung von *Handlungsmöglichkeiten*. Ebenso lässt sich die Einräumung *subjektiver Rechte* (z. B. der Grundrechte der Verfassung) jedenfalls nicht ohne Weiteres als Erteilung von Befehlen verstehen. 27

Allerdings ist es *konstruktiv* möglich, auch diese Normen jedenfalls teilweise in Handlungsanweisungen einzubinden. Verteidiger der Imperativentheorie weisen zu Recht darauf hin. So lassen sich die Regeln über die Errichtung eines Testaments in die Anweisung einfügen: „Wenn ein Testament in der und der Weise errichtet worden ist, sollen es die Gerichte als gültiges Testament ihrer Entscheidung zugrunde legen". Die Grundrechte lassen sich als an den Staat gerichtete Verbote verstehen, in bestimmte, verfassungsrechtlich garantierte Freiheitsräume der Bürger einzugreifen. Ebenso kann die Bestimmung des Zivilrechts, nach der der Eigentümer einer Sache „mit der Sache nach Belieben verfahren und andere von jeder Einwirkung ausschließen" kann,[31] schlicht als Verbot gelesen werden, gegen den Willen des Eigentümers auf die Sache „einzuwirken". 28

---

27 Grundsätzlicher Gegenentwurf bei *Kelsen*, Hauptprobleme, S. 210 ff. u. ö.; *ders.*, Reine Rechtslehre, S. 83. Detaillierte Kritik bei *Hart*, Begriff des Rechts, S. 45 ff. (dazu nachstehend).
28 *Hart*, Begriff des Rechts, S. 45 ff. Dazu *Hilgendorf*, Art. „Rechtsphilosophie der Gegenwart", S. 176.
29 Art. 68 GG.
30 §§ 2064 ff. BGB.
31 § 903 BGB.

§ 8 Mikrostruktur der Rechtsordnung

29 Aber der Versuch, auf diese Weise die Imperativentheorie zu retten, geht jedenfalls teilweise auf Kosten der Plausibilität der Argumentation. Zwar ist es richtig, dass sich das ausschließliche Verfügungsrecht, das dem Eigentümer garantiert wird, zwanglos als Eingriffs-Verbot gegen Dritte interpretieren lässt. Ebenso ist es richtig, dass die *Grundrechte* sich als Abwehrrechte gegen potentielle Zugriffe des Staates richten und dass sie insofern als an den Staat adressierte *Verbote* wirken. In beiden Fällen sind Berechtigungen und Verpflichtungen (Verbote) komplementär: So wie der Eigentümer einer Sache andere von der Einflussnahme ausschließen kann, so kann sich der Inhaber eines Grundrechts innerhalb des Schutzbereichs dieses Grundrechts eine Einflussnahme des Staates verbieten. Aber: Normen, die Kompetenzen einräumen oder rechtliche Handlungsmöglichkeiten schaffen (Errichtung eines Testaments, Gründung einer GmbH) lassen sich nicht ohne Verzerrungen auf Befehle reduzieren.

b) Normen als Handlungsgründe

30 Wenn Rechtsnormen als Imperative verstanden werden, so legt das die Vorstellung von einem Imperator nahe, der den Untertanen Befehle erteilt. Tatsächlich entstammt diese Theorie ideengeschichtlich einer Zeit, in der das politische Denken wesentlich auf einen „Herrscher" als Repräsentanten der Staatsgewalt ausgerichtet war.[32] In einer Rechtsordnung, in der alle Staatsgewalt vom Volk ausgeht, erscheint sie unzeitgemäß. Dem *demokratischen Rechtsstaat* der Gegenwart entspricht eher der Gedanke einer rechtlichen *Selbstbindung* der Bürger, die die Staatsgewalt unter anderem auch im Wege der Gesetzgebung ausüben.[33]

31 Es ist eine Ausprägung dieses Gedankens, wenn aktuell vorgeschlagen wird, Rechtsnormen nicht als Imperative, sondern als *Gründe* dafür zu verstehen, bestimmte Handlungen vorzunehmen bzw. zu unterlassen. Mit dieser Deutung von Rechtsnormen als *Handlungsgründe*[34] konstituiert sich Normativität aus der Sicht des Bürgers, nicht aus der des Staates. Das bedeutet, dass die Verbindlichkeit des Rechts

> „zuerst aus der Sichtweise der handelnden Personen und nicht aus derjenigen des autoritativ anordnenden Gesetzgebers betrachtet und verständlich gemacht werden soll."[35]

32 Wenn daraus die Schlussfolgerung gezogen wird, dass der Einzelne in gleicher Weise wie der zuständige Amtsträger berufen sei, das Recht auf sein eigenes Verhalten anzuwenden,[36] so erscheint dies allerdings diskussionsbedürftig. Richtig ist aber, dass der Normativitätsanspruch des Rechts gegenüber dem Bürger *gerechtfertigt* werden muss – nicht nur generell, sondern in jedem Einzelfall. Der Bürger muss als Kommunikationspartner der rechtsetzenden und rechtsprechenden Institutionen ernst genommen werden. Das heißt: Er hat einen Anspruch darauf, dass Rechtsakte, die seine Interessen berühren, ihm gegenüber *begründet* werden. Unter diesem Gesichtspunkt erscheint es

---

32 In Deutschland in der Zeit des Kaiserreichs (1871–1919): *Thon*, Rechtsnorm und subjectives Recht, 1878; *Bierling*, Zur Kritik der juristischen Grundbegriffe, 2 Bände, 1877, 1883; *Binding*, Normen, S. 42 ff.
33 Dazu oben § 3 Rn. 42 ff., 89 ff.
34 Ausf. dazu *Raz*, Gründe. Ferner *Sourlas*, Rechtsprinzipien; *Funke*, Vorurteil, S. 387 ff.
35 *Sourlas*, Rechtsprinzipien, S. 87; zust. *Funke*, Vorurteil, S. 392.
36 So *Funke*, Vorurteil, S. 398/399 unter Bezug auf *Waldron*, How Law Protects Dignity, in: Cambridge Law Journal 71 (2012), 200 ff. und *Dworkin*, Law's Empire, 1986.

geradezu als skandalös, dass in Deutschland Gesetze des Bundes keiner Begründungspflicht unterliegen.[37]

IV. Primär- und Sekundärnormen

In Rechtssystemen, die auf dem Prinzip beruhen, dass Rechtsnormen dann gelten, wenn sie in korrekter Weise von den zuständigen Instanzen „gesetzt" worden sind („Systeme des positiven Rechts"), muss festgelegt werden, *wer* auf *welchem Wege* Rechtsnormen setzen kann. Die Normen, die das leisten, haben einen anderen Status als die Gesetze, die Verhaltensweisen regeln oder rechtliche Handlungen ermöglichen. Sie liegen auf einer höheren Ebene, haben also die Funktion von Meta-Normen. *Hart* unterscheidet insoweit zwischen *primären* (verhaltensregulierenden) Normen einerseits, *sekundären* (die Normerzeugung regulierenden) Normen andererseits.[38]

Die Existenz von *sekundären Regeln* ist Voraussetzung dafür, dass Recht gezielt geändert werden kann. Eine Rechtsordnung, die lediglich aus Normen auf der primären Ebene bestehen würde (wie ein System des *Naturrechts* oder des *Gewohnheitsrechts*), wäre gegen Änderungen immun, soweit sich nicht die Überzeugung von dem inhaltlich Richtigen wandeln würde. Man kann insoweit mit *Kelsen* zwischen einem *statischen* und einem *dynamischen* Typus von Normensystemen differenzieren.[39] Elemente eines statischen Systems finden sich heute vor allem noch im *Völkerrecht*, soweit dieses nicht auf Vereinbarungen, sondern auf Gewohnheitsrecht basiert. Das Fehlen eines formalisierten Rechtssetzungsverfahrens kann hier zu Unsicherheiten bei der Beantwortung der Frage führen, ob sich in einem bestimmten Zeitraum eine Änderung des Rechts vollzogen hat.

Die Frage ist aktuell in Bezug auf sogenannte *humanitäre Interventionen* – militärische Angriffe auf das Gebiet souveräner Staaten, die damit begründet werden, dass sie zum Schutz von Menschenrechten dort lebender eigener oder fremder Staatsangehöriger erforderlich seien. Unstreitig ist, dass derartige Interventionen zum Zeitpunkt der Verabschiedung der UN-Charta (1949) völkerrechtlich nicht zulässig waren. Streitig ist dagegen, ob sich in diesem Punkt ein Wandel des Völkerrechts vollzogen hat. Streitig ist ebenso, ob bzw. inwieweit es sich bei derartigen Interventionen tatsächlich um humanitär motivierte Unternehmungen oder aber um imperialistische Kriege handelt, die unter dem Deckmantel der Humanität geführt werden.[40]

V. Rechtsregeln und Rechtsprinzipien

Unter „Rechtsnormen" werden typischerweise *Regeln* verstanden, die die Struktur „wenn x, dann soll y geschehen", oder: „es soll erreicht werden, dass z" aufweisen. Im ersteren Fall spricht man von einer *konditionalen*, im zweiten von einer *finalen* Regelungsstruktur.[41] Diese Regeln können (in einem kodifizierten Rechtssystem) gesetzlich festgelegt, oder (in einem System des Präjudizienrechts) von Gerichten formuliert wor-

---

37 Dazu *Neumann*, Argumentationstheorie, § 1 Rn. 44 f. – Eine Begründungspflicht besteht lediglich (auf subgesetzlicher Ebene) bezüglich der Gesetz*esentwürfe* der Fachministerien (§§ 42, 43 der „Gemeinsame(n) Geschäftsordnung der Bundesministerien" [GGO]), nicht aber für die vom Parlament verabschiedeten Gesetze selbst.
38 *Hart*, Begriff des Rechts, S. 131 ff. Dazu schon oben § 7 Rn. 42.
39 *Kelsen*, Reine Rechtslehre, S. 198. Dazu schon oben § 7 Rn. 14 ff.
40 Übersicht zum Problem sog. humanitärer Interventionen bei: *T. Stein/Chr. von Butlar/M. Kotzur*, Völkerrecht, 15. Aufl. 2024, S. 31 ff.
41 Dazu unten Rn. 41 ff.

§ 8 Mikrostruktur der Rechtsordnung

den sein. Auf den Unterschied zwischen „common law" und „civil law"[42] kommt es insofern nicht an.

37 Rechtsordnungen enthalten aber auch Elemente, die eine andere Struktur aufweisen. Sie formulieren keine unmittelbar anwendbaren Regeln, sondern bringen, als *Rechtsprinzipien*, allgemeine rechtliche Wertungen zum Ausdruck, aus denen sich Konsequenzen für den Regel-Bestand des Rechtssystems ergeben. Diese Rechtsnormen können geschriebene oder auch ungeschriebene Bestandteile einer Rechtsordnung sein. Der immer noch prominenteste Fall, in dem ein ungeschriebenes Rechtsprinzip das Entscheidungsprogramm des positiven Rechts „umprogrammiert" hat, wurde von *Ronald Dworkin* in die Diskussion eingeführt – als Beweis für die Existenz ungeschriebener Rechtsprinzipien in Systemen des gesetzten (positiven) Rechts.

Ronald Dworkin (1931–2013), amerikanischer Rechtsphilosoph, Professor u. a. an der Yale-University und der Universität Oxford. Hauptwerke: „Taking Rights Seriously", 1977 (deutsch: „Bürgerrechte ernstgenommen", 1984); „Law's Empire", 1986; „Life's Dominion", 1993 (deutsch: „Die Grenzen des Lebens", 1994).

Der Fall: Der Kläger, der von seinem Großvater als Erbe eingesetzt worden war, hatte diesen erschlagen, um vorzeitig in den Genuss der Erbschaft zu kommen. Er klagte auf die Aushändigung des Erbes. Es ging in diesem Fall also nicht um die (unbestreitbare) Strafbarkeit, sondern um die zivilrechtliche Frage, ob die vorsätzliche Tötung des Erblassers zu dem Verlust des Erbanspruchs geführt hatte (*Riggs vs. Palmer*, New York 1889).[43]

38 In Deutschland wäre ein Erbanspruch des Täters schon anhand des geschriebenen Rechts zu verneinen. Erbunwürdig ist, wer „den Erblasser vorsätzlich und widerrechtlich getötet ... hat".[44] Im positiven Recht des Staates New York gab es jedoch keine entsprechende Bestimmung. Nach dem geschriebenen Recht hätte dem Täter das Erbe folglich zugestanden. Das Gericht räumte das ein, entschied im Ergebnis aber gleichwohl anders. Es stützte sich dabei auf das – ungeschriebene – Prinzip:

> „Es soll niemandem erlaubt sein, von seinem eigenen Betrug zu profitieren oder einen Vorteil aufgrund eines von ihm begangenen Unrechts zu haben oder irgendeinen Anspruch auf seiner eigenen Ungerechtigkeit zu gründen oder durch sein Vergehen Eigentum zu erwerben."[45]

39 In Deutschland ließen sich als Beispiele für ungeschriebene, aber als geltend anerkannte Rechtsprinzipien etwa das Verhältnismäßigkeitsprinzip oder das strafrechtliche Schuldprinzip (*nulla poena sine culpa*) nennen. Beide genießen nach der Rechtsprechung des BVerfG Verfassungsrang, sind aber im Grundgesetz nicht explizit enthalten. Dass sie vom BVerfG auf Bestimmungen zurückgeführt werden, die im Grundgesetz normiert sind, entspricht den Standards verfassungsrechtlicher Argumentation. Es ändert aber nichts an dem Befund, dass es sich um *ungeschriebene* Rechtsprinzipien handelt.

40 Nach welchen Kriterien *Prinzipien* einerseits, *Regeln* andererseits voneinander abzugrenzen sind, ist im Einzelnen umstritten. *Dworkin* kennzeichnet sie dadurch, dass Regeln nach dem Modus „Alles-oder-Nichts" funktionieren, Prinzipien dagegen gra-

---

42 Dazu § 7 Rnrn. 37, 39.
43 *Dworkin*, Bürgerrechte, S. 56 u. ö.
44 § 2339 BGB.
45 *Dworkin*, Bürgerrechte, S. 56 f.

duell erfüllbar sind.⁴⁶ *Alexy* ergänzt dieses Kriterium durch den Zusatz, dass es sich bei Prinzipien um „Optimierungsgebote" handele⁴⁷ – was sich als normative Konsequenz ihrer logischen Struktur (Erfüllbarkeit in unterschiedlichem Grad) verstehen lässt. Teilweise wird Prinzipien auch die Funktion zuerkannt, *Gründe* für die Anerkennung bestimmter Regeln bereitzustellen.⁴⁸ Am Beispiel des Falls *Riggs vs. Palmer*: Das *Prinzip*: „Niemand soll von seinem eigenen Unrecht profitieren dürfen" begründet die *Regel*: „Erbunwürdig ist, wer den Erblasser vorsätzlich und widerrechtlich getötet hat". In diesem Sinne kann man Regeln auf der *Anwendungsebene*, Prinzipien auf der *Begründungsebene* lokalisieren.⁴⁹

VI. Konditionale und finale Programmierung

Die Regeln des Rechts können die Entscheidungen von Gerichten und Behörden, aber auch das Verhalten der Bürgerinnen und Bürger in unterschiedlicher Weise „programmieren".⁵⁰ Sie können zum einen eine Verhaltensanweisung oder andere Rechtsfolge an einen bestehenden oder in der Vergangenheit liegenden Sachverhalt knüpfen. Die Regel hat in diesem Fall eine „Wenn-dann"-Struktur: *Wenn* jemand einen Mord begangen hat, *dann* ist er mit lebenslanger Freiheitsstrafe zu bestrafen. *Wenn* jemand ein Recht eines anderen vorsätzlich oder fahrlässig rechtswidrig verletzt hat, *dann* ist er ihm zum Schadensersatz verpflichtet.⁵¹

41

Man spricht hier von einer „konditionalen" Programmierung (*conditio* = Bedingung) von Entscheidungen. Wie die Beispiele zeigen, kommt es nicht darauf an, ob die Regeln auch sprachlich präzise einem Wenn-Dann-Duktus folgen. Entscheidend ist die logische Struktur der Regel.

42

Rechtliche Regeln können aber auch eine „Sodass-Struktur" aufweisen. So sind familienrechtliche Entscheidungen, die sich auf das Sorgerecht für Kinder beziehen, *so* zu treffen, *dass* dem Kindeswohl am besten entsprochen wird.⁵² Im Straßenverkehr hat sich jeder Verkehrsteilnehmer so zu verhalten, dass „kein Anderer geschädigt, gefährdet oder mehr als nach den Umständen unvermeidbar behindert oder belästigt wird"⁵³. Man spricht hier von einer „finalen" Programmierung (*finis* = Ziel) oder einer Zweckprogrammierung.⁵⁴

43

1. Vorteile konditionaler Programmierung

Konditional programmierte Rechtsregeln haben für den Rechtsanwender einen doppelten Vorteil. Zum einen bieten sie eine vergleichsweise zuverlässige Verhaltensanweisung, wobei der Grad an Orientierungssicherheit, den sie jeweils gewähren, natürlich von der Präzision abhängt, mit der der Tatbestand der Norm formuliert ist. Zum andern entlasten sie ihn, wie insbesondere *Luhmann* wiederholt hervorgehoben hat,

44

---

46 *Dworkin*, Bürgerrechte, S. 54 ff. Zur Kritik von *Raz* („Legal Principles and the Limits of Law", in: Yale Journal 81 [1972], S. 823 ff.) Replik bei *Dworkin*, Bürgerrechte, S. 130 ff.
47 *Alexy*, Grundrechte, S. 75 ff.
48 *Dworkin*, Bürgerrechte, S. 60, 131 u. ö.
49 *Neumann*, Geltung.
50 Zum Folgenden schon Rn. 36.
51 § 823 Abs. 1 BGB.
52 Z.B. § 1697a BGB.
53 § 1 Abs. 2 StVO.
54 Grundlegend zu dieser Differenz *Luhmann*, Positivität, S. 140 ff.; *ders.*, Methode, S. 275 ff.; *ders.*, Recht der Gesellschaft, S. 195 ff.

von den Aufgaben der Folgenprognose und der Folgenbewertung. Beide sind mit erheblichen Unsicherheiten verbunden. Was geschehen ist bzw. aktuell der Fall ist, lässt sich – Beweisprobleme zugestanden – grundsätzlich zuverlässig feststellen. Prognosen hingegen sind unsicher – zumal sie sich (wie eine ironische Formulierung lautet) auf die Zukunft beziehen.

45 Mit welchem Maß an Sicherheit kann der Richter beispielsweise entscheiden, ob das Kind bei seiner Mutter oder aber bei seinem Vater „besser aufgehoben" ist? Zu dem Prognose-Problem kommt die unvermeidliche Subjektivität der Wertung. Welche Faktoren sollen bei der Bilanz, welche Entscheidung dem „Kindeswohl" am besten dient, entscheidend sein? Soll es vor allem auf das Maß an Zuwendung, auf die Förderung der intellektuellen oder emotionalen Entwicklung oder aber auf andere Faktoren ankommen, die im Falle der einen oder der anderen Entscheidung zu erwarten sind?

46 Mit diesen Überlegungen soll keineswegs die Orientierung am Maßstab des Kindeswohls verworfen oder gar einer Rückkehr zu der früheren, ideologisch motivierten Maxime „das Sorgerecht bekommt der an der Trennung unschuldige Elternteil" das Wort geredet werden. Es ist aber zu beachten, dass der Mechanismus der konditionalen Programmierung nicht nur den Richter von der Verantwortung für die sozialen Folgen seines Urteils entlastet, sondern auch der *Rechtssicherheit* dient. Konditional programmierte Entscheidungen sind jedenfalls tendenziell in höherem Maße vorhersehbar.[55]

2. Alternative: Folgenorientierung

47 Auf der anderen Seite ist nicht zu übersehen, dass die Indifferenz konditional programmierter Entscheidungen gegenüber den sozialen Folgen der Entscheidung eine „Schmerzgrenze" erreichen kann, an der dem Richter nur die Wahl zwischen einer gesetzestreuen unvernünftigen und einer das Gesetz beugenden vernünftigen Entscheidung bleibt.

a) Beispiel: Die eifersüchtige Greisin

Ein Beispiel aus der strafgerichtlichen Praxis: Die etwa 80-jährige Angeklagte hatte in einem Anfall von Eifersucht Teeblätter, aus denen sich ihr etwa gleichaltriger Ehemann seinen Tee zuzubereiten pflegte, vergiftet – mit einer, wie sie wusste, hoch toxischen, potenziell tödlich wirkenden Substanz. Der Ehemann stellte fest, dass die Blätter sich verfärbt hatten, und verzichtete deshalb darauf, sie zu verwenden. Wenige Tage später kam es zu einer offenen Aussprache der beiden und zu einer tränenreichen Versöhnung. Die Eheleute hatten bis zu diesem Zeitpunkt viele Jahrzehnte lang in einer äußerst harmonischen Beziehung gelebt. Bei der Aussprache hatten sie sich geschworen, bis zum Ende ihrer Tage einträchtig zusammen zu bleiben. Damit war der eheliche Frieden wiederhergestellt und die Sache wäre erledigt gewesen, wären nicht der Staatsanwaltschaft von dritter Seite Informationen über das Geschehen zugespielt worden.

48 Die Staatsanwaltschaft aber *musste* nach dem sogenannten *Legalitätsprinzip*[56] Anklage wegen versuchten Mordes erheben. Sie tat es in dem Bewusstsein, dass eine strafrechtliche Intervention in diesem Fall sowohl gegenüber der Täterin als auch gegenüber dem „Opfer" vollständig sinnlos war. Erschwerend kam hinzu, dass bei einer Verurteilung wegen versuchten Mordes die Strafe nicht zur Bewährung hätte ausge-

---

55 Präzise Analyse bei *Luhmann*, Rechtssystem.
56 § 152 Abs. 2 StPO.

VI. Konditionale und finale Programmierung §8

setzt werden können. Denn die Mindeststrafe für versuchten Mord beträgt 3 Jahre.[57] Die Möglichkeit, die Vollstreckung einer Freiheitsstrafe zur Bewährung auszusetzen, endet aber *de lege lata* bei 2 Jahren.[58] Es wäre folglich unvermeidbar gewesen, die Greisin für mindestens 3 Jahre ins Gefängnis zu schicken – eine Katastrophe nicht nur für die Angeklagte selbst, sondern auch für ihren Ehemann, das „Opfer".

Eine Verurteilung wegen *Mordversuchs* (und nicht nur wegen versuchten Totschlags[59]) war nach dem Gesetz und den anerkannten Regeln der Strafrechtsdogmatik unvermeidlich. Denn die Ehefrau wollte sich bei dem Tötungsversuch die Ahnungslosigkeit ihres Ehemannes zu Nutze machen – sie wollte seine *Arg- und Wehrlosigkeit* ausnutzen, womit das Mordmerkmal der „Heimtücke" verwirklicht war.[60] 49

Die Ehefrau ins Gefängnis zu schicken, erschien dem Gericht (LG Darmstadt)[61] aber als Verstoß gegen alle Grundsätze der praktischen Vernunft. Es behalf sich deshalb mit einem Trick. Die Lösung: Man verneinte das Mordmerkmal der Heimtücke – mit der Begründung, durch die Verfärbung der Blätter sei der Ehemann gewarnt worden, sodass er nicht arglos gewesen sei. Damit wurde die Tat zu einem *versuchten Totschlag* herabgestuft – Mindeststrafe zwei Jahre.[62] Diese Mindeststrafe wurde denn auch verhängt und ihre Vollstreckung zur Bewährung ausgesetzt. Die Greisin konnte nach dem Ende der Verhandlung in ihre häusliche Idylle zurückkehren. Dogmatisch ist das Urteil unhaltbar.[63] Praktisch war es die einzig sinnvolle Entscheidung. 50

Auch jenseits derartiger Einzelfälle stellt sich die grundsätzliche Frage, ob der weitgehende Verzicht des Rechts auf folgenorientierte Entscheidungen moralisch zu rechtfertigen ist. 51

b) „Kinder den Mütterlichen"?

Diese Frage wird in unerhörter Schärfe und Klarheit in *Brechts* Parabel „Der kaukasische Kreidekreis" aufgeworfen. Zur Erinnerung: In der Schlussszene, auf die hin sich das Geschehen zuspitzt, soll der in revolutionären Zeiten als Richter eingesetzte Dorfschreiber Azdak entscheiden, wem die Mutterschaft an dem Kind zuzuerkennen ist, das von seiner biologischen Mutter, der Gouverneursfrau, zu Beginn der politischen Unruhen im Stich gelassen und von der Magd Grusche aufgezogen worden war. Die „Probe", die er dazu arrangiert, variiert das Salomonische Urteil. Das Arrangement – jede der beiden Frauen soll versuchen, das Kind an einem seiner beiden Arme aus dem Kreidekreis herauszuziehen – wird mit der ausdrücklichen Maßgabe getroffen, die „wahre Mutter" werde die Kraft haben, das Kind aus dem Kreis heraus und zu sich zu ziehen. Tatsächlich aber ist die Rücksichtslosigkeit, mit der die Gouverneursfrau das Kind an sich reißt, für den Azdak ein Beweis, dass sie als Mutter nicht geeignet und in diesem Sinne nicht die „wahre Mutter" ist. 52

Die Botschaft, dass es nicht auf rechtliche Zuordnungen, sondern auf die Frage ankommen soll, was für die Menschen und ihre Gesellschaft „das Beste" ist, wird in den Schlusssätzen mit fast aufdringlicher Deutlichkeit verkündet: 53

---

57 §§ 211 Abs. 1, 23 Abs. 2, 49 Abs. 1 Nr. 1 StGB.
58 § 56 Abs. 2 Satz 1 StGB.
59 §§ 212, 22 StGB.
60 Ständige Rechtsprechung; vgl. etwa BGHSt 41, 72 (78 f.).
61 Das Urteil wurde, soweit ersichtlich, nicht veröffentlicht. Die Informationen über Sachverhalt und Urteil sind Presseberichten entnommen.
62 §§ 212 Abs. 1, 23 Abs. 2, 49 Abs. 1 Nr. 3 StGB.
63 Näher dazu *Neumann*, Rechtswissenschaft und Rechtspraxis, S. 252 ff.

> „Dass da gehören soll, was da ist, denen, die für es gut sind, also
> Die Kinder den Mütterlichen, damit sie gedeihen
> Die Wagen den guten Fahrern, damit gut gefahren wird
> Und das Tal den Bewässerern, damit es Frucht bringt".

54 Das ist nicht der Standpunkt, auf dem das Recht steht, jedenfalls nicht die Rechtsordnung der Bundesrepublik – möglicherweise auch keine denkbare Rechtsordnung, die Anspruch darauf erheben könnte, ein Mindestmaß an Rechtssicherheit zu gewähren. Die Kinder „gehören" nicht den Mütterlichen (oder Väterlichen), sondern ihren Eltern.[64] Die vorgesehene Kontrolle durch die staatliche Gemeinschaft[65] wird eher zurückhaltend ausgeübt. Das Familienrecht ist primär durch institutionelle Zuordnungen („Kinder den Eltern!") geprägt. Folgenorientierung („Kindeswohl") kommt erst dann in Betracht, wenn die Institutionen zerbrochen sind (Ehescheidung) oder grob versagt haben.[66]

c) Rechtsbeugung durch Folgenorientierung – ein zeitgeschichtlicher Fall

55 Gleichwohl: Das Spannungsverhältnis zwischen einer gesetzmäßigen Entscheidung einerseits, einer sachlich angemessenen (oder doch als sachlich angemessen erlebten) andererseits bleibt virulent. Der Frankfurter Zivilrechtler und Rechtsphilosoph *Rudolf Wiethölter* (1929–2024) verdeutlicht das, indem er der Parabel vom Kaukasischen Kreidekreis einen realen Fall an die Seite stellt, der in der zeitgeschichtlichen Phase der deutschen Teilung (1949–1990) nicht nur die Gerichte, sondern auch Presse und Öffentlichkeit der Bundesrepublik intensiv beschäftigt hat.[67]

Der Sachverhalt: Die nichteheliche (seinerzeit terminologisch noch: „uneheliche") Mutter eines 1956 in West-Berlin geborenen Mädchens, das zunächst in der Bundesrepublik bei den Eltern seines Vaters lebte, übersiedelte 1959 in die DDR und wollte ihre Tochter zu sich holen. Das damals zuständige „Vormundschaftsgericht" entzog ihr daraufhin das Recht, den Aufenthalt für ihre Tochter zu bestimmen – mit der Begründung, es handele sich um einen Missbrauch des Personensorgerechts. Dieser „Missbrauch" wurde darin gesehen, dass die Mutter das Kind aus der BRD zu sich in die (seinerzeitige) DDR holen wollte.

Nachdem diese Entscheidung in mehreren Instanzen korrigiert worden war, die der Mutter rechtskräftig das Recht zusprachen, über den Aufenthalt ihrer Tochter zu bestimmen, und das BVerfG keinen Anlass gesehen hatte, zu intervenieren, hätte das letztinstanzliche Urteil vollstreckt werden müssen – durch Übergabe des Kindes an die Mutter. Das dafür zuständige Amtsgericht Berlin-West weigerte sich indes mehrfach, die Vollstreckung durchzuführen – mit der Begründung, dass das Urteil „menschenrechtswidrig" sei. – Letztlich gestand die Mutter dem Kind die eigene Entscheidung zu (die zugunsten der in der BRD lebenden Familie ihres Vaters fiel).

56 Der Fall ist, selbstverständlich, durch den seinerzeitigen politischen Gegensatz zwischen DDR und BRD, zwischen Ost und West geprägt. Dass der Vollstreckungsrichter sich einer Rechtsbeugung[68] schuldig gemacht hat, indem er sich weigerte, eine

---

64 Art. 6 Abs. 2 Satz 1 GG.
65 Art. 6 Abs. 2 Satz 2 GG.
66 Nach § 1666 BGB hat im Falle einer Gefährdung des Kindeswohls das Familiengericht die Maßnahmen zu treffen, die zur Abwendung der Gefahr erforderlich sind – bis hin zur Entziehung des elterlichen Sorgerechts.
67 *Wiethölter*, Rechtswissenschaft, S. 18 ff.
68 § 339 StGB.

VII. Subjektive Rechte

rechtskräftige Entscheidung zu vollstrecken, ist nur aus der damaligen politischen Situation zu erklären. Ebenso muss der „Aufschrei" in Presse und Öffentlichkeit, der sich gegen die Entscheidungen des Bundesverfassungsgerichts und des BGH richtete, zeitgeschichtlich eingeordnet werden. Aber jenseits dieser politischen Dimension wirft der Fall das grundsätzliche Problem einer richterlichen Folgenorientierung auf, die von dem Konditionalprogramm des Rechts nicht gedeckt wird. Aktuell ließe sich dieses Problem auch anhand der Frage verdeutlichen, ob eine gesetzlich unter bestimmten Voraussetzungen zulässige Abschiebung in ein Land, in welchem dem Betroffenen die Folter droht, rechtsethisch vertretbar ist.

Festzuhalten ist: Der Richter steht häufig in einem Spagat zwischen der gesetzmäßigen und der sachlich richtigen Entscheidung. Er hat sich grundsätzlich nicht an den Folgen seines Urteils zu orientieren, aber: es gibt eine „Schmerzgrenze". Ein weiteres Beispiel dafür ist eine Entscheidung des Bundesverfassungsgerichts, der zufolge eine gesetzmäßige (!) Zwangsvollstreckung einzustellen war, weil der Schuldner glaubhaft mit Suizid gedroht hatte.[69]

VII. Subjektive Rechte

Moderne Rechtsordnungen erkennen Bürgern, teilweise auch Kollektiven, Rechtspositionen zu, die Ansprüche gegen andere oder aber Schutz vor staatlichen Zugriffen gewähren. Neben die Kategorie des *objektiven Rechts* tritt damit die der *subjektiven Rechte*.

1. Typisierungen

Im Bereich des *Zivilrechts* ist ein zentrales subjektives Recht das Eigentum,[70] das durch die Verfassung garantiert wird.[71] Das Eigentum ist ein sogenanntes *absolutes* Recht, weil es, anders als etwa Ansprüche aus einem Vertrag, gegenüber jedermann, nicht nur gegenüber einem besonders Verpflichteten, Rechtswirkung entfaltet. Neben dem Eigentum erkennt das BGB explizit auch „das Leben, den Körper, die Gesundheit, die Freiheit" als subjektive Rechte an.[72] Wer diese Rechte oder „ein sonstiges Recht eines anderen" vorsätzlich oder fahrlässig widerrechtlich verletzt, ist diesem zum Schadensersatz verpflichtet.[73]

Im Bereich des *öffentlichen Rechts* nehmen eine zentrale Stellung die in Art. 1 bis 19 GG gewährleisteten *Grundrechte* ein. Sie werden teilweise ausdrücklich als „Rechte" gekennzeichnet, wie das „Recht auf Leben und körperliche Unversehrtheit",[74] das „Recht, seine Meinung in Wort, Schrift und Bild frei zu äußern"[75] oder „das Recht, Vereine und Gesellschaften zu bilden"[76]. Aber auch dort, wo im Grundrechtsteil der Verfassung „objektiv" formuliert wird, geht es großenteils nicht nur um *institutionelle Garantien*, sondern zugleich um die Statuierung *subjektiver Rechte*. So gewährleistet die Garantie der Kunst- und Wissenschaftsfreiheit[77] mit der Formulierung „Kunst

---

69 BVerfG NZM 2001, 951.
70 § 903 BGB.
71 Art. 14 GG.
72 Genauer wäre es, hier von dem *Recht auf Leben* (etc.) zu sprechen.
73 § 823 Abs. 1 BGB.
74 Art. 2 Abs. 2 Satz 1 GG.
75 Art. 5 Abs. 1 Satz 1 GG.
76 Art. 9 Abs. 1 GG.
77 Art. 5 Abs. 3 Satz 1 GG.

und Wissenschaft, Forschung und Lehre sind frei" nicht nur einen gesellschaftlichen Freiraum für die Entfaltung von Kunst und Wissenschaft, sondern beinhaltet auch die Anerkennung entsprechender subjektiver (Grund-)Rechte.

61 Innerhalb der Rechtspositionen, die dem Bürger gegenüber dem Staat zustehen, lassen sich (1) Abwehrrechte, (2) Teilhaberechte und (3) Ansprüche auf Unterstützung unterscheiden. Das entspricht der „Statuslehre" von *Georg Jellinek* mit ihrer Differenzierung zwischen *status negativus* (Abwehrrechte), *status activus* (Teilhaberechte) und *status positivus* (Ansprüche gegen den Staat).[78]

2. Rechtstheoretische Kritik

62 Die Berechtigung der *rechtstheoretischen Kategorie* des subjektiven Rechts ist nicht unumstritten. Das Gleiche gilt für die *Institution* des subjektiven Rechts, die teilweise unter rechtsethischen und gesellschaftstheoretischen Gesichtspunkten auf Kritik stößt. An diesem Punkt geht es lediglich um die rechtstheoretische Validität der Kategorie. Auf die rechtsethisch und gesellschafstheoretisch ansetzende Kritik an der Institution des subjektiven Rechts ist später einzugehen.[79]

63 Aus rechtstheoretischer Sicht hat *Kelsen* gegenüber der Kategorie des subjektiven Rechts den Einwand erhoben, sie spiegele lediglich die Pflicht eines anderen, sei also „der bloße Reflex einer Rechtspflicht".[80] Der Begriff des subjektiven Rechts könne „als Hilfsbegriff die Darstellung des rechtlichen Sachverhalts erleichtern", sei aber „vom Standpunkt einer wissenschaftlich exakten Beschreibung des Sachverhaltes überflüssig."[81] *Kelsen* bezieht sich dabei in erster Linie auf subjektive Rechte, die eine Rechtsmacht gegenüber anderen Individuen verleihen. Zentral sei hier demgegenüber die Kategorie der Pflicht.

64 Diese Position *Kelsens* ist folgerichtig vor dem Hintergrund seines Modells des Rechts als einer *Zwangsordnung*,[82] in dem *Pflichten* über die Statuierung von *Sanktionen* definiert werden. Dass ein Individuum zu einem bestimmten Verhalten verpflichtet sei, bedeute, dass „im Falle gegenteiligen Verhaltens eine Sanktion erfolgen soll".[83] In einem solchen Modell haben subjektive Rechte allenfalls auf Notsitzen einen Platz.

65 Jenseits dieses Modells gibt es keinen Grund, subjektive Rechte nicht auf der gleichen logischen Ebene zu platzieren wie Pflichten. An der grundsätzlichen Komplementarität von Rechten und Pflichten ist jedenfalls im Bereich des Zivilrechts nicht zu zweifeln. Die Behauptung, subjektive Rechte seien lediglich „Reflexe" von Pflichten, ist dagegen ebenso wenig zwingend wie die entgegengesetzte, Pflichten seien in diesem Bereich lediglich Reflexe von Ansprüchen (und damit von subjektiven Rechten).

66 Verallgemeinert: Kategorien wie „Pflicht" und „subjektives Recht" bezeichnen keine Entitäten, sondern sind *Denkmuster*, mit deren Hilfe sich die Struktur von Rechtsordnungen rekonstruieren lässt. Sie haben epistemischen, nicht ontologischen Charakter. Ob und inwieweit diese Denkmuster zur Rekonstruktion einer Rechtsordnung angemessen sind, hängt davon ab, welche subjektiven Rechte diese Rechtsordnung

---

78 *Jellinek*, System.
79 Dazu unten § 9 Rn. 42 ff.
80 *Kelsen*, Reine Rechtslehre, S. 133.
81 Ebd.
82 Ebd., S. 34 ff.
83 Ebd., S. 132 (dazu schon oben Rn. 6).

VII. Subjektive Rechte § 8

anerkennt. Es geht um den Gehalt des gesetzten Rechts, nicht um die Erkenntnis eines „Wesens" subjektiver Rechte.

3. Rechte von Tieren und Rechte der Natur
a) Entwicklungen

Darüber, wie der Kreis der potentiellen Inhaber subjektiver Rechte abzugrenzen ist, entscheidet das positive Recht, nicht rechtsphilosophische Reflexion. Dass nur *Menschen* subjektive Rechte haben könnten, entspricht zwar der europäischen Denktradition, ist aber keineswegs durch die „Natur der Sache" vorgegeben. 67

Die Vorstellung, dass der Mensch auch gegenüber *Tieren* Pflichten haben könnte, spielt in der Tradition des Rechtsdenkens und der Moral allenfalls eine marginale Rolle (z. B. bei *Bentham* und *Mill*). Bei *Kant* gibt es menschliche Pflichten nur *in Ansehung* der Tiere, nicht *gegenüber* den Tieren. Erst recht könne es keine (auch keine moralischen) Rechte von Tieren geben. Denn nach *Kant* können moralische Rechte nur Wesen haben, die auch moralische Pflichten haben können. Zwischen Rechten und Pflichten bestehe eine begriffliche Beziehung.[84] 68

Das deutsche Zivilrecht hat Tiere, auch nach der Kodifikation des „Bürgerlichen Gesetzbuchs" (in Kraft seit 1900), jahrzehntelang als „Sachen" rubriziert. Die derzeitige Regelung qualifiziert Tiere ausdrücklich nicht als Sachen, wendet auf sie aber die für Sachen geltenden Vorschriften „entsprechend" an, soweit nicht etwas anderes bestimmt ist (§ 90a BGB).

Diese traditionelle Zuordnung der Tiere zu den Sachen (bzw. ihre Gleichstellung mit diesen) entspricht einer kulturellen Überlieferung, in der eine scharfe Kluft zwischen Menschen einerseits, allen anderen Lebewesen andererseits markiert wurde. Gestützt werden konnte diese Sichtweise einerseits auf philosophische Lehrgebäude (vorstehend zu *Kant*), andererseits auf religiöse Ideologie. Im Christentum begründet die Vorstellung von einer „Gottebenbildlichkeit" des Menschen eine unüberbrückbare Zäsur zwischen dem Menschen einerseits, selbst hoch entwickelten Tieren andererseits. Die Behauptung, Gott habe auch Tiere „ihm zum Bilde" geschaffen, würde innerhalb der christlichen Religion als Blasphemie gelten.[85] 69

Diese kultur- und ideengeschichtlich begründete Sichtweise ist heute weithin überholt. Inzwischen wird die Vorstellung einer normativ relevanten scharfen Grenze zwischen Tier und Mensch verbreitet in Zweifel gezogen.[86] Das liegt zum einen an neueren Forschungsergebnissen, denen zufolge eine Fähigkeit, die lange Zeit als spezifisch menschlich galt, auch bei bestimmten Tieren vorhanden ist: der Gebrauch von Werkzeugen. Zudem wurden bei Tieren auch mentale Fähigkeiten entdeckt, die bisher den Menschen vorbehalten schienen, wie etwa Mitgefühl und Trauer.[87] Was die Fähigkeit zu moralischem Handeln betrifft, so hat der Verhaltensforscher *Konrad Lorenz* bereits vor mehreren Jahrzehnten „moralanaloges Verhalten" bei Tieren beschrieben.[88] Nicht zu bestreiten ist schließlich, dass jedenfalls höher entwickelte Tiere über Schmerzempfinden und Leidensfähigkeit verfügen. 70

---

84 Zur Auffassung Kants übersichtlich *Campagna*, Tierrechte, S. 518 f.
85 In anderen Religionen (z. B. der Religion Altägyptens) werden bekanntlich auch Tiere oder Hybride aus Mensch- und Tiergestalt als Gottheiten verehrt.
86 Grundlegend *Nussbaum*, Gerechtigkeit. In der gleichen Richtung schon *dies.*, Grenzen. Philosophisch fundierte Analyse bei *Gruber*, Rechtsschutz.
87 *Nussbaum*, Gerechtigkeit, S. 311 mit Bezug auf Elefanten.
88 *Lorenz*, Verhalten.

71 Gleichwohl: Die Reaktion des Rechts auf diese neuen Erkenntnisse fällt bisher zurückhaltend aus. Bisher wurden weltweit nur wenige Urteile bekannt, in denen Tieren der Status einer nichtmenschlichen Person zuerkannt wurde:[89] In Argentinien bejahte 2014 ein Gericht, dass sich ein Orang-Utan-Weibchen in ungerechtfertigter Gefangenschaft befinde. 2016 wurde in Argentinien eine Schimpansin zu einer (nichtmenschlichen) Person erklärt und in ein Schutzgebiet verbracht. Im April 2022 entschied das höchste Gericht in Ecuador, dass die Rechte eines Affenweibchens verletzt wurden, als es nach 19 Jahren seiner Besitzerin weggenommen und in einen Zoo verbracht wurde. In Deutschland gibt es bisher keine vergleichbaren Entscheidungen, aber immerhin Urteile, die sich mit aller Vorsicht als Schritte in diese Richtung deuten lassen.[90] Sie betreffen die Frage, ob Handlungen, die Rechtsgüter verletzen und deshalb „an sich" strafbar sind, gerechtfertigt sein können, wenn sie dem Schutz von wichtigen Interessen von Tieren dienen.

Anlass, diese Frage zu erörtern, geben Aktionen von Tierschützern, die in Stallungen eingedrungen waren, um gravierende Verstöße gegen Tierschutzbestimmungen zu dokumentieren. Interventionen bei den zuständigen Behörden waren zuvor erfolglos geblieben. Zu entscheiden war, ob der von ihnen begangene Hausfriedensbruch (§ 123 StGB) in Hinblick auf die Notlage der Tiere gerechtfertigt war. In Betracht kommt hier u. a. der Rechtfertigungsgrund des Notstands (§ 34 StGB). Nach dieser Bestimmung ist eine Handlung, die einen Straftatbestand verwirklicht, unter bestimmten Voraussetzungen dann nicht rechtswidrig, wenn der Täter handelt, um eine Gefahr für ein Rechtsgut „von sich oder einem anderen abzuwenden".

72 Damit stellt sich die Frage, ob lediglich ein Mensch, oder aber auch ein Tier, ein „anderer" im Sinne dieser Bestimmung sein kann. Diese Frage wird im Schrifttum teilweise im letzteren Sinne beantwortet, ein Tier einem Menschen also insofern gleichgestellt. Mitunter wird der Akzent etwas anders gesetzt und eine Gefahr für das kollektive Rechtsgut „Tierschutz" (und nicht für die konkret betroffenen Tiere selbst) angenommen. Indes: Beim Tierschutz geht es naheliegenderweise um den Schutz der Interessen von Tieren, die insofern mit menschlichen Interessen parallelisiert werden.

73 Deutlicher fällt die Reaktion des Rechts auf die *Gefahren des ökologischen Wandels* aus. Hier sind es, neben andersartigen regionalen Traditionen (insbesondere in südamerikanischen Ländern), die aktuellen politischen Herausforderungen, die auch für das Recht eine *neue Sicht auf die Natur* nahelegen. Inzwischen sind in verschiedenen Rechtsordnungen *subjektive Rechte* von Flüssen oder anderen Ökosystemen festgeschrieben worden.

Das LG Erfurt hat neuestens in zwei Aufsehen erregenden Entscheidungen[91] ausdrücklich „Eigenrechte der Natur" anerkannt und in diesem Zusammenhang von „ökologischen Personen" gesprochen. Es verweist in diesem Zusammenhang auf entsprechende Regelungen in anderen Ländern:

> „Weltweit haben … in den letzten Jahren zahlreiche Rechtsordnungen solche Rechte fruchtbar gemacht, über eine Verfassungsänderung wie in Ecuador, per Gesetzgebung wie in Aotearoa Neuseeland, Spanien oder Neukaledonien, aber auch im Wege des Richterrechts. Auf europäischer Ebene kann dem Beispiel von Gerichten in Kolumbien, Peru, Indien oder Bangladesch gefolgt werden, deren Rechtsordnungen Eigenrechte der

---

[89] Frankfurter Allgemeine Zeitung (FAZ) v. 17.6.2022.
[90] OLG Naumburg NJW 2018, 2064; LG Magdeburg StV 2018, 335.
[91] LG Erfurt Urt. v. 2.8.2024 (Az. 8 O 1373/21) und Urt. v. 17.10.2024 (8 O 836/22).

VII. Subjektive Rechte § 8

Natur nicht kannten und die daher einen richterrechtlichen Weg eingeschlagen haben. Leitbild dieses richterrechtlichen und rechtsvergleichenden Ansatzes ist die Entscheidung des kolumbianischen Verfassungsgerichts aus dem Jahr 2016 zum Rio Atrato, dessen Rechtsfähigkeit aus einer Gesamtschau der kolumbianischen Rechtsordnung heraus begründet wurde."[92]

b) Rechtstechnische Dimension

Rechtstechnisch bereitet die Anerkennung subjektiver Rechte von Tieren oder auch von ökologischen Systemen keine unüberwindlichen Schwierigkeiten. Dass Tiere ebenso wenig wie Flüsse in der Lage sind, ihre Rechte selbst geltend zu machen und ggf. gerichtlich durchzusetzen, steht dem nicht entgegen. Denn: Dass andere für die Inhaber von Rechten die Verwirklichung dieser Rechte übernehmen, ist ein vertrautes Phänomen. Es gilt etwa für Unternehmen, aber auch für natürliche Personen, die dazu selbst nicht in der Lage sind (Unmündige, Menschen mit geistiger Behinderung). Rechtstechnisch stellt sich hier kein ernsthaftes Problem.

74

c) Rechtsethische Dimension

Eine andere Frage ist, wie es sich *begründen* lässt, subjektive Rechte nicht nur Menschen, sondern auch Teilen der belebten oder sogar der unbelebten Natur zuzuerkennen.[93] Dafür gibt es drei mögliche Ansätze.

75

Der erste: Diesen Teilen der Natur (Tieren, ggf. auch Flüssen oder anderen Ökosystemen) wird ein *intrinsischer* Wert zuerkannt (ein Wert, der von ihrem Nutzen für oder ihrer Wertschätzung durch andere unabhängig ist), der sie als rechtlich schutzwürdig erscheinen lässt. Die ideologische Basis dafür können etwa animistische Vorstellungen von Flussgöttern oder -geistern sein, oder der Glaube, dass auch Tiere als Teil einer göttlichen Schöpfung Respekt und Schutz verdienen. So wurde in Neuseeland auf Drängen der indigenen Bevölkerung einem Fluss, der von ihr als Heiligtum verehrt wurde, der Status einer juristischen Person zuerkannt – mit allen Rechten und Befugnissen einer solchen.[94]

76

Der zweite Begründungsansatz hat rein *instrumentellen Charakter*: Die Anerkennung von Rechten der Natur dient hier, kombiniert mit „advokatorischen" Klagebefugnissen bestimmter Gruppierungen, als Mechanismus, um bestimmte Umwelteffekte zu erreichen – etwa der Verschmutzung von Flüssen oder anderer Ökosysteme zu steuern. Hier geht es um den Schutz der Umwelt („ökozentrischer Ansatz"), zugleich aber um das Interesse der Menschen an einer intakten natürlichen Umwelt („anthropozentrischer Ansatz").

77

Der dritte Ansatz ist der interessanteste, aber auch der aufwendigste. Er setzt weder ideologisch an wie der erste, noch instrumentell wie der zweite, sondern *normativ*. Begründet werden soll, dass es moralisch richtig ist, den Kreis der Rechtssubjekte über den Bereich der Menschen hinaus zu erweitern. Dies betrifft in erster Linie die Zuerkennung subjektiver Rechte an *Tiere*. Die argumentative Leistung, die hier

78

---

92 LG Erfurt Urt. v. 17.10.2024 Rn. 26.
93 Nachdrücklich für die Anerkennung von Rechten der Natur *Wesche*, Rechte (passim); *Kersten*, Grundgesetz (insbes. S. 100 ff.). Grundlegend zur Tierethik *Singer*, Ethik; *Hoerster*, Tiere; *Wolf*, Ethik. Textsammlung bei Wolf (Hrsg.), Texte.
94 *Wesche*, Rechte, S. 9.

erforderlich ist, muss im Grunde bereits im Vorfeld erbracht werden, nämlich dort, wo die Strafbarkeit der willkürlichen Tötung bestimmter Tiere (Tierarten), die das deutsche Strafrecht vorsieht,[95] gerechtfertigt werden soll. Die Strafrechtswissenschaft diskutiert dieses Problem als Frage, ob Leben und körperliche Integrität von Tieren als *Rechtsgüter* gewertet werden können, oder ob als Rechtsgüter ausschließlich menschliche Interessen in Betracht kommen.

79 Vorweg: Es ist wohl nicht möglich, den strafrechtlichen Schutz von Tieren auf *menschliche* Interessen zurückzuführen, wie dies teilweise versucht wird. Denn zum einen würde der Schutz vor Empfindungen des Mitleids, der hier angeführt wird, auf einen *Gefühlsschutz* hinauslaufen, der in einem rechtsstaatlich-liberalen Strafrecht problematisch ist. Zum andern ist es das erklärte Ziel (jedenfalls) des deutschen Tierschutzgesetzes, „Leben und Wohlbefinden" der Tiere selbst zu schützen.

80 Mit dem Hinweis auf die Gesetzeslage ist aber eine normative, rechtsethische Begründung des strafrechtlichen Tierschutzes und, erst recht, der Anerkennung subjektiver Rechte von Tieren, noch nicht geleistet. Dazu müsste dargelegt werden, dass es *gerechtfertigt*, möglicherweise sogar geboten ist, Tiere in den Kreis der Destinatäre (Begünstigten) strafrechtlichen Schutzes bzw. der Träger subjektiver Rechte einzubeziehen. Gesucht wird ein *Brückenprinzip*, das es rechtfertigt, Tiere *in diesen Punkten* Menschen *normativ* gleichzustellen.[96] Basieren müsste dieses Prinzip auf faktischen Gemeinsamkeiten, auf die sich die Forderung einer rechtlichen Gleichbehandlung stützen ließe.

81 Es liegt nahe, diese Gemeinsamkeit in der *Leidensfähigkeit* zu sehen, die Menschen und Tieren gemeinsam ist („pathozentrischer Ansatz"). Dass Leiden vermieden werden soll, wo dies möglich ist, dürfte ein moralisches Prinzip von hoher Evidenz sein. Die *Zuständigkeit des Menschen* für die Vermeidung von Leiden auch von Tieren ergibt sich aus diesem Prinzip *per se*; denn es richtet sich an alle, die in der Lage sind, dem Leiden anderer abzuhelfen. Ausformulieren ließe sie sich in einem *Solidaritätsprinzip*, das Menschen dazu verpflichtet, nicht nur menschlichem Leiden, sondern auch dem von Tieren Rechnung zu tragen.

82 Eine etwas aufwendigere Argumentation liegt dem Plädoyer für die Anerkennung von Tierrechten zugrunde, das die amerikanische Philosophin und Rechtstheoretikerin *Martha Nussbaum* vorgetragen hat. Nach *Nussbaum* sind es die emotionalen und intellektuellen Fähigkeiten von (bestimmten) Tieren, die eine scharfe Grenze zwischen Mensch und Tier hinfällig machen.[97] Die Parallelität der emotionalen und intellektuellen Fähigkeiten vom Menschen einerseits, Tieren andererseits wird zum Ansatzpunkt einer Rechtstheorie, die nicht nur subjektive Rechte, sondern auch (stellvertretend auszuübende) Klagebefugnisse für Tiere fordert.

83 *Nussbaums* Modell ist anspruchsvoller als der schlichte Rückgriff auf die Leidensfähigkeit von Tieren, den sie einer utilitaristischen Tradition zuordnet. Letzteres ist insofern richtig, als es dort, wo entscheidend auf die Leidensfähigkeit von Tieren abgestellt wird, um die „Nützlichkeit" (*utilitas*) der entsprechenden Maßnahmen geht. Eine moralische Abwertung dieses Ansatzes, wie sie mit dem Begriff „utilitaristisch" häufig verbunden wird, wäre aber nicht gerechtfertigt. In dem von *Nussbaum* verwen-

---

95 § 1 TierSchG. Verfassungsrechtlich ist der Tierschutz in Deutschland in Art. 20a GG verankert.
96 Dazu und zum Folgenden näher *Neumann*, Rechtsgutslehre, S. 276 ff.
97 *Nussbaum*, Gerechtigkeit. Ähnlich *Pelluchon*, Manifest (insbes. S. 60 ff.).

deten Sinne „utilitaristisch" ist jede Argumentation, die darauf abstellt, welche Folgen eine Handlung für die Interessen der von ihr Betroffenen hat – eine Kernfrage jeder rationalen Moral. Im Ergebnis dient die Argumentation *Nussbaums* denn auch dem Nachweis, dass den Interessen der Tiere an *Leidensfreiheit* Rechnung getragen werden muss.

C. Leistungen des Rechts

§ 9 Funktionen und Dysfunktionen des Rechts

I. Soziale Leistungen des Rechts

1. Gesellschaft ohne Recht?

1 Was leistet das Recht für die Gesellschaft? Um diese Frage zu beantworten, muss man versuchen, sich eine Gesellschaft *ohne* Recht vorzustellen, und überlegen, welche Defizite sie im Vergleich zu einer rechtlich geordneten Gesellschaft aufweisen würde. Hier stellen sich indes sogleich zwei Probleme.

2 Zum einen: Es gibt keine Gesellschaft „an sich". Welche Bedeutung einer Rechtsordnung für eine Gesellschaft zukommt, ist abhängig von deren (vorrechtlicher) Struktur. Das Recht spielt in einer modernen, komplexen und vielfach vernetzten Gesellschaft eine wichtigere Rolle als in einer prähistorischen, abgeschlossenen Gesellschaft von Jägern und Sammlern. Verallgemeinert: Der *Bedarf an Recht* ist sowohl historisch als auch regional und kulturell relativ.

3 Zum andern: Fragt man nach den *spezifischen Leistungen* des Rechts, so genügt es nicht, sich das Recht aus dieser Gesellschaft einfach „wegzudenken". Denn, ganz abgesehen von der intrikaten Frage, ob wir uns dann tatsächlich noch auf *dieselbe* Gesellschaft beziehen würden: Wir müssten berücksichtigen, ob Funktionen rechtlicher Regeln und Institutionen nicht zumindest teilweise von *anderen* Regeln und Institutionen übernommen werden könnten. Insbesondere wäre zu diskutieren, ob und inwieweit Regeln der *Moral*, der *Sitte*, der *Religion* vergleichbare Aufgaben übernehmen könnten. Zu fragen wäre also nach *funktionalen Äquivalenten* des Rechts.

4 Bei der Frage nach den Leistungen des Rechts in einer modernen, marktwirtschaftlich orientierten („kapitalistischen") Gesellschaft, auf die wir uns beschränken wollen, können diese Probleme weitgehend ausgeblendet werden. Dass eine Gesellschaft kapitalistischen Zuschnitts auf Recht nicht *in toto* verzichten kann, liegt auf der Hand. Die Frage nach Alternativen zum Recht wird deshalb lediglich im Kontext der Kritik, die an einer „Verrechtlichung" von Beziehungen im sozialen Nahraum (Familie) geübt wird, eine Rolle spielen.[1]

2. Sicherheit durch Recht und Sicherheit des Rechts

5 Bei der Frage nach der Funktion des Rechts geht es nicht um bestimmte *Inhalte* der Rechtsordnung, sondern um die Leistung, die das Recht *als solches*, als Institution, und damit unabhängig von seinem konkreten Regelungsgehalt vollbringt. Diese Leistung liegt, wie insbesondere *Radbruch* betont hat, in der Herstellung von *Rechtssicherheit*.[2] Schon durch sein Dasein bringt das Recht normative Strukturen in das „Gewühl" der Gesellschaft, vermittelt Orientierung, schafft verbindliche Regeln für das Zusammenleben, die Abgrenzung von „Rechtssphären", den Austausch von Gütern etc. *In welchem Maße* es Rechtssicherheit gewährt, ist aber eine Frage der inhaltlichen Ausgestaltung der jeweiligen Rechtsordnung. Insofern kommt es darauf an, wie detail-

---

1 Unten Rn. 28 ff.
2 *Radbruch*, Rechtsphilosophie (1932), § 10.

liert die Regeln sind, welchen Spielraum sie für Interpretationen lassen, wie präzise oder vage die verwendeten Rechtsbegriffe sind.

Ein berühmt-berüchtigtes Beispiel: Nehmen wir an, das Strafgesetz bestünde aus einer einzigen Norm, die lautet: „Wer sich unangemessen verhält, wird angemessen bestraft." Selbst diese Norm schafft in gewissem Sinne Rechtssicherheit; denn sie schließt es aus, jemanden nach Willkür zu bestrafen (oder: nicht zu bestrafen). Aber der Gewinn an Rechtssicherheit, der sich aus dieser Norm ergibt, ist überschaubar. Der Rechtsstaat verlangt, dass der Bereich des Strafbaren so präzise wie möglich abgegrenzt wird.

So wird die Formulierung des Art. 103 Abs. 2 GG denn auch im Sinne eines *Bestimmtheitsgebots* verstanden. Es reicht nicht aus, dass die Strafbarkeit *überhaupt* geregelt ist (dem würde auch die fiktive Norm über das „unangemessene" Verhalten genügen), sondern: Das strafbare Verhalten muss so präzise gekennzeichnet werden, dass es dem Bürger eine hinreichende Orientierung bezüglich des Grenzverlaufs zwischen Strafbarkeit und Straflosigkeit ermöglicht. Strafvorschriften, die darauf abstellen, ob die Tat gegen die „guten Sitten" verstößt,[3] liegen unter diesem Aspekt jedenfalls in einer rechtsstaatlichen Grauzone.

Rechtssicherheit bedeutet also einerseits „Sicherheit *durch* Recht", andererseits „Sicherheit (Bestimmtheit) *des* Rechts." Beides hängt zusammen. Denn die Sicherheit, die das Recht schafft (Sicherheit *durch* Recht), ist umso größer, je präziser das Recht selbst ausgestaltet ist (Sicherheit *des* Rechts). Sicherheit *des* Rechts bedeutet, über die Voraussetzung hinreichender Bestimmtheit hinaus, auch, dass Recht nicht beliebig – und insbesondere nicht rückwirkend – geändert wird. Verfassungsrechtlich sind deshalb der *Rückwirkung* von Gesetzen über das strikte Verbot rückwirkender Strafgesetzgebung (Art. 103 Abs. 2 GG) hinaus Grenzen gesetzt.[4]

Diese Begrenzung rückwirkender Änderung von Gesetzen ist, wie die Garantie von Rechtssicherheit überhaupt, Voraussetzung für eine rationale Planung der persönlichen Zukunft, der Entwicklung von Unternehmen etc. Insbesondere im Bereich wirtschaftlicher Investitionen ist Rechtssicherheit eine unabdingbare Voraussetzung erfolgreichen Managements. Nicht wenige Unternehmen machen die Entscheidung für bzw. gegen einen bestimmten Standort wesentlich davon abhängig, ob in dem jeweiligen Staat ein hinreichend leistungsfähiges Rechts- und Justizsystem existiert. Aber auch für private Investitionen gilt, dass Voraussetzung rationaler Entscheidungen die Zuverlässigkeit bestehender rechtlicher Regelungen ist. Wenn, beispielsweise, gesetzliche Bestimmungen über die Subventionierung politisch erwünschter Investitionsentscheidungen (E-Mobilität) kurzfristig geändert werden, so kann das für den Einzelnen mit erheblichen Problemen verbunden sein.

3. Konfliktvermeidung und Konfliktlösung durch Recht

Das moderne Recht versucht, durch die Bereitstellung präziser Regeln gesellschaftliches Konfliktpotential, das aus Unklarheiten über Rechte und Pflichten des Einzelnen resultieren könnte, zu minimieren. Es bestimmt, beispielsweise, wer Eigentümer einer konkreten Sache ist, welche Verpflichtungen sich aus dem Abschluss eines Kaufvertrags ergeben, und wer in welcher Höhe gegenüber dem Staat Anspruch auf Sozialleistungen hat. Gleichwohl lassen sich Konflikte zwischen Bürgern untereinander,

---

[3] § 228 StGB.
[4] Instruktiv dazu *H. D. Jarass*, in: Jarass/Pieroth, Grundgesetz für die Bundesrepublik Deutschland, 18. Aufl. 2024, Art. 20 Rn. 94 ff.

zwischen Bürger und Staat, aber auch zwischen unterschiedlichen staatlichen Institutionen[5] nicht vermeiden. Diese Konflikte können, beispielsweise, resultieren aus dem Unvermögen oder dem Unwillen, bestehende Verpflichtungen zu erfüllen, oder aus einer Unkenntnis der Rechtslage.

a) Funktion und Strukturen der Justiz

10 Zuständig für die Bewältigung derartiger Konflikte sind in erster Linie die *Gerichte*. Für die Aufgliederung der „Gerichtszweige" gibt es kein einheitliches Muster. Fundamental, und wohl universell durchgeführt, ist die Unterscheidung zwischen *Zivil- und Strafgerichtsbarkeit*, die aber nicht notwendig auf die Gerichtsorganisation durchschlagen muss. So ist in Deutschland die sogenannte „ordentliche Gerichtsbarkeit" (höchste Instanz: der Bundesgerichtshof) für Zivil- wie auch für Strafverfahren zuständig. Andererseits ist aus der Zuständigkeit der Zivilgerichte die *Arbeitsgerichtsbarkeit* ausgegliedert (Arbeitsgerichte, höchste Instanz: das Bundesarbeitsgericht). Für Streitigkeiten zwischen Bürger und Staat sind, je nach betroffenem Rechtsgebiet, die *Verwaltungsgerichte* (höchste Instanz: das Bundesverwaltungsgericht), die *Sozialgerichte* (höchste Instanz: das Bundessozialgericht) oder die *Finanzgerichte* (höchste Instanz: der Bundesfinanzhof) zuständig.

11 Diese Aufgliederung der Gerichtszweige ist hier deshalb von Bedeutung, weil sie nicht nur eine technisch-organisatorische Dimension hat. Vielmehr ist sie, jedenfalls in bestimmten Teilen, Ausdruck politischer Wertungen. So liegt der – keinesfalls selbstverständlichen – Einrichtung von *Verwaltungsgerichten* die Entscheidung zugrunde, dass dem Bürger gegenüber bestimmten Entscheidungen der Verwaltung nicht nur die „Remonstration" bei einer übergeordneten Behörde, sondern der Weg zu unabhängigen Gerichten offenstehen soll – ein zentraler Baustein in der Architektur des Rechtsstaats.

12 Die Ausgliederung der *Arbeitsgerichte* aus den allgemeinen Zivilgerichten unterstreicht zum einen die spezifische Bedeutung, die dem Arbeitsbereich im Leben der meisten Bürger zukommt. Sie trägt zum andern den hier typischen Konflikten zwischen Arbeitnehmer- und Arbeitgeberinteressen dadurch Rechnung, dass in den Spruchkörpern zwei *ehrenamtliche Richter* mitwirken, von denen einer der Gruppe der Arbeitnehmer, der andere der der Arbeitgeber zugehört. Die Ausbildung einer eigenen *Sozialgerichtsbarkeit* ist nicht nur dem hohen Arbeitsanfall in diesem Bereich und dem Erfordernis spezieller Kenntnisse auf dem komplexen Gebiet des Sozialrechts geschuldet, sondern unterstreicht auch die Bedeutung, die diesem Gebiet in der Rechtsordnung eines Sozialstaats[6] zukommt.

13 Einen Konflikt zwischen Bürgern (und nicht primär zwischen Bürgern und dem Staat) betrifft eine Vielzahl von *Strafverfahren* – auch wenn der Begriff des „Konflikts" die asymmetrische Verteilung der Rollen als Täter einerseits, Opfer andererseits nicht präzise trifft. Gleichwohl: Es geht um ein Geschehen, das sich dort, wo das Opfer eine natürliche Person ist, im Verhältnis von Bürgern zueinander abspielt und, insbesondere bei Gewaltdelikten, häufig eine Vorgeschichte in Auseinandersetzungen hat, denen persönliche Konflikte zugrunde liegen. Dass der Staat die Aufarbeitung dieses Geschehens für sich beansprucht, versteht sich nicht von selbst und ist historisch das Ergebnis einer

---

5 Beispielsweise bei bestimmten Streitigkeiten zwischen dem Bund und einem Bundesland, deren Entscheidung dem BVerfG zugewiesen ist (Art. 94 Abs. 1 Nrn. 3, 4 GG).
6 Art. 20 Abs. 1 GG.

I. Soziale Leistungen des Rechts § 9

Entwicklung, die in Zentraleuropa mit dem Erstarken territorialer Zentralgewalten etwa zu Beginn des 11. Jahrhunderts einsetzt.[7]

In Deutschland ist der Staat heute für die strafrechtliche Verfolgung auch der Mehrzahl derjenigen Straftaten zuständig, die sich ausschließlich gegen eine Privatperson, also nicht gegen Rechtsgüter der Gesellschaft („kollektive Rechtsgüter") oder gegen Interessen des Staates selbst richten. Der Verletzte selbst kann nur in geringem Umfang darüber entscheiden, ob ein Strafverfahren durchgeführt wird oder nicht. Bei bestimmten Delikten (z. B. Beleidigung, § 185 StGB) kann ein Strafverfahren in der Regel nur dann eingeleitet werden, wenn der Betroffene einen *Strafantrag* stellt (§ 194 Abs. 1 StGB). *Sexuelle Übergriffe* (§ 177 StGB) werden auch in minderschweren Fällen (§ 177 Abs. 9 StGB) ohne Strafantrag des Opfers und selbst gegen dessen erklärten Willen verfolgt.

b) Strafjustiz: „Enteignung" des Opfers?

Dass der Staat auch bei Delikten, die sich ausschließlich gegen eine bestimmte Person richten, die Strafverfolgung in der Regel selbst gegen deren Willen betreibt, kann als staatlicher Übergriff in den Privatbereich des Opfers der Straftat gewertet werden. In der Tat hat man insofern von einer „Enteignung" des Opfers gesprochen, dem man die Zuständigkeit für die Aufarbeitung der Tat und ihrer Folgen entziehe. Dieser Vorwurf ist dort nicht von der Hand zu weisen, wo es um *Beziehungskonflikte* geht. Insbesondere dann, wenn die Tat innerhalb der Beziehung selbst verarbeitet werden konnte, kann eine Intervention des Staates diese Beziehung gravierender beeinträchtigen als die Tat selbst. 14

Das kann selbst für schwerste Straftaten bis hin zum Mordversuch gelten, wie das Beispiel des oben erörterten Urteils des LG Darmstadt im „Teeblätter-Fall"[8] zeigt. Das Urteil wurde oben als Beispiel für die Probleme herangezogen, die aus der konditionalen, folgenindifferenten Programmierung rechtlicher Entscheidungen resultieren können. Im vorliegenden Kontext wirft es die Frage auf, ob der Staat nicht die Lösung gesellschaftlicher Konflikte jedenfalls in bestimmten Bereichen (z. B. in sozialen Näheverhältnissen) stärker *der Gesellschaft selbst* überlassen sollte, anstatt mit dem Instrument des Rechts zu intervenieren. 15

Auf diese Frage wird zurückzukommen sein.[9] Schon an dieser Stelle ist aber darauf hinzuweisen, dass das Recht an zahlreichen Stellen der gerichtlichen Entscheidung eines Konflikts den Versuch einer *gütlichen Verständigung* zwischen den Parteien dieses Konflikts vorschaltet. Das gilt etwa für den Prozess vor den *Arbeitsgerichten*: Hier steht vor dem eigentlichen Gerichtsverfahren ein *Gütetermin*, in dem der Versuch unternommen wird, den Konflikt ohne Durchführung eines förmlichen Gerichtsverfahrens beizulegen.[10] Bei bestimmten Straftaten, die im sogenannten *Privatklageverfahren*[11] zu verfolgen sind, ist Voraussetzung für die Klageerhebung, dass zuvor ein (erfolgloser) *Sühneversuch* unternommen wurde.[12] Im Zivilprozess schließlich besteht durchgehend die Möglichkeit, das Verfahren im Wege eines zwischen den Parteien geschlossenen *Vergleichs* zu beenden. Die zunehmende Tendenz, Konflikte ohne Ein- 16

---

[7] Instruktiv dazu *Eb. Schmidt*, Einführung in die Geschichte der deutschen Strafrechtspflege, 3. Aufl. 1965, §§ 33 ff.
[8] § 8 Rn. 47 ff.
[9] Unten Rn. 28 ff.
[10] § 54 ArbGG.
[11] §§ 374 ff. StPO.
[12] § 380 StPO.

schaltung der Gerichte zu lösen, spiegelt sich in der wachsenden Bedeutung einer professionalisierten *Moderation* sowie in der Institution des Verfahrens vor *Schiedsgerichten*, auf deren Zuständigkeit sich die Konfliktparteien (insbesondere im Bereich von Streitigkeiten im Bereich der Wirtschaft) geeinigt haben.

4. Steuerung gesellschaftlicher Entwicklungen

17   Im modernen Staat wird das Recht nicht nur als Instrument der *Konfliktlösung*, sondern zunehmend auch zur *Steuerung* gesellschaftlicher Entwicklungen eingesetzt. Das gilt derzeit exemplarisch im Bereich der Gesetzgebung zum *Klimaschutz*, die inzwischen ein eigenes Rechtsgebiet (Klimarecht) mit dem Teilgebiet des „Klimastrafrechts" hervorgebracht hat. Es gilt in ähnlicher Weise für das Projekt, die Repräsentanz von Frauen in wirtschaftlichen Führungspositionen durch die Einführung von *Quotenregelungen* zu erhöhen.[13] Es gilt ebenso für zahllose andere Bereiche der Politik. Gleichgültig, ob Klima-, Verkehrs-, Wirtschafts-, Finanz- oder Kriminalpolitik: Das Instrument, mit dessen Hilfe politische Ziele erreicht werden sollen, ist das Recht.

18   Das bedeutet: Das Recht markiert nicht (mehr) nur den Rahmen, innerhalb dessen sich gesellschaftliche Prozesse entwickeln sollen, wie das einer traditionellen liberalen Vorstellung entspricht. Es beansprucht, die Ziele dieser Entwicklung selbst festzulegen und deren Mechanismen zu steuern. Damit sind zwangsläufig Eingriffe in die Freiheitsrechte von Bürgern und Bürgerinnen verbunden. Dazu zwei Beispiele.

Erstes Beispiel: Wenn nach dem *Allgemeinen Gleichbehandlungsgesetz* (AGG) auch bei der Begründung privatrechtlicher Schuldverhältnisse eine „Benachteiligung aus Gründen der Rasse oder wegen der ethnischen Herkunft" unzulässig ist,[14] so schränkt das, beispielsweise, die Freiheit eines Vermieters bei der Auswahl der Mieter ein. Man mag diese Einschränkung für moralisch berechtigt, vielleicht sogar für geboten halten:[15] Dass es sich um die Beschneidung einer zuvor bestehenden Entscheidungsfreiheit handelt, ist nicht zu bestreiten. Von einer konsequent liberalen Position aus ließe sich kritisch argumentieren, an wen (und aus welchen Motiven heraus) ein Eigentümer seine Wohnung vermiete, sei seine Sache und gehe den Staat nichts an, solange nicht (in Notzeiten) ein System der Zwangsbewirtschaftung von Wohnraum etabliert ist. Schließlich kann der Eigentümer mit einer Sache *grundsätzlich* nach Belieben verfahren.[16]

Zweites Beispiel: Wenn in Deutschland nach einer gesetzlichen Regelung aus dem Jahr 2015 der Aufsichtsrat von börsennotierten und mitbestimmungspflichtigen Unternehmen jeweils zu mindestens 30 % mit Frauen und Männern besetzt sein muss,[17] so wird damit die Entscheidungskompetenz der Personen, die zur Bestimmung der Aufsichtsrats-Mitglieder befugt sind, beschnitten. Es wird ihnen die Möglichkeit genommen, den Aufsichtsrat, beispielsweise, zu 75 % mit Frauen oder aber zu 75 % mit Männern zu besetzen. Auch hier ist über die moralische Zulässigkeit oder Gebotenheit derartiger Regelungen nicht zu streiten. Dass der Staat mit ihnen die Entscheidungsfreiheit von Bürgern beschränkt, steht wiederum außer Frage.

---

13   Zu den hier resultierenden Gerechtigkeitsfragen unten § 10 Rn. 88 ff.
14   § 19 Abs. 2 AGG.
15   Zum AGG unter dem Gesichtspunkt der Gerechtigkeit § 10 Rn. 81 ff.
16   § 903 Satz 1 BGB.
17   „Gesetz für die gleichberechtigte Teilhabe von Frauen und Männern an Führungspositionen in der Privatwirtschaft und im öffentlichen Dienst" v. 24.4.2015, BGBl I, S. 642.

II. Kritik des Rechts

1. Legitimation von Herrschaft

Der Unterschied zwischen dem Staat und einer Räuberbande wird, wie oben festgestellt,[18] nicht durch soziale Fakten oder Wertqualitäten markiert. Er resultiert aus unterschiedlichen *Deutungen* von gesellschaftlichen Strukturen und Handlungen. Die entsprechenden Deutungsmuster werden von dem Recht zur Verfügung gestellt. Die Freiheitsberaubung durch die Mafia ist *rechtswidrig*, die durch den Staat *rechtmäßig*. Entsprechendes gilt für alle Handlungen, die bei Ausführung durch eine Privatperson rechtswidrig wären, aber durch *Amtsbefugnis* gerechtfertigt sind, soweit die Handelnden im Namen des Staates tätig werden.

Gegenstand der Kritik wird diese Legitimationsfunktion des Rechts insbesondere dort, wo es um die Rechtfertigung nicht von singulären Handlungen, sondern von Herrschaftsverhältnissen geht. Recht ist die dominierende Form menschlicher Herrschaft. Das gilt im gesellschaftlichen Bereich (Familie, Unternehmen) ebenso wie im Verhältnis Staat-Bürger.[19] Das Recht trägt hier zumindest dazu bei, dass diese Herrschaftsverhältnisse (außer in revolutionären Zeiten) nicht in Frage gestellt werden.

Eine andere Frage ist, wie diese Kritik zu gewichten ist. Denn die Legitimation der Herrschaft durch Recht impliziert regelmäßig auch die Begrenzung dieser Herrschaft. Diese Ambivalenz des Rechts spiegelt insofern die Ambivalenz staatlicher Gewalt, die oben festgestellt wurde.[20] Für die „Gesamtbilanz" der Funktion des Rechts kommt es in diesem Punkt nicht darauf an, *ob* das Recht Herrschaft legitimiert (was es unzweifelhaft tut), sondern darauf, um *welche Form* von Herrschaft es sich handelt. Ob es um ein diktatorisches Regime oder aber einen demokratischen Rechtsstaat, um einen *pater familias*, der zu autoritären Entscheidungen befugt ist, oder um eine ausbalancierte Familienstruktur geht, macht hier den entscheidenden Unterschied. Es kommt nicht auf die *Rechtsform*, sondern auf den *Rechtsinhalt* an.

2. Okkupation gesellschaftlicher Entwicklungen

Umstritten ist, ob es gerade *Aufgabe des Staates* ist, die faktische Gleichbehandlung oder rechtliche Gleichstellung bestimmter Personengruppen im persönlichen und privatwirtschaftlichen Bereich mit den Zwangsmitteln des Rechts durchzusetzen, oder ob entsprechende Veränderungen aus einer *Fortentwicklung des gesellschaftlichen Bewusstseins* resultieren sollten. Soweit die Frage im letzteren Sinne beantwortet wird, lässt sich etwa argumentieren, es liege im wohlverstandenen Eigeninteresse der Unternehmen, qualifizierte Frauen in den Vorstand und den Aufsichtsrat zu berufen. Unabhängig von gesetzlichen Verpflichtungen stehe das Prinzip der „Bestenauslese" aus der eigenen Sicht des Unternehmens einer Diskriminierung von Bewerberinnen entgegen und werde sich deshalb *per se* durchsetzen.

Wie tragfähig dieses Argument ist, hängt davon ab, inwieweit bei der Auswahl von BewerberInnen auch andere Faktoren als die des wohlverstandenen Eigeninteresses des Unternehmens in Anschlag gebracht werden müssen – etwa: Seilschaften, Traditionen etc. Sicher aber ist, dass man nicht in allen Bereichen, in denen es um die Beseitigung

---

18 § 1 Rn. 18 ff.
19 Instruktiv *Zabel*, Rechtskritik.
20 § 3 Rn. 1 f.

von Benachteiligungen geht, auf die Eigendynamik gesellschaftlicher Entwicklungen setzen kann. So wäre der Prozess in Richtung Gleichstellung der dunkelhäutigen Bevölkerung in den USA ohne den Einsatz des Rechts (in diesem Fall: seitens der Gerichte) kaum in Gang gekommen. Grundsätzlich lässt sich sagen, dass rechtliche Vorgaben, seien sie solche des Gesetzgebers oder der Gerichte, gesellschaftliche Entwicklungen zumindest anstoßen und beschleunigen können.

3. Überregulierung (Bürokratie)

24 Das Recht dient nicht nur der Bewältigung *individueller* Konflikte (dazu oben). Es hat auch die Funktion, einen Ausgleich zwischen gegensätzlichen Interessen unterschiedlicher Kollektive zu schaffen. Auch dort, wo dieser Ausgleich ursprünglich dem (mehr oder weniger) freien Spiel gesellschaftlicher Kräfte überlassen wurde, greift der Staat heute teilweise mit bindenden Vorgaben ein. Das betrifft beispielsweise die Festlegung eines Mindestlohns, mit der die Tarifautonomie von Arbeitgeber- und Arbeitnehmerverbänden eingeschränkt wird. Eine besondere Rolle bei der „Steuerung durch Recht" spielen derzeit Maßnahmen zum Klimaschutz, die teilweise mit erheblichen finanziellen Belastungen für Unternehmen wie für Privatpersonen verbunden sind.

25 Für das Recht stellt sich hier eine doppelte Aufgabe. Zum einen muss es die konfligierenden Interessen „materiell" zum Ausgleich bringen. Es muss also, beispielsweise, festlegen, welche Regelungen für den Betrieb von Heizanlagen im Rahmen des politischen Ziels der Reduktion von Kohlenstoffdioxyd-Emissionen erforderlich, aber auch zumutbar sind, mit welchen Einschränkungen Windkraftanlagen in der Nähe von Wohngebieten errichtet werden dürfen usw. Und es muss, zum zweiten, Verfahren organisieren, in denen im Einzelfall entschieden werden kann, ob die gesetzlichen Voraussetzungen für eine geplante Maßnahme gegeben sind. Betroffen ist also nicht nur die materielle, sondern auch die „prozedurale" Dimension des Rechts.[21]

26 Prozeduren benötigen Zeit, und sie benötigen umso mehr Zeit, je komplexer die Fragen sind, die beantwortet werden müssen, je größer der Abstimmungsbedarf zwischen verschiedenen beteiligten Institutionen und je stärker ausgebaut der Rechtsweg ist, der den Betroffenen gegen eine Entscheidung zur Verfügung steht. Der heute aktuelle Ruf nach *Entbürokratisierung* zielt in erster Linie auf die Vereinfachung und zeitliche Straffung dieser Entscheidungsprozesse.

27 Er betrifft aber zugleich das Problem einer *Überregulierung* von Sachverhalten, bei denen die Notwendigkeit zwingender rechtlicher Vorgaben jedenfalls nicht auf der Hand liegt. Ein ebenso berühmtes wie abschreckendes Beispiel bildet hier die Festlegung eines maximal zulässigen Krümmungsgrades von Gurken durch EU-Recht.[22] Auch wenn es sich hier um einen Exzess der Brüsseler Bürokratie handeln mag: Nicht zu bestreiten ist, dass das Nebeneinander (oder Übereinander) nationaler und supra-nationaler Rechtsordnungen und, vor allem, Verwaltungseinheiten dazu führt, dass das Netz des Rechts immer dichter gesponnen wird. Eine zunehmende Verrechtlichung zahlreicher Lebensbereiche ist hier vorprogrammiert.

---

21 Näher zur Prozeduralisierung des Rechts und im Recht *Saliger*, Prozeduralisierung, S. 434 ff.
22 Nachw. und Kritik bei *H.-U. Paeffgen*, Das „Rechtsgut" – ein obsoleter Begriff?, in: M. Zöller u.a. (Hrsg.), Gesamte Strafrechtswissenschaft in internationaler Dimension. Festschrift für Jürgen Wolter zum 70. Geburtstag am 7. September 2013, Berlin 2013, S. 125 ff. (140 m. Fn. 70).

II. Kritik des Rechts　　　　　　　　　　　　　　　　　　　　　　　　§ 9

4. Verrechtlichung im sozialen Nahbereich
a) Die „Kälte" des Rechts

Als formale und heteronome Normenordnung blendet das Recht die emotionale Dimension der Beziehung zwischen den Menschen notwendig aus, weil es die Individuen mit ihren menschlichen Bedürfnissen und Zuneigungen auf abstrakte Rechtssubjekte reduziert.²³ Es wirkt daher in sozialen Gemeinschaften, die sich über Freundschaft, Liebe, Sympathie oder Solidarität definieren, als Fremdkörper.

Das gilt vor allem für die Familie. Man stelle sich folgendes Szenario vor: Der Sohn einer wohlhabenden Familie, befreundet mit der Tochter eines Rechtsanwalts, trägt seinen Wunsch nach einer Erhöhung des monatlichen Taschengelds nicht in Form einer Bitte vor, sondern als *rechtliche Forderung*, die er auf die aktuelle höchstrichterliche Rechtsprechung stützt. Die Folgen für die familiäre Atmosphäre sind vorhersehbar. Entsprechend: Wenn ein Ehepartner sich in der Situation einer vorübergehenden Trennung darauf beruft, dass der andere nach den Normen des Familienrechts zur „Herstellung der ehelichen Lebensgemeinschaft" verpflichtet ist,²⁴ dürfte die Prognose für den Fortbestand der Ehe ungünstig sein.

Das Problem reicht aber über den Bereich der Familie hinaus. Die mangelnde Sensibilität des Rechts für die emotionale Dimension menschlicher Beziehungen wird deshalb zur Basis einer generellen Rechtskritik in Bereichen, in denen der Anspruch erhoben wird, die normative Bindung eines Gemeinwesens insgesamt über Freundschaft, Liebe, Sympathie oder Solidarität zu gewährleisten. In diesem Sinne lässt sich der Abstraktheit der Rechtsordnung die positive Emotivität einer Gemeinschaft gegenüberstellen, die durch das Band der Nächstenliebe zusammengehalten wird (oder doch werden sollte). Exemplarisch geschieht das in der Kritik von *Rudolf Sohm* an der rechtlichen Organisation der (katholischen) Kirche.²⁵

Rudolf Sohm (1841–1917), Professor für Kirchenrecht und Deutsches Recht in Göttingen, Freiburg, Straßburg und Leipzig. Hauptwerke: „Institutionen des römischen Rechts", 1884 (17. Aufl. 1923); „Kirchengeschichte im Grundriß", 1887 (19.Aufl. 1917); „Kirchenrecht", Bd. 1 (1892), Bd. 2 (1923).

b) „Kolonialisierung der Lebenswelt" (Habermas)

Habermas spricht in Bezug auf die Verrechtlichung von sozialen Handlungsbereichen, die primär „kommunikativ" strukturiert sind, von einer *Kolonialisierung der Lebenswelt* durch das Recht.²⁶ Seine Diagnose und Kritik bezieht sich auf den *familiären Bereich*, darüber hinaus aber auch auf das *Schulrecht* sowie auf die Verrechtlichung von Maßnahmen der *sozialen Fürsorge* im modernen Sozialstaat. Für den Bereich der Familie diagnostiziert *Habermas* im Anschluss an empirische Untersuchungen, dass Eltern im Konfliktfall zu Objekten von Verhandlungen zwischen Richter und Jugendamt und damit eher zu „Verfahrensobjekten" als zu „Verfahrenssubjekten" werden (S. 543). Es geht an dieser Stelle nicht um die konkrete Ausgestaltung familiengerichtlicher Verfahren, sondern um die Alternative zwischen rechtlicher und „kommunikativer" Konfliktlösung:

23　Dazu und zum Folgenden schon *Neumann*, Recht und Moral, S. 13.
24　§ 1353 Abs. 1 Satz 2 BGB.
25　*Sohm*, Kirchenrecht, S. X.
26　*Habermas*, Theorie des kommunikativen Handelns, Band 2, S. 522 ff. Die folgenden Seitenangaben im Text beziehen sich auf dieses Werk. – *Habermas* hat diese Auffassung später (in: „Faktizität und Geltung") revidiert (jetzt: Integration des Rechts in die Lebenswelt). Instruktiv dazu *Zabel*, Rechtskritik, S. 279.

> „Es ist das Medium des Rechtes selbst, das die kommunikativen Strukturen des verrechtlichten Handlungsbereichs verletzt" (S. 543).

31 *Habermas* bestreitet nicht, dass die Verrechtlichung familiärer Strukturen und Beziehungen auch eine Schutzfunktion für die Familienmitglieder bedeutet, insbesondere für Kinder und Frauen (S. 540). Zugleich führe sie aber zu „Funktionsstörungen" innerhalb der Familie (S. 542). Die Bilanz der Verrechtlichung für die Familie sei deshalb ambivalent.

32 Die gleiche Ambivalenz der Verrechtlichung diagnostiziert *Habermas* für den *schulischen Bereich*. Einerseits bedeute sie Rechtsschutz für Schüler und Eltern gegen Maßnahmen wie Nichtversetzung oder Ordnungsstrafen. Andererseits aber kollidiere „das Medium des Rechts mit der Form des pädagogischen Handelns" (S. 545). Der Rechtsschutz werde „mit einer tief in die Lehr- und Lernvorgänge eingreifenden Justizialisierung und Bürokratisierung erkauft" (S. 545). So lasse sich

> „der gegenwärtige Streit um Grundorientierungen der Schulpolitik ... gesellschaftstheoretisch als Kampf für oder gegen die Kolonialisierung der Lebenswelt begreifen" (S. 545).

33 Auch die Ausformung rechtlicher Ansprüche auf Unterstützung im *Sozialstaat* erfährt eine ambivalente Beurteilung. Einerseits bedeute die Verrechtlichung, beispielsweise im Recht der Sozialversicherung, „gegenüber der Tradition der Armenpflege ... einen historischen Fortschritt" (S. 531). Andererseits aber führe sie dazu, dass die Entscheidung über das Vorliegen einer kompensationsbedürftigen Notlage auf die Bürokratie übertragen werde. Daraus könne ein „erheblicher Zwang zur Umdefinition von Alltagssituationen" resultieren.[27] Der staatlichen Sozialpolitik habe „von Anbeginn die *Ambivalenz von Freiheitsverbürgung und Freiheitsentzug* angehaftet" (S. 531).

34 Aus soziologischer Perspektive sind diese Analysen überzeugend. In der Tat führt das Recht in Bereichen, die originär kommunikativ strukturiert sind, zu *Verfremdungseffekten*. Es überzieht die Gesellschaft mit einem Netz rechtlicher Normen, das nicht nach dem Muster der Lebenswelt gestrickt ist. Zugespitzt lautet die Kritik:

> „Das Recht ... fabriziert Subjekte, die ideologisch verblendet, emotional verarmt, kommunikativ ausgedörrt und politisch passiviert sind."[28]

35 Aus juristischer Sicht stellt sich indes die Frage, was die Alternative zu dieser Rechtswelt wäre, die die Lebenswelt überlagert.

36 Für den Bereich der *Sozialpolitik* ist eine Alternative nicht in Sicht. Private Almosen können nach der individuellen Situation dosiert und nach persönlichen Präferenzen des Gebers, schlimmstenfalls: nach Willkür verteilt werden. Der Staat aber muss, auch als Sozialstaat, nach *Regeln* handeln. Die Anwendung von Regeln aber schließt zwangsläufig die Möglichkeit ein, dass Entscheidungen im Einzelfall ungerecht, unangemessen oder „formalistisch" erscheinen. Selbst dann, wenn das rechtliche Instrumentarium durch Ausnahmeregeln verfeinert wird, selbst dann, wenn der Verwaltung in bestimmten Fällen ein Ermessen eingeräumt wird: Eine *zugleich* „regelgerechte" *und* dem Einzelfall angemessene Entscheidung wird sich in zahlreichen Fällen nicht treffen lassen. Der „Schmerz der Grenze" ist unvermeidlich, wenn allgemeine Regeln auf singuläre Sachverhalte angewendet werden.

---

27 Ebd., S. 532.
28 *Loick*, Juridismus, S. 54.

II. Kritik des Rechts §9

Selbstverständlich muss erwogen werden, ob das bestehende Regelsystem gerechter gestaltet werden kann. In der Diskussion steht hier beispielsweise das Modell einer allgemeinen Sozialversicherung, in die auch Beamte und Selbständige einzahlen würden. Aber derartige Projekte betreffen die *Ausgestaltung* des Rechts, nicht die Alternative von rechtlicher und „kommunikativer" Interaktion innerhalb eines Lebensbereichs.

Was den Bereich der *Familie* betrifft, so besteht Einigkeit, dass im Idealfall alle Konflikte informell und auf der Basis von gegenseitigem Verständnis, Zuneigung und Solidarität gelöst werden sollten. Das Recht kann allerdings nicht an der Einsicht vorübergehen, dass die soziale Wirklichkeit diesem Idealbild nicht entspricht. Es muss deshalb Regularien für den Fall zur Verfügung stellen, dass die informellen Bindungen zerbrochen sind, dass die familiären Konflikte auf der Basis von Verständnis, Zuneigung und Solidarität nicht mehr gelöst werden können. Das Recht bildet für diesen Fall ein *Auffangnetz*, das einen Absturz der Familie in Verzweiflung oder gewaltsame Auseinandersetzung verhindern kann.[29]

Auch hier geht es nicht um die Alternative von Recht und Kommunikation, sondern um die *Ausgestaltung* des Rechts. Das Familienrecht sollte versuchen, den familiären Strukturen dort, wo sie auch im Konfliktfall (und selbst nach Auflösung einer Ehe) noch funktionieren, Rechnung zu tragen. Es ist deshalb zu begrüßen, dass das Familienrecht inzwischen die Möglichkeit vorsieht, dass Eltern das Sorgerecht für gemeinsame Kinder auch nach der Scheidung noch gemeinsam ausüben.[30]

Im Übrigen ist gerade im Bereich der Familie die Schutzfunktion des Rechts besonders wichtig.[31] Die informelle, tendenziell autoritäre patriarchalische Herrschaft des Familienvaters wurde dort, wo sie gefallen ist, durch Normen des Rechts beseitigt. Selbstverständlich können die Normen des Rechts eine solche Gewalt auch stabilisieren. Aber umgekehrt kann diese Gewalt dort, wo sie in der traditionellen Kultur verankert ist, anders als durch rechtliche Regeln jedenfalls kurzfristig nicht gebrochen werden.

Was den *schulischen Bereich* betrifft, so stehen hier der Rechtsschutz von Schülern und Eltern auf der einen, pädagogische Erfordernisse auf der anderen Seite in einem schwer auflösbaren Spannungsverhältnis. Die Gefahr, dass zur Vermeidung von Prozessen vor dem Verwaltungsgericht Versetzungen vorgenommen werden, die pädagogisch nicht gerechtfertigt sind und die letztlich auch den Interessen der betroffenen Schülerinnen und Schüler nicht dienen, dass aus dem gleichen Grund Noten geschönt werden, ist nicht zu übersehen. Andererseits geht es bei Leistungsbeurteilungen in der Schule, wie auch in der Universität, um Entscheidungen, die für die Betroffenen und deren weiteren Lebensweg erhebliche Folgen haben können und deshalb einer rechtlichen Kontrolle unterliegen sollten. Patentrezepte sind hier nicht in Sicht.

5. Kritik der subjektiven Rechte

Eine andere Rechtskritik in der Tradition der „Kritischen Theorie" aus dem Umkreis des Frankfurter „Instituts für Sozialforschung" setzt bei der Institution der *subjektiven Rechte* an,[32] die als Mechanismen zur „Entsittlichung" (S. 18) des Rechts, zu seiner Ablösung von Kriterien der Gerechtigkeit verstanden werden. Während das objektive

---

29 Instruktiv dazu *Ellscheid*, Verrechtlichung, S. 51 ff.
30 Vgl. §§ 1671, 1687 BGB.
31 Ebenso *Loick*, Juridismus, S. 248 ff.
32 *Menke*, Kritik. Die im Text in Klammern gesetzten Seitenangaben beziehen sich auf dieses Werk.

Recht traditionell mit der Sittlichkeit verbunden gewesen sei (der „Tugend" in Athen, der „Vernunft" in Rom), löse sich das moderne Recht mit der Kategorie des subjektiven Rechts aus dieser Bindung. Denn die Ermächtigung durch das subjektive Recht könne auch zu unsittlichen Zwecken missbraucht werden.

43 *Menke* verweist hier vor allem auf das *Eigentumsrecht* als zentrales subjektives Recht (S. 207 ff.), aber auch auf die *Vertragsfreiheit*, die der normativen Logik des Marktes entspreche: Der gerechte Preis sei nicht der angemessene, sondern der erzielbare Preis. An die Stelle von Gerechtigkeit trete die *Legalität*. Legalität bezeichne „die Freisetzung der rechtlichen Setzung von einer vorhergehenden Idee der Gerechtigkeit" (S. 103). Subjektive Recht werden politisch dem *Liberalismus*, polit-ökonomisch dem *Kapitalismus* zugeordnet: „Ohne die Form der subjektiven Rechte kein Kapitalismus" (S. 311).

44 An dieser Kritik ist zunächst richtig, dass in modernen Rechtsordnungen die *Geltung* des Rechts nicht an das Kriterium der *Gerechtigkeit* gebunden ist. Das gilt nicht nur für die vom Parlament, der Regierung oder den Gerichten gesetzten Regeln. Es gilt auch für Verträge unter Privatpersonen. Das moderne Recht hat sich von dem Modell des *iustum pretium*, des gerechten, weil im Verhältnis von Leistung und Gegenleistung angemessenen Preises verabschiedet. Über die „Gerechtigkeit" des Preises entscheidet jetzt der Markt, der sich an dem Verhältnis von Angebot und Nachfrage orientiert. Als gerecht gilt, wie *Menke* konstatiert, der Preis, den der Vertragspartner zu zahlen bereit ist. Grenzen setzt hier – von bereichsspezifischen Regelungen abgesehen – lediglich der Straftatbestand des Wuchers,[33] der aber voraussetzt, dass der Täter eine Zwangslage oder mentale Defizite auf Seiten des anderen „ausbeutet".

45 Richtig ist auch, dass der Kapitalismus ohne die Institution des subjektiven Rechts nicht funktionieren würde. Insbesondere die Institute des Eigentums und der Vertragsfreiheit sind für eine kapitalistische Wirtschaftsordnung unverzichtbar. Gleichwohl: *Menkes* Kritik an den subjektiven Rechten schüttet das Kind mit dem Bade aus.[34]

46 Zunächst: Wenn das moderne Recht auf „Gerechtigkeit" als Kriterium der *Geltung* rechtlicher Normen verzichtet, so ist das die Konsequenz der *Trennung von Recht und Moral*, ohne die eine Rechtsordnung in pluralistischen Gesellschaften nicht funktionieren kann. „Gerechtigkeit" kann ein *Ziel* der Gesetze sein, nicht aber eine *Voraussetzung* von deren Verbindlichkeit.[35] Dass das Urteil über das Gerechte und das Ungerechte in pluralistischen Gesellschaften je nach Perspektive unterschiedlich ausfällt, bedarf keiner Hervorhebung. In der politischen Praxis sichtbar wird das in Deutschland beispielsweise in den Diskussionen zu „Bürgergeld", Mietpreisbremse und Steuertarifen. Gerade diese Diskussionen aber beweisen, dass bei der Setzung von Recht jedenfalls *beansprucht* wird, gerechte Regelungen zu schaffen.

47 Der Satz „Ohne die Form der subjektiven Rechte kein Kapitalismus" trifft zu, besagt aber nicht, dass *umgekehrt* die Institution des subjektiven Rechts eine Existenz nur innerhalb eines kapitalistischen Systems haben könnte. Das gilt auch für das hier zentrale subjektive Recht des *Eigentums*. Die wirtschaftlichen und sozialen Folgen der Eigentumsgarantie hängen entscheidend davon ab, wie diese Garantie ausgestaltet ist. Eine zentrale Frage lautet hier, ob Privateigentum lediglich an Gegenständen des privaten Lebensbereichs bestehen soll, oder ob es auf *Produktionsmittel* erstreckt wer-

---

33 § 291 StGB.
34 Detaillierte Kritik bei *Denninger*, Ende, S. 316 ff.
35 Auch nach der Radbruchschen Formel ist ungerechten Gesetzen lediglich in Fällen eines „unerträglichen" Verstoßes gegen die Gerechtigkeit die Geltung abzusprechen. Dazu oben § 4 Rn. 55 f.

den und damit wirtschaftliche Macht über andere verleihen soll – auf Ländereien in einer Agrarwirtschaft, auf Fabriken und andere Produktionsstätten in der industriellen Wirtschaft.

In den Eigentumstheorien von *Aristoteles* über *Locke* und *Rousseau* bis hin zu *Rawls*[36] spielt dieser Unterschied eine zentrale Rolle. Er spiegelt sich auch in der Eigentumsgarantie der deutschen Verfassung: Das Grundgesetz, das das Eigentum als Grundrecht garantiert,[37] ermöglicht es zugleich, „Grund und Boden, Naturschätze und Produktionsmittel" zu vergesellschaften und in Gemeineigentum zu überführen.[38] Von dieser Möglichkeit wurde bis jetzt (März 2025) allerdings kein Gebrauch gemacht.[39]

III. Fazit

Die dargestellte Rechtskritik macht auf kontraproduktive Effekte des Rechts bzw. bestimmter Rechtsformen (subjektive Rechte) aufmerksam. Inwieweit man sie für berechtigt hält, ist eine Frage der Abwägung, die in Hinblick auf die mehrfach betonte Ambivalenz der Verrechtlichung bestimmter Lebensverhältnisse erforderlich ist. Da die Reichweite des Rechts wiederum eine Frage der inhaltlichen Ausgestaltung der Rechtsordnung ist, geht es um *Rechtsinhalte*, nicht um die *Rechtsform*. Entsprechendes gilt für die Kritik der *subjektiven Rechte*. Soll nicht auf elementare, für den Rechtsstaat unabdingbare Rechtspositionen des Einzelnen (Grundrechte!) verzichtet werden, so kann es nur um *Auswahl und Konturierung* der subjektiven Rechte gehen, die in der Rechtsordnung gewährleistet werden sollen. Das gilt auch für das *Eigentum*, das sich als Eigentum im privaten Lebensbereich nicht auf den wirtschaftlichen Wert reduzieren lässt, sondern Interessen und Dispositionen des Eigentümers, kurz: dessen Persönlichkeit widerspiegeln kann.[40]

---

36 *Rawls*, Gerechtigkeit als Fairneß, S. 180.
37 Art. 14 GG.
38 Art. 15 GG.
39 Thematisiert, aber nicht realisiert wurde sie, etwa 70 Jahre nach Inkrafttreten des Grundgesetzes, in Hinblick auf ein Immobilien-Unternehmen, das über zehntausende Mietwohnungen verfügt und wegen mangelnder Instandsetzung und überhöhter Mieten in die Kritik geraten war.
40 Dazu *Radbruch*, Rechtsphilosophie (1932), Kap. 18.

§ 10 Jedem das Seine, allen das Gleiche oder niemandem Nichts? Die Schattenspiele der Gerechtigkeit

I. Gerechtigkeit – ein Phantom?

1 Gerechtigkeit ist eines der zentralen Themen nicht nur der Rechtsphilosophie, sondern auch der „allgemeinen" Philosophie. Von *Platon* über *Aristoteles*, die christlichen Theologen der Spätantike und des Mittelalters (*Augustinus, Thomas von Aquin*) und die Philosophie der Aufklärung bis in die Gegenwart erstreckt sich eine Diskussion, die unterschiedliche methodische Ansätze und divergente Resultate aufweist, aber in der Hochschätzung der Gerechtigkeit als Tugend (*Platon, Aristoteles*) oder moralischer bzw. rechtlicher Wert übereinstimmt. Nach *Kant* hat es, „wenn die Gerechtigkeit untergeht, ... keinen Werth mehr, daß Menschen auf Erden leben."[1] Die Französische Revolution schreibt mit dem Prinzip der *égalité*, das neben *liberté* und *fraternité* steht, einen fundamentalen Grundsatz der Gerechtigkeit auf ihre Fahnen. In jüngerer Zeit ist es *Radbruch*, der Recht durch seinen Bezug auf Gerechtigkeit definiert und in seinen späteren Schriften Gesetzen, die in unerträglicher Weise gegen die Gerechtigkeit verstoßen, deshalb die Geltung abspricht.[2]

1. Gerechtigkeit als Wertmaßstab des Rechts

2 Die Behauptung, dass Recht gerecht sein soll, erscheint nahezu als trivial. Mit der Äußerung, eine bestimmte Rechtsordnung oder eine bestimmte Regel des Rechts sei ungerecht, bringen wir zwangsläufig eine Kritik zum Ausdruck. Komplementär: Die Aussage, eine bestimmte Rechtsordnung (Rechtsregel) sei gerecht, enthält eine positive Bewertung. Insofern ist „Gerechtigkeit" unstreitig ein Argument zur Bewertung des Rechts.

3 Das bedeutet nicht, dass sie das einzige oder auch nur das entscheidende Bewertungskriterium sein müsste. Als weitere Kriterien kommen insbesondere *Rechtssicherheit* und *Funktionalität* des Rechts („Zweckmäßigkeit") in Betracht (*Radbruch*). Welches dieser Kriterien sich im Falle einer Kollision durchsetzt, ist eine Frage des jeweiligen Kontextes. Keinesfalls kann man davon ausgehen, dass die Gerechtigkeit hier stets den Sieg davontragen würde. Insbesondere dem konkurrierenden Rechtswert der *Rechtssicherheit* muss sich die Gerechtigkeit immer wieder beugen. Ein aktuelles Beispiel: Das Bundesverfassungsgericht hat ein Gesetz, das von dem Gesetzgeber ausdrücklich als „Gesetz zur Herstellung materieller Gerechtigkeit" tituliert wurde,[3] wegen Verstoßes gegen das in Art. 103 Abs. 3 GG verankerte Prinzip der Rechtssicherheit als verfassungswidrig aufgehoben.[4] Mit diesem Gesetz sollte die Möglichkeit geschaffen werden, einen rechtskräftig freigesprochenen Angeklagten bei schwersten Straftaten aufgrund neuer Beweismittel erneut vor Gericht zu stellen.[5] Mit der Aufhebung des Gesetzes stellte das BVerfG die *Rechtssicherheit*, die durch das grundgesetzliche Verbot der

---

1 *Kant*, Metaphysik der Sitten, Rechtslehre A 197.
2 Dazu oben § 4 Rn. 53 ff.
3 Gesetz vom 21.12. 2021 (BGBl. I, S. 5252). Zum aktuellen Anlass s. § 5 Rn. 43.
4 BVerfGE 166, 359.
5 Näher dazu oben § 5 Rn. 43 f.

I. Gerechtigkeit – ein Phantom? § 10

Wiederaufnahme eines rechtskräftig abgeschlossenen Strafverfahrens geschützt werden soll,[6] in diesem Kontext über die (Straf-)Gerechtigkeit.

Aber: Auch wenn Gerechtigkeit als Kriterium der Bewertung von Recht von anderen Kriterien, insbesondere der Rechtssicherheit, „übertrumpft" werden kann, bleibt sie doch stets ein relevanter Bewertungsmaßstab. Es ist in jedem Fall ein starkes Argument gegen eine rechtliche Regel, wenn sie als ungerecht bewertet wird. Ob dieses Argument sich gegen konkurrierende Argumente (etwa: Rechtssicherheit) durchsetzt, ist eine Frage der „Gesamtwertung", die nur für den jeweiligen Kontext entschieden werden kann.

2. Defizite des Maßstabs der Gerechtigkeit

Dass über die Gerechtigkeit oder Ungerechtigkeit rechtlicher Regelungen ein *rationales Urteil* möglich ist, ist keineswegs ausgemacht. Denn es stellen sich hier zwei Probleme. Das erste: Hat der Begriff neben seiner unbezweifelbaren *evaluativen* Bedeutung auch eine *deskriptive* Komponente, die Voraussetzung dafür wäre, dass er sich auf bestimmte Sachverhalte anwenden ließe? Oder handelt es sich um eine Leerformel (dazu unter a), mit der lediglich rhetorisch Zustimmung oder Ablehnung zum Ausdruck gebracht werden kann? Das zweite: Selbst wenn der Begriff in der Weise konkretisiert werden kann, dass er sich auf bestimmte Sachverhalte bezieht (Leistung, Bedürfnis, Status), also eine deskriptive Komponente aufweist: Lässt sich einer dieser Bezüge als der maßgebliche auszeichnen? Oder ist Gerechtigkeit ein Wegweiser, der in entgegengesetzte Richtungen zugleich weist? Haben wir es tatsächlich nur mit *Schattenspielen* der Gerechtigkeit zu tun (dazu unter b)?

a) „Gerechtigkeit" – eine Leerformel?

Dass Gerechtigkeit einen tauglichen Maßstab zur Bewertung von Recht darstellen könne, wird prominent von *Hans Kelsen* bestritten. „Gerechtigkeit" erscheint bei *Kelsen* in der Tat als Leerformel, die mit beliebigen Inhalten gefüllt werden kann und die deshalb gegenüber dem gesetzten Recht ohne kritische Potenz bleiben muss.[7] Nach *Kelsen* läuft die Forderung der Gerechtigkeit, jedem das ihm Gebührende zuzuerkennen (*suum cuique*), auf eine Tautologie hinaus.[8] Der Grundsatz, dass Gleiche gleich, Ungleiche ungleich zu behandeln seien, sei eine Forderung nicht der Gerechtigkeit, sondern der Logik.[9] Da Tautologien ebenso wie Sätze der Logik (zu denen man sie zählen kann) inhaltsleer sind, bedeutet das: Der Begriff der Gerechtigkeit, der durch diese beiden Prinzipien konturiert wird, ist eine Leerformel.

An dieser Kritik ist richtig, dass beide Gerechtigkeits-Prinzipien lediglich die *Dimension* bezeichnen, in der substantielle Kriterien zur Bestimmung des Gerechten und des Ungerechten zu suchen sind. Sie formulieren jeweils eine Frage (worauf hat jemand

---

6 Seinem Wortlaut nach verbietet Art. 103 Abs. 3 GG nur, den Täter wegen derselben Tat mehrmals zu *bestrafen*. Insofern wäre ein neues Strafverfahren gegen einen im früheren Prozess freigesprochenen Angeklagten nicht ausgeschlossen. Die Bestimmung wird aber allgemein dahingehend interpretiert, dass schon ein zweites *Strafverfahren* ausgeschlossen sein soll – gleichgültig, ob das erste mit einer Verurteilung oder aber einem Freispruch geendet hat. Näher dazu unten § 11 Rn. 7.
7 Exemplarisch: *Kelsen*, Das Problem der Gerechtigkeit, in: ders., Reine Rechtslehre, S. 355 ff. *Kelsen* zustimmend *Luhmann*, dem zufolge Gerechtigkeit lediglich formal als „adäquate Komplexität des Rechtssystems" bestimmt werden kann (*Luhmann*, Gerechtigkeit, S. 377 m. Fn. 6, 388).
8 *Luhmann*, ebd., S. 366.
9 Ebd., S. 393.

einen Anspruch, was ist als gleich, was als ungleich zu behandeln?), geben auf diese aber keine Antwort.

8   Die Antwort gibt nicht die Philosophie, sondern die Geschichte. Die Kriterien des „Gerechten" unterliegen historischem Wandel und sind in unterschiedlichen Kulturen unterschiedlich konturiert. Die Vorstellungen von einer gerechten gesellschaftlichen Ordnung sind in einem feudalistischen System andere als in einer egalitär orientierten Demokratie. Selbstverständlich spiegeln sich die jeweiligen gesellschaftlichen Vorstellungen von Gerechtigkeit auch in der Rechts- und Moralphilosophie ihrer Zeit, die zwar über die aktuelle gesellschaftliche Ideologie[10] des Gerechten hinausweisen, sich aber nicht beliebig weit von ihr entfernen kann.

9   Was bedeutet dieser Befund für die Frage, ob es sich bei dem Begriff der Gerechtigkeit um eine Leerformel handelt? Er ist ambivalent. Auf der einen Seite: Die Hoffnung, einer zeitlos-überzeitlich gedachten Rechts- und Moralphilosophie könnte es gelingen, allgemeingültige *substanzielle* Kriterien des Gerechten und des Ungerechten zu entdecken, wäre verfehlt. Auf der anderen Seite: Die historische und kulturelle Relativität der Standards der Gerechtigkeit bedeutet zugleich, dass in der *jeweiligen* Kultur und der *jeweiligen* Epoche Kriterien für das Gerechte und das Ungerechte existieren, die in der gesellschaftlichen Praxis als verbindlich angesehen werden.

10 Auch innerhalb derselben Kultur und derselben Epoche kann die Bewertung von gesellschaftlichen Strukturen, von Prinzipien der Verteilung von Lasten und Gütern als gerecht oder ungerecht selbstverständlich differieren. Immerhin aber erscheint es möglich, jedenfalls bestimmte Regeln als evident *ungerecht* zu identifizieren.[11] Ein Beispiel wäre etwa eine *Steuerprogression*, die sich nicht an dem Einkommen, sondern an dem Nachnamen des Steuerpflichtigen orientiert: Herr Albrecht hätte 5 % Einkommenssteuer zu zahlen, Frau Baumann 7 %, Herr Ziethen 55 %. Nicht einmal Herr Albrecht würde diese Regelung für gerecht halten (auch wenn er sie vermutlich begrüßen würde). Wenn es aber möglich ist, bestimmte Regelungen als *ungerecht* zu bewerten, so setzt das voraus, dass der Begriff der Gerechtigkeit, auf den sich die Dichotomie gerecht/ungerecht gründet, nicht ohne Inhalt ist. Ungerecht ist, das sei bereits an dieser Stelle festgehalten, jedenfalls eine *willkürliche* Ungleichbehandlung.

11 Allerdings: Auch bei der Frage, ob eine Ungleichbehandlung willkürlich ist oder nicht, steht die Antwort nicht unerschütterlich fest. Das wird deutlich, wenn wir das Beispiel leicht variieren. Nehmen wir an, dass Herr *von Albrecht* in einer aristokratisch geprägten Gesellschaft in Hinblick auf das „von" in seinem Namen von der Steuerbehörde mit einem privilegierten Steuersatz von 5 % bedacht wird, oder Herr *von Ziethen* in einem sozialistischen System mit einem erhöhten Steuersatz von 55 % veranlagt wird. Beides würde *uns* als grob ungerecht erscheinen. Das Gleiche muss aber nicht aus der Sicht des jeweiligen Systems gelten.

12 Selbstverständlich wären die Namen auch in diesen Systemen nicht als solche, sondern lediglich als Kriterien der Zugehörigkeit zu einer bestimmten Klasse relevant. Aber auch insoweit lässt die Frage, ob es sich um eine „willkürliche" Ungleichbehandlung handelt, unterschiedliche Antworten zu. Im Übrigen ist es nicht ausgeschlossen, sich Kulturen vorzustellen, in denen dem Namen als solchem eine (positiv oder negativ)

---

10 Der Begriff „Ideologie" wird hier durchgehend in dem neutralen Sinn der Wissenssoziologie verwendet (dazu schon § 2 Fn. 24).
11 Das ist der Gedanke der *iustitia negativa*. Dazu *Arthur Kaufmann*, Problem, S. 156 (*philosophia negativa* in Anwendung auf das Recht); *Anscombe*, Modern Moral Philosophy, S. 4.

diskriminierende Bedeutung zuerkannt wird. Auch in diesem Fall wäre allerdings zu erwarten, dass dahinter – möglicherweise: magische – Vorstellungen über einen Zusammenhang zwischen Namen und bestimmten Eigenschaften des Trägers dieses Namens stehen.

b) Mehrdimensionalität: Gleichbehandlung, Leistungs- und Bedürfnisgerechtigkeit

Das Beispiel verweist auf ein zentrales Kriterium der Gerechtigkeit: die *Gleichbehandlung*. Formulieren lässt es sich als Prinzip „Allen das Gleiche". Dabei kommt es nicht darauf an, ob es um eine Zuteilung von Gütern oder aber um eine Belastung (Steuern) geht. „Allen das Gleiche" bedeutet also auch: für jeden die gleiche *Belastung*.   13

Gleichbehandlung ist in der Tat ein zentrales Element von Gerechtigkeit. Man sieht aber sofort, dass sie nicht ihr einziges Element sein kann. Denn wir halten es nicht für ungerecht, wenn das Steuerrecht eine *Progression* aufweist, die sich nicht an dem Nachnamen des Steuerpflichtigen, wohl aber der Höhe des Einkommens orientiert. Es erscheint gerecht, den Besserverdienenden auch prozentual stärker zu belasten als den weniger verdienenden Mitbürger („Jedem das Seine" – hier: „Für jeden die angemessene Belastung"). Schließlich ist es jedenfalls in einem *Sozialstaat* eine Forderung der Gerechtigkeit, das Steueraufkommen so zu verteilen, dass jeder über das Existenzminimum verfügt („Niemandem nichts", also: „Jedem etwas").   14

Die genannten Kriterien markieren die unterschiedlichen Prinzipien   15

- der Gleichgerechtigkeit
- der Leistungsgerechtigkeit
- der Bedarfsgerechtigkeit

Dabei ist nochmals zu betonen, dass Gleichgerechtigkeit und Leistungsgerechtigkeit sich sowohl auf Zuteilungen („Gleicher Lohn für gleiche Arbeit") als auch auf *Belastungen* beziehen können („Höhere Steuersätze für Besserverdienende").   16

Wie diese alternativen Gerechtigkeitsprinzipien miteinander in Konkurrenz treten können, verdeutlicht folgendes Beispiel: 17

Herr Müller, verwitwet, hat drei Töchter. Damit es nach seinem Tod keinen Unfrieden unter ihnen gibt, möchte er sein Testament mit ihnen abstimmen. Verständlicherweise versucht jede der drei Töchter, die für sie bestmögliche Aufteilung zu erreichen. Sie versucht es argumentativ; denn in der Familie herrscht ein diskursiver Stil der Auseinandersetzung. Die Ausgangslage ist die folgende:

- Tochter *Antonia* ist *wohlhabend*. Sie konnte sich um ihren zuletzt pflegebedürftigen Vater *nicht kümmern*, weil sie weit entfernt lebte;
- Tochter *Berta* ist *wohlhabend*. Sie hat sich um den Vater in den letzten Jahren *intensiv gekümmert*;
- Tochter *Christiane* lebt in *Armut*. Sie hat sich um den Vater *nicht gekümmert*, obwohl das möglich gewesen wäre.

Frage: auf welches Gerechtigkeitskriterium wird sich welche Tochter berufen?

- *Antonia* wird argumentieren, gerecht sei allein eine gleichmäßige Berücksichtigung jeder der drei Schwestern, sodass jede ein Drittel des Erbes erhalten müsse.
- *Berta* wird sich darauf berufen, dass sie sich als einzige intensiv um den Vater gekümmert habe. Ihr müsse deshalb ein größerer Anteil an dem Erbe zustehen als ihren beiden Schwestern.

- *Christiane* wird vorbringen, dass nur sie für ein auskömmliches Leben auf das Erbe angewiesen sei. Deshalb sei sie es, die einen größeren Anteil erhalten müsse.

Wer hat Recht – Antonia, Berta oder Christiane?

18 Der Versuch, diese Frage zu beantworten, legt eine doppelte Schwäche des Gerechtigkeitskriteriums offen. Zum einen hängt die Stärke des „Leistungsprinzips" ebenso wie die des „Bedürfnisprinzips" von quantifizierbaren Faktoren ab. Es käme also zumindest *auch* darauf an, *wie umfangreich* die Betreuungsleistungen von Berta waren und *in welchem Maße* Christiane bedürftig ist.

19 Gravierender noch ist die zweite Schwäche: Es bleibt offen, welches Gerechtigkeitsprinzip maßgeblich sein soll: Das der Gleichbehandlung, das der Leistungsgerechtigkeit oder das der Bedürfnisgerechtigkeit? Zwischen diesen drei Gerechtigkeitsprinzipien lässt sich keine generelle Rangordnung festlegen, jedenfalls nicht mit philosophischen Argumenten.

3. Ausgleichende und austeilende Gerechtigkeit

20 Das Problem ließe sich entspannen, wenn man die konträren Prinzipien „Allen das Gleiche" und „Jedem das Seine" *unterschiedlichen Bereichen* zuordnen könnte. Ein „klassisch" gewordener Versuch, unterschiedliche Gerechtigkeitsprinzipien unterschiedlichen Bereichen zuzuordnen, findet sich bei *Aristoteles* in der „Nikomachischen Ethik" – so genannt, weil *Aristoteles* sie nach der Überlieferung für seinen Sohn *Nikomachos* geschrieben hat.[12] Zentral ist hier die Unterscheidung zwischen einer proportionalen Gerechtigkeit, die sich auch an dem Status der beteiligten Personen orientiert (*iustitia distributiva*, austeilende Gerechtigkeit) und einer ausgleichenden Gerechtigkeit (*iustitia commutativa*), bei der dem Status der betroffenen Personen keine Bedeutung zukommt.[13]

21 Die *iustitia distributiva* betrifft Leistungen des Gemeinwesens an seine Bürger. Hier kommt neben einer Gleichverteilung auch eine *Verteilung nach dem Status* der Betroffenen in Betracht. In diesem Fall bestimmt sich das einer Person Zukommende nach dem Maß ihrer „Würdigkeit" (griechisch: axia), die teilweise im Sinne von erbrachten *Leistungen*, teilweise im Sinne bestimmter *Fähigkeiten* interpretiert wird.[14] Dagegen geht es bei der *iustitia commutativa* um einen Ausgleich im Verhältnis von Privatpersonen. In Betracht kommen insbesondere Vertragsverhältnisse, aber auch der Ausgleich von Schäden, die einer dem anderen zugefügt hat (Schadensersatz). Hier spielt der Status der Beteiligten keine Rolle.

22 Die zentralen Unterscheidungen, die *Aristoteles* in der „Nikomachischen Ethik" entwickelt, sind geeignet, auch aktuelle Gerechtigkeitsprobleme zu strukturieren. So gilt unverändert, dass es bei der *Vertragsgerechtigkeit* ebenso wenig auf den Status der Beteiligten ankommt wie bei der Bestimmung der Höhe eines *Schadensersatzes* (*iustitia commutativa*). Vertragliche Pflichten sind von jedermann zu erfüllen, gleich welchen „Standes". Ebenso muss der Schaden, den jemand schuldhaft verursacht hat, ersetzt werden – gleichgültig, ob es sich bei dem Schädiger um eine Person von hohem oder

---

12 Übersichtliche Darstellung bei *Wolf*, Nikomachische Ethik.
13 *Aristoteles*, Nikomachische Ethik, Buch V, 1131a 1 ff. (die Fundstellenangaben beziehen sich auf Seite, Spalte und Zeile des griechischen Textes der Berliner Akademie-Ausgabe, nach der Aristoteles-Texte üblicherweise zitiert werden. In der deutschen Übersetzung von *Franz Dirlmeier* geht es um die Textpassagen S. 125 ff.
14 Dazu *Wolf*, Nikomachische Ethik, S. 106 f.

niedrigerem sozialen Status handelt. Auch auf die wirtschaftlichen Verhältnisse des Schädigers kommt es nicht an – ebenso wenig auf die des Geschädigten. Andererseits: Wenn im öffentlichen Dienst die Vergütung an Gehaltsstufen gekoppelt wird und somit der Regierungsrat ein höheres Gehalt erhält als der Sekretär, so wird das Prinzip der *iustitia distributiva* zugrunde gelegt, das die Höhe von Zuwendungen anhand des Status bestimmt.

Die Frage, wann im Bereich von Staatsleistungen (dem Anwendungsbereich der *iustitia distributiva*) eine Gleichverteilung, wann eine Staffelung von Leistungen angezeigt ist, markiert ein Problem von erheblicher Aktualität. So wird etwa diskutiert, ob die Bemessung landwirtschaftlicher Subventionen nach dem Maßstab der Größe der landwirtschaftlich genutzten Flächen (proportionale Verteilung der Zuwendungen) angemessen ist, oder das Prinzip „allen das Gleiche" gerechter wäre.

Ein paralleles Beispiel betrifft die Frage, ob es gerecht ist, wenn sich im Falle der Zerstörung von Häusern und Wohnungen durch Naturkatastrophen, gegen die kein Versicherungsschutz besteht, *freiwillige staatliche Hilfsleistungen* an Größe und Wert des zerstörten Hauses (der zerstörten Wohnung) orientieren. Zumindest denkbar wäre ein alternatives Modell, das allein auf die – standardisierten – Bedürfnisse der Betroffenen abstellt und ihnen ein standardisiertes, nach der Anzahl der künftigen Bewohner modelliertes „Einheitshaus" bzw. den dafür erforderlichen Geldbetrag zur Verfügung stellt.[15] Das System der proportionalen Zuwendung orientiert sich dagegen an dem unterschiedlichen bisherigen Besitzstand und verfestigt damit soziale Ungleichheiten. Für dieses Modell könnte die Erwägung sprechen, dass die Eigentümer wertvoller Immobilien bei deren Zerstörung eben höhere Verluste erlitten haben und dass mittels finanzieller Hilfe des Staates der *status quo ante* so weit wie möglich wiederhergestellt werden soll.

II. Komplementarität der Prinzipien „Jedem das Seine" und „Allen das Gleiche"

Das Prinzip „Jedem das Seine" (*suum cuique*) steht dem Grundsatz „Allen das Gleiche" auf den ersten Blick unversöhnlich gegenüber. Denn es fordert eine *Ungleichbehandlung* anhand individueller Kriterien. Damit opponiert es jedenfalls *prima facie* dem Prinzip einer generalisierenden *Gleichbehandlung*.

Auf den zweiten Blick allerdings relativiert sich dieser Gegensatz. Denn die entscheidende Frage heißt, *nach welchen Gesichtspunkten* sich bestimmt, was jeweils „das Seine" ist. Diese Gesichtspunkte können sehr heterogen sein – es kann darum gehen, was jemandem als Staatsbürger oder Nicht-Staatsbürger, als Frau oder Mann, als Akademiker oder Nicht-Akademiker, als Christ oder Nicht-Christ, als Hell- oder Dunkelhäutigem zusteht – jeweils im Unterschied zu Angehörigen der anderen Gruppierung. In jedem Falle aber muss es sich um ein generelles Kriterium handeln. Das Individuum darf nicht als solches, als Frau Ursula Meier aus Heringsdorf oder Herr Peter Müller aus Pöppenrade, bevorzugt oder benachteiligt werden.

Das bedeutet: Das Differenzierungskriterium markiert nicht *Individuen*, sondern jeweils ein bestimmtes *Kollektiv*. Innerhalb dieses Kollektivs muss das Prinzip der Gleichbehandlung („Allen das Gleiche") gelten. Damit wird nicht ausgeschlossen, dass innerhalb der jeweiligen Gruppe weiter differenziert werden kann. So etwa hinsichtlich der Personen mit nicht-deutscher Staatsangehörigkeit zwischen EU-Bürgern und Bürgern anderer Staaten, innerhalb der Bürger anderer Staaten nach dem Kriterium, ob zu dem jeweiligen Staat diplomatische Beziehungen bestehen etc. Aber: Gleichgültig,

---

15   Entsprechende Überlegung (mit ablehnender Tendenz) bei *Spellbrink*, Grundentscheidungen, S. 504 f.

wie weit die Differenzierung der relevanten Kriterien vorangetrieben werden kann: In jedem Falle muss es sich um *generelle* Kriterien handeln, die eine bestimmte *Gruppe* definieren. *Innerhalb* dieser Gruppe muss das Prinzip der Gleichbehandlung gelten. Insofern relativiert sich der Gegensatz zwischen den Prinzipien „Jedem das Seine" und „Allen das Gleiche".

27 Zu demselben Ergebnis gelangt man von der anderen Seite aus, also bei einem genaueren Blick auf das Prinzip „Allen das Gleiche". Denn hier stellt sich die Frage, auf *welche Gesamtheit* sich der Begriff „alle" bezieht. Geht es um alle Männer (alle Frauen) oder aber um alle Menschen, um alle Lebewesen[16] oder nur um menschliche, um alle Staatsbürger/-innen oder nur um Personen ab einem bestimmten Alter? Auch wenn es naheliegt, die maßgeblichen Gruppen größer zuzuschneiden, wenn man von dem Prinzip „Allen das Gleiche" ausgeht: Auch im Anwendungsbereich dieses Prinzips geht es um die Frage, *welche Faktoren* eine Ungleichbehandlung rechtfertigen oder sogar gebieten.

28 Noch deutlicher wird die Koinzidenz der Prinzipien, wenn man den Gleichheitssatz nicht als Prinzip „Allen das Gleiche", sondern als Grundsatz der „Gleichbehandlung des Gleichen" formuliert, dem das Prinzip der *Ungleichbehandlung des Ungleichen* korrespondiert. Dann liegt auf der Hand, dass die maßgebliche Frage lautet: Was ist in diesem Sinne als gleich, was als ungleich anzusehen? Diese Frage ist nur anhand *normativer* Kriterien zu beantworten: Es kommt darauf an, wann eine Gleichstellung als angemessen, wann sie als unangemessen erscheint. Geht es, beispielsweise, um die Gleichstellung der Frau, dann kann die hier relevante Gleichheit bzw. Ungleichheit nicht ohne normative Zwischenschritte anhand natürlicher Merkmale bestimmt werden.

29 Zwar können solche natürlichen Merkmale für die Bewertung eine Rolle spielen – etwa bei der Frage, ob es eine Wehrpflicht auch für Frauen geben soll. Die Entscheidung selbst aber ist ein normativer Akt – sie beruht auf einer Gleich*stellung* (oder deren Ablehnung), nicht aber auf faktischer Gleichheit oder Ungleichheit. Insoweit kommt das Prinzip der Gleichbehandlung, wie verschiedentlich angemerkt wurde, einer Tautologie verdächtig nahe. Scharf formuliert: Als „ungleich" wird das bewertet, was man ungleich behandeln *will*, um anschließend die Ungleichbehandlung mit der (selbst deklarierten) Ungleichheit der Objekte bzw. Konstellationen zu rechtfertigen.

III. Kriterien gerechter Ungleichbehandlung

30 Als zentrales Problem der Gerechtigkeit erweist sich damit die Frage, welche Unterschiede bzw. Unterscheidungen eine Ungleichbehandlung rechtfertigen, möglicherweise sogar gebieten. Die Antworten auf diese Frage fallen, je nach historischem und kulturellem Kontext, höchst verschieden aus. Es lassen sich aber mehrere Faktoren identifizieren, die hier – wenngleich in unterschiedlicher Gewichtung – von Bedeutung sind.

1. Politische Zugehörigkeit

31 Ein relativ stabiler Faktor ist das Kriterium der Zugehörigkeit zu der „eigenen", also der den Staat (generell: das Gemeinwesen) politisch und ideologisch dominierenden

---

16 Zur Frage von Rechten von Tieren vgl. § 8 Rn 67 ff.

III. Kriterien gerechter Ungleichbehandlung § 10

Gruppe. Noch von zeitgeschichtlichem Interesse ist hier die Diskriminierung nach *ethnischen* Gesichtspunkten, wie sie in Deutschland während der Periode des Nationalsozialismus (1933–1945) nicht nur in der staatlichen Gesetzgebung, sondern teilweise auch im wissenschaftlichen Schrifttum vorgenommen wurde. Berühmt-berüchtigt ist die entsprechende Passage bei *Karl Larenz*, seinerzeit und auch noch nach 1945 einer der führenden deutschen Rechtswissenschaftler:

> „Rechtsgenosse ist nur, wer Volksgenosse ist; Volksgenosse ist, wer deutschen Blutes ist. Dieser Satz könnte an Stelle des die Rechtsfähigkeit ‚jedes Menschen' aussprechenden § 1 BGB an die Spitze unserer Rechtsordnung gestellt werden"[17].

Allerdings könne der Fremde in vielen Beziehungen als Gast dem Rechtsgenossen gleichgestellt werden.[18]

32

Differenzierungen anhand (nicht der ethnischen Zugehörigkeit, sondern) der *Staatsbürgerschaft* liegen in der Natur der Sache; ohne sie wäre die rechtliche Institution der Staatsbürgerschaft ohne Funktion. Allerdings verliert dieses Kriterium innerhalb der Europäischen Union in Hinblick auf Bestimmungen, die eine entsprechende Diskriminierung in bestimmten Bereichen untersagen, tendenziell an Bedeutung. Universal geltende *Menschenrechte* sprengen alle nationalen Grenzen. Trotzdem bleibt die unterschiedliche Behandlung von „Internen" und „Externen", von Mitgliedern der eigenen Gruppe und Außenstehenden, nach wie vor relevant.

33

Ein Beispiel bietet die Zweiteilung von Grundrechten in der deutschen Verfassung (Grundgesetz) in Rechte *aller Menschen* einerseits, Rechte, die nur *Deutschen* garantiert werden, andererseits. So stehen die Grundrechte der Freiheit (Art. 2 GG), der Gleichheit (Art. 3 GG) und der Bekenntnisfreiheit (Art. 4 GG) *allen Menschen* zu. Demgegenüber werden die Grundrechte der Versammlungsfreiheit (Art. 8 GG), der Vereinigungsfreiheit (Art. 9 GG), der Freizügigkeit (Art. 11 GG) und der Berufsfreiheit (Art. 12 GG) nur für *Deutsche* gewährleistet.[19] Auch die Grundrechtecharta der Europäischen Union[20] unterscheidet zwischen Rechten *aller* Menschen (Art. 1–38) einerseits, Bürgerrechten, die nur Unionsbürgerinnen und -bürgern garantiert werden (Art. 39–46), andererseits.

Die Frage, wie weit die Privilegierung der eigenen Staatsbürger gehen sollte, wo also die Grenze zwischen *Bürgerrechten* und *Menschenrechten* zu ziehen ist, ist allerdings umstritten. Sie lässt sich einordnen in die aktuelle Diskussion zwischen den Positionen des *Kommunitarismus* einerseits, des *Universalismus* andererseits. Die Kommunitaristen heben die Bedeutung der sozialen Bindungen und damit die Gemeinschaftsbezogenheit des Menschen hervor.[21] Im normativen Bereich entspricht dem die Betonung des Wertes der *Loyalität*,[22] der es rechtfertigt, Mitbürger im Vergleich zu Außenstehenden zu privilegieren.

34

Demgegenüber gehen die Verfechter der Position des *Universalismus* davon aus, dass alle Menschen in gleicher Weise Anspruch auf Schutz und Gewährleistung einer menschenwürdigen Existenz haben. Der Gegensatz zwischen beiden Positionen, die hier nur stark vereinfacht wiedergegeben werden können, spielt eine wichtige Rolle sowohl bei dem aktuellen Problem des Umgangs mit Migranten als auch in der Frage, wie

35

---

17 *Larenz*, Rechtsperson, S. 21.
18 Ebd. Zur (heute selbstverständlichen) Kritik differenziert *Auer, Canaris*, S. 634.
19 Krit. zu dieser Differenzierung *Fischer-Lescano*, Deutschengrundrechte, S. 339 ff.
20 Charta der Grundrechte der Europäischen Union vom 14.12. 2007.
21 *Walzer*, Sphären; *Sandel*, Gerechtigkeit, S. 283 ff.
22 *Sandel*, Gerechtigkeit, S. 324 ff.

weit rechtlich und moralisch die Befugnis reichen kann, die eigenen Bürger unter Anwendung massiver Gewalt und erheblicher „Kollateralschäden" auf der Gegenseite zu verteidigen.

36 Ein Kernpunkt der Kontroverse zwischen Universalismus und Kommunitarismus betrifft das Phänomen der Identifikation mit einer (und nur einer) Gruppe. Zahlreiche Konflikte dieser Welt lassen sich jedenfalls auch darauf zurückführen, dass sich Menschen mit *einem* Kollektiv identifizieren und Mitglieder anderer Kollektive bestenfalls als Fremde, schlimmstenfalls als Feinde betrachten.

37 Der indische Philosoph und Wirtschaftswissenschaftler *Amartya Sen*[23] spricht hier sehr anschaulich von einer *Identitätsfalle*, in der sich seines Erachtens auch die Kommunitaristen verfangen.[24] Dem wird kaum zu widersprechen sein. Jedenfalls ist nicht zu übersehen, welche schrecklichen Folgen die Konfrontationen zwischen Hindus und Moslems (so im persönlichen Erfahrungsbereich von *Sen*), Katholiken und Protestanten (so im Dreißigjährigen Krieg), von Schiiten und Sunniten hatten und teilweise noch haben – zu schweigen von dem Gegensatz zwischen unterschiedlichen nationalen Identitäten, der eine Unzahl fürchterlicher Kriege ideologisch getragen hat und trägt.

38 Auch die Verbrechen der *Kolonialregime*, die erst allmählich und bisher nur ansatzweise aufgearbeitet werden, basieren (nicht nur auf rücksichtsloser Gier, sondern auch) auf Identifikationen, die eine Empathie für die Angehörigen anderer Kollektive kaum aufkommen lassen. Dass diese rassistischen Identifikationen bis heute nicht überwunden sind, beweisen wiederholte, offenbar systematische Übergriffe der Staatsgewalt gegenüber dunkelhäutigen Bürgern in den Vereinigten Staaten.

2. Leistung

39 Ein scheinbar unproblematisches Kriterium der Differenzierung ist das der *Leistung*. Dass mehr verdienen soll, wer mehr leistet, ist ein Prinzip von hoher Plausibilität. Soweit diese Leistung der Gesellschaft insgesamt zugutekommt, ließe es sich auch mit utilitaristischen Erwägungen rechtfertigen. Denn: Dass höhere Entgelte zu größeren Leistungen motivieren können, erscheint intuitiv einleuchtend.

40 Es stellen sich allerdings zwei Fragen. Die erste: *In welchem Ausmaß* rechtfertigen unterschiedliche Leistungen unterschiedliche Vergütungen? Die zweite: Anhand welcher Kriterien lässt sich eine Leistung bemessen und damit in ein Verhältnis zu anderen Leistungen setzen? Beide Fragen stehen in einem engen Zusammenhang.

41 In zahlreichen Unternehmen der westlichen Industrieländer verdienen Angehörige der Führungsebene das Hundertfache des Gehalts der Mitarbeiter am unteren Ende der Lohnskala. Gerechtfertigt wird das teils in Hinblick auf eine ungleich höhere Leistung im oberen Management und die besondere Verantwortung der Führungskräfte, ferner – soweit diese auch Eigentümer des Unternehmens oder an diesem maßgeblich beteiligt sind – mit Verweis auf das *finanzielle Risiko*, dem sie im Falle eines drohenden Scheiterns des Unternehmens ausgesetzt seien.

42 Soweit es um die Frage geht, ob eine hundertfach höhere Bezahlung im Vergleich zu der Entlohnung des einfachen Arbeiters unter dem Gesichtspunkt der *Leistungsgerechtigkeit* gerechtfertigt ist, stellt sich zunächst das Problem einer vergleichenden

---

23 *Sen*, Identitätsfalle; ders., Idee der Gerechtigkeit, S. 169 f. u.ö.
24 *Sen*, Identitätsfalle, S. 35.

Gewichtung der erbrachten Leistungen. Nach welchem Maßstab will man Leistung bemessen? Soweit es um den persönlichen Einsatz geht, ließe sich argumentieren, dass die durchschnittliche wöchentliche *Arbeitszeit* eines Mitarbeiters im höheren Management deutlich über der des einfachen Arbeiters liegen dürfte. Dieser Unterschied sollte aber, die Arbeitszeit am unteren Ende der Lohnskala zu 40 Stunden gerechnet, den Faktor 2 nicht oder allenfalls geringfügig übersteigen.

Ob die Tätigkeit einer Führungskraft *belastender* ist als die des einfachen Arbeiters, hängt von der Art und den Umständen der jeweiligen Tätigkeit ab. Hier gibt es insbesondere auf der Seite des Arbeiters erhebliche Unterschiede. Als Stichworte müssen hier Schichtarbeit, Tätigkeit bei großer Hitze (Hochofen) und Arbeiten unter Tage genügen. Bemisst man „Leistung" nach dem Kriterium des persönlichen Einsatzes und der persönlichen Belastung, so ist die Annahme einer Differenz um einen Faktor der Größe 100 nicht gerechtfertigt. 43

Leistung ließe sich aber auch anders bemessen, nämlich anhand des *Nutzens*, den eine Tätigkeit für die Gesellschaft insgesamt hervorbringt. Unter diesem Gesichtspunkt kann man darauf verweisen, dass die erfolgreiche Führung eines großen Unternehmens für Staat und Gesellschaft in Hinblick auf Steueraufkommen, Beitrag zur gesamtwirtschaftlichen Bilanz (Bruttosozialprodukt), Schaffung und Erhaltung von Arbeitsplätzen erhebliche Vorteile bringt. Selbstverständlich setzt der Erfolg des Unternehmens ebenso voraus, dass Mitarbeiter auch auf den unteren Ebenen des Unternehmens ihre Aufgaben zuverlässig erledigen. Gleichwohl: Es erscheint gerecht, den Angehörigen der Führungsebene einen besonderen Anteil an dem Erfolg des Unternehmens zuzuschreiben und dies auch in der Höhe ihrer Bezüge zum Ausdruck zu bringen. 44

Allerdings: Die Höhe der Vergütung des Führungspersonals ist *de facto* von Erfolg oder Misserfolg des Unternehmens weitgehend unabhängig. Selbst die Zahlung sogenannter Boni, also zusätzlicher „Prämien", kann auch dann erfolgen, wenn das Management das Unternehmen tief in die roten Zahlen und/oder in einen desaströsen Zustand geführt hat. Was die „Verantwortung" betrifft, so hängt diese weithin davon ab, ob sich der/die Betreffende verantwortlich *fühlt*. Die rechtlichen Risiken sind gering, solange nicht offensichtlich Straftaten begangen werden. Das finanzielle Risiko schließlich betrifft nicht das Management, sondern die Eigentümer, die nur in seltenen Fällen das Unternehmen selbst führen. Und es betrifft vor allem die Mitarbeiter, die im Falle einer Insolvenz möglicherweise auf der Straße stehen. 45

3. Angebot und Nachfrage

Kann eine exorbitant hohe Manager-Vergütung gleichwohl als gerecht ausgewiesen werden? Sie kann es, sofern man den Mechanismus des Marktes, der sich bei der Preisgestaltung an dem Verhältnis von *Angebot und Nachfrage* orientiert, zu einem Prinzip der Gerechtigkeit erhebt. Denn tatsächlich bestimmen sich die Gehälter von Managern, ebenso wie die von Fußballspielern, nach diesem Verhältnis.[25] Dabei geht es zwar auch um Leistung, aber nicht um eine erbrachte, sondern um die *erwartete* Leistung. Da herausragend leistungsstarke (als herausragend leistungsstark eingeschätzte) Manager ebenso selten sind wie herausragend leistungsstarke (als herausragend leistungsstark eingeschätzte) Fußballspieler, die Nachfrage aber jeweils groß ist, können Angehörige jeder der beiden Gruppen bei Vertragsverhandlungen hohe Vergütungen 46

---

25 Dazu *Gosepath*, Gerechtigkeit, S. 358 ff.

erzielen. Auf die tatsächliche Leistung kommt es, solange der Vertrag läuft und nicht kündbar ist, nicht an.

47 Ob und inwieweit sich dem Marktmechanismus von Angebot und Nachfrage ein Gerechtigkeitsprinzip zuordnen lässt, ist allerdings umstritten. Man könnte hier zunächst das Prinzip der *Vertragsgerechtigkeit* heranziehen. Solange beide Parteien einen Vertrag dieses Inhalts freiwillig abschließen, geschieht keiner von ihnen Unrecht (*volenti non fit iniuria*). Wenn ein (ansonsten) geistig gesunder Fanatiker für das aussortierte Trikot eines Fußballspielers bei einer Versteigerung einen Millionenbetrag zahlt, dann ist der entsprechende Kaufvertrag nicht ungerecht. Denn: Gerecht ist in der Marktwirtschaft der Preis, der ohne Täuschung des Käufers und ohne Ausbeutung einer Zwangslage erzielt werden kann. Die auf *Aristoteles* zurückgehende, von der christlichen Moralphilosophie (*Thomas von Aquin*) aufgenommene Lehre vom *iustum pretium*, dem „an sich" gerechten Preis, fügt sich nicht in die Ideologie der Marktwirtschaft. An welchen Punkten diese Ideologie unter Gesichtspunkten der Gerechtigkeit an ihre Grenzen stößt, wird später zu erörtern sein.[26]

4. Bedürfnis

48 In verschiedenen Kulturen und Religionen ist es eine moralische Pflicht, Bedürftige mit Almosen, mit „milden Gaben" zu unterstützen. Diese Verpflichtung statuiert ein Gebot nicht der Gerechtigkeit, sondern der *Humanität*. Als Element des Regelkanons einer Religion ist sie auch als Pflicht gegenüber einer göttlichen Instanz begreifbar. Sie wird individuell verstanden, als moralische Verpflichtung des Einzelnen.

49 Ein Bezug zur *Gerechtigkeit* ergibt sich erst dann, wenn die Aufgabe der Fürsorge für Bedürftige nicht als Pflicht des Einzelnen, sondern als Angelegenheit des Kollektivs, also von Staat und Gesellschaft verstanden wird. Sie wird dann Bestandteil einer Verpflichtung, in der Gesellschaft insgesamt eine gerechte Ordnung herzustellen. In modernen Staatswesen wird diese ehemals rein moralische Pflicht verrechtlicht. Als *Sozialstaat* garantiert der Staat dem Einzelnen jedenfalls das Existenzminimum.[27] In welchem Ausmaß der Staat für die Verwirklichung gesellschaftlicher Gerechtigkeit zu sorgen hat, ist allerdings ebenso umstritten wie die Frage nach den gesellschaftlichen Konsequenzen einer Güterverteilung, die nach dem Bedürfnis-Prinzip erfolgt.

50 Das Prinzip einer an Bedürfnissen orientierten Verteilung gesellschaftlichen Reichtums hat in klassischer Knappheit *Karl Marx* formuliert: „Jeder nach seinen Fähigkeiten, jedem nach seinen Bedürfnissen!"[28] An dieser Stelle ist zunächst nur der zweite Teil der Maxime von Interesse. Das Prinzip „Jedem nach seinen Bedürfnissen!" ist als Gerechtigkeitsprinzip *per se* von hoher Plausibilität. Denn eine rationale Moral, und das heißt auch: eine rationale Rechtsethik, hat sich an den *Interessen* der Menschen zu orientieren, nicht an abstrakten Werten oder Grundsätzen.

51 Unter diesem Gesichtspunkt wäre eine Gesellschaft, in der alle Bedürfnisse aller Menschen befriedigt werden, im Lichte der Bedürfnisgerechtigkeit eine perfekt gerechte Gesellschaft. Dass die Bedürfnisse der Menschen unterschiedlich sind und deshalb auch die Zuwendungen unterschiedlich ausfallen würden, *insofern* also das Gleichheitsprinzip missachtet würde, stünde dem nicht entgegen. Denn zum einen würde die-

---

26 Dazu unten Rn. 69 ff.
27 Näher dazu unten Rn. 73.
28 *Marx*, Kritik des Gothaer Programms, MEW 19, S. 21.

III. Kriterien gerechter Ungleichbehandlung § 10

ses Prinzip *insofern* gewahrt, als *allen* Menschen Zuwendungen nach ihren jeweiligen Bedürfnissen zuteil würden. Zum andern kann das Prinzip „Jedem nach seinen Bedürfnissen" gerade als Alternative zu dem Gerechtigkeitsprinzip der abstrakten Gleichheit („Allen das Gleiche!") verstanden werden.

Die Kritik, der das Prinzip „Jedem nach seinen Bedürfnissen!" ausgesetzt ist, stützt sich denn auch weniger auf gerechtigkeitstheoretische als auf praktische, allgemein-politische Gesichtspunkte. Zwei Argumente stehen hier im Vordergrund. Zum einen: Die Bedürfnisse eines Menschen sind keine Konstante; sie wachsen mit zunehmendem Wohlstand. Scharf formuliert: Sie sind tendenziell grenzenlos. Aus Sicht der sozialistischen Theoretiker mag diese Sichtweise einem pessimistischen, anthropologisch nicht begründbaren Menschenbild entsprechen. Sie erscheint aber in hohem Maße realistisch, wenn sich zeigt, dass auch Multimilliardäre regelmäßig nach weiterer Mehrung ihres Reichtums streben. Im Übrigen können Bedürfnisse auch *geweckt* werden – so etwa bei „Millionärsmessen", auf denen ansonsten alltägliche Gebrauchsgegenstände in Gold oder Platin, mit oder ohne Diamantenbesatz, angeboten und offensichtlich nachgefragt werden. 52

Gewichtiger ist das zweite Argument. Es basiert gleichfalls auf einem (aus Sicht des Sozialismus) pessimistischen Menschenbild und besagt: Die Realisierung des Prinzips „Jedem nach seinen Bedürfnissen" würde gesellschaftlichen Wohlstand gefährden und tendenziell zerstören. Denn, so die Argumentation: Leistungen, die diesem Wohlstand dienten, würden nur erbracht, um mittels der Gegenleistung die eigenen Bedürfnisse befriedigen zu können. Gerade aus der Abhängigkeit des Verdienstes von der erbrachten Leistung resultiere eine Leistungsbereitschaft, die der Gesellschaft insgesamt zugutekomme. 53

Es genüge nicht, dem Prinzip „Jedem nach seinen Bedürfnissen" das Prinzip „Jeder nach seinen Leistungen" *additiv* an die Seite zu stellen. Denn derjenige, dessen Bedürfnisse sowieso befriedigt würden, habe kein Motiv, Leistungen nach seinen Möglichkeiten zu erbringen. Erforderlich sei vielmehr eine *funktionale Koppelung* von Leistung und Befriedigung der eigenen Bedürfnisse. Also Bedürfnisbefriedigung *durch* die Erbringung von Leistungen, die zum Wohlstand der Gesellschaft insgesamt beitragen. 54

Dieses Modell entspricht der Vorstellung von einer „unsichtbaren Hand" („invisible hand"), die dafür sorgt, dass die egoistischen Aktivitäten des Einzelnen der Gesellschaft insgesamt zugutekommen. Zugeschrieben wird es vor allem dem schottischen Moralphilosophen und Wirtschaftswissenschaftler *Adam Smith* (1723-1790). Tatsächlich hat es zahlreiche Vorläufer und Nachfolger. Richtig an diesem Modell ist jedenfalls, dass die Tätigkeiten eines Wirtschaftsakteurs, der nachvollziehbar in erster Linie nach der Mehrung seines eigenen Vermögens strebt, die wirtschaftliche Leistungsfähigkeit einer Gesellschaft insgesamt steigern *können*. Auch die Beschäftigung von Mitarbeitern, die selbstverständlich im Interesse der Leistungsfähigkeit des Unternehmens selbst erfolgt, trägt als Schaffung von Arbeitsplätzen zu gesellschaftlichem Wohlstand und zur finanziellen Entlastung des Staates bei. 55

Die Kehrseite: Die drohende Insolvenz eines bedeutenden Unternehmens betrifft nicht nur das Unternehmen selbst, sondern Gesellschaft und Staat insgesamt. Der Staat muss bei „systemrelevanten" Betrieben („to big to fail") intervenieren, um größeren Schaden für die Gesamtwirtschaft abzuwenden. Auch unterhalb der Schwelle einer drohenden Insolvenz können Maßnahmen, die der Stabilisierung des Unternehmens dienen, erhebliche gesellschaftliche Schäden anrichten, etwa durch die Entlassung zahlreicher 56

Mitarbeiter in die Arbeitslosigkeit. Auch hier muss der Staat einspringen. Aus der Sicht der Ideologie[29] des Sozialismus, nicht aber aus der des Kapitalismus widerstreitet das damit praktizierte Prinzip: „Privatisierung der Gewinne, Sozialisierung der Verluste" der Forderung nach gesellschaftlicher Gerechtigkeit.

IV. Ein hypothetisch-prozedurales Modell (Rawls)

1. Struktur

57 Die unterschiedlichen Spielarten der Gerechtigkeit (Gleichgerechtigkeit, Leistungsgerechtigkeit, Bedarfsgerechtigkeit) lassen sich nicht ohne Weiteres in ein übergreifendes Gesamtmodell der Gerechtigkeit integrieren. Umso mehr Aufmerksamkeit verdient ein Modell, das den Versuch unternimmt, aus einem modifiziert vertragstheoretischen Ansatz ein allgemeingültiges Modell gesellschaftlicher Gerechtigkeit abzuleiten.

58 Ausgangspunkt ist die realistische Erwägung, dass Stellungnahmen zu Fragen der Gerechtigkeit typischerweise von den jeweils eigenen Interessen beeinflusst werden. Diese Interessen sind heterogen, ebenso die ihnen korrespondierenden Vorstellungen von Gerechtigkeit. Der Vermieter wird, rollenbedingt, eher der *Marktgerechtigkeit*, der Mieter eher der *Bedarfsgerechtigkeit* den Vorzug einräumen. Natürlich sind das Typisierungen, die im konkreten Fall nicht zutreffen müssen. Aber die Gefahr interessenbedingter Verzerrungen des Gerechtigkeitsdiskurses ist nicht von der Hand zu weisen. Bei *John Rawls* (1921-2002) findet sich der spannende Versuch, in einem Gedankenmodell diese interessenbedingten Verzerrungen zu eliminieren.[30] Die Grundidee: Unter dieser Voraussetzung könnten Regelungen gefunden werden, denen alle zustimmen können und die deshalb als gerecht ausweisbar sind.

59 Diese Neutralisierung von rollengebundenen Interessen kann im Modell von *Rawls* gelingen, weil es nicht um einen realen, sondern um einen virtuellen Diskurs geht. Insofern besteht eine Parallele zu den *Vertragstheorien*, die sich nicht auf ein (unterstelltes) historisches Ereignis, sondern auf eine hypothetische vernünftige Vereinbarung beziehen.[31] In diesem Sinne entwirft *Rawls* das Modell des *Urzustands*, in dem die Menschen unter dem *Schleier des Nichtwissens* (*veil of ignorance*) die unterschiedlichen sozialen Rollen ausgestalten.[32] Da der Einzelne nicht weiß, welche Rolle er in der Gesellschaft einnehmen wird, wird er dafür plädieren, die unterschiedlichen sozialen Rollen gerecht zuzuschneiden, z. B. die des Mieters einerseits, des Vermieters andererseits. Der Grundgedanke entspricht dem vertrauten Prinzip: „einer teilt, einer wählt". Da der Teilende nicht weiß, welches Stück er bekommen wird, wird er sich bemühen, gerecht zu teilen.

60 Allerdings könnten besonders risikofreudige Naturen versucht sein, in dem Vertrauen auf ihr Glück bei der „Rollenverteilung" privilegierte Positionen zu Lasten unterprivilegierter zu schaffen. Deshalb wird zusätzlich die *Maximin-Regel* eingeführt: Jeder versucht, für den denkbar schlechtesten Fall bei der Rollenverteilung Vorsorge zu treffen.[33]

---

29 Zum Begriff vgl. oben Fn. 10.
30 *Rawls*, Theorie; *ders.*, Gerechtigkeit als Fairneß. Zur kaum noch überschaubaren Diskussion vgl. etwa die Beiträge in O. Höffe (Hrsg.), Über John Rawls' Theorie der Gerechtigkeit, 1977.
31 Dazu oben § 2 Rn. 51 ff.
32 *Rawls*, Theorie, S. 159 ff.
33 *Rawls*, Theorie, S. 177 ff.

V. „Gerechtigkeit" als staatliche Aufgabe? § 10

Im Ergebnis resultiert für *Rawls* eine gleiche Verteilung der *Grundfreiheiten*. Bei der Verteilung *materieller Güter* sind Ungleichheiten nicht ausgeschlossen, aber nur, soweit Chancengleichheit besteht und die Ungleichheiten mit Vorteilen für alle verbunden sind.[34]

2. Beispiel

Der letztere Gesichtspunkt, der für die Rechtfertigung sozialer Ungleichheiten in den Gesellschaften der kapitalistischen Welt und darüber hinaus von zentraler Bedeutung ist, lässt sich exemplarisch an folgendem einfachen Beispiel verdeutlichen:

Andreas, *Bettina* und *Carsten* haben gemeinsam einen Lotto-Gewinn in Höhe von einer Million € erzielt. Sie beschließen, das Kapital „konservativ" anzulegen und die Zinserträge gerecht aufzuteilen. Bei einem Zinssatz von 3 % Jahreszins resultiert das

Modell 1:

Jährlicher Zinsertrag: 30.000 €. Es erhalten jährlich:

Andreas: 10.000 €

Bettina: 10.000 €

Carsten: 10.000 €

Variante: *Andreas* wäre aufgrund seiner besonderen Kenntnisse des Finanzmarktes und besonders guter Kontakte in der Lage, das Geld zu einem Zinssatz von 6 % sicher anzulegen. Er bietet *Bettina* und *Carsten* an, dies hinsichtlich des Gesamtbetrags (1 Million €) zu tun – vorausgesetzt, dass er statt eines Drittels die Hälfte der jährlichen Zinserträge bekommt (Modell 2).

Modell 2:

Jährlicher Zinsertrag: 60.000 €. Es erhalten jährlich:

Andreas: 30.000 €

Bettina: 15.000 €

Carsten: 15.000 €

Frage: Ist es gerecht, dass *Andreas* hier mehr bekommt als die beiden anderen? Immerhin erhalten auch *Bettina* und *Carsten* bei diesem Modell ja mehr, als sie bei der Gleichverteilung nach Modell 1 bekommen würden. Die unter dem Gesichtspunkt der Gleichverteilung gerechteste Lösung (jeder erhält 20.000 €) scheidet aus, weil *Andreas* sich weigern würde, diese Verteilung zu akzeptieren und als Lohn für seinen erfolgreichen Einsatz einen größeren Anteil verlangt (erfolgsorientierte Leistungsgerechtigkeit).

V. „Gerechtigkeit" als staatliche Aufgabe?

Gerechtigkeit ist nur insofern ein Thema gerade der Rechtsphilosophie, als das Recht – und damit der Staat – für ihre Gewährleistung zuständig ist. Jenseits dieses Bereichs geht es um Moralphilosophie, Sozialphilosophie oder Moraltheologie. Wie weit diese Zuständigkeit reicht, wo ihre Grenzen verlaufen, steht allerdings nicht für alle Zeiten fest und ist demgemäß umstritten.

---

34 *Rawls*, Theorie, S. 81 ff.

§ 10 Jedem das Seine, allen das Gleiche oder niemandem Nichts?

1. Gebot der Gleichbehandlung aller Bürger

64 Außer Frage steht, dass staatliche Maßnahmen als solche den betroffenen Bürger/-innen gegenüber nicht ungerecht sein dürfen. Gerechtigkeit bedeutet in diesem Kontext in erster Linie: Gleichbehandlung. Das deutsche Grundgesetz spezifiziert dieses Verbot der Ungleichbehandlung in dreifacher Hinsicht.

65 Zunächst: „Alle Menschen sind vor dem Gesetz gleich".[35] Diese Bestimmung bezieht sich auf einen Aspekt der *Regelgerechtigkeit*: Eine Entscheidung oder Maßnahme, die nicht den geltenden Gesetzen entspricht, ist als Verletzung einer verbindlichen Rechtsnorm ungerecht. Insbesondere darf eine Abweichung von den geltenden Gesetzen nicht mit einem besonderen Status oder der Prominenz des Betroffenen begründet werden. Ein bekannter Fußballspieler muss im Falle einer Steuerhinterziehung in mehrstelliger Millionenhöhe ebenso zu einer vollstreckbaren Freiheitsstrafe[36] verurteilt werden wie jeder andere Bürger. Das Gleiche gilt für prominente Politiker und deren Angehörige, soweit sie sich im Rahmen – beispielsweise – von Zuwendungen, die sie für die Vermittlung von millionenschweren Geschäften erhalten haben, einer Steuerhinterziehung in entsprechender Höhe schuldig gemacht haben.

66 Die Norm „Alle Menschen sind vor dem Gesetz gleich" garantiert nur die Gleichheit *vor* dem Gesetz. Eine Ungleichbehandlung *durch* das Gesetz schließt die Bestimmung, jedenfalls ihrem Wortlaut nach, nicht aus. Die mit ihr normierte *Regelgerechtigkeit* würde durch Gesetze, die – beispielsweise – Männern und Frauen, Menschen von heller und von dunkler Hautfarbe, Katholiken und Nicht-Katholiken, jüdischen und nicht-jüdischen Bürgern jeweils unterschiedliche Rechte einräumten, nicht verletzt. Ausgeschlossen wird dies aber durch die nachfolgenden Präzisierungen. Danach gilt: „Männer und Frauen sind gleichberechtigt."[37] Ferner: „Niemand darf wegen seines Geschlechtes, seiner Abstammung, seiner Rasse, seiner Sprache, seiner Heimat und Herkunft, seines Glaubens, seiner religiösen oder politischen Anschauungen benachteiligt oder bevorzugt werden."[38]

67 Der Staat selbst darf also, so jedenfalls die Verfassung der Bundesrepublik, seine Bürger nicht gleichheitswidrig und damit ungerecht behandeln. Auch insoweit gilt aber, dass nicht jede Ungleichbehandlung ungerecht ist. Die Frage ist, auf welche Faktoren es hier ankommt. Am Beispiel des Steuerrechts: Ist es ungerecht, dass Besserverdienende prozentual eine höhere Steuer bezahlen als Geringverdienende (Steuerprogression)? Am Beispiel der Wehrpflicht: Ist es ein Verstoß gegen den Gleichheitssatz, wenn die (in Deutschland derzeit ausgesetzte) Wehrpflicht nur für Männer, nicht aber für Frauen gilt?[39] Das sind Fragen, die die *Voraussetzungen* differenzierender und in diesem Sinne „ungleicher" staatlicher Regelungen betreffen. Dass der Staat hinsichtlich seiner eigenen Maßnahmen und Rechtsakte grundsätzlich an Prinzipien der Gerechtigkeit gebunden ist, steht im modernen Verfassungsstaat nicht zur Diskussion.

---

35 Art. 3 Abs. 1 GG.
36 BGHSt 53, 71.
37 Art. 3 Abs. 2 Satz 1 GG.
38 Art. 3 Abs. 3 Satz 1 GG.
39 Eine andere Frage ist, ob Frauen in Hinblick auf den Gleichheitssatz das *Recht* haben müssen, militärischen Dienst (auch) mit der Waffe zu leisten. Diese Frage hat der EuGH in einer Entscheidung aus dem Jahre 2000 bejaht. Das deutsche Grundgesetz wurde aufgrund dieser Entscheidung entsprechend geändert. Nach wie vor gilt aber, dass Frauen nicht zum Dienst mit der Waffe *verpflichtet* werden dürfen (Art. 12a Abs. 4 Satz 2 GG).

V. „Gerechtigkeit" als staatliche Aufgabe? § 10

2. Der Staat als Garant gesellschaftlicher Gleichbehandlung?

Davon zu unterscheiden ist die Frage, ob der Staat auch dort Gerechtigkeit zu gewährleisten hat, wo er nicht selbst als Akteur beteiligt ist. Also: Muss er für Gerechtigkeit im *gesellschaftlichen* Rechts- und Wirtschaftsverkehr sorgen? Muss er Mindeststandards für einen fairen Austausch zwischen Unternehmen und Kunden, zwischen Mietern und Vermietern, zwischen Arbeitgebern und Arbeitnehmern festlegen? Oder darf (vielleicht: muss) er hier alles dem freien Spiel der Kräfte des Marktes überlassen? 68

a) „Marktgerechtigkeit" oder staatliche Regulierung?

Gegen eine staatliche Intervention in Rechtsbeziehungen unter Privaten könnten die Prinzipien der *Vertragsfreiheit* und der *Vertragsgerechtigkeit* sprechen. Man könnte argumentieren, eine beiderseits gewollte vertragliche Vereinbarung sei *per definitionem* gerecht, wenn und weil sie dem frei gebildeten Willen beider Vertragsparteien entspreche. Staatliche Reglementierungen würden diesen Willen unterlaufen – beispielsweise durch die Etablierung einer Mietpreisbremse, die Festlegung eines Mindestlohns oder den Zwang, allen Mitarbeitern und Mitarbeiterinnen für die gleiche Arbeit den gleichen Lohn zu zahlen.[40] Staatliche Aktivitäten seien generell erheblich einzuschränken – alles müsse dem freien Spiel des Marktes überlassen werden. 69

Das ist das Konzept des *Minimalstaates*, wie es – mit Unterschieden im Einzelnen – von *F. A. Hayek*[41] (1899–1992), *Milton Friedman*[42] (1912–2006) und *Robert Nozick*[43] (1938–2002) vertreten wird. Es richtet sich vor allem gegen eine Umverteilung des Vermögens durch steuerfinanzierte sozialstaatliche Leistungen.[44] In ihrer extremen Form läuft diese Position auf die Etablierung eines – so die selbstgewählte Bezeichnung – „libertären Anarcho-Kapitalismus" hinaus. Zentrale Elemente dieses radikalliberalen „rechten" Anarchismus finden sich in der oben[45] dargestellten und kritisierten Schrift von *Hoppe* „Der Wettbewerb der Gauner" (2012). 70

Man kann *Hoppes* Text, ebenso wie zahlreiche Texte seiner anarcho-kapitalistischen Mitstreiter,[46] als unfreiwillige Karikatur einer ernst zu nehmenden, wissenschaftlich ausgearbeiteten Position (*Hayek, Friedman, Nozick*) lesen, die auf Deregulierung im Bereich der Wirtschaft und der Finanzmärkte setzt und die der „Gerechtigkeit des Marktes" ein größeres Gewicht im Vergleich zu einer „materiellen", auch durch staatliche Intervention zu verwirklichenden Gerechtigkeit gibt.[47] 71

Die Frage, inwieweit wirtschaftliche und gesellschaftliche Prozesse der Entwicklung des *Marktes* zu überlassen sind, und inwieweit sie, andererseits, mittels *staatlicher Interventionen* beeinflusst werden sollen, ist international Gegenstand einer intensiven Diskussion.[48] Ausgangspunkt der folgenden Darstellung ist das Modell eines intervenierenden Staates, wie es sich in der Bundesrepublik Deutschland auf der Basis älterer 72

---

40 Zum letzteren Punkt unten Rn. 80.
41 *Hayek*, Verfassung.
42 *Friedman*, Kapitalismus.
43 *Nozick*, Anarchie.
44 Übersichtliche Darstellung bei *Sandel*, Gerechtigkeit, S. 83 ff.
45 Oben § 1 Rn. 37 ff., 56 ff. Detaillierte Rekonstruktion der anarcho-kapitalistischen Bewegung, zu der auch der derzeitige (2025) argentinische Präsident *Javier Milei* zu rechnen ist, bei *Slobodian*, Kapitalismus.
46 Dazu die Verweise bei *Slobodian*, Kapitalismus.
47 Exemplarisch: *Hayek*, Verfassung der Freiheit, S. 361 ff.; *ders.*, Illusion, S. 149 ff.
48 Zur aktuellen Debatte in den USA *Herzog*, Wiederentdeckung, S. 968 ff.

Ansätze entwickelt hat. Kennzeichnend für dieses Modell ist zum einen die verfassungsrechtlich festgeschriebene Qualität als *Sozialstaat*,[49] zum andern der Versuch, Gleichheit im Sinne eines Diskriminierungsverbots auch *im Verhältnis von Privatpersonen untereinander* zu gewährleisten.

b) Sozialstaat und soziale Gerechtigkeit

73 Als Sozialstaat hat der Staat die wirtschaftlichen Voraussetzungen für ein menschenwürdiges Leben zu schaffen. Das gilt nach dem Recht der Bundesrepublik nicht nur gegenüber den eigenen Staatsbürgern, sondern gegenüber allen Personen, die sich dauerhaft in Deutschland aufhalten.[50] Verfassungsrechtlich geht es dabei um eine Konsequenz des Prinzips der *Menschenwürde* (Art. 1 Abs. 1 GG), unter gerechtigkeitstheoretischen Aspekten um den Bereich der *Bedarfsgerechtigkeit*. Sowohl verfassungsrechtlich als auch in Hinblick auf die Zuordnung zur Bedarfsgerechtigkeit ergibt sich die Konsequenz, dass es weder für den Bestand noch für die Höhe des Anspruchs auf erbrachte Leistungen ankommt. Das *Existenzminimum* steht jedem zu – gleichgültig, ob er sein bisheriges Leben tätig oder untätig verbracht hat.

74 Etwas anderes gilt für den Bereich der *Sozialversicherung*. Der deutsche Staat hat sich in der Zeit des Kaiserreichs unter der Kanzlerschaft von *Bismarck* 1873 bewusst für ein Versicherungsmodell zum Schutz vor den Folgen der Realisierung bestimmter Lebensrisiken entschieden.[51] Im Unterschied zum Anspruch auf das Existenzminimum ist der Anspruch auf Leistungen aus der Sozialversicherung von zuvor erbrachten *Leistungen* abhängig. Jeder abhängig Beschäftigte[52] ist zwangsweise zur Zahlung von Beiträgen an die Träger der Sozialversicherung verpflichtet. Von der Höhe der gezahlten Beiträge hängt die Höhe des Rentenanspruchs ab.

75 Hier verbinden sich also Elemente der *Bedarfsgerechtigkeit* mit solchen der *Leistungsgerechtigkeit*. Bei dieser Charakterisierung des Modells ist aber zu berücksichtigen, dass sich, wie gesehen, die Höhe des Einkommens im System der Marktwirtschaft in erster Linie anhand des Mechanismus von Angebot und Nachfrage bestimmt. Von „Leistungsgerechtigkeit" kann daher nur mit dieser Einschränkung gesprochen werden. Im Ergebnis bleiben dadurch, dass sich die Altersbezüge bei abhängig Beschäftigten an den geleisteten Beiträgen zu der Sozialversicherung und damit an der Höhe des beruflichen Einkommens orientieren, soziale Ungleichheiten auch im Alter erhalten.[53]

76 Das Sozialrecht soll nach der Grundsatznorm des deutschen Sozialgesetzbuchs zur *Verwirklichung sozialer Gerechtigkeit* beitragen.[54] Was genau unter sozialer Gerechtigkeit zu verstehen ist, und in welchem Sinne der Staat diese Gerechtigkeit gewährleisten sollte, ist allerdings umstritten. Von einer radikal-liberalen Position aus wird schon der Begriff der „sozialen Gerechtigkeit" mit einem Fragezeichen versehen. Soziale Gerechtigkeit sei kein möglicher Orientierungspunkt staatlicher Tätigkeit, sondern eine Illusion.[55] Auf der anderen Seite wird soziale Gerechtigkeit im Sinne einer Herstellung weitgehender materieller Gleichheit verstanden und diese dem Sozialstaat als Aufgabe

---

49 Art. 20 Abs. 1 GG.
50 BVerfGE 132, 134.
51 Dazu und zum Folgenden *Spellbrink*, Grundentscheidungen, S. 502 ff.
52 § 7 SGB IV.
53 *Spellbrink*, Grundentscheidungen, S. 507.
54 „Das Recht des Sozialgesetzbuchs soll zur Verwirklichung sozialer Gerechtigkeit und sozialer Sicherheit Sozialleistungen ... gestalten" (§ 1 Abs. 1 Satz 1 SGB I).
55 *Hayek*, Illusion.

zugewiesen.⁵⁶ Die letztere Position würde bei einer radikalen Umsetzung auf eine egalitäre Gesellschaft im Sinne eines Modells des Sozialismus hinauslaufen.⁵⁷

Jenseits aller Abstufungen, die in dem Bereich zwischen radikal-liberaler Nichtintervention und radikal-sozialer („sozialistischer") Gleichstellung möglich sind, stellt sich die grundsätzliche Frage, in welchem Sinne „Gleichheit", als zentrales Element von Gerechtigkeit, angestrebt wird. Sollen alle *im Ergebnis* das Gleiche bekommen? Oder soll allen die gleiche *Chance* garantiert werden, einen bestimmten sozialen Status und ein bestimmtes Einkommen zu erreichen? Geht es, kurz gesagt, um *Ergebnisgerechtigkeit* oder um *Chancengerechtigkeit*?

c) Ergebnis- oder Chancengerechtigkeit?

Das Sozialrecht der Bundesrepublik beantwortet diese Frage im Sinne der *Chancengleichheit*. Zwar soll allen Menschen ein „menschenwürdiges Dasein" gesichert werden. Insoweit wird ein bestimmtes *Ergebnis* der sozialen Maßnahmen angestrebt. Aber von dem Ziel einer materiellen Gleichheit der Mitglieder der Gesellschaft ist diese Gewährleistung eines Existenzminimums weit entfernt. Im Zentrum steht die Gewährleistung gleicher Chancen: Es gehe darum, „gleiche Voraussetzungen für die freie Entfaltung der Persönlichkeit ... zu schaffen" und „den Erwerb des Lebensunterhalts durch eine frei gewählte Tätigkeit zu ermöglichen". Ausdrücklich wird als Aufgabe des Sozialrechts auch die „Hilfe zur Selbsthilfe" genannt.⁵⁸ Es geht im Schwerpunkt also nicht darum, allen Menschen eine auch nur annähernd gleiche Lebensqualität zu sichern. Es geht darum, eine eigenverantwortliche Lebensgestaltung durch die Gewährleistung der dafür nötigen Voraussetzungen zu ermöglichen.

Die Alternative von *Ergebnisgerechtigkeit* und *Chancengerechtigkeit* strukturiert das Koordinatensystem der Gerechtigkeitsdiskussion insgesamt. Es reicht also über den Bereich des Sozialrechts weit hinaus. Dabei sind die beiden Kategorien typisierend, nicht klassifikatorisch zu verstehen. Das heißt: *Analytisch* muss man zwischen beiden Begriffen trennen. *In der Praxis* zielen Regelungen, die der Herstellung gesellschaftlicher Gerechtigkeit dienen sollen, nicht *entweder* auf Ergebnisgerechtigkeit *oder* auf Chancengerechtigkeit, sondern verbinden beide Elemente miteinander. Dies aus zwei Gründen. Zum einen ist die Chancengerechtigkeit kein Selbstzweck. Sie dient vielmehr der Möglichkeit, durch eigene Anstrengung einer Ergebnisgerechtigkeit zumindest nahe zu kommen.

Damit hängt der zweite Grund zusammen: Je intensiver und effizienter sich die Förderung der Chancengerechtigkeit gestaltet, desto kürzer ist der Weg zu einer (annähernden) Ergebnisgerechtigkeit. In Grenzfällen wird aus der Garantie von Chancengleichheit eine Gewährleistung von Ergebnisgerechtigkeit.

Exemplarisch geschieht das in einem Urteil des Bundesarbeitsgerichts (BAG), in dem ein frei ausgehandelter Arbeitsvertrag einer Mitarbeiterin eines Unternehmens hinsichtlich der vereinbarten Höhe des Gehalts nach oben korrigiert wurde.⁵⁹ Damit wurde ihr Gehalt dem Gehalt zweier männlicher Mitarbeiter angepasst, die härter und erfolgreicher verhandelt hatten und deshalb ein höheres Entgelt bezogen. Das BAG sah in der unterschiedlichen Höhe der vereinbarten Gehälter eine unzulässige geschlechtsspezifische Diskriminierung.

---

56 *Piketty*, Kapital, S. 627 ff. u. ö.; *ders.*, Geschichte, S. 136 ff.
57 *Spellbrink*, Grundentscheidungen, S. 508.
58 Alle Formulierungen in § 1 Abs. 1 Satz 2 SGB I.
59 BAG NJW 2023, 2797.

Das (unterstellte) geringere weibliche Verhandlungsgeschick sei keine Rechtfertigung für eine Ungleichheit des Entgelts. Die angenommene *Chancen*u*ngleichheit* (resultierend aus einem angeblich geringeren Verhandlungsgeschick von Frauen) wird hier also, durch die Festlegung identischer Gehälter, hinsichtlich des *Ergebnisses* kompensiert. Zugleich wird mit dem Grundsatz der Vertragsfreiheit auch das Prinzip der Marktgerechtigkeit in den Hintergrund gedrängt. Für „Marktliberale" ist das Urteil ein Sündenfall.[60]

d) Gebot der Gleichbehandlung – auch für Vertragspartner

81 Das Urteil des BAG stützt sich u. a. auf das „Allgemeine Gleichbehandlungsgesetz" (AGG),[61] mit dem das Verbot der Benachteiligung bestimmter Personengruppen, das die Verfassung an den Staat adressiert, auf Privatpersonen erstreckt wird. Das Gesetz statuiert ein allgemeines „zivilrechtliches Benachteiligungsverbot". Danach ist bei der „Begründung, Durchführung und Beendigung" zahlreicher „zivilrechtlicher Schuldverhältnisse" eine

> „Benachteiligung aus Gründen der Rasse oder wegen der ethnischen Herkunft, wegen des Geschlechts, der Religion, einer Behinderung, des Alters oder der sexuellen Identität" unzulässig (§ 19 Abs. 1 AGG).

82 So darf ein Wohnungseigentümer einem dunkelhäutigen Mietinteressenten den Abschluss eines Mietvertrags nicht mit der Begründung verweigern, dass er nur an „Weiße" vermiete. Die Einstellung eines Bewerbers in einem Handwerksbetrieb darf nicht daran scheitern, dass er islamischen oder jüdischen Glaubens ist.

83 Wie bei dem Prinzip der Gleichbehandlung generell liegen auch hier die Probleme vor allem bei der Frage, unter welchen Voraussetzungen eine Ungleichbehandlung sachlich angemessen und deshalb zulässig ist. Besonders aktuell ist hier die Diskussion um die Reichweite der arbeitsrechtlichen Privilegien der christlichen Kirchen, in der die zuständigen deutschen Gerichte einerseits, der Europäische Gerichtshof (EuGH) andererseits weithin unterschiedliche Auffassungen vertreten. In der justiziellen Praxis geht es hier häufig um Klagen, mit denen sich Mitarbeiter von Einrichtungen, die unter kirchlicher Leitung stehen (Krankenhäuser, Kindertagesstätten usw.), gegen eine Kündigung wehren, die auf Gründe der kirchlichen Ideologie gestützt wird und von Seiten eines „weltlichen" Arbeitgebers unzulässig wäre.[62] Solche Gründe sind beispielsweise die Wiederverheiratung eines geschiedenen Mitarbeiters oder der Austritt aus der Religionsgemeinschaft. Die insoweit maßgebliche Bestimmung des AGG lautet:

> „Das Verbot unterschiedlicher Behandlung wegen der Religion … berührt nicht das Recht der … Religionsgemeinschaften …, von ihren Beschäftigten ein loyales und aufrichtiges Verhalten im Sinne ihres jeweiligen Selbstverständnisses verlangen zu können" (§ 9 Abs. 2 AGG).

84 Stellt, beispielsweise, die Wiederverheiratung eines geschiedenen Chefarztes eines katholisch geführten Krankenhauses eine Verletzung seiner Loyalitätspflicht gegenüber der katholischen Kirche dar, weil eine Wiederverheiratung Geschiedener nach katholischem Eheverständnis unzulässig ist?

---

60 Zust. aber etwa *Oberthür* NJW 2023, 2754.
61 „Allgemeines Gleichbehandlungsgesetz", in Kraft getreten am 18.8.2006 (BGBl I S. 1897).
62 Unter dem Gesichtspunkt des Verhältnisses zwischen Staat und Religionsgemeinschaften dazu und zum Folgenden schon § 2 Rn. 32 ff.

V. „Gerechtigkeit" als staatliche Aufgabe? § 10

Das Bundesarbeitsgericht (BAG) hatte diese Frage verneint und der Klage des Chefarztes gegen die Kündigung stattgegeben.[63] Nach Ansicht des deutschen BVerfG hatte das BAG damit aber die Reichweite des kirchlichen Selbstbestimmungsrechts verkannt, das in Art. 140 GG iVm Art. 137 WRV garantiert sei.[64] Nach Auffassung des BVerfG durfte also dem Chefarzt eines katholischen Krankenhauses wegen eines Verhaltens gekündigt werden, das als Kündigungsgrund im Falle einer Tätigkeit an einem nicht konfessionell gebundenen Krankenhaus bei den zuständigen Arbeitsgerichten nur ungläubiges Kopfschütteln hervorgerufen hätte.

Der *Europäische Gerichtshof* (EuGH) hat anders entschieden. Nach Auffassung des EuGH ist die Auslegung bzw. Anwendung des § 9 Abs. 2 AGG, auf die das BVerfG seine Entscheidung gestützt hatte, mit den einschlägigen europäischen Vorschriften nicht vereinbar.[65] Eine Ungleichbehandlung wegen mangelnder Loyalität gegenüber der kirchlichen Lehre komme nur in Betracht, soweit es um eine Tätigkeit im Rahmen des *Verkündigungsauftrags* der Kirchen gehe – also etwa bei Priestern oder Religionslehrern. Das BAG hat auf der Grundlage dieser Entscheidung des EuGH der Klage des Chefarztes erneut stattgegeben – jetzt aufgrund einer „europarechtskonformen" Auslegung des § 9 Abs. 2 AGG.[66]

Unter rechtsphilosophischen Gesichtspunkten sind drei Punkte festzuhalten. Erstens: Das *Gebot der Gleichbehandlung*, das ein elementares Prinzip der Gerechtigkeit darstellt, kann sich im „Interventionsstaat" in Gestalt eines Diskriminierungsverbots auch an *Privatpersonen* und an nicht-staatliche Institutionen richten (Beispiel: AGG). Zweitens: Mit dieser Erstreckung des Diskriminierungsverbots erfährt das liberale Prinzip der *Vertragsfreiheit* eine wichtige *Einschränkung*. Drittens: Das strukturelle Problem der Gleichgerechtigkeit, also die Frage, wann Gleichbehandlung geboten und wann – in Hinblick auf Unterschiede in der Sache – Ungleichbehandlung gerechtfertigt oder sogar gefordert ist, bleibt auch im Rahmen differenzierter gesetzlicher Regelungen erhalten.

e) Gerechtigkeit durch kompensierende Ungerechtigkeit?

Gesetzliche Regelungen, die Diskriminierungen verbieten, sind unter dem Aspekt der Gerechtigkeit unproblematisch. Denn sie verwirklichen Gleichbehandlung (und damit Gleichgerechtigkeit), ohne dafür irgendjemanden in fragwürdiger Weise zu benachteiligen. Niemand hat einen Anspruch darauf, „gleicher" als gleich, also: bevorzugt behandelt zu werden. Wenn das Gleichheitsgebot des Grundgesetzes vorschreibt, dass der Staat Männer und Frauen gleich behandeln muss,[67] so liegt darin keine Diskriminierung der Männer (komplementär: keine Diskriminierung der Frauen). Entsprechend: Wenn das Gesetz es verbietet, beim Abschluss zivilrechtlicher Verträge ältere Personen zu benachteiligen,[68] so liegt darin keine Diskriminierung der Jüngeren (*et vice versa*). So weit, so gut.

---

63 BAGE 139, 144.
64 BVerfGE 137, 273.
65 EuGH NJW 2018, 3086.
66 BAGE 166, 1. Näher zur Argumentation der beteiligten Gerichte *Stöhr/Ganz*, JuS 2024, 1006 (1008 ff.).
67 Art. 3 Abs. 2 Satz 1 GG.
68 § 19 Abs. 1 AGG.

§ 10 § 10 Jedem das Seine, allen das Gleiche oder niemandem Nichts?

89 Problematisch wird das Unternehmen, durch staatliche Maßnahmen Gleichheit herzustellen, dann, wenn es zwangsläufig mit einer diskriminierenden Behandlung anderer Personen bzw. Personengruppen verbunden ist. Dazu folgendes Beispiel:

Frau Finke und Herr Herzog bewerben sich nach dem erfolgreich bestandenen zweiten juristischen Staatsexamen bei dem Justizministerium eines deutschen Bundeslandes. Aus Sicht der zuständigen Personalabteilung weisen beide die gleiche Qualifikation auf. Die Stelle bekommt Frau Finke. Begründung: Bei gleicher Qualifikation würden Frauen bevorzugt, bis im Ministerium die Quote von 50 % erreicht sei. Frage: Ist das gerecht?

90 Verletzt ist hier offensichtlich das Prinzip der Chancengleichheit. Herr Herzog hat trotz gleicher Qualifikation schlechtere Aussichten, die Stelle zu bekommen, weil seine Konkurrentin einen Bonus erhält, der ihr auch im Ergebnis zum Erfolg verhilft.

91 *Verfassungsrechtlich* kann diese Ungleichbehandlung möglicherweise auf die Bestimmung des Grundgesetzes gestützt werden, der zufolge der Staat die „tatsächliche Durchsetzung der Gleichberechtigung von Frauen und Männern" fördert und auf die „Beseitigung bestehender Nachteile" hinwirkt.[69] Denn: Dass Frauen im öffentlichen Dienst, wie in vielen Bereichen beruflicher Tätigkeit generell, lange Zeit stark unterrepräsentiert und insofern „benachteiligt" waren, ist nicht zu bestreiten. Insofern trägt die Regel, auf die sich die Personalabteilung des Ministeriums beruft, lediglich zur *Kompensation bestehender Nachteile* bei. In Hinblick auf das Prinzip der Gleichgerechtigkeit aber stellt sich die Frage: Ist es gerecht, dass Herr Herzog deshalb *persönlich* benachteiligt wird, weil *in der Gesellschaft insgesamt* Frauen bisher benachteiligt wurden (und möglicherweise noch werden)?

92 Man kann dieses Problem nicht mit dem Hinweis erledigen, es gehe ja nur um Fälle, in denen eine *gleiche Qualifikation* vorliege, also um *Grenzfälle*. Gleichbehandlung ist auch mit einem „bisschen Ungleichheit" nicht vereinbar, also auch nicht mit Ungleichheit sozusagen im Tiebreak. Das wird sofort deutlich, wenn man die Klausel dahingehend variiert, bei gleicher Qualifikation entscheide das Parteibuch. Hier würde niemand bestreiten, dass eine solche Regelung gegen das Gebot der Chancengleichheit verstößt.

93 Damit ist aber noch nicht gesagt, dass es sich bei dem Grundsatz, bei gleicher Qualifikation eine Bewerber*in* zu bevorzugen, um eine *Ungerechtigkeit* handelt. Nicht jede Ungleichbehandlung ist ungerecht.[70] Ungerecht ist die Ungleichbehandlung des Gleichen, nicht die des Ungleichen. Was aber ist in diesem Sinne gleich, was ungleich? Der Maßstab für Gleichheit bzw. Ungleichheit ist hier natürlich ein normativer. Es geht nicht um faktische, empirisch feststellbare Übereinstimmungen und Unterschiede, sondern um Bewertungen.[71] Die entscheidende Frage lautet, ob es gute Gründe gibt, die eine Ungleichbehandlung rechtfertigen oder sogar gebieten. Gibt es also gute Gründe, Frauen bei Bewerbungen um Stellen im öffentlichen Dienst zu bevorzugen?

94 Hier liegt das Argument nahe, es gehe bei dieser *Bevorzugung* lediglich darum, in der Vergangenheit oder (und) der Gegenwart bestehende *Nachteile* auszugleichen. Es gehe also um Ungleichbehandlung, die unter Gerechtigkeitsaspekten nicht nur zulässig, sondern geradezu geboten sei. Der ausgleichende, kompensatorische Charakter der

---

69 Art. 3 Abs. 2 Satz 2 GG. – Noch deutlicher formuliert die „Charta der Grundrechte der Europäischen Union": „Der Grundsatz der Gleichheit steht der Beibehaltung oder Einführung spezifischer Vergünstigungen für das unterrepräsentierte Geschlecht nicht entgegen" (Art. 23 Satz 2 GR-Charta).
70 Dazu oben Rn. 30 ff.
71 Dazu schon oben Rn. 28.

V. „Gerechtigkeit" als staatliche Aufgabe? § 10

Regelung komme auch in der Befristung zum Ausdruck: Sie solle nicht mehr gelten, sobald die Quote von 50 % erreicht sei.

Gerade diese Quoten-Orientierung aber macht die Sache kompliziert. Denn sie bevorzugt das *Individuum* (Frau Finke) nur unter der Voraussetzung, dass die *Gruppe* der Frauen im Ministerium (noch) nicht paritätisch vertreten ist. Die Frage heißt deshalb: Geht es um Chancengleichheit für die einzelne Bewerberin, oder um eine paritätische Repräsentation der Gruppe der Frauen? Sehen wir uns die möglichen Argumente, die für die Gerechtigkeit der Regelung angeführt werden können, deshalb etwas genauer an.

Erstes Argument: Frauen waren *früher* bei der Besetzung von Stellen im öffentlichen Dienst benachteiligt, deshalb müssen sie jetzt bevorzugt werden – gleichgültig, wie sich die Situation *heute* darstellt. Dieses Argument würde allerdings mehr leisten, als es leisten soll. Denn es würde etwa zu der Konsequenz führen: Wenn Frauen jahrzehntelang nur 15 % der Stellen innehatten, dann müssen sie jetzt für die entsprechende Anzahl von Jahrzehnten 85 % der Stellen bekommen. Die Begrenzung auf das Ziel einer 50 %-Quote wäre mit diesem Argument nicht zu begründen. Diese Art einer generationenübergreifenden kompensierenden Gerechtigkeit schießt damit über das Ziel hinaus. Sie basiert auf einer wenig plausiblen Verrechnung der Vergangenheit mit der Gegenwart.

Zweites Argument: Die Gruppe der Frauen ist *heute noch* benachteiligt. Das müsse geändert werden, durch die Festlegung von Quoten ebenso wie durch die Gewährung eines Frauen-Bonus bei der Stellenbewerbung. Richtig daran ist: Die tatsächliche Unterrepräsentation der Frauen in Führungspositionen wäre ein Zustand der Ungerechtigkeit, wenn die gleiche Anzahl von gleich qualifizierten Frauen für diese Positionen zur Verfügung stünde. Aber: Es wäre (jedenfalls) eine Ungerechtigkeit gegenüber den einzelnen Frauen. Denn wenn 50 % der Bewerber/Innen Frauen sind, ihre Erfolgsquote – bezogen auf die verfügbaren Stellen – aber nur 25 % beträgt, sind einzelne Bewerberinnen benachteiligt worden – die gleiche Qualifikation männlicher und weiblicher Bewerber immer vorausgesetzt.

Diese Argumentation rechtfertigt aber weder eine Quoten-Regelung noch einen Frauen-Bonus bei Bewerbungen. Quoten-Regelungen zielen nicht auf die Gleichbehandlung von *Individuen,* sondern auf die (ggf.: annähernd) gleiche Repräsentanz bestimmter *Gruppen* innerhalb bestimmter Funktionseinheiten. Sinnvoll und unter Gerechtigkeitsgesichtspunkten unproblematisch sind sie dort, wo Personen als Vertreter bestimmter *Interessengruppen* tätig sind – beispielsweise als Vertreter der Arbeitnehmer im Aufsichtsrat einer Aktiengesellschaft oder als Vertreter der Studierenden, der wissenschaftlichen und der nichtwissenschaftlichen Mitarbeiter sowie der Professoren im Fachbereichsrat (Fakultätsrat) an Universitäten. Das Gleiche gilt, wenn es um besondere Kompetenzen innerhalb bestimmter Funktionseinheiten geht.

Dass es bei Frauenquoten und -boni um die Beschäftigung von Frauen als Interessenvertreterinnen der *Gruppe* der Frauen geht, ist auszuschließen. Ebenso wenig wie ein katholischer, protestantischer, jüdischer oder islamischer Beamter im Ministerium als Vertreter der Interessen der deutschen Katholiken, Protestanten, Juden, Muslime tätig ist, ebenso wenig eine Frau als Vertreterin von Fraueninteressen. Komplementär: unter diesem Gesichtspunkt wäre eine Katholiken-, Protestanten-, Juden- und Muslimquote ebenso (wenig) sinnvoll wie eine Frauenquote.

§ 10 § 10 Jedem das Seine, allen das Gleiche oder niemandem Nichts?

100 Dagegen kann die Annahme einer *geschlechtsspezifischen Kompetenz* bei der Besetzung von Stellen bzw. der Übernahme bestimmter Funktionen eine Rolle spielen. So sollen nach dem deutschen Jugendgerichtsgesetz beim Jugendschöffengericht als beisitzende Richter („Jugendschöffen") zu jeder Hauptverhandlung ein Mann und eine Frau herangezogen werden.[72] Offensichtlich geht das Gesetz hier von unterschiedlichen, einander ergänzenden Befähigungen von Frauen und Männern aus. In der gesellschaftlichen Diskussion spielt diese Vorstellung bei der Erörterung von Frauenquoten immer wieder eine Rolle. Insoweit geht es aber nicht um *Gerechtigkeit*, sondern um *Zweckmäßigkeit*: Frauen sollen hier in Hinblick auf das Ziel einer optimalen Leistungsfähigkeit der Institution in Entscheidungsprozesse eingebunden werden.

101 Unter Gesichtspunkten der Gerechtigkeit bleibt zur Rechtfertigung von Frauenquoten und -boni nur ein drittes Argument: Sie dienten der kompensatorischen Privilegierung (begünstigenden Ungleichbehandlung) der *konkreten Person*, um deren individuelle Benachteiligung auszugleichen, der sie als Frau ausgesetzt sei. Es geht dann nicht um einen Ausgleich der Benachteiligung *der Gruppe der Frauen*, sondern um einen Ausgleich der Benachteiligung von Frau Finke *als Frau*.

102 Diese Argumentation erscheint tragfähig, wenn man die Benachteiligung der *individuellen* Person anhand eines *generalisierenden* Kriteriums (Eigenschaft als Frau) bestimmt. Denn: Ausgangspunkt der Argumentation ist die Annahme, dass Frauen bei der Vergabe von Stellen jedenfalls tendenziell benachteiligt werden. Das besagt nicht, dass Frau Finke *individuell* kompensationsbedürftige schlechtere Chancen hat als ihre männlichen Mitbewerber – möglicherweise ist sie aufgrund ihrer familiären Verhältnisse insoweit sogar privilegiert. Bei einer generalisierenden Betrachtungsweise kommt ihr aber die Benachteiligung, der sie als Frau tendenziell ausgesetzt ist, bei der Bewerbung zugute. Allerdings: Es bleibt das Problem, dass Herr Herzog trotz gleicher Qualifikation zurückstehen muss, er also wegen der *tendenziellen* Benachteiligung von Frau Finke einer *realen* Benachteiligung ausgesetzt ist. Das Gerechtigkeitsproblem lässt sich hier nicht bruchlos auflösen.

103 Diese Überlegungen betreffen Regelungen, die Frauen bei Bewerbungen *individuell* bevorzugen. Was *Quoten-Regelungen* betrifft, so sind sie unter Gerechtigkeitsgesichtspunkten nicht zu rechtfertigen. Denn in einer rationalen Rechtsethik, die sich an den Interessen von Individuen orientiert, kommt es, wie erörtert, bei der Besetzung von Stellen auf eine (auch nur: annähernd) paritätische Repräsentation von Gruppen nicht an. Das rechtsethische Gebot der Gleichbehandlung bezieht sich auf *Individuen*, nicht auf *Gruppen* (dazu oben). Wenn gleichwohl Frauenquoten vorgeschrieben oder jedenfalls angestrebt werden (letzteres etwa bei der Besetzung von Kabinettsposten), so geht es um politische Entscheidungen, nicht um Forderungen der Gerechtigkeit.

104 Allenfalls ließe sich argumentieren, dass solche Quoten *de facto* auch den einzelnen Kandidatinnen zugutekommen würden. Aber das wäre eine schwache Rechtfertigung. Denn zum einen wäre das, normativ gewendet, eine Verdoppelung der Privilegierung, die aus den individuell orientierten Privilegierungsregeln („bei gleicher Qualifikation …") resultiert. Zum andern ergäbe sich eine Ungleichbehandlung innerhalb der Gruppe der Frauen selbst: Die Chancen von Frau Finke hingen dann auch davon ab, ob die Frauenquote zum Zeitpunkt ihrer Bewerbung erst 49 % oder bereits 50 % betragen würde.

---

[72] § 33a Abs. 1 Satz 2 JGG.

VI. Gerechtigkeit – wem gegenüber? § 10

Die Paradoxie einer Gerechtigkeit, die durch (kompensierende) Ungerechtigkeit ermöglicht werden soll, führt zwangsläufig zu einem breiten Spielraum für unterschiedliche Bewertungen. Dass hier auch innerhalb derselben Institution scharfe Kehrtwendungen möglich sind, verdeutlicht eine neuere Entscheidung des amerikanischen Supreme Court zur sogenannten *Affirmative Action*. Der Begriff steht für eine Bevorzugung von Studienbewerbern, die einer traditionell „rassistisch"[73] benachteiligten Gruppe angehören. Realisiert wurde diese (kompensatorische) Bevorzugung von – beispielsweise – dunkelhäutigen Amerikanern, Afro-Amerikanern und „Latinos" vor allem durch Quotenregelungen. Der Supreme Court, der diese Praxis jahrzehntelang gebilligt hatte, erklärt sie in seinem Urteil von 29.6.2023 für verfassungswidrig.[74]

105

Selbstverständlich ist diese Kehrtwende auch im Zusammenhang mit der geänderten Zusammensetzung des Gerichts zu sehen, in dem seit der ersten Präsidentschaft von Donald Trump die Konservativen die Mehrheit haben. Und selbstverständlich geht es bei diesem Urteil um die Vereinbarkeit der Regelung mit der amerikanischen Verfassung, nicht unmittelbar um Probleme der Gerechtigkeit. Aber ebenso selbstverständlich stehen hinter der unterschiedlichen Interpretation der Verfassung auch unterschiedliche Vorstellungen von Gerechtigkeit. Vereinfacht: Wenn Bewerber aus traditionell benachteiligten gesellschaftlichen Gruppen, die schlechtere Noten aufweisen, im Auswahlverfahren gegenüber Mitbewerbern mit besseren Benotungen aus privilegierten Gruppen bevorzugt werden, dann ist das mit dem Prinzip der *Leistungsgerechtigkeit* nicht zu vereinbaren, aber unter dem Gesichtspunkt der *Chancengleichheit* zu rechtfertigen.

106

Literarisch ist das Problem einer „Gerechtigkeit durch kompensierende Ungerechtigkeit" mehrfach von *Friedrich Dürrenmatt* bearbeitet worden. So in dem Roman „Justiz", in dem der Vater eines Verbrechensopfers die an seiner Tochter begangene Vergewaltigung dadurch rächt, dass er einen Mord begeht, den er mittels raffinierter Manipulationen dem Vergewaltiger seiner Tochter anlasten kann. So auch in der Erzählung „Der Richter und sein Henker", in der ein Kriminalkommissar einen des Mordes Verdächtigen (in *diesem* Fall aber Unschuldigen) wider besseres Wissen belastet, um ihn für einen früher tatsächlich begangenen, aber forensisch nicht nachweisbaren Mord zur Rechenschaft zu ziehen.[75]

107

VI. Gerechtigkeit – wem gegenüber?

1. Individuen und Kollektive

Bei der Erörterung der „kompensierenden Ungerechtigkeit" wurde festgestellt, dass sich das Gebot einer gerechten Behandlung in erster Linie auf *Individuen* bezieht. Gruppen-Quoten dienen nicht der Gleichbehandlung einer Gruppe als solcher, sondern mittelbar der Gleichstellung der Mitglieder dieser Gruppe mit denen anderer Gruppen. Allerdings kann in Gesellschaften, deren Selbstverständnis stark durch eine Gruppentrennung (beispielsweise: Rassentrennung) geprägt ist, der Bezug der Gerechtigkeit auf Gruppen im Vordergrund stehen. Aus diesem Grund tendiert die Diskussion in den

108

---

73 Der Begriff steht hier in Anführungszeichen, weil der englische Begriff („race") umfassender ist als der deutsche Begriff „Rasse".
74 US Supreme Court, Students for Fair Admissions, Inc. v. President and Fellows of Harvard College, June 29, 2023, 600 U.S. 181 (2023). Entscheidung abrufbar unter https://www.supremecourt.gov/opinions/22pdf/20-1199_hgdj.pdf.
75 Näher dazu *Neumann*, Gerechtigkeit.

USA stärker als in Europa dazu, Gerechtigkeit auch als Gleichbehandlung unterschiedlicher gesellschaftlicher Gruppierungen zu verstehen.

109 Eine andere Frage ist, ob Gerechtigkeit nur das Verhalten gegenüber Angehörigen der aktuell existierenden Menschheit betrifft, oder ob es Gerechtigkeitspflichten auch gegenüber künftigen Generationen (2.), möglicherweise auch gegenüber nichtmenschlichen Individuen gibt (3). Soweit staatliche Strafe mit der Forderung nach Gerechtigkeit begründet wird, stellt sich schließlich das Problem, ob hier eine adressatenlose, abstrakte Gerechtigkeit geübt werden soll, oder ob es darum geht, dem Opfer oder dessen Angehörigen Gerechtigkeit widerfahren zu lassen (4.).

2. Generationengerechtigkeit

110 Der Begriff der „Generationengerechtigkeit" wurde lange Zeit hauptsächlich für ein „transitives" Verhältnis zwischen mehreren Generationen verwendet: So, wie die Eltern für ihre Kinder sorgen, so werden diese später für ihre eigenen Kinder, also die Enkelgeneration sorgen. Bei dieser Verwendung des Begriffs ist die Konstellation eines gerechten Ausgleichs nicht reflexiv und symmetrisch, sondern asymmetrisch und transitiv strukturiert. Sie bezieht sich nicht auf ein ausgeglichenes Verhältnis zwischen A und B, sondern auf die strukturelle Gleichheit der Verhältnisse „A zu B" und „B zu C". Symmetrisch und reflexiv wird der Begriff dagegen verwendet, wenn man die Beiträge, die die jüngere Generation während ihrer beruflichen Tätigkeit zur Altersversorgung der älteren durch Abgaben und Steuern leistet, als gerechten Ausgleich für Leistungen betrachtet, die die Älteren bei der Versorgung ihrer Kinder erbracht haben. In beiden Konstellationen geht es um eine „Verrechnung" von *Leistungen* – im ersteren Fall über mehrere Generationen hinweg, im zweiten zwischen zwei Generationen.

111 Im Zentrum der aktuellen Diskussion zur Generationengerechtigkeit steht ein anderes Problem. Es geht um *Belastungen* künftiger Generationen durch Maßnahmen, die heute zur Bewältigung gegenwärtiger politischer Aufgaben ergriffen werden. Das betrifft einerseits die *Staatsverschuldung*, die als finanzielle Hypothek an spätere Generationen weitergegeben wird, weil eine Tilgung zu Lebzeiten der heute politisch Verantwortlichen jenseits aller Vorstellungen liegt. Es betrifft zum anderen eine *Belastung der Umwelt und des Klimas*, die jahrzehntelang aus Gründen des wirtschaftlichen Wachstums in Kauf genommen wurde und die als toxisches Erbe an künftige Generationen weitergereicht werden wird.

112 Ein Gerechtigkeitsproblem stellen diese Belastungen künftiger Generationen dar, weil und soweit sie aus Maßnahmen resultieren, die von Verantwortlichen der heutigen Generation zum Zweck der Förderung eigener Interessen ergriffen werden. Ginge es lediglich um erwartbare Folgen einer natürlichen Veränderung der Umwelt, so könnte zwar unter dem Gesichtspunkt der *Fürsorge* für künftige Generationen ein aktives Gegensteuern erforderlich sein. Ein Problem der Gerechtigkeit wäre das aber nicht. Fragen der Gerechtigkeit stellen sich nur dort, wo es um den Bereich menschlicher Verantwortlichkeit geht.

113 Richtig ist allerdings, dass dieser Bereich unterschiedlich abgegrenzt werden kann. So bekennt sich der *Sozialstaat* verantwortlich für Notlagen, die nach radikal-liberaler Auffassung allein in die Zuständigkeit der Betroffenen fallen. Deshalb ist im Sozialstaat die Gewährleistung des Existenzminimums auch eine Forderung der Gerechtigkeit. Allerdings kann auch im Sozialstaat die Grenzlinie zwischen (bloßem) Unglück

VI. Gerechtigkeit – wem gegenüber?

§ 10

einerseits, Ungerechtigkeit andererseits nicht ein für alle Mal gezogen werden.[76] Im transnationalen Bereich ist problematisch, inwieweit historische Verbrechen gegen andere Völker (Kolonialismus) eine Verantwortlichkeit für heutige soziale Notlagen begründen, die zumindest *auch* Folgen dieser Verbrechen sind. Geht es bei der Hilfe für diese Völker also lediglich um ein Gebot der *Humanität*, oder auch um eine Forderung der *Gerechtigkeit*?[77]

Was die Verantwortlichkeit für künftige Generationen betrifft, so hat das Bundesverfassungsgericht sie in seinem „Klimabeschluss"[78] mit verfassungsrechtlicher Kraft ausgestattet. Das Gericht leitet eine Verpflichtung des heutigen Gesetzgebers zu Maßnahmen des Klimaschutzes nicht nur aus dem verfassungsrechtlichen Gebot des Schutzes der natürlichen Lebensgrundlagen[79] und aus dem Recht auf Leben und körperliche Unversehrtheit[80] ab. Es argumentiert auch mit dem Gebot der Gerechtigkeit gegenüber künftigen Generationen. Wörtlich heißt es:

114

> „Das Grundgesetz verpflichtet unter bestimmten Voraussetzungen zur Sicherung grundrechtsgeschützter Freiheit über die Zeit und zur verhältnismäßigen Verteilung von Freiheitschancen über die Generationen. Als intertemporale Freiheitssicherung schützen die Grundrechte … vor einer einseitigen Verlagerung der durch Art. 20a GG aufgegebenen Treibhausgasminderungslast in die Zukunft …" (Rn. 183).

Mit der Forderung einer „verhältnismäßigen Verteilung von Freiheitschancen über die Generationen" nimmt das BVerfG ebenso auf das Gebot der Generationengerechtigkeit Bezug wie mit dem Verbot einer „einseitigen Verlagerung" einer Klimaschutzpflicht in die Zukunft. Das kollidiert nicht mit der Behauptung, dass Gerechtigkeit sich primär auf Individuen, nicht auf Gruppen beziehe. Denn es geht um die Belastung der Menschen, die künftigen Generationen angehören werden. Der Begriff der „künftigen Generationen" bezieht sich nicht auf bestimmte Gruppen, sondern – als Kollektivbezeichnung – auf in Zukunft lebende Menschen. Allerdings: Dass man die in ihrer Individualität noch völlig unbestimmten Angehörigen zukünftiger Generationen schon heute als Grundrechtsträger ansehen kann – mit der Konsequenz, dass deren „Grundrechte" schon heute relevante Faktoren bei verfassungsrechtlichen Entscheidungen darstellen – versteht sich nicht von selbst.

115

3. Gerechtigkeit für Tiere?

Die Frage, welche moralischen und ggf. rechtlichen Standards bei dem Umgang mit Tieren beachtet werden sollten, wird gelegentlich unter dem Stichwort „Gerechtigkeit für Tiere" diskutiert – prominent etwa von *Martha Nussbaum* in ihrer gleichnamigen Arbeit. Allerdings scheinen die Kriterien, die bei der Bestimmung der Gerechtigkeit oder Ungerechtigkeit einer Regel oder einer Maßnahme üblicherweise herangezogen werden, hier wenig zu passen. Das gilt für das Kriterium der *Gleichbehandlung* ebenso wie für das der *Leistung*. Am ehesten ließe sich noch auf den Gesichtspunkt des *Bedürfnisses* zurückgreifen. Näher liegt es, die Frage nach normativen Standards für

116

---

[76] Dazu *Shklar*, Ungerechtigkeit.
[77] In Bezug auf globale Gerechtigkeit erschienen die Armen in einem afrikanischen Land „nicht bloß als Hilfsbedürftige, sondern als mehrfach Entrechtete, in ihrem Land und darüber hinaus" (*Rainer Forst*, zitiert nach „Forschung Frankfurt" 2/2011, S. 85).
[78] BVerfGE 157, 30.
[79] Art. 20a GG.
[80] Art. 2 Abs. 2 Satz 1 GG.

den Umgang mit Tieren jedenfalls primär als Frage nach deren moralischem und rechtlichem Status zu erörtern.[81] *Wenn* man einen normativ relevanten Status von Tieren anerkennt, *dann* kann man in einem zweiten Schritt darüber diskutieren, welche Behandlung von Tieren durch den Menschen „gerecht", welche „ungerecht" ist.

4. Strafgerechtigkeit

117 *Wenn* Menschen für bestimmte Handlungen bestraft werden sollen, dann muss diese Strafe gerecht sein. Würde ein Staatsanwalt bei seinem Schlussplädoyer ausführen: „Ich verlange für den Angeklagten eine besonders harte, ungerechte Strafe" so wäre das nicht nur ein taktischer Fehler. Es wäre nahezu ein Widerspruch. Denn wer als Beteiligter eines Strafverfahrens eine bestimmte Strafe fordert, behauptet damit implizit, dass diese Strafe angemessen und damit gerecht sei. Natürlich kann er argumentieren, dass in Hinblick auf die besonderen Umstände der Tat eine besonders harte (oder: besonders milde) Strafe gerecht sei. In jedem Fall aber muss auch ein hohes Strafverlangen als „gerecht" ausgegeben werden.

118 Der Grundsatz, dass Strafe im konkreten Fall angemessen und damit gerecht sein muss, wird verfassungsrechtlich durch das *Schuldprinzip* garantiert. Die Strafe darf das Maß der Schuld nicht übersteigen. Insofern funktioniert das Schuldprinzip als *strafbegrenzendes* Prinzip. Teilweise wir auch vertreten, das Schuldprinzip verlange zugleich, dass die Strafe nicht *unterhalb* des Bereichs des Schuldangemessenen liege. Aber diese Auffassung ist jedenfalls mit der rechtsstaatlichen Funktion des Schuldprinzips nicht zu begründen. Als rechtsstaatlich fundiertes Prinzip der Gerechtigkeit beschränkt sich das Schuldprinzip darauf, eine *Obergrenze* der verfassungsrechtlich zulässigen Bestrafung zu markieren.

119 Diese Überlegungen beziehen sich auf das „Wie" einer Bestrafung. Sie setzen damit voraus, dass über das „Ob" im positiven Sinne entschieden werden kann.[82] Die vorgängige Frage heißt deshalb, ob die Strafe als staatliche Institution unter Gesichtspunkten der Gerechtigkeit legitimiert werden kann. Diese Frage kann keinesfalls schlicht bejaht werden. Denn jede strafrechtliche Sanktion fügt der Verletzung von Interessen, die in der Straftat liegt, eine weitere Interessenverletzung hinzu. Auf die Verletzung, beispielsweise, der Eigentumsrechte und -interessen des Opfers folgt bei einer Gefängnisstrafe die Verletzung der Freiheitsinteressen des Täters. Drastisch formuliert: Die Übel dieser Welt werden durch die Bestrafung nicht verringert, sondern vervielfacht.

a) Soziale Nützlichkeit der Strafe („relative" Straftheorien)

120 Mit diesen Überlegungen wird natürlich die Möglichkeit nicht ausgeschlossen, staatliche Strafe in Hinblick auf ihre *soziale Nützlichkeit* zu rechtfertigen. In der Diskussion der sogenannten „Straftheorien" findet sich hier eine Vielzahl von Gesichtspunkten: Abschreckung potentieller Täter („negative Generalprävention"), Besserung des Täters („Resozialisierung", „Spezialprävention"), Stabilisierung der durch die Tat betroffenen sozialen und rechtlichen Normen („positive Generalprävention"). Aber diese „utilitaristische", auf Gesichtspunkte der Nützlichkeit beschränkte Rechtfertigung der Strafe wäre instabil, wenn sich nicht auch deren *Gerechtigkeit* begründen ließe. Das Urteil:

---

81 Dazu § 8 Rn. 67 ff.
82 Näher dazu und zum Folgenden *Neumann*, Dimensionen, S. 117 ff.

VI. Gerechtigkeit – wem gegenüber?   § 10

„ungerecht, aber nützlich" wäre eine eher schwächliche Verteidigung der Institution der staatlichen Strafe.

b) Strafe als „gerechte Vergeltung" („absolute" Straftheorien)

Teilweise wird umgekehrt versucht, die Strafe ausschließlich, oder zumindest in erster Linie, als Forderung der Gerechtigkeit zu legitimieren. Klassisch findet sich diese Rechtfertigung in dem berühmten „Inselbeispiel" bei *Kant*: Auch dann, wenn utilitaristische Strafzwecke nicht in Betracht kämen, etwa weil die auf einer Insel lebende Gemeinschaft vor der Auflösung stünde, dürfe auf die Bestrafung begangener Taten nicht verzichtet werden. Vielmehr müsse man „den letzten im Gefängnis befindlichen Mörder" hinrichten,

> „damit jedermann das widerfahre, was seine Taten wert sind, und die Blutschuld nicht auf dem Volke hafte, das auf diese Bestrafung nicht gedrungen hat".[83]

Wenige Seiten zuvor wird einem utilitaristisch begründeten Strafverzicht die Sentenz entgegengehalten:

> „… wenn die Gerechtigkeit untergeht, so hat es keinen Wert mehr, daß Menschen auf Erden leben".[84]

Aber mit dieser Begründung lässt sich die Institution der staatlichen Strafe heute nicht mehr als gerechte Einrichtung ausweisen. Zwar ist es richtig, dass gerecht gestraft werden muss, wenn überhaupt gestraft wird (dazu oben). In Relation zu der Institution der Strafe gibt es also ebenso gerechte wie auch ungerechte Strafsanktionen. Aber Institutionen sind nur ein vorläufiger Bezugspunkt von Gerechtigkeitsurteilen. Sie müssen selbst daran gemessen werden, ob und inwieweit sie Gerechtigkeit ermöglichen.[85]

Die Argumentation von *Kant* kann nach heutigen Maßstäben nicht begründen, dass Strafe als Institution gerecht ist. Denn sie basiert auf Voraussetzungen, die sich rational nicht ausweisen lassen – so auf der Vorstellung von einer „Blutschuld", die auf einem Volk laste, das auf die Hinrichtung eines Mörders „nicht gedrungen habe". Aber auch, wenn man diese Blutschuld-Mystik ausklammert: Jenseits von religiösen oder metaphysischen Vorstellungen ist die Behauptung, eine Tat fordere aus Gründen einer *abstrakten* Gerechtigkeit Strafe, nicht zu halten.

Ist dieses religiös-metaphysische Modell der Gerechtigkeit aber notwendig, um die Institution der Strafe als gerechte Institution auszuweisen? Oder lässt sich die Vorstellung einer Gerechtigkeit, die Strafe fordert, in das Konzept einer *irdischen* Gerechtigkeit einfügen? Wenn es eine Forderung der Gerechtigkeit ist, dass der Täter dem Opfer den angerichteten Schaden ersetzt, dass er also *zivilrechtlich* für den Schaden verantwortlich gemacht wird – warum sollte es dann nicht auch eine Forderung der Gerechtigkeit sein, dass er für seine Tat auch *strafrechtlich* zur Verantwortung gezogen wird? Tatsächlich wird die Strafe in diesem Sinne auch in der aktuellen Diskussion teilweise als Institution zur Verwirklichung irdischer Gerechtigkeit verstanden. Was aber unterscheidet die irdische Gerechtigkeit, die wir hochschätzen, von der transzendenten, religiös oder metaphysisch eingefärbten Strafgerechtigkeit, die wir ablehnen?

---

83 *Kant*, Metaphysik der Sitten A 199/B 229.
84 *Kant*, Metaphysik der Sitten A 196/B 126.
85 Dazu nachdrücklich *Sen*, Idee der Gerechtigkeit.

126 Der entscheidende Unterschied liegt in dem *Bezugspunkt* der Gerechtigkeit. Bei der irdischen Gerechtigkeit geht es immer um das Verhältnis der Menschen zueinander; irdische Gerechtigkeit ist zwischenmenschliche Gerechtigkeit. Das bedeutet in einem ersten Schritt: Es genügt nicht, Tat und Strafe isoliert in einen Gerechtigkeitszusammenhang zu stellen, wie das in den sogenannten absoluten Straftheorien (Vergeltungstheorien) geschieht. Vielmehr müsste begründet werden, dass *anderen Bürgern Unrecht geschieht*, wenn der Täter straflos bleibt. Dies erscheint vor allem unter zwei unterschiedlichen Gesichtspunkten aussichtsreich.

c) Genugtuung für das Opfer

127 Der erste Gesichtspunkt: Es könnte eine Forderung der *Gerechtigkeit gegenüber dem Opfer* oder dessen Angehörigen sein, den Täter für seine Tat zu bestrafen. Zwar ist richtig, dass sich die Verletzung des Opfers durch die Bestrafung des Täters nicht rückgängig machen lässt. Und ebenso richtig ist, dass eine Kompensation des materiellen Schadens, den das Opfer durch die Tat erlitten hat, eine Frage des Schadensausgleichs ist, der vor den Zivilgerichten geltend gemacht werden muss. Aber neben dem materiellen Schaden resultiert aus der Tat in vielen Fällen auch eine seelische Verletzung des Opfers, die mit den Instrumenten des Zivilrechts nicht zu bewältigen ist. Das Opfer hat mit der Erfahrung einer Demütigung, einer Überwältigung, der Hilflosigkeit zu kämpfen. Es ist eine gut belegte, durch Reaktionen von Opfern in und nach Strafprozessen bestätigte Erfahrung, dass die Bestrafung des Täters dem Opfer hilft, die Tat psychisch zu verarbeiten.

128 Dieser Gesichtspunkt, der unter dem Stichwort *Genugtuung für das Opfer* diskutiert wird,[86] gewinnt in den letzten Jahren zunehmend an Bedeutung. Man kann ihn durchaus dahingehend formulieren, dass dem Opfer durch die Bestrafung des Täters *Gerechtigkeit* geschehe. Die Strafe wird dann als eine Art „ideeller Schadensersatz" für das Opfer gesehen. Teilweise wird geradezu von einem „Recht des Opfers auf Bestrafung des Täters" gesprochen.[87]

129 Die Vorstellung, dass dem Opfer durch die Bestrafung des Täters Gerechtigkeit geschehe, hat zweifellos tiefe psychologische Wurzeln. Jedenfalls bei schweren Straftaten, die die persönliche Integrität verletzen, erleben die Opfer die Bestrafung des Täters regelmäßig als einen Akt der Gerechtigkeit. Das gilt in besonderem Maße im Bereich schweren staatlichen Unrechts, also bei gravierenden Menschenrechtsverletzungen. Natürlich kann man hier von einem bloßen *Racheverlangen* sprechen. Aber damit würde das Bedürfnis des Opfers nach (der psychologisch realen) Minderung des ihm zugefügten Leids mit einer negativen Wertung versehen, die angesichts der offenkundigen Universalität dieses Bedürfnisses überzogen erscheint.

130 Allerdings ließe sich über diesen Ansatz nur ein kleiner Teil des geltenden Strafrechts als Postulat der Gerechtigkeit begründen. Zugeschnitten ist er insbesondere auf Körperverletzungen, Sexualdelikte und Tötungshandlungen. Der große und zunehmend bedeutsame Bereich der Wirtschaftskriminalität beispielsweise ließe sich damit nicht erfassen.

---

86 Vor dem Hintergrund des Entführungsfalls „Reemtsma" *Hassemer/Reemtsma*, Verbrechensopfer: Gesetz und Gerechtigkeit, 2002 (insbes. S. 112 ff.).
87 Informativ dazu *Roxin/Greco*, Strafrecht Allgemeiner Teil, Bd. I, 5. Aufl. 2020, § 3 Rn. 36h ff.

d) Bestrafungsrisiko als Kompensation einer Chancenanmaßung

In größerem Umfang zu rechtfertigen ist die Institution der Strafe auf der Basis der Gerechtigkeitstheorie, wenn es gelingt, sie auf die Verteilung gesellschaftlicher Güter insgesamt zu beziehen. Naheliegend ist hier folgende Argumentation: Wer es unternimmt, Vermögenswerte eines anderen durch Veruntreuung, Betrug, Raub oder Diebstahl an sich zu bringen, steigert seine Chancen zum Vermögenserwerb gegenüber demjenigen, der sich auf den Einsatz legaler Mittel beschränkt. Verallgemeinert: Die Chancen, seine Interessen durchzusetzen, erhöht, wer die Beschränkung auf *rechtmäßige* Mittel missachtet. Es könnte als eine Forderung irdischer Gerechtigkeit verstanden werden, diese rechtswidrige *Steigerung der Chancen*, die eigenen Interessen durchzusetzen, durch das *Risiko* zu kompensieren, dass eigene Interessen durch die Strafe beeinträchtigt werden. 131

Die Größen, die in diesem Modell unter dem Gesichtspunkt gerechter Verteilung in ein Verhältnis gesetzt werden, sind auf beiden Seiten gesellschaftliche Güter: das positive Gut der Chance auf Durchsetzung eigener Interessen auf der einen, das negative des Risikos der Verletzung eigener Interessen auf der anderen Seite. *Diese* Kompensation kann – anders als der Schadensausgleich *nach* erfolgter Rechtsgutsverletzung – nicht von zivilrechtlichen Ausgleichsregeln geleistet werden, weil das Zivilrecht nur zum Ausgleich eingetretener Schäden zwingen kann. Es kann nicht im Wege von Risikozuweisungen Chancenanmaßungen neutralisieren. Diese Aufgabe bleibt dem Strafrecht überlassen. 132

e) Die „gerechte" Strafe

Erhebliche Gerechtigkeitsprobleme wirft die Frage nach der im Einzelfall angemessenen Strafsanktion auf. Das deutsche Strafgesetzbuch (StGB) eröffnet hier für den Regelfall einen außerordentlich weiten Strafrahmen – im Falle eines Diebstahls (§ 242 StGB) etwa von einer *Geldstrafe* in Höhe von 5 Euro[88] bis zu einer *Freiheitsstrafe* von 5 Jahren. Zur Ausfüllung dieses Rahmens formuliert das Gesetz nur wenige Grundsätze.[89] Offen bleibt insbesondere die Frage, inwieweit die individuelle Strafempfindlichkeit bei der Strafzumessung eine Rolle spielen soll. Lediglich bei der Geldstrafe ist die Berücksichtigung der individuellen Verhältnisse des Täters ausdrücklich geregelt: Die Höhe der Geldstrafe errechnet sich aus der Anzahl sowie der Höhe von „Tagessätzen". Während die *Zahl* der Tagessätze sich nach dem Maß des verschuldeten Unrechts bestimmt, orientiert sich deren *Höhe* an den „persönlichen und wirtschaftlichen Verhältnissen" des Täters.[90] 133

Das Gesetz berücksichtigt damit, dass eine Geldstrafe in Höhe von 10.000 Euro den Empfänger von Bürgergeld erheblich härter treffen würde als den Wohlhabenden. Wie weit die Schere zwischen Armut und Wohlstand nach Ansicht des Gesetzgebers auseinanderklaffen kann, ist daraus ersichtlich, dass ein Tagessatz auf mindestens *einen* und höchstens *dreißigtausend* Euro festzusetzen ist.[91] Der Gesetzgeber geht also davon aus, dass das Einkommen des Bestverdienenden das des finanziell am schlechtesten Gestellten um das Dreißigtausendfache übersteigen kann. 134

---

[88] § 40 Abs. 1 Satz 2, Abs. 2 Satz 4 StGB.
[89] § 46 StGB.
[90] § 40 Abs. 2 Satz 1 StGB.
[91] § 40 Abs. 2 Satz 4 StGB.

VII. Prozedurale Gerechtigkeit

1. Elemente der Verfahrensgerechtigkeit

135 Ein Urteil kann ungerecht sein, obwohl es der materiellen Rechtslage präzise entspricht. Dies ist insbesondere dann der Fall, wenn der von dem Urteil Betroffene keine faire Chance hatte, seine Rechtsauffassung und seine Sicht auf die relevanten Tatsachen darzulegen. Ungerecht ist ein (materiell richtiges) (Straf-)Urteil auch dann, wenn es auf Informationen beruht, die dem Angeklagten unter Druck, im Extremfall: durch Folter abgepresst wurden. Die deutsche Strafprozessordnung untersagt es dem Gericht, Aussagen, die unter derartigen Umständen zustande gekommen sind, zu verwerten.[92] Eine Verurteilung, die sich auf eine solche Aussage stützen würde, wäre ein Fehlurteil und müsste in der Revisionsinstanz aufgehoben werden.[93]

136 Die Frage, in welcher Weise materielle und prozedurale Gerechtigkeit im Konfliktfall zum Ausgleich zu bringen sind, ist wenig geklärt. Das deutsche Strafprozessrecht räumt an dieser Stelle der prozeduralen Gerechtigkeit den Vorrang ein. Allgemein lässt sich sagen, dass ein Urteil (trotz materieller Richtigkeit) jedenfalls dann ungerecht ist, wenn das Verfahren, in dem es zustande gekommen ist, *gravierende Mängel* aufweist.

137 Fraglich ist, ob auch das Umgekehrte gilt. Ist ein Urteil, unabhängig von seiner materiellen Richtigkeit, schon deshalb gerecht, weil das Gericht alle prozessualen Normen, auch die der Beweisaufnahme und -würdigung, peinlich genau beachtet hat? Diese Position wird, jedenfalls im Bereich des Zivilprozessrechts, teilweise vertreten. Gerecht sei ein Urteil,

> „das in einem anerkannten Verfahren vor dem zuständigen Richter mit rechtlichem Gehör … gefällt worden ist".[94]

2. „Reine" Verfahrensgerechtigkeit

138 Nach dieser Auffassung kann die Gerechtigkeit einer Entscheidung die Folge der Regeln eines fairen Verfahrens sein, ohne dass es auf weitere (sachliche) Kriterien ankäme. Man spricht insoweit von *reiner Verfahrensgerechtigkeit*. Das Ergebnis ist hier dann und nur dann gerecht, wenn es das Ergebnis eines fairen Verfahrens ist. Die reine Verfahrensgerechtigkeit ist etwa die Gerechtigkeit des Glücksspiels. Wenn es bei der Ermittlung der Gewinnzahlen korrekt zugegangen ist, dann ist es gerecht, dass der glückliche Gewinner den Gewinn erhält – gleichgültig, ob er ihn in irgendeinem Sinne des Wortes „verdient" hat. Reine Verfahrensgerechtigkeit liegt vor,

> „wenn es keinen unabhängigen Maßstab für das richtige Ergebnis gibt, sondern nur ein korrektes oder faires Verfahren, das zu einem ebenso korrekten oder fairen Ergebnis führt, welcher Art es auch sei, sofern das Verfahren ordnungsgemäß angewandt wurde."[95]

139 Die Voraussetzung, dass *kein* verfahrensunabhängiger Maßstab für das richtige Ergebnis existiert, ist bei Gerichtsverfahren *nicht* gegeben: Den Maßstab liefert das materielle Recht. Es geht sich deshalb, in der Kategorisierung von *Rawls*, nicht um *reine*, sondern um *unvollkommene* Verfahrensgerechtigkeit, deren Kennzeichen es ist, dass es

---

[92] § 136a Abs. 1 Satz 1, Abs. 3 Satz 2 StPO.
[93] Näher dazu § 12 Rn. 34 ff.
[94] *Pawlowski*, Aufgabe des Zivilprozesses, ZZP 80 (1967), 345 (369).
[95] *Rawls*, Theorie, S. 107.

„zwar einen unabhängigen Maßstab für das richtige Ergebnis gibt, aber kein brauchbares Verfahren, das mit Sicherheit dahin führt."[96]

Das bedeutet: Die Verfahrensgerechtigkeit ist nur eine *notwendige*, nicht aber eine *hinreichende* Bedingung für die Gerechtigkeit der gerichtlichen Entscheidung. Ungerecht ist ein Urteil *jedenfalls* dann, wenn es unter Verletzung elementarer prozessualer Rechte oder Normen zustande gekommen ist. Das faire Verfahren allein kann aber die Gerechtigkeit des Urteils nicht begründen.

---

96 Ebd.

§ 11 Rechtssicherheit contra Gerechtigkeit

I. Wann sind Fehlurteile richtig?

1 Die Frage klingt provokativ. Denn die Antwort scheint auf der Hand zu liegen: Fehlurteile sind *niemals* richtig. Andernfalls wären sie keine *Fehl*urteile. Ein *richtiges* Fehlurteil wäre danach eine Paradoxie.[1]

2 Aber so einfach liegen die Dinge nicht. Denn unter bestimmten Voraussetzungen werden Entscheidungen, die in der Sache (das heißt: gemessen an der materiellen Rechtslage) offenkundig *falsch* sind, von der Rechtsordnung als *verbindlich* anerkannt. Sie stimmen also mit der Rechtsordnung überein und sind in diesem Sinne „richtig". Die Rechtsordnung nimmt in bestimmten Fällen sehenden Auges eine sachlich falsche Entscheidung in Kauf, ja: sie *verbietet* es geradezu, die offenkundig falsche Entscheidung zu korrigieren.

3 Beispiel:
Ein Angeklagter war wegen Fahrens ohne Fahrerlaubnis (§ 21 Abs. 1 StVG) zu einer Geldstrafe verurteilt worden. Einige Monate später stellte sich heraus, dass er während einer Unterbrechung der Fahrt – bei einem Halt auf einem Parkplatz – eine Mitfahrerin vergewaltigt hatte. Der zuständige Staatsanwalt erhob Anklage wegen Vergewaltigung (§ 177 Abs. 2 StGB a.F. [= § 177 Abs. 6 StGB n.F.]), der Angeklagte wurde in erster Instanz entsprechend verurteilt.

4 Der Bundesgerichtshof hob diese Verurteilung auf und stellte das Verfahren ein.[2] Zu einer Verurteilung wegen der von dem Angeklagten unstreitig begangenen Vergewaltigung kam es damit nicht – eine endgültige Einstellung des Strafverfahrens bedeutet hinsichtlich der Rechtsfolge „Straflosigkeit" das gleiche wie ein Freispruch.

5 In der Sache ist die Entscheidung grob fehlerhaft. Nach den Maßstäben des *materiellen Strafrechts* hätte der Angeklagte wegen Vergewaltigung verurteilt werden müssen. Für das Opfer der Tat ist die Entscheidung des BGH vermutlich ein Schlag ins Gesicht. Trotzdem stimmt sie mit der Rechtsordnung überein. Genauer: Sie ist im Rahmen der geltenden Rechtsordnung zumindest gut vertretbar.

1. „Sperrwirkung" der Rechtskraft des Urteils (ne bis in idem)

6 Wie kommt der BGH zu seiner Entscheidung? Der Senat orientiert sich an Art. 103 Abs. 3 GG. Die Bestimmung lautet:

> „Niemand darf wegen derselben Tat auf Grund der allgemeinen Strafgesetze mehrmals bestraft werden."

7 Nach ihrem Wortlaut schließt die Norm nur eine mehrfache *Bestrafung* aus, nicht schon ein zweites Strafverfahren. Nach einhelliger Meinung blockiert sie aber bereits die Durchführung eines weiteren Verfahrens, statuiert also ein *Prozesshindernis*. Das ist überzeugend, denn es wäre nicht sinnvoll, einen Strafprozess einzuleiten, der wegen des Verbots der Doppelbestrafung nur mit einem Freispruch oder einer Einstellung des Verfahrens enden könnte.[3] Die Interpretation der Bestimmung als Verbot eines

---

1 Gegen den Begriff des „Fehlurteils" *Kotsoglou*, Fehlurteil, S. 123 ff. *Kotsoglou* argumentiert, dass man niemals sicher wissen könne, ob ein Urteil mit der Wirklichkeit übereinstimme oder nicht. Krit. dazu *Schrott*, Fehlleistungen, S. 157.
2 BGH NStZ 1984, 135 (Sachverhalt vereinfacht).
3 Dazu schon § 5 Rn. 42 m. Fn. 25.

I. Wann sind Fehlurteile richtig?

weiteren Strafverfahrens bedeutet auch, dass ein zweiter Strafprozess – gleichfalls über den Wortlaut des Art. 103 Abs. 3 GG hinaus – auch dann nicht in Betracht kommt, wenn der erste mit einem Freispruch geendet hat.

Im Ausgangsfall stellt sich allerdings sofort die Frage, ob es tatsächlich um *dieselbe Tat* ging. Sind die *Autofahrt*, die als „Fahren ohne Fahrerlaubnis" abgeurteilt wurde, einerseits, die *Vergewaltigung* während eines Zwischenhalts andererseits, tatsächlich „dieselbe" Tat? Im umgangssprachlichen Sinne sicher nicht. Bei der Interpretation des Art. 103 Abs. 3 GG aber wird hinsichtlich der Identität der Tat von Rechtsprechung und herrschender Meinung auf den *tatsächlichen Geschehenszusammenhang* abgestellt. Es kommt danach weder auf die Identität des jeweils betroffenen Straftatbestands noch auf die des verletzten Rechtsguts an. Dass vorliegend in dem einen Fall die *Verkehrssicherheit*, in dem anderen die *sexuelle Selbstbestimmung* betroffen war, spielt demnach keine Rolle.

Auf dieser Grundlage hat der BGH in diesem Fall einen einheitlichen Geschehenszusammenhang und damit die Identität der Tat bejaht. Man kann das in Zweifel ziehen. Aber: Rechtsphilosophisch ist das nicht die zentrale Frage. Auch wenn man *in diesem Punkt* anders entscheiden würde: Das Problem, das das Doppelbestrafungsverbot unter dem Aspekt der *Strafgerechtigkeit* aufwirft, bestünde fort. Denn es lassen sich andere Fälle bilden, in denen es unbestreitbar um dieselbe Handlung geht, wenn man sich grundsätzlich an dem Kriterium des „tatsächlichen Geschehens" orientiert.

Beispiel:
A wird von einem Jagdaufseher, der einen Schuss gehört hat, in einem fremden Jagdgebiet mit einem Gewehr ertappt, aus dem ersichtlich vor kurzem geschossen wurde. Er „gesteht", dass er den Schuss auf einen Rehbock abgegeben habe, und wird später wegen Jagdwilderei (§ 292 StGB) verurteilt. Monate später wird die Leiche des Jagdpächters gefunden, den A mit diesem Schuss vorsätzlich getötet hatte.

Hier handelt es sich unstreitig um „dieselbe" Tat, wenn man auf das tatsächliche Geschehen abstellt. Das rechtsphilosophische Problem liegt nicht bei den Kriterien, nach denen die Identität der Tat zu bestimmen ist, sondern in dem Verbot, nach Abschluss eines Strafverfahrens wegen derselben Tat ein neues Strafverfahren durchzuführen (*ne bis in idem*).

Man spricht hier von der *Sperrwirkung der Rechtskraft* eines Urteils. Rechtskräftig ist ein Urteil, wenn es nicht mehr mit Rechtsmitteln angefochten werden kann. Rechtsmittel gegen Urteile sind im Strafverfahren die Berufung[4] und die Revision[5]. Rechtskräftig wird ein Urteil auch, wenn innerhalb der vorgeschriebenen Fristen kein Rechtsmittel eingelegt oder (vor Ablauf der Frist) auf Rechtsmittel verzichtet wird.

Funktional bedeutet „Rechtskraft" zweierlei:
a) Das Urteil kann vollstreckt werden (*formelle* Rechtskraft)
b) Wegen derselben Tat ist grundsätzlich (d. h.: mit Ausnahmen) kein neues Verfahren möglich (*materielle* Rechtskraft, Sperrwirkung)

Im vorliegenden Kontext interessiert vor allem die *materielle Rechtskraft*. Ihre Sperrwirkung reicht über die Garantie des Art. 103 Abs. 3 GG hinaus. Denn sie blockiert ein neues Strafverfahren auch dann, wenn sich erhebliche Zweifel an der Schuld eines

---
4 §§ 312 ff. StPO.
5 §§ 333 ff. StPO.

Angeklagten ergeben haben, der in einem ersten Verfahren *verurteilt* worden war (zur Möglichkeit einer *Wiederaufnahme* des Verfahrens sogleich).

15 Beispiel:
A ist wegen Mordes zu einer lebenslangen Freiheitsstrafe verurteilt worden. Zehn Jahre nach Rechtskraft des Urteils ist man technisch in der Lage, die DNA-Spuren, die seinerzeit am Tatort sichergestellt wurden, zu decodieren. Das Ergebnis: A scheidet als Täter aus, die Spur weist eindeutig auf den schon seinerzeit verdächtigen B hin, der aber durch ein falsches Alibi entlastet und in einem Strafverfahren freigesprochen worden war. Obgleich B sich nach wie vor weigert, ein Geständnis abzulegen, kann aufgrund der Beweislage mit Sicherheit von seiner Täterschaft ausgegangen werden.

16 Hier läge es nahe, den erwiesenermaßen unschuldigen A sogleich aus der Haftanstalt zu entlassen. Die Rechtskraft des Urteils verbietet das. Das Urteil muss, trotz der jetzt erwiesenen Unschuld des A, zunächst weiter vollstreckt werden. Aber auch die Einleitung eines neuen Strafverfahrens – mit dem Ziel eines Freispruchs – ist nicht ohne Weiteres möglich. Auch insoweit steht die Rechtskraft des ersten Urteils entgegen.

17 Es liegt auf der Hand, dass die Verletzungen, die die *Rechtskraft* der *Gerechtigkeit* zufügt, hier sehr schnell unerträglich werden können.[6] Denn in Rechtskraft erwachsen, selbstverständlich, auch Urteile, die dem materiellen Recht klar widersprechen („Fehlurteile"). Zwar kann man in Extremfällen gravierender Fehlerhaftigkeit annehmen, dass das Urteil *a priori* nichtig ist.[7] So wäre in der Bundesrepublik ein Strafurteil, in dem der Angeklagte zum Tode verurteilt würde, nichtig. Denn die Todesstrafe ist in Deutschland durch die Verfassung abgeschafft.[8] Die Vorstellung, dass ein solches Urteil gleichwohl rechtskräftig werden könnte und (wie?) vollstreckt werden müsste, wäre abenteuerlich. Jenseits derartiger Extremfälle aber müssen auch Fehlurteile in Rechtskraft erwachsen – auch deshalb, weil sie zum Zeitpunkt ihrer Verkündung regelmäßig noch nicht als Fehlurteile erkennbar sind.

18 Bevor wir uns den „Sicherheitsventilen" zuwenden, die die Rechtsordnung hier einfügen muss und tatsächlich einfügt (Institut der *Wiederaufnahme*), stellt sich die Frage: Warum schafft die Rechtsordnung mit dem Institut der (materiellen) Rechtskraft eine Konstruktion, die den Einbau von Sicherheitsventilen überhaupt erst erforderlich macht?

19 Die Antwort lautet: Weil die Gerechtigkeit nicht der einzige Rechtswert ist, an dem sich die Rechtsordnung zu orientieren hat. Neben sie, genauer: ihr gegenüber tritt der Wert der *Rechtssicherheit*. Es wäre unerträglich, wenn der Prozess der Rechtsfindung niemals an ein Ende kommen würde, wenn er immer wieder von neuem aufgerollt werden könnte. Das gilt gegenüber dem Beschuldigten im *Strafverfahren*, der nach einem rechtskräftigen Freispruch nicht für den Rest seines Lebens der Drohung eines zweiten, dritten, vierten etc. Strafverfahrens ausgesetzt sein soll.

20 Es gilt aber auch für alle anderen Rechtsbereiche. Über eine *zivilrechtliche* Millionenklage gegen ein Unternehmen muss irgendwann rechtskräftig entschieden sein, weil eine fortdauernde Unsicherheit wirtschaftliche Planungen unmöglich machen und damit das Unternehmen praktisch zum Stillstand verurteilen würde. Und auch im Bereich des *Verwaltungsrechts* muss irgendwann das letzte Wort gesprochen sein, wenn die Unsicherheit über den Bestand einer Baugenehmigung, einer Betriebsgenehmigung

---

6 Nachdrücklich dazu *Saliger*, Radbruchsche Formel, S. 55 ff.
7 Dazu *Radbruch*, Rechtsphilosophie (1932), § 25 (GRGA Bd. 2, S. 416 f.).
8 Art. 102 GG.

oder der Rechtmäßigkeit weitreichender Maßnahmen des Klimaschutzes nicht wirtschaftliche Aktivitäten und persönliche Lebensplanungen beeinträchtigen soll.[9]

Bleiben wir im Bereich der Strafgerichtsbarkeit. Fehlurteile sind hier, vereinfacht dargestellt, in zwei Richtungen möglich:

a) Verurteilung eines Unschuldigen
b) Freispruch oder zu milde Bestrafung eines Schuldigen.

2. Durchbrechung der Rechtskraft: Wiederaufnahme des Verfahrens

In beiden Fällen kann unter besonderen, strengen Voraussetzungen eine Wiederaufnahme des Verfahrens und damit eine *Durchbrechung der Rechtskraft* des ersten Urteils stattfinden. Es fällt aber auf, dass die Voraussetzungen nicht völlig symmetrisch sind. Die Wiederaufnahme *zu Gunsten* des Verurteilten[10] ist in einem weiteren Umfang zulässig als die *zu Ungunsten* des seinerzeitigen Angeklagten.[11] Denn das Vorliegen *neuer Beweismittel*, die zu einem anderen Urteil führen können, trägt eine Wiederaufnahme nur zu Gunsten des Verurteilten.[12] Dies aber ist der mit Abstand wichtigste Wiederaufnahmegrund.

Diese Asymmetrie hat im Beispielsfall folgende Konsequenzen: A wird im Wiederaufnahmeverfahren freigesprochen werden. B, der wahre Täter, ist aber vor einem neuen Strafverfahren sicher, solange er kein Geständnis ablegt.[13] Denn das neue Beweismittel (DNA-Analyse) ergibt nur einen Wiederaufnahmegrund zu Gunsten eines Verurteilten, nicht aber zu Lasten eines Freigesprochenen (generell: eines seinerzeit Angeklagten). B kann, obwohl als Mörder entlarvt, sein Leben weiterhin in Freiheit verbringen.

Dass der Gesetzgeber die Möglichkeit einer Wiederaufnahme zu Gunsten des Verurteilten großzügiger ausgestaltet als die zu Ungunsten eines Freigesprochenen, ist aus rechtsstaatlicher Sicht überzeugend. Die Verurteilung eines Unschuldigen ist im Rechtsstaat schwerer erträglich als der Freispruch für einen Schuldigen.

3. Rechtskraft und Rechtssicherheit – politisch unter Druck

Nachvollziehbar ist es aber auch, wenn Opfer schwerster Straftaten und ihre Angehörigen das Bewusstsein kaum ertragen, dass der Täter, dem die Tat jetzt nachgewiesen werden könnte, für diese Tat niemals zur Verantwortung gezogen werden kann. Ein besonders krasser Fall einer solchen Konstellation (Vergewaltigung und Ermordung einer Siebzehnjährigen, Fall *von Möhlmann*) hatte eine Initiative mit ausgelöst, die in einem Gesetz mündete, das unter bestimmten Voraussetzungen eine Wiederaufnahme aufgrund einer neuen Beweislage zu Ungunsten des damals Freigesprochenen (damals Angeklagten) vorsah.[14] Das Gesetz, mit dem diese Regelung[15] in die Strafprozessordnung eingefügt wurde, trug die Bezeichnung „*Gesetz zur Herstellung materieller Gerechtigkeit*".[16]

---

9 Grundlegend zum Neben- und Gegeneinander von Gerechtigkeit und Rechtssicherheit *Radbruch*, Rechtsphilosophie (1932), § 9 (GRGA Bd. 2, S. 302 ff.).
10 § 359 StPO.
11 § 362 StPO.
12 § 359 Nr. 5 StPO.
13 § 362 Nr. 4 StPO.
14 Näher dazu § 5 Rn. 43.
15 Als § 362 Nr. 5 StPO.
16 Gesetz v. 21.12.2021, BGBl 2021 I, S. 5552.

§ 11 Rechtssicherheit contra Gerechtigkeit

26 Es ist kein Zynismus, wenn man feststellt: Das Gesetz hätte ebenso gut „*Gesetz zur Beeinträchtigung der Rechtssicherheit*" heißen können. Denn: Was an materieller Strafgerechtigkeit gewonnen werden konnte, ging zwangsläufig an Rechtssicherheit verloren. Das Gesetz war deshalb von Anfang an hoch umstritten. Inzwischen hat das BVerfG die Bestimmung wegen Verstoßes gegen Art. 103 Abs. 3 GG für verfassungswidrig und damit nichtig erklärt.[17]

27 Dieses Gesetzesprojekt verdeutlicht nochmals schlaglichtartig die Polarität von (Einzelfall-)Gerechtigkeit und Rechtssicherheit, die insbesondere von *Radbruch* herausgearbeitet wurde. Diese Polarität betrifft im Beispiel des „Gesetzes zur Herstellung materieller Gerechtigkeit" lediglich *eine* Rechtsnorm innerhalb einer staatlichen Ordnung, die sich als *rechtsstaatliche* Ordnung grundsätzlich in gleicher Weise der Rechtssicherheit wie der Gerechtigkeit verpflichtet weiß. Die Alternative von (wirklicher) Rechtssicherheit und (angeblicher) Gerechtigkeit kann aber auch für ein politisches System insgesamt prägend sein. Kennzeichnend ist insoweit die Forderung von *Carl Schmitt*, der formale Rechtsstaat müsse durch einen „nationalsozialistischen Gerechtigkeitsstaat" ersetzt werden.[18]

28 Die Gegenüberstellung von Gerechtigkeit und Rechtsstaatlichkeit ist aber keinesfalls auf Repräsentanten totalitärer Ideologien beschränkt. Der ehemaligen DDR-Bürgerrechtlerin *Bärbel Bohley* wird der Satz zugeschrieben: „Wir wollten Gerechtigkeit und bekamen den Rechtsstaat". Ob er wörtlich so gefallen ist, ist umstritten. Dass *Bohley* der Meinung war, das Bedürfnis der in der DDR politisch verfolgten Menschen nach „Gerechtigkeit" werde in der Bundesrepublik durch Prinzipien der Rechtsstaatlichkeit behindert, steht aber außer Zweifel. Generell: In der Sozialmoral finden die Forderungen der Gerechtigkeit typischerweise einen stärkeren Widerhall als die der Rechtssicherheit.[19]

II. Starre Regeln versus flexible

29 Rechtssicherheit ist, wie das Beispiel des *ne bis in idem* zeigt, nicht lediglich ein formaler Rechtswert. Die Bestimmung des Art. 103 Abs. 3 GG zählt zu den sogenannten „Justizgrundrechten"; sie garantiert dem Bürger, nicht wegen derselben Tat mehrfach verfolgt zu werden, und dient damit dem Schutz seiner Freiheit.

30 Rechtssicherheit ist aber *auch* ein formaler Rechtswert. Damit ist gemeint: Rechtliche Regeln haben *als solche* eine Orientierungsfunktion – gleichgültig, ob man sie im Einzelfall als gerecht oder ungerecht, als zweckmäßig oder unzweckmäßig beurteilt. Manche Rechtsregeln entziehen sich überhaupt einer Bewertung anhand dieser Kategorien. Das vermutlich prominenteste Beispiel: Ob man im Straßenverkehr rechts oder links zu fahren hat, ist unter dem Gesichtspunkt der Gerechtigkeit gleichgültig. Es ist auch keines der beiden Modelle zweckmäßiger als das andere. Wichtig ist nur, dass die Frage, ob rechts oder links zu fahren ist, verbindlich geregelt wird. Diese Frage dem Belieben des Verkehrsteilnehmers zu überlassen, würde zum Chaos führen.

31 In vielen Bereichen allerdings geht Rechtssicherheit, ebenso wie im Beispiel der Rechtskraft des freisprechenden Fehlurteils, zu Lasten der Gerechtigkeit, teilweise auch der Zweckmäßigkeit. Denn Rechtssicherheit erfordert starre Grenzen auch dort, wo Ge-

---

17 BVerfGE 166, 359.
18 Dazu *Rüthers*, Rezension, S. 889.
19 Dazu oben § 5 Rn. 42 ff.

II. Starre Regeln versus flexible

rechtigkeit und Zweckmäßigkeit Flexibilität verlangen würden. Das gilt für Fristen ebenso wie etwa für starre Altersgrenzen.

1. Fristen

Das Prinzip der Rechtssicherheit verlangt, dass eine umstrittene Rechtslage möglichst zeitnah abschließend geklärt wird. Das bedeutet insbesondere: Verfahren, die der Klärung der Rechtslage dienen, müssen so strukturiert sein, dass eine definitive Entscheidung in angemessener Zeit möglich ist. Das gilt auch für Verwaltungsverfahren, ist aber von besonderer Relevanz für Gerichtsverfahren. Das bedeutet: Für Prozesshandlungen, die den weiteren Verfahrensablauf beeinflussen können, müssen *Fristen* gesetzt werden. So muss im Strafverfahren die Ablehnung eines Richters wegen der Besorgnis der Befangenheit bereits zu Beginn der Hauptverhandlung erfolgen.[20] Der Einwand, das Gericht sei nicht vorschriftsmäßig besetzt gewesen, kann, vereinfacht formuliert, nur innerhalb einer Woche nach erfolgter Mitteilung der Besetzung des Spruchkörpers geltend gemacht werden.[21]

Diese Regelungen sind von besonderer praktischer Bedeutung. Denn die vorschriftswidrige Besetzung des Gerichts ist ein (sogenannter: „absoluter") Revisionsgrund.[22] Das bedeutet: Könnte der Einwand, das Gericht sei fehlerhaft besetzt gewesen, bis zum Ende des Verfahrens erhoben werden, so könnte eine möglicherweise monatelange Hauptverhandlung „umsonst" gewesen sein. Der Prozess müsste auf die Revisionsrüge hin von Anfang an neu aufgerollt werden.

Werden prozessuale Fristen versäumt, so kann das bedeuten, dass selbst eine grob fehlerhafte Gerichtsentscheidung nicht mehr von der höheren Instanz korrigiert werden kann.

Beispiel:
A ist vom LG wegen eines Tötungsdelikts zu einer mehrjährigen Freiheitsstrafe verurteilt worden. Die Strafkammer hatte verkannt, dass der Sachverhalt nach der Rechtsprechung des BGH und nach allgemeiner Auffassung als (straflose) Beihilfe zur Selbsttötung zu beurteilen war. Der BGH würde auf die Revision der Verteidigung hin die Verurteilung deshalb mit Sicherheit aufheben und den Angeklagten freisprechen. Der Angeklagte bzw. sein Verteidiger versäumen aber schuldhaft die Wochenfrist (§ 341 Abs. 1 StPO) für die Einlegung der Revision. Das Urteil wird damit rechtskräftig.

Die Fristversäumnis hat damit die Konsequenz, dass ein Unschuldiger eine mehrjährige Freiheitsstrafe verbüßen muss. Das Institut der Wiederaufnahme wegen neuer Beweismittel[23] greift hier nicht, weil es nicht um neue *Beweismittel* geht, sondern die Verurteilung auf einer falschen *Rechtsauffassung* beruht.

2. Altersgrenzen

Rechtssicherheit verlangt starre Regeln, Gerechtigkeit und Zweckmäßigkeit fordern Flexibilität und damit weiche Regelungen, die Spielraum für die Berücksichtigung der konkreten Umstände des Einzelfalls lassen. Bei der Aufgabe, diese Prinzipien zum Ausgleich zu bringen, können sich in den einzelnen Rechtsgebieten Unterschiede ergeben.

---

20 § 25 Abs. 1 StPO.
21 § 222b Abs. 1 StPO.
22 § 338 Nrn. 1–3 StPO.
23 § 359 Nr. 5 StPO.

Das betrifft beispielsweise die Festlegung von *Altersgrenzen*. Das deutsche Strafrecht kombiniert eine feste, strikt am Alter orientierte Strafmündigkeitsgrenze mit einer flexiblen Regelung, die auf den jeweiligen Einzelfall abstellt: Kinder (Altersgrenze: 14 Jahre) sind ausnahmslos *schuldunfähig* und können folglich nicht bestraft werden.[24] Das gilt auch dann, wenn ein 13-jähriger Täter hinsichtlich seiner sozialen Kompetenz den durchschnittlichen Entwicklungsstand eines 15-Jährigen erreicht hatte.

38   Bei *Jugendlichen* (14–18 Jahre) kommt es dagegen auf den tatsächlichen, individuellen Entwicklungsstand an. Strafrechtlich verantwortlich ist ein Jugendlicher nur,

„wenn er zur Zeit der Tat nach seiner sittlichen und geistigen Entwicklung reif genug ist, das Unrecht der Tat einzusehen und nach dieser Einsicht zu handeln" (§ 3 Satz 1 JGG).

39   Ob diese Voraussetzungen vorliegen, muss in jedem Einzelfall geklärt werden, ggf. mit Hilfe des Gutachtens eines Sachverständigen.

40   Die flexible Regelung des § 3 JGG wird den Prinzipien der Gerechtigkeit und der Zweckmäßigkeit (Einfluss einer Strafsanktion auf die Entwicklung der Persönlichkeit des Täters) in höherem Maße gerecht als die starre, inzwischen umstrittene Altersgrenze des § 19 StGB. Im *Zivilrecht* dagegen würde es zu einer unerträglichen Rechtsunsicherheit führen, müsste die Frage, ob ein Jugendlicher im konkreten Fall tatsächlich in der Lage war, ein Rechtsgeschäft eigenverantwortlich zu tätigen, stets im Einzelfall geklärt werden. Das Zivilrecht legt deshalb die Voraussetzungen der *Geschäftsfähigkeit* typisierend fest – orientiert einerseits am Lebensalter, andererseits an dem Charakter des Rechtsgeschäfts[25].

3. „Bedarf an Vagheit"

41   Flexibilität der Rechtsanwendung kann ermöglicht werden auf der *Tatbestands*- wie auf der *Rechtsfolgenseite* der Norm. Beides ist zudem kombinierbar. Die entscheidende Frage heißt: Wie kann man eine gerechte und zweckmäßige Entscheidung im Einzelfall ermöglichen, ohne in unerträglicher Weise gegen das Prinzip der Rechtssicherheit zu verstoßen?

42   Das *Strafrecht* unternimmt den Versuch, das Problem dadurch zu lösen, dass es unterschiedliche Präzisionsstandards für die Tatbestandsseite der Norm einerseits, die Rechtsfolgenseite andererseits heranzieht. Zwar gilt das „Bestimmtheitsgebot" des Art. 103 Abs 2 GG und des (wortgleichen) § 1 StGB grundsätzlich auch für die Rechtsfolgenseite der Strafnorm.[26] Es wird aber hinsichtlich der Rechtsfolgen großzügiger interpretiert. Dem „Bedarf an Vagheit" (*Kargl*) wird durch eine großzügige Bemessung der *Strafrahmen* Rechnung getragen. So reicht der Spielraum der Strafzumessung beim Diebstahl von einer Geldstrafe in Höhe von 5 Euro bis zu einer Freiheitsstrafe von maximal 5 Jahren (maximaler Betrag der Geldstrafe: 1,8 Millionen Euro). Bei der Ausfüllung der weiten Strafrahmen werden insbesondere die Tatumstände und die Schwere der Schuld, bei der Geldstrafe auch die finanziellen Verhältnisse des Täters berücksichtigt.[27]

---

24 § 19 StGB.
25 §§ 104 ff. BGB.
26 *Kargl*, in: Kindhäuser/Neumann/Paeffgen/Saliger (Hrsg.), Nomos-Kommentar zum StGB, 6. Aufl. 2023, § 1 Rn. 18 m. Nachw. der Rspr. des BVerfG.
27 Vgl. auch § 46 StGB.

II. Starre Regeln versus flexible § 11

Der „Bedarf an Vagheit", der im Strafrecht im Regelfall durch weite Strafrahmen abgedeckt wird, wird sofort deutlich, wenn bei einem Delikt *kein* Strafrahmen eröffnet ist, der zu einer einzelfallorientierten Strafzumessung genutzt werden könnte. Dies ist dort der Fall, wo ein Tatbestand, wie der des Mordes (§ 211 Abs. 1 StGB), zwingend eine lebenslange Freiheitsstrafe androht. Man spricht hier von einer „absoluten" Strafandrohung – „absolut" nicht deshalb, weil es sich bei der lebenslangen Freiheitsstrafe um die schwerste Sanktion handelt, die das deutsche Strafgesetzbuch kennt, sondern deshalb, weil diese Strafe als Sanktion für Mord *alternativlos* und in diesem Sinne „absolut" angedroht ist. 43

Diese „absolute" Strafandrohung bedeutet: Bei Mord können die individuellen Umstände der Tat im Strafausspruch nicht berücksichtigt werden. Anders als der Grundtatbestand des Totschlags (§ 212 Abs. 1 StGB), der einen Strafrahmen von 5–15 Jahren eröffnet, schließt der „qualifizierte" Tatbestand des Mordes jegliche Berücksichtigung besonderer Tatumstände aus. 44

Die Starrheit dieser Regelung führt zwangsläufig zu Kollisionen mit Prinzipien der *Strafgerechtigkeit*. Denn selbstverständlich kann es bei Tötungshandlungen auch dann Unterschiede hinsichtlich des Unrechts- wie des Schuldgehalts der Tat geben, wenn die Handlung unter einer der Voraussetzungen des § 211 Abs. 2 StGB („Mordmerkmale") verübt, also etwa „heimtückisch" begangen wurde. Das denkbare Gegenargument, das Menschenleben sei das höchste Rechtsgut und deshalb müsse *jeder* Mord mit der Höchststrafe sanktioniert werden, wäre nicht überzeugend. Denn der Totschlagstatbestand setzt gleichfalls die vorsätzliche Vernichtung eines Menschenlebens voraus, ermöglicht es aber, wie festgestellt, dem Unrechts- und Schuldgehalt der konkreten Tat innerhalb eines Strafrahmens von 5–15 Jahren Rechnung zu tragen. 45

In Extremfällen kann die Kollision der „absoluten" Strafdrohung des Mordtatbestands mit dem Prinzip der Strafgerechtigkeit Energien freisetzen, die den Straftatbestand sprengen. Ein prominentes Beispiel ist ein Beschluss des Bundesgerichtshofs[28] zu folgendem Sachverhalt: 46

Der Angeklagte hatte seinen Onkel in einer Gaststätte durch mehrere Schüsse von hinten getötet. Der Hintergrund: Der Onkel hatte die Ehefrau des Täters mit vorgehaltener Pistole vergewaltigt. Die Frau unternahm daraufhin aus Verzweiflung mehrere Suizid-Versuche. Gegenüber seinem Neffen brüstete er sich später mit der Vergewaltigung und drohte, auch ihn zu „vögeln" und zu töten. Die Tat des Neffen war eine Reaktion auf die Vergewaltigung seiner Frau, die daraus resultierenden Probleme in seiner Ehe und auf die ihm zugefügten schweren Kränkungen. 47

Der Bundesgerichtshof bejaht, ebenso wie die Vorinstanz, das Mordmerkmal der Heimtücke: Das Opfer sei zum Zeitpunkt des Angriffs arg- und wehrlos gewesen, und der Täter habe dies ausgenutzt. Damit war der Tatbestand des Mordes zu bejahen und die Rechtsfolge „lebenslange Freiheitsstrafe" eigentlich nicht zu vermeiden. Dieses Ergebnis erschien dem BGH aber unvertretbar. Er durchschnitt deshalb die nach dem Wortlaut des Tatbestands zwingende Verbindung von „Mord" und „lebenslänglich" und fügte der Sache nach (nicht: konstruktiv) in das Strafgesetzbuch einen Tatbestand des „minder schweren Falles des Mordes" mit einem Strafrahmen von 3–15 Jahren ein.[29] 48

---

28 BGHSt 30, 105.
29 Orientiert an der allgemeinen Regel über „Besondere gesetzliche Milderungsgründe" (§ 49 StGB).

§ 11 Rechtssicherheit contra Gerechtigkeit

49 Die (umstrittene) Frage, ob die Entscheidung des BGH methodisch vertretbar ist, gehört in den Bereich der Strafrechtsdogmatik und ist an dieser Stelle nicht zu erörtern. Rechtstheoretisch bedeutsam ist der Beschluss als Beleg für die Sprengkraft, die von Forderungen der Gerechtigkeit gegenüber dem positiven Recht ausgehen kann. Dass in diesem konkreten Fall eine lebenslange Freiheitsstrafe nicht die angemessene („gerechte") Sanktion für die Tat gewesen wäre, dürfte konsensfähig sein.

III. Fazit

50 Rechtssicherheit und Gerechtigkeit stehen in einem Verhältnis der Polarität. Das Kraftfeld, das sie bilden, wird zusätzlich beeinflusst durch das Prinzip der Zweckmäßigkeit des Rechts.[30] Die Ausbalancierung von Rechtssicherheit und Gerechtigkeit gleicht in vielen Konstellationen einem Nullsummenspiel: Was an Gerechtigkeit gewonnen wird, geht an Rechtssicherheit verloren, *et vice versa*. Zwar kann man die Rechtssicherheit konzeptionell in einen höheren, umfassenderen Begriff der Gerechtigkeit integrieren.[31] Das ändert aber nichts daran, dass zwischen Gerechtigkeit im Sinne der Einzelfallgerechtigkeit einerseits, Rechtssicherheit andererseits stets ein Gleichgewicht gesucht werden muss. Es ist unmöglich, beide zugleich zu optimieren.

---

30 Klare Darstellung der Elemente der „Rechtsidee" (Gerechtigkeit, Rechtssicherheit, Zweckmäßigkeit) und der aus ihrer Polarität resultierenden „Antinomien der Rechtsidee" bei *Radbruch*, Rechtsphilosophie (1932), § 9.
31 *Radbruch*, Grundzüge, GRGA Bd. 2, S. 170 ff. Dazu *Saliger*, Radbruchsche Formel, S. 13 u. ö.

§ 12 Prozessrecht und materielles Recht

I. Durchsetzung des Rechts im Prozess

1. Notwendigkeit der Rechtsdurchsetzung

Naturgesetze setzen sich durch – immer, überall und von selbst. Menschliche Gesetze müssen *durchgesetzt werden*. Das Recht „fordert", metaphorisch gesprochen, Beachtung. In dieser „Forderung" steckt nicht nur der *Anspruch* auf Befolgung, sondern zugleich das *Eingeständnis*, dass diese Befolgung auch verweigert werden kann. Naturgesetze fordern nicht; sie schaffen Fakten. Menschliche Gesetze schaffen als solche keine Fakten. Fakten sind erst das Ergebnis der *Umsetzung* rechtlicher Regeln.

Diese Umsetzung erfolgt im Idealfall dadurch, dass die Normadressaten ihr Verhalten schlicht an den Gesetzen ausrichten – keine Straftaten begehen, ihre Steuern pünktlich entrichten, Geschwindigkeitsbeschränkungen einhalten. Ist das nicht der Fall, so muss das Recht durchgesetzt werden. Das ist der berechtigte Kern der in ihrer Pauschalität fragwürdigen Kennzeichnung des Rechts als *Zwangsordnung*.[1] Wer das Recht in welchen Bereichen in welcher Weise durchzusetzen hat, muss geregelt werden. Das geschieht in Verfahrensordnungen, exemplarisch: in Prozessordnungen, die das Verfahren bei der gerichtlichen Durchsetzung von Recht regeln.[2]

Diese Prozessordnungen korrespondieren in der deutschen Rechtsordnung den unterschiedlichen Rechtsgebieten, um die es in dem jeweiligen Verfahren geht – dem Zivilrecht die Zivilprozessordnung (ZPO), dem Strafrecht die Strafprozessordnung (StPO), dem Verwaltungsrecht die Verwaltungsgerichtsordnung (VwGO) etc. Dass sich Verfahrensordnungen nicht auf die Regulierung *gerichtlicher* Verfahren beschränken lassen, zeigt exemplarisch das Verwaltungsverfahrensgesetz (VwVfG), das, wie der Name sagt, Vorschriften für das Procedere der Verwaltungsbehörden enthält.

Das Prozessrecht („formelles Recht") markiert im Verhältnis zum „materiellen" Recht eine zweite, höhere Ebene. Es dient der Durchsetzung des materiellen Rechts, folgt aber auch eigenen Prinzipien, die diese Umsetzung geradezu blockieren können. Auf dem Weg zum Urteil kann eine Menge an materiellem Recht verloren gehen – teils unvermeidlich, teils aufgrund eigenständiger Wertungen des Prozessrechts.[3]

2. Verantwortlichkeiten

Wer in welchen Bereichen für die Durchsetzung des Rechts verantwortlich sein soll, ist eine staatstheoretische Frage, die in unterschiedlichen Epochen und Rechtskulturen unterschiedlich beantwortet wird. So entwickelt sich in Mitteleuropa eine weitgehende Zuständigkeit des Staates für Strafsanktionen, parallel zum Erstarken einer staatlichen Zentralgewalt, etwa im 11. Jahrhundert.[4] Im islamischen Rechtskreis ist noch heute der Einfluss des Opfers auf die Bestrafung des Täters deutlich größer als, beispielsweise, in Europa oder den USA.[5]

---

1 Dazu § 7 Rn. 18.
2 Zur sozialpsychologischen Funktion von Gerichtsverfahren, die insbesondere auf die Akzeptanz der Entscheidung durch die von ihr Betroffenen zielt, erhellend *Luhmann*, Legitimation (insbes. S. 32 ff., 109 ff.).
3 Dazu unten Rn. 13 ff.
4 Vgl. § 9 Rn. 13.
5 Vgl. etwa *N. Hosni*, Grundlagen des islamischen Strafrechts, ZStW 97 (1985), 609 (622).

6   Grundsätzlich gilt: An dem Rechtsverkehr und den Rechtsverhältnissen *zwischen den Bürgern* ist der Staat von sich aus nicht interessiert. Ob der Einzelne wegen einer nicht beglichenen Kaufpreisforderung Klage erhebt, ist ihm überlassen. *Wenn* er das tut, stehen dafür staatliche Instanzen (Zivilgerichte) zur Verfügung. Eigene Interessen verfolgt der Staat im Bereich des Zivilrechts aber nicht.

7   Dies gilt aber nicht uneingeschränkt. So hat die Staatsanwaltschaft im Bereich des *Familienrechts*, das zum Zivilrecht gehört und dementsprechend im BGB geregelt ist, im Streitfall bestimmte Mitwirkungsbefugnisse. Für den Staat ist die Gestaltung der familiären Verhältnisse nicht allein eine Angelegenheit der Betroffenen. Ersichtlich ist das auch daran, dass die Eheschließung zwar ein zivilrechtlicher Vertrag ist, die Ehe aber gleichwohl vor einer staatlichen Behörde (Standesamt) geschlossen werden muss, und dass sie nicht, wie ein „normaler" Vertrag, durch eine übereinstimmende Willenserklärung der Vertragspartner aufgelöst werden kann. Beides liegt keineswegs in der „Natur" der Ehe, sondern ist das Ergebnis eines bestimmten, historisch und kulturell geprägten *Verständnisses* der Ehe.

8   Für das gesamte *Zivilrecht* aber gilt: Ob rechtliche *Ansprüche* gerichtlich durchgesetzt werden sollen, obliegt der Entscheidung des Inhabers dieses Anspruchs. Dafür, auf diese Durchsetzung zu verzichten, kann es verschiedene Gründe geben: die Prozesskosten, das Risiko, den Prozess zu verlieren, gegebenenfalls das Aufsehen, das ein Prozess in der Öffentlichkeit erregen könnte. Eine rechtliche Verpflichtung, Ansprüche gerichtlich geltend zu machen, besteht dort, wo es ausschließlich um eigene Interessen geht, nicht. Eine andere Frage ist, ob man sich selbst und/oder der Gesellschaft gegenüber *moralisch* verpflichtet ist, um sein Recht zu kämpfen. *Rudolf von Jhering* hat beide Fragen bejaht.

Rudolf von Jhering (1818–1892), Professor für römisches Recht in Rostock, Kiel, Gießen und Wien. Hauptwerke: „Geist des römischen Rechts auf den verschiedenen Stufen seiner Entwicklung", 3 Teile, 1852–1865; „Der Kampf ums Recht", 1872; „Der Zweck im Recht", 2 Bände, 1877–1883; „Scherz und Ernst in der Jurisprudenz", 1884.

9   Die Verteidigung des eigenen Rechts sei „eine Pflicht der moralischen Selbsterhaltung". Denn im Recht besitze und verteidige der Mensch seine „moralische Daseinsberechtigung". Ohne das Recht sinke er, so die starke Formulierung *Jherings*, „auf die Stufe des Tieres herab".[6]

10 Die Durchsetzung subjektiver Rechte sei aber auch eine Pflicht gegenüber der Gemeinschaft. Denn die Wirksamkeit, das Ansehen des objektiven Rechts hänge auch davon ab, dass der Einzelne sein Recht zur Geltung bringe. „Wer *sein* Recht behauptet, verteidigt innerhalb des engen Raums desselben *das* Recht".[7] Diese Auffassung wird heute in dieser Form kaum noch vertreten. Eine gewisse Parallele gibt es aktuell noch in der Diskussion zur *Notwehr*.[8] Hier geht die herrschende Meinung davon aus, dass die Verteidigungshandlung nicht nur dem Schutz der eigenen Interessen, sondern auch der Bewährung der Rechtsordnung diene.[9]

---

6 *Jhering*, Kampf ums Recht, S. 80.
7 Ebd., S. 108.
8 § 32 StGB, § 227 BGB.
9 *Kindhäuser/Zimmermann*, Strafrecht Allgemeiner Teil, 11. Aufl. 2024, § 16 Rn. 1.

II. Grenzen   **§ 12**

Die Durchsetzung des *Strafrechts* liegt grundsätzlich in der Hand des Staates. Anders als in anderen Bereichen kann der Staat hier auf Interessen seiner Bürger aber nicht im Verwaltungswege zugreifen. Während etwa Steuerforderungen im Wege des Steuerbescheids geltend gemacht werden können, ist ein verwaltungsrechtlicher „Strafbescheid" ausgeschlossen.[10] Der Staat kann den Bürger strafrechtlich nur dadurch zur Verantwortung ziehen, dass er über die (in Deutschland: abhängige, dem Justizministerium unterstellte) Staatsanwaltschaft ein Verfahren bei einem unabhängigen (staatlichen) Gericht einleitet.   11

Das Opfer der Straftat hat auf den Strafprozess nur einen begrenzten Einfluss, wenngleich seine Stellung im Verfahren in Deutschland in den letzten Jahren und Jahrzehnten gestärkt wurde. Sein Einfluss auf das *Ergebnis* des Verfahrens bleibt marginal, soweit nicht für die Einleitung des Verfahrens ein *Strafantrag* erforderlich ist. So ist für einen „Deal" im Strafverfahren[11] zwar die Zustimmung der Staatsanwaltschaft und des Angeklagten, nicht aber die des Opfers bzw. des Opfervertreters erforderlich. War die Straftat ursprünglich eine Angelegenheit zwischen *Täter und Opfer*, so wird sie im Strafverfahren zu einer Auseinandersetzung zwischen *Staat und Täter*.   12

II. Grenzen

Oben wurde behauptet, dass auf dem prozessualen Weg zum Urteil eine Menge an materiellem Recht verloren gehen kann. Populär sind die Sprüche „Recht haben und Recht bekommen ist zweierlei", und „Auf hoher See und vor Gericht ist man in Gottes Hand". Auch wenn man den rhetorischen Faktor in diesen Sprüchen in Abzug bringt: Jedenfalls der Befund, dass sich vor Gericht der berechtigte Anspruch, generell: das materielle Recht, nicht immer durchsetzt, ist nicht zu bestreiten. Verantwortlich dafür können strukturelle Probleme (Beweisbarkeit), aber auch die schon angedeuteten Eigenwilligkeiten des Prozessrechts sein, die den Anspruch des Verfahrens, das materielle Recht durchzusetzen, geradezu konterkarieren können.   13

1. Beweisbarkeit

Das materielle Recht soll in dem konkreten Fall, der von dem Gericht zu entscheiden ist, in drei Schritten verwirklicht werden. Der erste Schritt: die zutreffende Feststellung des Sachverhalts, um den es geht. Der zweite: die korrekte Anwendung des Rechts auf diesen Sachverhalt (Subsumtion). Der dritte: die Feststellung gegebenenfalls: Konkretisierung der Rechtsfolge.   14

Ein strukturelles Problem bietet die *Feststellung des Sachverhalts*. Was genau geschehen ist, ist im Zivilprozess ebenso wie im Strafverfahren häufig streitig. Das bedeutet: Das Gericht kann den Sachverhalt nicht einfach *reproduzieren*, es muss ihn *rekonstruieren*. Dabei ist es auf Indizien („Beweismittel") angewiesen, die von sehr unterschiedlicher Qualität sein können. Zeugenaussagen sind häufig unzuverlässig, Sachverständigengutachten können einander widersprechen. Selbst ein „Geständnis" des Angeklagten im Strafverfahren kann frei erfunden sein (etwa, um eine andere Person zu schützen). Das bedeutet: Das Gericht muss häufig entscheiden, ohne dass der tatsächliche Sachverhalt unzweifelhaft erwiesen wäre.   15

---

10 Der „Strafbefehl", der ohne Durchführung einer Hauptverhandlung ergeht, wird von dem Gericht erlassen, nicht von einer Verwaltungsbehörde.
11 „Verständigung", § 257c StPO.

16 Das wirft zwei Fragen auf. Die erste: Wann darf das Gericht davon ausgehen, dass sich das Geschehen so und nicht anders zugetragen habe? Die zweite: Wie ist zu entscheiden, wenn sich der Sachverhalt nicht mit hinreichender Sicherheit klären lässt?

17 Auf die erste Frage gibt es grundsätzlich zwei mögliche Antworten. Die Rechtsordnung kann, zum einen, die Entscheidung des Richters an *feste Beweisregeln* binden. Sie kann etwa für das Strafverfahren festlegen, dass eine Verurteilung nur dann erfolgen darf, wenn entweder ein Geständnis des Angeklagten oder die Aussage zweier Tatzeugen vorliegt, die die Tat beobachtet haben. Das war das Modell der „Peinlichen Gerichtsordnung" von 1532 (PGO)[12], der wichtigsten Strafrechtskodifikation an der Grenze von Mittelalter und Neuzeit, die über Jahrhunderte hinweg die Grundlage für die Strafrechtspraxis bildete.

18 Die strikte, formelle Beweisregel der PGO sollte richterliche Willkür verhindern und damit der Rechtssicherheit dienen. Tatsächlich allerdings führte sie, da selten zwei Augenzeugen der Tat verfügbar sind, dazu, dass man versuchte, das Geständnis (bei Vorliegen nur *einer* Zeugenaussage) zu erzwingen – durch Einsatz der Folter. Unter der Folter aber werden nicht nur richtige, sondern auch falsche „Geständnisse" abgelegt. Der Einsatz der Folter war und ist deshalb nicht nur ein Verstoß gegen die Humanität, sondern auch gegen die kriminalistische Vernunft. Das Ziel, das Urteil auf eine sichere Tatsachenbasis zu stellen, wurde nicht nur verfehlt, sondern geradezu konterkariert. In der Formulierung *Radbruchs*:

> „So führte die allzugroße Vorsicht der gesetzlichen Beweistheorie zu der größten Unvorsichtigkeit, deren sich ein Strafprozeßgesetzgeber überhaupt schuldig machen kann".[13]

19 Heute ist für eine Entscheidung die subjektive Überzeugung des Gerichts ausreichend und erforderlich. Es gilt das *Prinzip der freien Beweiswürdigung*: „Über das Ergebnis der Beweisaufnahme entscheidet das Gericht nach seiner freien ... Überzeugung".[14]

20 Kann sich das Gericht keine klare Überzeugung von dem tatsächlichen Geschehen bilden, geht es also um eine „Entscheidung unter Unsicherheit", so muss auf Entscheidungsregeln zweiter Stufe zurückgegriffen werden: Wie soll das Gericht entscheiden, wenn nicht geklärt werden kann, ob die tatsächlichen Voraussetzungen für eine Verurteilung gegeben sind? An diesem Punkt trennen sich die Wege des Strafverfahrens einerseits und des Zivilverfahrens andererseits.

21 Das *Strafverfahren* reagiert auf die Situation des *non liquet* mit dem Prinzip: „Im Zweifel für den Angeklagten" (*in dubio pro reo*). Kann dem Angeklagten die Tat nicht nachgewiesen werden, so ist er freizusprechen – auch dann, wenn aus der Sicht des Gerichts mehr für seine Schuld als für seine Unschuld spricht. Im *Zivilprozess* kommt es darauf an, welche Partei für eine urteilsrelevante Behauptung, die weder bewiesen noch widerlegt werden konnte, die *Beweislast* trifft. Grundsätzlich trägt jede Partei die Beweislast für die tatsächlichen Voraussetzungen einer für sie günstigen Rechtsnorm. Für den Ausgang des Prozesses kommt es also nicht darauf an, welche urteilsrelevanten Behauptungen *wahr*, sondern welche *beweisbar* sind, und darauf, welche Seite diesen Beweis erbringen muss. Wie weit Wahrheit und Beweisbarkeit auseinanderliegen können, verdeutlicht die folgende Anekdote:

---

12 Auch als „Constitutio Criminalis Carolina" (CCC) bezeichnet.
13 *Radbruch*, Zur Einführung in die Carolina, GRGA Bd. 11, S. 315 (325).
14 § 261 StPO. Vgl. auch § 286 ZPO.

II. Grenzen § 12

Ein Mandant berichtet seinem Anwalt, ein Bekannter behaupte fälschlich, er habe ihm, dem Mandanten, ein Darlehen von 50.000 Euro gegeben, und drohe, ihn zu verklagen.
Der Anwalt zum Mandanten: „Da Sie kein Darlehen bekommen haben, ist die Sache ganz einfach." – Zur Sekretärin: „Schreiben Sie: ‚Da mein Mandant niemals ein Darlehen von Ihnen bekommen hat, sehen wir Ihrer Klage mit Gelassenheit entgegen.' "
Mandant: „Nein, schreiben Sie: ‚Da mein Mandant das Darlehen längst zurückgezahlt hat ...' "
Anwalt: „Sie sagten doch, Sie hätten niemals ein Darlehen erhalten."
Mandant: „Ja, aber: Wenn ich das vor Gericht sage, wird er zwei Zeugen bringen, die aussagen, ich hätte es doch bekommen. Wenn ich behaupte, ich hätte es zurückgezahlt, stelle *ich* die Zeugen."

Also: Es kann chancenreicher sein, sich vor Gericht gegen eine Lüge mit einer anderen Lüge statt mit der Wahrheit zu verteidigen. Nochmals gesagt: Entscheidend ist nicht, was wahr und was unwahr ist. Entscheidend ist, was *beweisbar* ist – gleichgültig, ob es wahr ist oder nicht. Die Distanz zwischen Wahrheit und Beweisbarkeit markiert *eine* der Strecken, auf denen eine materiellrechtlich begründete Position verloren gehen kann.

2. „Materielle" und „formelle" Wahrheit

Eine andere Distanz ist, im *Zivilprozess*, die zwischen Wahrheit und Konsens. Im *Strafverfahren* ist das Gericht verpflichtet, den wirklichen Sachverhalt zu ermitteln. Das gilt auch dann, wenn Staatsanwaltschaft und Verteidigung eine identische Vorstellung von dem tatsächlichen Geschehensablauf haben, das Gericht aber Zweifel hat. Auch einem Geständnis des Angeklagten muss das Gericht keinen Glauben schenken. Es hat „zur Erforschung der Wahrheit" alle tauglichen Beweismittel einzusetzen.[15] Das Gericht ist dafür verantwortlich, dass das Urteil dem materiellen Recht entspricht – auch hinsichtlich der Tatsachengrundlage, auf der es ergeht.

Anders ist dies im Zivilprozess. Hier ist es Aufgabe der Parteien, dem Gericht die nötigen Informationen zu liefern und deren Richtigkeit zu beweisen. Wird einer urteilsrelevanten Behauptung einer Partei von der Gegenseite nicht widersprochen, so ist ein Beweis überflüssig.[16] Wenn die Parteien im Zivilprozess übereinstimmend bestimmte Tatsachen behaupten (bzw. die Behauptungen der anderen Partei nicht in Zweifel ziehen), dann muss das Gericht von diesen „Tatsachen" ausgehen. Im Zivilprozess gilt also *das* als wahr, was die Parteien übereinstimmend behaupten. Man spricht hier von einer *formellen Wahrheit*. Im Strafprozess dagegen geht es um die *materielle Wahrheit*.

Nun wird eine Unwahrheit nicht dadurch unproblematisch (und schon gar nicht zur Wahrheit), dass man sie als „formelle Wahrheit" bezeichnet. Warum also überlässt der Staat die „Deutungshoheit" über wahr und unwahr im Zivilprozess den Parteien? Und: Wie ist diese Zurückhaltung des Gerichts mit der Aufgabe des Prozesses vereinbar, das materielle Recht durchzusetzen?

Die Antwort lautet: Der Staat sieht die Verantwortung für die Durchsetzung des Rechts hier insoweit bei den Betroffenen. So, wie er es dem Bürger freistellt, ob er sein Recht überhaupt gerichtlich geltend machen will, so überlässt er ihm die Aufgabe, die nötigen Informationen zu beschaffen und sie in den Prozess einzubringen. Wer dazu

---
15 § 244 Abs. 2 StPO.
16 § 288 Abs. 1 ZPO.

nicht willens oder nicht in der Lage ist, riskiert, den Prozess auch dann zu verlieren, wenn er (materiellrechtlich gesehen) „im Recht" ist. *Ius vigilantibus scriptum* („das Recht ist für die Wachsamen geschrieben").

27 Dem deutschen Zivilprozess liegt insofern ein *liberales Prozessmodell* zugrunde. „Liberal" deshalb, weil es die Verantwortung für das Ergebnis des Verfahrens in diesen Punkten nicht dem Staat, sondern den beteiligten Parteien auferlegt. Es setzt auf deren Eigenverantwortlichkeit. „Liberal" heißt auch: so wenig staatliche Intervention wie möglich. Eine liberale Ordnung markiert insofern eine Gegenposition nicht nur zum *autoritären Staat*, sondern auch zum *Sozialstaat*, der versucht, Handlungsdefizite von Bürgern im sozialen Wettbewerb zu kompensieren. Das Gegenmodell zu einem liberalen Modell wäre in diesem Sinne ein *sozialer Zivilprozess*, wie er in der Bundesrepublik im Schrifttum diskutiert, aber politisch nicht umgesetzt worden ist.[17]

28 Beweisprobleme und Obliegenheiten, prozessuale Rechte und Möglichkeiten wahrzunehmen, markieren *strukturelle Risiken* für einen „Verlust" an materiellem Recht im Laufe des Verfahrens. Das gilt insbesondere für den Zivilprozess, in dem die Mitverantwortung der Parteien für den Ablauf und das Ergebnis des Verfahrens von besonderer Bedeutung ist. Es gilt aber auch für den Strafprozess, den Verwaltungsprozess und andere Verfahren. Im Strafprozess beispielsweise verwirkt der Angeklagte, der einen Verteidiger hat, nach herrschender Meinung das Recht, das Urteil wegen eines Verfahrensfehlers mit dem Rechtsmittel der Revision[18] anzugreifen, wenn er den Fehler nicht zuvor in der Hauptverhandlung beanstandet hatte.[19]

29 Das Gerichtsurteil kann das materielle Recht aber auch wegen mangelhafter Aufklärung des Sachverhalts oder unvertretbarer Interpretation und Anwendung der einschlägigen Gesetze verfehlen. Korrigiert werden können diese Fehlleistungen mit den Rechtsmitteln der Berufung[20] und der Revision.[21] In der *Berufung* geht es auch um die zutreffende Feststellung des Sachverhalts, in der *Revision* lediglich um die korrekte Anwendung des Rechts auf den Sachverhalt, der in dem angefochtenen Urteil festgestellt wurde, oder um Verfahrensfehler. Dass Fehler einer Vorinstanz in der höheren Instanz korrigiert werden, ist Programm, nicht notwendig Realität. Selbstverständlich kann es auch geschehen, dass *vermeintliche* Fehler fehlerhaft „berichtigt" werden.

III. Blockaden

30 Unter rechtstheoretischem Aspekt besonders bemerkenswert sind prozessuale Regeln, die geradezu darauf hinauszulaufen scheinen, ein Urteil, das dem materiellen Recht entspricht, zu *blockieren*. Besonders drastisch ist der Befund im Bereich des Strafprozessrechts. Dafür drei Beispiele.

1. „Nicht überführt" = unschuldig?

31 Das erste betrifft die Frage, ob der Verteidiger, der weiß, dass sein Mandant schuldig ist, in seinem Plädoyer gleichwohl Freispruch beantragen darf. Problematisch ist das deshalb, weil der Verteidiger zwar zugunsten des Angeklagten agieren darf und soll,

---

17 R. Wassermann, Der soziale Zivilprozess, 1978.
18 §§ 333 ff. StPO.
19 § 238 Abs. 2 StPO.
20 §§ 511 ff. ZPO, §§ 312 ff. StPO.
21 §§ 542 ff. ZPO, §§ 333 ff. StPO.

III. Blockaden § 12

beim Überschreiten der Grenzen zulässiger Verteidigung aber Gefahr läuft, sich wegen (ggf.: versuchter) Strafvereitelung[22] strafbar zu machen.

Beispiel: 32
Zu einem bekannten Strafverteidiger kommt ein Mandant, der berichtet, er werde „absurderweise" des Diebstahls zweier wertvoller Goldmünzen beschuldigt. Auf die Frage des Strafverteidigers: „Können Sie mich denn bezahlen?" erfolgt die Antwort: „‚Cash nicht, aber ich könnte Ihnen zwei wertvolle Goldmünzen geben."
Ob der Verteidiger, auf diese Weise über die Herkunft der Goldmünzen informiert, sich durch deren Annahme strafbar macht, sei hier dahingestellt. Die in unserem Kontext entscheidende Frage heißt: Darf er gleichwohl für seinen Mandanten Freispruch beantragen?

Diese Frage wird von der ganz herrschenden Meinung bejaht – zu Recht. Dabei ist 33
nicht entscheidend, dass der Verteidiger grundsätzlich zugunsten seines Mandanten sprechen und handeln darf und soll. Denn die Frage ist gerade, wo hier die *Grenze des Erlaubten* verläuft und damit der Verbotsbereich des Tatbestands der Strafvereitelung beginnt. Entscheidend ist, dass der Angeklagte auch dann Anspruch auf einen Freispruch hat, wenn er der angeklagten Tat nicht überführt ist, und nicht nur dann, wenn er diese Tat nicht begangen hat. Es geht hier um Prinzipien der *prozeduralen Gerechtigkeit*. Zugespitzt formuliert: Der schuldige, aber der Tat nicht überführte Angeklagte hat in gleicher Weise Anspruch auf einen Freispruch wie der Unschuldige. In der Formulierung von *Radbruch*:

> „Der Rechtsanwalt, der für die Freisprechung des Schuldigen, aber nicht Überführten eintritt, bleibt also noch immer Anwalt des Rechts, zwar nicht des materiellen, wohl aber des Prozeßrechts."[23]

2. Beweisverbote

Das zweite Beispiel: 34
Der Beschuldigte ist dringend eines Mordes verdächtig. Er bestreitet zunächst die Tat, bricht aber nach einem 24-stündigen, pausenlosen polizeilichen Verhör zusammen und legt ein detailliertes und glaubhaftes Geständnis ab. Kann dieses Geständnis im Gerichtsverfahren bei der Beweiswürdigung zu seinen Lasten verwertet werden? Kann, im Extremfall, eine Verurteilung entscheidend auf dieses Geständnis gestützt werden, wenn andere Indizien eine Verurteilung nicht tragen würden?

Die Antwort lautet: Nein. Das erzwungene Geständnis darf bei der Urteilsfindung 35
nicht berücksichtigt werden – auch dann nicht, wenn andere tragfähige Beweise fehlen und der Beschuldigte deshalb freigesprochen werden muss.[24] Das folgt aus der Bestimmung des § 136a StPO. Nach dieser rechtsstaatlich zentralen Bestimmung ist es verboten, den Beschuldigten bei der Vernehmung (u. a.) durch Misshandlung oder Ermüdung zu einer Aussage zu zwingen.[25] Und, in unserem Kontext entscheidend: Aussagen, die unter Verletzung dieses Verbots zustande gekommen sind, dürfen *nicht verwertet* werden.[26] Das kann bedeuten: Freispruch für einen Angeklagten, der unbe-

---

22 § 258 StGB.
23 *Radbruch*, Rechtsphilosophie (1932), GRGA Bd. 2, S. 416, der hier auf das Prinzip der Rechtssicherheit zurückgreift.
24 Dazu schon oben § 10 Rn. 135.
25 § 136a Abs: 1 Satz 1 StPO.
26 § 136a Abs. 3 Satz 2 StPO.

streitbar (weil durch ein detailliertes, „Täterwissen" dokumentierendes Geständnis erwiesen) eine schwere Straftat begangen hat.

36 Warum diese Regelung? Zunächst: Das *Verbot*, den Beschuldigten zu misshandeln, zu ermüden oder einer der anderen in § 136a StPO aufgelisteten Prozeduren zu unterwerfen, ist ein zwingendes Postulat nicht nur der Humanität, sondern auch der *Rechtsstaatlichkeit*. Selbstverständlich muss ein Verstoß gegen dieses Verbot als Körperverletzung[27] bzw. Körperverletzung im Amt[28] bestraft werden. Warum aber soll die Tatsache, dass Vernehmungspersonen eine strafbare Körperverletzung begangen haben, dazu führen, dass der Vernommene für eine schwere Straftat nicht zur Verantwortung gezogen werden kann? Warum der *einen* Rechtsverletzung (Körperverletzung) eine *andere* (Verletzung der Pflicht, den Mörder nach § 211 StGB zu bestrafen) hinzufügen?

37 Teilweise wird dem Verwertungsverbot des § 136a Abs. 3 StPO eine *präventive Funktion* zuerkannt. Wenn der Vernehmungsbeamte wisse, dass ein erzwungenes Geständnis nicht verwertbar sei, habe er kein Motiv, es durch den Einsatz rechtsstaatswidriger Mittel zu erzwingen. Das ist nicht unplausibel, aber wohl nicht der entscheidende, jedenfalls nicht der alleinige Gesichtspunkt. Dass der Beschuldigte nicht aufgrund eines erfolterten oder in anderer Weise erzwungenen Geständnisses verurteilt werden darf, ist vielmehr ein Gebot der *prozessualen Gerechtigkeit*. Ebenso, wie der schuldige, aber nicht überführte Angeklagte einen Anspruch auf Freispruch hat (dazu oben), hat auch derjenige, der nur aufgrund eines erzwungenen Geständnisses überführt werden könnte, einen Anspruch, als nicht überführt zu gelten.

38 Auch jenseits der rechtsstaatlich zentralen Bestimmung des § 136a Abs. 3 StPO existiert eine Reihe von *Beweisverwertungsverboten*, die greifen, wenn die Beweise auf verbotenen Wegen erlangt worden sind. Die Selbstbeschränkungen, die sich die Rechtsordnung bei der Gewinnung und Verwertung von Beweisen auferlegt, müssen dabei nicht zwingend den Interessen des Beschuldigten dienen. Sie können auch im Interesse anderer Personen oder sozialer Institutionen liegen. So verzichtet das Strafprozessrecht auf Informationen, die Angehörige des Beschuldigten als Zeugen beitragen könnten, wenn diese von dem ihnen eingeräumten Recht, das Zeugnis zu verweigern,[29] Gebrauch machen. Das kann für den Angeklagten nicht nur von Vorteil, sondern im Einzelfall auch von Nachteil sein. Dazu das dritte Beispiel:

39 Gegen den Beschuldigten sprechen zahlreiche Indizien, die möglicherweise von dem wirklichen Täter manipuliert wurden. Seine Ehefrau könnte ihn mit einem wahrheitsgemäßen Alibi vor einer Verurteilung retten. Sie macht aber, aus welchen Gründen auch immer, von ihrem „Zeugnisverweigerungsrecht" (§ 52 StPO) Gebrauch.

40 Mit der Einräumung dieses Rechts stellt das Strafprozessrecht den Schutz des Familienfriedens über das Interesse an der Sachverhaltsaufklärung und damit einer gerechten Entscheidung. Dass im Einzelfall (wie im Beispiel) die Verweigerung der Zeugenaussage auch zu einer *Belastung* für die Familie werden kann, muss man schon deshalb in Kauf nehmen, weil die Richtung der Aussage des Zeugen/der Zeugin (Belastung oder Entlastung) zuvor nicht bekannt ist. Die Alternative „Zeugin der Anklage" oder

---

[27] § 223 StGB.
[28] § 340 StGB.
[29] § 52 StPO.

"Zeugin der Verteidigung" ist dem deutschen Strafverfahren, das in geringerem Maße kontradiktorisch ausgestaltet ist als das angloamerikanische, unbekannt.

Das Ziel des Prozesses, das *materielle Recht* durchzusetzen, wird somit von dem Programm des *Prozessrechts* teilweise konterkariert. Wo das materielle Recht und das Prozessrecht in Konflikt liegen, setzt sich das Prozessrecht durch. Tatsachen, die für die materielle Rechtslage relevant sind, aber nach den Regeln des Prozessrechts in das Verfahren keinen Eingang finden können, sind für den Ausgang des Prozesses bedeutungslos.

Das gilt nicht nur für das Zivilverfahren, sondern, wie gesehen, auch für den Strafprozess (Stichwort: Beweisverwertungsverbote). Insoweit könnte man davon sprechen, dass auch für das Strafverfahren das Prinzip der formellen Wahrheit[30] gelte: Entscheidungsrelevant sind *die* Informationen, die von dem Gericht als zutreffend *angesehen* werden und die das Gericht seinem Urteil zugrunde legen *darf*. Die "Tatsachenbasis", auf der das Urteil beruht, ist insofern ein Konstrukt.

IV. "Reine Verfahrensgerechtigkeit"?

Die Dominanz des Verfahrensrechts, die hier deutlich wird, wirft die Frage auf, ob nicht über Richtigkeit und Unrichtigkeit des Urteils *allein* anhand der prozessualen Regeln geurteilt werden muss. Wenn sich die Regeln der prozeduralen Gerechtigkeit nicht als technische Normen zur Realisierung der materiellen Gerechtigkeit interpretieren lassen, so stellt sich die Frage, ob nicht umgekehrt die Gerechtigkeit des Urteils eine Funktion der *Verfahrensgerechtigkeit* sein kann.[31]

In der gegenwärtigen rechtsphilosophischen Diskussion ist die Vorstellung, dass die Gerechtigkeit einer Entscheidung die Konsequenz der Befolgung der Regeln eines fairen Verfahrens sein kann, geläufig. Man spricht in diesem Fall von *reiner Verfahrensgerechtigkeit*.[32] Das Ergebnis ist hier dann und nur dann gerecht, wenn es das Resultat eines fairen Verfahrens ist. Die reine Verfahrensgerechtigkeit ist, beispielsweise, die Gerechtigkeit der Wette und des Glücksspiels.

Das Gerichtsverfahren aber ist, auch bei Berücksichtigung aller Zufallskomponenten, die bei der Entscheidung eine Rolle spielen können (Beweislage, Persönlichkeit und Stimmung des Richters, fachliche Kompetenz der Anwälte etc.), kein Roulette-Spiel. Es gibt ein Kriterium für die *sachliche* Richtigkeit des Urteils: Das materielle Recht, das von den Regeln des Prozessrechts überlagert, aber nicht außer Kraft gesetzt werden kann.

Überzeugend ist das Modell der *rein* prozeduralen Gerechtigkeit deshalb nur in seiner negativen Form: Ungerecht ist ein Urteil jedenfalls dann, wenn es unter Verletzung elementarer prozessualer Rechtsnormen zustande gekommen ist. Die Verfahrensgerechtigkeit ist nur eine *notwendige*, nicht aber eine *hinreichende* Bedingung der Gerechtigkeit der Entscheidung.[33]

---

30 Oben Rn. 24 ff.
31 Näher dazu *Neumann*, Materiale und prozedurale Gerechtigkeit, S. 69 ff.
32 *Rawls*, Theorie, S. 105 ff.
33 Dazu schon oben § 10 Rn. 139 f.

D. Arbeit am Recht

§ 13 Rechtswissenschaft[*]

I. Die Rechtswissenschaft – eine „Wissenschaft"?

1. Gegenstandsaspekt

1 Ist die Rechtswissenschaft eine Wissenschaft? Die Antwort scheint auf der Hand zu liegen. Wäre sie keine Wissenschaft, so würde sie nicht als Rechts*wissenschaft* firmieren. Allerdings: Bezeichnungen können täuschen. So ist die Grasmücke bekanntlich keine Mücke, „Jägerlatein" kein Latein. Gewichtiger erscheint deshalb das Argument, dass die Rechtswissenschaft *als solche* in den Universitäten verankert ist – als Fachbereich (Fakultät) neben so ehrwürdigen wissenschaftlichen Disziplinen wie Philosophie und Medizin. Im *institutionellen* Sinne, im Sinne des akademischen Wissenschaftsbetriebs, handelt es sich zweifellos um eine Wissenschaft.

2 Gilt das aber auch für die *wissenschaftstheoretische* Einordnung der Rechtswissenschaft? Die Antwort auf diese Frage hängt natürlich davon ab, welche Anforderungen die hier zuständige Allgemeine Wissenschaftstheorie an die Verleihung des Gütesiegels „Wissenschaft" stellt. Über diese Voraussetzung besteht keineswegs Einigkeit. Es lassen sich aber zumindest zwei Punkte markieren, die Anlass zu Zweifeln geben könnten. Der erste: Die Rechtswissenschaft hat es, soweit sie sich mit dem positiven (gesetzten) Recht befasst, mit einem änderbaren, *flüchtigen Gegenstand* zu tun. Sie unterscheidet sich in diesem Punkt von den Naturwissenschaften, die die „ewigen Gesetze" der Natur erforschen, aber auch von der Philosophie, die jedenfalls beansprucht, sich mit Fragen von überzeitlicher Bedeutung zu befassen. Der zweite: Der Rechtswissenschaftler ist selbst Mit-Produzent des Rechts, das er als Wissenschaftler (nur) beschreiben und analysieren sollte. Die Auslegung von Gesetzen ist, ebenso wie die Formulierung von Sätzen der Rechtsdogmatik, eine rechtsgestaltende Tätigkeit.[1] Es fehlt damit an der für wissenschaftliche Disziplinen kennzeichnenden *Trennung von Theorie und Objektbereich*, von Beobachter und Akteur.

a) Wandelbarkeit des positiven Rechts

aa) „Die Wertlosigkeit der Jurisprudenz als Wissenschaft"

3 Die Behauptung, die Wandelbarkeit des Rechts schließe eine wissenschaftliche Befassung mit ihm aus, hat Tradition. Berühmt wurde die bis heute vielzitierte Kritik des damaligen Preußischen Staatsanwalts *Julius von Kirchmann*, der in einem 1847 gehaltenen Vortrag der Jurisprudenz schlichtweg ihre „Wertlosigkeit als Wissenschaft" bescheinigte.[2] *Kirchmann* bezieht sich dabei auf das *gesetzte* Recht. Da es jederzeit geändert werden könne, fehle es der Rechtswissenschaft – als Lehre vom positiven Recht – an einem stabilen Forschungsgegenstand. Während es die Naturwissenschaften mit ewigen Gesetzen zu tun hätten, seien die Objekte der Rechtswissenschaft, die Normen

---

[*] Die Ausführungen in diesem Kapitel stimmen teilweise überein mit *Neumann*, Wissenschaftstheorie, S. 351 ff.
[1] Näher dazu § 14 Rn. 28, § 16 Rn. 2.
[2] *v. Kirchmann*, Die Werthlosigkeit der Jurisprudenz als Wissenschaft, 1848 (Nachdruck Darmstadt 1973).

des positiven Rechts, flüchtig und vergänglich, aus wissenschaftlicher Sicht also zufällig. Dies aber diskreditiere den Wissenschaftsanspruch der Rechtswissenschaft:

„Indem die Wissenschaft das Zufällige zu ihrem Gegenstande macht, wird sie selbst zur Zufälligkeit; drei berichtigende Worte des Gesetzgebers und ganze Bibliotheken werden zu Makulatur."[3]

Man könnte *Kirchmann* allerdings entgegenhalten, dass Gegenstand der Rechtswissenschaft in Systemen des positiven Rechts eben das *jeweils geltende Recht* sei – und nicht ein „ewiges" Naturrecht. Dieses jeweils geltende positive Recht aber könne die Rechtswissenschaft sehr wohl reproduzieren, analysieren und systematisieren. Die Voraussetzung eines für immer unveränderlichen Objektbereichs sei als Voraussetzung der Wissenschaftlichkeit einer Disziplin keineswegs zwingend. Im Übrigen ließe sich *Kirchmanns* Argument der Wandelbarkeit des Objekts, worauf *Radbruch* hingewiesen hat, auch gegen andere wissenschaftliche Disziplinen ins Feld führen, etwa gegen die Geschichtswissenschaft.[4]

Bei dieser Kritik ist allerdings zu berücksichtigen, dass *Kirchmanns* Attacke nicht nur eine wissenschaftstheoretische, sondern auch und vor allem eine *politische Stoßrichtung* hatte. Sie galt dem *Gesetzesrecht* und damit, in der Tradition *Savignys*, der Kodifikation, mit der das im Volk lebendige „natürliche Recht" unterdrückt werde.[5] Er spricht, insoweit über *Savigny* hinausgehend, nicht nur der damaligen Gegenwart, sondern *jeder* Epoche die Befugnis zur Gesetzgebung ab.[6] – An dieser Stelle interessiert aber nur seine „wissenschaftstheoretische", in der Rezeption dominierende Kritik an einer Rechtswissenschaft, die mit dem gesetzten Recht das „Wandelbare" zu ihrem Gegenstand macht.

bb) Wissenschaft als Erkenntnis des Unveränderlichen (Aristoteles)

Kirchmann könnte sich bei seiner Kritik auf einen ebenso traditionsreichen wie wirkmächtigen Wissenschaftsbegriff berufen.[7] Nach *Aristoteles* ist *Wissenschaft* (gr. *episteme*) methodische Erkenntnis des Seienden aus seinen Prinzipien. Konstitutiv für diesen Wissenschaftsbegriff sind also Vorgegebenheit und Unveränderlichkeit des Objekts.[8] Die Rechtswissenschaft kann diesem Begriff nur genügen, soweit sie von der Idee einer vorgegebenen Ordnung unwandelbarer Rechtsprinzipien ausgeht. Sofern sie sich mit Rechtsordnungen befasst, die dem historischen Wandel unterworfen sind, kann sie nach diesem Wissenschaftsbegriff nur als Kunst (gr. *techne*) oder als *Klugheit* (gr. *phronesis*) verstanden werden.[9]

Der aristotelische Wissenschaftsbegriff ist aber zu eng, um die Gesamtheit der Disziplinen, die heute als Wissenschaften anerkannt sind, erfassen zu können. Das gilt nicht nur für die bereits erwähnte Geschichtswissenschaft, sondern für alle Disziplinen, die heute den Geisteswissenschaften zugeordnet werden. Die aristotelische Voraussetzung, „dass das, was wir wissenschaftlich erkennen, die Möglichkeit eines Andersseins

---

3 v. *Kirchmann* (1973), S. 25.
4 *Radbruch*, Rechtsphilosophie (1932), GRGA Bd. 2, S. 356 f.
5 Begriff bei v. *Kirchmann* (1973), S. 22.
6 Ebd., S. 23.
7 Dazu und zum Folgenden näher *Neumann*, Wissenschaftstheorie, S. 352 f.
8 „Der Gegenstand wissenschaftlicher Erkenntnis hat also den Charakter der Notwendigkeit. Das heißt, er ist ewig" (*Aristoteles*, Nikomachische Ethik, Buch VI, 1139 b [Übersetzung *Dirlmeier*]).
9 Vgl. R. *Dreier*, Selbstverständnis, S. 49; J. *Schröder*, Wissenschaftstheorie, S. 49 f. mit Fn. 39.

ausschließt", passt für Logik, Mathematik und, zumindest weithin, für den Bereich der Naturwissenschaften. Will man nicht erheblichen Teilen der sog. *Geisteswissenschaften* den Wissenschaftscharakter absprechen, kann man die Entscheidung, ob eine Disziplin als Wissenschaft anzuerkennen ist, nicht anhand des Kriteriums der Unwandelbarkeit des Objektbereichs treffen. Dieser Gesichtspunkt kann dann lediglich zur *Klassifikation* der Wissenschaften herangezogen werden.

cc) Wissenschaften vom Allgemeinen und vom Besonderen

8 Dies geschieht in der Einteilung der Wissenschaften im System der Heidelberger („südwestdeutschen") Richtung des Neukantianismus. Unterschieden wird zwischen Disziplinen, die über den Gegenstandsbereich allgemeine Gesetze aufstellen (*nomothetische Wissenschaften*) einerseits, und solchen, die nur singuläre Beschreibungen formulieren (*idiographische Wissenschaften*) andererseits.[10] Die Rechtswissenschaft hätte dieser Einteilung zufolge idiographischen Charakter.[11]

b) Wahrheitsfähigkeit rechtswissenschaftlicher Aussagen

9 Gleichgültig aber, ob man dem aristotelischen, dem neukantianischen oder einem anderen Wissenschaftsbegriff folgt: Das Problem liegt nicht nur darin, dass das positive Recht Änderungen unterworfen ist. Es liegt, grundsätzlicher, auch darin, dass fraglich ist, ob und inwieweit sich über das Recht, als Gegenstand der Rechtswissenschaft, *wahrheitsfähige* Aussagen treffen lassen. Ein wichtiger Hinweis auf dieses Problem ist der Umstand, dass – auch und gerade im Bereich der juristischen Ausbildung – gegensätzliche Fall-Lösungen ebenso wie dogmatische Theorien, die einander ausschließen, jeweils als *vertretbar* gewertet werden können. Soweit dies der Fall ist, wird also darauf verzichtet, die Theorien und Fall-Lösungen als wahr (richtig) oder aber falsch zu bewerten. Es wird kein *Wahrheitsanspruch*, sondern lediglich ein „Vertretbarkeits-Anspruch" erhoben. Der Wahrheitsanspruch aber, der Anspruch, die Objekte des Forschungsbereichs in wahrheitsfähigen Aussagen zu beschreiben, ist für Wissenschaften jedenfalls *prima facie* konstitutiv.

10 Zur Frage, ob und inwieweit es möglich ist, wahrheitsfähige Aussagen über das Recht zu treffen, gibt es eine Fülle von Literatur.[12] Es versteht sich, dass die Antwort auf diese Frage maßgeblich von dem *Wahrheitsbegriff* abhängt, den man zugrunde legt. Besteht „Wahrheit" in der Übereinstimmung der Aussage mit dem Sachverhalt, auf den sie sich bezieht? Das ist die Position der sogenannten *Korrespondenztheorie* der Wahrheit, die unserem Alltagsverständnis am nächsten kommt. Oder ist die Wahrheit einer Aussage dadurch gekennzeichnet, dass dieser Aussage alle zustimmen oder doch jedenfalls zustimmen könnten (*Konsenstheorie*)? Oder kommt es für die Wahrheit wissenschaftlicher Theorien auf immanente Kriterien an? Ist entscheidend die Konsistenz einer Theorie, ihre Geschlossenheit und systematische Stimmigkeit (*Kohärenztheorie*)?

11 Alle diese Theorien greifen relevante Gesichtspunkte auf. Als Prüfstein der Wissenschaftlichkeit einer Disziplin aber kommt in erster Linie das Kriterium der Übereinstimmung von Aussage und Sachverhalt in Betracht (*Korrespondenztheorie*). Denn Wissenschaft muss beanspruchen, über ihren Gegenstandsbereich zutreffende („wah-

---

10 „Nomothetisch" wörtlich: „Gesetze formulierend"; „idiographisch": Einzelnes beschreibend.
11 So ausdrücklich *Radbruch*, Rechtsphilosophie (1932), GRGA Bd. 2, S. 356.
12 Etwa: *Patterson*, Recht; *Kargl*, Wahrheit; *Neumann*, Wahrheit. Neuestens *Abraham*, Rechtsprechung.

I. Die Rechtswissenschaft – eine „Wissenschaft"?   § 13

re") Aussagen zu machen. Damit wird nicht ausgeschlossen, dass die Wissenschaft sich irren kann. Zur Wissenschaft gehören auch Aussagen, die sich später als falsch herausstellen. Grundvoraussetzung ist aber, dass die Aussagen *wahrheitsfähig* sind. Das heißt: Sie müssen unter dem Gesichtspunkt beurteilt werden können, ob sie einen Sachverhalt zutreffend beschreiben – ob Aussage und Sachverhalt „korrespondieren".

Damit stellt sich die Frage: Gibt es im Zuständigkeitsbereich der Rechtswissenschaft „Sachverhalte", zu denen sich wahrheitsfähige Aussagen formulieren lassen? Die Antwort lautet: „Ja, aber". „Ja": Denn es gibt rechtlich relevante Fakten, an deren Existenz nicht gezweifelt werden kann. Dass ein bestimmtes Parlament zu einem bestimmten Zeitpunkt ein bestimmtes Gesetz erlassen hat, dass der Angeklagte Peter Müller zu einer Freiheitsstrafe verurteilt wurde, dass eine Behörde einen bestimmten Verwaltungsakt erlassen hat – alles dies sind Behauptungen, die sich auf *Tatsachen* beziehen, und die deshalb – gleichgültig, ob wahr oder falsch – *wahrheitsfähig* sind.

„Aber": Denn diese Tatsachen sind nur die *Grundlage* für die entscheidenden Rechtsfragen. Ist das Gesetz, das vom Parlament verabschiedet wurde, mit der Verfassung vereinbar? Wurde bei der Verurteilung des Angeklagten Müller der Grundsatz *in dubio pro reo* korrekt angewendet? Ist der Verwaltungsakt in Übereinstimmung mit dem Gesetz ergangen, das die Behörde zum Erlass entsprechender Verwaltungsakte ermächtigt? Bei diesen Fragen geht es nicht mehr um die Feststellung von Tatsachen, sondern um rechtliche *Wertungen*. Das *Postulat der Wertfreiheit* gilt aber seit *Max Weber* als unverzichtbare Anforderung an alle Wissenschaften.[13] Zwar hatte *Weber* hier vor allem Ideologien im Blick (z. B. nationalistischer oder sozialistischer Prägung); aber das Problem der notwendigen Subjektivität und damit der Wahrheitsfeindlichkeit von Wertungen stellt sich auch jenseits ideologischer Fixierungen.[14]

c) Die Rechtswissenschaft als Produzentin des Rechts

aa) Gesetzesergänzung durch Rechtsdogmatik

Damit hängt das zweite Problem zusammen. Aufgabe der Rechtswissenschaft als *Rechtsdogmatik* ist vor allem die Formulierung rechtlicher Regeln, die für die Entscheidung von Fällen benötigt werden, die aber in den gesetzlichen Bestimmungen selbst nicht formuliert sind.[15]

Ein Beispiel:
Das deutsche Strafgesetzbuch bestimmt, dass ein Mörder mit lebenslanger Freiheitsstrafe zu bestrafen ist. Es legt auch fest, dass Mörder u. a. derjenige ist, der einen Menschen heimtückisch getötet hat.[16] Es sagt aber nichts darüber, wann eine Tötung „heimtückisch" ist. Muss der Täter dem Opfer dafür eine Falle gestellt haben? Muss er dessen Vertrauen missbraucht haben? Oder genügt es, dass das Opfer zum Zeitpunkt des tödlichen Angriffs ahnungslos („arglos") und infolgedessen wehrlos war? Ohne Klärung dieser Fragen ist es dem Richter nicht möglich, *begründet* zu entscheiden, ob ein Heimtücke-Mord vorliegt oder nicht. Diese und entsprechende Fragen zu beantworten, ist eine zentrale Aufgabe der Rechtsdogmatik. Nochmals: Die Rechtsdogmatik hat diejenigen Rechtsregeln zu formulieren, die zur Anwendung des Gesetzes *erforderlich*, im Gesetz selbst aber *nicht enthalten* sind (*subgesetzliche Regeln*).

---

13 *Max Weber*, Wertfreiheit.
14 Sehr klar zum Problem der Unvermeidbarkeit von Wertungen im Recht *Hilgendorf*, Wertungsproblematik.
15 Näher zur Funktion der Rechtsdogmatik unten § 14.
16 § 211 Abs. 2 StGB.

16 Die Formulierung von subgesetzlichen Regeln ist eine produktive Tätigkeit. Sie lässt sich nicht auf die Reproduktion eines vorgegebenen Objekts reduzieren. Darüber ist man sich in der heutigen Rechtstheorie einig. Zwar erfolgt die Regelbildung durch die Rechtsdogmatik nicht freihändig. Denn gleichgültig, ob es Richter oder akademische Rechtswissenschaftler sind, die eine dogmatische Regel aufstellen – sie haben dabei eine Vielzahl von Gesichtspunkten zu berücksichtigen, über die sie nicht disponieren können – den Wortlaut des Gesetzes, dessen Systematik, den Willen des Gesetzgebers etc.[17] Aber diese Gesichtspunkte können, auch angesichts ihrer Heterogenität und des Fehlens einer klaren Rangfolge, den Spielraum für die dogmatische Regelbildung lediglich einengen, nicht aber auf Null reduzieren. Es bleibt ein offener Bereich, der nur durch eine *Entscheidung* geschlossen werden kann, nicht aber durch einen Akt der *Erkenntnis*.

17 Daraus erklärt sich, dass dogmatische Regeln (anspruchsvoller: dogmatische „Theorien") im Allgemeinen umstritten sind. Sie werden deshalb nicht anhand der Alternative „wahr/falsch", sondern als „vertretbar" oder „nicht vertretbar" beurteilt.[18] Das gilt auch im Rahmen von Prüfungsarbeiten. Welcher von mehreren konkurrierenden Theorien der/die Studierende folgt, ist nicht entscheidend. Maßgeblich ist, dass diese Theorie „vertretbar" ist. Und: „vertretbar" ist sie dann, wenn sie in der Rechtsprechung oder im wissenschaftlichen Schrifttum tatsächlich vertreten wird.

18 Es geht also, zugespitzt formuliert, in der rechtsdogmatischen Arbeit nicht um *Erkenntnisse*, sondern um *Meinungen*. Dies erklärt ein Phänomen, dem Vertreter anderer Wissenschaften typischerweise ratlos gegenüberstehen: Die Bedeutung der *herrschenden Meinung* (h. M.) in der Rechtswissenschaft. Vereinfacht: Da man die Meinungen nicht anhand der Kategorien „richtig" und „falsch" *qualitativ* bewerten kann, stützt man sich auf eine *quantitative* Betrachtungsweise. Der Verweis auf die herrschende Meinung geht dabei über eine Bestandsaufnahme zur Diskussionslage hinaus. Er wird selbst zu einem *Argument* in dieser Diskussion – für Vertreter der exakten Wissenschaften, z. B. der Mathematik, ein Skandalon.

19 Dass die „herrschende Meinung" ein *Argument* dafür ist, das Recht in einem bestimmten Sinne auszulegen und anzuwenden, bedeutet: Die Rechtswissenschaft ist als Rechtsdogmatik Mitgestalterin des Rechts. Das gilt sowohl für die akademische Disziplin als auch für die von den Gerichten erarbeitete und angewandte Dogmatik. In diesem Punkt unterscheidet sich die „Rechtswissenschaft" deutlich von den Disziplinen, deren Wissenschaftscharakter nicht umstritten ist:

> „Wenn eine wissenschaftliche Beschreibung nicht der Welt entspricht, ist die Beschreibung falsch und die Welt ändert sich nicht. Eine juristische ‚Beschreibung', die nicht den Quellen entspricht, kann aber das Recht verändern."[19]

20 Das bedeutet: In der Rechtswissenschaft fehlt es an der für Wissenschaften charakteristischen Trennung von *Objektbereich* einerseits, Theorien *über* diesen Objektbereich andererseits. Die Rollen von *Beobachter* und *Akteur* fallen in der Person des Rechtswissenschaftlers zusammen. „Akademische Juristen identifizieren sich bei ihrer ‚dogmatischen' Beschäftigung mit der Perspektive der Akteure in der Rechtspraxis".[20]

---

17 Näher dazu § 16 Rn. 6 ff.
18 Dazu schon oben Rn. 9.
19 *Peczenik*, Grundlagen, S. 142. Ähnlich *Adomeit/Hähnchen*, Rechtstheorie, Rn. 15.
20 *Rottleuthner*, Rechtswissenschaft (2021), S. 265.

I. Die Rechtswissenschaft – eine „Wissenschaft"? § 13

bb) Alternative: Rechtswissenschaft als Sozialwissenschaft

Zu lösen wäre dieses Problem, wenn die Rechtswissenschaft auf eine Mitgestaltung des Rechts verzichten und sich auf die Rolle des Beobachters beschränken würde. Das ist die Konzeption einer „Rechtswissenschaft als Sozialwissenschaft".[21] In diesem Modell lässt sich die Grenze zwischen wissenschaftlicher Beschreibung und Analyse des Rechts einerseits, der *Einflussnahme* auf das Recht andererseits klar markieren. Der Praktiker ist (als Richter, Verwaltungsbeamter oder in vergleichbarer Funktion) *Mitgestalter* des Rechts, der Rechtswissenschaftler lediglich *Analytiker* des von Gesetzgeber und Rechtsanwender geschaffenen Rechts. Das Recht wird von dem Rechtswissenschaftler dann als soziale Realität betrachtet (Perspektive der „Sozialwissenschaft"), nicht als normative Ordnung, an deren Gestaltung er mitzuwirken hätte.

Diese Lösung hat allerdings ihren Preis. Denn sie bedeutet, dass der Kernbereich dessen, was unter „Rechtswissenschaft" verstanden wird, aus dem Bereich der Wissenschaft verbannt wird. Die *Rechtsdogmatik*, die diesen Kernbereich bildet, ist eine Disziplin mit normativem Anspruch – gleichgültig, ob die „dogmatische" Arbeit im akademischen Bereich oder in der Rechtspraxis geleistet wird. Am Beispiel der *Gesetzeskommentare*: Der Kommentator will, gleichgültig ob an der Universität oder in der Praxis tätig, die Rechtsanwendung nicht nur darstellen, sondern sie auch beeinflussen.

Klar formuliert wurde das in den sogenannten *Alternativkommentaren*, die sich in Deutschland in den 70er- und 80er-Jahren des vorigen Jahrhunderts etabliert hatten. Sie vertraten explizit den Anspruch, der aus ihrer Sicht „konservativen" Kommentar-Literatur eine linksliberal orientierte Alternative gegenüberzustellen. Alternativ-Kommentare gibt es etwa zum Grundgesetz (GG), zum Strafgesetzbuch (StGB), zur Zivilprozessordnung (ZPO) und zum Strafvollzugsgesetz (StVollzG).

Der Anspruch besteht aber auch dort, wo er nicht ausdrücklich formuliert wird. Kommentatoren beschränken sich typischerweise nicht darauf, den Diskussionsstand zu einer Rechtsfrage *darzustellen*, sondern nehmen in dieser Diskussion selbst Stellung. Das Gleiche gilt – wiederum: typischerweise – für die Verfasser/-innen von rechtswissenschaftlichen Monografien, Artikeln, Urteilsanmerkungen etc.

2. Methodenaspekt

Möglicherweise ließe sich der Wissenschaftsanspruch der Rechtswissenschaft auch hinsichtlich ihres Kernbereichs, der Rechtsdogmatik, aber dadurch retten, dass man ein anderes Kriterium der Wissenschaftlichkeit heranzieht. Maßgeblich wäre dann weder die Stabilität des Objekts noch eine klare Trennung von Objekt- und Theoriebereich,[22] sondern ein methodisches Vorgehen, das überzeugend als „wissenschaftlich" qualifiziert werden kann. Man könnte, anders formuliert, bei der Erörterung der Frage der Wissenschaftlichkeit der Rechtswissenschaft den Diskussionsschwerpunkt vom *Gegenstandsbereich* auf den *Methodenbereich* verlagern.[23]

Versteht man Wissenschaft in diesem Sinn als „auf die Gewinnung von Erkenntnissen gerichtete planmäßige Tätigkeit"[24], so erscheint der Anspruch der Rechtswissenschaft auf den Status einer „wirklichen" Wissenschaft in der Tat eher als begründet: Die

---

21 Grundlegend *Rottleuthner*, Rechtswissenschaft (1973). Zusammenfassend *ders.*, Rechtswissenschaft (2021).
22 Zu beiden Kriterien oben Rn. 2.
23 Dazu *Mastronardi*, Juristisches Denken, Rn. 624.
24 So *Larenz*, Methodenlehre, S. 6.

§ 13 Rechtswissenschaft

Präzisierung des Wissenschaftsbegriffs im Sinne eines jeden „rational nachprüfbare(n) Verfahren(s)..., das mit Hilfe bestimmter, am Gegenstand entwickelter Denkmethoden geordnete Erkenntnisse zu gewinnen sucht"[25], verweist auf eine wesentliche Voraussetzung „wissenschaftlicher" Tätigkeit: Die *rationale Überprüfbarkeit* der aufgestellten Behauptungen. Detailliert ausgearbeitet ist dieses Kriterium in der neueren analytischen Wissenschaftstheorie.

a) Das „empiristische Sinnkriterium"

26 Überprüfbar sind jedenfalls Behauptungen, die sich auf wiederholbare *Beobachtungen* beziehen. Das ist der Ausgangspunkt des *Empirismus*, dem die analytische Wissenschaftstheorie stark verpflichtet ist. Der Empirismus sieht in der empirischen Überprüfbarkeit der Behauptungen einer Disziplin das entscheidende Kriterium zur Abgrenzung der Wissenschaften von der *Metaphysik*, die damit aus dem Kreis der Wissenschaften verbannt wird. Neben den empirischen Wissenschaften werden lediglich die „Formalwissenschaften" Logik und Mathematik als wissenschaftliche Disziplinen anerkannt. Gefordert wird damit, dass alle „wissenschaftlichen" Aussagen entweder logisch-mathematisch wahr oder aber empirisch überprüfbar sind.

27 Misst man die Jurisprudenz an dem Maßstab dieses Sinnkriteriums, so scheint das Ergebnis klar zu sein: Die Rechtswissenschaft wäre *als Wissenschaft* auf Sätze zu beschränken, die in dem dargestellten Sinne überprüfbar sind. Das würde in etwa dem Modell der „Rechtswissenschaft als Sozialwissenschaft" entsprechen (oben Rn. 21 ff.). Aufgabe einer so verstandenen Rechtswissenschaft wäre vor allem die *Beschreibung* von Gesetzgebungsakten und richterlichen Entscheidungen. Dagegen müsste der gesamte Bereich der *Rechtsdogmatik*, in dem es um die Interpretation gesetzlicher und um die Entwicklung gesetzesergänzender Rechtsregeln geht (dazu oben), mangels empirischer Überprüfbarkeit aus dem Bereich der Rechts*wissenschaft* verbannt werden. Denn: Als entscheidungsvorbereitende Dogmatik genügt die Rechtswissenschaft offenbar nicht dem empiristischen Sinnkriterium. Da nach der Konzeption des logischen Empirismus neben den empirischen Wissenschaften nur Logik und Mathematik als formale Disziplinen das Prädikat „Wissenschaft" beanspruchen dürfen, wäre die Rechtswissenschaft als Rechtsdogmatik damit aus dem Kreis der Wissenschaften verabschiedet.[26] Es fragt sich jedoch, ob der Grundgedanke des logischen Empirismus, wissenschaftliche Aussagen müssten überprüfbar sein, tatsächlich zu einer *empiristischen* Fassung des Wissenschaftskriteriums zwingt.

b) Falsifikationsmodell des „Kritischen Rationalismus"

28 Diese Frage spielt eine zentrale Rolle bei dem Versuch, das wissenschaftstheoretische Modell des *Kritischen Rationalismus* auf die Rechtswissenschaft zu übertragen – auch mit der Perspektive, dadurch deren Wissenschaftlichkeit zu „retten".[27] Nach dem Grundgedanken dieses Modells ist die Überprüfung wissenschaftlicher Theorien nur im Wege der (versuchten) Widerlegung (*Falsifikation*), nicht aber durch einen positiven Beweis (*Verifikation*) möglich. Bestätigt ist eine wissenschaftliche Theorie damit dann, wenn sie möglichst vielen Falsifikationsversuchen widerstanden hat.

---

25 *Larenz*, Unentbehrlichkeit, S. 11.
26 Dazu *Röhl/Röhl*, Rechtslehre, S. 79 ff.
27 Zu diesen Versuchen *Engländer*, Rationalismus; *Huster*, Rechtswissenschaft; *Neumann*, Rechtstheorie; *Thienel*, Rationalismus.

I. Die Rechtswissenschaft – eine „Wissenschaft"? § 13

Dieser Ansatz steht im Zusammenhang mit der logischen Struktur wissenschaftlicher Theorien. Diese haben typischerweise die Struktur von *Allsätzen* („alle Planeten bewegen sich in elliptischen Bahnen um ihre Sonne"). Derartige Allsätze beziehen sich auf eine unbegrenzte Anzahl von Fällen und Objekten: nicht nur auf die bisher bekannten Planeten in bekannten Sonnensystemen, sondern auf *alle möglichen* Planeten in *allen möglichen* Sonnensystemen. Sie sind deshalb durch noch so viele Einzelbeobachtungen *logisch* nicht beweisbar.

Methodologisch würde das *Induktionsprinzip* den Weg von einer Summe von Einzelbeobachtungen und -aussagen zu einer generellen Aussage (einem Allsatz) eröffnen. Als Induktion wird der Schluss von einer Vielzahl von Einzelfällen auf *alle* denkbaren strukturgleichen Fälle bezeichnet. Es spielt für unsere Orientierung in der Welt eine kaum zu überschätzende Rolle. Dass alle Menschen sterblich sind, „wissen" wir deshalb, weil *bisher* jeder Mensch gestorben ist. Aber das Induktionsprinzip ist, wie gesagt, kein logisch gültiges Prinzip und wird von den Vertretern des „Falsifikationsmodells" deshalb verworfen.[28] Durch singuläre Beobachtungen ließen sich Allaussagen (z. B. Naturgesetze) nicht beweisen, sondern lediglich widerlegen (falsifizieren). Formuliert werden diese singulären Beobachtungen in *Basissätzen* von der Struktur „Zum Zeitpunkt t(1) findet sich an dem Ort g(1) ein Objekt der Struktur s(1)".

Das klassische Beispiel:
Die These, dass *alle* Raben schwarz sind, lässt sich durch das Aufzeigen noch so vieler schwarzer Raben nicht verifizieren, wohl aber durch den Nachweis eines einzigen weißen Raben falsifizieren. Da die Theorien der empirischen Wissenschaften, wie gesagt, die logische Struktur von Allsätzen haben, folgt daraus, dass die naturwissenschaftliche Erkenntnis immer nur vorläufigen Charakter hat: Bestätigt werden können Theorien nur indirekt, nämlich durch die Erfolglosigkeit von Falsifikationsversuchen. Im Bereich von Recht und Ethik entspricht diesem *Falsifikationsmodell* die Kritik an der Idee einer zureichenden Begründung, ja am „Begründungsdenken" überhaupt;[29] an die Stelle der Idee der Begründung tritt die der *kritischen Prüfung*.[30]

c) Falsifikationsmodell in der Rechtswissenschaft

Inwieweit die Rechtswissenschaft dem Falsifikationsprinzip folgt bzw. folgen sollte, ist umstritten. Sicher dürfte sein, dass die Parallele zu den Naturwissenschaften nicht beliebig weit gezogen werden kann. So kann der Satz „Alle Raben sind schwarz" durch den Nachweis eines einzelnen weißen Raben falsifiziert werden, nicht aber der Rechtssatz „Alle Raben stehen unter Naturschutz" durch den „Nachweis" eines nicht unter Naturschutz stehenden Raben. Andererseits ist es nicht nur möglich, sondern ständige Praxis, dass dogmatische Sätze mit Rücksicht auf bisher nicht berücksichtigte Fall*gruppen* aufgegeben oder eingeschränkt werden. So hat der Bundesgerichtshof den Satz „alle Mörder werden mit lebenslanger Freiheitsstrafe bestraft" (Paraphrase von § 211 Abs. 1 StGB) für besondere Ausnahmefälle im Wege der sogenannten „Rechtsfolgenlösung" eingeschränkt.[31] In diesem weiteren, auf Fallgruppen bezogenen Sinn ist die Methode der Falsifikation in der Rechtswissenschaft anwendbar.

---

28 *Popper,* Logik der Forschung, S. 3 ff.
29 *Albert,* Traktat über kritische Vernunft, S. 9 ff.
30 *Albert,* Traktat über kritische Vernunft, S. 35 ff.; *ders.,* Traktat über rationale Praxis, S. 11.
31 BGHSt 30, 105. Dazu und zum Hintergrund der Entscheidung näher § 11 Rn. 47 ff.

33　Eine andere Frage ist, ob sich die Rechtswissenschaft auf die Methode der *Falsifikation* dogmatischer Theorien zu beschränken hat. Das wird teilweise mit der Begründung bejaht, eine *Verifikation* rechtsdogmatischer Theorien komme wegen der „unabgeschlossenen Wirklichkeit", mit der es die Rechtswissenschaft zu tun habe, nicht in Betracht. Dies ist insofern richtig, als rechtsdogmatische Aussagen prinzipiell korrigierbar bleiben; in diesem Sinne ist eine Verifikation, ein unumstößlicher Beweis ihrer Richtigkeit, ausgeschlossen. Aber die Alternative von Verifikation und Falsifikation greift jedenfalls für den Bereich der Rechtswissenschaft zu kurz. Rechtswissenschaftliche Theorien können nicht verifiziert, aber sie können und müssen *begründet* werden. Eine rechtsdogmatische Behauptung kann nicht *allein* mit dem Hinweis darauf verteidigt werden, dass sie bisher nicht falsifiziert worden sei; es müssen Gründe *für* ihre Annahme vorgebracht werden.[32] Richtig ist allerdings, dass diese Begründung nicht als *Beweis* verstanden werden kann; das Aufstellen von Rechtsgrundsätzen vollzieht sich in einem Prozess tentativen, probierenden Denkens,[33] der für neue Erfahrungen und Wertungen offen bleibt.

34　Das zentrale Problem einer Übertragung des Modells des Kritischen Rationalismus auf die Rechtswissenschaft bezeichnet allerdings die Frage, welche Art von Aussagen als *Basissätze* herangezogen werden können. In den Naturwissenschaften handelt es sich um Sätze, in denen singuläre Beobachtungen formuliert werden. Ihre zentrale Bedeutung als Faktoren der Falsifikation einer Theorie verdankt sich *der Beobachtungsevidenz*. Es käme folglich darauf an, ob sich eine Kontrollinstanz finden lässt, die für den Bereich der Rechtswissenschaft diese Funktion der Beobachtungsevidenz übernehmen kann.

35　Der Philosoph und Wissenschaftstheoretiker *Eike von Savigny* (am Rande: ein direkter Nachkomme des Juristen *Friedrich Carl von Savigny*) hat diese Funktion dem *Rechtsgefühl* zuerkannt. Nach *von Savigny* ist die deutsche Strafrechtswissenschaft wissenschaftstheoretisch als ein System von Werthypothesen zu verstehen,[34] die durch Werturteile als Basissätze falsifiziert werden können. Akzeptiert bzw. verworfen würden diese Werturteile aufgrund der *Wertevidenz*, die alle wissenschaftstheoretisch relevanten Eigenschaften der *Beobachtungsevidenz* teile. Insbesondere bewirke sie, ebenso wie die Beobachtungsevidenz, eine Einigung auf Argumente durch unwillkürliche Zustimmung. Die Strafrechtswissenschaft (auf die *von Savigny* sich in seiner Untersuchung beschränkt) sei deshalb eine Wissenschaft *sensu stricto*.

36　Diese Parallelisierung von Beobachtungs- und Wertevidenz erscheint strukturell überzeugend. Fraglich ist allerdings, ob das Rechtsgefühl, als „Träger" der Wertevidenz, das gleiche Maß an intersubjektiver Übereinstimmung gewährleistet wie Beobachtungen als Basis der Beobachtungsevidenz. Man kann auch argumentieren, dass die Überzeugungskraft von Beobachtungen daraus resultiert, dass sich in ihnen *Tatsachen* spiegeln, während sich entsprechende *moralische (rechtsethische) Tatsachen* als Basis des Rechtsgefühls nicht nachweisen ließen.[35]

---

[32] *Arthur Kaufmann*, Über Gerechtigkeit, S. 157.
[33] Vgl. *Zippelius*, Rechtsphilosophie, § 35 II.2.
[34] *E. v. Savigny*, Überprüfbarkeit, S. 95.
[35] *Engländer*, Rationalismus, S. 122.

II. Rechtswissenschaft – Eine säkulare Theologie?

1. Parallelen

Wenn auf der einen Seite versucht wird, die Rechtsdogmatik auf der Basis der Wissenschaftstheorie des „Kritischen Rationalismus" als „wirkliche" Wissenschaft zu erweisen,[36] so ist es ironischerweise gerade einer der Hauptvertreter des Kritischen Rationalismus, der diese Etikettierung nachdrücklich in Zweifel zieht. *Hans Albert* (1921–2023) bescheinigt der Rechtswissenschaft, soweit sie als normativ-dogmatische Disziplin betrieben wird, ein „Offenbarungsmodell der Erkenntnis"[37]. Ebenso wie in der Theologie gebe es in dieser Rechtswissenschaft im Wesentlichen nur zwei Arten von Problemen. Zum einen müssten die maßgeblichen Texte (oder sonstigen Verlautbarungen) von Instanzen identifiziert werden, denen eine unbezweifelbare Kompetenz (Autorität) zur verbindlichen Normsetzung zugeschrieben wird.[38] Zum andern müssten diese Texte bzw. Verlautbarungen in angemessener Weise interpretiert werden. Es gehe also um die Probleme der *Identifikation* und der angemessenen *Interpretation* der Verlautbarungen von normsetzenden Instanzen.[39]

Diese Parallelisierung von Rechtswissenschaft und Theologie hat Tradition. Sie findet sich bereits bei *Hermann Kantorowicz* (1877–1940), der die traditionelle Rechtswissenschaft methodologisch der „orthodoxen" Theologie zuordnet.[40] Die von ihm propagierte „freie Rechtswissenschaft" soll demgegenüber eine „Wesensidentität" mit der freireligiösen Bewegung aufweisen.[41] Später haben *Kelsen*[42] und *Carl Schmitt*[43] die Verwandtschaft beider Disziplinen hervorgehoben. Die behauptete „Familienähnlichkeit" wird überwiegend in kritischer Absicht konstatiert. Bei *Kantorowicz* wie bei *Albert* verbindet sie sich mit der Aufforderung, die Rechtswissenschaft solle sich von den theologischen Denkmustern lösen und einen anderen Weg beschreiten: Den Weg zur „freien Rechtswissenschaft" (*Kantorowicz*) bzw. zu einem sozialtechnologischen Selbstverständnis der Jurisprudenz (*Albert*).[44]

2. Identifikation der maßgeblichen Texte

a) Gemeinsamkeiten

Die erste der beiden zentralen Übereinstimmungen zwischen Rechtswissenschaft und Theologie sieht *Albert* darin, dass beide sich im Wesentlichen mit der *Identifikation* der maßgeblichen Texte und Verlautbarungen beschäftigen. Das ist für die Theologie nicht in Frage zu stellen, und auch für die Wissenschaft des positiven Rechts offensichtlich zutreffend. Die Übereinstimmung beruht auf der von beiden Disziplinen geteilten Annahme, dass die Verbindlichkeit bestimmter Normen als Funktion der *Autorität* (Kompetenz) der normsetzenden Instanz zu verstehen ist. Diese Annahme

---

36 Vorstehend Rn. 32 ff.
37 *Albert*, Traktat über rationale Praxis, S. 66, 70. Dazu *Hilgendorf*, Hans Albert zur Einführung, 1997, S. 109 f.; *Neumann*, Rechtswissenschaft als säkulare Theologie, S. 318 ff (in den folgenden Ausführungen werden Argumente, teilweise auch Formulierungen aus diesem Beitrag übernommen).
38 *Albert*, Traktat über rationale Praxis, S. 67.
39 Ebd.
40 Gnaeus Flavius (Pseudonym für *Hermann Kantorowicz*), Kampf, S. 34 ff.
41 Ebd. S. 38. Die Bezeichnung „freirechtliche Bewegung" wurde von *Kantorowicz* ausdrücklich in Analogie zu dem Begriff der „freireligiösen Bewegung" gewählt (ebd., S. 13).
42 *Kelsen*, Reine Rechtslehre, S. 319.
43 *Carl Schmitt*, Politische Theologie, S. 49 ff.
44 Zur sozialtechnologischen Deutung der Rechtswissenschaft näher Rn. 51 ff.

prägt das positivistische Rechtsdenken ebenso wie das voluntaristische Naturrecht.[45] Der Gott des modernen Juristen ist der Gesetzgeber.[46] So, wie der Theologe nach dem Bestand göttlich inspirierter Texte, fragt der Jurist nach dem Bestand der geltenden Gesetze.

40 Basiert damit die Rechtswissenschaft als normativ-dogmatische Disziplin, ebenso wie die Theologie, auf „Glaubensgehorsam"[47]? Die Antwort hängt natürlich davon ab, wie man den Begriff des „Glaubensgehorsams" versteht. Richtig ist, dass die Rechtsdogmatik, soweit sie Behauptungen über den Regelungsgehalt von Gesetzen formuliert, deren Verbindlichkeit voraussetzt. Als normativ-dogmatische Disziplin geht die Rechtswissenschaft *grundsätzlich* von einer Bindung an das gesetzte Recht aus. Insofern besteht in der Tat eine Parallele zu der Voraussetzung einer göttlichen Autorität in der Theologie. Auf der anderen Seite zeigen sich aber zwei wesentliche Unterschiede.

b) Unterschiede

41 Zum einen: Die Vorstellung von göttlichen Geboten, an die der Mensch gebunden sei, setzt tatsächlich einen Akt des Glaubens voraus: Es muss *geglaubt* werden, dass diese transzendente Gottheit, deren Existenz weder bewiesen noch widerlegt werden kann, tatsächlich existiert. Demgegenüber beruht die Vorstellung, Akte eines menschlichen Gesetzgebers seien für die Bürger verbindlich, keineswegs auf einem Glaubensakt. Vielmehr wird bestimmten Institutionen die *Kompetenz* zuerkannt, Regeln zu formulieren und Entscheidungen zu treffen, die als verbindlich gelten sollen. Wer sich als Spieler in einem Fußballmatch den Entscheidungen des Schiedsrichters beugt, „glaubt" nicht an den Schiedsrichter. Er akzeptiert, dass dieser nach den anerkannten Regeln befugt ist, verbindliche Entscheidungen zu treffen. An einen „Weltenrichter" kann man glauben, an einen Schiedsrichter nicht. Auch ein Parlament ist kein mögliches Objekt eines Glaubensaktes. Man kann das Parlament lediglich als eine Institution *anerkennen*, die befugt ist, verbindliche Gesetze zu verabschieden.

42 Zum andern: Zu bezweifeln, dass das von Gott Gewollte richtig (wahr, gut, gerecht) ist, wäre ein Sakrileg. Die katholische Kirche nimmt Unfehlbarkeit bekanntlich auch für denjenigen in Anspruch, den sie als angeblichen Stellvertreter Gottes auf Erden installiert. Auch wenn man dieses „Unfehlbarkeitsdogma" als taktisch motiviertes Manöver und menschliche Anmaßung kritisiert: Für Gott, wie er in der jüdisch-christlichen Tradition gedacht wird, ist die Identität des von ihm Gewollten mit dem Guten unbestreitbar. Dabei kommt es nicht auf die Frage an, die im Mittelalter unter Philosophen und Theologen heftig umstritten war: Will Gott das Gute, weil es gut ist, oder ist das Gute gut, weil Gott es will? Klar ist: Das Gute und das von Gott Gewollte fallen zusammen.

43 Dagegen wird kein Jurist und kein Bürger behaupten wollen, das Gute sei gut, weil das Parlament es wolle, oder: das Parlament wolle das Gute, weil es gut sei. Es geht bei der Vorstellung, dass dem korrekt gesetzten Recht zu folgen sei, gerade nicht um die Wahrheit (oder Richtigkeit) des positiven Rechts, sondern ausschließlich um seine *Verbindlichkeit*. Gerade in der Abkoppelung der Verbindlichkeit des Rechts von seiner inhaltlichen Richtigkeit aber liegt das Spezifikum der Denkform eines verbindlichen

---

45 Zum voluntaristischen Naturrecht s. oben § 4 Rn. 28 ff.
46 Zu der Parallele Gott - Gesetzgeber vgl. schon *Kantorowicz*, Kampf, S. 35.
47 So *Albert*, Traktat über rationale Praxis, S. 67.

II. Rechtswissenschaft – Eine säkulare Theologie? § 13

gesetzten Rechts. Das positive Recht ist verbindlich, weil es von einer dazu für *kompetent* erachteten Instanz gesetzt wurde, nicht, weil die Entscheidungen dieser Instanz *per se* inhaltlich richtig wären. Das schließt es nicht aus, grob ungerechten Gesetzen die Geltung abzusprechen.[48] Aber: dass dieser Vorbehalt überhaupt möglich ist, zeigt, dass das *Richtige* und das (grundsätzlich) *Verbindliche* differieren können.

3. Auslegung

Die zweite Parallele, die der Kritische Rationalismus zwischen Rechtswissenschaft und Theologie zieht, betrifft die *Auslegung* der für verbindlich erachteten Texte. Hier wird man *Albert* zunächst darin zustimmen müssen, dass in beiden Disziplinen „erhebliche Gestaltungsspielräume für die Experten" bestehen.[49] Das ist im rechtstheoretischen Schrifttum heute nahezu unbestritten. Zwar könnten bestimmte Formulierungen noch die Vorstellung nahelegen, es gehe bei der Interpretation lediglich um die Ermittlung eines vorgegebenen Sinnes der Rechtsnormen.[50] Weitgehend ist man sich aber einig, dass die Aufgabe der „Interpretation" in der Konkretisierung der Gesetzesnormen liegt. Sie hat insofern *produktiven*, nicht lediglich *reproduktiven* Charakter.[51] Die Idee der „einzig richtigen Auslegung" (als Basis der Vorstellung einer „einzig richtigen Entscheidung") ist heute in der Rechtstheorie als erkenntnistheoretisches Modell aufgegeben. Ernsthaft diskutiert wird sie nur noch als möglicherweise notwendige kontrafaktische Annahme, die für die Rechtspraxis als *regulative Idee* fungiert.[52]

44

Auch *Alberts* These, es könnten sich in der Rechtswissenschaft wie in der Theologie die Instanzen, die angeblich hinter den maßgeblichen Verlautbarungen stehen, „bei genauerer Untersuchung als fiktiv erweisen"[53], verdient Zustimmung. Allerdings ist man sich in der Rechtswissenschaft durchaus bewusst, dass man den „Gesetzgeber" nicht als Realperson mit einem psychologisch existenten eigenen Willen verstehen kann. Ein in diesem Sinne personalisierter Gesetzgeber wäre, wie im rechtstheoretischen Schrifttum verschiedentlich hervorgehoben wird,[54] eine Fiktion.

45

Alberts Diagnose, dass sowohl in der Theologie als auch in der Rechtswissenschaft „erhebliche Gestaltungsspielräume für die Experten" bestehen,[55] hatte *Kantorowicz* seinerzeit schon vorweggenommen und drastisch (und nicht ohne Ironie) formuliert:

46

> „So führt der Theologe mit größter Geläufigkeit das Glück der Guten auf die Gnade Gottes, das Unglück der Guten auf eine Prüfung Gottes, das Unglück der Schlechten auf die Gerechtigkeit Gottes, das Glück der Schlechten auf den unerforschlichen Ratschluß Gottes zurück. Ebenso führt der Jurist eine ihm erwünschte rigorose Anwendung des Gesetzes auf seine Heiligkeit, eine laxe auf Billigkeit zurück ... Wie es sein 'Wille zum Recht' verlangt, wird bald die restriktive, bald die extensive Interpretation angewendet,

---

48 Dazu oben § 4 Rn. 51 ff.
49 *Albert*, Traktat über rationale Praxis, S. 67; *ders.*, Kritik, S. 165; *ders.*, Rechtswissenschaft, S. 29.
50 Die Formulierung, es gehe in der juristischen Methodenlehre um das Ziel der Feststellung eines „Normsinnes", findet sich etwa bei *Kramer/Arnet*, Methodenlehre, S. 67. Zugleich wird aber zutreffend klargestellt, dass es sich hierbei nicht um einen rein kognitiven Akt handelt.
51 Hervorgehoben von der juristischen Hermeneutik (vgl. etwa *Arthur Kaufmann*, Naturrecht, S. 87).
52 Näher dazu *Neumann*, Argumentationstheorie, § 9 Rn. 32 f.
53 *Albert*, Traktat über rationale Praxis, S. 67.
54 Statt vieler *Friedrich Müller/Ralph Christensen*, Juristische Methodik, Bd. 1, Rn. 443.
55 Oben Rn. 44.

47 ohne daß ... auch nur der Versuch gemacht wird, die Kriterien anzugeben, unter denen dieses oder jenes der zahlreichen Interpretationsverfahren geboten ist."[56]

47 Die Parallele ist in der Tat schlagend, und sie ließe sich weiter ausziehen. Denn wie die theologische Argumentation ist auch die juristische gekennzeichnet durch die Spannung zwischen *Autoritätsargumenten* einerseits, *Sachargumenten* andererseits.[57] Typische Autoritätsargumente sind etwa die Berufung auf den *Willen des Gesetzgebers* oder das Argument des *Wortlauts des Gesetzes*. Typische Sachargumente sind die *Gerechtigkeit* und die *Vernünftigkeit* einer bestimmten Auslegung des Gesetzes. Schließlich muss das rechtswissenschaftliche System – wie das theologische Lehrsystem – auch Konsistenz gewährleisten. Diesem Ziel dienen etwa die systematische Auslegung und das Argument der *Einheit der Rechtsordnung*.

48 Diese Übereinstimmungen resultieren aus der gemeinsamen Aufgabe von Theologie und Rechtswissenschaft, Handlungsnormen zu produzieren, die auf eine bestimmte *Autorität* zurückgeführt werden können, zugleich aber den Anforderungen *praktischer Vernunft* genügen. Dieser Doppelbindung kann nur eine Disziplin gerecht werden, die über ein vielfältiges argumentatives Instrumentarium verfügt.

4. Fazit

49 Die Untersuchung des Verwandtschaftsverhältnisses zwischen Theologie und Rechtswissenschaft ergibt also ein differenziertes Bild. Beide beziehen sich auf Texte, deren Verbindlichkeit nicht grundsätzlich in Frage gestellt werden kann. Beide stehen vor der Aufgabe, im Wege der „Auslegung" dieser Texte Ergebnisse zu gewinnen, die sowohl den Anforderungen der *praktischen Vernunft* als auch der *Bindung an den Text* Rechnung tragen. Beide bedienen sich zu diesem Zweck eines vielfältigen methodischen Instrumentariums, mit dessen Hilfe sich höchst unterschiedliche Ergebnisse begründen lassen.

50 Diese methodologische Verwandtschaft bedeutet auf der anderen Seite nicht, dass die Rechtswissenschaft sich auf die ontologischen (metaphysischen) Prämissen einlassen müsste, die für eine theologische Dogmatik konstitutiv sind. Insbesondere ist die *Geltung* des Rechts für eine rationale Rechtswissenschaft und Rechtstheorie kein metaphysisches Faktum, sondern als *institutionelle Tatsache* ein (normativ relevanter) Bestandteil der sozialen Wirklichkeit. Formulierungen wie „Wille des Gesetzgebers" und „Wille des Gesetzes" beziehen sich gleichfalls nicht auf metaphysische Entitäten, sondern sind Bilder, unter denen sich bestimmte Argumenttypen ordnen. Dass der Jurist mit seinem methodischen Instrumentarium – ebenso wie der Theologe – häufig vieles begründen kann, ist richtig. Das Gesetz lässt typischerweise Spielräume, die in unterschiedlicher Weise ausgefüllt werden können.

III. Sozialtechnologische Deutung der Rechtswissenschaft

51 Man kann in dieser Unschärfe von Gesetzen ein Problem für die Rationalität der Gesetzesauslegung und -anwendung sehen. Nach *Kelsen* wird der Spielraum, den das

---

56 Kantorowicz, Kampf, S. 36.
57 Erhellend zu der Parallele zwischen Talmud-Interpretation und Gesetzesinterpretation unter diesem Gesichtspunkt (Schriftgründe einerseits, Vernunftgründe andererseits) *Gast*, Einübung S. 147 ff. Näher zum Verhältnis von Autoritäts- und Sachargumenten § 15 Rn. 29 ff.

III. Sozialtechnologische Deutung der Rechtswissenschaft § 13

Gesetz lässt, durch einen *Willensakt* des Richters ausgefüllt.[58] Willensakte sind als solche aber nicht rational kontrollierbar. Man kann in diesem Spielraum aber auch, gerade umgekehrt, eine Chance für die Rationalität der Gesetzesinterpretation sehen. Das ist die Position, die von Vertretern des *Kritischen Rationalismus* bezogen wird, die eine sozialtechnologische Deutung der Jurisprudenz favorisieren.[59] Oben[60] wurde festgestellt, dass die Rechtswissenschaft vor der Aufgabe steht, nicht nur dem Prinzip der Gesetzesbindung, sondern auch den Anforderungen praktischer Vernunft Rechnung zu tragen. Die *sozialtechnologische Deutung* der Jurisprudenz stellt diese Aufgabe in den Vordergrund.

Danach ist es Aufgabe der Rechtswissenschaft, die jeweiligen *sozialen Konsequenzen* der unterschiedlichen Interpretationen einer Gesetzesbestimmung herauszuarbeiten. Entsprechendes gilt für alternative Regelungsvorschläge bei der Gesetzgebung. Es geht also im Kern um *Folgenprognose*. Das schließt nicht aus, dass der Rechtswissenschaftler die ermittelten Folgen anhand gesellschaftlicher Wertstandards beurteilt.[61] Persönlicher Wertungen hat er sich aber zu enthalten. Aus der Perspektive des Kritischen Rationalismus obliegt der Rechtswissenschaft damit primär eine realwissenschaftliche Aufgabe, nämlich die Beurteilung der sozialen Steuerungsleistung rechtlicher Regeln.[62]

52

Mit dem Modell „Rechtswissenschaft als Sozialwissenschaft" (oben Rn. 21 ff.) stimmt dieser Ansatz in der Ablehnung einer normativ-dogmatischen Funktion der Rechtswissenschaft überein. In beiden Modellen wird die Aufgabe der Rechtswissenschaft auf die Analyse faktischer sozialer Zusammenhänge reduziert. Während aber das Konzept „Rechtswissenschaft als Sozialwissenschaft" lediglich ein *wissenschaftliches Interesse* verfolgt und strikte Distanz zur Rechtspraxis hält, will das Modell einer sozialtechnologischen Deutung der Rechtswissenschaft die realwissenschaftlichen Erkenntnisse gerade in den Dienst dieser Praxis stellen. Die Rechtswissenschaft soll dadurch, dass sie Informationen über die sozialen Auswirkungen bestimmter rechtlicher Regelungen bereitstellt, die Rationalität von Gesetzgebung und Rechtsprechung befördern.

53

Das Prinzip der Gesetzesbindung des Richters wird damit nicht aufgegeben. Denn zum einen geht es *Albert* um eine „sozialtechnologische" Rechtswissenschaft, die sich darauf beschränkt, die Folgen unterschiedlicher Interpretationsvorschläge *aufzuzeigen*. Sich für eine bestimmte Interpretation des Gesetzes zu entscheiden, ist Aufgabe des Richters. Zum andern aber geht es nur um die Folgen *vertretbarer* Interpretationsvorschläge. Auch im Modell der sozialtechnologisch gedeuteten Rechtswissenschaft wird die Gesetzesbindung nicht aufgegeben, nicht durch eine reine Folgenorientierung ersetzt. Allerdings widmet der sozialtechnologische Ansatz der Frage, *welche* Gesetzesinterpretationen vertretbar sind, nur wenig Aufmerksamkeit. Probleme der juristischen Methodenlehre bleiben damit im Hintergrund. Man kann darin eine Bestätigung des Wissenschaftscharakters der Rechtswissenschaft sehen (Verzicht auf persönliche Wer-

54

---

58 *Kelsen*, Reine Rechtslehre, S. 350 ff.
59 *Albert*, Traktat über rationale Praxis, S. 60 ff., insbes. S. 75 ff.; vgl. ferner *Albert*, Rechtswissenschaft. Übersichtliche Darstellung bei *Hilgendorf*, Hans Albert, S. 108 ff.
60 Rn. 47 f.
61 *Albert*, Traktat über rationale Praxis, S. 80.
62 Ebd., S. 65.

tungen), aber auch einen Verzicht auf methodenorientierte Argumentation jenseits von Folgenprognosen.[63]

IV. Partikulare „Rechtswissenschaften"

55 Das Recht umfasst zahlreiche Regelungsgebiete. Die Grobeinteilung „Öffentliches Recht", „Zivilrecht", „Strafrecht" lässt sich durch ein differenzierteres Schema ergänzen, das, beispielsweise, die Kategorien „Wirtschaftsrecht", „Medizinrecht", „Umweltrecht" und „Lebensmittelrecht" verwendet. Quer zu derartigen Einteilungen lassen sich bestimmte *Gesellschaftsbereiche* in Hinblick auf die rechtlichen Regeln untersuchen, denen sie unterliegen. So kann man beispielsweise analysieren, welche Regeln für *Kinder* im Verfassungsrecht (z. B. hinsichtlich der „Grundrechtsfähigkeit"), im Zivilrecht („Geschäftsfähigkeit") und im Strafrecht gelten („Strafmündigkeit"). Oder: wie die *rechtliche Stellung der Frau* im Arbeitsrecht, im Verfassungsrecht und im Sozialrecht ausgestaltet ist.

56 Derartige Fragen wurden, oft ergänzt durch soziologische Befunde (z. B.: *faktische* Benachteiligung von Frauen trotz *rechtlicher* Gleichstellung), lange Zeit als *spezielle* Fragestellungen einer *einheitlichen Rechtswissenschaft* verstanden. Das hat sich in den letzten Jahren und Jahrzehnten geändert. Die Frage nach der Stellung der Frau im Recht, beispielsweise, wird nicht mehr als Problem *der* Rechtswissenschaft gesehen. Vielmehr wird sie einer besonderen, „feministischen Rechtswissenschaft" zugeordnet.[64] Das bedeutet: Die Perspektive auf die Stellung der Frau im Recht betrifft nicht nur ein bestimmtes Sachproblem im Gegenstandsbereich der allgemeinen Rechtswissenschaft. Diese Perspektive konstituiert vielmehr eine besondere rechtswissenschaftliche Disziplin, die durch eine spezifische („feministische") Sichtweise auf das Recht gekennzeichnet ist. Den Hintergrund bildet die Annahme einer durchgehenden, strukturellen Parteilichkeit des Rechts und der Rechtswissenschaft zugunsten des männlichen Teils der Gesellschaft.[65] Teilweise wird sogar das Recht *als solches*, als *Rechtsform*, als Ausdruck einer männlichen Kultur verstanden. Typisierend: Entscheidungen von Männern seien von Prinzipien geleitet (was der Regelstruktur des Rechts entspreche), während Frauen sich eher am konkreten Lebenssachverhalt orientieren würden.[66]

57 Mit diesem Modell einer Rechtswissenschaft, die sich explizit auf eine bestimmte, interessenorientierte Perspektive festlegt, wird das Ideal einer neutralen Rechtswissenschaft aufgegeben. Allerdings: Aufgegeben wird dieses Ideal deshalb, weil die behauptete Neutralität der Rechtswissenschaft eben nur eine *scheinbare* sei, weil die traditionelle Rechtswissenschaft die „androzentrische" Perspektive der Rechtsordnung reproduziere und verstärke. Aus dieser Sicht übernimmt die feministische Rechtswissenschaft sozusagen eine kompensatorische Funktion.

58 In dieser Interessenorientierung spiegelt sich eine „Politisierung des Rechtsdenkens", die auch für andere Ansätze in der aktuellen Diskussion kennzeichnend ist, wie etwa

---

63 Differenzierte, im Wesentlichen positive Einschätzung dieses Ansatzes bei *Engländer*, Rationalismus, S. 111, 122 ff. Kaum zu bestreiten ist, dass die Einbeziehung der sozialwissenschaftlichen Dimension für die Rechtswissenschaft einen Rationalitätsgewinn bedeutet. Dazu exemplarisch *Zheng*, Interdisziplinarität.
64 Foljanty/Lembke (Hrsg.), Feministische Rechtswissenschaft; *Elsuni*, Feministische Rechtstheorie, S. 225 ff.
65 Gute, differenzierte Darstellung bei *Anja Schmidt*, Grundannahmen. Instruktiv auch *Frommel*, Rechtskritik, S. 164 ff. Zu feministischen Forderungen im Bereich des Strafrechts *dies.*, Kriminologie, S. 108 ff.
66 Darstellend *Schmidt*, Grundannahmen, Rn. 18.

IV. Partikulare „Rechtswissenschaften" § 13

eine „Postkoloniale Rechtswissenschaft"[67] oder die „Critical Race Theory" (CRT),[68] die an die älteren Arbeiten der „Critical Legal Studies" (CLS) anschließt.[69] Mit dem Begriff der „Politisierung" soll hier kein negatives Werturteil verbunden sein. Man kann es selbstverständlich als eine legitime Aufgabe der Rechtswissenschaft im weiteren Sinne verstehen, sich kritisch mit der Ungleichbehandlung von Frauen, dem Einsatz des Rechts im Rahmen kolonialistischer Systeme und mit rechtlich abgesegneten rassistischen Diskriminierungen zu befassen. Rechtswissenschaft ist zwar in einem Kernbereich Rechtsdogmatik, aber nicht auf diese zu beschränken – sie umfasst auch Rechtsphilosophie Rechtsgeschichte und Rechtsethik.

Statt von einem „politischen" könnte man auch von einem „kritischen" Rechtsdenken sprechen. Wichtig ist aber, dass die Kritik bestimmten Rechtsnormen, bestimmten Rechtssystemen, auch einer „traditionellen" Rechtswissenschaft gelten kann, aber nicht dem Recht als Rechtsform oder der Wissenschaft vom Recht generell gelten sollte. Denn Recht kann sowohl diskriminierend und repressiv als auch emanzipativ wirken. Das ist sowohl von Seiten der feministischen Rechtswissenschaft[70] als auch mit Bezug auf die „Critical Race Theory"[71] zutreffend hervorgehoben worden. Die Rechtsform als solche einer spezifisch männlichen Kultur zuzuordnen (und damit aus feministischer Sicht zu diskreditieren),[72] ist überzogen. Das schließt nicht aus, dass man die Regelorientierung des Rechts als formalistisch und empathielos kritisieren kann. Das aber ist eine Frage, die über den Ansatz einer feministischen Rechtswissenschaft hinausgeht.[73]

59

---

67 Dazu die Beiträge in: Dann/Feichtner/von Bernstorff (Hrsg.), Rechtswissenschaft.
68 Dazu *Ncube*, Critical Race Theory.
69 Instruktiv zur „Politisierung des Rechtsdenkens" durch derartige partikulare „Rechtswissenschaften" *Roth-Isigkeit*, Rechtsdenken. – Überblick zu den CLS und deren Aufsplittung in bereichsspezifische und -kritische Ansätze bei *Beck/Marschelke*, Art. „Critical Legal Studies".
70 *Schmidt*, Grundannahmen, Rn. 19.
71 *Ncube* Critical Race Theory, S. 203/204.
72 Dazu oben Rn. 56.
73 Zur „Kälte" des Rechts § 9 Rn. 28 f.

§ 14 Rechtsdogmatik

I. Funktion und Anwendungsbereich der Rechtsdogmatik

1. „Dogmatische Disziplinen" und „Grundlagenfächer"

1 Im Zentrum der akademischen (universitären) *Rechtswissenschaft* steht die Beschäftigung mit dem geltenden Recht. Für die *Rechtspraxis* (Tätigkeit der Gerichte, Behörden, Anwaltskanzleien) hat die Konzentration auf das geltende Recht nahezu Ausschlusscharakter. Im Rahmen der juristischen Ausbildung wird die Kenntnis des geltenden Rechts und seiner Handhabung in den sogenannten *dogmatischen Disziplinen* vermittelt, traditionell gegliedert nach den Bereichen des Zivilrechts, des Öffentlichen Rechts und des Strafrechts. Die Dominanz der dogmatischen Fächer in der juristischen Ausbildung spiegelt sich in der Kennzeichnung von Rechtsphilosophie, Rechtsgeschichte und Rechtssoziologie als *Grundlagenfächer*, mit der diese Disziplinen – ungeachtet der Eigenständigkeit ihrer jeweiligen Forschungsinteressen – auf den dogmatischen „Überbau" bezogen werden.

2. Zwei Stockwerke der Dogmatik

2 Rechtsdogmatik spielt sich in zwei Stockwerken ab. Im *ersten Stockwerk* werden die subgesetzlichen Regeln erstellt, die für die Subsumtion benötigt werden (*normergänzende Funktion der Dogmatik*).[1] Insofern ist Dogmatik eine unmittelbar anwendungsbezogene Disziplin. Sie ist praktisch relevante Rechts*kunde* („Jurisprudenz"), nicht Rechts*wissenschaft* im engeren, erkenntnisorientierten Sinn. Die Arbeit im *zweiten Stockwerk* dient der *Systematisierung der Normen* (Regeln und Prinzipien) einer Rechtsordnung (*systematisierende Funktion*). Die hier erstellte Systematik *kann* eine praktische Bedeutung haben, muss es aber nicht. In erster Linie dient sie der wissenschaftlichen Durchdringung des Rechtsstoffs. Damit erfüllt sie zugleich die Aufgabe der „Herstellung eines lehrbaren Ordnungszusammenhangs".[2]

3. *Eine* Dogmatik für *eine* Rechtsordnung?

3 Ob Dogmatik sich stets auf *eine bestimmte Rechtsordnung* bezieht, wird unterschiedlich beurteilt. Nach *Karl Engisch* ist Dogmatik nur auf der Basis einer bestimmten positiven (also: gesetzten oder aufgrund Richterrechts geltenden, U.N.) Rechtsordnung möglich.[3] Auf der anderen Seite wird die Auffassung vertreten, dass es *sachlogische Strukturen* gebe, die es ermöglichen sollen, eine für alle denkbaren Rechtsordnungen gültige Dogmatik zu entwickeln. Das ist, beispielsweise, die These des *Finalismus* – so genannt, weil diese Richtung der Strafrechtswissenschaft ihr dogmatisches Gebäude auf der Basis der These von einer Finalstruktur aller menschlichen Handlungen gründet. Aus dieser Struktur, die als *ontologisch vorgegeben* betrachtet wird, sollen verbindliche Muster für (straf-)rechtliche Regelungen ebenso wie für die strafrechtliche Systematik resultieren.[4]

4 Der Finalismus erhebt den Anspruch, mit der „finalen Handlungslehre" *überzeitliche Strukturen* zu rekonstruieren, die dem Gesetzgeber vorgegeben seien. Kennzeichnend

---

1 Dazu schon oben § 13 Rn. 14 ff. Näher *Hassemer*, Methodenlehre, S. 1 ff.
2 *Gröschner*, Rechtsdogmatik, S. 71.
3 *Engisch*, Sinn und Tragweite, S. 108 ff.
4 Übersichtliche Darstellung bei *Roxin/Greco*, Strafrecht Allgemeiner Teil Bd. 1, 5. Aufl. 2020, § 8 Rn. 17 ff.

I. Funktion und Anwendungsbereich der Rechtsdogmatik § 14

für diesen Anspruch ist das Diktum seines Begründers und Hauptvertreters *Hans Welzel*, man hätte die finale Handlungslehre schon entwickeln können, als der erste Mensch einen Stein als Werkzeug benutzte.[5] Dass diese überzeitlichen Strukturen dann das Fundament für *alle* (Straf-)Rechtsordnungen bilden müssen, ist nur folgerichtig. In diesem Sinne betont ein anderer Vertreter des Finalismus:

> „Es gibt keine nur deutsche, keine nur japanische, italienische oder andere rein nationale Strafrechtswissenschaft, sondern hinsichtlich des zentralen Forschungsbereichs nur eine nach allgemeinen wissenschaftlichen Maßstäben ganz oder teilweise richtige oder aber falsche."[6]

Auch wenn die Position des Finalismus aus methodologischen Gründen von vornherein fragwürdig erscheint, weil hier normative Konsequenzen aus (behaupteten) ontologischen Strukturen gezogen werden sollen: Der Gegensatz zwischen einer *regionalen* Rechtsdogmatik, die an eine bestimmte Rechtsordnung gebunden ist, einerseits, einer *universalen* andererseits, lässt sich entschärfen, wenn man auch in diesem Punkt zwischen den beiden Ebenen der Dogmatik unterscheidet.

a) Dogmatik erster Stufe

Soweit es um die *erste Ebene* geht, also um die Erstellung von subgesetzlichen Regeln, ist der regionale Charakter der dogmatischen Arbeit offensichtlich. Denn Regeln, unter die subsumiert werden soll, sind notwendigerweise Regeln einer *bestimmten* Rechtsordnung. Entsprechendes gilt für die Aufgabe, in Rechtsordnungen des *case law* Regeln, die in Präjudizien formuliert wurden, so zu präzisieren, dass entschieden werden kann, ob sie auf eine bisher nicht erfasste Fallkonstellation Anwendung finden können oder nicht.[7]

Typischerweise bezieht sich die dogmatische Arbeit erster Ebene auf eine *geltende* Rechtsordnung. Begrifflich notwendig ist das nicht. Denn auch der bloße *Entwurf einer Rechtsordnung* ließe sich „dogmatisch" bearbeiten. Realistisch ist das für bestimmte Teilrechtsgebiete, in denen eine neue Kodifikation ansteht. Sollte in Deutschland irgendwann ein Entwurf für das bisher fehlende „Arbeitsgesetzbuch" anstehen, so könnte und würde dieser Entwurf schon vor dem Inkrafttreten des Gesetzes Gegenstand rechtsdogmatischer Arbeit. Zu prüfen wäre dann, welche rechtlichen Konsequenzen sich aus den im Entwurf vorgesehenen Bestimmungen für bestimmte Fallkonstellationen ergeben würden. Auch Einzelnormen, deren Verfassungsmäßigkeit und (damit) rechtliche Geltung fragwürdig ist, lassen sich dogmatisch bearbeiten. Ein Beispiel sind etwa Analysen zum Tatbestand der „Geschäftsmäßigen Förderung der Selbsttötung" (§ 217 StGB a.F.), der später vom BVerfG für verfassungswidrig und *ab initio* nichtig erklärt wurde.[8] Die Kommentierungen, die sich auf die seinerzeit „schwebend unwirksame" Norm bezogen, unterscheiden sich im Duktus wie in der Substanz nicht von Kommentierungen zu unstreitig geltenden Paragrafen.[9]

---

5   *Welzel*, Strafrechtsprobleme, S. 3.
6   *H. J. Hirsch*, Strafrechtswissenschaft, S. 58.
7   Zu den besonderen Schwierigkeiten rechtsdogmatischer Regelbildung in einem auf Präjudizien gegründeten Rechtssystem exemplarisch *Ashworth*, Grunderfordernisse, S. 468 u. ö.
8   BVerfGE 153, 182. Näher zu dieser Entscheidung oben § 3 Rn. 50 ff.
9   Exemplarisch: *Saliger*, in: Kindhäuser/Neumann/Paeffgen (Hrsg.), Nomos-Kommentar zum StGB, 5. Aufl. 2017.

8 *Kein* möglicher Gegenstand dogmatischer Arbeit erster Stufe (Regelbildung) sind dagegen *frühere* Rechtsordnungen. Das folgt aus der Aufgabe der Dogmatik, Regeln zu formulieren, anhand derer bestimmte Fallkonstellationen (Falltypen) unter Rückbindung an die Gesetze entschieden werden können. In dieser Funktion arbeitet Dogmatik deshalb notwendig *gegenwarts- bzw. zukunftsbezogen*. In Bezug auf vergangene Rechtsordnungen lässt sich lediglich rekonstruieren, in welcher Weise die *seinerzeitige* Rechtsdogmatik Normen des damals geltenden Rechts interpretiert und ergänzt hat. Dogmatik verfährt *norm-propositiv* (vorschlagend), nicht *norm-rekonstruktiv*.

9 Das bedeutet auch: Dogmatik darf sich nicht anmaßen, zu beurteilen, wie Normen einer *vergangenen* Rechtsordnung hätten interpretiert und gehandhabt werden *müssen*. Denn ihr geht es nicht um die Beschreibung eines in der Vergangenheit liegenden *Sachverhalts*, sondern um die Statuierung eines *Sollens*. Es gibt aber, wie *Georg Jellinek* in diesem Zusammenhang prägnant formuliert hat, „kein Seinsollendes nach rückwärts"[10]. *Gustav Radbruch* hat diese Beschränkung der Dogmatik auf Gegenwart und Zukunft folgendermaßen begründet: Die juristische Dogmatik sei auf eine *vergangene* Rechtsordnung ebenso wenig anwendbar wie auf ein *fremdes* Rechtssystem der Gegenwart. Denn der Zweck der dogmatischen Arbeit sei es, das Recht zur Anwendung fähig zu machen. Sobald ein Gesetz außer Kraft trete, höre es auf, Gegenstand der juristischen Dogmatik zu sein und werde Gegenstand der Sozialwissenschaft. Wörtlich heißt es:

> „Nicht wie die PGO auszulegen und anzuwenden wäre, sondern allein, wie sie ausgelegt und angewendet worden ist, ist heute von wissenschaftlichem Interesse"[11].

10 Nach der Struktur dieser Argumentation kommt es auf den Grad des zeitlichen Abstands zu der vergangenen Rechtsordnung nicht an. Man könnte an die Stelle der „Peinlichen Gerichtsordnung" von 1532 (PGO), auf die sich *Radbruch* hier bezieht, auch eine Rechtsordnung der neueren Zeitgeschichte setzen, etwa die der ehemaligen Deutschen Demokratischen Republik (DDR). Sichtbar wird dann die unverminderte Aktualität des Problems. Denn die Gerichte der Bundesrepublik haben in der Zeit nach der deutschen Wiedervereinigung (1990) genau das getan, was *Jellinek* und *Radbruch* für unmöglich erklären: Sie haben geurteilt, wie Regeln der Rechtsordnung der DDR auszulegen und anzuwenden *gewesen wären* – nämlich in der Weise, dass tödliche Schüsse auf sogenannte „Republikflüchtlinge" als rechtswidrige Tötungshandlungen hätten bestraft werden müssen.

11 Es ist eine Ironie in der Ideengeschichte der Rechtsphilosophie, dass es ausgerechnet *Radbruch* war, der nach dem Ende des NS-Regimes der Praxis, eine vergangene Rechtsordnung rückwirkend umzuinterpretieren, Legitimität verliehen und mit der nach ihm benannten Formel[12] auch ein Argumentationsmuster für die Bestrafung der sogenannten „Mauerschützen" durch die Justiz der Bundesrepublik geliefert hat.[13] Er

---

10 G. Jellinek, Staatslehre, S. 52 (mit Hinw. auf *Radbruch* und *Kantorowicz*).
11 *Radbruch*, Rechtsvergleichung, S. 155.
12 Näher zur Radbruchschen Formel und zum Problem der Bestrafung der „Mauerschützen" oben § 4 Rn. 53 ff.
13 Der mögliche Einwand, bei der Radbruchschen Formel und ihrer Anwendung gehe es um einen *rechtsphilosophischen*, nicht um einen *rechtsdogmatischen* „Zugriff" auf eine vergangene Rechtsordnung, wäre nicht tragfähig. Denn der Einsatz der Formel soll der *Rekonstruktion* der vergangenen Rechtsordnung, nicht (lediglich) deren *Bewertung* dienen. Dargelegt werden soll, dass diese Rechtsordnung „tatsächlich" einen anderen Gehalt gehabt habe, als ihr in dieser Rechtsordnung selbst allgemein zuerkannt wurde. Es geht also um die Bildung von Regeln für eine vergangene Rechtsordnung – funktional ein Akt der Rechtsdogmatik.

hat sich damit in der Sache (nicht explizit) von der Auffassung distanziert, die er früher, in Übereinstimmung mit *Jellinek*, vertreten hatte.[14]

b) Dogmatik zweiter Stufe

Ausgangspunkt dieser Überlegungen war die Frage, ob sich Dogmatik notwendig auf eine *bestimmte* Rechtsordnung bezieht. Für die *erste Ebene* der Rechtsdogmatik (Regelbildung) war sie zu bejahen – mit der Maßgabe, dass es sich um eine gegenwärtig geltende oder aber um eine als Entwurf vorliegende Rechtsordnung handeln muss. Schwieriger zu beantworten ist sie für die *zweite Ebene*, der Systematisierung rechtlicher Normen. Typischerweise geht es auch hier um eine Ordnung rechtlicher Begriffe, Regeln und Prinzipen im Rahmen einer *konkreten* Rechtsordnung. Diese Rechtsordnung muss keine nationalstaatliche sein; es kann sich, beispielsweise, auch um das Recht der Europäischen Union (Europarecht) oder das Völkerrecht handeln. Auch dann aber geht es um die Systematik einer bestimmten (dann: transnationalen) Rechtsordnung, nicht um Strukturen „des Rechts" überhaupt.

Die Frage nach allgemeinen Strukturen „des Rechts" wird man eher einer *Allgemeinen Rechtstheorie* als einer Dogmatik des Rechts zuzuordnen haben.[15] Soweit diese Strukturen induktiv, auf der Basis der Dogmatiken unterschiedlicher konkreter Rechtsordnungen, entwickelt werden, lassen sie sich allerdings in einem Bereich lokalisieren, den man als *Meta-Dogmatik* bezeichnen könnte. Aufgabe einer solchen Meta-Dogmatik ist es, alternative, aber funktional äquivalente Regelungsmodelle aus unterschiedlichen Rechtsordnungen einer vergleichenden Analyse zu unterziehen. Derartige Analysen sind als Voraussetzungen für eine *Rechtsvereinheitlichung*, die über nationale Grenzen hinausgreifen soll, unverzichtbar. Mit der zunehmenden Internationalisierung des Rechts kommt ihnen eine stetig wachsende praktische Bedeutung zu.

II. Verbindung zwischen Rechtswissenschaft und -praxis

1. Brückenfunktion der Rechtsdogmatik

Rechtsdogmatik erster Stufe (Regelbildung) ist keine Domäne der akademischen (universitären) Rechtswissenschaft. Sie fällt zugleich in den Zuständigkeitsbereich der Praxis. Gerichte müssen überall dort subgesetzliche Rechtsregeln formulieren, wo der konkrete Fall nicht ohne weitere Zwischenschritte unter das Gesetz subsumiert werden kann.[16] Die akademische Rechtswissenschaft ihrerseits formuliert Regeln, die es ermöglichen sollen, zu entscheiden, ob eine bestimmte Fallkonstellation einer bestimmten Gesetzesnorm unterfällt. Die Rechtsdogmatik kann weder der einen noch der anderen Seite exklusiv zugeordnet werden. Sie bildet, wie treffend formuliert worden ist, eine „Brücke" zwischen Rechtspraxis und Rechtswissenschaft.[17]

In welchem Maße diese Brücke tatsächlich genutzt wird, ist eine Frage, die in den verschiedenen Rechtskulturen in unterschiedlicher Weise beantwortet wird. Manche Rechtsordnungen errichten hier partielle Durchgangsverbote. So besteht in *Japan* ein

---

Zur umfassenden und kontroversen Diskussion einerseits (auf der Linie der Rechtsprechung): *Alexy*, Mauerschützen, S. 33, andererseits *Horst Dreier*, Gustav Radbruch, S. 421 ff.; *Neumann*, Rechtsgeltung, S. 205 ff.
14 Näher dazu *Neumann*, Methodendualismus, S. 118 ff.
15 Zum Verhältnis von Rechtstheorie und Rechtsdogmatik übersichtlich *Sieckmann*, Begriff, S. 12 f. (m. Hinw. auf die ideengeschichtliche Rekonstruktion bei *Brockmöller*, Entstehung, S. 51 f., 64).
16 Näher dazu § 13 Rn. 14 ff.
17 *Gröschner*, Rechtsdogmatik, S. 70.

§ 14 Rechtsdogmatik

informelles Verbot, in gerichtlichen Entscheidungen Arbeiten aus dem Bereich der Strafrechtswissenschaft zu zitieren.[18] In Deutschland dagegen herrscht auf dieser Brücke ein – verglichen mit anderen Rechtsordnungen – dichter Verkehr. Das betrifft beide Fahrtrichtungen.

16 Auf der einen Seite werden in Deutschland von der *höchstrichterlichen Rechtsprechung* Produkte der akademischen Rechtswissenschaft nicht nur punktuell, sondern systematisch (wenngleich nicht umfassend) berücksichtigt.[19] Das gilt insbesondere für Gesetzeskommentare, auf die sogleich noch näher einzugehen ist. Auf der anderen Seite setzt sich das *rechtswissenschaftliche Schrifttum* mit der jeweils thematisch einschlägigen höchstrichterlichen Rechtsprechung intensiv auseinander. Der Verzicht auf die Berücksichtigung dieser Rechtsprechung wäre, auch schon in studentischen Prüfungsarbeiten, ein Kunstfehler.

2. Gesetzeskommentare

17 Eine besonders intensive Verbindung zwischen Rechtswissenschaft und Rechtspraxis vermitteln die *Gesetzeskommentare*, die sich in Deutschland zu praktisch allen wichtigen Gesetzen finden, im Regelfall in unterschiedlichen Ausgaben. Kommentare sind ihrer literarischen Gattung nach der akademischen Rechtswissenschaft zuzuordnen – gleichgültig, ob sie als „Praktiker-Kommentar" oder aber etwa als „Systematischer Kommentar" firmieren (wobei die letztere Kennzeichnung einen vertieften wissenschaftlichen Anspruch signalisiert). Nicht relevant ist auch, ob und inwieweit diese Kommentare von Autoren aus der Rechtspraxis (Richtern, Verwaltungsjuristen, Rechtsanwälten) oder aber von Vertretern der institutionalisierten (akademischen) Rechtswissenschaft (z. B. Professorinnen und Professoren der juristischen Fakultäten/Fachbereiche) verfasst werden. Auch die „Praktiker" werden bei der Kommentierung von Gesetzen ausschließlich als Rechtswissenschaftler tätig.

18 Das bedeutet: Die *institutionellen Kompetenzen*, die ihnen bei ihrer praktischen Tätigkeit zukommen, spielen hier keine Rolle. Die Kommentierung eines BGH-Präsidenten zählt *wissenschaftlich* nicht mehr als die eines Berufsanfängers. Komplementär kann sich ein Vertreter der akademischen Rechtswissenschaft nicht auf eine spezifische wissenschaftliche Kompetenz berufen. Es entscheidet die wissenschaftliche Qualität der Kommentierung, die Kraft der Argumente, nicht der Status des oder der Kommentierenden (so jedenfalls das Modell).

19 Gesetzeskommentare spiegeln die Kooperation von Rechtswissenschaft und -praxis in doppelter Weise und in zweifacher Richtung. Zum einen liegt eine wesentliche Funktion der Kommentare in einer Wiedergabe und kritischen Bewertung der maßgeblichen Gerichtsentscheidungen, die zu einem bestimmten Gesetz ergangen sind. Die Wissenschaft muss die relevante Praxis umfassend verarbeiten. Auf der anderen Seite sind Gerichte und andere Institutionen auf die Möglichkeit angewiesen, sich durch die Nutzung von Kommentaren zielgenau (weil paragrafenorientiert) einen raschen Überblick

---

18 Yamanaka, Geschichte, S. 259.
19 Die relativ enge Verbindung von akademischer Rechtswissenschaft und Rechtsprechung ist spezifisch für das deutsche Rechtssystem. In anderen Rechtskulturen findet sie sich allenfalls in deutlich schwächerer Ausprägung. Insofern kann man von einem „deutschen Sonderweg" sprechen (so *Lepsius*, Kritik, S. 47). Die Aufgabe, durch subgesetzliche Regelbildung (im Common Law: durch konkretisierende Präjudizien) begründetes Entscheiden zu ermöglichen, stellt sich aber in allen Rechtsordnungen.

über die Rechtsauffassungen zu verschaffen, die zu einem bestimmten Rechtsproblem aktuell vertreten werden.

Die Existenz von Gesetzeskommentaren ist in der deutschen Rechtskultur so selbstverständlich, dass der Eindruck entstehen könnte, es handele sich um *notwendige Elemente* des rechtswissenschaftlichen Instrumentariums einer kodifizierten Rechtsordnung. Dieser Eindruck würde täuschen. Gesetzeskommentare sind keineswegs in allen kodifizierten Rechtsordnungen eine Selbstverständlichkeit. Und auch dort, wo Kommentare zum Handwerkszeug der Rechtspraxis gehören, finden sie sich regelmäßig nicht in der gleichen Dichte wie in der deutschen Rechtsordnung.

Die Zurückhaltung gegenüber Gesetzeskommentaren, die in manchen (auch: kodifizierten) Rechtsordnungen zu konstatieren ist, kann unterschiedliche Ursachen haben. Im Bereich autoritär strukturierter Herrschaftssysteme kann dahinter die Sorge des Regimes stehen, eine mögliche „Einmischung" nicht staatlich kontrollierter Kräfte in die Auslegung der Gesetze könnte deren Autorität und damit die des Regimes gefährden. Dieses Motiv war in Deutschland insbesondere in der Zeit des *Absolutismus* wirkungsmächtig. Es führte dazu, dass der absolute Herrscher nicht nur Gesetze erließ, sondern gleichzeitig Verbote, diese Gesetze zu kommentieren.[20]

Ein anderer Grund kann in einer traditionell begründeten Distanz zwischen Gesetzgebung und Justiz auf der einen, der akademischen Rechtswissenschaft auf der anderen Seite liegen. Möglicherweise fehlt in der akademischen Rechtswissenschaft auch einfach die Kapazität für die aufwendige Erarbeitung von Gesetzeskommentierungen.

3. Vorrang-Anspruch der akademischen Rechtsdogmatik

In Deutschland spiegelt die „Durchkommentierung" der Rechtsordnung die besondere Bedeutung der Rechtsdogmatik als einer Brücke zwischen Rechtswissenschaft und Rechtspraxis. Sie basiert auf dem nachwirkenden Einfluss der sog. *Historischen Rechtsschule*, die im 19. Jahrhundert die deutsche Rechtskultur dominierte.[21] Die zentrale Botschaft der historischen Rechtsschule und ihres Hauptes, *Friedrich Carl von Savigny*[22], war, dass für die Feststellung rechtlicher Regeln nicht die staatlichen Institutionen, sondern die Rechtswissenschaftler zuständig seien. Der „Volksgeist", auf den *Savigny* sich berief, war nicht der Geist des Volkes, sondern der Geist der akademischen Rechtswissenschaft.[23]

Dieser Anspruch der Rechtswissenschaft auf Vorrang gegenüber der staatlichen Gesetzgebung wirkt heute noch nach in einem gelegentlich anzutreffenden Überlegenheitsanspruch der Rechtswissenschaft gegenüber der Rechtsprechung.[24] In der juristischen Ausbildung wird die *„wirkliche"* Rechtslage keineswegs mit der Rechtsprechung der obersten Gerichte identifiziert. Die „wirkliche" Rechtslage wird vielmehr als eine Gegebenheit verstanden, deren Feststellung Aufgabe der Rechtsdogmatik ist und die von den Gerichten erkannt, aber auch verfehlt werden kann. Das Rechtsverständnis, das diesem Modell der Rechtsdogmatik zugrunde liegt, wirft allerdings eine Reihe rechtsphilosophischer Probleme auf.

---

20 Dazu *H. J. Becker*, Art. „Kommentier- und Auslegungsverbot", in: A. Erler/E. Kaufmann (Hrsg.), Handwörterbuch der Rechtsgeschichte (HRG), Bd. II, 1978, S. 963–974.
21 Näher zur Historischen Rechtsschule oben § 4 Rn. 34 ff.
22 Zu *Savigny* vgl. *Rückert*, Idealismus; *Lahusen*, Volksgeist.
23 *Koschaker*, Europa und das Römische Recht, S. 197.
24 Krit. dazu *Fischer*, Strafrechtswissenschaft.

III. Kritik des Erkenntnisanspruchs der akademischen Rechtsdogmatik

1. Modell der Rechtserkenntnis

25 An erster Stelle der Kritik, die an der akademischen Rechtsdogmatik geübt wird, steht die Vorstellung von einer *Erkenntnis* des „wirklichen" Rechts. Diese Vorstellung ist Voraussetzung für die beanspruchte Überlegenheit der Rechtswissenschaft über die Rechtspraxis. Sie ist, weitergehend, jedenfalls *prima facie* Voraussetzung dafür, dass der Rechtswissenschaft überhaupt die Befugnis zur Mitgestaltung des Rechts zugesprochen werden kann. Denn dem Rechtswissenschaftler fehlt, anders als dem Gesetzgeber und dem Richter, die demokratische *Legitimation* zur Gestaltung rechtlicher Regeln.[25] Der Rechtswissenschaftler ist berufen zur *Erkenntnis*, nicht zur *Gestaltung* des Rechts. Seine Legitimation ist die Richtigkeit (Wahrheit) seiner Aussagen. Sie reicht also nur so weit, wie man sinnvoller Weise von einer zutreffenden Erkenntnis des geltenden Rechts sprechen kann.

26 Ein *traditionelles Modell der Rechtsfindung* entspricht diesen Voraussetzungen. Aufgabe der Rechtsdogmatik ist nach diesem Modell nicht die schöpferische Konkretisierung, sondern nur die *Erkenntnis* des vorgegebenen Rechts. Die Rechtsordnung wird als geschlossenes System interpretiert, das für jeden Rechtsfall eine Lösung bereithält. Diese Lösung kann allerdings verborgen sein. Aufgabe der Rechtsdogmatik ist es dann, diese verborgene Lösung ans Licht zu bringen. Die Methode dafür ist die *Auslegung* der Gesetze.[26] Da Auslegung bei diesem Verständnis nur Vorhandenes zur Klarheit bringen soll, nicht aber das Recht mitgestalten darf, ist ihre Perspektive strikt auf das Gesetz begrenzt; die Frage der Vernünftigkeit, der Zweckmäßigkeit der Ergebnisse darf keine Rolle spielen.

27 So ist nach dem klassischen Auslegungskanon *Savignys* die Gesetzesinterpretation auf die grammatische, die logisch/systematische und die historische Auslegung beschränkt.[27] Gerechtigkeit und Zweckmäßigkeit des Ergebnisses dürfen allenfalls in Grenzfällen eine Rolle spielen.[28] Auch die systematische Arbeit an den Begriffen des Rechts wird als Akt der Erkenntnis verstanden. Die Systematik ist nicht eine Leistung des Rechtswissenschaftlers, sondern des Rechts selbst; denn die Begriffe stehen in einer vorgegebenen Relation zueinander (*Begriffsjurisprudenz*).

2. Destruktion des Erkenntnis-Modells

28 Dieses Modell einer *geschlossenen Rechtsordnung*, die für jeden Fall eine einzig richtige Entscheidung bereithält, ist seit längerem als Fiktion erkannt und aufgegeben worden.[29] Das zentrale Gegenargument: Recht hat nur eine soziale, nicht aber eine ideale Existenz. Es ist daher nur in Gestalt der tatsächlich formulierten Regeln gegeben. Die Gewinnung neuer Regeln im Wege der „Auslegung" von Gesetzen ist deshalb nicht Erkenntnis, sondern *Gestaltung* des Rechts.[30]

---

25 Exemplarisch: *Jestaedt*, Rechtswissenschaft, S. 267.
26 Dazu unten § 16.
27 *Savigny*, System des heutigen Römischen Rechts, Bd. I, 1840, S. 212 ff. Näher dazu unten § 16 Rn. 28 ff.
28 Ebd., S. 229.
29 Grundlegende Kritik bei *Arthur Kaufmann*, Analogie, S. 11 f.; *Kriele*, Rechtsgewinnung, S. 312 ff. Zum Problem eines Wahrheitsanspruchs rechtswissenschaftlicher Aussagen schon oben § 13 Rn. 9 ff.
30 Dazu vor allem *Kriele*, ebd. Näher § 16 Rn. 2 ff.

III. Kritik des Erkenntnisanspruchs der akademischen Rechtsdogmatik § 14

An diesem Ergebnis ändert sich auch dann nichts, wenn man in die Betrachtung neben dem geschriebenen Recht die *ungeschriebenen Rechtsprinzipien* mit einbezieht. Das faszinierende Modell der „einzig richtigen Entscheidung" von *Ronald Dworkin*[31] formuliert eine regulative Idee für die rechtswissenschaftliche wie für die richterliche Tätigkeit, liefert aber keine realistische Beschreibung der juristischen Wirklichkeit.[32]

Diese Einsicht hat weitreichende Konsequenzen für das Verständnis von Rechtsdogmatik. Diese Konsequenzen betreffen die Struktur dogmatischen Argumentierens ebenso wie die Stellung der Rechtswissenschaft im Rechtssystem der Gesellschaft.

Sie betreffen zunächst die *Struktur der juristischen Argumentation*. Wenn die Funktion der Rechtsdogmatik nicht in der *Erkenntnis*, sondern in der *Gestaltung* von Rechtsregeln liegt, dann kann die Verantwortung für die *sachliche Richtigkeit*, für die Vernünftigkeit der dogmatischen Regeln nicht mehr allein dem Gesetzgeber zugeschoben werden. Das heißt: Die „Produzenten" von Rechtsdogmatik müssen die Verantwortung für die Qualität ihres Produktes mit übernehmen und diese Verantwortung auch offenlegen. Die dogmatische Regelbildung kann und muss sich demnach auch explizit auf *Argumente der sachlichen Richtigkeit* stützen. Neben die input-orientierte Argumentation tritt damit die output-orientierte.[33] In der deutschen Rechtskultur hat sich diese Umstellung der Argumentation inzwischen weithin vollzogen. Die *folgenorientierte Rechtsdogmatik* hat insbesondere im Zivilrecht[34] ein großes Terrain erobert; sie ist aber auch im Öffentlichen Recht und im Bereich des Strafrechts[35] auf dem Vormarsch.

Zugleich gerät auch – der zweite Punkt – die Legitimation der akademischen Rechtswissenschaft zur Produktion von Dogmatik ins Zwielicht. Denn zur Gestaltung des Rechts ist der Rechtswissenschaftler nicht legitimiert,[36] und schon gar nicht zur Rechtsgestaltung nach politischen oder moralischen Gesichtspunkten.

Das Problem verschärft sich infolge von Veränderungen hinsichtlich der *gesellschaftlichen Funktion* des Rechts. Konnte man Recht, vor allem im Bereich des Zivilrechts, in früheren Rechtsepochen als Regelsystem zur Lösung von individuellen Konflikten verstehen und damit von dem Bereich der Politik abkoppeln, so hat sich die Funktion des Rechts inzwischen in Richtung auf die *Steuerung gesellschaftlicher Entwicklungen* verschoben.[37] Damit verliert die Trennung von Recht und Politik zwangsläufig an Prägnanz. In die gleiche Richtung weist die Herausbildung des politiknahen Verfassungsrechts. In der Theorie der Grundrechte und der Menschenrechte sind Recht und Moral, sind Recht und Politik nicht mehr scharf zu trennen.

---

31 *Dworkin*, Bürgerrechte, S. 144 ff., 448 ff., 529 ff.
32 Zum Modell der „einzig richtigen Entscheidung" als notwendigem Leitbild der richterlichen Tätigkeit ausf. *Neumann*, Argumentationstheorie, § 9 Rn. 32 ff.
33 Zu dieser doppelten Orientierung der juristischen Argumentation vgl. *Strömholm*, Argumentationstechnik, S. 337 ff.
34 Vgl. dazu *Deckert*, Folgenorientierung; *Lübbe-Wolff*, Rechtsfolgen.
35 Nachweise und Kritik bei *Hassemer*, Folgen, S. 493 ff.
36 Dazu ausf. *Lepsius*, Kritik. Anders *Gröschner*, Rechtsdogmatik, mit dem Hinweis, dass die akademische Rechtswissenschaft lediglich Lösungsvorschläge anbiete und es der Rechtspraxis freistehe, diesen zu folgen oder nicht (S. 70).
37 Vgl. dazu etwa *Lepsius*, Kritik, S. 39 ff. Näher zur Steuerungsfunktion des Rechts oben § 9 Rn. 17 f.

3. Rechtswissenschaft als rationale juristische Argumentation

34 Heißt das, dass sich Rechtsdogmatik an diesen Punkten in Rechtspolitik und Moralphilosophie auflösen müsste? Die Antwort ist ein klares Nein. Auch in diesem Bereich ist Aufgabe der Rechtswissenschaft weder die gesetzgeberische Dezision noch der moralische Wertungsakt. Die Rechtswissenschaft hat sich auch hier – wie generell – auf „wissenschaftliche", d. h. intersubjektiv nachvollziehbare Aussagen zu beschränken. Aber dieser Bereich begrenzt sich nicht auf den der Erkenntnis vorgegebener Rechtsregeln. Der Zuständigkeitsbereich des Rechtswissenschaftlers ist vielmehr deckungsgleich mit dem Bereich *rationaler juristischer Argumentation*.[38] Seine Kompetenz erstreckt sich auf das Gebiet der *Rechtspolitik*, soweit es um die Auswahl geeigneter rechtlicher Mittel für bestimmte Zwecke geht oder um die Vereinbarkeit rechtspolitischer Projekte mit anerkannten Regeln und Prinzipien der Rechtsordnung.

35 Auch für den Bereich der *Rechtsethik*[39] ist der Rechtswissenschaftler mit zuständig, sofern es um eine rationale, an den Interessen der Menschen orientierte Moral und nicht um die Umsetzung religiöser Wertvorstellungen geht. Inwieweit der Rechtswissenschaftler hier als Rechtsdogmatiker, inwieweit er als Rechtsphilosoph gefordert ist, ist eine sekundäre Frage. Versteht man Rechtsphilosophie als einen Zweig der Praktischen Philosophie, dann ist auch die Grenze zwischen Rechtsphilosophie und Rechtsdogmatik eine durchlässige Grenze.

IV. Rechtstheoretische Kritik der Rechtsdogmatik

1. Dogmatik als Distanzierung vom Gesetz

36 Rechtsdogmatik dient, wie festgestellt, als *Dogmatik erster Stufe* in kodifizierten Rechtsordnungen der *Ergänzung* gesetzlicher Normen. Die Normen des Gesetzes werden auf spezifische Fallkonstellationen hin konkretisiert und damit für die Subsumtion dieser Falltypen unter die jeweilige Norm aufbereitet. In dieser Funktion soll sie gewährleisten, dass Fälle unter Rückbindung an das Gesetz entschieden werden können. Sie leistet damit einen Beitrag zur Realisierung des rechtsstaatlichen Prinzips der *Gesetzesbindung*.

37 Dogmatik kann aber auch, gerade umgekehrt, *Distanzierungen* von dem Gesetz ermöglichen.[40] Sie kann also zur Belastung des Prinzips der Gesetzesbindung werden. In der deutschen Rechtsordnung finden sich dafür zahllose Belege. Wir beschränken uns im Folgenden auf drei Beispiele.

a) Das „besondere Gewaltverhältnis"

38 Das erste Beispiel entstammt dem Öffentlichen Recht. Es geht um eine dogmatische Figur, die dazu dienen sollte, in bestimmten Lebensbereichen Grundrechte ohne gesetzliche Grundlage (!) einzuschränken, sie den Betroffenen sogar von vornherein abzusprechen.

39 Nach den Bestimmungen der Verfassung ist das ausgeschlossen. Art. 19 Abs. 1 GG setzt zwingend voraus, dass Grundrechte nur „durch Gesetz oder auf Grund eines Gesetzes" eingeschränkt werden können. Ausnahmen für Personen, die in besonde-

---

[38] So der Ansatz bei *Alexy*, Theorie der juristischen Argumentation, und *Neumann*, Argumentationstheorie.
[39] Zu Gegenstandsbereich und Rationalitätskriterien der Rechtsethik *von der Pfordten*, Rechtsethik.
[40] Grundlegend *Luhmann*, Rechtssystem, S. 18 ff.

IV. Rechtstheoretische Kritik der Rechtsdogmatik § 14

ren Rechtsverhältnissen stehen (etwa: Beamte, Militärdienstleistende, Strafgefangene, Schülerinnen und Schüler), kennt das Grundgesetz nicht. Erst recht kennt es keine Personen, denen im Kontext eines bestimmten Rechtsverhältnisses Grundrechte *prinzipiell* nicht zustehen würden.

Rechtsprechung und Rechtswissenschaft haben das in den beiden ersten Jahrzehnten der Bundesrepublik anders gesehen. Es dominierte die Auffassung, dass sich, beispielsweise, *Strafgefangene* gegenüber Einschränkungen, denen sie im Strafvollzug ausgesetzt wurden, nicht auf die verfassungsrechtlich verbürgten Grundrechte berufen könnten. Die *dogmatische Figur*, auf die man sich dabei stützte, war die des *besonderen Gewaltverhältnisses*. Auf Personen, die in einem besonderen Gewaltverhältnis stünden, seien die Grundrechte, so die überwiegende Auffassung, nicht anwendbar. Der dogmatische Topos „besonderes Gewaltverhältnis" diente Behörden und Gerichten dazu, die verfassungsrechtlichen Garantien des Grundgesetzes teilweise zu unterlaufen, scharf formuliert: die Verfassung zu brechen.

Erst eine Entscheidung des Bundesverfassungsgerichts aus dem Jahr 1972 bereitete dieser Praxis ein Ende. Der Sachverhalt:[41]

Der Beschwerdeführer, ein Strafgefangener der Justizvollzugsanstalt (JVA) Celle, hatte einen Brief über die Zustände in der JVA verfasst. Er wollte diesen Brief an einen Verein schicken, der sich um die Rechte und Interessen von Gefangenen kümmerte. Dieser Brief wurde von der Anstaltsleitung mit der Begründung zurückgehalten, dass er beleidigenden Charakter habe und außerdem Interna der Anstalt betreffe. Eine gesetzliche Regelung, die eine solche Maßnahme erlaubt hätte, existierte seinerzeit nicht.[42] Auf die Beschwerde des Strafgefangenen hin bestätigte die zuständige Generalstaatsanwaltschaft gleichwohl die Entscheidung der JVA.

Da dem Strafgefangenen die finanziellen Mittel fehlten, um, wie beabsichtigt, gegen diese Entscheidung gerichtlich (gem. § 23 EGGVG) vorzugehen, stellte er zunächst einen Antrag auf Prozesskostenhilfe. Er argumentierte, er werde durch die Entscheidungen der JVA und des Generalstaatsanwalts in seinem Grundrecht auf freie Meinungsäußerung (Art. 5 Abs. 1 Satz 1 GG) verletzt. Das OLG Celle wies den Antrag ab. Begründung: Der Antragsteller könne sich nicht auf die grundgesetzlich geschützte Meinungsfreiheit (Art. 5 GG) berufen, weil die Grundrechte auf ihn als Strafgefangenen nicht anwendbar seien. Gegen diesen Beschluss des OLG wandte sich der Beschwerdeführer mit seiner Verfassungsbeschwerde.

Das BVerfG gab der Beschwerde statt und erteilte in der Begründung seines Beschlusses dem „Besonderen Gewaltverhältnis" als einer dogmatischen Figur, mit deren Hilfe gesetzlich nicht vorgesehene Grundrechtseingriffe gerechtfertigt werden könnten, eine Absage.[43] Zwar gebe es „Sonderrechtsverhältnisse", innerhalb derer Grundrechtseingriffe in weiterem Umfang gerechtfertigt werden könnten als außerhalb dieser besonderen Rechtsverhältnisse. Personen innerhalb eines solchen Sonderrechtsverhältnisses *generell* Grundrechte abzusprechen, sei mit der Verfassung aber nicht vereinbar. Es gehe um die Einschränkung von Grundrechten, für die in jedem Fall eine *gesetzliche Grundlage* erforderlich sei. Zudem könnten auch durch eine gesetzliche Regelung nur solche Grundrechtseingriffe gerechtfertigt werden, die aufgrund der *besonderen Struktur des Rechtsverhältnisses* erforderlich sein könnten. Das Blockieren des Briefes eines

---

41 Ausf. dargestellt in BVerfGE 33, 1.
42 Das Strafvollzugsgesetz (StVollzG), das u. a. die Rechtsstellung des Gefangenen gegenüber der Anstaltsleitung und deren Eingriffsbefugnisse regelte, wurde erst *nach* dem Beschluss des BVerfG erlassen. Inzwischen liegt die Zuständigkeit für die Regelung des Strafvollzugs bei den Bundesländern.
43 BVerfGE 33, 1.

Strafgefangenen wegen eines – angeblich – beleidigenden Inhalts und wegen darin enthaltener Darstellungen über Zustände in der JVA genüge diesen Anforderungen nicht.

43 Das Beispiel zeigt, in welcher Weise dogmatische Figuren entwickelt und genutzt werden können, um gesetzliche, *in casu*: verfassungsrechtliche Normen außer Kraft zu setzen. Es macht zugleich deutlich, dass ein dogmatisches Relikt aus dem Obrigkeitsstaat („Besonderes Gewaltverhältnis") in einer demokratisch und rechtsstaatlich verfassten Republik jahrzehntelang weiterleben kann, wenn Rechtsprechung und Rechtswissenschaft es versäumen, die von ihnen verwaltete Rechtsdogmatik den veränderten verfassungsrechtlichen Bedingungen anzupassen.

b) Actio libera in causa

44 Das zweite Beispiel betrifft ein Problem der strafrechtlichen Zurechnung. Nach dem deutschen Strafrecht ist die strafrechtliche Verantwortung für eine Tat dann ausgeschlossen, wenn der Täter

„bei Begehung der Tat wegen einer krankhaften seelischen Störung, wegen einer tiefgreifenden Bewußtseinsstörung oder wegen einer Intelligenzminderung oder einer schweren anderen seelischen Störung unfähig ist, das Unrecht der Tat einzusehen oder nach dieser Einsicht zu handeln" (§ 20 StGB).

45 Für diesen Fall verneint das Gesetz die Schuldfähigkeit und damit die Schuld des Täters. Der Täter ist freizusprechen.

46 Das Problem: Eine „tiefgreifende Bewusstseinsstörung" im Sinne des § 20 StGB ist auch dann zu bejahen, wenn der Täter die Tat im Zustand einer eigenverantwortlich herbeigeführten *Volltrunkenheit* begeht. Nach dem Gesetzestext gilt das selbst dann, wenn der Täter sich gezielt betrunken hat, um die Tat „unter dem Schutz" des § 20 StGB zu begehen. Denn eine Ausnahme für diese Konstellation sieht das deutsche Strafgesetzbuch (anders etwa als das der Schweiz, Polens oder Koreas) nicht vor. Die Folge: Eine Bestrafung des Täters wegen der verübten Tat käme auch in diesem Fall nach der Gesetzeslage nicht in Betracht. Verurteilt werden könnte der Täter lediglich wegen des Sichbetrinkens (!), und zwar auch bei schwersten Delikten zu einer Freiheitsstrafe von maximal 5 Jahren.[44]

47 Die Strafrechtsdogmatik unternimmt es, dieses Ergebnis zu korrigieren. Die „Rechtsfigur", deren sie sich zu diesem Zweck bedient, ist die der *actio libera in causa* – wörtlich: „die/eine in der Ursache freie Handlung". Diese Rechtsfigur kann auf eine jahrhundertealte Tradition zurückblicken, hat im Laufe dieser Zeit aber höchst unterschiedliche Konturen angenommen und ist auch heute noch von einem klaren Profil weit entfernt. Die Konstruktionen, die zur *actio libera in causa* entwickelt wurden, sind kaum noch überschaubar, widersprechen einander und zeichnen sich teilweise durch große architektonische Kühnheit aus. Letzteres gilt auch für die von der Rechtsprechung vertretene und im Schrifttum herrschende Auffassung, der zufolge im oben genannten Beispielsfall schon das Trinken des Alkohols (!) als tatbestandsmäßige Tötungshandlung (!) anzusehen wäre („Tatbestandsmodell"), so dass § 20 StGB einer Bestrafung des bei Tatausführung volltrunkenen Täters wegen Mordes nicht entgegenstehen würde.

---

44 Tatbestand des „Vollrauschs" (§ 323a StGB).

IV. Rechtstheoretische Kritik der Rechtsdogmatik § 14

Es geht an dieser Stelle nicht darum, ob die Bestrafung des Täters wegen Mordes in diesem Fall unter Gesichtspunkten der Strafgerechtigkeit angemessen ist (was zu bejahen wäre). Es geht auch nicht darum, ob die herrschende Konstruktion zur *actio libera in causa* oder eines der zahlreichen alternativen Modelle Plausibilität beanspruchen kann (was zu verneinen wäre). Im vorliegenden Kontext ist entscheidend, dass die Rechtsdogmatik hier Funktionen der Gesetzgebung übernimmt – was auch daran erkennbar ist, dass in zahlreichen anderen Rechtsordnungen entsprechende *gesetzliche* Ausnahmeregelungen für die fraglichen Fallkonstellationen existieren. Dogmatik wendet sich damit *gegen* das Gesetz.

c) Das nächtliche Schlagen der Kirchturmuhr – kein „Lärm"?

Ein letztes Beispiel.[45] In einer Entscheidung des Oberverwaltungsgerichts (OVG) Saarlouis[46] ging es um die Rechtmäßigkeit einer Verfügung, mit der die zuständige Verwaltungsbehörde einer Kirchengemeinde aufgegeben hatte, das Schlagwerk der Kirchturmuhr zum Schutz der Nachtruhe von Anwohnern in der Zeit von 22 bis 6 Uhr abzustellen. Die entscheidende Frage war, ob es sich bei dem nächtlichen Zeitschlagen der Glocken um „schädliche Umwelteinwirkungen" im Sinne des Bundesimmissionsschutzgesetzes handelte, die in § 3 Abs. 1 des Gesetzes definiert sind als

> „Immissionen, die nach Art, Ausmaß oder Dauer geeignet sind, Gefahren, erhebliche Nachteile oder erhebliche Belästigungen für die Allgemeinheit oder die Nachbarschaft herbeizuführen".

Die Verfügung bejahte diese Frage in Orientierung an den Grenzwerten, die in der maßgeblichen Verwaltungsvorschrift („TA Lärm") festgelegt sind. Diese Grenzwerte wurden durch das nächtliche Glockenschlagen – unstreitig – überschritten.

Während das Verwaltungsgericht (VG) in erster Instanz die Verfügung bestätigt hatte, sahen die Richter des OVG Saarlouis die Dinge anders. Zwar wurde nicht bezweifelt, dass der Geräuschpegel jenseits der Grenze dessen lag, was nach den allgemeinen immissionsschutzrechtlichen Bestimmungen hinzunehmen ist. Bestritten wurde aber, dass diese Grenze in dem zu entscheidenden Fall maßgeblich sei. Denn: Der Glockenschlag von Kirchturmuhren könne mit sonstigen Geräuschquellen nicht auf eine Stufe gestellt werden. Es handele sich dabei, so die Argumentation, nicht um (gewöhnlichen) Lärm, sondern um einen „Hinweis auf die Präsenz der Kirche und die Zeitlichkeit des Menschen"[47]. Das OVG gab deshalb der Kirchengemeinde Recht und hob die angefochtene Verfügung auf.

Die Entscheidung des OVG Saarlouis verdeutlicht in geradezu musterhafter Weise, wie gesetzliche Regelungen durch *dogmatische Manipulationen* verfälscht werden können. Denn selbstverständlich kann man die Grenzwerte für „Lärm", die in einer gesetzlichen Regelung festgelegt sind, nicht dadurch beiseiteschieben, dass man – ohne jeden Anhaltspunkt im Gesetz – Geräuschentwicklungen, die nach der *eigenen* Deutung des Dogmatikers (hier: des Gerichts) einen „Hinweis auf die Präsenz der Kirche und die Zeitlichkeit des Menschen" enthalten, schlicht aus dem präzise definierten *Rechtsbegriff* des Lärms herausnimmt.

---

45 Dazu schon *Neumann*, Strategien, S. 66 ff. (Formulierungen teilweise übernommen).
46 OVG Saarlouis NVwZ 1992, 72.
47 OVG Saarlouis NVwZ 1992, 74.

53 Ganz abgesehen davon, dass die Mehrheit der deutschen Bevölkerung das Zeitschlagen von Kirchturmuhren (es ging nicht um das *kultische* Glockenläuten) kaum als einen „Hinweis auf die Präsenz der Kirche und die Zeitlichkeit des Menschen" erleben dürfte: Die persönlichen religiösen Vorstellungen in dieser Weise willkürlich mit Gesetzesbegriffen „kurzuschließen", wie es die Richter des OVG offensichtlich getan haben, liegt jenseits des Vertretbaren.[48]

2. „Begriffsjurisprudenz"

54 Der zweite Kritikpunkt betrifft die *Art und Weise* der dogmatischen Regelbildung in einigen Bereichen der (insbesondere: deutschen) Strafrechtsdogmatik.[49] Der Kern des Vorwurfs: Dogmatische Begriffe, die lediglich bestimmte Rechtsfolgen *bezeichnen*, werden zur *Begründung* ebendieser Rechtsfolgen verwendet. Damit wird die „Begründung" zwangsläufig zirkulär.

55 Ein Beispiel bildet der Begriff des *eigenhändigen Delikts* in der strafrechtlichen Dogmatik. Der Hintergrund: Täter eines Delikts ist nicht nur derjenige, der die Straftat selbst, sondern auch derjenige, der sie „durch einen anderen" begeht.[50] Man spricht hier von einer „mittelbaren" Täterschaft. Erfasst werden beispielsweise Fälle, in denen jemand eine geisteskranke, also nicht selbst verantwortlich handelnde Person zur Begehung einer Straftat bestimmt.

56 Es besteht Einigkeit, dass eine mittelbare Täterschaft nicht bei allen Delikten in Betracht kommt. Ob das der Fall ist, bestimmen die Regeln der Sprache. Es hängt also von der Struktur und der Formulierung des jeweiligen Tatbestands ab. Man kann jemanden *durch einen anderen* und damit in mittelbarer Täterschaft *töten*. Man kann aber nicht dadurch „im Zustand trunkenheitsbedingter Fahruntüchtigkeit *ein Fahrzeug führen*"[51], dass man einen betrunkenen Dritten dazu veranlasst, sich ans Steuer zu setzen. Die Straftatbestände, bei denen eine mittelbare Täterschaft nicht in Betracht kommt, werden als *eigenhändige Delikte* bezeichnet. So weit, so unproblematisch.

57 Problematisch wird die Argumentation dort, wo der Begriff des „eigenhändigen Delikts" zur *Begründung* dafür eingesetzt wird, dass bei einem bestimmten Tatbestand mittelbare Täterschaft nicht in Betracht kommt. Die Argumentation lautet dann beispielsweise: „Der Tatbestand der Trunkenheit im Verkehr kann nicht in mittelbarer Täterschaft verwirklicht werden, *weil* es sich bei § 316 StGB um ein eigenhändiges Delikt handelt." Richtig wäre die Umkehrung: § 316 StGB ist *deshalb* ein eigenhändiges Delikt, *weil* er nicht in mittelbarer Täterschaft verwirklicht werden kann. Das bedeutet: Dass bei einem Delikt mittelbare Täterschaft nicht in Betracht kommt, muss in anderer Weise begründet werden als über die Feststellung, es handele sich um ein „eigenhändiges" Delikt.

58 Bei § 316 StGB kann und muss man für diese Begründung auf den *Wortlaut* des Tatbestands zurückgreifen. Nach dem (heutigen) allgemeinen Sprachgebrauch „führt" ein Fahrzeug derjenige, der es steuert, nicht (auch) derjenige, der den Fahrer dazu bestimmt hat, sich ans Steuer zu setzen. Die korrekte Begründung dafür, dass bei § 316 StGB mittelbare Täterschaft nicht in Betracht kommt, würde also lauten:

---

[48] Das BVerwG hat die Entscheidung des OVG Saarlouis dementsprechend aufgehoben (BVerwG DVBl 1992, 1234).
[49] Detaillierte Kritik bei *Koskenniemi*, Apology; *dems.*, To the Uttermost Parts of the Earth.
[50] § 25 Abs. 1 StGB.
[51] § 316 StGB (Formulierung sinngemäß).

IV. Rechtstheoretische Kritik der Rechtsdogmatik § 14

„Ein Fahrzeug ‚führt' nur derjenige, der es selbst steuert, nicht auch derjenige, der einen anderen dazu bestimmt, es zu steuern. *Deshalb* scheidet eine Verwirklichung des Tatbestands des § 316 StGB in mittelbarer Täterschaft aus, und *insofern* ist es zutreffend, den Tatbestand als eigenhändiges Delikt einzuordnen."

Generell gilt: Aus dogmatischen Begriffen können nicht *per se* Rechtsfolgen abgeleitet werden.[52] Das abweichende Verfahren lässt sich (mit negativer Konnotation) als *Begriffsjurisprudenz* kennzeichnen.[53] Zur Begründung von Rechtsfolgen muss entweder auf das Gesetz zurückgegriffen werden, oder aber auf Wertungen, die in dem dogmatischen Begriff „gespeichert" sind. Ein Beispiel für Letzteres ist etwa die im Jahre 1861 von *Rudolf von Jhering* entwickelte zivilrechtsdogmatische „Figur" der *culpa in contrahendo (c. i. c.)*. Danach trifft (vereinfacht) eine Haftung aus dem Vertragsverhältnis auch denjenigen, in dessen Geschäftsräumen ein potentieller Kunde bei Vertrags*verhandlungen* (und damit bereits *vor* Vertragsschluss) einen Schaden erleidet. Auch hier gilt aber, dass der Begriff der *culpa in contrahendo* als solcher keine *Begründung* der Rechtsfolge leistet. Die sachliche Begründung liegt in den hinter dem Begriff stehenden wertenden Erwägungen.[54]

3. Naturalistische Missverständnisse

a) Rechtsbegriffe sind Funktionsbegriffe!

Rechtsbegriffe sind Teil einer *normativen* Ordnung und haben insofern selbst *normativen* Charakter. Damit ist gemeint: Sie bezeichnen keine Objekte, die dem Recht vorgegeben wären, sondern markieren bestimmte Rechtsfolgen. Ihre Bedeutung ergibt sich aus dieser Funktion. Wie sie zu interpretieren sind, ist deshalb eine Frage der rechtlichen Regelung, in deren Kontext sie stehen, nicht aber der Struktur der Lebenssachverhalte, auf die sie sich beziehen. Deshalb kann dasselbe Wort in der Umgangssprache einerseits, in der Rechtssprache (Sprache des Gesetzes und/oder der Rechtsdogmatik) andererseits in ganz unterschiedlicher Bedeutung verwendet werden.[55] Dazu zwei unter Juristen geläufige (wenngleich inzwischen leicht veraltete) Beispiele:

Das erste Beispiel: In der Benutzungsordnung einer Badeanstalt heißt es: (1) „Die Frauenabteilung der Badeanstalt darf nur von Frauen betreten werden. (2) Frau im Sinne dieser Bestimmung ist auch der Bademeister."

Ein anderes Beispiel, das in eine noch etwas weiter zurückliegende Epoche verweist: (1) „Bei Dunkelheit müssen alle Bürger auf der Straße Laternen tragen. (2) Die Dunkelheit fängt an, sobald die städtischen Laternen zu brennen beginnen."

Gegen beide Regelungen ist aus rechtstheoretischer Sicht nichts einzuwenden – über ihre sprachliche Eleganz ist hier nicht zu diskutieren.[56] Ebenso wie der Begriff „Frau"

---

52 Näher dazu *Neumann*, Argumentationstheorie, § 2 Rn. 234 ff.
53 In ähnlicher Bedeutung wird der Begriff seit *Rudolf von Jhering* zur Kennzeichnung einer rechtstheoretisch-rechtsmethodologischen Richtung des 19. Jahrhunderts verwendet, der er Lebensferne und Ableitung von Rechtsfolgen aus Begriffskonstruktionen anlastet. Guter Überblick und Nachw. dazu bei *Haferkamp*, Artikel „Begriffsjurisprudenz", in: Enzyklopädie zur Rechtsphilosophie ‹Begriffsjurisprudenz – enzyklopaedie-rechtsphilosophie.net›.
54 Die (fast) ein halbes Jahrhundert später (2002) zu einer entsprechenden gesetzlichen Regelung geführt haben (§§ 280 Abs. 1, 311 Abs. 2, 241 Abs. 2 BGB).
55 Dazu auch das Beispiel in § 16 Rn. 12 ff.
56 Ein aktuelles Beispiel bietet die (auf Anhieb eher skurril anmutende) gesetzliche Festlegung: „Das politische Leben des Volkes reicht bis hin zur kommunalen Ebene" (§ 188 Abs. 1 Satz 2 StGB). Es geht hier nicht um eine Aussage über eine „Reichweite" des „politischen Lebens des Volkes" (was immer das sein sollte). Viel-

wird der Begriff „Dunkelheit" hier als *Rechtsbegriff* verwendet. Gemeint ist natürlich nicht, dass „tatsächlich" Dunkelheit eintritt, sobald die städtischen Laternen in Betrieb genommen werden (was dem Beleuchtungssystem der Stadt ein schlechtes Zeugnis ausstellen würde). Vielmehr beziehen sich die Begriffe jeweils auf eine bestimmte *Rechtsfolge*. Die Bürger *müssen* auf der Straße Laternen tragen, sobald die städtischen Laternen zu brennen beginnen. Entsprechend: Der Bademeister *darf* die Badeabteilung betreten, die ansonsten für Frauen reserviert ist.

62 In beiden Beispielen ist es gerade die (scheinbare) Skurrilität, die sehr rasch deutlich macht, dass zwischen dem jeweiligen Rechtsbegriff einerseits, dem wortgleichen Begriff der Umgangssprache andererseits unterschieden werden muss. Dort, wo das weniger offensichtlich ist, droht die Gefahr, dass Gesetzesbegriffe oder (vor allem) dogmatische Funktionsbegriffe als Realbegriffe missverstanden werden[57] – die Gefahr einer naturalistischen Begriffsbildung[58]. Naturalistische Begriffsbildungen sind verantwortlich für verschiedene Scheinprobleme, unter denen das prominenteste wohl das der Kausalität der Unterlassung ist.

b) Die Suche nach der Kausalität in der Unterlassung

63 Der Hintergrund: Gesetze verwenden an vielen Stellen Formulierungen, in denen sie sich auf Handlungen beziehen, mit denen ein bestimmter „Erfolg" herbeigeführt wird. So erfasst der Straftatbestand der Körperverletzung[59] Handlungen, durch die ein Mensch *verletzt* wird. Vorausgesetzt wird damit, dass zwischen der Handlung und dem „Erfolg" ein *ursächlicher Zusammenhang* besteht. Anhand welcher Kriterien das in Zweifelsfällen zu beurteilen ist, ist Gegenstand einer intensiven Diskussion zwischen unterschiedlichen juristischen Kausalitätstheorien.[60]

64 Das Phänomen einer „naturalistischen" Begriffsbildung zeigt sich dort, wo der *juristische* Kausalitätsbegriff mit dem *physikalisch-naturwissenschaftlichen* gleichgesetzt wird. Dann stellt sich insbesondere das Problem, ob Unterlassungen geeignet sind, Erfolge herbeizuführen. Aus physikalisch-naturwissenschaftlicher Sicht liegt es nahe, diese Frage zu verneinen: Dort, wo keine Kraft wirkt, kann sie auch keine Wirkungen entfalten. Wenn die Dogmatik diese Sichtweise übernimmt, dann muss sie bestreiten, dass der „Erfolg" der körperlichen Verletzung eines Menschen durch eine Unterlassung herbeigeführt werden kann. Diese Auffassung wird im rechtswissenschaftlichen Schrifttum in der Tat verschiedentlich vertreten.[61]

65 Allerdings: Das Strafgesetzbuch legt fest, dass wegen Körperverletzung, Tötung etc. unter Umständen auch jemand bestraft werden kann, der es (lediglich) *unterlässt*, den tatbestandsmäßigen Erfolg abzuwenden.[62] Das bedeutet: Selbst dann, wenn wir genötigt wären, den *naturwissenschaftlichen* Kausalitätsbegriff so zu bilden, dass Unterlassungen als Kausalfaktor ausscheiden, wäre die Dogmatik des Strafrechts an diese Begriffsbildung nicht gebunden. Für sie ist vielmehr maßgeblich, dass als Täter einer

---

mehr soll der privilegierte strafrechtliche Schutz vor Beleidigungen, den § 188 StGB Personen zuerkennt, die im „politischen Leben des Volkes" stehen, auch Kommunalpolitikern zugestanden werden.
57 Ausf. dazu *Neumann*, Rechtsontologie, S. 78 ff.
58 Zum Begriff näher *Puppe*, Naturalismus, S. 297.
59 § 223 StGB.
60 Übersichtlich dazu *Kindhäuser/Zimmermann*, Strafrecht Allgemeiner Teil, 11. Aufl. 2024, § 36 Rn. 15 ff.
61 Exemplarisch: *Georg Küpper*, Grenzen der normativierenden Strafrechtsdogmatik, 1990, S. 56 ff., 72 f.
62 § 13 Abs. 1 StGB.

IV. Rechtstheoretische Kritik der Rechtsdogmatik § 14

Körperverletzung unter Umständen auch derjenige bestraft werden kann, der es lediglich *unterlassen* hat, diese Verletzung zu verhindern.

Konstruktiv verbleiben zwei Möglichkeiten: Entweder wird der *strafrechtsdogmatische* Kausalitätsbegriff so gebildet, dass Unterlassungen kausal sein können. Das ist methodisch unproblematisch, weil es sich um einen normativen, an den gesetzlichen Regeln orientierten Begriff handelt. Oder es wird die Zurechnung von der Kausalität abgekoppelt.[63] Für welchen dieser beiden Wege man sich auch entscheidet: Ein rechtsdogmatisches *Problem* der „Kausalität der Unterlassung" gibt es nicht.

66

---

63 So *Jakobs*, Strafrecht Allgemeiner Teil, 2. Aufl. 1991, 7/26.

§ 15 „Das Jüngste Gericht zweiter Instanz" oder: Warum Urteile begründet werden müssen

I. Gesetzliche Begründungspflichten

1   Gerichtsurteile müssen in aller Regel begründet werden. Für die deutsche Rechtsordnung ergibt sich das zunächst aus Bestimmungen der einzelnen Prozessgesetze. So legt die Zivilprozessordnung fest, dass neben der Urteilsformel und bestimmten Informationen zum prozessualen Geschehen auch der *Tatbestand* (Sachverhalt) und die *Entscheidungsgründe* angegeben werden müssen.[1] Entsprechendes gilt für das verwaltungsgerichtliche Verfahren.[2] Für den Strafprozess verlangt das Gesetz, von besonderen Konstellationen abgesehen, seinem Wortlaut nach lediglich, dass die „für erwiesen erachteten Tatsachen" (der vom Gericht angenommene Sachverhalt), die zur Anwendung gekommenen Straftatbestände sowie die Umstände angegeben werden, die für die Strafzumessung ausschlaggebend waren. „Soweit der Beweis aus anderen Tatsachen gefolgert", also: auf *Indizien* gestützt wird, *sollen* auch diese Tatsachen (Indizien) angegeben werden.[3] Es geht nach dem Wortlaut des Gesetzes also nicht um eine zwingende Bestimmung, sondern lediglich um eine Sollvorschrift. Angaben zu der Frage, *weshalb* der angenommene Sachverhalt unter das „Strafgesetz" (den Straftatbestand) subsumiert wurde, sind nach dem Wortlaut der Bestimmung gleichfalls nicht zwingend erforderlich. Insofern genügt – nach dem Wortlaut! – die schlichte *Behauptung*, dass der geschilderte Sachverhalt den genannten Straftatbestand (das „Strafgesetz") verwirklicht.

2   In beiden Punkten stellen Rechtsprechung und Rechtswissenschaft heute strengere Anforderungen. So besteht Einigkeit, dass Indizien nicht nur angegeben werden *sollen*, sondern angegeben werden *müssen*. Andernfalls ließe sich der Weg, den das Gericht bei der Beweiswürdigung beschritten hat, nicht rekonstruieren und damit in höheren Instanzen nicht überprüfen. Ebenso besteht ein Konsens darüber, dass nähere Ausführungen zur *rechtlichen Bewertung* (Subsumtion) des Sachverhalts jedenfalls dort erforderlich sind, wo eine alternative Bewertung nicht fernliegen würde. Das ist typischerweise in den Grenzbereichen von Straftatbeständen der Fall – etwa bei der Frage, unter welchen Umständen die Unterstützung eines Suizids als straflose Suizidbeihilfe[4] oder aber als strafbare Tötung[5] zu werten ist, ob das sog. „Containern" einen strafbaren Diebstahl darstellt oder ob das Eindringen in Stallungen mit dem Ziel, dort skandalöse Zustände bei der Tierschutzhaltung zu dokumentieren, als strafbarer Hausfriedensbruch zu bewerten ist.[6]

3   Dass die heute allgemein anerkannten richterlichen Begründungspflichten über die gesetzlichen Vorschriften teilweise erheblich hinausgehen, hat nicht nur praktische Gründe.[7] Es entspricht auch *verfassungsrechtlichen Vorgaben*, die sich u. a. in dem

---

1   § 313 Abs. 1 Nr. 6 ZPO.
2   § 117 Abs. 2 Nr. 5 VwGO.
3   § 267 Abs. 1 Satz 2 StPO.
4   Die Beihilfe zu einem eigenverantwortlich unternommenen Suizid ist in Deutschland *de lege lata* nicht strafbar.
5   §§ 212, 216 StGB.
6   Dazu etwa OLG Naumburg NJW 2018, 2064.
7   Zum Aspekt der Nachprüfbarkeit des Urteils unten Rn. 17.

allgemeinen Gleichheitssatz,[8] dem Anspruch auf rechtliches Gehör[9] und der verfassungsrechtlichen Rechtsschutzgarantie[10] lokalisieren lassen.[11]

II. Probleme einer Begründungspflicht

1. „Begründet, aber falsch"!?

Soweit zum verfassungsrechtlichen und einfachgesetzlichen Fundament der richterlichen Begründungspflicht in der Bundesrepublik. Aus rechtsphilosophischer Perspektive versteht sie sich nicht von selbst. Der naheliegende Einwand: Die Qualität des Urteilsspruchs selbst wird durch die Begründung nicht erhöht, kurz: Das schlechte Urteil wird nicht dadurch besser, dass es begründet wird. Entweder ist die Entscheidung richtig, dann kann sie durch die Begründung nicht noch „richtiger" werden. Dann ist diese nur überflüssiger Ballast. Oder die Entscheidung ist falsch. Dann wird sie durch die „Begründung" nicht richtig. Allenfalls wäre die Begründung einer fehlerhaften Entscheidung geeignet, deren Fehlerhaftigkeit zu kaschieren. Gefördert würden damit Fassaden-Legitimation, Spiegelfechtereien, Scheinbegründungen.

Dass Urteil und Urteilsbegründung von unterschiedlicher Qualität sein können, kommt zum Ausdruck in der berühmten Sentenz:

„In der ersten Instanz ist das Urteil richtig, aber die Begründung falsch. In der zweiten Instanz ist die Begründung richtig, aber der Tenor falsch. Und in der Revision stimmt weder das eine noch das andere."

Auch wenn man das parodistische Element dieser Sentenz in Abzug bringt: Es bleibt die Frage, warum man nicht auf eine Begründung verzichtet, die die Richtigkeit der Entscheidung selbst nicht gewährleisten kann. Die Vorteile eines solchen Verzichts lägen klar auf der Hand: Das Problem der Überlastung der Gerichte wäre mit einem Schlag gelöst.[12]

2. Kritik seitens der Freirechtslehre

Nachdrücklich abgelehnt wurde eine Begründungspflicht von *Hermann Kantorowicz* (1877–1940) und anderen Vertretern der *Freirechtsschule* (Freirechtslehre). Berühmt wurde eines der Argumente, mit denen *Kantorowicz* eine Pflicht zur Begründung richterlicher Urteile verworfen hat: Es würde dem Gläubigen ja auch nicht einfallen, von dem Jüngsten Gericht eine begründete Entscheidung zu verlangen.[13] Den rechtstheoretischen Hintergrund der Skepsis, mit der *Kantorowicz* und andere Vertreter der Freirechtslehre (*Ernst Fuchs* [1859–1929], *Hermann Isay* [1873–1938]) einer richterlichen Begründungspflicht gegenüberstanden, bildete die These, dass das Urteil nur scheinbar im Wege einer logischen Deduktion aus dem Gesetz folge. In Wirklichkeit orientiere sich der Richter an den *Folgen* der Entscheidung; das Urteil sei weniger ein

---

8 „Grundrecht auf Methodengleichheit", dessen Beachtung nur im Wege der Entscheidungsbegründung aufgezeigt werden kann (dazu *Christensen/Kudlich*, Theorie, S. 290 f.).
9 Art. 103 Abs. 1 GG.
10 Art. 19 Abs. 4 GG.
11 *Christensen/Kudlich*, Theorie, S. 294 ff.
12 Dort, wo das Gesetz ausnahmsweise auf eine Begründung richterlicher Entscheidungen verzichtet, wird das folgerichtig mit arbeitsökonomischen Erwägungen verteidigt (z. B. Meyer-Goßner/Schmitt, Strafprozessordnung, 67. Aufl. 2024, § 349 Rn. 7).
13 *Kantorowicz*, Kampf, S. 35.

Erkenntnis- als ein *Willensakt*. Demensprechend wähle er unter den Argumenten, die zur „Begründung" einer juristischen Entscheidung zur Verfügung stehen, diejenigen aus, die für das gewünschte Ergebnis herangezogen werden könnten. *Kantorowicz* sieht hier durchaus Parallelen zwischen der praktizierten Rechtswissenschaft und der Theologie:

> „So führt der Theologe mit größter Geläufigkeit das *Glück der Guten* auf die Gnade Gottes, das *Unglück der Guten* auf eine Prüfung Gottes, das *Unglück der Schlechten* auf die Gerechtigkeit Gottes, das *Glück der Schlechten* auf den unerforschlichen Ratschluß Gottes zurück. Ebenso führt der Jurist eine ihm erwünschte rigorose Anwendung des Gesetzes auf seine Heiligkeit, eine laxe auf Billigkeit zurück ... Wie es sein ‚Wille zum Recht' verlangt, wird bald die restriktive, bald die extensive Interpretation angewendet, ohne daß ... auch nur der Versuch gemacht wird, die Kriterien anzugeben, unter denen dieses oder jenes der zahlreichen Interpretationsverfahren geboten ist."[14]

8 Ziel der *Freirechtslehre* war insbesondere die Zerstörung der Vorstellung, aus dem Gesetz ergebe sich für jeden Fall eine einzig richtige Entscheidung. Sie richtete sich gegen die Idee, durch Subsumtion unter das Gesetz könne man jeden Fall klar und „alternativlos richtig" entscheiden („Subsumtionsideologie"). Der Richter „finde" nicht die einzig richtige Entscheidung, er produziere sie. Seine Tätigkeit sei nicht reproduktiv, sondern produktiv. Die Vorstellung, der Richter könne durch das Gesetz gebunden werden, sei eine Illusion. Der Richter ist, so die Freirechtler, kein Gefangener in den Fesseln des Gesetzes, sondern bei seinen Entscheidungen weitgehend ein freier Mann. Daher der Name „Freirechtslehre". Man hat in der Freirechtslehre geradezu von einem *Richterkönigtum* gesprochen,[15] um diese Souveränität des Richters hervorzuheben. Trifft dieses Modell der richterlichen Entscheidung zu, dann ist eine Entscheidungsbegründung, die versucht, die Übereinstimmung des Urteils mit dem Gesetz darzulegen, in der Tat überflüssig. Das gilt insbesondere dann, wenn, wie *Isay* behauptet, die Entscheidung der Gerichte meistens aus irrationalen Quellen gespeist wird.[16] Dann kann der Versuch, das Urteil anhand des Gesetzes zu begründen, nur zu Scheinbegründungen führen.

9 Der Freirechtslehre gebührt das Verdienst, dass sie das lebensfremde *Subsumtionsmodell* unwiderruflich zerstört hat. Allerdings schüttet sie das Kind mit dem Bade aus, wenn sie aus der Kritik an dem Modell „reiner" richterlicher Rechtserkenntnis folgert, dass es sich bei dem richterlichen Urteil ausschließlich, oder doch im Wesentlichen, um einen *Willensakt* handelt. Die Entscheidung kann, auch wenn sie nicht durch Rechtsnormen *determiniert* ist, doch an ihnen *orientiert* sein – und sie *soll* es sein. Dass sie es ist, dass sie jedenfalls auf einer möglichen, „vertretbaren" Interpretation des Gesetzes beruht, ist in den Entscheidungsgründen darzulegen. Das zentrale rechtstheoretische Argument der Freirechtler gegen eine Begründungspflicht sticht also nicht. Auf die Parallele zum Jüngsten Gericht wird sogleich zurückzukommen sein.

---

14 Kantorowicz, ebd., S. 36 (Zitat schon oben § 13 Rn. 46). Wie brisant derartige Thesen seinerzeit waren, ist daraus zu ersehen, dass *Kantorowicz* seine Arbeit unter einem Pseudonym (*Gnaeus Flavius*) veröffentlichen musste, um seine akademische Karriere nicht zu gefährden. Allerdings ist das Pseudonym aufgeflogen, und die Heidelberger Fakultät hat sich geweigert, ihn zu habilitieren – ob *nur* wegen dieser aus damaliger Sicht „ketzerischen" Thesen, oder auch aus persönlichen Gründen, muss hier offenbleiben.
15 Begriff bei *Ernst Fuchs*, Schreibjustiz und Richterkönigtum, 1907. Aufgenommen wird der Begriff u. a. bei *Regina Ogorek*, Richterkönig oder Subsumtionsautomat? Zur Justiztheorie im 19. Jahrhundert, 1986.
16 *Isay*, Rechtsnorm und Entscheidung, 1929, S. 339.

III. Dimensionen einer Begründungspflicht

Für eine Pflicht der Gerichte, ihre Entscheidungen zu begründen, sprechen staatstheoretische, rechtstheoretische und institutionelle Gesichtspunkte.

1. Rechtsstaatliche Dimension

In *staatstheoretischer* Hinsicht ist die Pflicht staatlicher Institutionen, ihre Entscheidungen gegenüber dem Bürger zu begründen, ein zentrales Element des *demokratischen Rechtsstaats*. *Befehle* an *Untertanen* müssen nicht begründet werden. Anderes gilt für Anweisungen, die aufgrund von Gesetzen an Bürgerinnen und Bürger gerichtet werden. Im demokratischen Rechtsstaat sind es nicht nur Gerichtsurteile, die begründet werden müssen; auch schriftliche Verwaltungsakte unterliegen beispielsweise der Begründungspflicht.[17] Begründung bedeutet zugleich: Rechtfertigung. In der Doppelbedeutung des Begriffs *justification* (in der englischen wie in der französischen Sprache) kommt das prägnant zum Ausdruck. Wenn der Entscheidende gegenüber dem Adressaten der Entscheidung rechtfertigungspflichtig ist, muss er seine Entscheidung diesem gegenüber begründen.

Komplementär: Im Rahmen autoritärer Strukturen sind Begründungen nicht angezeigt. Im katholischen Kirchenrecht wurde bis zum Inkrafttreten des „Codex Iuris Canonici" (1918)[18] eine Begründung der Urteile der kirchlichen Gerichte für den Regelfall abgelehnt.[19] Noch heute besteht nur eine eingeschränkte Begründungspflicht, das Verfahren ist geheim und schriftlich. An die Stelle einer *sachlichen Rechtfertigung* tritt die Berufung auf eine *Autorität*, die sich nicht demokratischer Legitimation, sondern einem *Wahrheitsanspruch* verdankt, der auf eine transzendente Instanz zurückgeführt wird und in der Hierarchie der katholischen Kirche in einem päpstlichen *Unfehlbarkeitsanspruch* kulminiert.[20] Der Gläubige hat auf die Wahrheit der Äußerungen der kirchlichen Amts- und Würdenträger zu vertrauen.

Es überrascht, dass die *Freirechtslehre,* die religiöser Fundamente unverdächtig ist, gleichfalls mit den Topoi von „Autorität" und „Vertrauen" argumentiert. Die Forderung nach der Begründung von Urteilen sei, so *Kantorowicz,* „immer ein Zeichen von mangelndem Vertrauen auf der einen, von mangelnder Autorität auf der anderen Seite".[21] Die unmittelbar anschließende Textpassage „Der Gläubige verlangt nicht vom jüngsten Gericht motivierte Entscheidungen!"[22] enthält also keinen schrägen Vergleich, ist keine willkürliche Parallelisierung irdischer und himmlischer Gerichtsbarkeit, sondern durchaus folgerichtig.

Folgerichtig, aber wenig überzeugend. Denn der Bürger ist nicht gehalten, der „Autorität" des Gerichts zu „vertrauen". Vielmehr muss der *demokratische Rechtsstaat*, der zum Zeitpunkt der Publikation von *Kantorowicz'* Schrift freilich noch wenig ausgeprägt war, seine Entscheidung den Bürgern gegenüber als gerechtfertigt erweisen. Insbesondere bei Gerichtsurteilen, die nicht nur im Strafverfahren relevante Interessen der Bürger tangieren, schuldet der Staat dem Bürger eine Begründung für die Beeinträchtigung oder die mangelnde Berücksichtigung seiner Interessen. Für diese Begrün-

---
17 § 39 VwVfG.
18 Abgelöst durch den Codex Iuris Canonici 1983.
19 *Schnizer*, Entscheidungsbegründung, S. 27.
20 Dazu *Hans Küng*, Unfehlbar? Eine unerledigte Anfrage, 1989.
21 *Kantorowicz*, Kampf, S. 35.
22 „Motiviert" = „begründet".

dung ist in der Regel der Nachweis, dass die Entscheidung der Gesetzeslage entspricht, ausreichend, aber auch erforderlich. „Rechtsstaat" meint im Kern: Die Entscheidungen der staatlichen Instanzen müssen sich an den Regeln des Rechts messen lassen. Im Rechtsstaat tritt die Herrschaft der Gesetze, die „Rule of Law", an die Stelle der Herrschaft der Fürsten oder anderer Autoritäten. Eine Herrschaft der Gesetze ist aber nur realisierbar, wenn die Rechtsakte des Staates unter Bezug auf diese Gesetze *begründet* werden müssen.

2. Rechtstheoretische Dimension

15 *Rechtstheoretisch* entspricht die Begründungspflicht dem heute kaum noch umstrittenen Befund, dass Gerichtsurteile weder reine Willensakte noch reine Erkenntnisakte darstellen. Von einer Position des *Dezisionismus* aus, der Urteile auf Willensakte reduziert, wäre eine Begründung nicht möglich. Denn sie könnte nur lauten: „weil ich es so will", oder „weil ich es so entscheide", bestenfalls: „weil ich es für richtig halte" – in keinem Fall eine Feststellung, die man als „Begründung" akzeptieren könnte. Wären andererseits Urteile durch Gesetze vollständig bestimmt (Position des *juristischen Determinismus*), dann wäre eine Begründung im Sinne einer Rechtfertigung der Entscheidung überflüssig. Genauer: Die „Begründung" hätte nicht argumentativen Charakter, sondern die Struktur eines quasi-mathematischen Beweises. Rechtstheoretisch möglich und erforderlich ist eine Urteilsbegründung gerade deshalb, weil sie am Gesetz orientiert, nicht aber durch das Gesetz determiniert ist.[23]

16 Insbesondere müssen die Regeln formuliert werden, die im Gesetz nicht erkennbar enthalten sind, aber zur schlüssigen Begründung der vorgenommenen rechtlichen Bewertung des Falles erforderlich sind. Das gilt insbesondere für alle *dogmatischen Streitfragen*, die für das Ergebnis des Prozesses von Bedeutung sind.[24]

3. Institutionelle Dimension

17 Der dritte Grund für die Statuierung einer Pflicht, Urteile zu begründen, betrifft den Gesichtspunkt ihrer Überprüfbarkeit im Instanzenzug. Man kann diesen Aspekt als den *institutionellen Aspekt* der Begründungspflicht bezeichnen; denn er betrifft die organisatorische Ausgestaltung des Gerichtssystems. In Deutschland sind grundsätzlich (nicht: ausnahmslos) alle Gerichtsurteile erster Instanz in einer höheren Instanz überprüfbar und korrigierbar. Eine substantielle Überprüfung setzt aber voraus, dass die höhere Instanz die Gründe kennt, aufgrund derer die Vorinstanz so und nicht anders entschieden hat. Insbesondere ist nur dann ersichtlich, ob die angewandte Rechtsnorm (aus der Sicht der übergeordneten Instanz) korrekt interpretiert wurde. Das gleiche gilt für die Kontrollierbarkeit von Verwaltungsakten durch die Verwaltungsgerichte. Im Regelfall ist es die Urteils*begründung* (und nur mittelbar der Urteils*tenor*), die zur Zielscheibe für Angriffe von Verfahrensbeteiligten wird, die mit Rechtsbehelfen gegen eine Gerichtsentscheidung vorgehen (sofern die Beanstandungen nicht lediglich Verfahrensfehler betreffen).

---

23 Näher dazu *Neumann*, Argumentationstheorie, § 1 Rn. 4 ff.
24 „Dogmatik" umfasst die Gesamtheit aller rechtlicher Regeln, die erforderlich sind, um ein Gesetz (oder eine als verbindlich anerkannte Rechtsnorm) auf einen Sachverhalt anwenden zu können, Näher dazu § 14 Rn. 2.

IV. Struktur und Duktus der Begründungen

Die institutionelle Prägung der richterlichen Begründungspflicht bedeutet, dass sie in unterschiedlich strukturierten Rechtssystemen typischerweise unterschiedlich ausgestaltet ist. So müssen die Entscheidungen der Jury in der US-amerikanischen Rechtsordnung nicht begründet werden.[25] Im deutschen Justizsystem muss in der Regel begründet werden:

(1) Dass der vom Gericht angenommene Sachverhalt für erwiesen erachtet werden kann;
(2) Dass auf diesen Sachverhalt eine bestimmte Rechtsnorm anzuwenden ist;
(3) Dass (soweit ein Spielraum für die Konkretisierung der Rechtsfolge besteht) die vom Gericht angeordnete Rechtsfolge angemessen ist.

Das entspricht der Struktur der Anwendung einer Rechtsnorm auf einen „Fall":

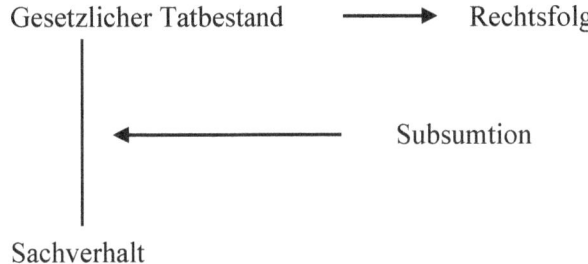

1. Tatfrage und Rechtsfrage

In Hinblick auf den *institutionellen* Aspekt der Überprüfbarkeit der Urteile ist zwischen *Tatsachenfeststellungen* einerseits, der *rechtlichen Bewertung* der festgestellten Tatsachen andererseits zu unterscheiden. Das Rechtsmittel der *Berufung*[26] führt zu einer Überprüfung des erstinstanzlichen Urteils in tatsächlicher und in rechtlicher Hinsicht, genauer: Es führt zu einer umfassenden neuen Verhandlung des Falles mit erneuter Beweisaufnahme. Mit dem Rechtsmittel der *Revision*[27] kann in einer weiteren Instanz grundsätzlich nur die *rechtliche Bewertung* des Sachverhalts beanstandet werden. Eine neue Beweisaufnahme ist in der Revisionsinstanz nicht vorgesehen. Damit kann das Revisionsgericht die Feststellungen der Vorinstanz zum tatsächlichen Geschehen nicht aufgrund eigener Beweiserhebungen korrigieren. Zu unterscheiden ist insofern also zwischen der in der Revision überprüfbaren („revisiblen") *Rechtsfrage* und der nicht revisiblen *Tatfrage*.

Ob diese Unterscheidung in jedem Fall präzise durchführbar ist, ist umstritten. Weitgehende Einigkeit besteht heute aber darüber, dass das Revisionsgericht (zwar nicht selbst Beweise erheben, wohl aber) die *Beweiswürdigung* der Vorinstanz beanstanden kann, soweit sie sich nach Ansicht des Revisionsgerichts anhand der Urteilsbegründung als fehlerhaft erweisen lässt. Auf diese Weise können die von der Vorinstanz

---

25 Grundsätzlich zum Problem einer Begründungspflicht bei Entscheidungen von (insbes.: mit Laien besetzten [Jury, Schwurgericht]) „Kollegialgerichten" *Ernst*, Rechtserkenntnis, S. 170 ff. u.ö.
26 Z.B. §§ 511 ff. ZPO, §§ 312 ff. StPO, §§ 124 ff. VwGO.
27 Z.B. §§ 542 ff. ZPO, §§ 333 ff. StPO, §§ 132 ff. VwGO.

getroffenen Tatsachenfeststellungen zwar nicht unmittelbar, wohl aber mittelbar angegriffen werden. Vereinfacht: Das Revisionsgericht kann nicht behaupten, entgegen der Ansicht der Vorinstanz habe der Täter die Tat nicht begangen. Es kann aber argumentieren, die Vorinstanz habe bei ihrer Beweiswürdigung zu Lasten des Angeklagten eine nicht tragfähige Regel zugrunde gelegt, etwa argumentiert: „Angehörige des Angeklagten lügen als Zeugen immer". Möglich ist ebenso, dass das Revisionsgericht der Meinung ist, die Vorinstanz habe einen Freispruch auf eine fehlerhafte Beweiswürdigung gestützt.

22 Ein Beispiel für die letztere Konstellation bietet die Entscheidung des BGH in dem spektakulären Fall *Oury Jalloh*. Der Sachverhalt: Ein Asylbewerber aus Sierra Leone war in Dessau in Polizeigewahrsam verbrannt. Er war an Händen und Füßen gefesselt, hatte aber nach den Aussagen der angeklagten Polizeibeamten seine Matratze offenbar selbst in Brand gesetzt. Die Aussagen der als Zeugen geladenen Polizeibeamten waren widersprüchlich, sodass das LG Dessau zu der Auffassung kam, die wegen eines Tötungsdelikts angeklagten Polizeibeamten seien nach dem Grundsatz „in dubio pro reo" freizusprechen. Der BGH hob den Freispruch mit der Begründung auf, es werde in dem Urteil ein Sachverhalt beschrieben, der nur schwer nachvollziehbar sei.[28]

23 Probleme der Beweiswürdigung stellen sich überall dort, wo ein Sachverhalt rekonstruiert werden muss. In der gerichtlichen Praxis wird diese Rekonstruktion im Allgemeinen dadurch erschwert, dass Verfahrensbeteiligte häufig eine unterschiedliche Sicht auf das tatsächliche Geschehen haben – Kläger und Beklagter im Zivilprozess, Verteidiger und Staatsanwalt im Strafverfahren. Rechtswissenschaftliche Gutachten, die gerichtliche Entscheidungen – realiter oder fiktiv – vorbereiten sollen, beziehen sich demgegenüber auf einen „unstreitigen" Sachverhalt.

Solche Gutachten sind auch die Prüfungsarbeiten im juristischen Studium, soweit sie – wie regelmäßig – die rechtliche Bewertung eines bestimmten Sachverhalts verlangen. Was geschehen ist, sagt hier der Aufgabentext. Deshalb hat in strafrechtlichen Prüfungsarbeiten auch der Grundsatz „in dubio pro reo" im Allgemeinen keinen Platz. Denn er gilt nur für die Beweiswürdigung, für die bei „unstreitigen" Sachverhalten kein Raum ist. Etwas anderes gilt nur dann, wenn der Aufgabentext sich ausdrücklich auf eine unklare Beweislage bezieht – wenn etwa ungeklärt sein soll, ob der Täter eine Sache durch Diebstahl (§ 242 StGB) oder durch Hehlerei (§ 259 StGB) erlangt hat. In derartigen Konstellationen geht es regelmäßig darum, ob der Täter alternativ nach dem einen bzw. dem anderen Tatbestand verurteilt werden darf (sog. Wahlfeststellung).

2. Rechtliche Würdigung

24 Die Subsumtion des Sachverhalts unter die Rechtsnorm (das Gesetz) vollzieht sich, entgegen dem naiven Modell des „Subsumtionsautomaten", nicht von selbst. Sie basiert auf einer bestimmten Interpretation des Gesetzes, die im Regelfall nicht alternativlos ist, und muss deshalb begründet werden. Wie ausführlich diese Begründung zu sein hat, hängt von dem jeweiligen Diskussionsstand in Rechtsprechung und Rechtswissenschaft ab. Folgt das Gericht einer stabilen „herrschenden Meinung", so kann es die Begründung der rechtlichen Würdigung knapp halten. Das gilt insbesondere dann, wenn sich ein Gericht auf eine ständige Rechtsprechung des jeweils zuständigen obers-

---

[28] BGH NStZ 2010, 407.

IV. Struktur und Duktus der Begründungen § 15

ten Gerichtshofs[29] bezieht. Anders, wenn sich in einer umstrittenen Rechtsfrage bisher keine ständige Rechtsprechung bzw. herrschende Meinung herausgebildet hat oder das Gericht von dieser abweichen will.

Da Gutachten zur rechtlichen Beurteilung eines Sachverhalts realiter oder fiktiv der Vorbereitung eines gerichtlichen Urteils dienen, gelten für sie grundsätzlich die gleichen Standards. Zu diesen Gutachten rechnen auch *juristische Prüfungsarbeiten*, soweit – wie im Regelfall – die rechtliche Bewertung eines vorgegebenen Sachverhalts verlangt ist. Insoweit ist die Aufgabe bei juristischen Prüfungsarbeiten mit der Aufgabe des Richters identisch. Allerdings ergibt sich ein zentraler Unterschied hinsichtlich Duktus und Struktur der rechtlichen Prüfung.

3. Urteils- und Gutachtenstil

Das Gericht begründet eine Entscheidung, die bereits feststeht. Das Urteil (der Urteilstenor) ist den Urteilsgründen vorangestellt. Es liegt der ausformulierten Urteilsbegründung auch zeitlich voraus – für das Strafverfahren, beispielsweise, sieht das Gesetz für die Abfassung der Urteilsgründe im Regelfall eine Frist von fünf Wochen nach Urteilsverkündung vor.[30] Weil die Urteilsbegründung ein Ergebnis rechtfertigen soll, das bereits feststeht, ist ihr Stil apodiktisch (*Urteilsstil*). Er folgt dem Muster: „Dies ist so, weil ...". Das bedeutet nicht, dass die Urteilsbegründung nicht auch auf Gegenmeinungen einzugehen hätte, soweit der Stand von Rechtsprechung und Rechtswissenschaft das nahelegt. Aber auch insoweit wird das Ergebnis der Argumentation typischerweise vorangestellt. Die Erörterung wird dann, beispielsweise, eingeleitet mit der formelhaften Feststellung: „Die Gegenmeinung, die ..., vermag nicht zu überzeugen."

Rechtswissenschaftliche Gutachten folgen einem anderen Argumentationsmuster. Sie gehen nicht von einem bestimmten *Ergebnis*, sondern von einer bestimmten *Frage* aus. Das Ergebnis der Prüfung steht am Schluss, nicht am Beginn der Argumentation (*Gutachtenstil*).[31] Der Duktus ist deshalb nicht apodiktisch, sondern tentativ: „A *könnte* einen Herausgabeanspruch gegen B gemäß § 985 BGB haben." Auch mögliche Gegenargumente sind im Potentialis zu erörtern: „B *könnte* gemäß § 986 BGB berechtigt sein, die Herausgabe der Sache zu verweigern." Das Gleiche gilt für die Diskussion von relevanten dogmatischen Streitfragen. Zu entscheiden sind sie *nach* der Darstellung des Streitstandes und der Abwägung der Argumente *pro* und *contra*.

Lediglich bei unproblematischen rechtlichen Wertungen ist, sofern sie überhaupt zu thematisieren sind, der apodiktische Urteilsstil angebracht. Mit der Formulierung: „Das fragliche Kraftfahrzeug *könnte* eine Sache im Sinne des § 903 BGB (oder: § 242 StGB) sein", würde eine unbestreitbare rechtliche Zuordnung künstlich problematisiert.

4. Autoritäts- und Sachargumente

Noch in einem anderen Punkt unterscheiden sich Urteilsbegründungen von rechtswissenschaftlichen Fall-Gutachten. *Urteilsbegründungen* haben in erster Linie die Funktion, darzulegen, dass die Entscheidung der gegebenen Rechtslage entspricht – wobei diese „Rechtslage" nicht nur durch die Gesetzestexte, sondern auch durch die Recht-

---
29 Auflistung der obersten Gerichtshöfe der Bundesrepublik in Art. 95 Abs. 1 GG.
30 § 275 Abs. 1 Satz 2 StPO.
31 Instruktiv zum Unterschied zwischen Gutachten- und Urteilsstil *Horn/Berster*, Einführung, Rn. 351 f.

sprechung des Bundesverfassungsgerichts und der obersten Bundesgerichte bestimmt wird. Es hat deshalb seinen guten Sinn, wenn sich die Gerichte bei dogmatischen Streitfragen maßgeblich auf die Rechtsprechung dieser Gerichte beziehen. Für den *Rechtswissenschaftler* hat die Rechtsprechung dieser Gerichte nur insofern argumentatives Gewicht, als sie von überzeugenden Argumenten getragen wird. Für ihn ist die Justiz keine institutionelle Autorität, sondern Lieferant von Argumenten, die gewogen werden müssen.

30 Allerdings: Auch *als Wissenschaftler* kommt der Jurist nicht an dem Befund vorbei, dass zahlreiche dogmatische Streitfragen argumentativ nicht eindeutig entschieden werden können. Häufig erscheinen unterschiedliche Auffassungen als in gleicher Weise „vertretbar". Dies erklärt die Bedeutung, die der *herrschenden Meinung (h. M.)* in juristischen Argumentationen zukommt. Es geht dabei nicht (nur) um die institutionelle Autorität der Gerichte – die „herrschende" Meinung ist mit der in einer ständigen Rechtsprechung vertretenen nicht notwendig identisch. Kategorial lässt sich zudem eine „im Schrifttum herrschende Meinung" einer ständigen Rechtsprechung gegenüberstellen. Ob die (insgesamt) herrschende Meinung sich gegen eine ständige Rechtsprechung bilden bzw. entgegen dieser fortbestehen kann, ist unklar und hängt von dem nicht konsensfähig modellierten Profil ab, das man der „herrschenden Meinung" verleiht.

31 Aber gleichgültig, wie man sie definiert: Funktional erklärt sich der Rekurs auf die herrschende Meinung in juristischen Argumentationen daraus, dass häufig klare sachliche Kriterien zur Unterscheidung der „richtigen" von der „falschen" Rechtsauffassung fehlen. Die „herrschende Meinung" tritt insoweit an die Stelle eines Sacharguments. Das bedeutet: Bezieht sich der Jurist auf die „herrschende Meinung", so ist das nicht nur eine Information über den Diskussionsstand, sondern wird *als Argument* für die entsprechende Auffassung angeführt.[32] Allerdings: Die „h. M." hat nur eine Hilfsfunktion. Denn sie dient der Orientierung dort, wo sich nicht begründen lässt, dass eine der kontroversen Meinungen die „richtige" ist. Wissenschaftlich ist sie nur so stark wie die Argumente, die sich für sie anführen lassen.

32 Im juristischen Studium taucht immer wieder die Frage auf, ob man in Prüfungsarbeiten von der „h. M." abweichen darf. Nach dem Gesagten kann die Antwort nur „Ja" lauten. Allerdings ergeben sich zwei Einschränkungen:
- Erstens muss auf die „h. M." und die ihr zugeschriebene Rechtsauffassung hingewiesen werden. Das ergibt sich daraus, dass die herrschende Meinung einen Orientierungspunkt zur Strukturierung der Diskussion darstellt und darüber hinaus selbst als Argument angeführt wird (Rn. 31).
- Zweite Einschränkung: Wenn man von der herrschenden Meinung abweichen will, muss man das *mit Argumenten* tun. Da die h. M. gerade dann eine wichtige Rolle spielt, wenn sich in einer dogmatischen Streitfrage weder die Pro- noch die Contra-Argumente durchsetzen konnten, muss derjenige, der von ihr abweichen will, behaupten und mit Gründen darlegen, dass die Mindermeinung über die stärkeren Bataillone (sprich: Argumente) verfügt.

33 Auch wenn man sich der „h. M." anschließt, sollte man das mit Argumenten tun. Das ergibt sich daraus, dass die herrschende Meinung *wissenschaftlich* nur so stark ist wie die Argumente, die sich für sie vorbringen lassen (Rn. 31).

---

32 Zur Funktion der „herrschenden Meinung" schon oben § 13 Rn. 18 f.

§ 16 „Legt Ihr's nicht aus, so legt was unter!" – Die Interpretation von Gesetzen

I. Gesetzesauslegung – Erkenntnis oder kreativer Akt?

„Legt Ihr's nicht aus, so legt was unter!"[1] Ein diabolischer Aufruf zur Rechtsbeugung, den *Goethe* auch *Mephisto* in den Mund gelegt haben könnte?[2]

Wohl nicht. Eher eine realistische Beschreibung des Prozesses der „Rechtsanwendung". Denn tatsächlich kann der Jurist sich nicht darauf beschränken, das Recht auszulegen – sofern man unter „Auslegung" die bloße Rekonstruktion des Inhalts des Gesetzes versteht. Seine Tätigkeit ist, jedenfalls in Teilen, nicht reproduktiv, sondern produktiv. Das heißt: Der Jurist, der das Gesetz „anwendet", schafft selbst rechtliche Regeln. Er kann sich nicht auf eine bloße „Erkenntnis" des Regelungsgehalts des Gesetzes beschränken.[3] Er muss dem Gesetz etwas „unterlegen".

Allerdings: Der Rechtsanwender ist, als Richter oder in anderer Funktion, an das Gesetz gebunden. Der Rechtswissenschaftler, der es unternimmt, Vorschläge für die Rechtsanwendung zu formulieren, hat diese Bindung zu respektieren. Das bedeutet: Die Entscheidung (des Gerichts oder der Behörde) und der Vorschlag für diese Entscheidung (Rechtswissenschaft) haben sich *so weit wie möglich* an der gesetzlichen Regelung zu orientieren. Das „Unterlegen" darf erst dort beginnen, wo das „Auslegen" nicht mehr weiterführt.

Hinter dem Verfahren der „Auslegung" von Gesetzen steht die Hoffnung, man könne durch bestimmte Interpretationstechniken dem Gesetz einen Gehalt abgewinnen, der auf den ersten Blick nicht sichtbar, aber gleichwohl in irgendeiner Weise in dem Gesetz enthalten ist. Man kann hier einen Vergleich mit dem Einsatz des Mikroskops in den naturwissenschaftlichen Disziplinen ziehen: Unter dem Mikroskop werden Strukturen sichtbar, die ohne optische bzw. elektronische Hilfsmittel nicht feststellbar sind. Trotzdem zweifelt niemand daran, dass diese Strukturen existieren, auch, solange sie unsichtbar sind.

Das ist präzise die klassische Idee der Auslegung. Man müsse sich das Gesetz nur genauer in Hinblick auf bestimmte Elemente anschauen. Es gehe bei der Auslegung, so die traditionelle, heute aber überholte Vorstellung, um die „Darlegung des in dem Text beschlossenen, aber noch gleichsam verhüllten Sinnes."[4] Überholt ist diese Vorstellung deshalb, weil man erkannt hat, dass die Auslegung eines Gesetzes nicht lediglich ein reproduktiver, sondern zugleich auch ein produktiver Prozess ist. Das bedeutet: Im Wege der Auslegung wird der Regelungsgehalt des Gesetzes hergestellt, nicht lediglich erkannt.

II. Pluralität der Auslegungsmethoden

Denn: Es gibt nicht *eine* Methode der Gesetzesauslegung, sondern eine Mehrzahl unterschiedlicher Auslegungsmethoden. Diese Methoden können jeweils unterschiedliche Rechtsnormen „produzieren". Die Frage, welche Methoden es sind, die zur Auslegung

---
1 „Im Auslegen seid frisch und munter. Legt ihr's nicht aus, so legt was unter!" (*Goethe*, Zahme Xenien II).
2 Bekanntlich ist es Mephisto, der – verkleidet als Faust – im Gespräch mit dem Scholaren ironisch mit der „Rechtsgelehrsamkeit" abrechnet (*Goethe*, Faust, Der Tragödie 1. Teil, Szene „Studierzimmer").
3 Dazu schon oben § 14 Rn. 28.
4 *Larenz*, Methodenlehre, S. 313.

heranzuziehen sind, beschäftigt die Rechtswissenschaft von deren Beginn an. In einer bis heute die Methodenlehre prägenden Weise hat *Friedrich Carl von Savigny* sie behandelt. Wir werden darauf zurückkommen.[5] Zunächst ein prominenter Fall aus der Rechtsprechung, anhand dessen sich wesentliche Elemente der Auslegung verdeutlichen lassen.

1. Ist Salzsäure eine „Waffe"?

7   Der Sachverhalt: Die Angeklagte hatte im Rahmen eines Raubüberfalls einer Angestellten, die einen größeren Geldbetrag bei einer Sparkasse einzahlen sollte, verdünnte Salzsäure ins Gesicht geschüttet und dem Opfer, das vorübergehend nichts mehr sehen konnte, die Geldtasche entrissen.[6] Die zentrale Frage war: Hat die Täterin im Sinne der Straftatbestände des „Schweren Raubes"[7] und der „Gefährlichen Körperverletzung"[8] eine *Waffe* verwendet? Also: Ist Salzsäure eine Waffe im Sinne des StGB?

a) Das Wortlaut-Argument

8   Nach dem *allgemeinen Sprachgebrauch* ist sie es nicht. Das ist ein wichtiges Argument; denn der *Wortlaut* des Gesetzes, genauer: der *mögliche Wortsinn* der Merkmale eines Gesetzes bildet den Ausgangspunkt jeder Gesetzesauslegung. Im Strafrecht ist der Wortlaut ein besonders wichtiger Ansatzpunkt. Denn: Im Bereich des Strafrechts ist eine *Analogie* zu Lasten des Angeklagten verboten (Art. 103 Abs. 2 GG). Und: Die Grenze zwischen zulässiger Auslegung und unzulässiger Analogie wird nach verbreiteter Auffassung von dem „möglichen Wortsinn" des Gesetzes bzw. des jeweiligen Gesetzesmerkmals markiert. Unter Berufung auf den allgemeinen Sprachgebrauch hat das Reichsgericht in einem Urteil aus dem Jahre 1882 denn auch entschieden, der Begriff der „Waffe" setze eine mechanische Einwirkung voraus.[9]

9   Allerdings: Mit dem Rückgriff auf den allgemeinen Sprachgebrauch ist die Frage, ob der „mögliche Wortsinn" einer bestimmten Auslegung (hier: Säure als „Waffe") zwingend entgegensteht, noch nicht entschieden. Dies aus zwei Gründen.

10 Zum einen ist der „allgemeine Sprachgebrauch" *Wandlungen* unterworfen. So definierte man in der Zeit der Verabschiedung des (Reichs-)Strafgesetzbuchs (1871) bzw. der Einfügung des Tatbestands der „Gefährlichen Körperverletzung" (1876) „Waffen" in der Tat über das Kriterium der mechanischen Einwirkung. In neuerer Zeit dagegen ist die Rede von „atomaren, biologischen und chemischen Waffen" (ABC-Waffen) geläufig. Der Sprachgebrauch hat sich der technischen Entwicklung angepasst. Bei den Reichstagsberatungen zum Strafgesetzbuch ging man noch ausdrücklich davon aus, dass nichtmechanische Einwirkungen ohne praktische Bedeutung seien.

11 Zum andern aber ist die Bedeutung, die einem Wort im Kontext eines Gesetzes zuerkannt wird, mit der Bedeutung desselben Wortes in der Umgangssprache nicht notwendig identisch. Dasselbe Wort kann in der *juristischen Fachsprache* eine andere Bedeutung haben als in der *Umgangssprache*. Der unter Juristen geläufige Spruch „Os-

---

5 Unten Rn. 28 ff.
6 BGHSt 1, 1.
7 § 250 StGB.
8 § 223a StGB a.F. (jetzt § 224 StGB n.F.).
9 RGSt 4, 298.

II. Pluralität der Auslegungsmethoden § 16

terhase im Sinne des Gesetzes ist auch der Weihnachtsmann" bringt das in ironischer Überspitzung, aber in der Sache zutreffend zum Ausdruck.

Dazu folgendes Beispiel:
Herr Müller fragt seine Nachbarin: „Können Sie mir bis morgen sechs Eier leihen?" Antwort der Nachbarin, einer strebsamen jungen Juristin: „Leider nein, weil man Eier, die verbraucht werden sollen, nicht verleihen kann. Ich kann Ihnen aber ein Darlehen von sechs Eiern geben."[10]

Der Hintergrund dieser Antwort der offenbar juristisch etwas übersozialisierten Nachbarin: Eine *Leihe* im Sinne des Gesetzes liegt nur dann vor, wenn vereinbart wurde, dass *dieselbe Sache* zurückzugeben ist.[11] Herr Müller soll seiner Nachbarin aber selbstverständlich sechs *andere* Eier zurückgeben. In der Sprache des Gesetzes handelt es sich deshalb in der Tat um ein *Darlehen*, bei dem der Empfänger verpflichtet ist, das Äquivalent des Empfangenen in „Sachen gleicher Art, Güte und Menge" zurückzugeben.[12] Der Dialog ließe sich folgendermaßen fortführen:

Herr Müller (leicht ironisch): „Könnten Sie in das ‚Darlehen' auch Ihre Eieruhr einbeziehen?" Antwort der Nachbarin: „Leider nein, denn ich möchte meine *eigene* Eieruhr wiederbekommen. Hinsichtlich der Eieruhr würde es sich deshalb um eine *Leihe* handeln. Ich kann Ihnen die Eieruhr also nur leihen."[13]

Der Unterschied zwischen *Umgangssprache* und *juristischer Fachsprache*, der sich an zahllosen weiteren Beispielen aufzeigen ließe, bedeutet für das Auslegungselement „möglicher Wortsinn": Der Rückgriff auf den alltäglichen Sprachgebrauch stellt ein Argument für/gegen eine bestimmte Auslegung eines Gesetzes bereit, legt diese Auslegung aber noch nicht fest (zur Ausnahme des strafrechtlichen Analogieverbots sogleich). Wie ein Gesetzesbegriff zu interpretieren ist, entscheidet sich aufgrund einer Berücksichtigung *aller* relevanten Auslegungselemente. Man muss also zwischen der „Bedeutung" eines Gesetzesbegriffs, der als *Ergebnis* der Interpretation resultiert, einerseits, dem Rückgriff auf umgangs- oder fachsprachliche Regeln, die für oder gegen diese Interpretation angeführt werden können („semantische Interpretation") andererseits, unterscheiden.[14]

Die Feststellung, dass der Rückgriff auf den allgemeinen Sprachgebrauch lediglich *ein* Auslegungselement von mehreren markiert, bedarf der Einschränkung für den Bereich des Strafrechts. Hier gilt der Verfassungsgrundsatz, dass die Bestrafung einer Handlung voraussetzt, dass die Strafbarkeit zum Zeitpunkt der Tat „gesetzlich bestimmt" war (Art. 103 Abs. 2 GG). Das wird dahingehend interpretiert, dass eine Ausdehnung der Strafbarkeit über die Wortlautgrenze hinaus, also eine analoge Anwendung eines Straftatbestands, unzulässig ist. Ob sich eine entsprechende Grenze tatsächlich markieren lässt, ob es sie in einem ontologischen Sinne „gibt", ist allerdings umstritten.[15] An dieser Stelle müssen dazu drei Feststellungen genügen:

---

10 Näher zu diesem Beispiel und zum Verhältnis von Umgangssprache und juristischer Fachsprache *Neumann*, Fachsprache, S. 13 ff.
11 § 604 Abs. 1 BGB.
12 § 607 Abs. 1 Satz 2 BGB.
13 Am Rande: Wenn in diesem Dialog jemand einen sprachlichen Fehler macht, dann nicht Herr Müller, sondern die Nachbarin. Denn Fehler lassen sich nur in Bezug auf gültige Standards identifizieren. Nach den Standards der Umgangssprache, die für die Alltagskommunikation unter Nachbarn gelten, wäre es aber ein – mit der Sanktion der Lächerlichkeit bedrohter – Fehler, um ein „Darlehen" von sechs Eiern zu bitten.
14 Sehr klar dazu *Klatt*, Hermeneutik, S. 235.
15 Verneinend etwa *Busse*, Juristische Semantik, S. 130 f. Bejahend insbesondere *Klatt*, Wortlautgrenze.

(1) In aller Regel (das heißt: abgesehen von Zahlbegriffen etc.) lässt sich eine solche Grenze nicht präzise markieren;
(2) Eine Grenze „gibt" es aber zumindest in dem Sinne, dass jedenfalls in bestimmten Fällen Einigkeit besteht, dass eine Grenzüberschreitung vorliegt (ein Fisch ist kein „Fahrrad", auch nicht „im Rechtssinne" des Begriffs);
(3) Bei der Rechtsanwendung muss die Existenz einer solchen Grenze *vorausgesetzt* und ihr Verlauf mit der fallspezifisch notwendigen Präzision markiert werden. In diesem Sinne ist die Wortlautgrenze eine notwendige Konstruktion.

17 Funktional ist die (angenommene) Wortlautgrenze von rechtstheoretischer wie von rechtspraktischer Bedeutung. *Rechtstheoretisch* wird sie für die Unterscheidung zwischen *Gesetzesinterpretation* einerseits, *Rechtsfortbildung* andererseits in Anspruch genommen. Unter welchen Voraussetzungen eine richterliche Rechtsfortbildung zulässig ist, ist im Einzelnen umstritten. Grundsätzlich wird ihre Möglichkeit im deutschen Gerichtsverfassungsrecht anerkannt. Danach kann ein Senat des Bundesgerichtshofs (BGH)

„eine Frage von grundsätzlicher Bedeutung dem Großen Senat zur Entscheidung vorlegen, wenn das nach seiner Auffassung *zur Fortbildung des Rechts* oder zur Sicherung einer einheitlichen Rechtsprechung erforderlich ist."[16]

18 Die Fortbildung des Rechts wird damit ausdrücklich als eine Aufgabe der Rechtsprechung anerkannt.

19 Die *rechtspraktische* (zugleich: verfassungsrechtliche) Bedeutung der Wortlautgrenze wurde bereits mehrfach angesprochen. Sie liegt vor allem in dem Ausschluss einer analogen Anwendung strafrechtlicher Normen zu Lasten des Täters. Im Unterschied zur rechtstheoretischen Bedeutung der Wortlautgrenze ist diese rechtspraktische Funktion abhängig von der jeweiligen Gesetzeslage. Sie relativiert sich dort, wo das strafrechtliche Analogieverbot aufgehoben oder eingeschränkt wird. Exemplarisch ist insoweit die Aufweichung des Gesetzlichkeitsprinzips in der Zeit des Nationalsozialismus. Nach der Neufassung des StGB im Jahr 1935 konnte auch eine Tat, die im Strafgesetz nicht mit Strafe bedroht war, bestraft werden, wenn sie „nach dem Grundgedanken eines Strafgesetzes und nach gesundem Volksempfinden Bestrafung verdient."[17]

20 Zurück zu unserem Ausgangsfall. Hinsichtlich des *Wortlautarguments* hatte sich ergeben, dass es nach dem heutigen Sprachgebrauch nicht ausgeschlossen ist, eine Säure als „Waffe" zu bezeichnen. Damit aber stellt sich ein neues Problem. Denn: Das StGB stammt, wie festgestellt, aus dem Jahr 1871, der Tatbestand der „Gefährlichen Körperverletzung"[18] aus dem Jahr 1876. Der damalige Gesetzgeber hatte, wie gleichfalls schon festgestellt, den Einsatz nicht mechanisch wirkender Mittel bei der Zufügung von Körperverletzungen für unerheblich gehalten. Das wirft die Frage auf, welche Bedeutung den Vorstellungen und Regelungsabsichten des Gesetzgebers bei der Gesetzesinterpretation zukommt.

---

16 § 132 Abs. 4 GVG (Hervorhebung UN).
17 Instruktiv dazu *Naucke*, Aufhebung.
18 § 223a StGB a.F. (jetzt: § 224 StGB n.F.).

b) „Genetische" und „historische" Auslegung

Thematisiert wird diese Frage unter den Stichworten „genetische" und „historische" Auslegung. Die Terminologie ist nicht einheitlich. Vorzugswürdig dürfte folgende Unterscheidung sein:

- die *genetische Auslegung* bezieht sich auf die Entstehungsgeschichte im engeren Sinne, greift also insbesondere auf die Gesetzesmaterialien zurück;
- die *historische Auslegung* greift weiter aus; sie berücksichtigt die Zeitumstände, also den zeitgeschichtlichen Kontext.

Die genetische Auslegung versucht, die Vorstellungen und den *Willen des Gesetzgebers* anhand der Entstehungsgeschichte zu ermitteln. Dass dem Willen des Gesetzgebers bei der Interpretation eines Gesetzes eine wichtige Bedeutung zukommt, ist unbestritten. Im demokratischen Verfassungsstaat gilt dies auch und vor allem aus verfassungsrechtlichen Gründen. An dieser Stelle genügen die Stichworte „Gewaltenteilung" und „Bindung des Richters an Recht und Gesetz". Pointiert: Methodenfragen sind Verfassungsfragen. Teilweise wird sogar vertreten, dass die Ermittlung des Willens des Gesetzgebers das *allein entscheidende* Ziel der Auslegung sein müsse. Teilweise wird dagegen dem „Willen des Gesetzes" der Vorrang vor dem „Willen des Gesetzgebers" eingeräumt.[19]

Im Ausgangsfall spricht die genetische Auslegung, die auf die Ermittlung der Vorstellungen und des Willens des Gesetzgebers zielt, eher gegen die Einbeziehung einer Säure in den Begriff der „Waffe".

c) Systematische Auslegung

Ein weiterer, wichtiger Gesichtspunkt bei der Gesetzesinterpretation ist der systematische Zusammenhang, in dem das Gesetz oder der Gesetzesbegriff steht (*systematische Auslegung*). Für die Ausgangsfrage ist hier von Bedeutung, dass das Gesetz mit der Formulierung „mittels einer Waffe oder eines anderen gefährlichen Werkzeugs" (§ 224 Abs. 1 Nr. 2 StGB) die „Waffe" als Unterfall eines „gefährlichen Werkzeugs" einordnet.[20] Von „Werkzeugen" aber sprechen wir eher bei mechanisch wirkenden Gegenständen. Die systematische Auslegung verstärkt insofern die Vorbehalte, die unter dem Gesichtspunkt des Wortlauts („Waffe") gegen die Einbeziehung einer Säure in den Waffenbegriff geltend gemacht werden können.

Andererseits aber liefert die Kennzeichnung der Waffe als „gefährliches" Werkzeug den Ansatz für das Auslegungselement, das entscheidend *für* die Möglichkeit spricht, auch eine Säure, die erhebliche Verletzungen verursachen kann, als „Waffe" iSd § 224 StGB einzuordnen. Denn es geht bei dem Tatbestand der „Gefährlichen Körperverletzung", worauf schon die amtliche Bezeichnung hindeutet, um Handlungsweisen, die durch eine *besondere Gefährlichkeit* gekennzeichnet sind. Der Zweck des Gesetzes ist es, solche besonders gefährlichen Begehungsarten in einem eigenen Straftatbestand mit – im Vergleich zur „einfachen" Körperverletzung (§ 223 StGB) – erhöhter Strafdrohung zu erfassen.

---

19 Näher dazu unten Rn. 39 ff.
20 Die zur Zeit des BGH-Urteils (1950) etwas abweichende Formulierung ist in diesem Zusammenhang ohne Bedeutung.

d) Teleologische Auslegung

26 Die Auslegung, die in dieser Weise auf Ziel und Zweck des Gesetzes zurückgreift, wird als *teleologische Interpretation* bezeichnet (*telos* [gr.] = Ziel). Sie orientiert sich an der Frage, welchem Zweck das Gesetz dient. Dabei wird teilweise eher auf den vom Gesetzgeber verfolgten Zweck (*subjektiv-teleologische Auslegung*), teilweise eher auf einen „Zweck des Gesetzes" abgestellt (*objektiv-teleologische Auslegung*). Der teleologischen Auslegung wird allgemein ein hoher Stellenwert eingeräumt. Von einigen Stimmen im Schrifttum wird ihr geradezu der Rang einer „Königin" unter den Auslegungsmethoden zuerkannt.[21]

27 Im Ausgangsfall stellte sie für das Urteil des BGH, der die Säure als Waffe einordnete, das entscheidende Argument bereit. Das Beispiel zeigt allerdings auch, dass die teleologische Auslegung geeignet ist, andere, rechtsstaatlich gewichtige Interpretationselemente in den Hintergrund zu drängen.[22] Insbesondere im Strafrecht, in dem der Wortlaut des Gesetzes in Hinblick auf die Garantien des Art. 103 Abs. 2 GG eine besondere Rolle spielt, ist das nicht unbedenklich. Speziell gegen die objektiv-teleologische Auslegung werden mit der Begründung, dass sich mit ihrer Hilfe der *Richter* an die Stelle des *Gesetzgebers* setze, teilweise heftige Attacken geritten.[23]

2. Savignys Methoden-Kanon

28 Vergleicht man die Auslegungselemente, die anhand des BGH-Urteils rekonstruiert wurden, mit dem klassischen Kanon der Auslegungsmethoden bei *Savigny*, so ergeben sich erhebliche Übereinstimmungen, aber auch gewichtige Unterschiede. Da noch heute fast alle Darstellungen der Juristischen Methodenlehre auf *Savigny* rekurrieren, sei eine zentrale Textpassage im Folgenden zusammenhängend wiedergegeben:

> „Das Eigenthümliche derselben [der Auslegung, U.N.] zeigt sich aber, wenn wir sie in ihre Bestandtheile zerlegen. So müssen wir in ihr Vier Elemente unterscheiden: ein grammatisches, logisches, historisches und systematisches.
>
> Das *grammatische* Element der Auslegung hat zum Gegenstand das Wort, welches den Übergang aus dem Denken des Gesetzgebers in unser Denken vermittelt. Es besteht daher in der Darlegung der von dem Gesetzgeber angewendeten Sprachgesetze.
>
> Das *logische* Element geht auf die Gliederung des Gedankens, also auf das logische Verhältniß, in welchem die einzelnen Theile desselben zu einander stehen.

---

21 *Jescheck/Weigend*, Lehrbuch des Strafrechts Allgemeiner Teil, 5. Aufl. 1996, S. 156.
22 Eine verbotene Analogie sieht in dem Urteil des BGH zum Salzsäure-Fall beispielsweise *Arthur Kaufmann*, Grundprobleme, S. 77. – Der BGH hat seine Rechtsprechung inzwischen unter Berufung auf den Wortlaut teilweise korrigiert und abgelehnt, die Beibringung von K.O.-Tropfen als Verwendung eines „Werkzeugs" i. S. d. § 177 Abs. 8 Nr. 1 StGB zu werten (BGH NJW 2024, 3735). Wörtlich heißt es: „Bei einem Werkzeug handelt es sich nach allgemeinem Sprachgebrauch um einen für bestimmte Zwecke geformten Gegenstand, mit dessen Hilfe etwas bearbeitet wird. Unter einem Gegenstand versteht man gemeinhin nur feste Körper. Da Flüssigkeiten, wie hier die GBL-Tropfen (K.O.-Tropfen, UN) aber auch Gase keine feste Form haben, sind sie keine Gegenstände und ihnen kann damit auch keine Werkzeugqualität zukommen". Die Argumentation der Vorinstanz, die demgegenüber (in Übereinstimmung mit der Salzsäure-Entscheidung) unter Berufung auf das teleologische Argument die Verwendung eines „gefährlichen Werkzeugs" bejaht hat, vernachlässige, so der Senat, die Ergebnisse der historischen, der systematischen und – vor allem – der grammatikalischen Auslegung. Deutlicher lässt sich nicht zeigen, wie die Heterogenität der Auslegungsmethoden den Rechtsanwender – bildlich gesprochen – zu einem Jonglieren zwingt, bei dem mal die eine, mal die andere Kugel zu Boden fällt.
23 *Rüthers/Fischer/Birk*, Rechtstheorie, Rn. 806 ff.

Das *historische* Element hat zum Gegenstand den zur Zeit des gegebenen Gesetzes für das vorliegende Rechtsverhältniß durch Rechtsregeln bestimmten Zustand. In diesen Zustand sollte das Gesetz auf bestimmte Weise eingreifen, und die Art dieses Eingreifens, das was dem Recht durch dieses Gesetz neu eingefügt worden ist, soll jenes Element zur Anschauung bringen.

Das *systematische* Element endlich bezieht sich auf den inneren Zusammenhang, welcher alle Rechtsinstitute und Rechtsregeln zu einer großen Einheit verknüpft (…). Dieser Zusammenhang, so gut als der historische, hat dem Gesetzgeber gleichfalls vorgeschwebt, und wir werden also seinen Gedanken nur dann vollständig erkennen, wenn wir uns klar machen, in welchem Verhältniß dieses Gesetz zu dem ganzen Rechtssystem steht, und wie es in das System wirksam eingreifen soll."[24]

Die begrifflichen wie sachlichen Übereinstimmungen mit den oben rekonstruierten Auslegungselementen sind offenkundig. Allerdings sind folgende Punkte anzumerken:

a) Das *grammatische* Element der Auslegung bezieht sich bei *Savigny* nicht auf den aktuellen Sprachgebrauch, sondern auf die „vom Gesetzgeber angewendeten Sprachgesetze";

b) Das *logische* Element (innerer Zusammenhang des Gesetzes) wird heute als *systematisches* rubriziert;

c) Das *historische* Element bezieht sich bei *Savigny* auf das „Veränderungspotential" des Gesetzes in Relation zu dem zuvor bestehenden Rechtszustand. Pointiert: Zu fragen ist, in welchem Sinne und mit welcher Zielsetzung die bestehende Rechtslage durch das neue Gesetz geändert werden sollte;

d) Das *systematische* Element zielt bei *Savigny* auf die Einordnung des Gesetzes in den Gesamtzusammenhang der Rechtsordnung, weist also über die Struktur der Einzelnorm und des konkreten Gesetzes hinaus. Zudem wird auch hier auf das „Veränderungspotential" des Gesetzes abgestellt. Zu fragen ist, wie das Gesetz „in das System wirksam eingreifen soll."

Nicht berücksichtigt ist in *Savignys* Auflistung die Auslegungsmethode, die heute eine besonders wichtige Rolle spielt:[25] die *teleologische*. Der Grund: Sie bezieht sich nicht unmittelbar auf das Gesetz bzw. das Rechtssystem selbst, sondern auf die *Folgen* einer bestimmten Auslegung des Gesetzes. Ob sich in *Savignys* Methodenlehre gleichwohl Elemente teleologischen Denkens nachweisen lassen, ist umstritten.[26] Festzuhalten ist, dass *Savigny* sich jedenfalls in den aufgelisteten Auslegungselementen lediglich auf die Folgen bezieht, die sich aus dem Gesetz *für das Rechtssystem* ergeben und ergeben sollten („Rechtsfolgen"), nicht etwa auf Folgen in der sozialen Welt („Realfolgen").[27]

III. Problem der Methodenwahl

Die unterschiedlichen Auslegungsmethoden können, für sich genommen, in unterschiedliche Richtungen weisen. Im Beispielsfall sprechen, wie gesehen, Wortlaut und die Systematik des § 224 StGB *dagegen*, eine Säure als „Waffe" im Sinne des Tatbestands zu qualifizieren, während die teleologische Interpretation das gegenteilige

---

24 *Savigny*, System des heutigen Römischen Rechts, Band I, 1840, § 33 (S. 213/214).
25 Oben Rn. 26 f.
26 Bejahend etwa *Adomeit/Hähnchen*, Rechtstheorie, Rn. 66.
27 Zur Unterscheidung von Rechtsfolgen und Realfolgen grundlegend *Lübbe-Wolff*, Rechtsfolgen.

Ergebnis nahelegt. Damit stellt sich die Frage, welcher Auslegungsmethode der Richter im Fall einer Konkurrenz der Interpretationselemente folgen soll.

1. Fehlen eines „Methodengesetzes"

32 Hier ist zunächst festzuhalten, dass das Gesetz den Richter bei dieser Entscheidung im Stich lässt. Es existiert kein „Methodengesetz", das ihm hier Anweisungen geben oder zumindest eine Hilfe bieten würde. Insofern ist es folgerichtig, wenn *Winfried Hassemer*, ehemals Richter und Vizepräsident des Bundesverfassungsgerichts, feststellt: „Methodisch ist er [der Richter, UN] in der Wahl der Interpretationsregeln frei."[28] *Hassemer* setzt, was die Steuerung richterlichen Handelns betrifft, eher auf „informelle" Programme, wie die Orientierung an Präjudizien, an Dogmatik, aber auch an Entscheidungsroutinen („Betriebswissen" in den Gerichten).

33 Dies dürfte eine realistische Sicht der Dinge sein. Gleichwohl stellt sich die Frage, ob sich nicht auch ohne die sichere Grundlage eines „Methodengesetzes" eine überzeugende Rangfolge zwischen Auslegungsargumenten unterschiedlichen Typs herstellen lässt.

2. Rangfolge von Auslegungsmethoden?

34 Auf diese Frage gibt es drei mögliche Antworten.

- *Erste* Antwort: Es lässt sich eine *strikte Rangfolge* erstellen, mit der Konsequenz, dass sich die erstplatzierte immer gegen die zweitplatzierte durchsetzt, diese gegenüber der drittplatzierten etc.
- *Zweite*, diametral entgegengesetzte Antwort: Welchem Auslegungselement *in casu* der Vorrang einzuräumen ist, bestimmt sich *ausschließlich* nach dem Gewicht, das den einzelnen Elementen im konkreten Fall zukommt.
- *Dritte* Antwort: Es lassen sich bestimmte *tendenzielle Vorrangregeln* aufstellen, die aber – eben als tendenzielle – im Einzelfall wegen des besonderen Gewichts nicht privilegierter Elemente zurücktreten müssen.

35 Insbesondere unter staatstheoretischen Gesichtspunkten wird teilweise ein Vorrang des *Wortlautarguments* und des *subjektiv-teleologischen Arguments* (Wille des Gesetzgebers) behauptet. Für einen solchen Vorrang spräche insbesondere das rechtsstaatliche Prinzip der Bindung des Richters (generell: des Rechtsanwenders) an das Gesetz. Allerdings wäre damit lediglich eine *partielle* Vorrangregel formuliert. Dies in einem zweifachen Sinne. Zum einen wäre nicht geklärt, wie das Rangverhältnis zwischen den beiden privilegierten Auslegungselementen gestaltet sein sollte. Müsste sich bei einer Kollision zwischen dem Wortlaut auf der einen, der Regelungsabsicht des Gesetzgebers (subjektiv-teleologische Auslegung) auf der anderen Seite der erstere oder die letztere durchsetzen? Zum andern bliebe die Reihung der weiteren Auslegungselemente offen.[29]

36 Vor allem aber spricht gegen alle Versuche, eine strikte und verbindliche Rangfolge festzulegen, der Umstand, dass alle Auslegungselemente jeweils von ganz *unterschied-*

---

28 Hassemer, Rechtssystem, S. 237. Zust. Meder, Zukunft, S. 1050. Krit. Rüthers/Fischer/Birk, Rechtstheorie, Rn. 704.
29 Anspruchsvoller Versuch, eine nahezu vollständige Rangfolge zu erstellen, bei Th. Möllers, Methodenlehre, § 14 Rn. 126 ff.

III. Problem der Methodenwahl § 16

lichem Gewicht sein können. So kann das Ziel, das der Gesetzgeber verfolgt hat, vage oder aber vergleichsweise präzise rekonstruierbar sein. Zudem schwindet die Bedeutung des Willens des Gesetzgebers mit wachsendem zeitlichem Abstand. Das Argument der *Gesetzessystematik* kann mehr oder weniger ertragreich sein. Selbst dem *Wortlautargument* kann, soweit nicht die Wortlautgrenze tangiert ist und ein striktes Analogieverbot besteht,[30] eine größere oder geringere Bedeutung zukommen. Geht es, beispielsweise, um die Frage, wie viele Personen für eine „Bande" i. S. des Tatbestands des „Bandendiebstahls"[31] erforderlich sind,[32] so ist gegenüber der Auffassung, dass *zwei* Personen genügen, das Wortlautargument von höherem Gewicht als bei der Frage, ob *drei* Personen dafür ausreichend sind.

Die Entscheidung kann daher nur zwischen der *zweiten* und der *dritten* Position fallen. 37
Hier sind die Unterschiede allerdings gering. Denn auch die Auffassung, der zufolge sich eine tendenzielle Höhergewichtung bestimmter Elemente (konkret: des Wortlautarguments und der subjektiv-teleologischen Auslegung) begründen lässt, räumt ein, dass je nach Fallkonstellation anderen Elementen das Übergewicht zukommen kann. Formuliert wird insoweit lediglich eine *Argumentationslastregel*:

> „Argumente, die eine Bindung an den Wortlaut des Gesetzes oder den Willen des historischen Gesetzgebers zum Ausdruck bringen, gehen anderen Argumenten vor, es sei denn, es lassen sich vernünftige Gründe dafür anführen, den anderen Argumenten den Vorrang einzuräumen."[33]

Da diese „vernünftigen Gründe" vor allem, wenn nicht ausschließlich, in dem besonders hohen Gewicht liegen dürften, das den anderen Argumenten in der fraglichen Konstellation zukommt, unterscheiden sich die zweite und die dritte Antwort auf die Rangfolge-Frage nur marginal. 38

3. Subjektive versus objektive Auslegung

Das Problem, dass sich aus dem Fehlen einer klaren Rangfolge der unterschiedlichen 39
Auslegungsmethoden ergibt, wird dadurch verschärft, dass bereits über das *Ziel der Auslegung* keine Klarheit besteht. Umstritten ist, ob der (subjektive) „Wille des Gesetzgebers" oder aber ein (objektiver) „Wille des Gesetzes" ermittelt werden soll.[34] Während die Rechtsprechung hier einen gewissen Pragmatismus zeigt und – ebenso wie bei der Wahl der maßgeblichen Auslegungsmethode – mal der einen, mal der anderen Richtung folgt,[35] stehen sich in der Rechtstheorie die Positionen teilweise unversöhnlich gegenüber. So wird gegenüber der „objektiven" Theorie vereinzelt gera-

---

30 Dazu oben Rn. 8, 16.
31 § 244 Abs. 1 Nr. 2 StGB.
32 Diese lange Zeit umstrittene Frage ist für die deutsche Rechtspraxis jetzt in dem Sinne geklärt, dass drei Personen erforderlich, aber auch ausreichend sind (BGHSt 46, 321).
33 *Alexy*, Theorie der juristischen Argumentation, S. 305.
34 Eine gewisse Parallele findet die Auseinandersetzung zwischen subjektiver und objektiver Auslegung in dem Streit zwischen „originalism" und „living constitution" in der amerikanischen Verfassungstheorie und, insbesondere, im Supreme Court der USA. Dazu *Stephen Breyer*, Authority; *ders.*, Reading the Constitution". – *Breyer*, selbst ehemaliger (liberaler) Richter am Supreme Court, ordnet dem Originalismus eine politisch konservative, dem Pragmatismus („living constitution") eine eher liberale Position zu.
35 *Thomas Möllers*, Methodenlehre, § 6 Rn. 63.

dezu der Vorwurf der Verfassungswidrigkeit erhoben[36] – ungeachtet der Tatsache, dass das BVerfG selbst eher zur Parteinahme *für* diese Theorie tendiert.[37]

40 Es dürfte aber ein Fehler sein, den Unterschied zwischen beiden Theorien in dieser Weise zu überspitzen. Die „subjektive" Theorie erinnert zu Recht an das Prinzip der Gewaltenteilung, demzufolge Entscheidungen des Gesetzgebers für den Richter grundsätzlich verbindlich sind. Die „objektive" Theorie macht zutreffend darauf aufmerksam, dass sich im Laufe der Zeit Wandlungen sowohl im Bereich der sozialen Tatsachen als auch hinsichtlich gesellschaftlicher Wertungen ergeben können, die eine Anpassung von Rechtsnormen nahelegen. Diese Anpassung muss durch die Gerichte vorgenommen werden, soweit nicht der Gesetzgeber selbst rechtzeitig korrigierend eingreift.

41 Wenig sinnvoll erscheint es, bei der Auseinandersetzung zwischen beiden Theorien Metaphern aufzuspießen, die von der Gegenseite verwendet werden – mit dem Versuch, sie ihres metaphorischen Charakters zu entkleiden und dadurch *ad absurdum* zu führen. Ein Beispiel für dieses Verfahren ist die Kritik, die an der Formulierung des „Objektivisten" *Radbruch* geübt wird, das Gesetz könne und müsse „klüger sein als seine Verfasser".[38] Die Behauptung, dies sei eine „unsinnige Annahme",[39] beruht offensichtlich auf der Vorstellung, es gehe darum, dem Gesetz einen Intelligenzquotienten (IQ) zuzuerkennen und diesen mit dem IQ der Gesetzesverfasser zu vergleichen. Aber das ist abseitig. Denn *Radbruch* meint offensichtlich, dass das Gesetz *Interpretationen ermöglichen* kann, die es erlauben, späteren gesellschaftlichen Entwicklungen im Bereich des Faktischen oder des Normativen Rechnung zu tragen, die von den Verfassern des Gesetzes noch nicht berücksichtigt werden konnten.

42 Zutreffend ist damit der Einwand, das Konstrukt eines „Willens des Gesetzes" gewähre dem Richter einen *größeren Interpretationsspielraum* als der zwar gleichfalls nicht psychologisch reale, aber leichter zu konturierende „Wille des Gesetzgebers". Richtig ist auch, dass die objektive Auslegung damit tendenziell in einen Gegensatz zu dem *Prinzip der Gesetzesbindung* tritt. Die Konsequenz kann nur sein, auf eine scharfe Alternative von „objektiver" und „subjektiver" Auslegung zu verzichten und sowohl den „Willen des Gesetzgebers" als auch den „Willen des Gesetzes" als Bezugspunkt der Gesetzesinterpretation zu akzeptieren. Der Preis dafür ist eine Erhöhung der Komplexität, die bereits aus dem Nebeneinander unterschiedlicher Auslegungsmethoden resultiert.

43 Damit behält *Goethe* Recht. Die „Auslegung" führt, jedenfalls in zahlreichen Fällen, nicht zu einem eindeutigen Ergebnis. Für das richterliche Urteil verbleibt ein Spielraum, den der Richter dezisionistisch (durch eine eigene Entscheidung) ausfüllen muss.

44 Mit besonderer Klarheit herausgearbeitet hat dies *Kelsen*. Die Konkretisierung des Gesetzes ist, so *Kelsen*, ein *Willensakt*, nicht nur eine *Erkenntnisleistung*. Das Gesetz gebe nur den Rahmen für die richterliche Entscheidung vor. Innerhalb dieses Rahmens treffe der Richter eine Willensentscheidung, eine in diesem Sinne „politische" Entscheidung.[40]

---

36 *Rüthers*, Methodenrealismus, S. 60.
37 BVerfGE 1, 299, 312; 88, 145, 176.
38 *Radbruch*, Rechtsphilosophie (1932), GRGA Bd. 2, S. 345.
39 *Rüthers*, Blindflug, S. 449.
40 Dazu und zum Folgenden *Kelsen*, Reine Rechtslehre, S. 350 ff.

4. Divergenzen in der Rechtsprechung

Auf der Grundlage dieser Unterscheidung wird verständlich, dass Gerichte teilweise in ihren Rechtsauffassungen divergieren. Der Fall, dass *ein* Senat des BGH eine andere Rechtsauffassung vertritt als ein anderer, ist deshalb im Gerichtsverfassungsrecht ausdrücklich geregelt.[41] Auch innerhalb desselben Spruchkörpers können unterschiedliche Rechtsauffassungen bestehen. Urteile können deshalb im deutschen Rechtssystem aufgrund *Stimmenmehrheit* gefällt werden. Dabei kann es sich um die einfache oder aber um eine qualifizierte Mehrheit handeln. Zur Verurteilung eines Angeklagten ist beispielsweise eine Zwei-Drittel-Mehrheit erforderlich.[42] Auch wenn sich die Unterschiede in den Auffassungen der einzelnen Richter/-innen häufig auf die Einschätzung der Beweislage, also auf *Tatsachenfeststellungen* beziehen: In diesen gesetzlichen Regelungen liegt auch die Anerkennung der Tatsache, dass in derselben *Rechtsfrage* unterschiedliche Auffassungen vertretbar sein können.

Besonders augenfällig wird diese Tatsache bei Entscheidungen des *Bundesverfassungsgerichts*. Denn im Unterschied zu anderen Gerichten können die Senate des BVerfG bekanntgeben, mit welchem Stimmenverhältnis eine Entscheidung getroffen wurde. Zudem eröffnet das Bundesverfassungsgerichtsgesetz den „unterlegenen" Richtern die Möglichkeit, ihre abweichende Auffassung zu begründen und als *Sondervotum* zusammen mit dem Urteil zu veröffentlichen. Es erweist sich, dass in zahlreichen Fällen Entscheidungen mit knapper Mehrheit (5:3) ergehen oder sogar aufgrund von Stimmengleichheit gefällt werden.[43]

Solche Divergenzen resultieren nicht daraus, dass einige Richter/-innen das Grundgesetz „richtig", andere es „falsch" interpretieren würden. Sie ergeben sich deshalb, weil in zahlreichen Fällen unterschiedliche Interpretationen der Verfassung *vertretbar* sind. Die Entscheidung zwischen diesen unterschiedlichen vertretbaren Auffassungen ist, so *Kelsen*, ein *Willensakt*. Die Frage, wodurch der Richter zu diesem Willensakt ermächtigt ist, beantwortet *Kelsen* mit dem Hinweis auf die Entscheidungskompetenz, die dem Richter mit der Berufung in das Richteramt übertragen worden sei. Es müsse deshalb scharf getrennt werden zwischen

- der Rechtsfindung durch Gerichte, und
- der Tätigkeit der Rechtswissenschaftler

Wenn ein Rechtswissenschaftler den Rahmen eines Gesetzes ausfüllt, dann handelt er, so *Kelsen*, nicht mehr als Wissenschaftler, sondern macht politische Vorschläge.

IV. Die Rolle des Vorverständnisses – Juristische Hermeneutik

1. „Vorverständnis" statt „Willensakt"

Die Bewertung der richterlichen Entscheidung als Willensakt ist folgerichtig, wenn man die Alternative „Erkenntnisakt-Willensakt" zugrunde legt. Das Urteil ist dann insofern ein Willensakt, als es den Spielraum ausfüllt, den das Gesetz, da auslegungsbedürftig, zwangsläufig eröffnet. Die Bezeichnung als „Willensakt" darf aber nicht in dem Sinne verstanden werden, dass der Richter insoweit nach Willkür urteilen würde.

---

41 § 132 GVG.
42 § 263 Abs. 1 StPO.
43 Stimmengleichheit bedeutet, dass eine Verfassungsverletzung „nicht festgestellt werden" kann (§ 15 Abs. 4 Satz 3 BVerfGG).

Die Entscheidung, dem Wortlautargument, der systematischen, der historischen oder aber der teleologischen Interpretation die tragende Funktion zuzuerkennen, wird typischerweise von dem *Vorverständnis* des Richters gesteuert. Das bedeutet: Es kommt maßgeblich darauf an, welche Regelung der Richter von dem Gesetz, dessen Vernünftigkeit und Gerechtigkeit er unterstellt und unterstellen muss, erwartet.[44] Die Interpretation des Gesetzes orientiert sich insofern an dem *Ergebnis* dieser Interpretation. Die Auslegung ist, wie *Radbruch* formuliert hat, das „Ergebnis ihres Ergebnisses".[45]

2. Allgemeine (philosophische) Hermeneutik

50 Die Auffassung, dass die Frage, wie ein Text verstanden wird, wesentlich von dem „Vorverständnis" des Interpreten beeinflusst wird, ist nicht auf die Interpretation von Rechtstexten beschränkt. Sie markiert die zentrale These der allgemein-philosophischen Disziplin der *Hermeneutik*, die ideengeschichtlich auf *Friedrich Daniel Ernst Schleiermacher* (1768–1834) und *Wilhelm Dilthey* (1833–1911) zurückweist.[46] Ihre Rezeption in der Rechtsphilosophie vollzog sich vor allem in Anschluss an das 1960 in erster Auflage erschienene, fundamentale Werk „Wahrheit und Methode"[47] von *Hans-Georg Gadamer* (1900–2002). *Gadamer* ging es in diesem Werk keineswegs darum, eine „Methodenlehre" des „richtigen" Verstehens zu entwickeln. Analysiert wird vielmehr der Prozess des Verstehens, genauer: Es geht um eine Rekonstruktion der Bedingungen des Verstehens von Texten (wie auch von Kunstwerken).

51 Entsprechend ist auch die juristische Hermeneutik, die an *Gadamer* anschließt, keine *normative* Disziplin, sondern eine *rechtstheoretische* Analyse der Bedingungen des Verstehens von Rechtstexten. Vor diesem Hintergrund erweist sich der gelegentlich erhobene Vorwurf eines „Irrationalismus" der juristischen Hermeneutik als Missverständnis. Die juristische Hermeneutik will nicht rationale juristische Argumentation durch den Rekurs auf ein „diffuses" Vorverständnis ersetzen, sondern: Sie beansprucht, eine differenzierte Rekonstruktion der Bedingungen des Verstehens juristischer Texte zu leisten. Eine substantiierte Kritik hätte den Nachweis der mangelnden Korrektheit dieser Analyse zu führen.

52 Allerdings ist diese Analyse geeignet, den lange Zeit erhobenen *Objektivitätsanspruch* der Gesetzesinterpretation zu erschüttern. Denn sie führt zu dem Ergebnis, dass die Auslegung eines Textes nicht ein kognitiver Vorgang ist, in dem eine vorgegebene Bedeutung dieses Textes von dem Interpreten schlicht „erkannt" wird. Die Gegenüberstellung von erkennendem Subjekt und dem zu erkennenden Objekt wird dem tatsächlichen Prozess des Textverstehens nicht gerecht. Denn das Verstehen ist auch eine Leistung des Subjekts, das insofern an dem Verstehensprozess einen konstitutiven Anteil hat. Es ist *sein* Vorverständnis, das das Ergebnis der Interpretation mitgestaltet.

3. Historische und kulturelle Relativität des Vorverständnisses

53 Das ist allerdings nicht so zu verstehen, dass die „Bedeutung" des Textes zur Disposition des einzelnen Interpreten des Gesetzes stünde. Das Subjekt, auf dessen Vorverständnis es ankommt, ist nicht das individuelle, sondern ein *kollektives Subjekt*. Es ist

---

44 Grundlegend *Esser*, Vorverständnis.
45 *Radbruch*, Einführung, S. 326.
46 Zu dieser Tradition (aus dem rechtsphilosophischen Schrifttum) *Arthur Kaufmann/Dietmar von der Pfordten*, Problemgeschichte, S. 93 ff.; *Schroth*, Hermeneutik, S. 243 ff.
47 Zur rechtsphilosophischen Rezeption übersichtlich *Klatt*, Hermeneutik, S. 233 f.

IV. Die Rolle des Vorverständnisses – Juristische Hermeneutik § 16

das Subjekt, das in einen bestimmten Überlieferungszusammenhang, in eine bestimmte Tradition eingebunden ist, das zugleich aber Entwicklungen und Änderungen spiegelt, die sich im kollektiven Verständnis von Texten im Laufe der Zeit vollzogen haben.

Dazu ein Beispiel:
Das Schweizerische Bundesgericht hatte ursprünglich eine verfassungsrechtliche Norm, die sich auf „alle Schweizer" („tous les Suisses") bezog, in dem Sinne interpretiert, dass darunter nur männliche Staatsbürger zu verstehen seien. Dreißig Jahre später entschied es, dass der (wiederum: in einer Verfassungsnorm verwendete) Begriff „Schweizer" auch die Schweizerinnen umfasse.[48]

Das Beispiel zeigt, in welchem Maße die Interpretation eines Gesetzes von den Vorstellungen und „Vorurteilen" einer bestimmten Epoche, kurz: von dem Stand des jeweiligen „gesellschaftlichen Wissens" abhängen kann. Es geht aber nicht nur um die *historische*, sondern auch um eine *kulturelle* Relativität des jeweiligen gesellschaftlichen Vorverständnisses. In Kulturen, in denen der Frau eine untergeordnete Rolle zuerkannt wird, wäre die „alte" Lesart des Schweizer Bundesgerichts möglicherweise noch aktuell. Stünde in der Verfassung von „Macholand" der Satz „Alle Macholänder haben das aktive und passive Wahlrecht", so würden die Interpreten (und selbst: mögliche Interpretinnen) diese Bestimmung vermutlich nicht als Garantie des Wahlrechts auch für Macholände*rinnen* lesen.

Die kulturelle Relativität des Vorverständnisses ist in praktischer Hinsicht ebenso unproblematisch wie die zeitliche, solange die Kulturen in weitgehender Abgeschlossenheit nebeneinander existieren.[49] Je stärker die Verflechtungen werden, desto problematischer wird die Divergenz unterschiedlicher Vorverständnisse.

4. Politische Dimension

Diese Divergenz hat unvermeidlich auch eine politische Dimension. Denn sie manifestiert sich in *unterschiedlichen Deutungsmustern*, die zwangsläufig auf rechtliche Einstufungen durchschlagen. Ob es sich bei einer Guerilla-Truppe, die sich dem bewaffneten Kampf gegen ein diktatorisches Regime verschrieben hat, um eine *terroristische Vereinigung* oder aber um eine *Befreiungsbewegung* handelt, ist eine Frage nicht der Fakten, sondern der *Deutung* dieser Fakten. Für das offizielle Frankreich war die algerische FLN (*Front de libération nationale*) eine Terrororganisation, für die (meisten) Algerier eine Befreiungsbewegung.

a) Beispiele

Ein aktuelles Beispiel:
Für Israel und die westlichen Staaten ist die militärische Organisation der Hamas eine Terrororganisation, für andere eine legitime Bewegung zur Befreiung unrechtmäßig besetzter palästinensischer Gebiete. Komplementär: Für die einen entspricht der Haftbefehl des Internationalen Strafgerichtshofs (IStGH) gegen den israelischen Premierminister *Netanjahu* wegen des Verdachts der Verübung von Kriegsverbrechen (November 2024) der nach dem

---

48 Dazu *Kramer/Arnet*, Methodenlehre, S. 137 f.
49 Die kulturelle Relativität des Vorverständnisses, das der Gesetzesauslegung zugrunde liegt, spiegelt sich in Differenzen in der juristischen Methodenlehre. Zur Methodenlehre in Korea vgl. *Young-Whan Kim*, Theorie und Praxis; *ders.*, Lage. Zu China, Japan, Korea und Taiwan die Beiträge in Bu (Hrsg.), Methodenlehre. Zum islamischen Recht *Kurnaz*, Handbuch. Ideengeschichtlich *Schröder*, Gesetzesinterpretation. Zeitgeschichtlich: *ders.*, Methodenlehre.

Völkerstrafrecht bestehenden Rechtslage. Für die anderen ist er ein Angriff auf den politischen Führer eines Staates, der lediglich sein Selbstverteidigungsrecht wahrnimmt.

59 Damit soll nicht gesagt sein, dass es für jede der konkurrierenden Sichtweisen jeweils *gleich gute* Argumente geben würde. Wichtig ist aber, dass jede der konkurrierenden Deutungen sich mit Argumenten stützen lässt. Es geht an dieser Stelle um das Phänomen konkurrierender „Vorverständnisse", nicht um deren Bewertung.

60 Ein anderes Beispiel:
Der Europäische Gerichtshof für Menschenrechte (EGMR) in Straßburg[50] hatte im Jahre 2010 über die Beschwerde eines ehemaligen Partisanen zu entscheiden, der nach dem Zerfall der Sowjetunion wegen einer im Zweiten Weltkrieg verübten Tat verurteilt worden war. Der Verurteilte hatte, zusammen mit anderen Partisanen, 1944 in Lettland ein Dorf überfallen und dort mehrere Zivilisten ermordet, teilweise auf äußerst grausame Weise. Der Hintergrund: Bewohner dieses Dorfes hatten einige Monate zuvor eine Gruppe von Partisanen an die deutsche Besatzungsmacht verraten. Mitglieder dieser Partisanengruppe waren daraufhin von deutschen Soldaten erschossen worden. Nach dem Ende des kommunistischen Systems wurde der Täter von einem lettischen Gericht wegen Mordes zu einer Freiheitsstrafe verurteilt.

61 Der EGMR wies die Beschwerde, die der Verurteilte gegen diese Entscheidung eingelegt hatte, in beiden Instanzen ab.[51] Russische Medien reagierten auf diese Entscheidungen des EGMR teilweise mit heller Empörung. Der Tenor war: „Der EGMR verurteilt die Tat eines Antifaschisten". Hier wird exemplarisch deutlich, in welcher Weise politische Deutungsmuster auf die rechtliche Bewertung von Handlungen durchschlagen können. Dabei spielt es nur eine untergeordnete Rolle, dass diese rechtliche Beurteilung nicht von den zuständigen Institutionen, sondern den Medien formuliert wurde. Entscheidend ist, dass sie als *rechtliche* Kritik vorgetragen wurde. Daran, dass die Entscheidungen des EGMR als *rechtlich fehlerhaft* kritisiert werden sollten, besteht kein Zweifel. Wird das maßgebliche Koordinatensystem durch den Gegensatz „Faschismus – Antifaschismus" gebildet, dann sind alle Handlungen, die gegen „den Faschismus" gerichtet sind, tendenziell gerechtfertigt – selbst dann, wenn es sich um die grausame Tötung von Zivilisten handelt.

b) Ambivalenzen

62 Die Ambivalenz der rechtlichen Bewertung, die aus dem Nebeneinander konträrer Deutungsmuster resultiert, kann ihren Niederschlag auch innerhalb *derselben* Rechtsordnung finden. Ein *prima facie* fast skurril anmutendes Beispiel liefert die Bestimmung des deutschen Strafgesetzbuchs, die sich auf „Kriminelle und terroristische Vereinigungen im Ausland" bezieht.[52] Eine terroristische Vereinigung ist u. a. eine Vereinigung,

> „deren Zwecke oder deren Tätigkeit darauf gerichtet sind …, Mord (§ 211) oder Totschlag (§ 212) oder Völkermord (§ 6 des Völkerstrafgesetzbuches) oder Verbrechen gegen die Menschlichkeit (§ 7 des Völkerstrafgesetzbuches) oder Kriegsverbrechen (§§ 8, 9, 10, 11 oder § 12 des Völkerstrafgesetzbuches) … zu begehen" (§ 129a Abs. 1 StGB).

---

50 Nicht zu verwechseln mit dem Europäischen Gerichtshof (EuGH) in Luxemburg, der für die Auslegung von Rechtsnormen der Europäischen Union (EU) zuständig ist. Vgl. schon § 2 Rn. 43 m. Fn. 40.
51 EGMR Urt. v. 17.5.2010 – 36376/04 (Kononov vs. Lettland). Ausf. zum Urteil und dessen Hintergründen *Schroeder*, Einsatz, S. 341 ff.
52 § 129b StGB.

V. „Unbegrenzte Auslegung"

§ 129b StGB erstreckt die Strafbarkeit, die in § 129a StGB für die Gründung einer terroristischen Vereinigung (und die Mitgliedschaft in ihr) statuiert wird, unter bestimmten Voraussetzungen auch auf *Vereinigungen im Ausland*. Im vorliegenden Zusammenhang ist bedeutsam, dass bei der Entscheidung über eine strafrechtliche Verfolgung in diesem Fall darauf abgestellt werden soll,

> „ob die Bestrebungen der Vereinigung gegen die Grundwerte einer die Würde des Menschen achtenden staatlichen Ordnung oder gegen das friedliche Zusammenleben der Völker gerichtet sind und bei Abwägung aller Umstände als verwerflich erscheinen" (§ 129b Abs. 1 Satz 5 StGB).

Das bedeutet: Der Gesetzgeber geht davon aus, dass die Bestrebungen einer Vereinigung, deren Zwecke oder deren Tätigkeit darauf gerichtet sind, Mord, Totschlag, Völkermord oder Kriegsverbrechen zu begehen, möglicherweise *nicht* als „verwerflich" erscheinen. Das zielt auf sogenannte „Befreiungsbewegungen",[53] denen im Kontext dieses Tatbestands auch der Einsatz von Mord, Völkermord und Kriegsverbrechen „zugestanden" wird („nicht verwerflich"). Drastischer lässt sich das Nebeneinander konträrer rechtlicher Deutungsmuster (sowohl „Befreiungsbewegung" als auch „terroristische Vereinigung") kaum zum Ausdruck bringen.

Die Beispiele zeigen, dass die Juristische Hermeneutik zu kurz greift, wenn sie lediglich *das* Vorverständnis als Bedingung allen (Text-)Verstehens thematisiert. Zwar ist es richtig, dass *das* Vorverständnis in dieser Funktion für das Verstehen konstitutiv ist, also einen transzendentalen Status hat[54] – eben als *Bedingung der Möglichkeit* von Verstehen. Aber für die Frage, *wie* ein Gesetzestext verstanden wird, genügt es nicht, allgemein auf die Vorverständnis-Struktur des Verstehens abzustellen. Auch die Antwort, gegenüber einem Gesetzestext konkretisiere sich das Vorverständnis auf die Erwartung, dass es sich um eine *vernünftige und gerechte* Regelung handele, wäre unzureichend. Denn die Standards für die Vernünftigkeit und Gerechtigkeit rechtlicher Regelungen sind nicht nur historisch relativ.[55]

Sie differieren auch aufgrund *unterschiedlicher Ideologien*, von denen die Erwartungen hinsichtlich Vernünftigkeit und Gerechtigkeit des Regelungsgehalts eines Gesetzes gesteuert werden. Religiöse Fundamentalisten gehen, wenn es sich um die Interpretation der verfassungsrechtlich garantierten Religionsfreiheit handelt, mit anderen Erwartungen an die Auslegung der entsprechenden Verfassungsnorm heran als liberale Freidenker, deren Aufmerksamkeit vorrangig der „negativen" Religionsfreiheit gilt.[56] Das heißt: Jedenfalls gegenüber Gesetzestexten gibt es nicht nur kollektive, sondern auch *partikulare* Vorverständnisse.

V. „Unbegrenzte Auslegung"

Das Vorverständnis beeinflusst die Erwartungen (und damit den Verständnishorizont) des Interpreten gegenüber dem Regelungsgehalt des Gesetzes, legt die Interpretation aber nicht definitiv fest. Dies aus zwei Gründen. Zum einen ist das Vorverständnis

---

53 *Fischer*, StGB, 72. Aufl. 2025, § 129b Rn. 13.
54 *Arthur Kaufmann/Dietmar von der Pfordten*, Problemgeschichte, S. 93 f.
55 Zur historischen Relativität vgl. das Beispiel der Interpretation des Wortes „Schweizer" in Verfassungen der Eidgenossenschaft (oben Rn. 54).
56 Zur Gewichtung von positiver Religionsfreiheit einerseits, negativer andererseits instruktiv der Beschluss des BVerfG zur Frage, ob in den Klassenräumen staatlicher Schulen Kruzifixe angebracht werden dürfen (BVerfGE 93, 1).

§ 16 „Legt Ihr's nicht aus, so legt was unter!" – Die Interpretation von Gesetzen

jedenfalls partiell *korrigierbar*. Das heißt: Der Interpret kann zu dem Ergebnis gelangen, dass der Regelungsgehalt des Gesetzes seinen Erwartungen nicht entspricht, möglicherweise – aus seiner Sicht – unvernünftig oder ungerecht ist. Zum andern ist das Vorverständnis als solches nicht „argumentfähig". Die Auslegung, für die sich der Interpret entscheidet, muss *lege artis* begründet werden, also unter Rückgriff auf die anerkannten Auslegungselemente. Allerdings zeigt sich, dass die Standards der juristischen Methodenlehre dem Druck einer politisch dominanten Ideologie und dem ihr entsprechenden kollektiven Vorverständnis kaum etwas entgegenzusetzen haben. Der Begriff der „unbegrenzten Auslegung", den *Rüthers* in Bezug auf die Handhabung fortgeltender Gesetze in der Zeit der NS-Herrschaft geprägt hat,[57] bringt das sprachlich auf den Punkt. Zu dieser „unbegrenzten Auslegung" zwei Beispiele:

1. Beispiele

a) Ethnische Herkunft als „Belästigung" (AG Schöneberg 1938)

68 Das erste:
In einer Entscheidung des Amtsgerichts (AG) Schöneberg aus dem Jahr 1938 ging es um die Frage der Wirksamkeit einer Kündigung, die ein Vermieter gegenüber einer Mieterin ausgesprochen hatte.[58] Nach dem seinerzeit geltenden Mieterschutzgesetz (MSchG) von 1923 war eine Kündigung nur in wenigen Fällen möglich, vor allem dann, wenn sich der Mieter einer „erheblichen Belästigung des Vermieters schuldig macht" und „sein Verhalten derart ist, daß dem Vermieter die Fortsetzung des Mietverhältnisses nicht zugemutet werden kann".

69 Der Vermieter hat vor Gericht behauptet, seine Mieterin habe sich einer solchen *erheblichen Belästigung* schuldig gemacht. Frage: was hatte sie gemacht? Antwort: Sie hatte nichts gemacht, aber: sie war Jüdin. Das AG hat die genannten Voraussetzungen für eine Kündigung bejaht und der Klage stattgegeben.

70 Es geht an dieser Stelle (noch) nicht um die menschenverachtende NS-Ideologie, die dieser Entscheidung – wie vielen Urteilen im „Dritten Reich" – zugrunde lag. Die methodologische Frage lautet: Ist das eine mögliche Auslegung des Gesetzes? Auf den ersten Blick: nein. Denn es stellen sich mindestens drei Probleme:

1) Wieso soll eine *Belästigung* des Vermieters vorliegen?
2) Wieso soll ein „*Verhalten*" der Mieterin vorliegen?
3) Wieso soll sich die Vermieterin einer Belästigung „*schuldig*" gemacht haben, obwohl sie über ihre ethnische Zugehörigkeit, auf die sich der Vermieter beruft, nicht disponieren kann?

71 Das AG Schöneberg hat auf alle diese Fragen eine Antwort.

- Ad 1) Wieso „Belästigung"? Das Gericht argumentiert teleologisch: § 2 MSchG diene dem *Schutz der Hausgemeinschaft*. Diese sei ein wesentliches Element der Volksgemeinschaft, auch als „Schicksalsgemeinschaft im Krieg". Eine jüdische Mieterin störe die Hausgemeinschaft. Eine Belästigung *des Vermieters* wird mit funktionaler Argumentation bejaht: Dieser solle berechtigt sein, Mieter, die die Hausgemeinschaft stören, zu entfernen. Kurzgefasst: Er ist deshalb von der „Belästigung"

---

57 *Rüthers*, Auslegung.
58 AG Schöneberg JW 1938, 3045. Ausf. Analyse dieser Entscheidung bei *Wesel*, Weltkunde, S. 145.

V. „Unbegrenzte Auslegung" § 16

betroffen, weil er die Möglichkeit und die Aufgabe hat, der jüdischen Mieterin zu kündigen.

- Ad 2) Wieso „Verhalten"? Die Argumentation des Amtsgerichts: Von dem Begriff des „Verhaltens" werden alle Tatsachen umfasst, die einen Mieter als Fremdkörper in der Hausgemeinschaft erscheinen lassen. Das könne ein Tun, ein Unterlassen oder eine persönliche Eigenschaft des Mieters sein. Tun und Unterlassen seien nur die „Lebensäußerungen der Persönlichkeit".
- Ad 3) Wieso „Verschulden"? Das Amtsgericht: Es liege ein Verschulden „im Sinne des Gesetzes" vor. Entscheidend sei die Unzumutbarkeit. Auch fehle die „innere Einstellung" zu einer Gemeinschaft mit Deutschen.[59]

b) Ethnische Herkunft als „Bürgerlicher Tod" (RG 1936)

Das zweite Beispiel:
Das deutsche Filmunternehmen UFA hatte Anfang 1933 einen Vertrag mit dem Schauspieler *Erik Charell* geschlossen, der in dem geplanten Film „Die Heimkehr des Odysseus" die Regie übernehmen sollte. Unter dem Einfluss der Rasse-Ideologie des NS-Systems kündigte die UFA später diesen Vertrag mit der Begründung, *Charell* sei Jude. Sie berief sich dabei auf eine Vertragsklausel, die eine Kündigung „wegen Tod, Krankheit oder ähnlichem Grund" ermöglichte.

Das Reichsgericht (RG) bestätigte die Wirksamkeit der Kündigung. Die Begründung „verdient" es, im Wortlaut wiedergegeben zu werden:

> „Wenn in Nr. 6 des Manuskriptvertrages v. 24. Febr. 1933 davon die Rede ist, daß Ch. (Charell, U.N.) ‚durch Krankheit, Tod oder ähnlichen Grund nicht zur Durchführung seiner Regietätigkeit imstande sein sollte', so ist unbedenklich eine aus gesetzlich anerkannten rassepolitischen Gesichtspunkten eingetretene Änderung in der rechtlichen Geltung der Persönlichkeit dem gleichzuachten, sofern sie die Durchführung der Regietätigkeit in entsprechender Weise hindert, wie Tod oder Krankheit es täten."[60]

2. Dominanz der Ideologie

In beiden Fällen ist das Ergebnis offensichtlich von der NS-Ideologie gesteuert. Auf der Basis dieser Ideologie und der NS-Rassegesetzgebung (und *nur* auf dieser Basis) erscheint die Argumentation methodologisch jeweils als (noch) vertretbar.[61] Das Urteil des AG Schöneberg stützt sich wesentlich auf eine *teleologische Auslegung*, deren methodologische Legitimität grundsätzlich anerkannt ist. In der Entscheidung des Reichsgerichts steht im Zentrum eine *Analogie* („gleichzuachten") – auch diese ist, jenseits der Anwendung strafrechtlicher Tatbestände (um die es hier nicht geht), ein geläufiges Instrument der Gesetzesauslegung.

Das Problem: Sowohl die teleologische Auslegung als auch die Analogie erfordern *Wertungen*, die von den Prinzipien der jeweiligen Rechtsordnung und damit in letzter Instanz von der *dominierenden Rechtsideologie* bereitgestellt werden. Die Monstrosität der beiden Entscheidungen resultiert nicht aus einer fehlerhaften Anwendung der

---

59 Einen anderen Weg der Argumentation hat das AG Nürnberg beschritten (JW 1938, 3243): Das MSchG sei auf Juden nicht anwendbar. Es sei dazu bestimmt, der Gemeinschaft des deutschen Volkes zu dienen.
60 RG JW 1936, 2529.
61 Für das Urteil des AG Schöneberg ebenso *Wesel*, Weltkunde, S. 150 f.

Regeln der juristischen Methodenlehre, sondern aus der menschenverachtenden Ideologie, in deren Kontext diese Regeln herangezogen wurden.

76 Das ist ein erschreckender Befund. Denn er besagt: Juristische Methode schützt unter den Bedingungen einer barbarischen Rechtsideologie nicht vor barbarischen Entscheidungen. Andererseits: Dort, wo das Rechtssystem auf einer Ideologie basiert, die grundsätzlich durch einen Vorrang des Prinzips der Menschenwürde geprägt ist,[62] bleiben Gerichtsurteile typischerweise auch dann ohne gravierende Folgen, wenn sie das methodologische Instrumentarium fehlerhaft anwenden, um punktuell eine partikulare Ideologie durchzusetzen. Erinnert sei an das Beispiel des Urteils des OVG Saarlouis zum Zeitschlagen von Kirchenglocken, das von der übergeordneten Instanz (BVerwG) korrigiert wurde.[63]

77 Dieses Ergebnis dispensiert, selbstverständlich, weder Gerichte noch Verfasser rechtswissenschaftlicher Abhandlungen von der Verpflichtung zu einer korrekten und präzisen Handhabung der Instrumente, die von der juristischen Methodenlehre bereitgestellt werden. Die Erwartung aber, dieses Instrumentarium als wirksames Bollwerk gegen eine drohende, politisch-ideologisch basierte Brutalisierung eines Rechtssystems nutzen zu können, wäre zu optimistisch.[64]

---

[62] Der Begriff der Ideologie wird hier und durchgehend im neutralen Sinn der sog. Wissenssoziologie (also ohne einen negativen Beiklang) verwendet (dazu schon oben § 2 Fn. 24).
[63] Oben § 14 Rn. 49 ff.
[64] In diese Richtung aber *Rüthers/Fischer/Birk*, Rechtstheorie, Rn. 640.

Literaturverzeichnis

Abraham, Markus, Rechtsprechung als Wahrmacher – Eine vertrauensorientierte und pragmatische Konzeption von Wahrheit im Recht, in: K. Peters/N. Schrott (Hrsg.), Eine Theorie von der Wissenschaft des Rechts, 2023, S. 13 ff.
Adomeit, Klaus/Hähnchen, Susanne, Rechtstheorie und Juristische Methodenlehre, 7. Aufl. 2018
Albert, Hans, Traktat über kritische Vernunft, 5. Aufl. 1991
–: Traktat über rationale Praxis, 1978
–: Kritik der reinen Hermeneutik. Der Antirealismus und das Problem des Verstehens, 1994
–: Rechtswissenschaft als Realwissenschaft. Das Recht als soziale Tatsache und die Aufgabe der Jurisprudenz, 1993
Alexy, Robert, Theorie der juristischen Argumentation (1978), 7. Aufl. 2015
–: Theorie der Grundrechte (1985), 8. Aufl. 2018
–: Probleme der Diskurstheorie (1989), in: ders., Recht, Vernunft, Diskurs. Studien zur Rechtsphilosophie, 1995, S. 109 ff.
–: Mauerschützen. Zum Verhältnis von Recht, Moral und Strafbarkeit, 1993
–: A Defence of Radbruch's Formula, in: D. Dyzenhaus (Hrsg.), Recrafting the Rule of Law: The Limits of Legal Order, Oxford/Portland Oregon, 1999, S. 15 ff.
–: On the Concept and Nature of Law, Ratio Juris 21 (2008), 281 ff.
–: Die Doppelnatur des Rechts, in: Der Staat 50 (2011), 389 ff.
–: Begriff und Geltung des Rechts, (Neuausgabe) 2020
Anscombe, Gertrude Elizabeth Margaret, Modern Moral Philosophy, in: Philosophy 33 (1958), 1 ff.
Arendt, Hannah, Elemente und Ursprünge totaler Herrschaft, 1986 (engl.: The Origins of Totalitarianism, New York 1951)
Aristoteles, Nikomachische Ethik, hrsg. von Franz Dirlmeier, 2016
–: Politik (gr. Ta Politika). Schriften zur Staatstheorie (hrsg. von G. Krapinger), 2024
Ashworth, Andrew, Grunderfordernisse des Allgemeinen Teils für ein europäisches Sanktionenrecht. Landesbericht England, ZStW 110 (1998), 461 ff.
Auer, Marietta, Warum der Begriff der Rechtsgeltung nicht zur Bewältigung staatlichen Unrechts taugt, in: Rechtswissenschaft (RW) 2017, 45 ff.
–: Cantus firmus der Moderne. Rechtstheorie in der Bonner Republik, in: T. Duve/St. Ruppert (Hrsg.), Rechtswissenschaft in der Berliner Republik, 2018, S. 121 ff.
–: Claus-Wilhelm Canaris – Eine Erinnerung in fünf Bildern, JZ 2022, 629 ff.
Augustinus, Aurelius, De Civitate Dei, München 2007
Bäcker, Carsten, Gerechtigkeit im Rechtsstaat. Das Bundesverfassungsgericht an der Grenze des Grundgesetzes, 2015
Baer, Susanne, Renaissance der Verfassungsvergleichung, 2023
Beck, Susanne/Marschelke, Jan-Christoph, „Critical Legal Studies", in: E.Hilgendorf/Jan C. Joerden (Hrsg.), Handbuch Rechtsphilosophie, 2. Aufl. 2021, S. 318 ff.
Benjamin, Walter, Zur Kritik der Gewalt (1921), in: Gesammelte Schriften Bd. I/2, 1999, S. 179 ff.
Binding, Karl, Die Normen und ihre Übertretung, Bd. 1, 3. Aufl. 1916
Böckenförde, Ernst-Wolfgang, Die Entstehung des Staates als Vorgang der Säkularisation (1967), in: ders., Recht, Staat, Freiheit, 1991, S. 92 ff.
–: Demokratie als Verfassungsprinzip, in: ders., Staat, Verfassung, Demokratie, 1991, S. 289 ff.
–: Zur Kritik der Wertbegründung des Rechts, in: ders., Recht, Staat, Freiheit, 1991, S. 67 ff.
Boehm, Omri, Radikaler Universalismus. Jenseits von Identität, 2021
v. Bogdandy, Armin/Venzke, Ingo, In wessen Namen? Internationale Gerichte in Zeiten globalen Regierens, 2014

Literaturverzeichnis

Breyer, Stephen, The Authority of the Court and the Peril of Politics, 2021
-: „Reading the Constitution". Why I Chose Pragmatism, Not Textualism, 2024
Brockmöller, Annette, Die Entstehung der Rechtstheorie in Deutschland im 19. Jahrhundert, 1997
Brown, Wendy, Die schleichende Revolution. Wie der Neoliberalismus die Demokratie zerstört, 2018 (engl. „Undoing the Demos: Neoliberalism's Stealth Revolution, 2015)
Bu, Yuanshi (Hrsg.), Juristische Methodenlehre in China und Ostasien, 2016
Busse, Dietrich, Juristische Semantik. Grundfragen der juristischen Interpretationstheorie in sprachwissenschaftlicher Sicht, 2. Aufl. 2010
Campagna, Norbert, „Tierrechte", in: E. Hilgendorf/Jan C. Joerden (Hrsg.), Handbuch Rechtsphilosophie, 2. Aufl. 2021, S. 518 ff.
Cancic, Hubert, „Alle Gewalt ist von Gott". Paulus, Rom. 13 im Rahmen antiker und neuzeitlicher Staatslehren, in: Gladigow, Burkhard (Hrsg.), Staat und Religion, 1981, S. 53 ff.
Codex Iuris Canonici (1983), Lateinisch-deutsche Ausgabe, 10. Aufl. 2021
Coing, Helmut, Grundzüge der Rechtsphilosophie, 5. Aufl. 1993
Czermak, Gerhard, Siebzig Jahre Bundesverfassungsgericht in weltanschaulicher Schieflage, 2021
Christensen, Ralph/Kudlich, Hans, Theorie richterlichen Begründens, 2001
Crouch, Colin, Über das befremdliche Überleben des Neoliberalismus, 2011 (engl. The Strange Non-death of Neoliberalism, 2011)
Dann, Philipp/Feichtner, Isabel/von Bernstorff, Joachim (Hrsg.), (Post)koloniale Rechtswissenschaft, 2022
Deckert, Martina Renate, Folgenorientierung in der Rechtsanwendung, 1995
Denninger, Erhard, Ende der ‚subjektiven Rechte'? Anmerkungen zu Christoph Menke, Kritik der Rechte, KJ 51 (2018), S. 316 ff.
Donaldsen, Sue/Kymlicka, Will, Zoopolis. A Political Theory of Animal Rights, Oxford 2011
Dreier, Horst, Die Radbruchsche Formel – Erkenntnis oder Bekenntnis? (1991), mit „Hinweisen und Nachträgen" (2013) wieder abgedrckt in: M. Borowski/St. L. Paulson (Hrsg.), Die Natur des Rechts bei Gustav Radbruch, 2015, S. 1 ff.
-: Gustav Radbruch und die Mauerschützen, JZ 1997, 421 ff.
-: Staat ohne Gott. Religion in der säkularen Moderne, 2018
-: Kelsen zur Einführung, 2023
Dreier, Ralf, Zum Selbstverständnis der Jurisprudenz als Wissenschaft (1971) in:, ders., Recht – Moral – Ideologie. Studien zur Rechtstheorie, 1981, S. 48 ff.
-: Recht und Moral (1980), in: *ders.*, Recht – Moral – Ideologie. Studien zur Rechtstheorie, 1981, S. 180 ff.
-: Widerstandsrecht und ziviler Ungehorsam im Rechtsstaat (1983), in: Peter Glotz (Hrsg.), Ziviler Ungehorsam im Rechtsstaat, 3. Aufl. 2015, S. 54 ff.
Dworkin, Ronald, Bürgerrechte ernstgenommen, Frankfurt/Main 1984 (engl. „Taking Rights Seriously", 1978).
-: A Matter of Principle, 1985
-: Law's Empire, 1986
Effer-Uhe, Daniel, Überlegungen zur Automatisierbarkeit der Rechtsanwendung, JZ 2023, 833 ff.
Eidam, Lutz, Klimaschutz und ziviler Ungehorsam, JZ 2023, 224 ff.
Ellscheid, Günter, Verrechtlichung und Entsolidarisierung, in: V. Gessner/W. Hassemer (Hrsg.), Gegenkultur und Recht, 1985, S. 51 ff.
Elsuni, Sarah, Feministische Rechtstheorie, in: S. Buckel/R. Christensen/A. Fischer-Lescano (Hrsg.), Neue Theorien des Rechts, 3. Aufl. 2020, S. 225 ff.
Engisch, Karl, Einführung in das juristische Denken, 13. Aufl. 2024
-: Sinn und Tragweite juristischer Systematik (1957), in: ders., Beiträge zur Rechtstheorie, 1984, S. 88 ff.
Engels, Friedrich, Die Entwicklung des Sozialismus von der Utopie zur Wissenschaft, in: Marx-Engels-Werke (MEW) Bd. 19, S. 189 ff.

Literaturverzeichnis

Engländer, Armin, Norm und Sanktion – Kritische Anmerkungen zum Sanktionsmodell der Norm, in: Rechtswissenschaft (RW) 2014, 193 ff.
-: Kritischer Rationalismus und Jurisprudenz, in: E. Hilgendorf (Hrsg.), Kritischer Rationalismus und Einzelwissenschaften, 2017, S. 111 ff.
-: Der entgrenzte Notstand – zur Anwendbarkeit des § 34 StGB bei sogenannten Klimaprotesten, JZ 2023, 255 ff.
Ernst, Wolfgang, Rechtserkenntnis durch Richtermehrheiten, 2016
Esser, Josef, Vorverständnis und Methodenwahl, 2. Aufl. 1972 (1. Aufl. 1970)
Fateh-Moghadam, Bijan, Sakralisierung des Strafrechts? Zur Rechts- und Moralsoziologie Emile Durkheims, in: H.-J. Große Kracht (Hrsg.), Der moderne Glaube an die Menschenwürde. Philosophie, Soziologie und Theologie im Gespräch mit Hans Joas, 2014, S. 129 ff.
Fichte, Johann Gottlieb, Staatslehre oder über das Verhältnis des Urstaates zum Vernunftreiche (1813), in: ders., Ausgewählte Werke in sechs Bänden (hrsg. von Fritz Medicus), sechster Band, S. 417 ff.
Fischer, Thomas, Strafrechtswissenschaft und strafrechtliche Rechtsprechung – Fremde seltsame Welten?, in: Festschrift für Rainer Hamm zum 65. Geburtstag, 2008, S. 63 ff.
Fischer-Lescano, Andreas, Deutschengrundrechte: Ein kolonialistischer Anachronismus, in: P. Dann/I. Feichtner/J. von Bernstorff (Hrsg.), (Post)koloniale Rechtswissenschaft, 2022, S. 339 ff.
Fögen, Marie Theres, Römische Rechtsgeschichten. Über Ursprung und Evolution eines sozialen Systems, 2. Aufl. 2003
Foljanty, Lena, Recht oder Gesetz. Juristische Identität und Autorität in den Naturrechtsdebatten der Nachkriegszeit, 2013
Foljanty, Lena/Lembke, Ulrike (Hrsg.), Feministische Rechtswissenschaft, 2. Aufl. 2012
Forst, Rainer, Kontexte der Gerechtigkeit, 1994
-: Das Recht auf Rechtfertigung. Elemente einer konstruktivistischen Theorie der Gerechtigkeit, 2007
Forsthoff, Ernst, Rechtsstaat im Wandel, 2. Aufl. 1976
Freund, Georg/Rostalski, Frauke, Tatbestand und Rechtsfolge – Vom Strafgesetz zur Sanktionsnorm, GA 2022, 543 ff.
Frankenberg, Günter, Die Verfassung der Republik, 1997
Friedman, Milton, Kapitalismus und Freiheit, 1962
Frommel, Monika, Feministische Rechtskritik und Rechtssoziologie – Rekonstruktion eines disziplinären Missverständnisses, KJ 1993, 164 ff.
-: Feministische Kriminologie, in: K. Liebl (Hrsg.), Kriminologie im 21. Jahrhundert, 2007, S. 108 ff.
-: War das Verbot der „Unzucht unter Männern" (§ 175 StGB in der Fassung der Jahre 1935 bis 1969) „gesetzliches Unrecht"?, in: F. Saliger (Hrsg.), Rechtsstaatliches Strafrecht. Festschrift für Ulfrid Neumann zum 70. Geburtstag, 2017, S. 109 ff.
Fukuyama, Francis, Identität. Wie der Verlust der Würde unsere Demokratie gefährdet, 2019
Funke, Andreas, Radbruchs Rechtsbegriffe, ihr neukantianischer Hintergrund und ihr staatsrechtlicher Kontext, in: M. Borowski/St. L. Paulson (Hrsg.), Die Natur des Rechts bei Gustav Radbruch, 2015, S. 23 ff.
-: Das institutionalistische Vorurteil in der Interpretationslehre. Zur Bedeutung der Selbstbeurteilung von und im Recht, in: C. Bäcker (Hrsg.), Rechtsdiskurs, Rechtsprinzipien, Rechtsbegriff, 2022, S. 387 ff.
Gärditz, Klaus Ferdinand, Aus der Mottenkiste politischer Theorie. Ziviler Ungehorsam als Lizenz zur Straftat?, in: M. Bönnemann (Hrsg.), Kleben und Haften. Ziviler Ungehorsam in der Klimakrise, 2023, S. 37 ff.
Gast, Wolfgang, Zur Einübung der Ungewissheit. Sprachspiele aus der Vorschule des juristischen Argumentierens, in: W. Hassemer/A. Kaufmann/U. Neumann (Hrsg.), Argumentation und Recht, ARSP-Beiheft Nr. 14 (1980), S. 147 ff.
Geiger, Theodor, Vorstudien zu einer Soziologie des Rechts (1947), 4. Aufl. 1987

Literaturverzeichnis

Geis, Max-Emanuel, „Ziviler Ungehorsam", in: E. Hilgendorf/Jan C. Joerden (Hrsg.), Handbuch Rechtsphilosophie, 2. Aufl. 2021, S. 534 ff.
Grimm, Dieter, Verfassungsgerichtsbarkeit, 2021
Gröschner, Rolf, „Rechtsdogmatik", in: E. Hilgendorf/Jan C. Joerden (Hrsg.), Handbuch Rechtsphilosophie, 2. Aufl. 2021, S. 66 ff.
Grosse-Wilde, Thomas, Sanktionsnormen als bedingte Verhaltensnormen? RphZ 2018, 137 ff.
Grotius, Hugo, De jure belli ac pacis libri tres, in quibus jus naturae et gentium item juris publici praecipua explicantur, 1625
Gruber, Malte-Christian, Rechtsschutz für nichtmenschliches Leben. Der moralische Status des Lebendigen und seine Implementierung in Tierschutz-, Naturschutz- und Umweltrecht, 2006
Günther, Klaus, Der Sinn für Angemessenheit. Anwendungsdiskurse in Moral und Recht, 1988
Gutmann, Daniel, Sources et ressources de l'interprétation juridique, Paris 2023
Habermas, Jürgen, Wahrheitstheorien (1972), in: ders., Vorstudien und Ergänzungen zur Theorie des kommunikativen Handelns, 1984, S. 127 ff.
-: Theorie des kommunikativen Handelns, 1981
-: Ziviler Ungehorsam – Testfall für den demokratischen Rechtsstaat. Wider den autoritären Legalismus in der Bundesrepublik (1983), in: Peter Glotz (Hrsg.), Ziviler Ungehorsam im Rechtsstaat, 3. Aufl. 2015, S. 29 ff.
-: Faktizität und Geltung, 4. Aufl. 1992
-: Moralbewußtsein und kommunikatives Handeln, 6.Aufl. 1996
-: Braucht Europa eine Verfassung? Eine Bemerkung zu Dieter Grimm, in: ders., Die Einbeziehung des Anderen, 1996, S. 185 ff.
Haferkamp, Hans-Peter, „Begriffsjurisprudenz", in: Enzyklopädie zur Rechtsphilosophie <Begriffsjurisprudenz – enzyklopaedie-rechtsphilosophie.net>.
Hart, H.L.A., Der Positivismus und die Trennung von Recht und Moral (1958), in. ders., Recht und Moral. Drei Aufsätze (hrsg. von Norbert Hoerster, 1971), S. 14 ff.
-: Der Begriff des Rechts, 1973 (engl. The Concept of Law, 1961)
Hassemer, Winfried, Über die Berücksichtigung von Folgen bei der Auslegung der Strafgesetze, in: N. Horn (Hrsg.), Europäisches Rechtsdenken in Geschichte und Gegenwart. Festschrift für Helmut Coing, Bd. 1, 1982, S. 493 ff.
-: Verfassungsgerichtsbarkeit in einer Demokratie, in: Jan C. Joerden/R. Wittmann (Hrsg.), Recht und Politik, ARSP-Beiheft 93 (2004), S. 75 ff.
-: Juristische Methodenlehre und richterliche Pragmatik, Rechtstheorie 39 (2009), 1 ff.
-: Rechtssystem und Kodifikation: Die Bindung des Richters an das Gesetz, in: W. Hassemer/U. Neumann/F. Saliger (Hrsg.), Einführung in die Rechtsphilosophie und Rechtstheorie der Gegenwart, 9. Aufl. 2016, S. 227 ff.
v. Hayek, Friedrich A., Die Verfassung der Freiheit, 1960
-: Die Illusion der sozialen Gerechtigkeit, 1981
Hegel, Georg Wilhelm Friedrich, Grundlinien der Philosophie des Rechts, 1820
Henkel, Heinrich, Einführung in die Rechtsphilosophie, 2. Aufl. 1977
Herzberg, Rolf, Sanktionsnorm und Verhaltensnorm – eine grundlegende und problematische Straftatlehre, JZ 2023, 438 ff.
Hilgendorf, Eric, „Werturteilsproblematik im Recht", in: E. Hilgendorf/Jan C. Joerden (Hrsg.), Handbuch Rechtsphilosophie, 2. Aufl. 2021, S. 258 ff.
-: „Rechtsphilosophie zwischen 1860 und 1960", in: E. Hilgendorf/Jan C. Joerden (Hrsg.), Handbuch Rechtsphilosophie, 2. Aufl. 2021, S. 165 ff.
-: „Rechtsphilosophie der Gegenwart", in: E. Hilgendorf/Jan C. Joerden (Hrsg.), Handbuch Rechtsphilosophie, 2. Aufl. 2021, S. 176 ff.
-: Hans Albert zur Einführung, 1997
- Hillgruber, Christian, Die Menschenwürde und das verfassungsrechtliche Recht auf Selbstbestimmung – ein und dasselbe?, ZfL 2015, 86 ff.
Hirsch, Hans Joachim, Gibt es eine national unabhängige Strafrechtswissenschaft?, in: M. Seebode (Hrsg.), Festschrift für Günter Spendel zum 70.Geburtstag, 1992, S. 43 ff.

Hobbes, Thomas, Leviathan oder Wesen, Form und Gewalt des kirchlichen und bürgerlichen Staates, übers. von Dorothee Tidow, 1965 (engl. Leviathan, ore The Matter, Forme & Power of a Common Wealth Ecclesiaticall and Civill, 1651)

Höffe, Otfried, Positivismus plus Moralismus: zu Augustinus' eschatologischer Staatstheorie, in: Christoph Horn (Hrsg.), Augustinus De civitate dei, 1997, S. 259 ff.

-: Ist Gott demokratisch? Zum Verhältnis von Demokratie und Religion, 2022

Hoerster, Norbert, Haben Tiere eine Würde? Grundfragen der Tierethik, 2. Aufl. 2024

Hofmann, Hasso, Einführung in die Rechts- und Staatsphilosophie, 5. Aufl. 2011

Hoppe, Hans-Hermann, Der Wettbewerb der Gauner. Über das Unwesen der Demokratie und den Weg in die Privatrechtsgesellschaft, 2012

Horn, Norbert, Einführung in die Rechtswissenschaft und Rechtsphilosophie, 6. Aufl. 2016

Horn, Norbert/Berster, Lars, Einführung in die Rechtswissenschaft und Rechtsphilosophie, 7. Aufl. 2024

Huster, Stefan, Rechtswissenschaft als Realwissenschaft?, in: E. Hilgendorf (Hrsg.), Wissenschaft, Religion und Recht, 2006, S. 385 ff.

Isay, Hermann, Rechtsnorm und Entscheidung, 1929

Jahn, Matthias/Wenglarczyk, Fynn, Organisierte Klimaproteste und Strafverfassungsrecht, JZ 2023, 885 ff.

Jellinek, Georg, Allgemeine Staatslehre, 3. Aufl. 1914 (Nachdruck des 5. Neudrucks, 1976)

-: System der subjektiven öffentlichen Rechte, 1892 (2. Aufl. 1905, Neudruck 2011)

Jestaedt, Matthias, Geltung des Systems und Geltung im System. Wozu man die Grundnorm benötigt und wozu nicht, JZ 2013, 1009 ff.

-: Rechtswissenschaft als normative Disziplin, in: E. Hilgendorf/Jan C. Joerden (Hrsg.), Handbuch Rechtsphilosophie, 2. Aufl. 2021, S. 267 ff.

-: Der Stufenbau der Rechtsordnung. Von den Tücken einer Metapher, in: Fr. Brosius-Gersdorf u.a. (Hrsg.), Rechtskonflikte. Festschrift für Horst Dreier zum 70. Geburtstag, 2024, S. 131 ff.

von Jhering, Rudolf, Der Kampf ums Recht, Nachdruck nach der 18. Aufl. Wien 1913, Frankfurt am Main/Berlin 1992

-: „Ist die Jurisprudenz eine Wissenschaft?" (1868), hrsg. von Okko Behrends, 2. Aufl. 2009

Joas, Hans, „Die Macht des Heiligen". Eine Alternative zur Geschichte der Entzauberung, 2017

Kant, Immanuel, Metaphysik der Sitten (1797), in: Werke in zehn Bänden, hrsg. von Wilhelm Weischedel, 1981, Band 7, S. 309 ff.

-: Über ein vermeintes Recht aus Menschenliebe zu lügen, in: Werke in zehn Bänden, hrsg. von W. Weischedel, 1981, Bd. 7, S. 635 ff.

-: Reflexionen zur Moralphilosophie, in: Kant, Gesammelte Werke, Akademie-Ausgabe (1902 ff.) Bd. XIX, S. 92 ff.

Kantorowicz, Hermann (Pseudonym: „Gnaeus Flavius"), Der Kampf um die Rechtswissenschaft (1906), in: ders., Rechtswissenschaft und Soziologie. Ausgewählte Schriften zur Wissenschaftslehre (hrsg. von Thomas Würtenberger), 1962, S. 13 ff.

-: Rationalistische Bemerkungen über Realismus (engl. „Some rationalism about realism", 1934), ebd. S. 101 ff.

Kargl, Walter, Wahrheit, Überzeugung und Wissen im Strafverfahren, ARSP 105 (2019), 171 ff.

Kaufmann, Arthur, Durch Naturrecht und Rechtspositivismus zur juristischen Hermeneutik (1975), in: *ders.*, Beiträge zur Juristischen Hermeneutik, 1984, S. 79 ff.

-: Analogie und „Natur der Sache", 2. Aufl. 1982

-: Vierzig Jahre Rechtsentwicklung – dargestellt an einem Satz des Grundgesetzes (1989), in: ders., Über Gerechtigkeit. Dreißig Kapitel praxisorientierter Rechtsphilosophie, 1993, S. 245 ff.

-: Über das Problem der rechtswissenschaftlichen Erkenntnis (1989), in: ders., Über Gerechtigkeit, 1993, S. 155 ff.

Literaturverzeichnis

-: Grundprobleme der Rechtsphilosophie, 1994
-: Kaufmann, Arthur/von der Pfordten, Dietmar, Problemgeschichte der Rechtsphilosophie, in: W. Hassemer/U. Neumann/F. Saliger (Hrsg.), Einführung in die Rechtsphilosophie und Rechtstheorie der Gegenwart, 9. Aufl. 2016, S. 23 ff.
Kaufmann, Franz-Xaver, Die Steuerung wohlfahrtsstaatlicher Abläufe durch Recht, Jahrbuch für Rechtssoziologie 13 (1988), S. 65 ff.
Kaufmann, Matthias, Rechtsphilosophie, 1996
-: Recht, 2016
Kelsen, Hans, Die Rechtswissenschaft als Norm- oder als Kulturwissenschaft (1916), in: Hans Kelsen Werke (HKW), herausgegeben von Matthias Jestaedt, Bd. 3, S. 551 ff.
-: Hauptprobleme der Staatsrechtslehre, 2. Aufl. 1923
-: Die philosophischen Grundlagen der Naturrechtslehre und des Rechtspositivismus, 1928
-: Wesen und Entwicklung der Staatsgerichtsbarkeit. Verhandlungen der Tagung der Deutschen Staatsrechtslehrer zu Wien 1928, in: Veröffentlichungen der Vereinigung Deutscher Staatsrechtslehrer (VVDStRL) Bd. 5, 1929, S. 30 ff.
-: Wer soll Hüter der Verfassung sein? (1930/31), in: H. Klecatsky/R. Marcic/H. Schambeck (Hrsg.), Die Wiener Rechtstheoretische Schule. Schriften von Hans Kelsen, Adolf Merkl, Alfred Verdross, Band 2, 2010, S. 1533 ff.
-: Die Einheit von Völkerrecht und staatlichem Recht, ZaöRV 19 (1958), S. 234 ff.
-: Reine Rechtslehre, 2. Aufl. 1960
Kersten, Jens, Das ökologische Grundgesetz, 2022
Kersting, Wolfgang, Thomas Hobbes zur Einführung, 3. Aufl. 2005
Kim, Young-Whan, Theorie und Praxis der juristischen Methodenlehre in Korea, in: ders., Rechtsphilosophie und Strafrecht in Deutschland und Korea, 2017, S. 78 ff.
-: Die gegenwärtige Lage der juristischen Methodenlehre in Korea, in: ders., Rechtsphilosophie und Strafrecht in Deutschland und Korea, 2017, S. 114 ff.
Kindhäuser, Urs, Norm und Normbefolgung, GA 2022, 563 ff.
Kirste, Stephan, Geschichte der Rechtsphilosophie der Neuzeit, 2015
-: Rechtsbegriff und Rechtsgeltung, in: Geschichte – Gesellschaft – Geltung. XXIII. Deutscher Kongress für Philosophie 28. September – 2. Oktober 2014 an der Westfälischen Wilhelms-Universität Münster. Kolloquienbeiträge, herausgegeben von Michael Quante, 2016, S. 659 ff.
-: „Naturrecht und Positives Recht", in: E. Hilgendorf/Jan C. Joerden (Hrsg.), Handbuch Rechtsphilosophie, 2. Aufl. 2021, S. 17 ff.
-: Rechtsphilosophie. Einführung, 3. Aufl. 2024
Klatt, Matthias, Theorie der Wortlautgrenze. Semantische Normativität in der juristischen Argumentation, 2004
-: „Juristische Hermeneutik", in: E. Hilgendorf/Jan C. Joerden (Hrsg.), Handbuch der Rechtsphilosophie, 2. Aufl. 2021, S. 233 ff.
Klug, Ulrich, Skeptische Rechtsphilosophie und humanes Strafrecht, 1981
Koller, Peter, Theorie des Rechts. Eine Einführung, 2. Aufl. 1997
Koschaker, Paul, Europa und das Römische Recht, 1966
Koskenniemi, Martti, „From Apology to Utopia" Cambridge University Press 1990
-: To the Uttermost Parts oft the Earth. Legal Imagination and International Power, 1300-1870", Cambridge University Press, 2021
Kotsoglou, Kyriakos N., Das Fehlurteil gibt es nicht, JZ 2017, 123 ff.
Kramer, Ernst A./Arnet, Ruth, Juristische Methodenlehre, 7. Aufl. 2024
Kriele, Martin, Theorie der Rechtsgewinnung, 2. Aufl. Berlin 1976
-: Rechtspositivismus und Naturrecht – politisch beleuchtet, JuS 1969, 149 ff.
Küpper, Georg, Grenzen der normativierenden Strafrechtsdogmatik, 1990
Kunz, Karl-Ludwig/Mona, Martino, Rechtsphilosophie, Rechtstheorie, Rechtssoziologie, 2. Aufl. 2015
Kurnaz, Serdar, Handbuch zum islamischen Recht, Bd. 4 (Methoden und Prinzipien der Interpretation im islamischen Recht), 2023

Literaturverzeichnis

de Lagasnerie, Geoffroy, „Verurteilen". Der strafende Staat und die Soziologie, 2017
Lahusen, Benjamin, Alles Recht geht vom Volksgeist aus. Friedrich Carl von Savigny und die moderne Rechtswissenschaft, 2013
Larenz, Karl, Rechtsperson und subjektives Recht. Zur Wandlung der Rechtsgrundbegriffe, 1935
–: Über die Unentbehrlichkeit der Jurisprudenz als Wissenschaft, 1966
–: Methodenlehre der Rechtswissenschaft, 6. Aufl. 1991
Lask, Emil, Rechtsphilosophie (1905), in: ders. Gesammelte Schriften (hrsg. von Eugen Herrigel), Bd. 1, 1923, S. 275 ff.
Laufer, Heinz, Verfassungsgerichtsbarkeit und politischer Prozess, 1968
Laun, Rudolf, Recht und Sittlichkeit (1924), 3. Aufl. 1935
Lepsius, Oliver, Kritik der Dogmatik, in: G. Kirchhof/St. Magen/K. Schneider (Hrsg.), Was weiß Dogmatik?, 2012, S. 39 ff.
Levitsky, Steven/Ziblatt, Daniel, Wie Demokratien sterben – und was wir dagegen tun können, 2018/19 (engl. „How Democracies Die", Chicago 2018)
Locke, John, Two Treatises of Government (1689), hier zitiert nach: Locke, Zwei Abhandlungen über die Regierung (hrsg. von. Walter Euchner), 1967
Loick, Daniel, Juridismus. Konturen einer kritischen Theorie des Rechts, 2017
Lorenz, Konrad, Moral-analoges Verhalten geselliger Tiere, 1954
Lübbe-Wolff, Gertrude, Rechtsfolgen und Realfolgen, 1981
–: „Demophobie". Muss man die direkte Demokratie fürchten?, 2023
–: Beratungskulturen. Wie Verfassungsgerichte arbeiten und wovon es abhängt, ob sie integrieren oder polarisieren, 2. Aufl. 2023
Luhmann, Niklas, Rechtssystem und Rechtsdogmatik, 1974
–: Funktionale Methode und juristische Entscheidung (1969), in: ders., Ausdifferenzierung des Rechts, 1981, S. 273 ff.
–: Positivität des Rechts als Voraussetzung einer modernen Gesellschaft (1970), in: ders., Ausdifferenzierung des Rechts, 1981, S. 113 ff.
–: Das Recht der Gesellschaft, 1993
–: Legitimation durch Verfahren, 3. Aufl. 1993
Mahlmann, Matthias, Rechtsphilosophie und Rechtstheorie, 8. Aufl. 2024
Martins, Antonio, Flüchtige Grenzen. Hermeneutik und Diskurstheorie im Recht, 2013
–: Soziale Normen und strafrechtliche Zurechnung, in: F. Saliger (Hrsg.), Rechtsstaatliches Strafrecht. Festschrift für Ulfrid Neumann zum 70. Geburtstag, 2017, S. 653 ff.
Marx, Karl, Kritik des Gothaer Programms („Randglossen zum Programm der deutschen Arbeiterpartei"), in: Marx-Engels-Werke (MEW) Bd. 19, S. 15 ff.
–: Verhandlungen der 6. rheinischen Landtags. Von einem Rheinländer, Dritter Artikel: Debatten über das Holzdiebstahlsgesetz (1842), MEW Bd. 1, S. 109 ff. (auszugsweise abgedruckt bei Th. Vormbaum (Hrsg.), Texte zur Strafrechtstheorie der Neuzeit, Bd. II, 19. und 20. Jahrhundert, 1993, S. 106 ff.)
–: Nachwort zur zweiten Auflage des „Kapitals" (1873), MEW Bd. 23, S. 18 ff.
Mastronardi, Philippe, Juristisches Denken, 2. Aufl. 2003
Maus, Ingeborg, Die Trennung von Recht und Moral als Begrenzung des Rechts (1989), in: dies., Zur Aufklärung der Demokratietheorie, 1992, S. 308 ff.
–: Zur Aufklärung der Demokratietheorie. Rechts- und demokratietheoretische Überlegungen im Anschluss an Kant, 1992
–; Über Volkssouveränität, 2011
–: Vom Rechtsstaat zum Verfassungsstaat. Zur Kritik juridischer Demokratieverhinderung, in: dies., Justiz als gesellschaftliches Über-Ich, 2018, S. 204 ff.
Mayer-Tasch, Peter Cornelius, Thomas Hobbes und das Widerstandsrecht, 1965
Meder, Stephan, Die Zukunft der juristischen Methode: Rehabilitierung durch Chat-GPT?, JZ 2023, 1041 ff.

Literaturverzeichnis

Menke, Christoph, Kritik der Rechte, 2015
Möllers, Christoph, Die Möglichkeit der Normen, 2018
Möllers, Thomas, Juristische Methodenlehre, 6. Aufl. 2025
Montesquieu, Charles de, Vom Geist der Gesetze, eingeleitet von Kurt Weigand, Stuttgart 1994 (franz. De l'Esprit des lois, 1748)
Mouffe, Chantal, Für einen linken Populismus. Wider die kosmopolitische Illusion, 2018
Mounk, Yascha, Der Zerfall der Demokratie. Wie Populismus den Rechtsstaat bedroht, 2018
Müller, Friedrich/Christensen, Ralph, Juristische Methodik, Bd. 1, 11. Aufl. 2013
Müller, Jan-Werner, Was ist Populismus?, 6. Aufl. 2020
Müller-Mall, Sabine, Verfassende Urteile. Eine Theorie des Rechts, 2023
Naucke, Wolfgang, Die Aufhebung des strafrechtlichen Analogieverbots 1935, in: ders., Über die Zerbrechlichkeit des rechtsstaatlichen Strafrechts, 2000, S. 301 ff.
Ncube, Daniel-Thabani, Critical Race Theory, JuS 2024, 202 ff.
Neumann, Ulfrid, Rechtsontologie und juristische Argumentation, 1977
-: Materiale und prozedurale Gerechtigkeit im Strafverfahren, ZStW 101 (1989), 52 ff.
-: Juristische Fachsprache und Umgangssprache (1992), in: ders., Recht als Struktur und Argumentation, 2008, S. 13 ff.
-: Rechtstheorie und allgemeine Wissenschaftstheorie (1993), in: U. Neumann, Recht als Struktur und Argumentation, 2008, S. 243 ff.
-: Gerechtigkeit durch kompensierende Ungerechtigkeit – das Rechtsprinzip der „Negation der Negation" in Werken von Friedrich Dürrenmatt (1998), in: ders., Recht als Struktur und Argumentation, 2008, S. 130 ff.
-: Die Geltung von Regeln, Prinzipien und Elementen (2000), in: ders. Recht als Struktur und Argumentation, 2008, S. 138 ff.
-: Rechtspositivismus, Rechtsrealismus und Rechtsmoralismus in der Diskussion um die strafrechtliche Bewältigung politischer Systemwechsel (2002), in: ders., Recht als Struktur und Argumentation, 2008, S. 163 ff.
-: Die Menschenwürde als Menschenbürde – oder wie man ein Recht gegen den Berechtigten wendet (2004), in: ders., Recht als Struktur und Argumentation, 2008, S. 35 ff.
-: Strategien ideologischer Begriffsbildung im Recht (2005), in: ders., Recht als Struktur und Argumentation, 2008, S. 64 ff.
-: Rechtswissenschaft als säkulare Theologie. Anmerkungen zu einem wissenschaftstheoretischen Topos des Kritischen Rationalismus (2006), in: ders., Recht als Struktur und Argumentation, 2008, S. 318 ff.
-: Dimensionen der Strafgerechtigkeit, in: Liu, Shing I/Neumann, Ulfrid (Hrsg.), Gerechtigkeit – Theorie und Praxis, 2011, S. 117 ff.
-: Rechtswissenschaft und Rechtspraxis – verschiedene Welten?, in: M. Anderheiden/R. Keil/St. Kirste/J. P. Schaefer (Hrsg.), Verfassungsvoraussetzungen. Gedächtnisschrift für Winfried Brugger, 2013, S. 249 ff.
-: „Methodendualismus" in der Rechtsphilosophie des Neukantianismus. Positionen zum Verhältnis von Sein und Sollen bei Gustav Radbruch (2015), in: ders., Rechtsphilosophie im Spiegel der Zeit. Beiträge zum Rechtsdenken Gustav Radbruchs (1878-1949), 2021, S. 113 ff.
-: Notwendigkeit und Grenzen von Idealisierungen im Rechtsdenken, in: M. Borowski/St. L. Paulson/J.-R. Sieckmann (Hrsg.), Rechtsphilosophie und Grundrechtstheorie, 2017, S. 67 ff.
-: Personale und „interessenbasierte" Rechtsgutslehre, in: Ioannis Tentes u.a. (Hrsg.), Grenzen und Zukunft des Strafrechts. Festschrift für Christos Mylonopoulos, Athen 2024, S. 265 ff.
-: Rechtsgeltung als Konstruktion, in: Fr. Brosius-Gersdorf u.a. (Hrsg.), Rechtskonflikte. Festschrift für Horst Dreier zum 70. Geburtstag, 2024, S. 205 ff.
-: Ein neukantianisches Modell der Rechtswissenschaft: Lasks „Philosophie des Rechts", in: U. Neumann u.a. (Hrsg.), Recht als wertbezogene Wirklichkeit. Südwestdeutscher Neukantianismus, Gustav Radbruch und Arthur Kaufmann, 2025, S. 43 ff.
Nietzsche, Friedrich, Jenseits von Gut und Böse, Stuttgart 1964
Nozick, Robert, Anarchie, Staat, Utopia, 2011 (engl. Anarchy, State and Utopia, Oxford 1974)

Literaturverzeichnis

Nussbaum, Martha, Die Grenzen der Gerechtigkeit. Behinderung, Nationalität und Spezieszugehörigkeit, 2014
-: Gerechtigkeit für Tiere, 2023
Ogorek, Regina, Richterkönig oder Subsumtionsautomat? Zur Justiztheorie im 19. Jahrhundert, 1986
van Ooyen, Robert Chr., Der Begriff des Politischen des Bundesverfassungsgerichts, 2005
d'Ors, Alvaro, Gemeinwohl und öffentlicher Feind, Wien/Leipzig 2015
Patterson, Dennis, Recht und Wahrheit, 1999
Paulson, Stanley L., Die unterschiedlichen Formulierungen der „Grundnorm", in: A. Aarnio u.a. (Hrsg.), Rechtsnorm und Rechtswirklichkeit. Festschrift für Werner Krawietz zum 60. Geburtstag, 1993, S. 53 ff.
-: Richterliche Gesetzesprüfung. Ein Aspekt der Auseinandersetzung zwischen Schmitt und Kelsen über den „Hüter der Verfassung", in: A. Carrino/G. Winkler (Hrsg.), Rechtserfahrung und Reine Rechtslehre, 1995, S. 41 ff.
-: Hans Kelsen und Gustav Radbruch. Neukantianische Strömungen in der Rechtsphilosophie, in: Krijnen, Christian/Noras, Andrzej J. (Hrsg.), Marburg versus Südwestdeutschland: philosophische Differenzen zwischen den beiden Hauptschulen des Neukantianismus, 2012, S. 141 ff.
Pawlowski, Hans-Martin, Aufgabe des Zivilprozesses, ZZP 80 (1967), 345 ff.
Peczenik, Aleksander, Grundlagen der juristischen Argumentation, 1983
Pelluchon, Corine, Manifest für Tiere, 2020
von der Pfordten, Dietmar, Gustav Radbruch. Über den Charakter und das Bewahrenswerte seiner Rechtsphilosophie, JZ 2010, 1021 ff.
-: Rechtsethik, 2. Aufl. 2011
-: Kritik der Geltung, in: Geschichte – Gesellschaft – Geltung. XXIII. Deutscher Kongress für Philosophie, Kolloquienbeiträge, hrg. von Michael Quante, Hamburg 2016, S. 693 ff.
Pichl, Maximilian, Law statt Order. Der Kampf um den Rechtsstaat, 2024
Piketty, Thomas, Das Kapital im 20. Jahrhundert, 2014
-: Eine kurze Geschichte der Gleichheit, 2022
Platon, Gorgias, in: Sämtliche Werke, 5. Aufl. Köln/Olten 1967, S. 301 ff.
Podlech, Adalbert, Rechtslinguistik, in: D. Grimm (Hrsg.), Rechtswissenschaft und Nachbarwissenschaften, Band 2, 1976, S. 105 ff.
Popper, Karl, Logik der Forschung, 11. Aufl. 2005
-: Zur Theorie der Demokratie (1987), in: ders., Alles Leben ist Problemlösen, 1994, S. 207 ff.
Pufendorf, Samuel, De officio hominis et civis juxta legem naturalem libri duo (1673), Gesammelte Werke (hrsg. von Gerald Hartung), 1997, Bd. 2.
Puppe, Ingeborg, Naturalismus und Normativismus in der modernen Strafrechtsdogmatik, GA 1994, 297 ff.
-: Kleine Schule des juristischen Denkens, 5. Aufl. 2023
Radbruch, Gustav, Über die Methode der Rechtsvergleichung (1905), GRGA Bd. 15, S. 152 ff.
-: Grundzüge der Rechtsphilosophie (1914), GRGA Bd. 2, S. 9 ff.
-: Die Problematik der Rechtsidee (1924), GRGA Bd. 2, S. 460 ff.
-: Einführung in die Rechtswissenschaft, 7./8. Aufl. 1929, GRGA Bd. 1, S. 212 ff.
-: Rechtsphilosophie, 3. Aufl. (1932), GRGA Bd. 2, S. 206 ff.
-: Der Relativismus in der Rechtsphilosophie (1934), GRGA Bd. 3, S. 17 ff.
-: Gesetzliches Unrecht und übergesetzliches Recht (1946), GRGA Bd. 3, S. 83 ff.
-: Nachwort-Entwurf (1949) zur geplanten Neuauflage der 3. Aufl. der „Rechtsphilosophie", GRGA Bd. 20, S. 25 ff.
Radbruch, Gustav/Gwinner, Heinrich, Geschichte des Verbrechens (1951), GRGA Bd. 11, S. 19 ff.
Rawls, John, Eine Theorie der Gerechtigkeit, 1975 (engl. A Theory of Justice, 1971)
-: Gerechtigkeit als Fairneß. Ein Neuentwurf, 2006 (engl. „Justice as Fairness. A Restatement, 2001)
Raz, Joseph, Legal Principles and the Limits of Law, in: Yale Journal 81 (1972), S. 823 ff.

-: Praktische Gründe und Normen, 2006 (engl. Practical Reason and Norms, Oxford 1976, 1990)

Reimer, Franz, Juristische Methodenlehre, 3. Aufl. 2023

Renzikowski, Joachim, Die Unterscheidung von primären Verhaltens- und sekundären Sanktionsnormen in der analytischen Rechtstheorie, in: D. Dölling/V. Erb (Hrsg.), Festschrift für Karl Heinz Gössel zum 70. Geburtstag, 2002, S. 3 ff.

-: Normen als Handlungsgründe, in: F. Saliger (Hrsg.), Rechtsstaatliches Strafrecht. Festschrift für Ulfrid Neumann zum 70. Geburtstag, 2017, S. 335 ff.

Röhl, Klaus F./Röhl, Hans Christian, Allgemeine Rechtslehre, 3. Aufl. 2008

Roth-Isigkeit, David, Was ist Rechtsdenken? – Beobachtungen des Rechts der multipolaren Gesellschaft zwischen Wissenschaft und Politik, in: AD LEGENDUM 2017, 265 ff.

Rousseau, Jean-Jaques, Du contrat social ou principes du droit publique, 1762 (Französisch/Deutsch 2023)

Rottleuthner, Hubert, „Rechtswissenschaft als Sozialwissenschaft", in: E. Hilgendorf/Jan C. Joerden (Hrsg.), Handbuch Rechtsphilosophie, 2. Aufl. 2021, S. 264 ff.

-: Gustav Radbruch und der „Unrechtsstaat", in: M. Borowski/St. L. Paulson, Die Natur des Rechts bei Gustav Radbruch, 2015, S. 91 ff.

Rückert, Joachim, Idealismus, Jurisprudenz und Politik bei Friedrich Carl von Savigny, 1984

Rüthers, Bernd, Die unbegrenzte Auslegung. Zum Wandel der Privatrechtsordnung im Nationalsozialismus, 9. Aufl. 2022 (1. Aufl. 1968)

-: Institutionelles Rechtsdenken im Wandel der Verfassungsepochen, 1970

-: Methodenrealismus in Jurisprudenz und Justiz, JZ 2006, 53 ff.

-: Fortgesetzter Blindflug oder Methodendämmerung der Justiz? Zur Auslegungspraxis der obersten Bundesgerichte, JZ 2008, 446 ff.

-: Rezension zu Muñoz Conde, Edmund Mezger. Beiträge zu einem Juristenleben, 2007, ZRG 127 (2010), 888 ff.

Rüthers/Fischer/Birk, Rechtstheorie und Juristische Methodenlehre, 13. Aufl. 2025

Saliger, Frank, Radbruchsche Formel und Rechtsstaat, 1995

-: Prozeduralisierung im (Straf-)Recht, in: W. Hassemer/U. Neumann/F. Saliger (Hrsg.), Einführung in die Rechtsphilosophie und Rechtstheorie der Gegenwart, 9. Aufl. 2016, S. 434 ff.

Sandel, Michael, Gerechtigkeit. Wie wir das Richtige tun, 2013 (engl. Justice. What's the Right Thing to Do? 2009)

v. Savigny, Eike, Die Überprüfbarkeit der Strafrechtssätze, 1967

v. Savigny, Friedrich Carl, System des heutigen Römischen Rechts, Bd. I, Berlin 1840

Schild, Wolfgang, Der Strafrichter in der Hauptverhandlung, 1983

Schmidt, Anja, Grundannahmen des Rechts in der feministischen Kritik, in: L. Foljanty/U. Lembke (Hrsg.), Feministische Rechtswissenschaft, 2. Aufl. 2012, S. 74 ff.

Schmitt, Carl, Gesetz und Urteil, 1912

-; Politische Theologie, 2. Aufl. 1934 (1. Aufl. 1923)

-: Der Hüter der Verfassung, 1931 (4. Aufl. 1968)

-: Der Leviathan in der Staatslehre des Thomas Hobbes, 1938

Schnizer, Helmut, Die Entscheidungsbegründung im Kirchenrecht, in: R. Sprung (Hrsg.), Die Entscheidungsbegründung in europäischen Verfahrensrechten und in Verfahren vor internationalen Gerichten, 1974, S. 27 ff.

Schopenhauer, Arthur, Über die Grundlage der Moral (1840), in: Werke in zehn Bänden, Zürcher Ausgabe, 1977, Band 6, S. 147 ff.

Schroeder, Friedrich-Christian, Der Einsatz des Strafrechts zur Durchsetzung historischer Gerechtigkeit, in: Nußberger, Angelika/v. Gall, Caroline (Hrsg.), Bewusstes Erinnern und bewusstes Vergessen, 2011, S. 339 ff.

Schröder, Jan, Wissenschaftstheorie und „Lehre der praktischen Jurisprudenz" auf deutschen Universitäten an der Wende zum 19. Jahrhundert, 1979

-: Juristische Methodenlehre in der DDR, in: Haferkamp u.a. (Hrsg.), Deutsche diktatorische Rechtsgeschichten?, 2018, S. 13 ff.

Literaturverzeichnis

–: Theorie der Gesetzesinterpretation in der Neuzeit. Ein Überblick, in: ders., Rechtswissenschaft in der Neuzeit, Bd. 2, 2023, S. 401 ff.
Schroth, Ulrich, Juristische Hermeneutik und Norminterpretation dargestellt an Problemen strafrechtlicher Normanwendung, in: W. Hassemer/U. Neumann/F. Saliger (Hrsg.), Einführung in die Rechtsphilosophie und Rechtstheorie der Gegenwart, 9. Aufl. 2016, S. 243 ff.
Schrott, Nina, Fehlleistungen im Recht?! – Von (Entscheidungs-)Gespenstern und prozessualen Geisterschiffen, in: K. Peters/N. Schrott (Hrsg.), Eine Theorie von der Wissenschaft des Rechts, 2023, S. 157 ff.
Schulz, Lorenz, Perspektiven der Normativierung des objektiven Tatbestands (Erfolg, Handlung, Kausalität) am Beispiel der strafrechtlichen Produkthaftung, in: Lüderssen (Hrsg.), Aufgeklärte Kriminalpolitik oder Kampf gegen das Böse? Bd. III (Makrodelinquenz), 1998, S. 43 ff.
Seelmann, Kurt/Demko, Daniela, Rechtsphilosophie, 7. Aufl. 2019
Sen, Amartya, Die Identitätsfalle. Warum es keinen Krieg der Kulturen gibt, 2007 (engl. Identity and Violence: The Illusion of Destiny, New York/London 2006)
–: Die Idee der Gerechtigkeit, 2010 (engl. The Idea of Justice, Cambridge 2009)
Senn, Marcel, Rechts- und Gesellschaftsphilosophie, 2. Aufl. Zürich 2017
–: Neoliberalismus und amerikanische Gerechtigkeitstheorien, ZSR 138 (2019), S. 365 ff.
Shklar, Judith, Über Ungerechtigkeit, 2021 (engl. The faces of injustice, 1990)
Sieckmann, Jan-Reinard, Regelmodelle und Prinzipienmodelle des Rechtssystems, 1990
–: Begriff und Gegenstand der Rechtstheorie bei Ralf Dreier, in: R. Alexy (Hrsg.), Integratives Verstehen. Zur Rechtsphilosophie Ralf Dreiers, 2005, S. 3 ff.
–: Rechtsphilosophie, 2018
–Singelnstein, Tobias, Die Erweiterung der Wiederaufnahme zuungunsten des Angeklagten, NJW 2022, 1058 ff.
Singer, Peter, Praktische Ethik, 3. Aufl. 2013
Slobodian, Quinn, „Kapitalismus ohne Demokratie". Wie Marktradikale die Welt in Mikronationen, Privatstädte und Steueroasen zerlegen wollen, 2023
Sohm, Rudolf, Kirchenrecht, Bd. 1, 1892
Sourlas, Paul, Rechtsprinzipien als Handlungsgründe. Studien zur Normativität des Rechts, 2011
Spellbrink, Wolfgang, Gerechtigkeitstheoretische Grundentscheidungen des deutschen Sozialstaats, JZ 2023, 502 ff.
Steinke, Ronen, Vor dem Gesetz sind nicht alle gleich. Die neue Klassenjustiz, 4. Aufl. 2022
Stemmer, Peter, Normativität, 2008
Strömholm, Stig, Zur Frage nach der juristischen Argumentationstechnik, ARSP 58 (1972), 337 ff.
Thienel, Rudolf, Kritischer Rationalismus und Jurisprudenz. Zugleich eine Kritik an Hans Alberts Konzept einer soziotechnologischen Jurisprudenz, 1991
Volkmann, Uwe, Rechtsphilosophie, 2018
–: Krise der konstitutionellen Demokratie?, in: Der Staat 58 (2019), 643 ff.
Voßkuhle, Andreas, Die weltweite Krise der Verfassungsgerichtsbarkeit, JZ 2024, 1 ff.
Walzer, Michael, Sphären der Gerechtigkeit. Ein Plädoyer für Pluralität und Gleichheit, 2006 (engl. Spheres of Justice, 1983)
Wassermann, Rudolf, Der soziale Zivilprozess. Zur Theorie und Praxis des Zivilprozesses im sozialen Rechtsstaat, 1978
Weber, Max, Wirtschaft und Gesellschaft, 5. Aufl. 1980
–: Der Sinn der „Wertfreiheit" der soziologischen und ökonomischen Wissenschaften (1917), in: Gesammelte Aufsätze zur Wissenschaftslehre (hrsg. von Johannes Winckelmann), 7. Aufl. 1988, S. 489 ff.
Welzel, Hans, Aktuelle Strafrechtsprobleme im Rahmen der finalen Handlungslehre, 1953
–: Naturrecht und materiale Gerechtigkeit, 4. Aufl. 1962
Wesche, Tilo, „Die Rechte der Natur". Vom nachhaltigen Eigentum, 2023
Wesel, Uwe, Juristische Weltkunde. Eine Einführung in das Recht, 8. Aufl. 2000
Wieacker, Franz, Privatrechtsgeschichte der Neuzeit, 2. Aufl. 1967

Wiethölter, Rudolf, Rechtswissenschaft, 1968
Wittreck, Fabian, Nationalsozialistische Rechtslehre und Naturrecht, 2008
Wolf, Ursula, Aristoteles' „Nikomachische Ethik", 3. Aufl. 2013
-: Ethik der Mensch-Tier-Beziehung, 2012
Wolf, Ursula (Hrsg.), Texte zur Tierethik, 2. Aufl. 2019
Yamanaka, Keiichi, Geschichte und Gegenwart der japanischen Strafrechtswissenschaft, 2012
Zabel, Benno, „Rechtskritik", in: E. Hilgendorf/Jan C. Joerden (Hrsg.), Handbuch Rechtsphilosophie, 2. Aufl. 2021, S. 275 ff.
Zheng, Yongliu, Interdisziplinarität der Rechtswissenschaft, in: F. Saliger (Hrsg.), Rechtsstaatliches Strafrecht. Festschrift für Ulfrid Neumann zum 70. Geburtstag, 2017, S. 483 ff.
Zhao, Jing, Die Rechtsphilosophie Gustav Radbruchs unter dem Einfluss von Emil Lask, 2020
Ziemann, Sascha, Neukantianisches Strafrechtsdenken, 2009
Zippelius, Reinhold, Rechtsphilosophie, 6. Aufl. 2011
-: Allgemeine Staatslehre, 17. Aufl. 2017

Stichwortverzeichnis

Die Angaben verweisen auf die Paragrafen des Buches (**fette Zahlen**) sowie die Randnummern innerhalb der einzelnen Paragrafen (magere Zahlen).
Beispiel: § 9 Rn. 10 = **9** 10

Actio libera in causa **14**, 44 ff.
Allgemeines Gleichbehandlungsgesetz (AGG) **2**, 38 f., 9, 18, **10**, 81 ff.
Altersgrenzen
– Funktion **11**, 37 ff.
Analogie **16**, 74 f.
Analogieverbot **16**, 8, 16
Anarchismus **1**, 36 ff., **6**, 38
– christlicher **3**, 10
– linker **1**, 52 ff.
Anarcho-Kapitalismus **1**, 37 ff., 56 ff., **10**, 70
Anerkennungstheorie **6**, 57 ff.
Arbeitsrecht
– kirchliches **2**, 41 ff., **10**, 83 ff.
Aufklärung **2**, 16 ff.
Augustinus **1**, 10 ff., 43 ff.
Auslegung **14**, 26 f., **16**, 1 ff.
– als Erkenntnis **16**, 5
– genetische **16**, 21 ff.
– grammatische **16**, 28 f.
– historische **16**, 21 ff., 28 f.
– ideologische Basis **16**, 67 ff., 74 ff.
– logische **16**, 28 f.
– nach dem Wortlaut **16**, 8 ff.
– Notwendigkeit **3**, 71
– objektive **16**, 39 ff.
– subjektive **16**, 39 ff.
– systematische **16**, 24 f., 28 f.
– teleologische **16**, 26 f., 30, 74 f.
– „unbegrenzte" **16**, 67 ff.
Auslegungsmethoden
– Pluralität der **16**, 6 ff.
– Rangfolge **16**, 34 ff.
Basis und Überbau **3**, 13
Bedarfsgerechtigkeit **10**, 15, 48 ff., 73, 75
Begriffsjurisprudenz **14**, 54 ff.

Begründungspflicht
– gesetzliche **15**, 1 ff.
– institutionelle Dimension **15**, 17
– Probleme **15**, 4 ff.
– rechtsstaatliche Dimension **15**, 11 ff.
– rechtstheoretische Dimension **15**, 15 f.
„Besonderes Gewaltverhältnis" **14**, 38 ff.
Bestimmtheitsgebot **9**, 6
Beweisfragen **12**, 14 ff.
Beweislast **12**, 21 ff.
Beweisregeln
– feste **12**, 17 f.
Beweisverbote **12**, 34 ff.
Beweiswürdigung
– freie **12**, 19 f.
Böckenförde-Diktum **2**, 25 f.
Bürger- oder Menschenrechte **10**, 33 ff.
Bürgerrechte **3**, 98 ff.
Bürokratie **9**, 24 ff.
Chancengerechtigkeit **10**, 78 ff.
common law **7**, 37, 39
Containern **3**, 20
„Critical Legal Studies" **13**, 58
„Critical Race Theory" **13**, 58 f.
Demokratie **3**, 57, 89 ff.
– Konstitutionelle **3**, 65
– Kontrollfunktion **3**, 89 ff.
– Krise der **3**, 102 ff.
– Kritik der **1**, 38
– Mehrheit statt Wahrheit **3**, 93 f.
– Radikale **3**, 62 ff.
– Repräsentative **2**, 66
– Tyrannei der Mehrheit? **3**, 97
– unmittelbare **2**, 66
– Wahrheit durch Mehrheit? **3**, 95
Demokratiedefizite
– in der Europäischen Union **3**, 105 ff.

Demokratietheorie 3, 62 ff.
deontologisch 3, 87
Deontologismus 5, 31 ff.
Dezision
– und Kognition 3, 66, 77
Diktatur des Proletariats 3, 12
Dogmatik 14, 1 ff.
– normergänzende Funktion 14, 2, 5 ff.
– Regionale 14, 3
– systematisierende Funktion 14, 2, 12 f.
– und Gesetzesbindung 14, 36 ff.
– Universale 14, 3

Eigentumstheorien 9, 48
Einstimmigkeitsprinzip 2, 65, 67
„Einzig richtige Entscheidung 3, 67, 14, 29
Ergebnisgerechtigkeit 10, 78 ff.
Erkenntnisregel (Hart) 6, 37, 7, 32 ff.
EU-Recht 7, 46 ff.
Europäischer Gerichtshof (EuGH) 2, 43
Euthanasie-Aktion
– im Nationalsozialismus 4, 81 f.
„Ewigkeitsklausel"
– des Grundgesetzes 3, 29, 4, 13, 7, 2

Fachsprache
– und Umgangssprache 16, 11 ff.
Fall „Oury Jalloh" 15, 22
Fall „von Möhlmann" 5, 43 ff., 11, 25
Falsifikationsmodell 13, 28 ff.
– in der Rechtswissenschaft 13, 32 ff.
Fehler, Hauptstichwort fehlt 2, 38 ff.
Fehlschluss
– naturalistischer 4, 22, 25
Fehlurteile 11, 1 ff.
Feministische Rechtswissenschaft 13, 56
finale Programmierung 8, 41 ff.
finale Regelung 8, 36
Finalismus 14, 3 f.
Folgenorientierung 8, 47 ff.

Folgenverantwortung 5, 39
Frauendiskriminierung
– religiöse 2, 36 ff.
Frauenförderung 10, 88 ff.
Freirechtslehre 15, 7 ff.
Fristen
– Funktion 11, 32 ff.

Geltung des Rechts 6, 1 ff.
Generationengerechtigkeit 10, 110 ff.
Gerechtigkeit 4, 6, 10, 1 ff.
– als Leerformel 4, 14, 10, 6 ff.
– als staatliche Aufgabe 10, 63 ff.
– als Verbot willkürlicher Ungleichbehandlung 10, 10 ff.
– ausgleichende und austeilende 10, 20 ff.
– für Tiere 10, 116
– gegenüber Individuen 10, 108 ff.
– gegenüber Kollektiven 10, 108 ff.
– historische Relativität 10, 8 ff.
– kulturelle Relativität 10, 8 ff.
– Prinzipien der 10, 15 ff.
– prozedurale 10, 135 ff.
– Subjektivität der 1, 24
Gerechtigkeit vs. Rechtssicherheit 10, 3 f.
Gerichtsurteile 7, 38
– Aufhebung durch den Gesetzgeber 6, 52 f.
Gerichtsverfassung 9, 10 ff.
Geschichtsauffassung
– marxistische 4, 46
– teleologische 4, 47
Gesellschaft
– Selbstverwirklichung in der 2, 53
Gesellschaftsvertrag 2, 46 ff., 3, 2
– als Vertrag zugunsten eines Dritten 2, 59 ff., 3, 2
Gesetzesauslegung 16, 1 ff.
Gesetzesbindung 3, 34 ff., 16, 3, 42
Gesetzeskommentare 14, 17 ff.
Gewalt
– staatliche und kriminelle 1, 3 ff.
Gewalteneinheit 3, 44

Stichwortverzeichnis

Gewaltenteilung 3, 40 ff.
- Schutzfunktion 3, 50 ff.

Gewissen 5, 18 f.

Gewohnheitsrecht 6, 47 ff.

Gleichbehandlung 10, 13 f.

Gleichbehandlungsgebot 10, 64 ff.

Gleichgerechtigkeit 10, 15

Gleichheitssatz 2, 37 ff.

Globalisierung 4, 50

Grundnorm 1, 32, 7, 13 ff.
- als metaphysisches Phänomen 7, 22 f.
- als Norm des Naturrechts 7, 21 f.
- als transzendental-logische Voraussetzung 7, 23 f.
- Inhalt der 7, 18 f.
- Status der 7, 20 ff.

Grundrechte 3, 58, 63

Grundrechtecharta
- der EU 7, 47 f.

Gutachtenstil 15, 26 ff.

Handlungsgründe
- Normen als 8, 30 ff.

Handlungsutilitarismus 5, 32

Hermeneutik
- philosophische 16, 50 ff.

„herrschende Meinung" 13, 17 f., 15, 30 ff.

Historische Rechtsschule 4, 34 ff., 14, 23
- Kritik 4, 38 ff.

Historismus 4, 39 ff.

Hobbes
- Vertragsmodell von 2, 55 ff.

Holzdiebstahlsgesetze 3, 19

Ideologie in der Rechtsprechung 14, 49 ff.

imbecillitas 3, 7

Imperativentheorie 5, 15, 8, 22 ff.
- Kritik 8, 27 ff.

in dubio pro reo 12, 21

Induktionsprinzip 13, 30

Initiativrecht 3, 79, 105

iustitia commutativa 10, 20

iustitia distributiva 10, 20

Kaiser und Papst 2, 13

„Kampf ums Recht" 12, 8 ff.

Kelsen 1, 17 ff., 48 ff.

Kirchenartikel
- der Weimarer Reichverfassung 2, 37

Klassenkämpfe 3, 12

Klimabeschluss
- des BVerfG 3, 85, 10, 114 f.

Kognition
- und Dezision 3, 66, 77

„Kolonialisierung der Lebenswelt" 9, 30 ff.

Kommunitarismus 10, 34 ff.

konditionale Programmierung 8, 41 ff.

konditionale Regelung 8, 36

Konfliktlösung
- durch Recht 9, 9 ff.

Konsensmodell 3, 7 f.

Konsenstheorie 13, 10

Konsequentialismus 5, 31 ff.

Korrespondenztheorie 13, 10 f.

„Kritischer Rationalismus" 13, 28 ff., 51

Kruzifix-Beschluss
- des BVerfG 3, 99

Kulturnormen 8, 12

Leistungsgerechtigkeit 10, 15, 39 ff., 75

Lügenbeispiel (Kant) 5, 34 ff.

Machttheorie 6, 60

Marktgerechtigkeit 10, 46 f., 69 ff.

Marktinterventionen
- staatliche 10, 72 ff.

Marxismus 3, 11 ff.
- Geschichtsauffassung des 4, 46

„Mauerschützen"-Prozesse 4, 65 ff.

Maximin-Regel 10, 60

Mehrheit
- und Wahrheit 2, 70

Mehrheitsprinzip 2, 65, 67, 3, 57

Mensch als zoon politikon 3, 7
Menschenbild
- pessimistisches 3, 8
- positives 3, 9
Menschen- oder Bürgerrechte 10, 33 ff.
Menschenrechte 3, 98 ff.
- Überpositivität 3, 100 f.
Menschenwürde 10, 73
Methodendualismus 4, 59, 7, 12, 27
Methodengesetz 16, 32 f.
Methoden-Kanon 16, 28 ff.
Methodenwahl 16, 31 ff.
Minderheitenrechte 3, 98 ff.
Minimalstaat 10, 70
Monismus 4, 44 ff.
Moral
- als Grenze des Rechts 5, 51 ff.
- autonome und heteronome 5, 20 ff.
Moralnormen
- als Elemente des Rechts 5, 47 ff.
Moral und Recht 5, 1 ff.
- Unterschiede 5, 16 ff.
Münchhausen-Trilemma 7, 9

Nationalsozialismus
- Rechtsideologie 4, 81 f., 87
Naturalismus 14, 60 ff.
naturalistischer Fehlschluss 4, 22, 25
Natur des Menschen
- empirische 4, 17 ff.
- „geschöpfliche" 4, 25 ff.
- vernünftige 4, 31 ff.
Naturgesetze
- und Rechtsgesetze 6, 2 ff., 12, 1
Naturrecht 4, 12, 15, 51 f., 7, 21 f.
- Naturbegriff im 4, 16 ff.
- politische Indifferenz 4, 80 ff.
- rassistisches 4, 81
- und Verfassungsrecht 4, 13
- voluntaristisches 4, 28 ff.
ne bis in idem 5, 42 ff., 11, 6 ff.
Neukantianismus 4, 39, 59 f.
Nichtpositivismus 4, 51, 72 ff.
- „exklusiver" 4, 73
- „inklusiver" 4, 75

- „superinklusiver" 4, 74
Nominalismus 4, 29
NS-Ideologie 16, 67 ff.
Nürnberger Prozess 4, 52

One right answer-thesis 3, 67, 14, 29
Opposition
- parlamentarische 3, 90 ff.
„politisch"
- Begriff 3, 75 ff.
Populismus 3, 108 f.
Präjudizienbindung 7, 36
Primär- und Sekundärnormen 8, 33 ff.
Privatrechtsgesellschaft 1, 40
Prozessrecht
- Funktion 12, 1 ff.

Quotenregelungen 10, 95 ff.

Radbruchsche Formel 4, 53 ff., 66 f., 70 f., 75, 5, 52, 14, 11
Recht
- als Konfliktlösung 9, 9 ff.
- als Steuerungsinstrument 14, 33
- als Zwangsordnung 1, 32
- des Stärkeren 4, 20 ff.
- Durchsetzbarkeit 5, 4 ff.
- im sozialen Nahbereich 9, 28 ff.
- in der Familie 9, 38 ff.
- Kritik 9, 19 ff.
- Leistungen 9, 1 ff.
- nichtstaatliches 7, 49 f.
- Sicherheit durch 9, 5 ff.
- Steuerungsfunktion 4, 49, 9, 17 ff.
Rechte, subjektive 8, 58 ff.
- als Bedingung des Kapitalismus 9, 43 ff.
- der Natur 8, 67 ff.
- Kritik 8, 62 ff., 9, 42 ff.
- von Tieren 8, 67 ff.
Rechtsanwendung 16, 2 f.
Rechtsbegriff
- der Rechtsgeschichte 4, 4
- der Rechtssoziologie 4, 4
- emphatischer 4, 1 ff., 7
- technischer 4, 7
- wertneutraler 4, 1 ff.

Stichwortverzeichnis

Rechtsbegriffe
- als Funktionsbegriffe 14, 60 ff.

Rechtsdogmatik 13, 14 ff., 14, 1 ff.
- Erkenntnisanspruch 14, 25 ff.
- Kritik der 14, 25 ff.

Rechtsdurchsetzung
- im Prozess 12, 1 ff.

Rechtsethik 4, 83, 14, 35

Rechtsfrage
- und Tatfrage 15, 20 ff.

Rechtsgeltung 6, 1 ff.
- als institutionelle Tatsache 6, 31 ff.
- faktische 6, 5 ff.
- moralische 6, 55 ff.
- normative 6, 19 ff.
- normative und faktische 6, 1 ff., 39
- ontologische 6, 20 ff.
- und -wirksamkeit 6, 42 ff.

Rechtsgeschichte 4, 4

Rechtsgesetze
- und Naturgesetze 6, 2 ff., 12, 1

Rechtsideologie
- des Nationalsozialismus 4, 81 f., 87

Rechtskraft
- Durchbrechung der 11, 22 ff.
- Sperrwirkung der 11, 6 ff.

Rechtslage
- als Konstruktion 4, 69

Rechtsmoralismus 4, 12, 15, 51, 72, 5, 51

Rechtsnormen
- nicht durchsetzbare 5, 11 ff.
- primäre und sekundäre 8, 33 ff.

Rechtsordnung
- als dynamisches System 7, 15 f.
- als statisches System 7, 16
- Struktur der 7, 1 ff.

Rechtspflichten
- und Tugendpflichten 5, 27 ff.

Rechtsphilosophie 4, 5

Rechtspluralismus 7, 43 ff.

Rechtspositivismus 4, 8 ff., 14, 72 ff., 76 ff., 5, 51, 7, 2
- „inklusiver" 4, 77 ff.
- politische Indifferenz 4, 80 ff.

Rechtsprechung
- Uneinheitlichkeit 16, 45 ff.

Rechtsprinzipien 8, 36 ff.

Rechtsrealismus 6, 26 ff.

Rechtsregeln
- primäre und sekundäre 7, 42

Rechtssicherheit 5, 42, 9, 5 ff.
- vs. Gerechtigkeit 11, 19 ff.

Rechtssoziologie 4, 4

Rechtsstaat
- „wehrhafter" 3, 38 f.

Rechtsstaatlichkeit
- vs. Strafgerechtigkeit 5, 44

Rechtsstaatsprinzip 3, 24 ff.
- Stoßrichtung 3, 36 ff.

Rechts- und Sozialnormen 8, 11 ff.
- Interaktion 8, 14 ff.

Rechtswirksamkeit
- und -geltung 6, 42 ff.

Rechtswissenschaft 13, 1 ff.
- als Sozialtechnologie 13, 51 ff.
- als Sozialwissenschaft 13, 21 ff.
- feministische 13, 56 f.
- partikulare 13, 55 ff.
- postkoloniale 13, 58
- und Rechtspraxis 14, 14 ff.
- und Theologie 13, 37 ff.

Recht und Moral 4, 12, 5, 1 ff.
- Abgrenzung 5, 4 ff.
- Interaktionen 5, 41 ff.
- Unterschiede 5, 16 ff.

Reformation 2, 15

Regelgerechtigkeit 10, 65 f.

Regelungsstruktur
- konditionale und finale 8, 36

Regelutilitarismus 5, 32

„Reichskristallnacht" 4, 62

Religionen
- als Bedrohung staatlicher Ordnung 2, 32 ff.

Renaissance 4, 31

Rettungsfolter 5, 37

„Richterkönigtum" 15, 8

Richterrecht 7, 37

Richterwahl 3, 47 f., 82
„Riggs vs. Palmer" 8, 37
Rousseau 2, 64 ff.
Rückwirkungsverbot 4, 65 ff., 70, 9, 7 f.
Sakralität,
- „staatsnotwendige" 2, 24 f.
Sanktionsgeltung 6, 11 ff.
Sanktionsmodell
- der Norm 8, 6 ff.
Sanktionsnormen 8, 1 ff.
„Schleier des Nichtwissens" (Rawls) 10, 57 ff.
Schuldprinzip 10, 118
Schurkenstaat 1, 2
Seeräuber-Staaten 1, 23
Sein und Sollen 4, 23 f., 59
socialitas 3, 7
Sozialrecht 10, 76
Sozialstaat 9, 33, 10, 14, 73 ff.
Sozialversicherung 10, 74
Sprache
- Wandlungen 16, 10
Staat
- Absterben des -es 3, 14
- als Bedrohung 3, 1 ff.
- als Schutz 3, 1 ff.
- ohne Gerechtigkeit als Räuberbande 1, 10 ff.
Staatlichkeit
- als Deutung 1, 17 ff., 48 ff.
- Gerechtigkeit als Kriterium 1, 10 ff.
- Wirksamkeit als Kriterium 1, 21 ff.
Staatsgewalt
- als „Gewalt" 2, 1 ff.
- Legitimation 2, 6 ff.
- normative und physisch-reale Dimension 2, 1 ff.
Staatsgewalt, Legitimation
- durch das Volk 2, 8, 45 ff.
- durch Gott 2, 7, 9 ff., 21 f.
Staatskritik 3, 9
- christliche 3, 10
- marxistische 3, 11

Staatsmodell
- autoritäres 2, 61
- organizistisches 2, 49
Staatstheorie
- affirmative 3, 6
- kritische 3, 6
Staat und Räuberbande 1, 1 ff.
Staat und Religion 2, 23 ff.
status activus 8, 61
status negativus 8, 61
status positivus 8, 61
statute law 7, 39
Steuern
- als Raub 1, 19 ff., 39
Steuerungsfunktion
- des Rechts 4, 49
Strafe
- als Genugtuung für das Opfer 10, 127 ff.
- gerechte 10, 133 f.
Strafgerechtigkeit 10, 117 ff.
- vs. Rechtsstaatlichkeit 5, 44
Strafjustiz
- als „Enteignung" des Opfers 9, 14 ff.
Strafrecht
- klassenspezifisches 3, 16 ff.
- neutrales 3, 16 ff.
Straftheorien
- „absolute" 10, 121 ff.
- „relative" 10, 120
Stufenbau
- der Rechtsordnung 7, 1 ff.
Subsumtion 15, 19, 24
Subsumtionsideologie 15, 8

Tatfrage
- und Rechtsfrage 15, 20 ff.
teleologisch 3, 87
Theorien
- dogmatische 13, 17
Tierrechte 8, 67 ff.
Todesstrafe 2, 62
- als Mord 1, 19 ff.
- und Mord 1, 26 ff.

Totaler Staat
- Lehre vom 3, 60

Transzendentalphilosophie 7, 24

„Unerträglichkeitsformel" 4, 57 f., 63

Unfehlbarkeitsdogma 2, 33

Ungerechtigkeit
- kompensierende 10, 88 ff.

Ungleichbehandlung
- gerechte 10, 30 ff.

Ungleichheit
- soziale 3, 104

Universalismus 10, 34 ff.

Urteil
- als Erkenntnis 15, 7, 15
- als Willensakt 15, 7, 15

Urteilsstil 15, 26 ff.

„veil of ignorance" (Rawls) 10, 57 ff.

Verfahrensgerechtigkeit 10, 135 ff.
- reine 10, 138 f., 12, 43 ff.

Verfassung
- Ablösung der 3, 31
- als Begrenzung des Gesetzgebers 3, 58
- als Gestaltungsauftrag 3, 84 f.
- als Konditionalprogramm 3, 78
- als Werteordnung 3, 86
- als Zweckprogramm 3, 84 f.

Verfassungsänderung
- Grenzen 3, 29 ff.

Verfassungsbeschwerde 3, 54 f.

Verfassungsgericht
- Kritik 3, 59 ff.

Verfassungsgerichtsbarkeit 3, 54 ff.

Verfassungspatriotismus 2, 28 ff.

Verfassungsrichter
- Wahlverfahren 3, 82

Verhaltensgeltung 6, 9 f.

Verhaltensnormen 8, 1 ff.

„Verleugnungsformel" 4, 57 ff., 63 f.

Vernunftrecht 4, 31 ff.

Verrechtlichung 9, 30 ff.

Vertragsfreiheit 10, 87

Völkerrecht 4, 50, 7, 29 ff.

Volksabstimmung 2, 66

Volksdemokratie 3, 44

Volksentscheid 2, 66

Volksgeist 4, 36, 14, 23

Volkssouveränität 3, 62, 7, 12
- in der Europäischen Union 3, 106

volonté générale 2, 68 ff., 3, 63, 96

Voluntaristisches Naturrecht 4, 28 ff.

Vorverständnis 16, 49 ff.
- partikulares 16, 66
- politisches 16, 57 ff.
- Relativität 16, 53 ff.

Wahrheit
- „formelle" 12, 23 ff.

Wahrheitsanspruch
- der Rechtswissenschaft 13, 9 ff.

„Wehrlosigkeitsthese" 4, 81

„Wertejudikatur" des BVerfG 3, 88

Werteordnung
- Verfassung als 3, 86

Wertfreiheitspostulat 13, 13

Widerstandsrecht
- bei Hobbes 2, 62

Wiederaufnahmeverfahren
- im Strafprozess 11, 22 ff.

Wildereitatbestand
- als Schutz von Adelsprivilegien 1, 8, 3, 21

Wille des Gesetzgebers 16, 35, 42

Wissenschaften
- idiographische 13, 8
- nomothetische 13, 8

Wissenschaftstheorie der Rechtswissenschaft 13, 26 ff.

Wortlautargument 16, 8 ff., 35

Wortlautgrenze 16, 16 ff.

Wortsinn
- möglicher 16, 15

Ziviler Ungehorsam 6, 64 ff.
- als Frage der Legitimität 6, 74 ff.
- als Rechtfertigungsgrund 6, 71 ff.
- Rechtsfolgen 6, 77

Stichwortverzeichnis

Zivilprozess
– liberaler **12**, 27
– sozialer **12**, 27
Zwangsordnung
– Recht als **1**, 32

Zwangsversteigerung
– verfassungswidrige **5**, 2 ff.
Zwei-Schwerter-Lehre **2**, 10 ff.

Personenverzeichnis

Die Angaben verweisen auf die Paragrafen des Buches (**fette Zahlen**) sowie die Randnummern innerhalb der einzelnen Paragrafen (magere Zahlen).

Albert, Hans **13** 37 ff., 44 ff., 54
Alexy, Robert **1** 45; **5** 49; **8** 40
Aristoteles **2** 53; **3** 7 f.; **9** 48; **10** 1, 20, 22; **13** 5
Augustinus **1** 10 f., 17, 25, 43, 46; **2** 1; **10** 1
Austin, John **8** 24

Bakunin, Michail Alexandrowitsch **1** 36
Bentham, Jeremy **8** 24, 68
Binding, Karl **8** 12
Bloch, Ernst **4** 85
Böckenförde, Ernst-Wolfgang **2** 25 f.; **3** 49
Brecht, Bertolt **8** 52

Charell, Erik **16** 72
Coing, Helmut **6** 21, 24

Dilthey, Wilhelm **16** 50
D'Ors, Alvaro **4** 86
Dürrenmatt, Friedrich **1** 28 f.; **10** 107
Duns Scotus **4** 29
Dworkin, Ronald **5** 49; **6** 65; **8** 37, 40

Eco, Umberto **4** 29
Ehrlich, Eugen **7** 43, 50
Engisch, Karl **8** 25; **14** 3

Fichte, Johann Gottlieb **3** 10
Friedman, Milton **10** 70 f.
Fuchs, Ernst **15** 7

Gadamer, Hans-Georg **16** 50
Geiger, Theodor **6** 16, 26

v. Goethe, Johann Wolfgang **16** 1, 43

Gorgias **4** 18 f.
Grotius, Hugo **4** 31 f.

Habermas, Jürgen **5** 23; **6** 71, 74 f.; **9** 30 ff.
Hart, Herbert Lionel Adolphus **4** 77 f.; **6** 37, 39; **7** 32 f., 39, 42; **8** 27, 33
Hartmann, Nicolai **6** 22
Hassemer, Winfried **16** 32
Hayek, Friedrich August **10** 70 f.
Hegel, Friedrich Wilhelm **3** 13; **4** 38
Henkel, Heinrich **6** 21 ff.
Hobbes, Thomas **1** 57; **2** 15, 50, 55 f., 61 ff.; **3** 2, 8; **5** 9
Holmes, Oliver Wendell **6** 26
Hoppe, Hans-Hermann **1** 37 ff., 41, 57; **2** 6; **10** 70 f.

Isay, Hermann **15** 7

Jellinek, Georg **3** 89; **8** 61; **14** 9 ff.

v. Jhering, Rudolf **12** 8 f.; **14** 59

Kallikles **4** 19 f., 22, 47
Kant, Immanuel **2** 17; **5** 27, 34 ff.; **6** 57; **7** 24; **10** 121, 124
Kantorowicz, Hermann **6** 30; **13** 38, 46; **15** 7, 13 f.
Kaufmann, Arthur **1** 52
Kelsen, Hans **1** 17 ff., 24, 32 f., 43, 47 f., 51; **3** 61, 70, 73, 75 ff., 79; **4** 9, 12; **5** 9; **6** 44; **7** 13 f., 18, 22 ff., 26, 28 f., 35, 42 f.; **8** 6, 34, 63 f.; **10** 6; **13** 38, 51; **16** 44, 47

v. Kirchmann, Julius **13** 3 ff.

Klug, Ulrich **1** 36
Kropotkin, Pjotr Alexejewitsch **1** 36

de Lagasnerie, Geoffroy **1** 34, 36

Larenz, Karl **10** 31
Lask, Emil **4** 40 ff.
Laun, Rudolf **5** 18; **6** 23, 57

v. Liszt, Franz 4 45 f.

Locke, John 2 50; 3 40; 9 48
Lorenz, Konrad 8 70
Lüderssen, Klaus 6 61
Luhmann, Niklas 5 30; 8 44

MacIntyre, Alasdair 6 25
Marx, Karl 3 12, 19; 10 50
Mayer, Max Ernst 8 12 f.
Menenius Agrippa 2 50
Menke, Christoph 9 43 ff.
Mill, John Stuart 8 68
Montesquieu, Charles de 3 40 f.
Mouffe, Chantal 3 109

Nietzsche, Friedrich 4 21
Nozick, Robert 10 70 f.
Nussbaum, Martha 8 82 f.; 10 116

Occam → Wilhelm von Ockham
Olivecrona, Karl 6 26

Platon 4 18 f., 21; 10 1
Proudhon, Pierre-Joseph 1 36
Pufendorf, Samuel 3 7; 5 9

Radbruch, Gustav 3 64, 96; 4 1 f., 43, 45 f., 53 ff., 58 ff., 72, 82; 6 57 f., 60; 9 5; 10 1, 3; 12 18, 33; 14 9 ff.; 16 51
Rawls, John 6 66 f.; 9 48; 10 58 f., 139
Ross, Alf 6 26

Rousseau, Jean-Jaques 2 50, 64, 66; 3 63, 96; 9 48
Rüthers, Bernd 16 67

v. Savigny, Eike 13 35
v. Savigny, Friedrich Carl 4 34 ff.; 13 5, 35; 14 23, 27; 16 6, 28 ff.
Schiller, Friedrich 2 51
Schleiermacher, Friedrich Daniel Ernst 16 50
Schmitt, Carl 3 60 f., 68 ff.; 11 27; 13 38
Schopenhauer, Arthur 5 36
Sen, Amartya 10 37
Smith, Adam 10 55
Sohm, Rudolf 9 29
Sokrates 4 19, 21
Stahl, Friedrich Julius 2 16

Thibaut, Anton Friedrich Justus 4 35, 37
Thomas von Aquin 3 7; 10 1
Thomasius, Christian 5 9
Thoreau, Henry David 6 65

Weber, Max 1 36
Welcker, Karl Theodor 6 61
Welzel, Hans 14 4
Wiethölter, Rudolf 8 55
Wilhelm von Ockham 4 29; 8 9